Le Canada invite la Francophonie internationale
à Ottawa-Hull pour les IVes Jeux de la Francophonie,
du 14 au 24 juillet 2001.

www.jeux2001.ca

Gouvernement
du Canada

Government
of Canada

Canada

Vallée d'Aoste
une région au cœur de l'Europe

La Vallée d'Aoste, placée «Ni au delà ni en deçà des montagnes, mais au milieu des montagnes» (comme fut définie par l'évêque de son diocèse Albert Bailly au XVIIème siècle), est un bassin intramontain de 3262 km² encerclé par la partie la plus imposante du relief alpin: le Mont-Blanc, le Cervin, le Mont-Rose, le Grand-Paradis.

Un éventail de vallées débouchant sur des cols importants pour les communications entre les deux versant des Alpes font de la Vallée d'Aoste un véritable carrefour d'Europe, mais surtout une «charnière» entre les cultures italienne, française et allemande.

Le cadre linguistique valdôtain est donc tout naturellement plurilingue: le francoprovençal, le français, l'italien, les dialectes walser et l'allemand, sont les langues qu'on y parle.

Le francoprovençal est la langue vernaculaire qui n'a pas eu de tradition écrite, du moins jusqu'au XIXème siècle, vu que la fonction de langue écrite a été remplie par le latin dans un premier temps et, progressivement, par le français.

L'influence linguistique et culturelle du monde gaulois débute en 575, dès que la Vallée d'Aoste fut incorporée au Royaume franc de Bourgogne et, à partir du XIème siècle, assujettie au domaine de la maison de Savoie.

En 1561, le français, déjà largement employé comme langue véhiculaire, remplaça le latin dans tous les actes publics et devint la langue officielle du Pays d'Aoste, véritable «Etat dans l'Etat» en raison de son autonomie historique dans le cadre des territoires de la maison de Savoie.

Avec l'unité de l'Italie, en 1861, l'italien, imposé par le pouvoir politique, ne tarda pas à faire sentir son poids et le fascisme acheva l'œuvre d'italianisation, en employant parfois la force.

La réaction valdôtaine fut dure, jusqu'à ce que l'interconnexion entre identité culturelle et revendications politiques amène le Val d'Aoste à obtenir du nouvel Etat italien un régime spécial, sanctionné en 1945 et reconnu par la Constitution en 1948, avec le Statut d'Autonomie.

Le principe du bilinguisme fran-

çais-italien est l'un des points fondamentaux de ce Statut, qui me l'usage de la langue italienne et d la langue française sur un pie d'égalité et arrête l'appartenanc à part entière de la Vallée d'Aost au monde francophone.

Le français pour les Valdôtain n'est pas une deuxième langue c une langue étrangère, mais un des deux langues de la commu nauté autochtone. Le choix d'uti ser l'une ou l'autre langue e entièrement laissé à la discrétio de l'usager.

L'institution du modèle d'éduca tion bilingue a été complexe, ma la diffusion d'œuvres théâtrale de livres, d'émissions télévisées e français – ainsi que les nombreu contacts avec les instances po tiques et culturelles de la franc phonie – a facilité cette tâche c Gouvernement valdôtain q œuvre pour valoriser davanta les particularités culturelles et li guistiques, véritables richesses cette Communauté francophor La Vallée d'Aoste, forte de s autonomie, de la capacité

gérer son présent et de progra mer son futur, veut aujourd'h donner son apport à la constru tion européenne, convaincue q la connaissance de plusie langues et son rôle de «porte Alpes» sont deux garanties po que se forge un lien vital entre racines d'un peuple et le dévelo pement européen futur.

Vallée d'Aoste

PRESIDENCE DU GOUVERNEMENT
1, place Deffeyes 11100 Aoste tél. +39 165 273200 fax +39 165 273402
www.aostavalley.com

La francophonie canadienne, c'est ...

des femmes et des hommes qui puisent dans leurs racines toute la fierté de leur langue et de leur culture, des gens qui ont à coeur le rayonnement du français au Canada, en Amérique et dans le monde.

Francophonie

Célébrons la Francophonie canadienne — Celebrate Our Country's French Canadian Heritage

Canadä

Nous créons des ponts entre les continents.

Chef de file mondial, SNC-Lavalin a développé une expertise unique qui a depuis longtemps traversé mers et continents. À chaque projet, petit ou grand, nos ingénieurs travaillent au mieux-être collectif dans le plus pur respect de l'environnement.

Qu'il s'agisse d'agrandir un complexe gazier en Algérie, de construire des routes en Haïti ou de transférer du savoir-faire au Viêt-nam, nos équipes multiculturelles travaillent de concert avec les intervenants du pays hôte à relever ces défis qui rendent la vie meilleure.

SNC·LAVALIN

Siège social:
455, boul. René-Lévesque Ouest, Montréal (Québec) Canada H2Z 1Z3
Tél.: (514) 393-1000 Téléc.: (514) 866-0419
http://www.snc-lavalin.com

Vous suivez les découvertes musicales de vos enfant
les inquiétudes de belle-maman et les transformations de votr
silhouette. Pour une fois... suivez votre instinct.
L'instinct du voyage

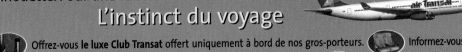

Offrez-vous **le luxe Club Transat** offert uniquement à bord de nos gros-porteurs. Informez-vous

notre service de réservation de sièges **Place de choix** auprès de votre agent de voyages. Explorez notre **site vacanc**

Une vaste sélection de produits vous est offerte par notre **Boutique hors taxes**. Faites de bonnes affaires à b

sans quitter le confort de votre siège ! Avec Air Transat, **apportez**

en vacances votre équipement de golf, votre planche à voile... **gratuitement** !

www.trans

Le Monde

Le quotidien de référence en langue française.

*Avec ses 2,5 millions de lecteurs,
Le Monde est le premier quotidien généraliste
de langue française dans le monde.*

Pourquoi un tel succès du journal Le Monde ?

*Le Monde a su rester fidèle à la ligne
de conduite que lui avait fixée son fondateur.*

*Le Monde a, au fil des ans,
construit un réseau exceptionnel
de journalistes et de correspondants.*
- *260 journalistes spécialisés mettent
l'information à votre disposition.*
- *Un réseau unique de 60 correspondants
dans le monde entier.*
- *Une documentation exceptionnelle.*

*Il a toujours su rester
financièrement indépendant.*

*Le Monde est un journal résolument
moderne et tourné vers l'avenir.
Plus agréable à lire, plus rapide
pour aller à l'essentiel, le Monde
ne cesse de s'améliorer dans
la continuité de sa nouvelle
formule lancée il y a deux ans.*

« Notre ambition est de vous rendre,
chaque jour, le monde intelligible tout
en restant, plus que jamais, indépendant
à l'égard de tous les pouvoirs ».

Jean-Marie Colombani.

L'ANNÉE FRANCOPHONE INTERNATIONALE

2000

AFI

ILLUSTRATIONS DE LA COUVERTURE

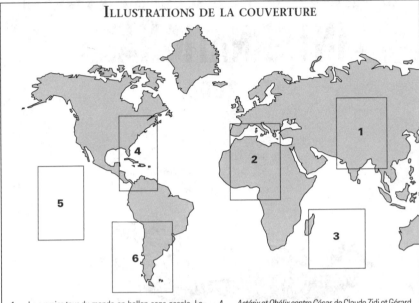

1   Le premier tour du monde en ballon sans escale. Le Suisse Bertrand Piccard est le petit-fils du premier explorateur de la stratosphère, et le fils de celui qui mena le bathyscaphe au plus profond des mers.

2   Hassan II, roi du Maroc, décédé le 23 juillet 1999. Mohammed VI, son fils, est investi de la lourde tâche de lui succéder.

3   Une jeune fille du Golan. Qui a dit: "La femme est l'avenir de l'homme"?

4   *Astérix et Obélix contre César*, de Claude Zidi et Gérard Lauzier: Gérard Depardieu porte Idéfix et incarne le héros le plus populaire de la BD.

5   La Belgique Palme d'or à Cannes: l'affiche de *Rosetta*, des frères Luc et Jean-Pierre Dardenne, avec Émilie Dequenne, qui a reçu le prix d'interprétation féminine.

6   Talia et deux de ses *Petits frères* de banlieue parisienne, dans le film de Jacques Doillon.

REMERCIEMENTS

L'Année francophone internationale est publiée sous les auspices de l'Agence intergouvernementale de la Francophonie (AIF) et de l'Association des facultés et établissements de lettres et sciences humaines (AFELSH), membre de l'Agence universitaire de la Francophonie (AUF), en collaboration avec les grandes associations internationales francophones que nous tenons à remercier de même que les ministères, collectivités et individus qui ont aidé à cette publication:

Communauté française de Belgique; Ministère des Affaires étrangères et Commerce international (Canada); Ministère du Patrimoine canadien; Ministère des Affaires étrangères, de la Coopération internationale et de la Francophonie (France); Ministère des Relations internationales (Québec); Ministère des Affaires intergouvernementales (Nouveau-Brunswick); Département fédéral des Affaires étrangères (Suisse); Ministère de la Culture et des Communications (Québec); Emploi Québec.

Université Laval (Québec), Faculté des lettres et Groupe d'études et de recherches en francophonie (GÉREF); Laboratoire de cartographie; Université Paris I – Sorbonne, Laboratoire d'anthropologie juridique de Paris;

Association internationale des maires et responsables des capitales et métropoles partiellement ou entièrement de langue française (AIMF); le réseau francophone de télévision TV5; Assemblée parlementaire de la Francophonie (APF); Forum francophone des affaires (FFA); Association francophone d'amitié et de liaison (AFAL); Biennale de la langue française; Club des lecteurs d'expression française (CLEF); Conseil francophone de la chanson (CFC); Fédération internationale des professeurs de français (FIPF); Institut international de droit d'expression française (IDEF); Union internationale des journalistes de la presse de langue française (UIJPLF).

ÉDITORIAL

Qu'est-ce que la francophonie? Voilà une question souvent posée, à laquelle il n'est pas toujours facile de répondre.

Pour notre part (voir avertissement au lecteur, p. 8), nous avons voulu cerner au moins deux aspects, soit la Francophonie "institutionnelle" (l'ensemble des gouvernements, des pays ou des instances officielles) et la francophonie "informelle" (l'ensemble des peuples ou des groupes de locuteurs), les deux ayant en partage l'usage partiel ou total de la langue française.

Loin de s'opposer, ces deux notions de la francophonie sont les deux faces d'une même réalité; il est impossible d'envisager l'une sans l'autre, puisqu'elles se nourrissent et s'enrichissent mutuellement. En effet, la Francophonie n'existerait pas s'il n'y avait, partout sur la planète, des millions de personnes qui utilisent le français dans leur vie quotidienne ou leurs communications. Parallèlement, cette francophonie éprouve le désir de pouvoir compter sur un ensemble politique organisé, garant de son unité et ouvert à la diversité de ses composantes.

Le Sommet de Moncton, axé sur la jeunesse, est un moment privilégié pour prendre conscience de la nécessaire complémentarité de ces deux visages.

C'est ce que *L'Année francophone internationale* s'efforce de faire depuis son tout premier numéro. Si cet ouvrage est devenu, au fil des parutions, "un incontournable de la francophonie", c'est qu'il a su faire place aux grands comme aux petits, aux voix officielles comme à l'expression populaire, aux associations structurées comme aux regroupements spontanés, etc.

Nous entendons continuer dans cette voie, celle que nous privilégions et qui reçoit l'approbation d'un nombre grandissant de lecteurs.

Ainsi, au moment où commencera le troisième millénaire, en 2001, *L'Année francophone internationale* profitera de son dixième anniversaire pour présenter une réflexion plus élaborée sur l'avenir de la francophonie en regard des grands courants mondiaux.

Entre temps, nous vous laissons le plaisir de découvrir la présente édition, publiée à l'occasion du Sommet de Moncton et agrémentée pour la circonstance de deux grandes cartes exceptionnelles.

Michel TÉTU

SOMMAIRE

Littérature et langue française
Les langues régionales de la France 317

DIRECTION, RÉDACTION ET CORRESPONDANTS

L'Année Francophone Internationale est une publication annuelle produite avec l'aide de plusieurs organismes de la Francophonie. LES TEXTES PUBLIÉS ICI EXPRIMENT LIBREMENT LES OPINIONS DE LEURS AUTEURS. ILS N'ENGAGENT PAS LA RESPONSABILITÉ DE L'ÉDITEUR. Les manuscrits ne sont pas retournés.

(États-Unis); François HUGUENET (Suisse); Ahmed ISMAILI (Maroc); Doris JAKUBEC (Suisse); Diah Saba JAZZAR (Liban); Christian JOST (Nouvelle-Calédonie); Marie-Pierre JAOUAN-SANCHEZ (Polynésie); Peter KLAUS (Allemagne); Yarema KRAVETS (Ukraine); Vatomene KUKANDA (Gabon, CICIBA); Józef KWATERKO (Pologne); Diane LAFRANCE (Ontario); Daniel LAROCHE (Belgique, Maison de la francité); Maximilien LAROCHE (Haïti-Québec); Jean-Michel LECLERCQ (France, AFEC); Guy LEFEBVRE (Québec, CVFA); Régine LEFEBVRE (ACCT); René LINK (Luxembourg); Dean LOUDER (Québec); Hans-Jürgen LÜSEBRINK (Allemagne); Sonia MAGLOIRE-AKPA (Dominique); Nadejda MAKAROVA (Sakha Yakoutie); David MARCANTEL (États-Unis); Francis MATHYS (Belgique); Jérôme MEIZOZ (Suisse); Bernard MÉLY (France); Patrick MONTAMBAULT (France, AIPLF); René MORÉLOT (Martinique, CIRECCA); Abdallah NAAMAN (Liban); Hamid NACEUR KHODJA (Algérie); Christian NAPEN (Belgique); Christian NIQUE (France, CIEP); Yves NOUGUÉRÈDE (France-Laos); Gildas OGÉE (France); Jeanne OGÉE (France); Grégoire PAGÉ (Canada, Richelieu International); Viorica Aura PAUS (Roumanie); Myreille PAWLIEZ (Nouvelle-Zélande); Cécile PERRET (Nouvelle-Calédonie); Monique PERROT-LANAUD (ACCT); Jean-Baptiste PLACCA, (L'Autre Afrique); Roman POMIRKO (Ukraine); Patrice POTTIER (France); Elena PRUS (Roumanie); Paola PUCCINI (Italie); Claire QUINTAL (États-Unis); Charlotte-Arrisoa RAFENOMANJATO (Madagascar); Licia REGGIANI (Italie); André RICARD (Québec); Alain-Martin RICHARD (Québec); Michel RICHARD (Québec); Patrice ROLLAND (France); Florian ROMPRÉ (Québec, FFA); Mohsen SABÉRIAN (Iran); Marie-Lise SABRIÉ (France, IRD); Souleymane SECK (Égypte); Jean-Baptiste de SERCQ (France); Katia SERGENTI (Italie); Ludmila SIVTSEVA (Sakha Yakoutie); François SODTER (Burkina Faso); Anna SONCINI FRATTA (Italie); Jean-André SOUILLAT (France); Pierre SOUQUET-BASIÈGE (Guadeloupe); Larry STEELE (Nouvelle-Écosse); José-Flore TAPPY (Suisse); Ho THI THAN HUNG (Vietnam); Jocelyn TREMBLAY (Québec, FIJEF); Pierre-Ignace TRESSIA (Abidjan, ACCT); Clermont TRUDELLE (Ontario); Paule TURMEL (Ste-Lucie); Éric VAN DER SCHUEREN (Québec); Marc VERNEY (France, RFI); Pierre WAECHTER (ACCT); Pierre WALLOIS (France); Robert WANGERMÉE (Belgique); Yoon-Soo WON (Corée); Maurice ZINOVIEFF (France, AFAL); Jamel ZRAN (Tunisie).

PUBLICATION

Coordination de la production et mise en page: Chantal FORTIER; Publicité: Marie-Claude ALQUIER (Paris), Catherine BROCHU (Québec); Maquette de couverture: Denis SAVARD, Pierre TÉTU; Graphisme: Ginette JOBIN, Pierre PIGNAC; Cartographie: Laboratoire de cartographie de l'U. Laval (Serge DUCHESNEAU, Andrée GAUTHIER, Jean RAVENEAU, Sylvie SAINT-JACQUES), Adrien BÉRUBÉ (U. de Moncton à Edmunston), Antonio SILVA (AVLIS); Secrétariat: Marjorie AUBÉ, Lise LAVOIE; Documentation: Geneviève DUQUET; Informatique: Nermin CELIKOVIC; Recherche: Anne-Marie BUSQUE; Photographies: Agence de la Francophonie (ACCT), Agence canadienne de développement international (ACDI), Maurice MARONNE, Marie Aimée RANDOT-SCHELL, Relations publiques de l'Université Laval, Ars Athletica, Service suisse de presse et d'information, UIJPLF, FFA; Révision: Geneviève DUQUET, Lyse SIMARD; Impression: J. B. DESCHAMPS PICHÉ INC.

Correspondance

-Québec: L'Année francophone internationale (AFI), Faculté des Lettres, U. Laval, Sainte-Foy (Québec) CANADA, G1K 7P4; Tél.: (418) 656-5772; Fax: (418) 656-7017; Courriel: AFI@fl.ulaval.ca Site internet: http://www.francophone.net/AFI

- Paris: L'Année francophone internationale (AFI), 14 rue des Suisses, 92380 Garches FRANCE; Téléphone/Fax: (33) 01 47 41 45 59.

Vente, diffusion, abonnement, information

L'Année francophone internationale (AFI), Faculté des Lettres, U. Laval, Sainte-Foy (Québec), CANADA, G1K 7P4; Tél.: 1-418-656-5772; Fax: 1-418-656-7017; Courriel: AFI@fl.ulaval.ca Site internet: http://www.francophone.net/AFI

Québec Livres, 2185 autoroute des Laurentides, Laval (Québec), CANADA, H7S 1Z6; Tél.: 1- 514-687-1210; Fax: 1-514-687-1331.

La Documentation française, 29, quai Voltaire, 75344, Paris cedex 07, FRANCE; Tél.: 01 40 15 71 05; Fax: 01 40 15 72 30; Télex : 215-666 DOC FRAN.

Équipe de production de L'AFI: Nermin Celikovic, Marjorie Aubé, Ginette Jobin, Michel Tétu, Geneviève Duquet, Françoise de Labsade, Mohamed-Séghir Babès, Lyse Simard, Pascal Ouellet, Chantal Fortier, Lise Lavoie, Fernando Lambert.

AU LECTEUR

Si je diffère de toi, loin de te léser, je t'augmente.
Antoine de Saint-Exupéry, cité par Albert Jacquard dans *Éloge de la différence*

Deux cents collaborateurs, universitaires, journalistes, chercheurs et spécialistes faisant autorité dans leurs domaines respectifs présentent ici les principaux événements de la francophonie et les idées maîtresses qui sous-tendent son évolution. Plutôt qu'un relevé exhaustif de l'année, le présent ouvrage se veut un reflet du monde francophone, actuel et multiple.

francophonie, Francophonie, espace francophone...

Ces trois expressions, ou syntagmes, sont parfois synonymes, mais le plus souvent complémentaires dans l'usage:

La *francophonie*, avec un petit *f*, désigne l'ensemble des locuteurs, des groupes de locuteurs et des peuples qui utilisent le français à des degrés divers: le français est, selon le cas, langue maternelle, langue seconde, langue de communication ou de culture.
Le mot francophonie a été créé par le géographe français Onésime Reclus en 1880, repris et popularisé un siècle plus tard par le poète Léopold Sédar Senghor, ancien président de la République du Sénégal.
"L'avenir verra plus de francophones en Afrique et en Amérique du Nord que dans toute la francophonie d'Europe." (O. Reclus, 1887, cité par R. Chaudenson, AFI 2000, p. 324)

La *Francophonie*, avec un grand *F*, désigne le regroupement sur une base politique des États et gouvernements (52 en 1999) qui, réunis en Sommet tous les deux ans, définissent les orientations et les programmations de l'Organisation internationale de la Francophonie (OIF), dirigée par le Secrétaire général de la Francophonie.
Le nom officiel des Sommets est Conférence des chefs d'État et de gouvernement des pays ayant le français en partage. Le Sommet de Hanoi a élu Boutros Boutros-Ghali Secrétaire général.
"L'Algérie est un pays qui n'appartient pas à la Francophonie, mais nous n'avons aucune raison d'avoir une attitude figée vis-à-vis de la langue française." (A. Bouteflika, 30 juillet 1999, AFI 2000, p. 200)

L'*espace francophone*, représentant une réalité non exclusivement géographique ni même linguistique mais aussi culturelle, réunit tous ceux qui, de près ou de loin, éprouvent ou expriment une certaine appartenance à la langue française ou aux cultures francophones. Cette dénomination, bien qu'apparemment floue, est certainement la plus féconde. Elle recouvre des situations très variées.
"Ste-Lucie reconnaît de plus en plus son héritage français à travers le créole qui est parlé par les habitants de l'île." (Sherry Fédée, AFI 2000, p. 139)
"Depuis le siècle dernier, le français, langue de prestige, de culture, de diplomatie, a été enseigné dans les écoles. [...] Langue de la science, tous les médecins devaient la connaître..." (Esther Bermejo de Crespo, AFI 2000, p. 285)

Selon la tradition aussi bien journalistique qu'universitaire, les signataires des articles qui suivent conservent l'entière responsabilité de leurs textes, dans lesquels ils peuvent ainsi exprimer librement leurs opinions et leurs choix: ils témoignent justement de la diversité de la francophonie dans ses faits de société et ses nombreuses expressions culturelles.

PAYS ET RÉGIONS

La vie du monde francophone

EUROPE OCCIDENTALE

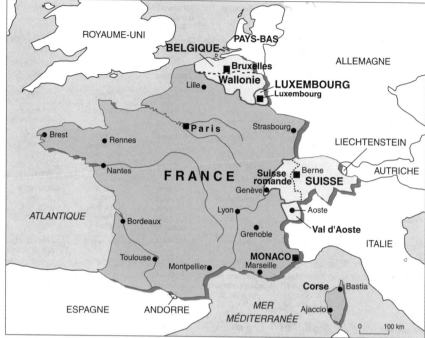

La France est, avec les États ou pays francophones limitrophes, à l'origine de toute la francophonie linguistique; c'est là que le français s'est constitué (IXᵉ siècle) et fut imposé officiellement (XVIᵉ siècle). La France et Monaco sont les seuls pays où le français est parlé par la quasi-totalité de la population. Toutefois, malgré cette prédominance linguistique, le président de la République française n'est que l'un des 52 chefs d'État et de gouvernement participant aux Sommets de la Francophonie, qui se veut fraternelle et conviviale. Le chef de l'État accueillant un Sommet devient pour deux ans le président des instances de la Francophonie.

La Belgique, État fédéral, est composée de trois communautés, flamande, française et germanophone, et de trois régions: la Wallonie, très majoritairement francophone; Bruxelles, bilingue; la Flandre, très majoritairement néerlandophone. Le pays jouit d'une double représentation aux Sommets de la Francophonie: le Royaume de Belgique et la Communauté française de Belgique Wallonie–Bruxelles. Toutefois, seule cette dernière est membre de l'ACCT.

La Suisse compte quatre langues officielles (l'allemand, le français, l'italien et le romanche) et comprend vingt-trois cantons, dont un ensemble de six à l'ouest (Genève, Vaud, Neuchâtel, Jura, Valais et Fribourg) qu'on appelle parfois "Suisse romande"; les quatre premiers de ces cantons sont exclusivement francophones, les deux derniers ont une partie francophone et une partie germanophone. En outre, le canton germanophone de Berne contient une minorité importante de francophones.

Au Luxembourg, trois langues sont d'usage courant: le luxembourgeois, seule langue nationale, parlée par tous les Luxembourgeois, l'allemand et le français. Quatre personnes sur cinq savent parler le français, langue de l'administration: les actes législatifs et leurs règlements d'exécution sont rédigés en français.

Intramontain, aux confins de la France et de la Suisse, aggloméré à l'Italie en 1861, le Val d'Aoste bénéficie d'un gouvernement autonome en raison de son usage du français, lequel, jouissant d'une parité officielle avec l'italien depuis 1948, lui vaut d'être invité aux Sommets de la Francophonie. Environ 75% de la population valdôtaine utilise le français comme langue occasionnelle.

EUROPE OCCIDENTALE

	France	Belgique	Communauté française de Belgique	Suisse[1]	Luxembourg
Nom officiel	République française	Royaume de Belgique	Communauté française de Belgique	Confédération suisse	Grand-Duché de Luxembourg
Capitale	Paris	Bruxelles	Bruxelles	Berne	Luxembourg
Superficie (km²)	547 026	30 513	16 844	41 288	2 586
Régime politique	démocratie parlementaire	monarchie parlementaire	voir Belgique	confédération	monarchie constitutionnelle
Chef d'État Entrée en fonction Prédécesseur	**Jacques Chirac** 17-05-1995 François **Mitterrand**	**Albert II** 9-08-1993 **Baudouin Ier**	**Albert II** 9-08-1993 **Baudouin Ier**	**Ruth Dreifuss** 1-05-1999 Flavio **Cotti**	**Grand-duc Jean** 12-11-1964 Charlotte de **Nassau**
Chef du gouvernement Entrée en fonction Prédécesseur	Lionel **Jospin** 2-06-1997 Alain **Juppé**	Guy **Verhofstadt** 12-07-1999 Jean-Luc **Dehaene**	Hervé **Hasquin** 07-1999 Laurette **Onkelinx**	Ruth **Dreifuss** 1-05-1999 Flavio **Cotti**	Jean-Claude **Juncker** 26-01-1995 Jacques **Senter**
Langues officielles	français	français, néerlandais, allemand	français	français, allemand, romanche, italien	luxembourgeois, français, allemand
Principales religions en % de la population	christianisme (92) judaïsme (1) islam (1) autres (6)	christianisme (90,4) sans appartenance et athées (7,5) islam (1,1) autres (1)	christianisme (89) autres (6) islam (3) autres (2)	christianisme (87,2) islam (2,2) judaïsme (0,3) autres (10,3)	christianisme (96) autres (4)
Population[2] Moins de 15 ans en % Plus de 65 ans en % Indice de fécondité Espérance de vie H/F Alphabétisation en %	60 083 955[3] 19 16 1,63 74,6/82,62 99	10 174 922 17 17 1,5 74,13/82,62 99	4 500 000 voir Belgique	7 260 357 17 15 1,46 75,71/82,22 99	425 017 18 15 1,63 74,41/80,68 99
IDH (rang/174)	11	5	voir Belgique	12	17
PIB (en M$ US)[2] **PIB/hab. (en $ US)[2]**	1 320 000 22 700	236 300 23 200	voir Belgique voir Belgique	172 400 23 800	10 000 34 004
Monnaie[4] FF EURO US $	franc français 1 1,5245 0,16	franc belge 0,1625 1,065 0,026	franc belge 0,1625 1,065 0,026	franc suisse 4,074 1,059 0,6542	franc lux. 0,1625 1,065 0,026
Principales exportations	produits chimiques, de fer et d'acier, véhicules à moteur, produits alimentaires	fer, acier, véhicules à moteur, produits alimentaires	voir Belgique	produits pharmaceutiques, produits chimiques, machinerie, horloges	acier, matières plastiques, produits du caoutchouc
Principales importations	produits manufacturés, produits de fer et d'acier, matériel de transport	combustibles, produits chimiques, produits alimentaires	voir Belgique	équipement industriel et électronique, produits chimiques, instruments de précision, montres, bijoux	matériel de transport, machineries diverses
Principaux partenaires commerciaux	Allemagne, Italie, Belgique, États-Unis, Royaume-Uni	Allemagne, France, Pays-Bas	voir Belgique	Allemagne, France, Italie, États-Unis	Belgique, Allemagne, France, Royaume-Uni, Hollande

Sources: Banque mondiale; ONU, *Bulletin mensuel de la statistique* et *Rapport sur le développement humain 1999*; *The World Factbook 1998*.

[1] La Suisse est gouvernée par un Conseil fédéral formé de 7 membres; un de ceux-ci, par rotation, assure la présidence pour une année.
[2] Population: estimations juillet 1998; PIB: données 1997.
[3] INSEE, donnée au 30 juin 1999.
[4] Taux au 25 juillet 1999, donné à titre indicatif.

FRANCE

Armelle LE BRAS-CHOPARD
Professeur de Science politique
Université de Versailles/Saint-Quentin-en-Yvelines

Françoise de BRY
Directeure de l'UFR de Sciences sociales et Humanités
Université de Versailles/Saint-Quentin-en-Yvelines

Dominique BIHOREAU
Inspecteur honoraire de l'Académie de Paris
Pierre PILARD, agrégé de Lettres, Cayenne
pierre.pilard@francemel.com

avec la collaboration de

Patrice ROLLAND, professeur à l'Université de Paris XII
Delphine DULONG, maître de conférences
Université de Versailles/Saint-Quentin-en-Yvelines

Croissance, baisse du chômage, forte cote de popularité du président de la République comme du premier ministre dans la continuité de l'année précédente, mais aussi absence d'élections au niveau national ou local (les "européennes" du 13 juin étant peu mobilisatrices): la France semble au beau fixe. Elle se lance dans les réformes et se veut très présente sur la scène internationale. La vie politique n'en est pas moins toujours très mouvementée: projets de réformes suscitant débats ou reports devant le Parlement, "affaires" mettant en cause les plus hauts personnages de l'État, mouvements sociaux dans l'enseignement, les transports publics ou le secteur privé, divisions des partis politiques, débats autour de l'engagement français au Kosovo et surtout, le rebondissement inattendu de la question corse après l'incendie d'une paillote.

VIE POLITIQUE

Il y a bien ici ou là des petites phrases du président Chirac ou du premier ministre, largement commentées par la presse, mais dans l'ensemble la cohabitation se passe bien entre les deux hommes, "vécue positivement par les Français" selon L. Jospin. Celle-ci suscite cependant des interrogations sur la nature et l'avenir du régime de la Ve République après que l'on ait fêté le quarantième anniversaire de sa naissance.

La constitution de la Ve république a 40 ans

Patrice ROLLAND
Professeur de droit public, Université de Paris XII

Quarante années d'existence, atteintes en novembre 1998, reste une prouesse pour un régime politique en France. Il n'est donc pas insensé de se demander si les Français n'ont pas enfin trouvé le moyen de stabiliser leur régime politique.

Dès 1958, à la vérité, la nature du régime avait été l'objet d'équivoques. Les réformateurs de la Quatrième République et Michel Debré ont voulu un régime parlementaire dans lequel le gouvernement resterait responsable devant le Parlement, la "rationalisation" consistant à renforcer considérablement l'autonomie et la capacité d'intervention du pouvoir exécutif devant un Parlement dont on n'attendait pas de majorités stables capables de soutenir durablement l'action d'un gouvernement devenu le pivot d'un État moderne. Le général de Gaulle, de son côté, poursuivait une idée forte: préserver le "pouvoir d'État", c'est-à-dire celui qui a la responsabilité de la permanence et des grands intérêts de la Nation.

La pratique, confirmée par la révision constitutionnelle de 1962, a transformé la Ve République en un régime où le président de la République donne les impulsions majeures de la politique française. Le premier ministre s'efface d'autant. Une véritable "convention de la Constitution" en a fait le serviteur de la politique présidentielle, elle-même soutenue par une majorité présidentielle qui coïncide avec la majorité parlementaire disciplinée et conduite par le gouvernement au profit du chef de l'État. Ce fut là longtemps le modèle classique de bon fonctionnement de la Ve République. Toute autre hypothèse paraissait constituer une crise majeure des institutions héritées du général de Gaulle.

La cohabitation qui commence en 1986 est-elle une parenthèse inévitable mais brève dans le mode de fonctionnement normal des institutions (cas d'un pouvoir présidentiel en fin de mandat), ou ne devient-elle pas un troisième modèle de fonctionnement de la République française? Tout change, en effet, en 1997 lorsqu'à la suite d'une dissolution, le président élu depuis deux ans perd les élections législatives, la cohabitation s'installant pour cinq ans. Nombreux sont ceux qui y voient une moindre efficacité des institutions malgré la satisfaction de l'opinion: dilution des responsabilités au sein de l'exécutif, tendance à rechercher un consensus qui paralyse les réformes, neutralisation réciproque des deux têtes de l'exécutif, absence de véritables et claires alternances dans la vie politique. Bref, le bicéphalisme de l'exécutif français, cette anomalie institutionnelle héritée des temps monarchiques, est réactivé alors que la prééminence était revenue soit au chef de l'État, soit au chef du gouvernement. On peut faire remarquer que le régime étant en principe parlementaire, il n'y a aucune raison de ne pas accepter ce dualisme de l'exécutif, les monarchies parlementaires ayant longtemps fonctionné ainsi. Les apparences ne doivent pas tromper: quel régime peut fonctionner durablement avec une telle dyarchie? D'un point de vue démocratique cependant, ce partage entre les deux représentants de deux majorités, présidentielle et parlementaire, ne serait que l'hommage nécessaire à deux expressions successives et également légitimes de la souveraineté populaire. Les sondages d'opinion montrent que les Français ne le comprennent pas autrement. Ce consensus a pour effet d'atténuer les divisions politiques; la cohabitation modère les ardeurs et la puissance de l'exécutif après chaque alternance. Le prix à payer en serait, pourtant, une moindre efficacité de l'exécutif au moment où les défis de la mondialisation et de la transformation de la société française le requièrent encore plus.

Les certitudes sur la nature du régime de la Ve République, que l'on pouvait croire acquises avec l'acceptation par la gauche en 1981 des institutions héritées du général de Gaulle, semblent donc remises en cause par une cohabitation rendue inévitable par le bicéphalisme de l'exécutif, lui-même fruit d'une absence de choix en 1958 entre la prééminence du chef de l'État et les responsabilités du chef du gouvernement. Le débat révèle cependant une souplesse des institutions qui montre que les Français ne dramatisent plus comme auparavant les évolutions de leurs institutions politiques.

Les réformes

Quelques grincements ont lieu dans la majorité plurielle: R. Hue, secrétaire national du Parti communiste, veut accélérer le rythme des réformes gouvernementales tandis que D.Voynet revendique la "liberté de ton et d'expression" pour les Verts. L. Jospin, au zénith de sa popularité, fait exceptionnel après deux ans passés à Matignon, entend "garder le cap" en désignant les priorités: emploi, sécurité, réduction des inégalités, modernisation de la vie publique, renforcement du rôle original de la France sur la scène internationale. Accusé d'immobilisme, le premier ministre compte sur ses projets les plus politiques – PACS, parité, etc. – pour faire la différence entre les modernistes et les conservateurs, ce qui ne va pas sans certaines difficultés.

> # FRANCE
>
> ### QUELQUES POINTS DE REPÈRE
> ➤ ... 1958 Vᵉ République
> ➤ Présidents de la République:
> • 1958-1969 Charles de Gaulle
> • 1969-1974 Georges Pompidou
> • 1974-1981 Valéry Giscard d'Estaing
> • 1981-1995 François Mitterrand
> • Depuis 1995 Jacques Chirac
> *Premiers ministres:*
> Pierre Mauroy (1981-1984)
> Laurent Fabius (1984-1986)
> Jacques Chirac (1986-1988)
> (cohabitation)
> Michel Rocard (1988-1991)
> Édith Cresson (1991-1992)
> Pierre Bérégovoy (1992-1993)
> Édouard Balladur (1993-1995)
> (cohabitation)
> Alain Juppé (1995-1997)
> Lionel Jospin (1997-....)
> (cohabitation)

Le PACS, "Pacte civil de solidarité" tendant à reconnaître un véritable statut au concubinage homosexuel, entraîne remous et manifestation dont celle du 31 janvier 1999 qui réunit 100 000 personnes contre le projet (représentants des différentes confessions et certains partis politiques).

Le projet de loi constitutionnelle sur l'égalité entre hommes et femmes (parité) suscite un vaste débat et des réticences, y compris de la part d'intellectuelles féministes qui ne veulent pas voir inscrite dans la Constitution une discrimination même positive, contraire, selon elles, au principe d'indivisibilité du peuple et d'universalité du scrutin. Le Sénat, conservateur, bloque d'abord le projet qui finit par être adopté en début mars, entraînant ainsi modification de l'article 3 de la Constitution qui indiquera désormais: "la loi favorise l'égal accès des femmes et des hommes aux mandats électoraux".

L'enseignement et la recherche

Le ministre de l'Éducation nationale, C. Allègre, a fort à faire face à l'agitation dans les lycées. Plusieurs manifestations ont lieu tout le mois d'octobre et en novembre 1998. Le ministre présente un projet de "Charte pour la réforme des lycées" qui apaise dans l'immédiat les syndicats enseignants. Mais le mécontentement s'exprime à nouveau tous azimuts, en janvier-février 1999: grèves, manifestations, action du "Collectif pour la démission de

Claude Allègre" dont un texte unitaire, signé par les principaux syndicats du second degré et des associations, dénonce "le despotisme haineux et calomniateur". Au début mars, le document "Un lycée pour le XXIᵉ siècle", qui présente la version finale de la réforme du ministre (portant en particulier sur l'allègement des heures de cours au profit d'un soutien individuel pour les élèves), scinde le monde de l'éducation en deux camps opposés. Tous dénoncent cependant l'absence de moyens, d'où de nouvelles grèves et manifestations à la mi-mars. Le calme semble revenu au printemps: la plupart des dossiers entrent dans une phase technique d'application.

La réforme de l'enseignement supérieur porte sur l'harmonisation européenne des formations, le plan social étudiant et le schéma des universités du 3ᵉ millénaire (U3M).

Les chercheurs du Centre national de la recherche scientifique (CNRS), la plus haute institution publique en matière de recherches, grondent et manifestent à leur tour en novembre et décembre 1998 contre un projet de réforme de leur institution. L. Jospin confie une mission de réflexion sur ces problèmes en février 1999 à deux députés qui doivent organiser une large concertation...

Corse

Après l'assassinat du préfet de Corse, Claude Érignac, le 6 février 1998 (Voir AFI 1999), le gouvernement entend rétablir l'État de droit en Corse et trouver l'assassin. Après 15 mois d'enquête méticuleuse, menée par la Division nationale antiterroristes (DNAT) en étroite liaison avec la Division centrale des renseignements généraux (DCRG), les organisateurs de l'assassinat du préfet interpellés sur de "lourdes présomptions" le 21 mai 1999, avouent leur participation à l'attentat: il s'agit de nationalistes qui voulaient refonder le sentiment nationaliste corse en visant un "symbole de l'État".

Entre temps, dans la nuit du 20 au 21 avril, le restaurant "Chez Francis", une paillote située sur une plage corse, a été incendié par des gendarmes appartenant au Groupe de peloton de sécurité (GPS), structure particulière créée au lendemain de l'assassinat d'Érignac pour les interpellations difficiles et la protection des hauts responsables de l'État. Opinion publique et opposition s'indignent d'autant plus qu'on apprend que les gendarmes du GPS n'en étaient pas à leur première paillotte incendiée: comment un État de droit peut-il se placer dans l'illégalité là même où il a mission de rétablir cet État de droit? Le premier ministre et le ministre de l'Intérieur J. P. Chevènement, pour le moins embarrassés, tentent d'abord de circonscrire les responsabilités encourues sur l'île. C'est "une affaire de l'État", déclare L. Jospin, pas "une affaire d'État". Mais il s'avère rapidement que le préfet Bernard Bonnet qui s'était chargé très personnellement de la recherche de l'assassin de son prédécesseur (excès de zèle?) est impliqué directement dans cet incendie. Il est mis en prison. C'est la première fois depuis 50 ans, depuis la Libération, qu'un préfet est emprisonné.

L'opposition laisse entendre qu'il faut monter plus haut dans les responsabilités: le ministre de l'Intérieur et même le premier ministre? Elle dépose une motion de censure débattue le 25 mai. Manque de chance: c'est précisément au moment où les organisateurs de l'assassinat passent aux aveux! L. Jospin, auparavant très ennuyé par cette affaire et craignant une déstabilisation de son gouvernement, n'a même pas besoin de se défendre devant l'Assemblée nationale: la motion est repoussée...

Justice et "affaires"

Plusieurs textes de réforme de la justice sont actuellement soumis à l'examen du Parlement, complétant un travail entamé depuis une trentaine d'années. Les affaires, par ailleurs, continuent de défrayer la chronique, mettant en cause les plus hauts responsables de l'État sans distinction de partis politiques: Roland Dumas, président du Conseil constitutionnel (5ᵉ personnage de l'État) ou Édith Cresson à la Commission européenne, pour ne citer que ceux-là. L'affaire du sang contaminé permet à la Cour de justice de la République de rendre son premier jugement.

Le procès du sang contaminé
Delphine DULONG
Maître de conférences en Science politique
Université de Versailles/Saint-Quentin-en-Yvelines

Dans le domaine de la justice, l'année 1999 aura connu simultanément le baptême de feu de la Cour de justice de la République (CJR) et son enterrement symbolique. Créée en 1993 pour juger des éventuelles fautes pénales des ministres à la place de la Haute Cour, cette nouvelle juridiction a en effet perdu tout crédit au moment même où, saisie dans le cadre de l'affaire du sang contaminé, elle rendait son premier jugement: deux relaxes et une condamnation sans peine. Ce verdict venait en quelque sorte confirmer l'incrédulité de l'opinion (un sondage BVA-Paris Match indiquait en février que 57% des sondés ne faisaient pas confiance à la CJR), le malaise des magistrats eux-mêmes face à une procédure jugée "surréaliste", et les nombreuses critiques qui dénonçaient tout au long du procès une "mascarade de justice".

Pourtant, la CJR, dans son principe, n'était pas condamnable. Au contraire. Sa création mettait fin à une situation insoutenable depuis le drame du sang contaminé: l'irresponsabilité *de fait* des ministres. Bien que pénalement responsables des actes accomplis dans leur fonction (art. 68 C), ces derniers, en effet, ne pouvaient être mis en accusation devant la Haute Cour que par un vote concordant des deux Chambres à la majorité absolue. C'est dire si les particuliers avaient peu de chance d'obtenir réparation au pénal lorsqu'ils étaient victimes des agissements d'un ministre. L'objet de la réforme de 1993 était justement de mettre fin à ce privilège, en faisant une place plus large au droit commun: des magistrats pour décider s'il y a lieu ou non à un procès, des magistrats encore aux côtés des "juges parlementaires", enfin la possibilité d'un recours devant la Cour de cassation.

Mais le procès du sang contaminé aura montré les limites d'une institution destinée à juger *pénalement* de la responsabilité *politique*. Car alors qu'une faute pénale est presque toujours personnelle, intentionnelle et précisément définie dans un texte, une erreur politique est presque toujours collective, non-intentionnelle et indéfinie. D'où le refus du Parquet de remplir son rôle d'accusateur et la répugnance de la Cour à condamner les prévenus.

Reste que cet épisode judiciaire n'aura pas seulement montré les impasses d'une pénalisation du politique. Il aura aussi mis en évidence la défaillance des institutions de la Vᵉ République à l'égard d'un problème pourtant crucial en démocratie: le contrôle *politique* de l'action gouvernementale. Dans un régime où le Parlement est ligoté, où la responsabilité politique se dilue dans l'élection au suffrage universel, où la politique du gouvernement est enfin trop souvent à l'abri du débat public, le contrôle politique n'est plus en effet qu'une fiction. Et ce n'est pas une juridiction pénale qui pourra pallier cette carence – sauf à s'arroger, comme l'a souligné l'arrêt de la CJR, le rôle d'arbitre de la vie politique.

Par delà les éventuelles réformes que le système judiciaire français nécessite, il s'agit donc également de réinventer la responsabilité politique, en organisant ce "jugement civique" que le philosophe Paul Ricœur a appelé de ses vœux.

Élections européennes

À Versailles, le 18 janvier 1999, députés et sénateurs réunis en "Congrès" adoptent la révision constitutionnelle préalable à la ratification du traité d'Amsterdam. Malgré la contestation de certains partis hostiles au traité et l'absence de véritable débat européen dans l'opinion publique, une vingtaine de listes sont enregistrées pour les élections au Parlement européen du 13 juin. Parmi les principales, on trouve, à gauche, celle du "Parti socialiste", conduite par son premier secrétaire F. Hollande; celle du "Parti communiste" sous la houlette de son chef Robert Hue; la liste des "Verts" avec Daniel Cohn-Bendit; "Lutte ouvrière-Ligue communiste révolutionnaire" qui réunit les chefs des deux organisations trotskystes. À droite, la "fragmentation" que n'a pas manqué de souligner L. Jospin et qui exaspère Chirac se traduit dans l'émiettement des listes: le parti gaulliste (RPR) et la "Droite libérale" avec Nicolas Sarkozy (après le départ fracassant de Philippe Séguin de la présidence du RPR et des européennes le 16 avril) et Alain Madelin forment une liste commune, que François Bayrou (à la tête de l'UDF) n'a pas voulu rejoindre. Plus à droite et plus anti-européen, le gaulliste Charles Pasqua a préféré à son propre parti une alliance avec Philippe de Villiers sous l'étiquette "Rassem-

blement pour la France". Enfin, à l'extrême droite, le "Front national", qui a bruyamment éclaté en décembre 1998, présente les deux listes rivales des frères ennemis: "Front national" pour Jean-Marie Le Pen et "Mouvement national" pour Bruno Mégret. Faute d'une véritable compréhension des enjeux de l'Europe, la campagne s'est souvent rabattue sur des problèmes purement français (comme la Corse) ou la guerre au Kosovo. Si celle-ci au début a en fait éclipsé les débats sur l'Europe, elle a ensuite fourni l'occasion de s'interroger sur le rôle de l'OTAN, les rapports Europe/États-Unis. Plus nombreux sont alors les partis politiques à prendre position pour une défense européenne qui n'en voyaient pas l'urgence peu auparavant.

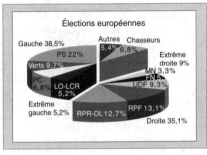

Le Kosovo

La France prend une part active dans le règlement du problème du Kosovo, tant au plan diplomatique, politique que militaire. Dans la conduite de cette action, président de la République et premier ministre affichent leur parfaite entente.
Après le massacre, condamné par l'OTAN, de civils albanais par les forces serbes dans un village du Kosovo le 15 janvier 1999, L. Jospin réclame aussitôt justice et plaide pour une solution politique. Le 28 janvier, T. Blair et le président Chirac sont prêts à envisager "toute action militaire nécessaire" dans le cadre de l'OTAN, non sans avoir épuisé la voie diplomatique. Des négociations organisées par le groupe de contact (six ministres des Affaires étrangères, dont celui de la France) ont lieu à Rambouillet, prévues pendant 15 jours à partir du 6 février mais qui se sont prolongées en fait jusqu'au 23 février, réunissant Serbes et Albanais. Un accord difficile des deux partis aboutit à l'adoption d'un statut d'autonomie pour le Kosovo mais une

nouvelle rencontre est prévue pour le 15 mars, pour parler des problèmes de sécurité. Les négociations à Paris seront ajournées le 19 mars par les deux coprésidents, R. Cook et le ministre des Affaires étrangères français, H. Védrine, devant les remises en cause des acquis de Rambouillet par le régime de Belgrade. Dès lors, une intervention militaire de l'OTAN est imminente qui démarrera effectivement le 24 mars. Une partie des responsables français conteste aussitôt le cadre et les modalités de l'action de l'OTAN ("Cette guerre, c'est une connerie", déclare le chef du Parti communiste R. Hue, qui tempérera par la suite ses propos) et l'opinion publique est de plus en plus critique au fur et à mesure que cette action militaire de l'OTAN s'inscrit dans la durée: la guerre était-elle la réponse appropriée?, se demandent les uns, tandis que d'autres jugent que les frappes aériennes devraient être relayées par une intervention au sol. Les anti-américanistes contestent le rôle des États-Unis qui n'accueillent pas de réfugiés; certains intellectuels s'interrogent même sur la réalité de la purification ethnique au Kosovo...

Le président de la République et le premier ministre multiplient les déclarations pour justifier auprès de l'opinion publique le sens de la participation de la France. La contribution de celle-ci, plus de 40 avions, représente 10% de la puissance aérienne alliée. Près de 7000 militaires français sont engagés dans les opérations dans les Balkans: Albanie, Macédoine et bases aériennes en Italie et sur la mer Adriatique.

La question qui se pose est aussi celle des réfugiés. Après des tergiversations, le gouvernement de L. Jospin accepte d'en accueillir quelques milliers. 6 000 personnes se sont proposées pour les héberger. Le mouvement de solidarité des Français pour les Kosovars s'est également traduit par des dons alimentaires (6 000 tonnes), des envois de vêtements et de médicaments. C'est une mobilisation "record" selon la Croix-Rouge française.

La guerre terminée officiellement, Bernard Kouchner, ancien secrétaire d'État à la Santé, a été nommé administrateur de l'ONU pour le Kosovo (9 juillet) appelé à diriger l'aide civile. Le travail énorme qui l'attend n'est pas pour lui faire peur.

ACTUALITÉ ÉCONOMIQUE ET SOCIALE

Les trente-cinq heures

1. Un bilan tout en nuances

Onze mois après le vote de la loi (cf. AFI 1999), la ministre du Travail et de la Solidarité, Martine Aubry, présente son bilan. Il peut se résumer dans le tableau ci-dessous:

dialogue social qui s'instaure entre les syndicats (surtout CFDT et CGT) et les entreprises.

Un sondage IPSOS fait apparaître que les salariés considèrent que le passage aux trente-cinq heures a été pour eux une

	Total	Accords d'entreprises éligibles aidées	Accords d'entreprises éligibles non aidées	Entreprises publiques (EDF, La Poste...)
Nombre d'accords	4 076	3 818	253	5
Effectifs concernés	1 142 427	364 074	354 614	423 729
Création ou maintien d'emplois	56 767	30 321	13 126	13 320
Nombre moyen de salariés concernés	280	95	1 402	84 748

(Source: ministère de l'Emploi et de la Solidarité)

56 767 emplois ont donc été maintenus ou créés, la moitié concernant des entreprises aidées. Il se produit souvent un "effet d'aubaine" dans la mesure où les emplois créés par des aides l'auraient été de toute façon. Selon les syndicats, dans 17% des accords, les salariés sont mis à contribution; dans 2% des cas, les 35 heures sont payées 35. L'annualisation du temps de travail reste la compensation la plus souvent mise en place par les entreprises. Le temps libéré peut correspondre soit à des jours de repos sur l'année, soit à des réductions hebdomadaires ou encore à des journées plus courtes. Les cadres ne sont pas toujours concernés, bien qu'ils souhaitent cette réduction; le patronat leur propose souvent un "forfait tous horaires". Le grand gagnant de cette loi semble être le

bonne chose, d'abord pour le temps libre (40%), puis pour l'emploi (37%). Une deuxième loi, attendue dans l'année, devrait préciser les modalités du passage obligatoire aux 35 heures.

2. Une deuxième loi pour conforter les premiers résultats

Ce qui compte maintenant, c'est de réduire la durée effective du temps de travail. Les entreprises ne se sont pas précipitées pour appliquer la loi avant le 30 juin 1999, date à laquelle les aides seront moins avantageuses. Le gouvernement devra donc nécessairement mettre en place, avec cette deuxième loi, de nouvelles mesures incitatives et régler des problèmes en suspens: heures supplémentaires, SMIC, temps partiel, annualisation, 35 heures pour les cadres.

	Syndicats salariés	MEDEF (ancien CNPF)	Gouvernement
Heures supplémentaires	– Contingent: 130 heures – Taxation: 25%	– Contingent: 188 heures – Taxation:	– Contingent: dégressif au cours des années – Taxation progressive
SMIC	Censensus: garantir aux smicards leurs salaires nets (1)		
Temps de travail		Exclure le maximum d'éléments du temps de travail	
Annualisation	Il existe de grandes amplitudes entre les différentes parties, d'où nécessité de contraintes pour sauvegarder la vie familiale et sociale des salariés.		
Cadres	Décompte précis des heures	"forfaits tous horaires"	Décompte du temps de travail uniquement en jours travaillés

Le passage aux 35 heures demande une réorganisation des entreprises, peut porter atteinte à la vie privée des salariés ou encore perturber l'équilibre des finances publiques. Le tableau ci-dessus résume les propositions faites par les diverses parties prenantes.

Le gouvernement réfléchit à la mise en place d'un double SMIC. Pour les salariés en place, les 35 heures seraient payées 39 heures (soit une hausse du SMIC horaire de 11,4%). Pour les nouveaux embauchés, le SMIC horaire serait calculé au niveau du premier janvier 1999. Il sera donc nécessaire de prévoir également une double indexation. Un allègement des charges sociales sur les bas salaires devrait aider les entreprises.

Le coût de cette deuxième loi est chiffré à 25 milliards de francs. Une moitié serait financée par l'écotaxe en élargissant l'assiette de la Taxe générale des activités polluantes (TGAP) qui existe depuis 1998. La deuxième moitié sera financée par une cotisation sur les bénéfices. M. Aubry espère, grâce à cette loi, la création de 700 000 emplois.

Une conjoncture favorable

Les principaux indicateurs économiques français (chômage, croissance, inflation, commerce extérieur) s'améliorent progressivement: le taux de chômage diminue, le taux d'inflation avoisine zéro, le commerce extérieur est excédentaire, seule la croissance reste "mollassonne".

1. Emploi, une embellie durable

Depuis juin 1997, le nombre de chômeurs a baissé (280 000 en moins). Le taux de chômage est passé de 12,6% à 11,4%, soit la plus forte baisse en Europe après l'Espagne et les Pays-Bas, malgré une population active en forte progression (+200 000/an). La France a bénéficié de la désinflation, favorisant le pouvoir d'achat des ménages, de la réduction des taux d'intérêt, du développement du temps partiel (plus subi que voulu), d'une croissance plus riche en emploi. Au total, plus de 600 000 emplois ont été créés en deux ans. La France reste cependant parmi les plus mauvais élèves des pays européens.

L'amélioration de l'emploi laisse sur le bord de la route les chômeurs de longue durée et les plus de 50 ans; elle s'accompagne également d'une augmentation de la précarité. Les jeunes sont les grands bénéficiaires de cette embellie, notamment grâce aux "emplois jeunes". Leur chômage a diminué de 15,2% depuis l'arrivée de L. Jospin comme premier ministre. Les chômeurs de longue durée représentent aujourd'hui 39% des demandeurs d'emploi, contre 36% en juin 1997. Quant aux chômeurs de plus de 50 ans, ils ont augmenté sur la même période de 5,3%.

2. Les "trous d'air" de DSK

À 3%, la croissance de l'économie française crée 300 000 emplois; à 2%, elle crée 100 000 emplois. L'année 1998 a été marquée par une reprise sensible de la croissance. En octobre 1998, le gouvernement

Évolution du chômage dans les pays européens (en %)		
	Juin 1997	Mars 1999
Espagne	20,9	17,4
France	12,6	11,5
Italie	12	11,7
Allemagne	9,7	9
Belgique	9,3	8,4*
Royaume-Uni	7,3	6,3**
Pays-Bas	5,4	3,4
		* février 99 ** janvier 99

prévoyait 2,7% d'augmentation, mais l'année 1999 risque de ne pas tenir ses promesses. Le PIB a progressé de 0,3% au 1er trimestre 99, contre 0,7% au dernier trimestre de 98. L'économie française a bien résisté aux effets de la crise internationale, mais la consommation des ménages est plus faible que prévue; elle contribue pour 0,1 point à la croissance, mais l'investissement (notamment en biens d'équipement pour les entreprises, dans l'immobilier pour les ménages) a créé une surprise en augmentant de 2,2% au 1er trimestre 99. La baisse des exportations a été compensée par celle des importations.

Le ministre des Finances, Dominique Strauss-Kahn (DSK), a annoncé en mars 99 qu'il révisait ses prévisions de croissance pour l'année 1999, sentant venir des "trous d'air" de 2,7% à 2,5%, voire 2,3%. Pour que ces turbulences restent passagères, il faudrait une reprise de la consommation des ménages, une confirmation de l'effort des investissements des entreprises.

3. Doit-on craindre l'inflation 0, voire la désinflation ?

La hausse des prix en 1998 est presque nulle (0,3%), la plus faible depuis 1953 (2,2%).

Une spirale déflationniste peut être dangereuse: une baisse des prix entraîne une baisse des revenus, elle-même génératrice d'une baisse de la demande, donc de l'activité, entraînant à nouveau une baisse des prix. Le cercle vicieux n'est pas encore engagé. La France, à l'inverse du Japon, ne se trouve pas dans cette situation. Les matières premières (-25% en 98), le pétrole (-40% sur le prix du baril, mais -7,1% à la pompe) ont certes baissé, mais les salaires ont continué de progresser; les marchés boursiers battent des records.

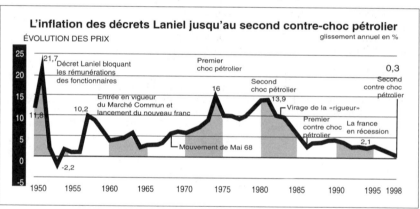

L'inflation des décrets Laniel jusqu'au second contre-choc pétrolier

ÉVOLUTION DES PRIX — glissement annuel en %

Des réformes à venir...

1. Une assurance sociale universelle

Les préoccupations du gouvernement ne concernent pas les 150 000 exclus qui, même s'ils n'ont pas de droits, peuvent être pris en charge par une caisse générale de Sécurité sociale, mais les 16% de la population, soit 9,5 millions de Français, ne disposent pas d'une assurance-maladie complémentaire (mutuelles ou assurances privées). Faute de moyens pour payer le ticket modérateur, ils ne se font pas soigner.
Le rapport Boulard, demandé par le gouvernement, fait les propositions suivantes:
• Chaque Français doit bénéficier d'une couverture de base par le biais du régime général d'assurance-maladie sur l'unique critère de résidence.

• Pour la couverture complémentaire, le rapport propose trois scénarios:
– "couverture décentralisée", assurée dans le cadre des départements;
– "couverture centralisée", gérée par les Caisses primaires d'assurance-maladie (CPAM);
– scénario "partenarial" où, au nom de la solidarité, cette assurance complémentaire serait financée en partie par les mutuelles et assurances privées, en partie par l'État et les collectivités locales.
La ministre du Travail, Martine Aubry, a déjà proposé un arbitrage en début d'année:
– Les mesures concerneront les personnes dont le revenu est inférieur au minimum-

Les femmes ne prennent pas le travail des hommes
Françoise de BRY

Un rapport sur les inégalités entre hommes et femmes du Conseil d'analyse économique (CAE), installé par L. Jospin, souligne que "la participation des femmes à l'activité économique est un facteur puissant d'amélioration de la performance des économies développées". Le rapport constate d'abord que, dans le domaine économique, les inégalités femmes/hommes demeurent: les premières gagnent en moyenne 20% de moins que les seconds; elles sont moins représentées dans la hiérarchie des entreprises. Deux phénomènes structurels expliquent cet état de fait: la répartition inégale des tâches au sein de la famille et la reproduction du modèle sexiste familial sur le marché du travail. Cette discrimination commence dès la maternelle. Elles sont pourtant plus nombreuses dans l'enseignement supérieur et, entre 25 et 49 ans, les femmes sont actives à 80%. Le rapport en tire une première conclusion: la nécessité de relancer la dynamique égalitaire.

Les hommes politiques de droite ont tendance à considérer que les femmes constituent une main-d'œuvre excédentaire en temps de crise et qu'il vaut mieux les inciter à rester au foyer. En période de prospérité, le travail des femmes est assimilé à celui des émigrés. L'ordre moral n'est pas loin; la politique familiale est centrée sur des actions incitant les femmes à rester chez elle (salaire familial, allocation parentale...). La gauche a tendance à défendre le droit des femmes à travailler, tout en se heurtant au problème de la rigueur budgétaire.

Le rapport du CAE détruit des idées reçues: non seulement les femmes ne prennent pas le travail des hommes en période de crise, mais au contraire les emplois qu'elles occupent dynamisent davantage la croissance économique que celui des hommes; le travail des femmes n'est pas une entrave à la natalité. La femme active n'est donc pas responsable du chômage, ni de la baisse de la natalité. Deux points forts ressortent ainsi de ce rapport:

– L'activité féminine constitue un moteur de la croissance ainsi que peuvent en attester les chiffres ci-dessous. En travaillant, les femmes génèrent de la richesse; elles ont une formation supérieure à celle des hommes (25% des femmes actives détiennent un diplôme supérieur au bac, contre 20% pour les hommes). Elles con-

	Taux de chômage	Taux d'activité des femmes
Danemark	4,6%	74,2%
Espagne	18,8%	46,5%
France	11,7%	61,3%

somment de nouveaux produits ou services qui sont riches en emplois: garde des enfants, travaux domestiques, loisirs pour les enfants... Ainsi, dans une crèche, il faut compter un emploi pour 1,3 enfant. Il s'agit d'une manière générale d'emplois peu mécanisables. En conséquence, le volume de travail augmente avec la croissance de l'activité féminine.

– Dans le cas où les femmes peuvent concilier activité et famille, on constate un regain de la natalité. Dans les pays opposés au travail des mères (Allemagne, Italie), le taux d'activité diminue significativement avec le nombre d'enfants; dans les autres pays (Finlande, France) qui aident les mères qui travaillent, le taux d'activité reste plus élevé. Le taux de natalité observé dans ces pays corrobore ce tableau.

Taux d'activité des femmes de 20 à 25 ans en 1996 (%)			
	Allemagne	Finlande	France	Italie
0 enfant	88	82	73	63
1 enfant*	72	80	81	56
2 enfants*	60	80	74	48
3 enfants*	4	66	50	37

* moins de 15 ans

En Allemagne et en Italie, il est respectivement de 9,5% et 9,3% alors qu'en Finlande et en France, il est respectivement de 12,5% et 12,7%.

Conclusions du rapport: 1) Promouvoir le travail des femmes et réduire les inégalités pour stimuler la croissance économique; 2) Repenser la politique familiale, notamment mettre en place un droit de garde pour tous les enfants de moins de 3 ans.

Les rapporteurs concluent: la politique nataliste "est aujourd'hui une politique d'égalité d'accès des femmes et des hommes à l'emploi et une politique d'équipements de garde d'enfants. L'État se doit [...] de lever les contraintes qui empêchent les femmes [...] d'avoir le nombre d'enfants qu'elles souhaitent parce que cela entre en conflit avec leurs aspirations de carrière".

vieillesse (soit 3 500 F mensuels pour un célibataire). Ainsi, 3,5 millions d'individus auraient accès à une couverture complémentaire, auxquels s'ajoutent les 2,5 millions déjà pris en charge par l'aide médicale gratuite, soit au total 6 millions. *Quid* des 3,5 millions restant ?

– Un financement mixte serait mis en place: les organismes complémentaires seraient imposés sur la base de 1,75% de leurs chiffres d'affaires et toucheraient 1 500 F par assuré; les bénéficiaires n'auraient aucune participation financière. La gestion serait effectuée à un guichet unique par les CPAM et la prise en charge serait de 100%, le tiers payant étant intégral.

– Les débats parlementaires, qui auront probablement lieu à l'automne, remettront probablement en cause certains aspects de ce projet d'assurance universelle.

2. Les retraites, conjectures apocalyptiques
Le rapport de J. M. Charpin, commissaire au Plan, publié en mars 1999, relance les débats sur les retraites. Il précise notamment qu'en 1995, en France, il y avait un actif pour 1,23 inactifs (jeunes et personnes âgées); en 2040, il devrait y avoir un actif pour 1,54 inactifs. Ainsi, avec un taux de chômage de 9%, le poids des pensions passerait de 11,6% à 16% dans le PIB, soit 4 points en 40 ans. L'âge de la retraite est passé, en plus de 40 ans, de 65 à 60 ans tandis que l'espérance de vie moyenne variait de 75 ans à 80 ans. Le système a donc atteint ses limites.

L'emploi est évidemment la variable clé puisque, dans un système par répartition, les actifs d'une année assurent les pensions des retraités de la même année, mais aussi prennent en charge les chômeurs. Plusieurs phénomènes expliquent les difficultés de notre système de retraite: l'allongement de l'espérance de vie (en 1995, elle était de 63,4 ans pour les hommes et 69,2 pour les femmes; en 1998, elle est respectivement de 74,2 et 82,5), l'arrivée à l'âge de la retraite de la génération du *babyboom*, la baisse de la fécondité à partir des années 70 qui diminue le nombre d'actifs. La part des plus de 60 ans dans la population passe de 20% en 1995 à 27% en 2000, pour atteindre 33% en 2040.

L'équilibre des retraites dans 30 ans dépendra donc de la croissance, du taux d'activité, du taux de chômage, de la répartition de l'emploi et des revenus et de l'évolution de l'espérance de vie. Le rapport préconise notamment d'allonger la durée des cotisations (42,5 annuités au lieu de 37,5) plutôt que d'augmenter les cotisations ou de baisser le montant des pensions. De vigoureuses protestations s'élèvent contre cette réforme. Elle est choquante dans une période de chômage de masse. Par ailleurs, compte tenu de l'âge d'arrivée des jeunes sur le marché du travail, des interruptions possibles (chômage), ceux-ci risquent de partir à la retraite sans percevoir un taux plein. C'est donc un moyen indirect de baisser le montant des retraites.

Chronologie des principales fusions, acquisitions françaises

DATES	ENTREPRISES
Septembre 1998	– Castorama est racheté par Kingfisher (Royaume-Uni), devenant ainsi le n°1 européen du bricolage.
Octobre 1998	– Usinor rachète 53,7% de Cokerill-Sambre (Belgique).
Novembre 1998	– Havas rachète Cendant Software (USA, jeux vidéo).
Décembre 1998	– Total rachète Petrofina (Belgique). – Rhône Poulenc et Hoechst fusionnent leurs activités pharmaceutiques, d'agrochimie et de santé animale et créent une société commune, Aventis, l^{er} groupe européen et mondial. – Lagardère, GEC (RU), Alenia (Italie) s'unissent dans les satellites et créent la société Matra-Marconi-Space, n°1 du secteur en Europe, n°3 mondial. – Fusion Sanofi-Synthélabo.
Janvier 1999	– Thomson-CSF/Dassault électronique (missiles, radars) fusionnent et créent la société Detexis.
Février 1999	– Fusion Aerospatiale (100% État) avec Matra Hautes Technologies, ils deviennent n°2 européen et n°5 mondial de l'aéronautique militaire. – Projet de fusion Paribas/Société générale (SG), qui les ferait devenir n°1 des banques françaises et n°3 des banques européennes.
Mars 1999	– OPE hostile de la BNP sur SG et Paribas. – Pinault Printemps La Redoute achète 40% de Gucci (Italie). LVMH réagit par une OPA hostile sur 100% du capital. – OPA amicale de Vivendi sur US Filter (USA, leader du traitement des eaux). Le plus gros rachat réalisé par une firme française aux É-U. – Renault prend 35% du capital de Nissan (constructeur automobile japonais). – Alcatel rachète Xylan (USA, télécommunications).
Mai 1999	– Ouverture du capital du Crédit Lyonnais. (Privatisation)

Le centenaire d'une saga industrielle: la voiturette de Louis Renault

Françoise de BRY

En 1898, à 21 ans, **Louis Renault**, dans un petit atelier aménagé dans la maison de ses parents à Billancourt, construit sa première voiture. Sauf le moteur (un de Dion-Bouton d'un cheval trois-quarts), il crée tout de ses mains; son originalité réside notamment dans une boîte de vitesse à prise directe et dans un changement de vitesse par baladeurs; elle consomme 6 litres au 100 km et fait des pointes à 50 km/h. Il brevète son invention l'année suivante.

Pressentant déjà que l'avenir de l'automobile passe par les petites voitures ("Construire les meilleures autos aux prix les plus bas afin qu'un jour chaque famille en France puisse avoir sa petite auto" écrira L. Renault en 1936), les deux frères (Louis et Marcel) installent une petite usine, Renault Frères, à Billancourt et commencent à produire leur voiturette en petites séries. Dès 1905, ils deviennent les premiers constructeurs automobiles français avec 1 179 voitures produites. Ils vont gagner toutes les courses de l'époque: Paris-Trouville, Paris-Ostende, Paris-Berlin, Paris-Vienne, Paris-Madrid où Marcel Renault se tue en 1909... Louis abandonne alors la compétition et se consacre à l'agrandissement de son usine de Billancourt.

En 1911, Louis Renault rencontre aux É-U H. Ford et W. Taylor. Il en revient enthousiasmé par le taylorisme, qu'il impose à ses ouvriers. Les cadences augmentent ainsi que la productivité. En 1913, l'usine connaît ses premières grèves; "pour moi, les grévistes, ça n'existe pas", criera L. Renault, ce qui lui vaudra le sobriquet de "l'ogre de Billancourt". Seul à la tête de l'entreprise, il exerce une autorité inflexible.

Réquisitionnée en 1914, l'usine fabrique d'abord des obus, puis des chars d'assaut (le tank Renault, léger, maniable, sera vendu à 3 000 exemplaires en 1918). Après la guerre, en 1929, elle s'installe sur l'Île Seghin à Boulogne-Billancourt, "une cité dans la cité", dira-t-on à l'époque. Très inventif (il déposera plus de 500 brevets), L. Renault élargit son champ d'action, notamment dans le machinisme agricole, la réalisation de moteurs Diesel pour les véhicules industriels, la mise au point de groupes marins et industriels.

La twingo Hélios (1999)

Hitler visite le stand de Renault au Salon de l'auto à Berlin en 1938, d'où un nouveau surnom pour L. Renault: "Hitler-m'a-dit". Goering lui commande alors une Primaquatre. De retour à Paris, Louis retient l'idée de la "voiture du peuple"; la volkswagen l'inspirera directement pour la future 4 CV. Pendant l'occupation, sous les ordres de Daimler-Benz, les usines Renault construisent 40 000 véhicules, dont 34 000 pour les Allemands. À la Libération, Louis Renault est incarcéré pour faits de collaboration; il meurt le 20 octobre 1944 sans avoir pu présenter sa défense. Trois mois plus tard, le général de Gaulle nationalise ses usines qui deviennent la Régie nationale des usines Renault RNUR), en disant: "Le gouvernement provisoire de la République est conscient [...] de contribuer au redressement moral et matériel du pays et de répondre [...] au vœu de la résistance française et de la classe ouvrière tout entière." En juillet 1990, la Régie redevient une société anonyme grâce à Michel Rocard; elle est privatisée en juillet 1996 par Alain Juppé.

Le nouveau visage du capitalisme francais

1. "Le capitalisme de papa, c'est fini !"

À travers les participations croisées et l'existence d'un noyau dur, le capitalisme français s'est protégé longtemps des turbulences extérieures. À partir des années 90, les OPA hostiles, amicales, les fusions, les acquisitions se multiplient dans l'Hexagone, la mode est aux mégafusions. Le contexte semble favorable: les bénéfices des trente premières entreprises françaises ont augmenté de plus de 32% en 1998 (soit 126,9 milliards de francs ou 19,34 milliards d'euros), soutenus par un dollar élevé (6,00 F). Pourquoi cette frénésie? D'abord la nécessité de s'adapter aux exigences de la mondialisation, ensuite les effets de la naissance de l'euro (cf. infra), enfin, la confiance des grands groupes dans l'évolution de la conjoncture économique.

Ces fusions-acquisitions ne sont pas sans conséquences sur la vie économique et sociale du pays: conséquences pour l'emploi, sur la culture d'emprise, régulation des multinationales, nouvelle physionomie de l'industrie mondiale, autant de questions dont les réponses sont incertaines. L'actionnariat des salariés semble être une réponse au problème posé, notamment à la peur qu'engendrent ces mouvements financiers chez les salariés.

2. Le succès de l'actionnariat des salariés

Certaines entreprises favorisent cet actionnariat dans la mesure où elles y trouvent leur avantage: il augmente les salaires sans nuire à la compétitivité des entreprises, il favorise la paix sociale, notamment en rassurant les salariés lors d'opérations de fusions, de privatisations, etc., il assure un pôle d'actionnaires stables. Les salariés, de leur côté, semblent favorables à cette participation au capital de leur entreprise.

Cet actionnariat reste modeste, il atteint par exemple 6,62% à la SEITA, 5% chez Elf Aquitaine, 3,3% chez Rhône-Poulenc, 2,5% chez Alcatel... Une enquête de la Commission des opérations de bourse (COB) de mai 1999 fait ressortir que, parmi les entreprises cotées, 8/10 sont intéressées par l'actionnariat des salariés. 23% considèrent que le système permet d'éviter des conflits sociaux, de résister aux OPA hostiles... Certaines entreprises appuient la participation des salariés sous forme de décote à l'achat et/ou d'effet de levier sous forme de prêts bancaires (cf. opération Pégase chez Vivendi).

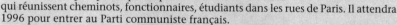

Un secrétaire médiatique pour la CGT: Bernard Thibault

Le congrès de la CGT (Confédération générale du travail), qui s'est tenu à Strasbourg le 5 février 1999, a élu son nouveau secrétaire général en la personne de **Bernard Thibault**, leader du mouvement social de 1995, président de la Fédération des cheminots.

Né en 1959, issu d'une famille de trois enfants dont la mère est femme au foyer et le père bûcheron à la Ville de Paris, il entre à 15 ans comme apprenti mécano à la SNCF, aux Ateliers de la Villette. Trois ans plus tard, il adhère à la CGT. À 34 ans, il succède à George Lamoue à la tête de la Fédération des cheminots. Son parcours se médiatise dès l'hiver 1995; il se fait remarquer par sa participation aux manifestations qui réunissent cheminots, fonctionnaires, étudiants dans les rues de Paris. Il attendra 1996 pour entrer au Parti communiste français.

L'élection de B. Thibault s'accompagne d'un rajeunissement de la direction: sur 17 membres, 5 ont moins de 40 ans, le plus âgé a 51 ans. La parité est assurée: 9 hommes, 8 femmes. Son "document d'orientation", présenté à ses électeurs, est adopté par 83,8% des voix. Il entend ainsi engager une rénovation de la CGT, notamment à partir des points suivants: soutien aux 35 heures, mais opposition à l'annualisation et à la flexibilité du travail, demande d'adhésion de la CGT à la Confédération européenne des syndicats (CES), rapprochement avec les autres centrales syndicales, forte revalorisation des minima sociaux, refus de la capitalisation pour les retraites...

Le MEDEF (ancien CNPF), par la voix de son président E. A. Seillière, salue "l'attitude moins systématiquement contestataire et plus ouverte à la négociation de la CGT".

CULTURE

Cinéma

Festival de Cannes

Le Festival de Cannes (12-23 mai) était présidé cette année par le Canadien David Cronenberg. Parmi les 10 membres du jury, la France était représentée par Dominique Blanc et André Téchiné. Les réactions ont été vives à la proclamation du palmarès, jugé très exigeant. La Palme d'or a couronné *Rosetta*, des Belges Luc et Jean-Pierre Dardenne; le Grand Prix *L'Humanité*, de Bruno Dumont (France). Ces deux films ont de plus été récompensés par les Prix d'interprétation féminine, partagés par Émilie Dequenne (*Rosetta*) et Séverine Caneele (*L'Humanité*), et d'interprétation masculine, revenu à Emmanuel Schotté (*L'Humanité*). Pedro Almodovar a reçu le Prix de la mise en scène pour *Tout sur ma mère*; le Prix du scénario a récompensé Yuri Arabov et Marina Koreneva, pour *Moloch*, du Russe Alexandre Sokourov.

En 1998, les trois grandes comédies avaient été *Le Dîner de cons* (8 millions d'entrées: le plus gros succès de l'année, par Francis Veber), *Les Couloirs du temps* (la suite des *Visiteurs*, par Jean-Marie Poiré et Christian Clavier) et *Taxi* (film marseillais de Gérard Pirès, avec Samy Nacéri). En 1999, c'est la sortie d'*Astérix et Obélix contre César* qui était la plus annoncée; la critique a insisté sur le coût du film, son plateau d'acteurs, et le nombre des effets spéciaux (réalisés par la société Duboi). Cette coproduction européenne (France, Allemagne, Italie), réalisée par Claude Zidi et Gérard Lauzier, alliait une très belle qualité d'image à un scénario et à un jeu d'acteurs décevant, ce qui ne l'a pas empêché d'être un vrai succès populaire (près de 10 millions d'entrées).

Le nord de la France a été plusieurs fois porté à l'écran, principalement sous ses traits les plus difficiles, ceux de la pauvreté, de la grisaille et du chômage, avec lesquels contrastent la pureté des espérances et la générosité des personnages. L'année a commencé avec *La Vie rêvée des anges*, d'Éric Zonca, avec Élodie Bouchez et Natacha Régnier, toutes deux primées à Cannes, en 1998. Bertrand Tavernier a retrouvé Philippe Torreton (qui tenait le rôle titre dans *Capitaine Conan*), et a eu la très bonne idée de lui confier le rôle d'un instituteur dans *Ça commence aujourd'hui*, film réaliste qui pose le rôle de l'éducation dans une conjoncture économique et sociale difficile.

Dans le domaine du cinéma réaliste à petit budget, Éric Rohmer a été primé à la Mostra de Venise, où il a obtenu l'Osella d'or du meilleur scénario original pour *Conte d'automne*. Robert Guédiguian, après le vrai succès de *Marius et Jeanette*, a été moins heureux avec *À la place du cœur*, plus édifiant et stéréotypé; mais il reprend les mêmes bons acteurs (Ariane Ascaride, Jean-Pierre Darroussin et Gérard Meylan), et filme Marseille d'un œil toujours clair, et avec tendresse. Mais la bonne surprise est venue de Christian Philibert: *Les 4 saisons d'Espigoule* (faux nom d'un vrai village du pays de Manosque, dans le sud-est de la France) est une fiction jouée par des acteurs qui portent à l'écran les noms qu'ils ont à la ville. Entre jeu et réalité, le ton est comique, ou plutôt joyeux, la photo magnifique, la musique impeccable, et tout cela contribue à une réussite très agréable.

Claude Chabrol a proposé *Au cœur du mensonge*, où chacun cache, puis révèle son jeu autour de l'enquête sur la mort d'une fillette dans une petite ville de la côte bretonne; ce film réunissait **Sandrine Bonnaire**, **Jacques Gamblin** et Antoine de Caunes, qui a quitté la télévision et se consacre dorénavant essentiellement au cinéma, avec succès. Quant à Jacques Gamblin, il a aussi joué pour Jean Becker, dans *Les Enfants du marais*, avec Michel Serrault, André Dussollier, Jacques Villeret et Éric Cantona; ce film est la chronique rurale et sympathique d'un petit bout de pays du sud de la France, quelques années après la Première Guerre mondiale. Charles Berling est aussi l'un des acteurs français que l'on a le plus vus cette année: citons *Ceux qui m'aiment prendront le train*, de Patrice Chéreau, et *L'Ennui*, adaptation du roman d'Alberto Moravia par Cédric Kahn; en compagnie de Carole Bouquet et de Gérard Depardieu, coréalisateur du film avec Frédéric Auburtin, il jouait aussi dans *Un pont entre deux rives*, histoire d'amour discrète et juste située dans un bourg normand des années 60. Catherine Deneuve était également très présente: dans *Place Vendôme*, de Nicole Garcia, où elle joue la déchéance, ce qui lui a valu la Coupe Volpi de la meilleure actrice à la Mostra de Venise; on l'a retrouvée également aux côtés de Vincent Lindon dans *Belle-maman*, comédie urbaine de Gabriel Arghion (réalisateur de *Pédale douce*, l'an dernier), et dans un film intimiste de Philipe Garel, *Le Vent de la nuit*.

Didier Le Pêcheur a ressuscité le thème de la Belle au bois dormant: dans *J'aimerais pas crever un dimanche*, un croque-mort nécrophile réveille une jeune fille crue trépassée d'une surdose de stupéfiants. Ce film, on le voit, rehausse les traits du conte et quelques sentences à caractère philosophique le rendent littéraire; Didier Le Pêcheur est aussi l'auteur de quatre romans. Léos Carax, huit ans après *Les Amants du Pont-Neuf*, a proposé *Pola X*, adaptation et acronyme de *Pierre ou les ambiguïtés*, roman d'Herman Melville. Ce film traite le thème du choix entre l'art et l'amour, et la mort de celui-ci, mais la trame narrative n'est pas l'essentiel, qui est plutôt constitué par

une esthétique de la fluidité et du mélange, soutenue par une qualité d'image remarquable; la mise en scène est aussi le signe d'une très grande inventivité. *La Fille sur le pont*, de Patrice Leconte, présentait, en noir et blanc, Vanessa Paradis et Daniel Auteuil dans une fiction à suspense sur le spectacle, où la magie et l'illusion s'unissent dans une poésie du vertige.

Trois films consacrés aux femmes et tournés par des femmes sont à relever: Catherine Breillat a tenté sa chance en mettant le désir féminin très explicitement en scène dans *Romance*; Catherine Corsini, avec *La Nouvelle Ève*, a choisi de traiter le désordre sentimental des 25-35 ans en milieu urbain, en confiant le rôle principal à Karin Viard; enfin, *Vénus Beauté*, de Tonie Marshall, avec Nathalie Baye, Bulle Ogier et Jacques Bonnaffé, est l'histoire d'un institut de beauté, des rencontres qui s'y font et des propos qu'on y tient, et dresse différents portraits de la féminité, entre le cliché et la réalité.

Le succès mérité de *Je suis vivante et je vous aime* de Roger Kahane, avec Jérôme Deschamps et Agnès Soral, a sans doute profité de celui de *La vie est belle*, de Roberto Benigni: la période traitée est la même (Deuxième Guerre mondiale), et un enfant se situe également au cœur de l'histoire et la mène. Jérôme Deschamps se révèle encore très juste dans le rôle qui lui est confié. L'enfance a également été évoquée dans *Petits frères*, de Jacques Doillon, qui met en scène avec justesse une jeune maghrébine de banlieue française qui prend en charge des enfants plus jeunes qu'elle.

Images d'ailleurs: "Cinéma et résistance"
Marie-Aimée RANDOT-SCHELL

En avril dernier, à l'Institut du monde arabe, s'est tenu le 9e festival Images d'ailleurs sur le thème "Cinéma et résistance". Images d'ailleurs est le premier espace cinématographique noir de Paris où une cinquantaine de films de toutes nationalités et catégories confondues ont été programmés. Les films d'Afrique du Sud étaient à l'honneur comme "Femmes et résistance".

Une journée a été consacrée aux films algériens. Pas moins de 15 films ont défilé sur le grand écran, notamment *Douleurs muettes* d'Omar Lekloum, *Lumières* de J. P. Lledo, ou encore *Le Charbonnier* de Mohamed Bouamari qui a ouvert cette journée exceptionnelle.

En ce qui concerne les tables rondes, l'accent fut porté sur les thèmes "Les peuples noirs en résistance", "Jeunesse et résistance", "Femmes et résistance". Pour ne citer qu'un exemple original, une association de jeunes, "Télé-Bocal", a diffusé une heure d'émission dans une vingtaine de bars à Paris avec pour objectif de préserver leur quartier.

Parallèlement aux projections et aux débats, des concerts de musique noire et des expositions d'artistes contemporains africains ont eu lieu.

Théâtre

La **Comédie française** a monté deux productions intéressantes sur le plan de la langue. La première, c'est la mise en scène du *Faust* de Goethe dans la traduction de Gérard de Nerval par l'Allemand Alexander Lang, qui ne parle pas le français. La deuxième, c'est la tournée de quatre semaines en Europe centrale et orientale effectuée par les Comédiens français, qui ont joué *Les Fourberies de Scapin* à Budapest, Bucarest, Prague et Varsovie, sans que les sous-titres soient nécessaires. La mise en scène de Jean-Louis Benoît, qui venait de tourner en France pendant trois mois et de recevoir deux Molière, a été applaudie par un public nombreux. Ces deux expériences montrent d'une part que les spectacles francophones peuvent s'ouvrir très largement à l'étranger, et, d'autre part, que la Comédie française, administrée par Jean-Pierre Miquel, semble l'avoir compris.

Quelques années après la mise en scène de l'*Orestie* par Ariane Mnouchkine, l'Antiquité a continué de susciter beaucoup d'intérêt et de créativité chez les metteurs en scène. Marcel Bozonnet et Jean Bollack ont monté l'*Antigone* de Sophocle (dans la traduction de Jean et Mayotte Bollack); Elsa Lepoivre dans le rôle-titre, un décor et des costumes sobres et clairs, le *Clavier bien tempéré* de Bach en fond musical ont contribué à l'esthétique étrange, douce et juste de cette production, et à son succès sur tout

le territoire; elle rejoint en cela des initiatives comme celle du Théâtre Démodocos, qui, sur un répertoire antique de qualité, propose des mises en scène innovantes et remarquées, ainsi qu'un site de grande qualité (http://www.arbanet.com/demodocos). Sotigui Kouyaté, griot et comédien de Peter Brook, a également procédé à une adaptation africaine d'*Antigone*; une troupe malienne s'est constituée à Paris à cette occasion. Les thématiques du monde des morts, du respect de la filiation et des relations de pouvoir entre les femmes et les hommes ont des échos africains aussi bien qu'antiques.

Le **Festival d'Avignon** a fait une large place à la guerre, cette année: Olivier Py a évoqué la Yougoslavie avec *Sebrenica*, et la troupe Groupov a monté *Rwanda, 1994*. Shakespeare lui-même était attendu sur ce sujet: on a pu voir *Richard III*, *Henry IV* et, pour la première fois en France, *Henry V* a été mis en scène par Jean-Louis Benoît, dans une traduction de Jean-Michel Déprats. Cette pièce est le récit patriotique, par un Anglais, de la bataille d'Azincourt, et les Français n'y sont pas peints à leur avantage. Dans des décors d'artifice inspirés des enluminures du XIVe siècle, Philippe Torreton a remarquablement joué le rôle titre, justifiant ainsi la faveur des metteurs en scène de théâtre et de cinéma, et gagnant en succès auprès du public.

Théâtre magazine est né en avril et donne dorénavant, tous les trois mois, un vrai bilan de ce qui se passe sur la scène et autour d'elle, tous registres confondus. L'équilibre entre Paris et la province est assuré par des cahiers qui reprennent, région par région, l'actualité de tout le théâtre français, sans s'y limiter: la rubrique "Scènes d'ailleurs" montre tout l'intérêt d'Achny Halley, rédacteur en chef, pour l'ensemble du théâtre francophone.

http://www.theatremag.com

Danse

La chorégraphe **Maguy Marin** a mis en espace cette année trois spectacles: *Quoi qu'il en soit*, *Vaille que vaille*, et *Pour ainsi dire*, respectivement un quintet, un quatuor et un trio; en plus d'emprunts au théâtre, ils ont pour point commun d'avoir mis en avant la personnalité et l'histoire des interprètes eux-mêmes, pour certains des danseurs qui ont quitté et perdu leur patrie. C'est ce type de réalisme et

d'adéquation entre la scène et la vie que cultive Maguy Marin, issue d'une famille chassée de l'Espagne franquiste et qui a toujours dénoncé toutes les formes d'oppression, en montant par exemple, *Cendrillon*, il y a quelques années. Elle montre le même engagement et la même ouverture en mettant l'espace Ramdam, à Sainte-Foy-lès-Lyon (Rhône), à la disposition des créateurs.

Les **Arts florissants** ont fêté cette année leurs 20 ans. Créée par William Christie à une époque où l'édition du répertoire baroque était très restreinte, cette formation s'est d'abord attachée à redécouvrir les XVIIᵉ et XVIIIᵉ siècles français et italiens, publiant d'abord chez Harmonia Mundi, puis chez Erato. La renommée des Arts florissants est devenue mondiale en 1987, avec le triomphe d'*Atys*. Cette année, avec *Psyché*, William Christie a retrouvé Lully, mais sur un livret de Molière (achevé par Corneille).

Chanson

Dans le domaine de la chanson, on peut noter que les anciens restent d'actualité. Claude Nougaro a fait sortir l'enregistrement d'un concert qu'il a donné l'an dernier à Toulouse, et au cours duquel il reprenait la quasi-totalité de *L'Enfant-phare*, son dernier album, et certains de ses titres passés, rénovés pour la circonstance; Nougaro s'y montre toujours excellent sur la scène et ce disque est une réussite. Comme l'indique le titre choisi, *La Bête est revenue*: Pierre Perret a sorti un nouvel album, excellent quant à ses textes, magnifique quant à ses mélodies; ces nouvelles chansons arrivent comme une somme de son art et de sa thématique, mais une somme bien vivante. Guy Béart aussi est revenu: en concert à Bobino cette année, il est désormais disponible en disque compact, avec *36 chansons enregistrées en public*. Charles Aznavour a repris plusieurs de ses succès, mais sur de nouveaux arrangements, ce qui a donné *Jazznavour*. Signalons aussi la sortie de l'album *Hors-saison* de Francis Cabrel. Enfin, Alain Bashung a reçu une double distinction lors des 14ᵉˢ Victoires de la musique: il a été sacré artiste interprète masculin de 1998, et sa *Fantaisie militaire* album de l'année.

On ne doute plus du goût de Guy Marchand pour la chanson: son album *Nostalgitan*, qui a été suivi d'un concert au Bataclan, mêle tristesse et humour pour parler de soi et des femmes, sur un accompagnement acoustique de grande qualité. La musique, aussi acoustique, de Gilbert Lafaille se caractérise par la douceur des rythmes et des mélodies: avec *La Tête ailleurs*, il parle de l'enfance et de l'innocence en des textes à la simplicité travaillée. Michèle Bernard continue d'exprimer la tendresse et l'amour qui l'animent pour le monde, dans un disque intitulé *Voler*; elle chante différentes parties du monde en s'attachant, à chaque fois, à l'histoire d'un personnage, et en adoptant la tradition musicale idoine, française, italienne, balkanique ou africaine (pour la chanson "Tutsi hutu").

La Bretagne est la source d'une importante création. À l'initiative de Radio-France Loire, le groupe Tri Yann a sorti un disque original, *Tri Yann et l'Orchestre symphonique de la Loire*, où il reprend, sur un accompagnement qui ne lui est pas habituel, certains de ses succès; excellents arrangements de Bernard Gérard, voix superbes: le résultat est surprenant. Matmatah exporte aussi en France le rock breton: dans la tradition des fest-noz, ce groupe enchaîne spectacle sur spectacle, et a vite vendu plus d'un demi-million d'exemplaires de *La Ouache*. Le groupe Manau, avec *Panique celtique*, participe du même mouvement et a reçu une distinction aux 14ᵉˢ Victoires de la musique.

Miossec mêle plusieurs genres dans son album *À prendre*, où se côtoient le rock, la valse, le hip hop, dans une veine satirique qui, sans se tarir, se fait moins mordante et plus mélodieuse. Manu Chao, ancien chanteur du groupe La Mano negra, a sorti un nouvel album, *Clandestino*, aux influences sud-américaine et jamaïcaine. Le groupe Zebda fait partie des bonnes révélations de cette année, avec *Essence ordinaire*. Élu meilleur groupe de 1998, Louise Attaque est de ceux que les ondes ont le plus diffusés cette année; la poésie répétitive et le lyrisme incantatoire de ses textes bénéficient d'un accompagnement rock de bonne qualité.

Le *Récital d'adieu* (1982) des Frères Jacques est désormais disponible en disques compacts (chez Rym Musique) et en cassettes vidéo (chez Dom Vidéo). Les "mousquetaires de la chanson" (selon Jean Anouilh) sont notamment connus pour avoir interprété les premiers *Exercices de style* de Raymond Queneau et participé à la vie de Saint-Germain-des-Prés.

La 51ᵉ édition du Festival international d'art lyrique d'**Aix-en-Provence** a montré une santé et un dynamisme qui confirment la résurrection (voir AFI 1999, p. 27).

Monteverdi a fait l'ouverture du Festival, avec *Le Couronnement de Poppée*, un des premiers opéras (1641), dans une mise en scène de Klaus Michael Gruber: décor végétal peint et costumes modernes, amples et légers, qui suggéraient une sorte de fluidité immobile. Les Musiciens du Louvre, dirigés par Mark Minkowski, ont été parfaits, ainsi que les chanteurs: citons Denis Sedov (basse), dans le rôle de Sénèque, et Lorraine Hunt (mezzo soprano), dans le rôle pathétique d'Octavie; Anne-Sofie von Otter (mezzo soprano) jouait avec l'autorité et la démence qu'il fallait le personnage de Néron; Poppée était incarnée par Mireille Delunsch (soprano).

On retrouvait Mark Minkowski dirigeant *Cena furiosa*, un montage de madrigaux de Monteverdi; des solistes venus de l'Académie européenne de musique ont confirmé la qualité de cette initiative du festival de l'an dernier.

La Flûte enchantée de Mozart a été donnée au domaine du Grand-Saint-Jean, une ancienne bastide du XIᵉ siècle située au nord de la ville, où un théâtre a été monté en plein air. Le chef américain David Stern dirigeait le chœur et l'orchestre de l'Académie européenne de musique et la mise en scène était celle du Français Stéphane Braunschweig. *Don Giovanni* a été repris par les Anglais qui l'avaient monté en 1998: Peter Brook à la mise en scène et Daniel Harding à la direction.

Stéphane Petitjean a dirigé des solistes de l'Orchestre de Paris pour *La Belle Hélène* d'Offenbach, mise en scène par l'Allemand Herbert Wernicke.

Expositions

À Dijon, exposition de **Balthus**, qui vécut à Chassy (Morvan) entre 1953 et 1961, sur les œuvres de cette époque, au cours de laquelle le peintre travailla à rendre à la lumière d'hiver toute son austérité et à la matière peinte de la consistance, en y ajoutant des substances épaisses et rugueuses. Balthus, 91 ans, est venu de Suisse pour assister à l'inauguration de cette rétrospective.

À Paris, le pont des Arts (pont piétonnier qui lie le Louvre à l'Institut) a accueilli au printemps les sculptures du Sénégalais **Ousmane Sow**, révélé au public en 1987 par une exposition au centre culturel français de Dakar. Les animaux et les êtres humains géants, faits de terre, de métal, de plastique et de colle, grossièrement vêtus et exposés en plein air, constituaient la première rétrospective consacrée à son œuvre.

La rénovation du Grand-Palais

En 1993, la structure métallique d'une verrière du Grand-Palais perdit un de ses boulons, qui tomba sur une tabatière exposée bien plus bas. La galerie dangereuse fut momentanément fermée... En 1998, le ministère de la Culture a commandé un rapport sur l'état du bâtiment et il s'avère qu'une rénovation importante est nécessaire: depuis sa construction, en 1900 (pour l'Exposition universelle), le Grand-Palais s'est enfoncé de 17 cm, des murs sont fissurés, la verrière est abîmée. Les travaux coûteraient près d'un milliard de francs et l'État réclame sa contribution à la Ville de Paris, qui est elle-même engagée dans la restauration du Petit-Palais. Dans les années 60, André Malraux, ministre de la Culture, avait évoqué l'idée de raser l'édifice et d'en construire un nouveau.

Certaines parties du Grand-Palais sont heureusement saines et ont accueilli cette année une exposition sur "L'Art égyptien au temps des pyramides", qui a montré une collection de statuettes représentant des activités quotidiennes de l'Ancien Empire (2700-2200 av. J.-C.).

Rétrospective Gustave Moreau (1826-1898)
au Grand-Palais à Paris, oct. 1998 - janv. 1999
à l'occasion du centenaire de sa mort
Dominique BIHOREAU, Paris

Quand, en 1866, Gustave Moreau présente au Salon *Œdipe et le Sphinx*, l'année précédente, Manet avait exposé au Salon des refusés *Le Déjeuner sur l'herbe*. Dix ans plus tard avait lieu la première exposition des impressionnistes et, pendant ce temps-là, Gustave Moreau travaillait à des œuvres telles que *Salomé dansant* ou *Hercule et l'ydre de Lerne*. C'est dire à quel point il peut paraître à contre-courant de son époque.

Pas question pour lui de planter son chevalet en plein air et de peindre des scènes de la vie quotidienne, les bords de Seine ou les bals populaires. Il se consacre exclusivement aux grands sujets bibliques ou mythologiques, se rangeant ainsi aux côtés de son exact contemporain, Puvis de Chavannes, créateur de vastes compositions murales comme, au Panthéon, *Sainte Geneviève veillant sur Paris*. Paradoxalement, cela fait de lui non pas un attardé, mais au contraire un précurseur qui, sans le vouloir, a jeté un pont entre le néoclassicisme d'Ingres et le surréalisme d'un André breton, notamment. À ce titre, *l'Œdipe et le Sphinx* est une œuvre tout à fait significative. Gustave Moreau s'y inspire du tableau d'Ingres de 1808 sur le même sujet. Chez l'un comme chez l'autre, le nu masculin révèle un grand savoir-faire, une science du modelé acquise à l'école des grands maîtres de la Renaissance italienne. Gustave Moreau avait beaucoup travaillé lors de son séjour à Rome, Florence, Venise, exécutant des copies de Michel-Ange, Véronèse, Raphaël, du Corrège et de Carpaccio. En revanche, la représentation du sphinx sous la forme d'une curieuse panthère ailée à tête de femme, agrippée tout entière à la poitrine d'Œdipe, enrichit le mythe grec d'une interrogation nouvelle sur le rapport entre l'homme et la femme, ce qui ne sera pas pour déplaire aux surréalistes tellement marqués par les thèses de Freud. Au sujet de cette exaltation de la beauté charnelle du corps féminin, André Breton écrira dans *Le Surréalisme et la Peinture*: "La beauté, l'amour, c'est là que j'en ai eu la révélation. [...] Cette femme qui, presque sans changer d'aspect, est tour à tour Salomé, Hélène, Dalila, la Chimère, Sémélé, s'impose comme leur incarnation indistincte." Ces tableaux ne présentent jamais rien d'anecdotique et le personnage central pose le plus souvent dans une attitude de majesté sculpturale. En rupture avec l'esthétique naturaliste, le peintre choisit délibérément l'artifice, sans craindre de tomber parfois dans l'hétéroclite. Il ne cherche pas la reconstitution historique, faite d'une prétendue couleur locale; tout au contraire, par le mélange anachronique des styles architecturaux, des costumes et des somptueuses parures, il crée un monde d'une profusion barbare qui suggère les mystères rituels et l'horreur sacrée. Cela est particulièrement sensible dans les différentes versions qu'il a données de Salomé dansant devant Hérode et de la décollation de saint Jean-Baptiste qui s'ensuivit. Quel étrange palais que celui d'Hérode, au style plutôt mauresque! Plus étrange encore cette figure de Salomé coiffée d'une mitre phénicienne et tenant dans sa main la fleur sacrée de l'Égypte et de l'Inde, une branche de lotus. Marcel Proust ne fut pas le seul à être fasciné par cet art singulier, qui inspira poètes et romanciers: parmi eux, José Maria de Heredia, Mallarmé, Huysmans.

ANNIVERSAIRES

Il y a 200 ans: naissance d'Honoré de Balzac, auteur de la vaste *Comédie humaine*.

Il y a 100 ans: naissance à Paris du compositeur de musique Francis Poulenc.

Il y a 50 ans: parution du *Deuxième sexe* de Simone de Beauvoir.

Il y a 30 ans: premier vol du supersonique franco-britannique "Concorde".

Il y a 10 ans: adoption du revenu minimum d'insertion (RMI).

PERSONNALITÉS DISPARUES

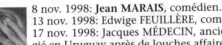

8 nov. 1998: **Jean MARAIS**, comédien.
13 nov. 1998: Edwige FEUILLÈRE, comédienne.
17 nov. 1998: Jacques MÉDECIN, ancien maire gaulliste de Nice, réfugié en Uruguay après de louches affaires.
6 déc. 1998: CÉSAR (César Baldaccini), à 77 ans, sculpteur, auteur des "Césars", les trophées du cinéma français.
5 janv. 1999: Michel PETRUCCIANI, 36 ans, pianiste et compositeur de jazz le plus connu avec Grapelli.

13 janv. 1999: Yves JOUFFA, 78 ans, président de la *Ligue des Droits de l'homme et du citoyen* (LDH) de 1984 à 1991.

2 fév. 1999: Michel PERICARD, 69 ans, vice-président de l'Assemblée nationale, qui a joué un grand rôle dans l'audiovisuel.

27 fév. 1999: Stéphane SIRKIS, 39 ans, guitariste et claviériste, qui a fondé le groupe Indochine.

21 mars 1999: Jean GUITTON, 97 ans, académicien, philosophe.

30 mars 1999: Michel CREPEAU, 68 ans, maire de La Rochelle, ancien président des radicaux de gauche, député.

31 mars 1999: Michel ETCHEVERRY, 79 ans, comédien, sociétaire-honoraire de la Comédie française.

19 juin 1999: **Henri d'Orléans, comte de Paris**, 90 ans.
16 juil. 1999: André MARTINET, à 91 ans, le généraliste de la linguistique.

Grands prix littéraires

• Prix Goncourt: CONSTANT Paule, *Confidence pour confidence*, Gallimard.
Trois portraits de femmes dans les tourments de la cinquantaine.
• Prix Goncourt des lycéens: LANG Luc, *Mille six cents Ventres*, Fayard.
Le titre correspond au nombre des détenus à la prison de Strangeways lors de la mutinerie de 1990. Luc Lang a déjà été cité pour *Furies* (voir *AFI 1996*).

Paule Constant

• Prix Renaudot: BONA Dominique, *Le Manuscrit de Port-Ébène*, Grasset.
L'auteur avait obtenu le Prix interallié en 1992 pour *Malika*. Elle nous raconte, à la première personne, l'aventure d'une jeune vendéenne qui va, en 1784, à Saint-Domingue pour rejoindre son époux.
• Prix Fémina: CHENG François, *Le Dit de Tianyi*, Albin Michel.
Tianyi apparaît comme l'incarnation des artistes chinois, fascinés par la culture occidentale, qui ont vécu la tragédie du maoïsme. Cheng, né en 1929, traducteur de Baudelaire et de Rimbaud, est l'auteur d'essais remarqués: *L'Espace du rêve: mille ans de peinture chinoise, Chuta, le génie du trait; La Saveur du monde, Shitao (1642-1707)*.
• Prix Médicis: HOMÉRIC, *Le Loup mongol*, Grasset.

François Cheng

Évocation de l'aventure fabuleuse de Gengis Khan par un ex-jockey, chroniqueur hippique *(Libération)*, auteur de *Œdipe le cheval* (1992) et de *L'Aventure de Mazeppa* (1993).
Prix interallié: MARTIN-CHAUFFIER Gilles, *Les Corrompus*, Grasset.
Tableau désopilant des mœurs de notre époque, par le fils du célèbre romancier et essayiste Louis Martin-Chauffier (1896-1980).
• Prix des deux magots: DUGAIN Marc, *La Chambre des officiers*, Éd. Jean-Claude Lattès.
Évocation, dans ce premier roman, couronné également du Prix des libraires, de son grand-père qui reçut, en 1914, un éclat d'obus en plein visage, une "gueule cassée".

BIBLIOGRAPHIE

Histoire

BARATAY Éric et HARDOUIN-FUGIER Élisabeth, *Zoos. Histoire des jardins zoologiques en Occident*, la Découverte, 294 p.

CORDIER Daniel, *Jean Moulin, la République des catacombes*, Gallimard, 1008 p.

Somme critique d'un acteur-témoin sur la Résistance des chefs.

DUBY Georges (sous la dir. de), *Histoire de la France des origines à nos jours*, Larousse, 1258 p.

JORDI Jean-Jacques et PLANCHE Jean-Louis, *Alger 1860-1939. Le modèle ambigu du triomphe colonial*, éd. Autrement, 224 p.

LANCEL Serge, *Saint-Augustin*, Fayard, 796 p.

LE GOFF Jacques, *Un autre Moyen-Âge*, Gallimard, 1400 p.

Réunion des textes majeurs du célèbre historien.

POLIAKOV Léon, *Mémoires*, éd. Jacques Grancher, 336 p.

Du célèbre historien de l'antisémitisme, décédé en 1997.

REVEL Jacques et SCHMITT Jean-Claude (sous la dir. de), *L'Ogre historien*, Gallimard, 360 p.

Textes en hommage à l'historien du Moyen-Âge Jacques Le Goff, pour ses 75 ans.

RIGAULT Patricia, *Toutankhamon. Le pharaon retrouvé*, éd. Liana Levi, 118 p.

SIMONNOT Philippe, *Juifs et Allemands – Préhistoire d'un génocide*, PUF, 396 p.

Science politique

BAUDOIN Jean, *Introduction à la sociologie politique*, Seuil, 1998, 326 p.

CRAPEZ Marc, *Naissance de la gauche*, Éditions Michalon, 1998, 317 p.

CURAPP, *Questions sensibles*, PUF, 1998, 418 p.

CURAPP, *La Politique ailleurs*, PUF, 1998, 420 p.

ELGEY Georgette et COLOMBANI Jean-Marie, *La Cinquième ou la République des phratries*, Fayard, 418 p.

Bilan thématique des quarante années de la Cinquième République en France.

OFFERLE Michel, *La Profession politique XIXe-XXe siècles*, Belin, 364 p.

PORTELLI Hughes, *Le Parti socialiste*, Montchrestien, 1998, 154 p.

Une présentation très claire du parti actuellement au pouvoir en France avec d'utiles annexes.

SOMMIER Isabelle, *Les Mafias*, Montchrestien, 1998, 154 p.

Une enquête sur ces organisations qui font échec à l'autorité de l'État dans le monde (Sicile, Russie, Chine, etc.).

Politique française et étrangère

BALLEIX-BANERJEE Corinne, *La France et la Banque centrale européenne*, PUF, 1999, 357 p.

Voir *AFI 1999*.

BOCKEL Jean-Marie, *La Troisième Gauche. Petit manifeste social-libéral*, éd. L'Archer.

Un texte provocateur, critique par rapport au parti socialiste "d'un autre âge", par un député socialiste!

DUMONT Gérard-François, *Les Racines de l'identité européenne*, Economica, 396 p.

LAROCHE Josepha, *Politique internationale*, LGDJ, 1998, 557 p.

Présentation très accessible des enjeux internationaux avec glossaire, références bibliographiques et sites Internet.

LAVILLE Alain, *Un crime politique en Corse*, Le Cherche-Midi Éditeur, 1999, 305 p.

Enquête sur l'assassinat en 1998 du préfet C. Érignac et tentatives d'explication.

ROCHE Jean-Jacques, *Le Système international contemporain*, Montchrestien, 1998, 153 p.

Un livre court et clair pour comprendre les relations internationales contemporaines, qui en est à sa 3e édition.

Justice

HAENEL Hubert et FRISON-ROCHE Marie-Anne, *Le Juge et le Politique*, PUF, 1998, 265 p.

Une approche sobre et claire du nouveau rôle du juge.

MEMMI Dominique, *Les Gardiens du corps: dix ans de magistère bioéthique*, éd. de l'EHESS, 1999.

La difficile détermination des usages légitimes du corps humain par le Conseil national d'éthique.

MINC Alain, *Au nom de la loi*, Gallimard, 1998, 256 p.
SALAS Denis, *Le Tiers Pouvoir*, Hachette, 1998, 291 p.
  Étude complète de l'évolution de la justice et des risques liés à son pouvoir.

Communication

RAMONET Ignacio, *La Tyrannie de la communication*, Galilée, 200 p.
SCHNEIDERMANN Daniel, *Du journalisme après Bourdieu*, Fayard, 141 p.

Société

ERIBON Didier, *Réflexions sur la question gay*, Fayard, 526 p.
HIRIGOYEN Marie-France, *Le Harcèlement moral*, Syros, 212 p.
  Descriptif, enquête et guide pour lutter contre… En tête des ventes.
V. Anne, *Jusqu'à plus soif. Renaître de l'alcool*, Nil, 310 p.

Femmes

FRAISSE Geneviève, *Les Femmes et leur Histoire*, Folio Histoire, 1998, 618 p.
HABIB Claude, *Le Consentement amoureux, Rousseau, les femmes et la cité*, Hachette, 1998, 296 p.
HUBERT Agnès, *L'Europe et les Femmes. Identités en mouvement*, Apogée, 1998, 192 p.
KAUFMANN Jean-Claude, *La Femme seule et le Prince charmant*, Nathan, 208 p.
  Enquêtes sur les femmes qui vivent en solo, l'augmentation de leur nombre, l'opprobre qu'elles subissent.
LE DOEUF Michèle, *Le Sexe du savoir*, Aubier, 1998, 378 p.
PERROT Michelle, *Les Femmes ou le Silence de l'histoire*, Flammarion, 1998, 494 p.

Philosophie

BATAILLE Georges, *Textes, lettres et documents (1932-1939)*, éd. de la Différence, 614 p.
  Documents passionnants de l'auteur explosif de *Histoire de l'érotisme…*, dissident du surréalisme.
DELACAMPAGNE Christian, *De l'indifférence. Essai sur la banalisation du mal*, Odile Jacob, 1998, 240 p.
ETCHEGOYEN Alain, *La vraie morale se moque de la morale. Être responsable*, Seuil, 230 p.
  Un décrassage de la morale…
FOUCAULT Michel, *Les Anormaux. Cours du Collège de France (1974-1975)*, Gallimard/Le Seuil, 356 p.
  Une réflexion passionnante sur le monstre, l'incorrigible et l'onaniste au travers des expertises psychiatriques.
MABILLE Bernard, *Hegel, l'épreuve de la contingence*, Aubier, 386 p.
  Une relecture du philosophe allemand.
SASSIER Philippe, *Pourquoi la tolérance*, Fayard, 222 p.

Psychanalyse

DUMAS Didier, *Sans père et sans parole*, Hachette, 225 p.
  L'indispensable rôle du père, que l'auteur estime de plus en plus mis à l'écart. Un livre qui ne réussit pas à faire pleurer sur le sort des hommes.

Médecine

ROZENBAUM Willy, *La vie est une maladie sexuellement transmissible*, Stock, 1999.
  Par un médecin, un des plus grands spécialistes du SIDA.

Gastronomie

JOST Philippe, *La Gourmandise, les chefs-d'œuvre de la littérature gastronomique de l'Antiquité à nos jours*, Pré-aux-clercs, 946 p.
LOTTMAN Herbert, *Michelin, 100 ans d'aventures*, Flammarion, 550 p.
MERVAUD Christiane, *Voltaire à table: plaisirs du corps, plaisirs de l'esprit*, éd. Dejonquières, 1998, 232 p.
SABAN Françoise et SERVENTI Silvano, *La Gastronomie au Grand Siècle, cent recettes de France et d'Italie*, Stock, 318 p.
SCITIVAUX Armelle de, *L'Almanach du gastronome*, Éd. du Bottin gourmand, 1998, 336 p.

FRANCE

Bibliographie économique et sociale

CHARPIN J. M., *L'Avenir de nos retraites*, Paris, La Documentation française, 1999.

CONSEIL D'ANALYSE ÉCONOMIQUE, rapport de B. MAJNONI d'ITIGNANO, *Égalité entre les hommes et les femmes: aspects économiques*, Paris, La Documentation française, 1999.

DUSAUTOY M. (sous la dir. de), *Intégration européenne et emploi: le cas des pays semi-périphériques de l'Europe*, Paris, coll. Espace européen, Presses universitaires de la Sorbonne nouvelle, 1999.

FITOUSSI J. P. (sous la dir. de), *Rapport sur l'état de l'UE*, Paris, Fayard, Presses de Sciences politiques, 1999.

GUILLON R., *Environnement et Emploi, quelles approches syndicales?*, Paris, L'Harmattan, 1999.

INSEE, *Données sociales, la société française*, 1999.

MARIS B., *Lettre ouverte aux gourous de l'économie qui nous prennent pour des imbéciles*, Paris, Albin-Michel, 1999.

MERTENS-SANTA-MARIA D., *Entreprises européennes et mondialisation (1978-1996), état des lieux et stratégies*, Paris, La Documentation française, 1998.

MORIN F., *Le Modèle français de détention et de gestion du capital*, Éditions du ministère de l'Économie et de l'Industrie, 1999.

NOTAT N., *Du bon usage des trente-cinq heures*, Paris, Le Seuil, 1998.

PERRET B., *Les Nouvelles Frontières de l'argent*, Paris, Le Seuil, 1998.

RIOUX J. P., *Une histoire en image du constructeur automobile français*, Paris, Éditions Hazan, 1998.

L'État de la France, 1999-2000, Paris, La Découverte.

Littérature pour la jeunesse

Depuis 1987, le Prix Saint-Exupéry–Valeurs jeunesse récompense les meilleurs ouvrages écrits en français et destinés à la jeunesse: le meilleur album pour les 5-9 ans; le meilleur roman pour les adolescents; le meilleur ouvrage francophone (album ou roman). Les œuvres sont sélectionnées pour la qualité de leur langue et de leurs illustrations; en hommage au père du Petit Prince, le jury insiste aussi sur l'idéal d'amitié, de courage, d'honnêteté et de loyauté qui doit animer les histoires primées.

En 1998, le Prix de l'album pour les enfants de 5 à 9 ans a été décerné à Jo Hoestland et Philippe Mignon, pour *Le Pouvoir d'Aimé*; celui du roman pour la jeunesse, à Roland Sabatier pour *Galibette et l'Arbre sacré des Arayas*; et celui de l'ouvrage francophone, au Québécois Sylvain Trudel pour *Les Dimanches de Julie* et l'ensemble de son œuvre.

En 1999, le Prix Saint-Exupéry–Valeurs jeunesse sera remis le 25 novembre au Planétarium de Paris.

Littérature

BESSON Patrick, *Les Frères de la consolation*, Grasset.
> Deux Serbes dans le Paris des années 1830; peinture de la société de l'époque.

BRISAC Geneviève, *Voir les jardins de Babylone*, Éd. de l'Olivier.
> Les secrets de la vie intime d'une femme dans le cadre d'une enquête sur la sexualité féminine. Œuvre typique d'une génération qui se durcit à l'épreuve de ses déceptions.

CASTRO Ève de, *Le Soir et le Matin suivant*, Albin Michel.
> La "Circassienne", personnage historique, dans l'atmosphère de libertinage de la Régence. Un roman de la veine d'Alexandre Dumas.

COSSÉ Laurence, *La Femme du premier ministre*, Gallimard.
> Mémoires apocryphes de l'épouse du duc de Choiseul, le fameux ministre de Louis XV.

DARRIEUSSECQ Marie, *Le Mal de mer*, Éd. POL.
> Le succès continue de sourire à cet écrivain-prodige (cf. *AFI 1998* et *AFI 1999*).

DESARTHE Agnès, *Cinq Photos de ma femme*, Éd. POL.
Délicatesse, solidité et intelligence, au service d'une tristesse pleinement assumée en fin de compte allègre. (cf. *AFI 1999*)

DESPLECHIN Marie, *Sans moi*, Éd. de L'Olivier.
Une bourgeoise désœuvrée recueille une "paumée". L'auteur a déjà remporté un vif succès avec un livre de nouvelles, *Trop sensibles*. (cf. *AFI 1996*).

FAYE Éric, *Croisière en mer des pluies*, Stock.
En 2029, la communauté des Terriens installés sur la lune commémore le 60e anniversaire des premiers pas qu'y fit l'homme; "fantastique quotidien".

HOUELLEBECQ Michel, *Les Particules élémentaires*, Flammarion.
Ce jeune écrivain déjà célèbre (cf. *AFI 1996*) présente deux personnages emblématiques, un professeur de lettres et un chercheur en biologie, qui vivent "l'apocalypse sèche" de cette fin de siècle. Le *Meilleur des mondes* d'Aldous Huxley, 70 ans plus tard.

MANET Eduardo, *D'amour et d'exil*, Grasset.
Ce Cubain naturalisé Français est bien connu des lecteurs de l'*AFI*. Son dernier ouvrage, peut-être le meilleur, reprend le thème de l'exil et de l'impossible oubli.

MATTON Sylvie, *Moi, la putain de Rembrandt*, Plon.
Tandis que son mari, Charles Matton, vient de réaliser un long métrage sur le peintre du clair-obscur, Sylvie fait revivre dans ce livre Hendrickje Stoffels, sa servante-maîtresse et son modèle, en butte aux persécutions du consistoire calviniste.

MAUVIGNIER Laurent, *Loin d'eux*, Éd. de Minuit.
Bouleversant premier roman sur l'indicible souffrance des gens simples.

MICHELET Claude, *La Terre des Vialhe*, Robert Laffont.
Fils d'Edmond Michelet, grand résistant, Claude s'est fait le chantre de la paysannerie.

NIMIER Marie, *Domino*, Gallimard.
La fille du grand romancier Roger Nimier en est à son septième roman en treize ans. Histoire loufoque à souhait, savamment montée et très noire, selon le genre.

NOTHOMB Amélie, *Mercure*, Albin Michel.
Une des valeurs consacrées de la jeune génération – elle a 32 ans. On est pris par le charme réel de ce récit court, aux dialogues alertes, sur le thème de l'enfermement.

OURAD Kenizé, *Le Jardin de Badalpour*, Fayard.
Journaliste, grand reporter au *Nouvel Observateur*, elle a remporté en 1987 un succès mondial avec *De la part de la princesse morte*. Nous en avons ici la suite.

RACINE Bruno, *La Séparation des biens*, Grasset.
Histoire d'une propriété héritée dans la montagne du Luberon. Mélancolie du passé retrouvé dans le silence humide d'une vieille demeure, thème repris avec une grande distinction et une émotion vraie.

RAGON Michel, *Un si bel espoir*, Albin Michel.
Fresque historique: de la Révolution de 1848 à l'écrasement de la commune de Paris en 1871. Michel Ragon est passé maître dans l'art de brosser de vastes épopées populaires (cf. *AFI 1997*). Le "bel espoir" est celui des révolutionnaires idéalistes.

SARRAUTE Claude, *C'est pas bientôt fini*, Plon.
Après *Allô Lolotte, c'est Coco*, ou bien *Papa qui?*, il s'agit cette fois, toujours avec la même rosserie hilarante, des déboires d'un couple de profs exerçant en banlieue.

SUREAU François, *Lambert Pacha*, Grasset.
Enquête policière subtile sur l'assassinat d'un banquier français repêché dans le Nil. Double exploration des mœurs administratives égyptiennes et du jeu politique français.

VAUTRIN Jean, *Cri du peuple*, Grasset.
Grand feuilleton populaire ayant pour cadre la commune de Paris; un flot débordant d'images, d'épisodes et d'intrigues: œuvre d'envergure.

WIAZEMSKY Anne, *Une poignée de gens*, Gallimard.
L'élimination radicale d'une grande famille russe entre 1916 et 1917. Sous prétexte d'en finir avec la cruauté du régime des tzars, on a tué des millions de gens et berné la terre entière. L'auteur, fille du prince Yvan Wiazemsky, a joué en 1967 dans le film *La Chinoise* de Jean-Luc Godard, son mari à l'époque.

BELGIQUE – COMMUNAUTÉ FRANÇAISE WALLONIE-BRUXELLES

Marc QUAGHEBEUR
Directeur des Archives et du Musée de la littérature
marc.quaghebeur@cfwb.be

Avec la collaboration de

Francis DELPÉRÉE, professeur de droit constitutionnel
Université catholique de Louvain
Robert WANGERMÉE, président du Conseil de la musique
de la Communauté française de Belgique
Francis MATHYS, journaliste, *Libre Belgique*
Christian NAPEN

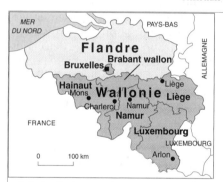

Organisation de l'État

Selon sa constitution actuelle, la Belgique est un état fédéral composé de 3 Régions et de 3 Communautés. Il s'agit de la Communauté française (les francophones de Bruxelles et de Wallonie), la Communauté flamande (les Flamands de Bruxelles et de Flandre), la Communauté germanophone (extrême-est de la Wallonie). Les 3 Régions sont: la Région de Bruxelles-Capitale (bilingue, mais francophone à plus de 85 %), la Région wallonne* (la Wallonie, francophone dans sa quasi-totalité excepté la Communauté germanophone) et la Région flamande (néerlandophone, mises à part les quelques communes bilingues à statut spécial). La **Communauté française** est membre de toutes les instances de la Francophonie, dont les Sommets et l'Agence de la Francophonie (ACCT); elle siège, par ordre alphabétique, à la lettre C; elle cotise à l'ACCT et finance la presque totalité des projets et programmes francophones (la Région wallonne contribue à des projets d'ordre technologique).

Le **Royaume de Belgique** (l'État fédéral dans son ensemble) est membre des Sommets mais ne siège que là: il siège par ordre alphabétique à la lettre B; il ne participe à aucun financement. Voilà pourquoi *L'Année francophone internationale* rend compte principalement des activités de la **Communauté française de Belgique** mais aussi du **Royaume de Belgique**.

* 5 provinces avec 5 chefs-lieux: Brabant wallon (Wavre), Hainaut (Mons), Liège (Liège), Luxembourg (Arlon), Namur (Namur, qui est aussi la capitale de la Wallonie tout entière). N.B.: Ne pas confondre l'État du Luxembourg avec la province.

On peut consulter:

BIRON Michel, *La Modernité belge, littérature et société*, Bruxelles/Montréal, Labor/PUM, 1994.
BITSCH Marie-Thérèse, *Histoire de la Belgique*, Paris, Hatier, 1992, 333 p.
HASQUIN Hervé, *Historiographie et Politique en Belgique: notre histoire*, Bruxelles/Wallonie, Éd. de l'Univ. de Bruxelles/Charleroi, Institut Jules Destrée, 1996 (3e éd.), 240 p.
KESTELOOT Chantal, *Mouvement wallon et identité nationale*, Bruxelles, Centre de recherche et d'information socio-politiques, 1993, 48 p.
LAGASSE Charles-Étienne, *Les Nouvelles Institutions politiques de la Belgique et de l'Europe*, Louvain-la-Neuve, Éd. Artel,1993, 416 p.
VAGMAN Vincent, *Le Mouvement wallon et la question bruxelloise*, Bruxelles, Centre de recherches et d'information socio-politiques, 1994, 64 p.

ROYAUME DE BELGIQUE

Quelques points de repère

Géographie

➤ Un "plat pays" (J. Brel) très peuplé sur une petite superficie. Une frontière linguistique, datant de la fin de l'époque romaine, partage le pays.

Histoire

➤ 57-51 av. J.-C. Province romaine conquise par Jules César.

➤ IVᵉ-VIᵉ s. Implantation des Francs.

➤ 843 Traité de Verdun: la rive gauche de l'Escaut relève de Charles le Chauve; le reste de la future Belgique, de Lothaire.

➤ XIVᵉ-XVIᵉ s. Unification progressive des anciens Pays-Bas, sous la tutelle des ducs de Bourgogne. Commerce et culture dynamiques.

➤ 1789 Proclamation des États-Belgique unis.

➤ 1794 La France s'annexe les Pays-Bas méridionaux et la principauté de Liège.

➤ 1815 Le congrès de Vienne crée le royaume des Pays-Bas, qui réunit les Pays-Bas septentrionaux et méridionaux.

➤ 1830 Indépendance: les provinces belges se séparent des Pays-Bas.

➤ 1831 Léopold Iᵉʳ proclamé roi des Belges.

➤ 1885 Léopold II devient souverain de l'État indépendant du Congo.

➤ 1944-51 Affaire royale. Abdication de Léopold III et avènement de Baudouin Iᵉʳ.

➤ 1957 Traité de Rome: Bruxelles est déclarée capitale de la CEE.

➤ 1960 Grève générale. Indépendance du Congo.

➤ 1992 (mars) Jean-Luc Dehaene, premier ministre.

➤ 1993 (7 mai) Modification de la Constitution: la Belgique devient fédérale.

➤ 1993 (1ᵉʳ août) Mort de Baudouin Iᵉʳ. Son frère, Albert II, lui succède.

➤ 1999 (juin) Élections générales. Démission de Jean-Luc Dehaene. Guy Verhofstadt lui succède.

Vie politique

Les surprises du chiffre 13

En Belgique, la date du 13 juin 1999 correspondait non seulement au vote pour le Parlement européen, mais aussi pour les parlements fédéral, régionaux et communautaires – les élections communales et provinciales étant réservées à l'automne 2000.

Sans que l'on puisse parler de séisme, ces élections entraînent une modification profonde des données du jeu politique belge puisque, pour la première fois depuis 41 ans, le parti social-chrétien flamand ne constitue plus le premier groupe parlementaire du pays. Pour la première fois aussi, la famille libérale dans ses deux composantes devient la première famille politique. C'est d'ailleurs à elle, en la personne du président des libéraux francophones, Louis Michel, que le roi Albert II a confié la mission d'informateur avant de désigner le chef de file des libéraux flamands, Guy Verhofstadt, dans le rôle de formateur du gouvernement fédéral. Ce dernier a entamé des négociations avec les socialistes et les écologistes du nord et du sud du pays. L'hypothèse d'un gouvernement "arc-en-ciel" relèguerait, pour la première fois depuis 1958, l'ensemble de la famille sociale-chrétienne dans l'opposition.

Complexes, et d'autant plus difficiles à gérer que le mode de scrutin en Belgique constitue une radiographie presque parfaite des sensibilités politiques – le vote est obligatoire et le scrutin proportionnel est appliqué dans toute sa rigueur –, les élections du 13 juin ont déjoué les prévisions pessimistes en Wallonie et à Bruxelles concernant la montée de l'extrême-droite. Elles les ont confirmées en revanche en Flandre où l'on observe une solide progression du Vlaams Blok, parti d'inspiration fasciste. Si l'on ajoute à cela la progression de la Volksunie et des libéraux flamands, et si l'on tient compte des voix de droite qui constituent la moitié de l'électorat du parti social-chrétien flamand, on se trouve au nord du pays

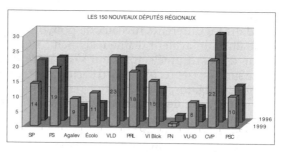

LES 150 NOUVEAUX DÉPUTÉS RÉGIONAUX

avec une majorité de votes clairement centrés à droite. En Flandre, le recul des socialistes est tout aussi significatif que celui des sociaux-chrétiens, la progression très sensible des Verts ne constituant pas un réel contrepoids du fait de leur faible représentation parlementaire jusqu'à présent.

Dans la partie francophone, la situation est différente puisque la progression écologiste y est très importante – ce parti double son nombre de sièges; que le recul social-chrétien est faible en dépit des pronostics catastrophiques et du départ vers la famille libérale d'une frange de ce parti emmenée par son ancien président Gérard Deprez; que le recul socialiste reste également contenu puisque cette famille demeure majoritaire en Wallonie; et que l'alliance regroupant les libéraux, les fédéralistes bruxellois (FDF) et les amis de Gérard Deprez n'a pas progressé en sièges. À Bruxelles, on n'a pu manquer d'observer que chaque liste des partis démocratiques intégrait un grand nombre de candidats issus de l'immigration. Ceux-ci ont obtenu un nombre significatif de voix de préférence. En revanche, l'incroyable complication des modalités de vote pour les Belges résidant à l'étranger n'a permis qu'à 18 d'entre eux, ayant satisfait aux différents devoirs administratifs s'élevant en moyenne à 6000 F, de participer au scrutin.

Formateur pour la Wallonie, le président du parti socialiste Philippe Busquin s'est tout de suite dirigé vers la constitution d'une coalition

COMMUNAUTÉ FRANÇAISE DE BELGIQUE

QUELQUES POINTS DE REPÈRE

Les rapports Wallons–Flamands ont engendré la transformation de la Belgique unitaire en une Belgique régionalisée, puis fédérale:

➤ 1970 1ère révision de la Constitution belge:
- 3 Communautés culturelles: wallonne, flamande et germanophone;
- formation de 3 Régions dotées d'un territoire: Wallonie, Bruxelles, Flandres.
➤ 1980 2e réforme de l'État:
- les 3 Communautés sont dotées d'un conseil (parlement) et d'un exécutif (gouvernement). Compétences élargies de la culture à la santé et à l'aide sociale;
- les régions wallonne et flamande, avec conseil et gouvernement.
➤ 1988-1989 3e réforme:
- 3e Région: Bruxelles-Capitale;
- compétences étendues. Communautés: enseignement; Régions: travaux publics et transports.
➤ 1993 4e réforme:
- la Belgique, État fédéral à part entière.
- trois niveaux de pouvoir équivalents, Fédéral, Communautés, Régions, chacun dans son champ de compétences, y compris au niveau international.

"arc-en-ciel", indiquant comme son collègue libéral une volonté de symétrie dans les différents niveaux de pouvoir du pays. Louis Michel et Philippe Busquin avaient d'ailleurs conclu, 18 mois avant les élections, une forme d'accord préélectoral qui s'est avéré décisif pour le jeu politique belge suite au net recul du parti social-chrétien flamand. Surprenante à de nombreux égards, cette alliance ne doit pas être considérée comme un virage à gauche des libéraux, mais comme la traduction d'une situation politique où la pression de l'extrême-droite est contenue. Ce genre de coalition a par ailleurs déjà été expérimentée au niveau communal, à Bruxelles-Ville notamment. Dans la région de Bruxelles-Capitale, l'échec de l'opération de séduction des francophones par le Vlaams Blok – lequel avait mis en avant l'ancien commissaire de police Demol et sa propagande anti-immigrés – ne permettra pas à ce parti d'enrayer la délicate manœuvre de fonctionnement des institutions bruxelloises.

Politique intérieure

Menée presque jusqu'à son terme par l'équipe gouvernementale de **Jean-Luc Dehaene**, la législature a été marquée à la fois par la poursuite de l'assainissement budgétaire lié à l'application des normes du traité de Maastricht et par de nombreuses secousses de la société dont le pouvoir politique a fort peu tenu compte. Durant l'année écoulée, les conclusions du procès Agusta-Dassault ont été extrêmement sévères pour les personnalités inculpées; les rebondissements de l'enquête sur la mort de Julie et Mélissa n'ont cessé de révéler de nouveaux dysfonctionnements de l'appareil d'État; le projet octopode de restructuration de la police et de la gendarmerie a subi l'effet de nouveaux compromis; le drame des sans-papiers, marqué par des occupations pacifiques d'églises et par la découverte des conditions inadmissibles d'hébergement des candidats réfugiés dans les centres fermés dépendant de la gendarmerie, a fait suite au scandale du décès tragique de Sémira Adamou, morte étouffée pendant son expulsion le 28 septembre 1998, et à la démission du ministre de l'Intérieur, le socialiste flamand Louis Tobback. Tous ces éléments ont élargi encore un peu plus le fossé séparant la classe politique de la sensibilité de la société civile.

La révélation, moins de quinze jours avant les élections, du scandale de la dioxine, qui n'est bien sûr qu'un des nombreux avatars des façons de faire de l'industrie agro-

alimentaire, a constitué la goutte qui fit déborder le vase. Cette fois, la démission des ministres Pinxten (CVP) et Colla (SP) n'eut aucun effet cathartique: les mesures contradictoires et les tentatives d'étouffement de l'affaire ont été ressenties d'autant plus durement que les grandes qualités du premier ministre Jean-Luc Dehaene n'ont jamais comporté la dimension de communication qui est une des caractéristiques de nos sociétés. Quelques jours après surgissait également une épidémie de malaises liés à l'absorption de canettes de Coca-Cola fabriqué à Dunkerque.

C'est au lendemain des élections, à l'heure où il reconnaissait sa défaite, que le premier ministre, par ailleurs crédité du plus grand nombre de voix de préférence de ces élections (562 000), a trouvé les mots qui touchaient.

Les derniers mois de la législature avaient en outre été marqués par l'entrée en guerre de la Belgique dans le conflit des Balkans. Le pays n'avait pas fait exception à la règle qui a prévalu dans chaque pays européen: la non-consultation du Parlement pour cette décision. C'est très tardivement que le premier ministre réunit les responsables politiques des différents partis démocratiques pour les informer des engagements que le pays avait pris envers l'OTAN. Dans l'ensemble, la classe politique a également manifesté en la matière une grande unité de vues, qui contraste avec le ton souvent critique des tribunes libres publiées dans la presse. Bien que la nécessité d'une politique étrangère commune de l'Union européenne se soit fait de plus en plus nettement sentir, la Belgique n'a pris aucune initiative en ce sens. Elle s'est alignée sur les positions de ses grands voisins et alliés.

En dépit de réembrasements incessants, le communautaire n'a pas déterminé les choix de l'électeur. Notons seulement, au fil de l'année écoulée, la publication par le Conseil de l'Europe du rapport du juriste suisse Columberg, voté à l'unanimité des voix, sauf celle du social-chrétien flamand Weyts et les deux abstentions des représentants balte et néérlandais. Ce rapport estimait que la circulaire Peeters visant à miner les facilités linguistiques en périphérie bruxelloise devait être retirée et que la Flandre devait arrêter sa politique de tentative d'assimilation des francophones, lesquels étaient, eux, invités à faire des efforts d'intégration. Le rapport incitait en outre à une promotion du bilinguisme. Il évoquait l'idée d'un référendum permettant aux communes de la périphérie bruxelloise de choisir de rejoindre ou non la région de Bruxelles-Capitale. Inutile de préciser le tollé que ce rapport entraîna dans la classe politique flamande qui parvint d'ailleurs à faire édulcorer le texte finalement voté à Strasbourg. La question du retrait de la publicité pour le tabac – problématique pour la région wallonne dans la mesure où cette publicité fournit une part des recettes du circuit automobile de Francorchamps – n'a, elle non plus, pas réellement réussi à empoisonner l'atmosphère. En ce qui concerne enfin la polémique qui opposait région bruxelloise et région flamande à propos de l'incinérateur de déchets de Drogenbos, c'est également l'intervention des instances européennes qui semble avoir mis fin à un dossier lourdement chargé d'implications communautaires et écologiques.

Notons enfin que le parlement flamand, inauguré en mars 1996, a fait l'objet de vives critiques de la Cour de justice des Communautés européennes qui a condamné la Belgique, pourtant non directement concernée, mais seule représentée, pour vice de procédure en matière d'adjudication. De son côté, le parlement wallon s'installait à Namur dans l'ancien hospice Saint-Gilles, totalement réaménagé en vue d'en faire un parlement à l'anglaise où majorité et opposition se retrouvent face à face.

VIE ÉCONOMIQUE, entre rentabilité et chômage

L'accentuation des concentrations industrielles et bancaires s'est poursuivie, diminuant encore un peu plus l'ancrage belge des grandes sociétés. Dernière en date, la fusion de la Générale de banque et de la Caisse générale d'épargne et de retraite avec deux branches du capital hollandais. Cette opération crée un des premiers groupes européens, sous le nom de Fortis banque. Mais cette fusion, qui entraînera plus ou moins la fermeture d'un tiers des agences, devrait concerner en Belgique environ 4500 personnes par le biais des mises à la retraite anticipées. Son système informatique unique sera effectif à partir de 2001. De même, le Crédit Lyonnais Belgique, banque d'affaire particulièrement agressive, a été reprise par la Deutsche Bank. Autre changement important en Belgique, dans le domaine des assurances: les épousailles entre la Royale Belge et le groupe Axa. 700 emplois sont également menacés. Bien que la décision n'ait pas constitué une surprise absolue, l'éjection de Philippe Bodson, grand patron belge du groupe Tractebel – longtemps le symbole du capitalisme national – par les nouveaux propriétaires français du groupe, tourne elle aussi une page de notre histoire industrielle. Depuis, Philippe Bodson s'est reconverti en politique: il siégera désormais comme sénateur libéral avec un bon score de voix de préférence. La désignation de son remplaçant, Jean-Pierre Hansen, s'inscrit dans la politique française de Suez-Lyonnaise des Eaux d'organiser autour de Tractebel l'ensemble de ses activités dans le domaine de l'énergie. La Générale de banque a d'ailleurs racheté pour 31,3 milliards la société française Elyo avant de la transférer à Tractebel. Les dernières opérations d'Albert Frère viennent par ailleurs de propulser le magnat carolorégien dans le club très fermé des hommes les plus riches du monde. Le patron de la GBL s'est en outre offert pour cinq milliards de francs le Château Cheval blanc, prestigieux cru de Saint-Émilion.

Le procès Agusta-Dassault
Francis DELPÉRÉE
Professeur de droit constitutionnel, U. C. Louvain

Le procès Agusta-Dassault a retenu l'attention de l'opinion publique et des médias belges et internationaux durant les quatre derniers mois de l'année 1998.

Parmi les personnalités prévenues, trois dirigeants du parti socialiste: Willy Claes, ancien secrétaire général de l'OTAN, Guy Spitaels, ancien président du parti socialiste et Guy Coeme, ancien ministre. Également, des dirigeants d'entreprises de matériel d'aviation: Serge Dassault et Rafaelo Teti, qui décéda quelques jours avant l'ouverture du procès. Des collaborateurs ou des intermédiaires, par l'effet de la procédure de connexité, voient joindre leur dossier au litige principal.

Élément essentiel, le procès se développe devant la Cour de cassation. La Constitution réserve, en effet, à la plus haute juridiction de l'ordre judiciaire, le droit de juger les ministres et les anciens ministres pour les infractions qu'ils auraient commises dans l'exercice de leurs fonctions. Les débats ont été menés avec autorité et urbanité par le président Lahousse, l'accusation a été menée avec vigueur, et parfois avec vivacité, par le procureur général, Eliane Liekendaele, en personne.

Au centre du procès, la corruption. Les sociétés Agusta et Dassault ont-elles promis et versé de l'argent à des ministres socialistes ou à des dirigeants de leur parti? Le pacte de corruption a-t-il déterminé les autorités belges à choisir, en 1988 et 1989, du matériel militaire italien et français plutôt que d'autres?

La Cour rend, le 23 décembre, un arrêt clair, structuré, méthodique. Elle retient la responsabilité des dirigeants du parti socialiste flamand dans le volet Agusta du dossier: "La société Agusta a bénéficié par rapport à sa concurrente Aérospatiale d'un favoritisme manifeste dans la négociation de l'offre économique de sa soumission"; "il est certain que le cabinet de la Défense nationale a, pour le moins, assisté la société Agusta dans la préparation de son dossier".

La Cour retient aussi la responsabilité des dirigeants des partis socialistes flamand et francophone dans le volet Dassault. Elle ne sanctionne pas seulement le comportement des ministres et des fonctionnaires qui ont fait l'objet de la part de l'industriel français de manœuvres de corruption. Elle est attentive aux démarches qui ont été accomplies par l'entourage du président Spitaels, au motif que celui-ci "exerçait dans son parti un pouvoir quasi sans partage".

L'arrêt du 23 décembre paraît équilibré. Trois ans de prison avec sursis pour Willy Claes, deux ans pour Guy Coeme, Guy Spitaels et Serge Dassault. Ils ne sont pas privés de leurs droits politiques, par exemple celui de l'électorat ou de l'éligibilité, mais ils sont interdits d'exercer une fonction ou un emploi publics. L'arrêt a été bien accueilli, il n'a pas suscité d'inutiles controverses. Même si Jean-Pierre Cot, avocat de Willy Claes, a cru utile de parler de "procès politique" et si certains condamnés ont manifesté l'intention de se pourvoir auprès de la Cour européenne des droits de l'homme, au motif que les conditions d'un procès équitable ne leur auraient pas été réservées.

L'arrêt Agusta-Dassault tourne la page. Il met fin, il faut l'espérer, à la période de l'"argent fou" qui alimentait des caisses noires des partis politiques, aux circuits de corruption et à l'usage généralisé des pots-de-vin, selon l'expression imagée de la Cour de cassation. De ce point de vue, l'arrêt se veut moralisateur: "Les comptabilités occultes sont inadmissibles et condamnables; elles sont d'autant plus inacceptables lorsqu'elles sont le fait de personnes qui, en raison des fonctions supérieures qu'elles exercent dans l'État, doivent être d'une probité insoupçonnable." Il dénonce tout autant les pratiques d'enrichissement illicite que les méthodes, qualifiées d'inacceptables, utilisées pour le transport et l'acheminement des fonds. Il n'hésite pas à tirer les leçons politiques de l'affaire: "En démocratie, les citoyens sont en droit d'attendre que les hommes politiques qui les représentent ou les hauts fonctionnaires qui les administrent ne sacrifient pas les intérêts de la société à leur intérêt personnel ou à ceux d'un parti." Qui ne souscrirait à une telle conclusion?

La saga de la sidérurgie wallonne s'est quant à elle poursuivie avec la reprise de Cockerill Sambre par le groupe français Usinor, qui a annoncé la création de 4000 emplois en Wallonie. Elle a vu d'autre part l'acceptation *in extremis* de la prise du groupe Boël par le groupe Duferco, lequel s'était vu adjuger il y a peu les Forges de Clabecq. Au terme d'une réunion à l'"Élysette", les interlocuteurs ont convenu du maintien de 833 emplois sur les 1338 du site de La Louvière et du transfert de 100 autres vers Clabecq. Les 405 derniers travailleurs bénéficieront de la prépension à 50 ans et d'une prime de départ de 600 000 F pour les ouvriers.

Les efforts de la région wallonne n'endiguent bien sûr pas les effets sur l'emploi de la vague de ces restructurations, liées au taux de rentabilité exigée par les Bourses. Les Ciments d'Obourg ont ainsi supprimé vingt pour cent de leurs effectifs.

L'avenir de la firme verrière Verlipack reste quant à lui incertain, tandis que les profits ne cessent de s'accroître dans le domaine des télécommunications et des nouvelles technologies.

Wallonie-Bruxelles

C'est d'ailleurs dans ces secteurs, et en particulier dans le génie génétique et dans les "niches" de la très haute ingénierie informatique, que se situent les firmes les plus en pointe dans le sud du pays. La presse a ainsi récemment mis en valeur la progression du groupe multimédia Neurones, actif sur le marché européen de l'animation virtuelle, qui vient d'inaugurer à Lisbonne un nouveau studio, lequel s'ajoute à ceux qu'il possède déjà en France, en Allemagne, au Canada ou en Corée.

Dommage que les universités, auxquelles sont souvent liées les activités de ces firmes performantes, ne reçoivent pas les sommes nécessaires au développement de leurs recherches, en particulier fondamentales. À cet égard, la prochaine législature devra se pencher sur les modes de refinancement de la Communauté française, pourvoyeuse des crédits en la matière. Un rapport de professeurs des trois universités francophones, invités par les négociateurs politiques, a mis l'accent sur les impasses budgétaires qu'entraîne, dans la partie francophone, le maintien de la séparation entre Communauté et Régions.

Sur le plan économique, la Wallonie est une région en pleine mutation

Christian NAPEN

Historiquement, les Wallons ont hérité d'un outil industriel inadéquat, avec des types d'entreprises très dominants. Un tel système amène une génération, et parfois même plusieurs, à se modifier. Ensuite, il leur a fallu affronter les crises successives de la métallurgie, des charbonnages, du textile et de la sidérurgie, dans le cadre d'un État unitaire au sein duquel les aides économiques étaient réparties en fonction de clés communautaires et non des besoins réels. Enfin, la frilosité des investisseurs privés de même que l'absence de grands groupes financiers à vocation régionale ont obligé les pouvoirs publics à intervenir plus que de raison dans l'économie wallonne.

Malgré cet héritage difficile et un contexte économique mondial de grande compétitivité, le redressement de la Wallonie est en marche. Le budget de la région wallonne, qui s'établit à quelque 190 milliards de francs, est loin de donner raison aux scénarios catastrophes qui prédisaient la faillite de la Région à l'horizon 1999. D'un point de vue macro-économique, on constate que le différentiel entre la Flandre et la Wallonie n'a cessé de se resserrer depuis 1988. D'autre part, bien que la dernière décennie ait été caractérisée par une austérité budgétaire, la région wallonne s'est plutôt bien comportée à l'échelon international.

En vertu d'un profil qui lui est bien spécifique, la Wallonie dispose d'un certain nombre d'atouts: une position centrale sur le marché européen, des infrastructures de transport performantes, des dirigeants compétents, la qualification et le savoir-faire de sa main-d'œuvre, sans oublier un équilibre social garanti par un dialogue permanent et un environnement de qualité.

Les programmes de relance industrielle et de restructuration des entreprises de type traditionnel ont donné la priorité au maintien de l'emploi et à la pérennité des outils.

Les bassins de Liège et de Charleroi trouvent à présent de nouvelles voies de développement dans la modernisation et le prolongement des filières de la sidérurgie et de l'électromécanique. C'est ainsi que, sur cet axe est-ouest, les activités liées à l'aéronautique et à l'électronique sont en pleine croissance.

Dans le domaine des Fonds structurels européens, qui concernent 68% du territoire wallon, la liberté de manœuvre de la Région a conduit à des résultats remarquables. Ainsi, en ce qui concerne l'Objectif 1 et la province du Hainaut, des investissements de plus de cinquante milliards ont contribué à créer environ six cents entreprises et une dizaine de milliers d'emplois.

Comme d'autres régions, la Wallonie n'a pas les moyens d'une dispersion des activités économiques et de la recherche. Aussi a-t-elle privilégié le renforcement des pôles d'excellence existants, qu'il s'agisse de la biogénétique et de la pharmaceutique pour le Brabant wallon, de l'aéronautique à Liège ou de l'agro-alimentaire à Gembloux.

Par ailleurs, on assiste aujourd'hui à une croissance considérable des activités du Port autonome de Liège, qui affiche un transit annuel de 15 millions de tonnes, et à la montée en puissance des aéroports régionaux de Charleroi et de Liège. Un rôle de plate-forme de distribution de la Wallonie semble se confirmer, dans le cadre d'un développement socio-économique durable, soucieux de l'environnement et dans l'optique de l'intermodalité défendue par l'Union européenne.

La région wallonne ayant perdu près de la moitié de son effectif industriel ces 25 dernières années, la politique du gouvernement wallon encourage le développement de nouvelles activités génératrices de croissance économique, donc d'emplois.

En ce sens, un certain nombre d'efforts sont concentrés sur la diversification du réseau des PME. Ces dernières, qui constituent 95% du tissu économique régional, sont encore trop dépendantes des industries de base et cantonnées dans la sous-traitance. Les résultats sont, dès à présent, fort encourageants puisqu'on dénombre quelque 2500 PME innovantes en région wallonne.

Le gouvernement wallon a récemment tenu à adapter le principal outil économique régional, la Société régionale d'investissement de Wallonie, la SRIW, à l'évolution conjoncturelle. Initialement centrée sur la politique de reconversion, la Société régionale, qui gère le portefeuille d'actions de 121 sociétés pour un montant de 23 milliards, s'investit davantage aujourd'hui, par le biais de filiales spécialisées dans des secteurs comme l'environnement, les télécommunications, les technologies nouvelles et le logement moyen.

Pour les relations internationales et le commerce extérieur, la région wallonne se voit désormais associée à la définition de la politique étrangère de la Belgique, habilitée à conclure certains traités et investie de la promotion de ses exportations.

Les entreprises wallonnes réalisant près de 70% de leur chiffre d'affaires à l'exportation, les deux principales structures mises en place pour promouvoir la Wallonie sur la scène internationale, l'OFI et l'AWEX, ont été adaptées aux réalités d'aujourd'hui, dans le but bien évident d'une plus grande efficacité. L'OFI, l'Agence pour les investisseurs étrangers en Wallonie, et dont la mission vise essentiellement la prospection, a fait l'objet d'une adaptation dans le sens d'une amélioration de sa capacité à répondre dans les meilleurs délais. Quant à l'AWEX, l'Agence wallonne à l'exportation, il était nécessaire de rendre cet outil plus souple afin de mieux répondre aux besoins des entreprises ainsi qu'à l'évolution et aux opportunités du marché. La Wallonie exporte principalement son industrie (67,3%) et ses services (30,9%). Les filières métallique, chimique et alimentaire représentent la part la plus importante des exportations wallonnes.

L'évolution tangible des exportations wallonnes, le succès sur les marchés internationaux de certaines entreprises de pointe prouvent que le sud de la Belgique offre aujourd'hui une image dynamique et innovante.

VIE CULTURELLE ET ARTISTIQUE: UN CINÉMA EN OR

C'est dans le domaine du **cinéma** que l'événement culturel le plus marquant s'est produit: la palme d'or du festival de Cannes a été décernée au film *Rosetta* des frères Luc et Jean-Pierre Dardenne tandis que la comédienne principale du film, Emilienne Duquesne, recevait celui de la meilleure interprétation féminine. Cette décision, qui n'a pas été du goût de certains tenants de l'industrie cinématographique et d'une partie de la critique française, qui a perturbé certains critiques belges qui n'avaient jamais accepté le travail des deux frères, couronne une trajectoire exemplaire de restitution sans complaisance du réel dans des sociétés sinistrées par les développements actuels du capitalisme mondial. À nouveau tourné dans leur région natale, la banlieue liégeoise, le film des frères Dardenne s'attaque à une nouvelle facette de ce que d'aucuns appellent le "cinéma du réel". Rosetta, adolescente qui vit dans un camping avec une mère alcoolique, est à la recherche à tout prix d'un boulot. Toujours focalisée sur le personnage central, la caméra des Dardenne contraint le spectateur à suivre les détours les plus violents d'une vie sans offrir le confort d'un manichéisme de bon aloi. À Cannes encore, *Les convoyeurs attendent* de Benoit Mariage, qui met en scène Benoit Poelvoorde, a bénéficié d'un accueil très favorable.

Marion Hansel a, pour sa part, été primée à Montréal pour son film *La Faille* dans le cadre du Grand Prix des Amériques qu'elle obtient *ex-aequo* avec *Pleine Lune* du Suisse Freddy Murer. Incarné par John Lynch, le personnage central, au demeurant criminel, se glisse dans la peau d'un autre et devient une sorte de nouveau pasteur. De son côté, le festival de Namur a été marqué par la projection du film de Marian Handwerker, *Pure fiction*, consacrée à l'Affaire Dutroux. Ce film divisa l'opinion.

Deux films tirés d'auteurs belges ont par ailleurs retenu l'attention des spécialistes: le *Max et Bobo* de Frédéric Fonteyne, tiré du texte homonyme de Philippe Blasband

– prix du festival Primaire Plano à Dijon – et *La Patinoire* de l'écrivain-cinéaste Jean-Philippe Toussaint. On retiendra en outre le surprenant *Nain rouge* de Yvan Le Moine, plongée onirique et baroque qui n'est pas sans rappeler Ghelderode et Jaco Van Dormael, mais avec plus de tendresse tragique. Le monde du cirque permet au réalisateur, qui donne par ailleurs à voir de surprenantes images architecturales de Bruxelles, de mettre à nu le déploiement des pulsions les plus sourdes.

Poussé ainsi aux limites du fantastique, le rapport au réel, qui caractérise un cinéma belge dont la production de documentaires est toujours aussi importante, atteint cette année une dimension nouvelle avec le film de Thierry Michel *Mobutu, roi du Zaïre*. Truffé de documents authentiques, ce film rend bien compte de l'énormité shakespearienne de Désiré-Joseph Mobutu. La fascination du cinéaste pour cette figure, à laquelle il est certes loin d'adhérer, le conduit parfois à négliger certains éléments de la complexité de l'histoire du Congo-Zaïre, comme l'éviction de Moïse Tshombé, la rivalité avec le Cardinal Malula ou l'ambiguïté des relations du président-fondateur avec la plupart des hommes politiques du Congo-Zaïre. On mettra un jour en parallèle ce film-document avec le portrait qu'Amadou Kourouma trace de l'ancien dictateur dans *En attendant le vote des bêtes sauvages*.

L'Afrique centrale, qui fut jadis sous tutelle belge, est aussi à la une du **théâtre** puisque Jacques Delcuvellerie présente cette année à Avignon la seconde mouture de son *Projet Rwanda*, un spectacle ambitieux de plusieurs heures consacré au génocide de 1994. Le spectacle se compose de plusieurs parties, dont les plus émouvantes, dans les premières versions présentées, furent celles dont la forme s'apparie le plus étroitement avec l'émotion suscitée par les événements: le témoignage de Yolande Mukagasana, auteure du livre *La Mort ne veut pas de moi*, et la Cantate de l'extermination du village de Bisesero. Le spectacle met également en accusation les processus par lesquels l'information sur l'atrocité des massacres a pu être dissimulée aux opinions publiques.

La vie théâtrale a été marquée par l'incendie du plus ancien théâtre de Bruxelles, le Théâtre du Parc, dont, heureusement, seul l'espace scénique a brûlé. Les pouvoirs publics ont temporairement réimplanté l'activité de cette compagnie au Théâtre Marni, créé l'an dernier par Marc Liebens, et dont les autorités de tutelle n'ont pas voulu accepter les projets de développement. Quant au Théâtre National, l'heure de sa rénovation n'a pas encore sonné, puisque de nouvelles procédures juridiques ont été engagées par les divers protagonistes du chantier de la tour Rogier.

Si la saison n'a pas connu de création bouleversante pour le public, on notera, d'une part, la vogue des spectacles légers et pleins d'humour et, d'autre part, le succès de la création de pièces d'auteurs belges parmi lesquels on citera Henry Bauchau, Paul Willems, Philippe Blasband, Paul Emond et Jean-Marie Piemme... Ces deux derniers eurent en outre l'heur de la mise en scène de plusieurs pièces. Relevons notamment le *1953* de Piemme au Théâtre National, dans une mise en scène de Marc Liebens, et le *Caprice d'images* de Paul Emond, dans le même théâtre, dans une mise en scène de Jean-Claude Berutti. Pour sa part, Charlie Degotte a présenté aux Brigittines un spectacle de près de deux heures et demie, qui forme un montage particulièrement réussi des meilleurs moments de ses créations antérieures. À Liège enfin, la situation dramatique du Cirque d'hiver a suscité un mouvement de solidarité important de la part des artistes et des intellectuels. Celui-ci n'a pas empêché la fermeture du local historique d'un groupe impertinent qui

risque de devoir renaître en un autre quartier de la métropole mosane.

Du côté des **arts plastiques**, on notera l'importante rétrospective Alechinsky, à Paris, au Jeu de Paume, ainsi que les manifestations tournant autour du centenaire de la mort de Félicien Rops. Ostende, qui a déjà lancé les festivités liées au centenaire de la mort de James Ensor, lesquelles prendront toute leur ampleur cet automne, accueille par ailleurs une importante rétrospective d'un autre artiste francophone de Cobra, Serge Vandercam.

Marqué par le décès du grand spécialiste de l'humanisme que fut Léon Halkin et par ceux de l'écrivain et plasticien Michel Seuphor, figure marquante de l'avant-garde abstraite des années vingt, et de la danseuse Akarova, le champ culturel a en outre célébré le quinzième anniversaire de la collection patrimoniale Espace Nord (Éditions Labor). Il a par ailleurs reçu au sein de l'Académie royale l'écrivain et éditeur Hubert Nyssen.

Partie prenante de l'ensemble des facettes du processus culturel en Wallonie et à Bruxelles, les pouvoirs publics ont continué à manifester leur aide à un monde littéraire caractérisé aujourd'hui par une certaine forme de profusion dont on a pu se rendre compte à la Foire du livre. Désormais localisé à Bruxelles, le Parlement des écrivains a accueilli, par la bouche de Pierre Mertens, l'écrivain Salman Rushdie.

Le **bilan** de l'année culturelle, en cette fin de législature, et en ce qui regarde la création, se caractérise par un contraste flagrant entre la relative modicité des moyens et la diversité, voire l'inventivité, d'un champ culturel certes réduit mais dont les contradictions sont sans doute plus vivifiantes que l'absorption dans des ensembles homogénéisés.

PRIX LITTÉRAIRES		
Écrivains	**Œuvres**	**Prix**
Henry Bauchau	*Antigone*	Prix FranceWallonie-Bruxelles (ADELF)
Daniel Blampain, J.-M. Klinkenberg, André Goosse et Marc Wilmet	*Le Français en Belgique*	Prix collectif enseignement et éducation permanente du Parlement de la CF
Éric Brogniet	*Dans la chambre d'écriture*	Prix Maurice Carême de poésie
François Emmanuel	*La Passion Savinsen*	Prix Rossel
Paul Gorceix	pour l'ensemble de son œuvre critique	Prix du ministère de la CF pour le rayonnement des lettres belges à l'étranger
Xavier Hannotte	*De secrètes injustices*	Prix des auditeurs RTBF et mention spéciale du prix, prix Lebrun 24 heures du livre du Mans
Nicole Malinconi	*Rien ou presque*	Grand prix littéraire de la ville de Tournai
Marcel Moreau	pour l'ensemble de son œuvre	Prix international de poésie WB-Patrick Frèche
Adolphe Nysenholc	*La Passion du diable*	Prix du Parlement de la CF Théâtre, meilleur livre
Jacques Vandenschrick	*Pour quelques désarmés*	Prix Triennal de poésie du ministère de la CF
Laurence Vielle	*L'Imparfait*	Prix de la 1ère œuvre du ministère de la CF

La musique
Robert WANGERMÉE
Président du Conseil de la musique
de la Communauté française de Belgique

Dans une Belgique fédéralisée, la musique, comme toutes les matières culturelles, relève des communautés. Cependant, quelques institutions sont restées de compétence fédérale; leur situation à Bruxelles, ville européenne et internationale, leur donne une importance particulière.

Institué en 1700, quelques années après la destruction par bombardement du centre de la ville par les troupes du roi de France Louis XIV, le Théâtre royal de la Monnaie est l'un des plus anciens opéras qui soit. Sous la direction de Gérard Mortier et, depuis 1992, de Bernard Foccroulle, il est l'une des scènes lyriques les plus novatrices d'Europe, caractérisée à la fois par la qualité des interprétations musicales et l'audace des mises en scène. En 1998, sa programmation s'est signalée par la recréation des chefs-d'œuvre de Monteverdi qui ont marqué les débuts de l'opéra: *L'Orfeo* dans une version musicale nouvelle de René Jacobs et une mise en scène de la chorégraphe Trisha Brown, et *Le Retour d'Ulysse dans sa patrie* conçu comme un spectacle de marionnettes par William Kentridge et dans une reconstitution musicale de Philippe Pierlot. En contraste, La Monnaie a monté aussi *Le Tour d'Ecrou* (*The Turn of the Screw*), l'admirable opéra de Benjamin Britten, d'après la nouvelle d'Henry James.

Au Palais des Beaux-Arts, l'organisation du secteur musical est confiée à la Société philharmonique qui, depuis 1992, sous la responsabilité de Paul Dujardin et Christian Renard, a profondément réorienté sa programmation. Le répertoire des chefs-d'œuvre symphoniques est toujours présent grâce à l'Orchestre National et aux autres grands ensembles du pays, dont l'Orchestre Philharmonique de Liège, mais la programmation a été considérablement élargie: vers le passé dans sa diversité et surtout vers les œuvres baroques aussi bien que vers les musiques du 20e siècle, grâce à des groupes et des interprètes spécialisés axés sur des domaines encore peu explorés. En cessant de présenter un visage uniforme, la musique de concert aspire ainsi à répondre aux intérêts et aux goûts de publics beaucoup plus variés que ne l'étaient il n'y a guère les amateurs de "bonne musique" à Bruxelles.

Pour des raisons budgétaires, la RTBF (Radiotélévision belge de la Communauté française) a été contrainte, depuis plusieurs années, à renoncer à ses orchestres permanents. Pour autant, elle ne sacrifie pas la matière musicale: en radio, la chaîne "Musique 3", qui est essentiellement consacrée à la musique de qualité, ne se contente pas d'aligner des disques; elle capte tout au long de l'année les concerts et opéras donnés dans le pays et les complète par des grands relais internationaux. En télévision, la "Deux" de la RTBF est certainement l'une des chaînes européennes qui réserve la plus grande place à la musique: elle lui a consacré en 1998 pas moins de 150 heures de diffusion, avec un pourcentage élevé de productions originales.

Liège est depuis longtemps la ville de Wallonie où la musique "cultivée" a le plus de faveur. L'Opéra Royal de Wallonie, dirigé par Jean-Louis Grinda, s'est signalé en 1998 aussi bien par des représentations remarquables de *La Mort de Danton*, opéra de Gottfried von Einem, d'après Büchner, que par une reprise de la comédie musicale *L'Homme de la Mancha* (jadis illustrée par l'interprétation de Jacques Brel) avec José Van Dam dans le rôle de Don Quichotte.

Les mérites de l'Orchestre Philharmonique de Liège, dirigé par Pierre Bartholomé, sont reconnus dans le pays et à l'étranger: en 1998, une tournée l'a amené jusqu'en Amérique du Sud; s'il a souffert d'une crise interne dont il a peine à sortir, il n'a rien perdu pour autant de ses qualités.

L'Orchestre Philharmonique et l'Opéra de Liège sont les ensembles musicaux qui bénéficient des plus importants subsides de la Communauté française. Au cours des dernières années, cependant, celle-ci a développé son soutien dans d'autres régions en mettant en œuvre un partenariat avec divers pouvoirs publics (ville, province, parfois région). Elle avait déjà mis en place un centre de chorégraphie contemporaine à Charleroi. Dans le même esprit, elle a incité au regroupement de l'Orchestre royal de chambre de Wallonie (qui compte quinze cordes et qui jouait surtout de la musique du 18ᵉ siècle) avec l'Ensemble musiques nouvelles, doyen des groupes européens voués à la musique du 20ᵉ siècle, sous l'étiquette "Mons-Musiques". Elle a créé ainsi une entité à deux têtes qui ne fait en rien double emploi avec l'Orchestre Philharmonique de Liège; cet ensemble restreint, qui peut couvrir un large répertoire, peut trouver accueil dans des salles moins vastes qu'un orchestre symphonique; il peut aussi se faire connaître à l'étranger dans ses spécialités.

De même, à Namur, un Centre de chant choral a été institué pour répondre à de réels besoins de la vie musicale. Il organise un grand chœur symphonique et un chœur de chambre de professionnels; par ses activités pédagogiques, il encourage et guide aussi toute l'activité chorale d'amateurs en Wallonie.

La vie musicale dans la Communauté est activée aussi à différents moments de l'année par des festivals spécialisés dans leur thématique ou par leur implantation géographique. Ainsi, Ars Musica, voué aux musiques les plus récentes du 20ᵉ siècle, qui a connu en 1998 son dixième anniversaire, a su conquérir un public fidèle; il lui révèle chaque année des œuvres nouvelles de compositeurs de la Communauté ou des œuvres étrangères et s'est fait reconnaître comme une manifestation de pointe en Europe. On peut citer encore le Festival de Wallonie, qui se déploie dans les diverses provinces du sud du pays, le Printemps baroque du Sablon, l'Été Mosan et bien d'autres encore.

On sait que le mécénat privé en faveur des activités culturelles n'est guère développé en Belgique; ce sont les pouvoirs publics et, avant tout, la Communauté française qui permettent aux institutions musicales d'exister, quelle que soit l'importance du public qu'elles rassemblent. Pour assurer la survie de ces institutions, la Communauté a, au cours des dernières années, établi avec les principales d'entre elles des contrats-programmes pluriannuels qui, en leur imposant certaines obligations, leur garantissent une continuité durable dans leurs activités.

BIBLIOGRAPHIE

Romans, récits

ANCION Nicolas, *Écrivain cherche place concierge*, Bruxelles, Luc Pire.
    Michaux, mezzavoce.
BERTRAND A., *Lazare*, Cognac, Le temps qu'il fait.
    Des confins, des images; et l'éternelle fascination de l'eau.
BLASBAND Philippe, *Le Livre des Rabinovich*, Paris, Castor astral.
    Par le biais de récits emmêlés, mais distincts, l'histoire du siècle au travers de plusieurs générations d'une famille juive.
BOLOGNE Jean-Claude, *Le Frère à la bague*, Monaco, Le Rocher.
    Où le frère de Voltaire, trésorier de la Chambre des comptes à Paris, côtoie les sectes convulsionnaires. L'histoire de deux frères plus liés qu'on ne le croyait?
COLAUX L. D., *Le Fils du soir*, Bruxelles, Les Éperonniers.
    Quand le fils revit et fantasme la mère prostituée.
EMMANUEL François, *La Passion Savinsen*, Paris, Stock.
    La guerre trouble, les passions secrètes, le désir impossible entre la mère suicidée, son amant juif, le mari dans les camps, l'officier allemand et le grand-père archaïque.
MALLET-JORIS F., *Sept Démons dans la ville*, Paris, Plon.
    Où le drame des petites filles assassinées en Belgique inspire une fiction engagée.
NOTHOMB A., *Mercure*, Paris, Albin Michel.
    Une île, un vieil homme, une demeure close, une jeune femme superbe qui se croit défigurée... Une autre femme vient la soigner...
PIROTTE Jean-Claude, *Boléro*, Paris, La Table ronde.
    Prolongement explicite, et crissant, du chef-d'œuvre de Pirotte *Sarah, feuille morte.*

THINÈS G., *La Leçon interrompue*, Bruxelles, CFC éditions.
La ville à travers l'évocation de l'occupation allemande et de l'apprentissage de la musique par les soins d'un maître, Émile Chaumont.

VISTNYEI E., *Ca y est j'y suis*, Castelnau-Le-Lez, Climats.
Premier roman d'une femme qui raconte bien des méandres du chemin qui l'a menée au soi.

Histoire littéraire

BERTRAND J. P. (éd.), *Le Monde de Rodenbach*, Bruxelles, Labor, coll. Archives du futur.
Pour le centenaire du décès de l'auteur de *Bruges-la-morte*, mille et une façons de réhabiter un univers qui ne se réduit pas aux clichés qui entourent Rodenbach.

GEURTS-KRAUSS C., *E. L. T. Mesens*, Bruxelles, Labor, coll. Archives du futur.
Enfin, une approche biographique de l'intermédiaire par excellence des surréalistes belges, par ailleurs poète, musicien et collagiste.

GORCEIX P., *Maurice Maeterlinck, le symbolisme de la différence*, Mont-de-Marsan, Éditions interuniversitaires.
Un très ancien spécialiste de Maeterlinck rassemble ses articles et les organise en un tout cohérent.

GOSLAR M., *Marguerite Yourcenar*, Bruxelles, Racines.
Une biographie revisitée qui tente le rapport entre l'œuvre et la vie.

KLINKENBERG J. M. (éd.), *L'Institution littéraire*, Bruxelles, Textyles 15.
Une sérieuse tentative d'analyse d'un des premiers champs littéraires francophones autonomisés, mais qui eut tant de mal à le dire.

LALANDE F., *Christian Dotremont, l'inventeur de Cobra*, Paris, Stock.
Une première plongée de fond dans les méandres biographiques du père des logogrammes.

LUCIEN M., *Eekhoud le rauque*, Villeneuve d'Ascq, Presses universitaires du Septentrion.
Une biographie renouvelée par de nombreux documents inédits. Une relecture d'une œuvre, ouverte à sa dimension homosexuelle.

NICOLAS J. (éd.), *Carissimo Simenon, Mon cher Fellini*, Bruxelles, Cahiers du Cinéma.
Une énorme correspondance inédite entre deux monstres sacrés qui s'admirent mais préfèrent s'écrire plutôt que de se rencontrer.

TROUSSON R., *Ywan Gilkin, poète de la nuit*, Bruxelles, Labor, coll. Archives du futur.
La première monographie consacrée à une figure essentielle de la Jeune Belgique.

TROUSSON R., *Petite histoire de l'Académie*, Bruxelles, Académie royale de langue et de la littérature françaises.
Trente années d'une gestation difficile, parfois ubuesque, pour advenir à créer une institution entre l'Académie française et la Thérésienne.

WANGERMÉE R. (éd.), *E. L. T. Mesens: Moi, je suis musicien*, Bruxelles, Didier Devillez.
Tout le dossier relatif à Mesens et à la musique, une des particularités des surréalistes belges.

Histoire

BOLLE DE BAL M., *Les Survivants du boyau de la mort: lettres de deux jeunes Wallons en 14-18*, Presses universitaires européennes.
80 lettres. Un témoignage stupéfiant sur la guerre des tranchées.

DELCOURT Ch., *Dictionnaire du français de Belgique*, Bruxelles, Le Cri.

DEMOULIN M., *Spaak*, Bruxelles, Racines.
Une biographie monumentale d'un des hommes politiques clefs de la Belgique et de l'Europe au milieu du siècle.

DUMONT G. H., *Marguerite de Parme*, Bruxelles, Le Cri.
Une biographie plus qu'utile sur la première fille de Charles Quint, par ailleurs régente des Pays-Bas sous son demi-frère, Philippe II, et mère d'Alexandre Farnèse.

HASQUIN H., *La Wallonie, son histoire*, Bruxelles, Luc Pire.
L'ancien recteur de l'Université de Bruxelles fournit les bases d'une histoire trop longtemps occultée.

KURGAN G., *La Violence en Belgique au XIXe siècle*, Éd. de l'Université de Bruxelles.

LAFONTAINE M., *L'Enfer belge de Santo Tomas*, Ottignies, Quorum.
Une analyse d'un épisode oublié: la tentative de Léopold Ier d'installer au Guatemala une colonie capable d'absorber les sans-emplois de l'époque.

MARIE-JOSÉ, *Albert et Elisabeth de Belgique, mes parents*, Bruxelles, Le Cri.

SOJCHER F., *La Kermesse héroïque du cinéma belge*, Paris, L'Harmattan.
 Enfin, une histoire d'un des cinémas les plus méconnus d'Europe occidentale.

WELSCH M., *La Belgique sous l'œil nazi*, Ottignies, Quorum.
 L'analyse fouillée de la propagande nazie par l'image.

Essais

AKERMAN Ch., *Une famille à Bruxelles*, Paris, Éd. de l'Arche.
 Via la mort du père, l'écriture du vide par une des plus importantes cinéastes belges.

BAUCHAU H., *Le Journal d'Antigone*, Arles, Actes Sud.
 Bauchau réinvente le journal. Il donne le laboratoire de l'écriture de son récit *Antigone*. Il le fait dans la lumière tamisée du déclin de sa femme, Laure.

EMOND P., *Une forme de bonheur*, Carnières-Morlanwelz, Lansman.
 Les 4 conférences tenues à Louvain-La-Neuve par un dramaturge sarcastique qui commença, à Louvain, par l'étude des romans de Cayrol (*La Mort dans le miroir*).

GÉRARD A., *Genesis. Aux sources de la littérature européenne*, Paris, Champion.
 L'ultime ouvrage d'un grand humaniste. Une leçon magistrale sur l'origine des littératures européennes.

GHEUDE M., *Dans le silence de la cité assemblée*, Ottignies, Quorum.
 Au cœur d'une trilogie parue chez le même éditeur, et qui concerne d'une part la télévision et, de l'autre, la publicité, une méditation sur le rôle du théâtre aujourd'hui. Convoqués, Weiss, Duras et Muller.

LEYS S., *L'Ange et le Cachalot*, Paris, Seuil, 1998.
 Une série d'essais, par un spécialiste de la Chine, qui concernent aussi bien la calligraphie que Balzac, Simenon ou Steeman, et tournent autour de la question de la littérature.

RONSE H., *Miettes de mémoire*, Paris, Nil.
 Fragments, aphorismes, citations. Toute la vie d'un homme blessé, mais plus que vif.

SOJCHER J. et PICKELS A. (éd.), *Belgique, toujours grande et belle*, Bruxelles, Complexe.
 19 ans après *La Belgique malgré tout*, un florilège contrasté d'images et de propos qui montrent bien toute la subtilité d'un vieux pays sans nation.

THIRY L., *Marcopolette*, Bruxelles, Les Éperonniers.
 L'histoire d'une vie vouée à la science et aux combats pour les droits de l'homme, dans la présence et la mémoire d'un père aimé: Marcel Thiry – sur lequel ce livre apprend beaucoup.

Théâtre

EMOND P., *Caprices d'images*, Carnières-Morlanwelz, Lansman.
 Entre images et bavardages, un univers cruel.

FEYDER V., *Petites suites de pertes irréparables*, Carnières-Morlanwelz, Lansman.
 Une attention pour les mots dignes de Sarraute. Le cocasse de la vie en sus.

LOUVET J., *Le Coup de semonce*, Enghien, Toudi.
 Réédition de la pièce de 1995, éléments historiques sur le congrès wallon en 1995.

PIEMME J. M., *1953, Les Adieux, Café des patriotes*, Bruxelles, Didascalies.
 Les trois dernières pièces d'un des dramaturges importants de la fin des années 80.

Poésie

COMPÈRE G., *Nuit de ma nuit*, Bruxelles, Les Éperonniers.
 L'auteur renoue en majeur avec un de ses arts majeurs, la poésie.

DEFGNÉE R., *Fragments oubliés du visage*, Bruxelles, Le Cormier.
 Une poésie qui ose le lien avec la métaphysique.

IZOARD J., *Le Bleu et la Poussière*, Paris, Éd. de La Différence.
 La petite musique de l'autre en soi qu'on fuit "jusqu'à l'afflux des cendres".

LACOMBLEZ J., *Conversation avec Claude Arlan*, Gerpinnes, Tandem.
 Peintre et poète, Lacomblez laisse entendre la singularité de sa voie, de son trajet.

NORAC C., *Éloge de la patience*, Paris, Éd. de La Différence.

ORBAN J., *Des amours grises, des ombres bleues*, [s.l.], Axe.
 Fragments d'errance d'un sujet qui ne sort pas du chagrin, la ville, le poème en prose.

SOJCHER J., *La Confusion des visages*, Paris, Éd. de La Différence.
 La mère peu gracieuse, la judéité, les femmes... l'Eden impossible.

VERHEGGEN J. P., *Entre zut et zen*, Paris, Éd. de La Différence.
 L'"hénaurme" Jean-Pierre écrit une lettre à un jeune poète: Rainer Maria Rocher.

SUISSE

Doris JAKUBEC et Gilles REVAZ
Centre de recherches sur les lettres romandes
Université de Lausanne

Avec la collaboration de

François HUGUENET, *Année politique suisse*, Berne
José-Flore TAPPY, CRLR, Université de Lausanne
Marion GRAF, critique littéraire, Schaffhouse
Jérôme MEIZOZ, lecteur, Université de Zurich

La Suisse entrera-t-elle bientôt dans l'Europe, c'est la grande question qui se pose avec la fin du siècle. Les francophones de la Suisse-romande y sont en général favorables alors que les Suisses alémaniques sont attachés à la neutralité de leur pays. D'ores et déjà des accords ont été passés avec l'Europe qui permettront une solution de compromis.

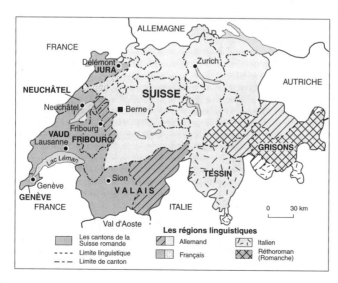

Politique

Accords bilatéraux avec l'Union européenne

Engagée sur la voie de laborieuses négociations bilatérales avec l'Union européenne (UE), depuis le refus par le peuple en 1992 de l'adhésion à l'EEE (Espace économique européen), la Suisse avait quelque peine à avoir une vision claire de son avenir au sein de l'Europe. Au Parlement, de nombreuses interventions ont traduit cette incertitude et ont interpellé le gouvernement sur les perspectives de réussite des pourparlers avec l'Union. Aussi, l'annonce de la conclusion des négociations à la fin de 1998 a-t-elle été ressentie avec un certain soulagement par la majorité de la classe politique ainsi que dans les médias. Les deux parties ont déclaré que toutes les divergences avaient été aplanies. L'accord doit encore être ratifié par le Parlement européen, la totalité des membres de l'Union européenne et la Suisse.

L'accord concerne sept domaines: l'ouverture du marché des transports terrestres, l'intégration de la Suisse dans un marché aérien libéralisé, la libre circulation des personnes, la participation de la Suisse aux programmes de recherche de l'UE, la reconnaissance mutuelle des standards techniques pour les produits industriels, le libre accès réciproque aux marchés publics et une libéralisation partielle des marchés agricoles. Dans la mesure où un *referendum* a été lancé par la droite, le Conseil fédéral a décidé de présenter cet accord comme un paquet global. Ce faisant, il évite ainsi le risque que la droite focalise l'attention populaire sur les problèmes d'immigration ou que les écologistes fassent de même concernant les transports sur longue distance. Les associations patronales, favorables

---

SUISSE

Quelques points de repère

Géographie

➤ Petit pays prospère entre les Alpes et le Jura; densément peuplé.

➤ Vingt-trois cantons, dont quatre francophones et deux bilingues (français, allemand) souvent appelés "Suisse romande".

Histoire

➤ 58-15 av. J.-C. Occupation par les Romains du territoire des Helvètes.

➤ Fin XIIIe s. Après les invasions des Burgondes et des Alamans (Ve), le rattachement à la Bourgogne (IXe) puis au Saint-Empire (XIe), les cantons se regroupent pour défendre leur liberté (Guillaume Tell).

➤ 1291 Acte de naissance de la Confédération suisse (3 cantons).

➤ 1476 Les troupes de la Confédération, aidées par Louis XI, battent Charles le Téméraire à Morat.

➤ 1815 Passant de trois à huit cantons (1353), puis à treize (1513), la Confédération en compte 22 à l'issue du Congrès de Vienne. Neutralité reconnue.

➤ 1848 État fédératif avec siège à Berne.

➤ 1978 (22 sept.) Création du 23e canton, le Jura, francophone.

➤ 1992 Par référendum, la Suisse ratifie son adhésion au FMI et à la Banque mondiale, mais rejette son intégration à l'Espace économique européen (EEE).

➤ 1994 Les négociations reprennent avec l'Union européenne. Les francophones sont favorables au rapprochement.

➤ 1996 La Suisse participe à part entière à la Francophonie et à toutes ses instances.

À noter

➤ La Confédération suisse est encore appelée parfois Confédération helvétique.

à une intégration avec l'UE, ont rapidement lancé une campagne de soutien à l'accord des bilatérales. Le gouvernement suisse a réaffirmé que son objectif stratégique était toujours à terme l'adhésion à l'UE.

Précédemment, sur le sujet des transports terrestres, les citoyens suisses avaient fait un signe en direction de l'UE. Lors de deux votations populaires, ils exprimèrent leur volonté d'encourager le transport des marchandises suisses et étrangères par voie ferroviaire et d'investir des montants considérables pour protéger les Alpes des nuisances d'un trafic routier de longue distance. Pour ce faire, ils donnèrent leur aval à la construction de deux tunnels ferroviaires sous les Alpes et à l'instauration d'une taxe sur les poids lourds.

Nouvelle Constitution

Le peuple suisse a accepté à une large majorité la nouvelle Constitution que lui avait concoctée le Parlement. Toutefois, la mobilisation autour de cet enjeu n'a pas rassemblé les passions. La faible participation au scrutin a révélé le peu d'intérêt qu'a suscité cet objet au sein de la population. Il faut dire que le nouveau texte fondamental est avant tout une mise à jour de l'ancien et que les modifications de fond ont été relativement rares. Pour l'essentiel, on a introduit *expressis verbis* dans le nouveau texte des éléments qui, jusqu'à présent, n'étaient admis ou garantis que par l'évolution du "droit non écrit" (buts sociaux), reconnus en partie par des décisions du Tribunal fédéral (droit de grève, droit au minimum vital) ou découlant des engagements de droit international (réfugiés).

Modifications au sein du gouvernement

La période 1998-1999 a été riche en changements à l'intérieur du Conseil fédéral, l'organe exécutif de la Confédération helvétique, pourtant réputé pour sa stabilité. Tout d'abord, le député radical valaisan Pascal Couchepin a repris en 1998 le département de l'Économie publique laissé par le Vaudois Jean-Pascal Delamuraz, présent durant  quatorze ans au gouvernement. Ce dernier devait d'ailleurs décéder peu après avoir quitté sa fonction. Au début de 1999, deux ministres démocrates-chrétiens (Flavio Cotti et Arnold Koller) ont également choisi de quitter le gouvernement. Pour les remplacer, l'Assemblée fédérale a élu le Fribourgeois Joseph Deiss, qui a repris le département des Affaires étrangères et l'Appenzelloise Ruth Metzler, à qui a été attribué le département de Justice et Police. Pour la première fois dans l'histoire de la Suisse, le Conseil fédéral compte deux femmes, ce qui est tout de même plus représentatif du nombre actuel de femmes au Parlement. L'année 1999 a également été marquée par l'accession à la présidence du gouvernement de la socialiste Ruth Dreifuss. Son élection a suscité énormément d'intérêt en Suisse comme à l'extérieur des frontières. La nouvelle présidente de la

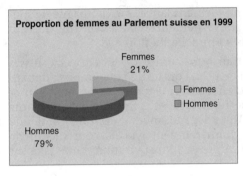

Proportion de femmes au Parlement suisse en 1999

Femmes
21%

☐ Femmes
☐ Hommes

Hommes
79%

Confédération est en effet la première femme à accéder à ce poste. Ancienne syndicaliste, Ruth Dreifuss est de surcroît de confession juive, ce qui au regard de l'affaire des fonds en déshérence et de la position de la Suisse pendant la Seconde Guerre mondiale a été considéré par beaucoup comme le symbole d'un certain renouveau du pays.

ÉCONOMIE

Finances fédérales

Pour la première fois depuis 1990, les comptes 1998 de la Confédération ont révélé un solde positif. Le ministre des Finances Kaspar Villiger s'est toutefois refusé à considérer ce résultat avec trop d'optimisme. En effet, les caisses fédérales ont pu bénéficier de la privatisation réussie de l'ancien opérateur national des télécommunications ("Swisscom") qui a rapporté 2,7 milliards de francs suisses, comblant ainsi le budget déficitaire initial qui prévoyait un trou de 2,5 milliards.

Afin d'assurer l'assainissement des finances à moyen terme, le gouvernement a mis sur pied une table ronde à laquelle ont été conviés les représentants des cantons, des partis gouvernementaux ainsi que les partenaires sociaux et commerciaux. Les participants sont tombés d'accord sur un programme de réductions des dépenses de la Confédération de deux milliards d'ici à l'année 2001.

Bien que cet accord n'ait pas d'implications légales, le Parlement l'a totalement respecté lors de l'élaboration du budget 1999.

Les forces militaires ont été un des principaux domaines touchés par ces mesures d'économie et plusieurs achats d'armement ont été remis à plus tard ou réévalués à la baisse. Appelé à se prononcer sur le sujet des finances, le peuple suisse a accepté à une majorité de 70% de réduire le déficit à zéro d'ici à 2001.

Conjoncture

En 1998, la conjoncture a été marquée par une politique budgétaire et monétaire légèrement expansive. La croissance du PIB réel s'est établie à 2%, la demande intérieure supplantant les impulsions faiblissantes du commerce extérieur touché par la crise asiatique. Les exportations ont toutefois bien résisté en Europe centrale et dans l'Union européenne, tout comme en Amérique latine. Les principales baisses ont été enregistrées en Asie et sur le marché russe. Les pays industrialisés ont absorbé 79,5% des exportations totales suisses (+8,1%), dont 63,4% (+8,6%) dans la seule UE. C'est toujours l'Allemagne qui est la principale acheteuse de produits helvétiques avec 23,7% de la part des exportations. La plus forte baisse a été constatée avec la Corée du Sud (-54,9%). Concernant les importations, une hausse sensible de la demande intérieure a été enregistrée. Cette dernière est notamment due à la diminution du taux de chômage à 3,2% pour

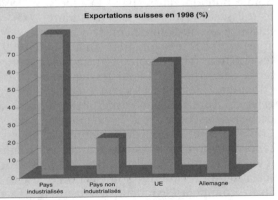

Exportations suisses en 1998 (%)

l'année 1998. Au premier semestre de 1999, on est
même redescendu sous la
barre des 3%. La croissance
des importations est restée
élevée (~+7,5%). Cette amélioration de la situation en
Suisse s'est fait particulièrement sentir par la quantité
de produits achetés à
l'étranger dans des secteurs
témoins comme celui des
véhicules (+12,2%) ou de
l'électronique – machines –
appareils (+11,8%).
La quasi-totalité des importations a été effectuée au

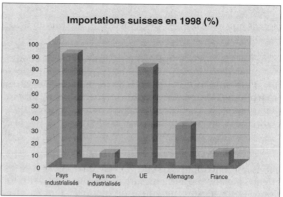

sein des pays industrialisés (90,1%), dont
près des 4/5 dans l'UE (79,7%).
Comme à l'accoutumée, l'Allemagne
(32,7%) et la France (11,4%) se sont taillés
une part plus qu'importante des achats suisses. La plus forte hausse a été enregistrée
avec le Mexique (+78,3%). Au total, la balance commerciale de la Suisse a enregistré
un excédent de plus de 2,2 milliards de
francs suisses (exportations: 100,5 milliards
et importations: 98,2 milliards), contre un
peu plus d'un milliard et demi en 1997.

Suisse – Banques – Fonds juifs

Le comportement de la Suisse et de ses banques à l'égard des Juifs lors de la Seconde
Guerre mondiale a cessé d'être le principal sujet politico-économique qu'il avait
été lors des années précédentes. Un accord
réglant les compensations a été conclu en
été 1998 à New York entre les survivants
de l'Holocauste et les principales banques
suisses. Après de longues délibérations, les
banques ont accepté d'accorder aux plai-
gnants et aux organisations juives des ré-
parations pour 1,250 milliard de dollars
américains. Initialement, ces dernières
avaient réclamé des sommes avoisinant les
20 milliards de dollars. Les banques suisses ont gardé le silence sur les raisons de
cet accord. Pour les analystes, il était évident qu'elles n'avaient rien à gagner d'une
longue dispute devant les tribunaux américains et de la mauvaise image que ce conflit larvé entretenait auprès des médias des
États-Unis. De plus, plusieurs États américains avaient menacé de boycotter les entreprises suisses si les banques ne se
montraient pas plus enclines à trouver un
arrangement.

SOCIÉTÉ

Assurance-maternité

Alors que le principe même de l'assurance-
maternité était présent dans la Constitution depuis 1945, le Parlement a enfin
réalisé ce mandat en s'attelant à la création
d'une véritable couverture sociale pour les
mères. Le projet prévoit que toutes les
femmes, salariées ou non, puissent
bénéficier de cette prestation. La nouvelle
loi accorde un congé-maternité de quatorze
semaines durant lesquelles les 80% du
revenu sont garantis. Un revenu minimal
pour les mères aux revenus modestes ou
qui ne travaillent pas est également
proposé. Le financement de cette nouvelle
assurance devrait être constitué à court
terme par un fonds qui était destiné
jusqu'alors uniquement aux compensations de pertes de gains des soldats de
milice, mais auquel cotisaient également
les femmes. À plus long terme, il est prévu
une augmentation de la TVA.
Certains partis politiques de droite et
centre-droite ont combattu ce projet et ont
lancé un *referendum* qui a abouti. Selon eux,
la Suisse dispose déjà d'une couverture
sociale suffisante et ils ne veulent pas
entendre parler d'une nouvelle hausse
d'impôts. Le peuple suisse devra donc se
prononcer prochainement sur ce sujet. À
deux reprises, en 1984 et 1987, il s'était
opposé à des projets similaires mais plus
ambitieux.

Drogues

Depuis plusieurs années, la Confédération se singularise en Europe par une politique relativement libérale en matière de drogue. Consommation et vente sont prohibées par la loi (drogues dures et douces) mais des efforts sont fournis pour permettre aux toxicomanes de ne pas sombrer dans la délinquance, d'améliorer leur état de santé et de continuer à être intégrés socialement. Après une période d'essai de trois ans, le Parlement a donné son feu vert à la distribution médicalement contrôlée d'héroïne à tous les toxicomanes qui ne peuvent être atteints par aucune autre mesure thérapeutique. Cette mesure ne concerne que les personnes majeures, dépendantes de l'héroïne depuis au moins deux ans et chez qui deux autres traitements au minimum ont échoué. Sous l'impulsion des milieux chrétiens et notamment du parti évangélique, cette base légale a également fait l'objet d'un *referendum* qui a recueilli les 50 000 signatures nécessaires. Les citoyens suisses devront ainsi se prononcer sur la question lors d'une prochaine votation.

Génie génétique

Le peuple suisse a rejeté par 67% une initiative populaire qui demandait une interdiction complète de la technologie génétique dans la recherche, ainsi que l'utilisation de matières génétiquement modifiées. Compte tenu de la peur engendrée par ces nouvelles technologies et du soutien des sociaux-démocrates, des Verts et des organisations de protection de l'environnement, le résultat fut étonnamment limpide. Selon les analyses effectuées après le scrutin, la forte mobilisation de nombreux spécialistes (dont plusieurs Prix Nobel), opposés à ces restrictions dans la recherche, a largement joué en faveur du rejet de l'initiative.

Asile

Mis en évidence par le conflit dans les Balkans, le problème de l'asile en Suisse a de nouveau fait couler beaucoup d'encre lors de la période sous revue. Pour faire face à l'afflux de requérants, la Confédération a même dû mobiliser l'armée, pour d'une part, soutenir et encadrer les centres de réfugiés qui manquaient de personnel comme de moyens et, d'autre part, assister les douaniers dans le but de garder les frontières hermétiques face aux réfugiés clandestins. Dans cette situation d'urgence, le Parlement a mis sous toit une nouvelle loi sur l'asile qui est appelée à remplacer l'ancienne, vieille de 20 ans. Il a également adopté dans le but de créer un effet dissuasif immédiat des mesures contre les "abusifs" et les "sans papiers". Ces nouvelles dispositions légales sur lesquelles le peuple devra également se prononcer permettraient notamment, selon le gouvernement, d'accueillir provisoirement les réfugiés sans bureaucratie inutile.

Tour du monde en ballon

Le Suisse Bertrand Piccard, accompagné de l'Anglais Brian Jones, a effectué le tour du monde en ballon pour la première fois dans l'histoire de l'humanité. Les deux hommes ont battu tous les records de distance et de durée. Sans escale, cette aventure a débuté à Château-d'Oex dans les montagnes suisses pour se terminer dans le désert au sud-ouest de l'Égypte. Au total, le vol a duré 19 jours, 21 heures et 55 minutes. Piccard et son compère étaient en concurrence avec d'autres aérostiers qui ont tous échoué en cours de route. Le Suisse a même dû s'y prendre à trois reprises avant de pouvoir concrétiser cette fantastique épopée humaine et technologique à bord du Breitling Orbiter 3.
Voir photo sur page couverture.

CULTURE

L'événement musical de la saison 1998-99 est sans conteste la création mondiale par l'Orchestre de Chambre de Lausanne du Concerto pour guitare *Sensations* du compositeur fribourgeois Norbert Moret; ce concert avait une signification bien particulière, le compositeur nous ayant quittés quelques mois auparavant. Reconnu et joué à l'étranger par les orchestres les plus prestigieux, Norbert Moret devint célèbre très tardivement. Né en 1921, il alla de 1948 à 1950 parfaire sa formation musicale à Paris dans les classes d'Olivier Messiaen et d'Arthur Honegger, et de retour en Suisse, il dut longtemps concilier sa vocation musicale avec l'enseignement et ce n'est qu'en 1974 qu'il acquiert la certitude de son talent: "Pour en avoir l'esprit et le cœur nets, j'avais rendu visite à Heinrich Sutermeister. Il m'avait prié de lui apporter diverses partitions. Il a lu mes œuvres et m'a dit simplement: "Monsieur, vous n'êtes plus un étudiant, vous êtes un compositeur." (tiré de Louis-Marc SUTER, *Norbert Moret compositeur*, Lausanne-Zurich, Éditions d'en bas et Pro Helvetia, p. 18)".

L'Orchestre de Chambre de Lausanne est, avec l'Orchestre de la Suisse romande, un de nos meilleurs ambassadeurs culturels. Durant les trois dernières années, sous la baguette de Jesús López Cobos, il a remporté de vifs succès en Espagne, au Brésil, en Argentine et, plus récemment, à Istanbul. La renommée de l'orchestre profitera encore de l'arrivée au pupitre du pianiste **Christian Zacharias** dès l'an 2000.

Le 30 novembre 1998, l'Orchestre de la Suisse romande reprenait, pour célébrer ses quatre-vingts ans, le programme du concert inaugural déjà donné au Victoria Hall de Genève. Sous la baguette de son chef italien Fabio Luisi arrivé en 1996, le plus prestigieux de nos orchestres rayonne, même s'il doit compter, comme toutes les grandes institutions culturelles de Suisse romande, avec des difficultés budgétaires. Outres plusieurs séries de concerts à Genève et Lausanne, l'OSR entreprend de nombreuses tournées selon la volonté de son chef: en déplacement en Chine et au Japon dans la première moitié de 1999, l'orchestre entend jouer en Allemagne et en Autriche – notamment au Festival Bruckner à Linz – l'année prochaine. Relevons aussi des projets de disques, et en particulier chez Philips l'intégrale des symphonies de Honegger en coproduction avec la Radio suisse romande.

À l'heure où sa directrice, madame Renée Auphan, a annoncé son départ, le **Grand Théâtre** affiche un état de santé réjouissant. Le *International Herald Tribune* l'a classé parmi les "dix meilleurs opéras du monde", récompensant la qualité régulière des productions. Cette reconnaissance internationale est d'autant plus méritée que la directrice a dû composer avec la rénovation du Théâtre et déménager, on s'en souvient, dans l'usine flottant sur le Rhône l'année dernière. Clin d'œil à cette seconde salle, on a programmé *Scourge of Hyacinths* de Tania Leon; présentée dans le cadre du programme officiel des célébrations internationales du cinquantième anniversaire de la Déclaration universelle des droits de l'homme, cette nouvelle version avec le compositeur à la baguette a été un très beau moment d'esthétisme, au fil duquel le jeu des percussions nous a entraînés dans le drame des pouvoirs autoritaires jusqu'au fameux roulement de tambour de l'exécution finale. Le public genevois attendait beaucoup de la première saison dans son théâtre rénové. On n'a pas été déçu. Il faut relever l'équilibre du programme où ont alterné de septembre à Noël des œuvres dans les trois langues nationales, *Der Rosenkavalier*, *Sémiramide* et *Cendrillon*. La qualité vocale étant d'ordinaire irréprochable, on soulignera les mises en scène très variées: on a particulièrement apprécié la grande boîte mobile servant de cadre à l'action du *Chevalier à la rose* ou les tentures féériques qui ont contribué à créer l'atmosphère merveilleuse du conte de Perrault. Pour ce spectacle de Noël, nous voulons néanmoins formuler une réserve. Le rôle de Cendrillon était tenu par Svetla Vassileva; si nous ne remettons pas en cause sa qualité vocale, ni ses qualités dramatiques, nous avons été choqués, voire froissés, par sa prononciation peu fine du français. À côté de Sophie Koch ou d'Elisabeth Vidal, le contraste saisissant. On peut s'étonner qu'une directrice d'opéra française donne le premier rôle d'un opéra français sur une scène francophone à une chanteuse dont le français n'est pas la langue maternelle. Cette réflexion nous rappelle le choix curieux de Jessye Norman pour chanter la *Marseillaise* lors du bicentenaire de la Révolution française. Les Français sont-ils si peu fiers de leur idiome?

C'est une grande voix française que l'Opéra de Lausanne a choisie pour interpréter Amina dans la *Sonnambula*. Pour une prise de rôle dans une pièce qu'elle compte chanter à Bordeaux, à l'Opéra de Vienne et à la Scala de Milan, Natalie Dessay a satisfait les oreilles les plus exigeantes: elle a pu se permettre des *pianissimi* tout à fait remarquables. La *Sonnambula* fut sans conteste un événement marquant. Cette nouvelle version, en coproduction avec l'Opéra de Bordeaux, a tenté de rafraîchir la mise en scène, conventionnellement située dans un chalet suisse.

Le monde du **théâtre** suisse romand attendait avec intérêt le nom du successeur de Claude Stratz à la tête du Théâtre de la Comédie de Genève. La nomination d'une jeune metteure en scène, Anne Bisang, a tout à la fois surpris et donné un espoir de renouvellement. La future directrice a en tout cas des projets, parmi lesquels nous retiendrons sa volonté de sensibiliser les quartiers et communes populaires, d'abaisser le prix du billet et de réaménager les locaux de façon plus conviviale. De plus, Anne Bisang s'est engagée à proposer des passerelles entre la formation (l'ESAD – l'École supérieure des arts dramatiques) et les planches et à faire travailler les comédiens locaux. Tout un programme, donc, qui devrait contribuer à mieux enraciner la chose théâtrale dans le tissu genevois tout en invitant des compagnies étrangères; on parle notamment du Théâtre du Soleil et du Théâtre Gérard-Philippe ainsi que d'une coproduction avec le Théâtre Océan-Nord de Bruxelles.

Le théâtre d'Yverdon avait fait peau neuve pour fêter ses cent ans en automne dernier: nouvelle machinerie, salle agrandie et bâtiment embelli avec sur le fronton du bâtiment le nom de l'enfant du pays, le metteur en scène Benno Besson, inscrit en lettres d'or. Le milieu a rendu ainsi hommage à un homme de théâtre reconnu dans toute l'Europe. Originaire d'Yverdon, **Benno Besson** a d'abord travaillé à Berlin au côté de Bertold Brecht avant d'aller en France, en Belgique, en Italie et dans les pays scandinaves comme metteur en scène indépendant et de devenir en 1982 le directeur de la Comédie de Genève (Henri CORNAZ, *Benno Besson, jouer en apprenant le monde*, Yverdon, Éditions de la Thièle). C'est à Berlin qu'il avait monté pour la première fois *Le Roi Cerf* de Carlo Gozzi. Benno Besson a ensuite enchanté la France avec ce spectacle onirique créé le 1er octobre 1997 au CADO d'Orléans et repris au Théâtre National de Chaillot. Nous avons découvert à notre tour la pièce

dans le Théâtre Benno Besson. On ne sait ce qu'on a apprécié le plus: un décor adapté à la farce et au merveilleux ainsi qu'une mise en scène légère et inventive grâce auxquels nous avons été replongés dans nos souvenirs d'enfance, un texte dont l'adaptation de Claude Duneton a su rendre toute la coloration de la langue, ou encore des acteurs, dont notre pensionnaire de la Comédie française Gilles Privat, si convaincants qu'ils nous ont entraînés dans leur monde fantastique.

Dans le cadre du festival La Bâtie, la compagnie Gardaz-Michel nous a donné à voir en septembre *Top Dogs* au théâtre Saint-Gervais de Genève. Cette pièce représente un événement théâtral suisse à plus d'un titre. D'une part, il s'agit d'une pièce de l'écrivain suisse alémanique Urs Widmer créée en 1996 au Theater Neumarkt à Zürich. De plus, la pièce met en scène les différentes restructurations qu'ont mises en œuvre les grandes entreprises suisses ces dernières années et, principalement, les "licenciements en douceur" qu'ont subis un bon nombre de cadres envoyés dans des bureaux d'*outplacement*. L'œuvre de Widmer interpelle la conscience suisse dont le chômage était une valeur refoulée. Plus largement, elle reflète une crise de cette conscience à la recherche de nouvelles valeurs et nous fait jeter un regard très critique sur le modèle économique américain.

Le Théâtre Klébert-Méleau à Lausanne a soufflé cette saison ses vingt bougies. Installée dans une ancienne usine à gaz, la troupe de Philippe Mantha a acquis au fil des ans une renommée certaine. Nous avons eu le plaisir de voir ce printemps *La Traversée de l'hiver* de Yasmina Reza. La pièce mérite incontestablement le détour: l'auteure maîtrise parfaitement le fonctionnement de l'énonciation – par exemple dans le dialogue de la déclaration d'amour d'Ariane – et joue admirablement avec le temps.

Benno Besson

Musée national suisse – Château de Prangins
Chantal de Schoulepnikoff et Albert-Luc Haering

Le Château de Prangins est un lieu rêvé pour présenter l'histoire des XVIIIe et XIXe siècles. Il a vécu une histoire mouvementée: seigneurie, demeure princière, école, habitation. Le domaine est finalement offert à la Confédération par les cantons de Vaud et Genève, afin de devenir un musée national. Les mutations de cette période se reflètent dans le château, qui entre ainsi en dialogue avec l'exposition. Le rez-de-chaussée évoque les idéaux d'une société noble et bourgeoise autour de 1800, qui seront déterminants pour la sociabilité moderne. Les salles d'apparat du château en forment le cadre et deviennent elles-mêmes les objets du récit. A l'étage, on découvre une histoire culturelle très large de la Suisse, de la fin du XVIIIe au début du XXe. L'exposition nous montre comment la Suisse a basculé de l'Ancien Régime en un État fédéral moderne et d'un pays agricole en une nation urbanisée et industrielle. Dans les combles, la thématique "La Suisse et le monde", sous-jacente dans le reste de l'exposition, est approfondie et mise en évidence. Les caves monumentales évoquent l'économie rurale de l'Ancien Régime, dont le château était le centre.

Le Château de Prangins réalise également une volonté politique: celle des Chambres fédérales qui lui assignèrent la mission d'être un pont culturel entre les différentes régions linguistiques du pays. Ainsi, un centre de rencontres permettra de réfléchir à l'identité nationale et aux relations internationales de la Suisse, en organisant des rencontres et des colloques.

Dans le même esprit, le musée présente régulièrement des expositions temporaires en collaboration avec d'autres institutions. La première était consacrée aux révolutions de 1848 et au pouvoir des images et la deuxième à l'histoire de la céramique suisse.

Le jardin potager est un véritable conservatoire vivant des fruits et légumes du XVIIIe. Des végétaux oubliés font ainsi une réapparition à la fois pittoresque et de grand intérêt scientifique: courge "grande lune", pomme de terre "négresse", poire "culotte suisse", pour n'en citer que quelques-uns.

L'allée principale traverse un parc, à partir duquel le Léman et les Alpes s'offrent à la vue du visiteur; une invitation à la promenade méditative, chère au XVIIIe.

Création mondiale de Maurice Béjart à Lausanne

Du 11 au 20 décembre, le Béjart Ballet Lausanne présentait dans sa salle du Métropole *Casse-noisette,* donné à Turin le 3 octobre en création mondiale. Il s'agit d'une réinterprétation autobiographique du chef-d'œuvre de Tchaïkovski. Le conte sert ici de forme à une plongée du chorégraphe dans ses souvenirs d'enfance et, en particulier, à la douloureuse mémoire de sa mère trop tôt disparue. Le spectacle n'en est pas pour autant narcissique, tant il offre des lectures plurielles et ouvertes. On peut y lire l'histoire d'un enfant qui ne cesse de retrouver sa mère; l'art a alors une fonction psychanalytique, voire thérapeutique, comme dans la *Déchirure* d'Henry Bauchau. Le spectacle présente aussi l'avènement de Béjart à la chorégraphie à travers le maître Marius Petipa, dont il reprend le "Grand Pas de Deux" en guise d'hommage. Les divertissements espagnols, chinois,

arabes et soviétiques du second acte élargissent l'histoire d'un homme vers une sorte d'histoire culturelle des dernières décennies. Mais, ce que nous retiendrons surtout, c'est la verve créatrice de Béjart donnant à voir un spectacle entier qui va au-delà de la chorégraphie.

La fête des vignerons de Vevey

En août, théoriquement tous les 25 ans depuis 1797, en général 4 à 5 fois par siècle, Vevey est en grande effervescence et la Riviera vaudoise pavoise. Pour le 20e siècle, ce furent 1905, 1927, 1955, 1977 et 1999. Les origines de cette fête remonteraient au XIIIe siècle, où l'on mêla allègrement les rites religieux et le culte à Bacchus, le dieu romain du vin.

Charlie Chaplin, qui vécut près de Vevey de 1953 à 1977 pensait que c'était la plus belle des célébrations d'Europe. Celle de 1999 a été préparée pendant six ans et du fait de sa rareté, elle a suscité plusieurs mois à l'avance un engouement populaire et médiatique. Une arène antique en plein air a été installée sur l'immense place du marché pour accueillir 16 000 spectateurs, 5000 acteurs et figurants. Un million de visiteurs se sont rendus à Vevey, sur les bords du lac Léman, pour la dernière Fête du millénaire.

BIBLIOGRAPHIE

La bibliographie qui suit n'est pas exhaustive. Il suffit de se reporter, pour une liste détaillée, aux catalogues d'éditeurs et aux bibliographies spécialisées. Les ouvrages mentionnés, issus d'une sélection attentive, présentent tous un intérêt certain.

Prose et poésie

BARILIER Etienne, *Le Train de la Chomo Lungma*, Zoé, 219 p.
>Premier recueil de nouvelles de l'un des romanciers et essayistes les plus prolifiques de Suisse française.

BOVARD Jacques-Etienne, *Les Beaux Sentiments*, Campiche, 369 p. Prix des auditeurs 1999.

CHAPPUIS Pierre, *Le Biais des mots*, Corti, coll. En lisant en écrivant, 132 p.
>Notes réflexives, où le poète montre comment la langue devient parole.

CUNEO Anne, *D'or et d'oublis*, Campiche, 239 p.
>Roman né d'un scénario pour la Télévision suisse romande (1997) au sujet des biens en deshérence.

DARBELLAY Claude, *Les Prétendants*, Zoé, 144 p.
>Roman initiatique, fable politique, histoire d'amour? Ce récit de pure fiction dresse un monde gouverné par l'absurde, auquel sont confrontés les hommes et leur quête quotidienne du bonheur. Prix Michel Dentan 1999.

ELLENBERGER Pierre-Laurent, *Le Marcheur illimité*, L'Aire, 101 p.
>Auteur d'un roman paru aux éditions du Seuil (*Passé le grand eucalyptus*, 1991), Ellenberger enseigne à Lausanne. Grand marcheur, il reconstitue à travers un récit halluciné les déroutes et les délires de la marche, ses effets sur le cerveau et sur l'acte créateur.

HOREM Elizabeth, *Le Fil espagnol*, Campiche, 248 p.
>De l'auteur du *Ring* et de *Congo-océan*, Prix Georges Nicole 1994 et Prix Michel Dentan 1995.

JACCOTTET Philippe, *Observations et autres notes anciennes, 1947-1962*, Gallimard, 130 p.
>"Une sorte de prélude aux deux volumes de *La Semaison*."

LAYAZ Michel, *Ci-gisent*, L'Âge d'Homme, 158 p. Prix Edouard Rod 1999.

PAGNARD Rose-Marie, *Dans la forêt la mort s'amuse*, Actes Sud, 267 p.

PELLATON Jean-Paul, *D'ici-bas*, (poèmes), Empreintes, 59 p.

PLUME Amélie, *Ailleurs c'est mieux qu'ici*, Zoé, 192 p.
>Humour, attention aux petits détails de l'existence, parodie de la vie quotidienne avec son cortège de frustrations et et de rêves inaccomplis: une manière espiègle de dire "à l'envers" sa tendresse pour les minuscules aventures ordinaires…

RICHARD Hugues, *La Saison haute*, poème, Empreintes, 64 p. (réédition).
ROCHE Sylviane et De DONNO Marie-Rose, *L'Italienne, histoire d'une vie*, Campiche, 239 p.
ROUDAUT Jean, *La Nuit des jours*, Lézardes et RBL, 241 p.
   À la fois journal intime et réflexion sur notre temps, sur l'art, les voyages et les lieux électifs. Par l'essayiste et critique connu en particulier pour ses travaux sur Georges Perros et Louis René des Forêts, et ses ouvrages sur des villes imaginaires.
ROULET Daniel de, *Gris-bleu*, Seuil, 236 p. et *Double*, Canevas, 221 p.
   Le dernier roman est un roman autobiographique sur le scandale des fiches en Suisse.
THURLER Anne-Lise, *L'Enfance en miettes*, nouvelles, Zoé, 128 p.
   Destins sacrifiés, et force de résistance de l'enfant devant un monde d'adultes dévastateur.

Petite anthologie
Quatre poètes (Pierre Chappuis, Pierre-Alain Tâche, Pierre Voélin, Frédéric Wandelère), Poche Suisse, 224 p.

Autour de Nicolas Bouvier
Dans la vapeur blanche du soleil, Zoé, 206 p.

Pour la première fois, l'œuvre photographique de l'écrivain voyageur. Avec un choix de textes et quelques dessins de son compagnon de route Thierry Vernet. Ouvrage conçu à partir de l'exposition intitulée "Le Vent des routes" (Lausanne, Musée des arts décoratifs, septembre-novembre 1998) et consacrée aux voyages de Bouvier à travers l'Asie, de Belgrade jusqu'au nord du Japon.

BOUVIER Nicolas, *La Chambre rouge et autres textes*, et *Une orchidée qu'on appela vanille*, Metropolis, respectivement 30 et 125 pp.

GODEL Vahé, *Nicolas Bouvier: faire un peu de musique avec cette vie unique*, Metropolis, 60 p.

Autour d'Anne Perrier
Écriture 52, Lausanne, automne 1998, 284 p.

Numéro spécial saluant un itinéraire poétique exemplaire. Avec de nombreuses contributions d'écrivains, un dossier critique, un choix de lettres (notamment de Pierre-Albert Jourdan, Philippe Jaccottet, André Dhôtel) et un cahier de photographies.

Autour d'Edmond Jeanneret
Foi et Vie, Paris, avril 1999, 124 p.

Numéro d'hommage au poète et théologien (1914-1990) sous un angle personnel et privé à travers des documents d'archives: cahiers, correspondances, entretiens. Sous la dir. de Doris Jakubec et Olivier Millet.

Autour de Jean-Marc Lovay
Réédition de *Polenta*, avec une postface de Jérôme Meizoz, en Poche Zoé, 176 p.

et de son dernier roman: *Aucun de mes os ne sera troué pour servir de flûte enchantée*, Paris, Verticales, 368 p.

Documents
AUBERJONOIS René, *Avant les autruches, après les iguanes…, Lettres à Gustave Roud, 1922-1954*, Payot, 480 p.
   Ami de Ramuz, de Cingria, d'Ansermet, auteur des décors de *L'Histoire du soldat* en 1918, René Auberjonois fustige la société conformiste de son temps, s'insurge contre le bon goût artistique des Salons et confie au poète Gustave Roud, qui fut aussi le grand défenseur de sa peinture dans la presse suisse de l'époque, les choix esthétiques qui furent les siens. Ouvrage de grand format, abondamment illustré de dessins et de fac-similés, annoté et préfacé par Doris Jakubec et Claide de Ribaupierre (Centre de recherches sur les lettres romandes, Université de Lausanne).

Essais

FORNEROD Françoise, *Alice Rivaz. Pêcheuse et bergère de mots*, Zoé, 216 p.
Conjuguant l'approche biographique et littéraire, ce livre présente un écrivain qui a traversé son siècle et contribué, avec les romancières Catherine Colomb et Monique Saint-Hélier, au renouvellement de l'écriture romanesque en Suisse romande dès les années trente. Parallèlement à cet essai, réédition en Poche Zoé de *Sans alcool*, nouvelles d'Alice Rivaz.

JACKSON John E., *Mémoire et subjectivité romantiques*, Corti, coll. Les essais, 169 p.
Leçons de l'auteur au Collège de France, portant sur les grandes figures du Romantisme (Hölderlin, Chateaubriand, Nerval, Baudelaire, Coleridge, Wagner).

JAQUIER Claire, *L'Erreur des désirs. Romans sensibles au XVIIIᵉ siècle*, Payot, 240 p.
Cet essai étudie avec finesse le concept de "sensibilité" dans le roman du 18ᵉ siècle, en parcourant un corpus de textes français enrichis par l'étude de romans sentimentaux suisses peu connus. Claire Jaquier, professeure à l'Université de Neuchâtel, s'est fait connaître par une thèse consacrée à Gustave Roud et des articles sur les romans féminins des Lumières, notamment ceux d'Isabelle de Charrière ou de la très populaire et polygraphe Isabelle de Montolieu.

KAEMPFER Jean, *Poétique du récit de guerre*, Corti, 292 p.
Large panorama des récits de guerre, de Polybe à Napoléon et Céline, cet essai dégage les quelques topiques d'une poétique générale. Une fine analyse des grands classiques, de César à Barbusse, dans une perspective avant tout rhétorique. Jean Kaempfer est professeur de littérature à l'Université de Lausanne.

MEIZOZ Jérôme, *Le Droit de "mal écrire". Quand les auteurs romands déjouent le français de Paris*, Zoé, 102 p.
À travers les exemples de Jean-Jacques Rousseau, Rodolphe Töpffer et C. F. Ramuz, l'auteur montre combien la question du français standard a hanté les auteurs de Suisse romande au cours des siècles dans leurs rapports éditoriaux avec la France et son public. Loin d'être un épiphénomène, la question de la langue est sans doute le vecteur littéraire par excellence où s'expriment les rapports de force entre une métropole et ses "excentriques" francophones, comme en témoigne aujourd'hui le militantisme littéraire des Antilles.

REVAZ Gilles, *La Représentation de la monarchie absolue dans le théâtre racinien. Analyses sociodiscursives*, Éditions Kimé, 1998, 256 p.
Guidé par les recherches et les théories littéraires actuelles, notamment la pragmatique et la rhétorique, l'auteur propose une relecture stimulante des tragédies de Racine. Il apparaît que, contrairement aux idées reçues, le discours racinien comporte une importante dimension politique. S'il fut sans conteste un poète de la passion, Racine fut avant tout un grand dramaturge qui a subtilement représenté le pouvoir qu'il servait. L'ouvrage met en lumière l'évolution du discours racinien d'*Andromaque* à *Athalie* et complète une page importante de l'histoire littéraire en portant un nouvel éclairage sur le genre de la "tragédie classique".

Revues

Écriture 51, Lausanne, printemps 1998:
En première partie: "Points cardinaux". Voyages poétiques aux cinq coins de l'Europe: poèmes grecs, roumains, maltais, portugais et écossais, donnés en version bilingue.

Équinoxe, revue de sciences humaines, Genève, automne 1998:
"Convenances et inconvenances du corps", textes rassemblés par Marianne Stubenvoll, 144 p.

Revue de Belles-Lettres, Genève, 2-4, 1998:
"Littérature de Suisse italienne", prose et poésie d'écrivains tessinois choisis et présentés par Daniel Maggetti, 193 p.

Versants 34, Genève, automne 1998:
"La Suisse et ses espaces imaginaires", sous la dir. de Roger Francillon, numéro consacré aux diverses représentations par les écrivains de la Suisse et de ses mythes géohistoriques. Ce "portrait" d'une nation, du pittoresque à l'ironie généralisée pour la patrie, est relayé par la voix directe de quelques écrivains (dont D. de Roulet, G. Orelli) qui, le temps d'une "carte postale", disent leur rapport souvent problématique avec leur pays d'origine.

[VWA], La Chaux-de-Fonds, 1999:
"Lieu (X)", numéro thématique sur les lieux – sous toutes leurs formes et dans toutes leurs directions, "là, ici et maintenant".

IN MEMORIAM

Adrien Pasquali (1958-1999)

L'écrivain, traducteur et enseignant Adrien Pasquali s'est donné la mort à Paris, à l'âge de 40 ans. Auteur d'une thèse consacrée à l'étude génétique d'*Adam et Ève* de C. F. Ramuz, d'essais sur le récit de voyage (*Le Tour des horizons*, 1994, *Nicolas Bouvier*, 1996), ainsi que de nombreux articles sur des auteurs de Suisse romande, il était une des voix les plus informées et les plus fines de la critique suisse.

Traducteur expérimenté, il a donné des poèmes du tessinois Aurelio Buletti, des essais de Mario Lavagetto, un roman de Giovanni Orelli (Gallimard, collection L'arpenteur). Mais surtout, il a publié neuf romans, depuis *Éloge du migrant* (1984) jusqu'au tout dernier, qui venait de sortir au moment de sa disparition, *Le Pain de silence* (Zoé, 1998). Ce récit-soliloque, écrit en une seule longue phrase rythmée, dit l'abîme affectif d'un enfant et son refuge angoissé dans le monologue intérieur, la tentative de rédimer un "creux de parole" initial et menaçant par le recours à l'écriture.

La littérature de Suisse romande perd l'un de ses meilleurs écrivains et l'un de ses plus attentifs ambassadeurs en France, où Pasquali avait de nombreux contacts et où il vivait depuis bientôt quinze ans.

Gilbert Musy (1944-1999)

Brillant traducteur de plus de vingt auteurs alémaniques, écrivain, homme de théâtre et d'engagement, Gilbert Musy, né en 1944 en Allemagne, a œuvré de façon décisive pour défendre et illustrer sa profession. Il a traduit notamment Hermann Burger, Hugo Loetscher, Peter Bichsel, Friedrich Dürrenmatt, Erica Pedretti, et c'est à son initiative qu'est née l'Association suisse des traducteurs littéraires, rattachée aujourd'hui à la Société des écrivains du Groupe d'Olten.

Georges Borgeaud (1914-1998)

Mort à Paris, où il résidait depuis 1948. Deux premiers romans autobiographiques, *Le Préau* (1952) et *La Vaisselle des évêques* (1959), puis *Le Voyage à l'étranger* (1974, Prix Renaudot), grand roman de formation, et *Le Soleil sur Aubiac* (1987, Prix Médicis) ont fait de Georges Borgeaud un auteur remarqué. Écrits à la première personne, ses romans composent une œuvre introspective où les êtres, à l'identité fragile et complexe, tissent des relations équivoques, souvent meurtries par un mal-être intime et sans point d'ancrage.

À signaler la récente réédition, revue et augmentée, d'*Italiques* (évocations italiennes) chez Verticales, à Paris, 176 p.

Nouvelle revue

Feuxcroisés, revue du Service de presse suisse, Lausanne, no 1, Littératures et Échanges, 1999, (Genève, diffusion Zoé), 269 p. (www.culturactif.ch)
Comblant une lacune, la benjamine des revues de Suisse romande se propose, en livraisons annuelles, de faire connaître aux lecteurs romands les trésors ignorés des autres littératures du pays: des dossiers développés permettent de découvrir des écrivains du Tessin, des Grisons et de Suisse allemande, des entretiens présentent des traducteurs et des passeurs, des enquêtes font le point sur les questions liées au dialogue des cultures. Un panorama des publications, des revues et de l'année littéraire dans les diverses régions, ainsi qu'un répertoire de toutes les institutions engagées pour promouvoir l'échange en Suisse font de *Feuxcroisés* un véritable outil de travail.

Exposition

Gallimard et la Suisse, "Un siècle d'affinités littéraires", Salon du livre et de la presse, Palexpo, Genève, 14-18 avril 1999.

Cette exposition, itinérante jusqu'en l'an 2000 entre la Suisse et la France, retrace l'histoire d'une relation éditoriale de longue durée par des panneaux et surtout de nombreux documents originaux.

La Suisse, hôte d'honneur de la Foire du livre de Francfort

Du 7 au 12 octobre 1999, la Suisse était l'hôte d'honneur de la Foire du livre de Francfort, principal rendez-vous international des professionnels du livre. L'Office fédéral de la Culture avait chargé Christoph Vitali de diriger les préparatifs et d'imaginer un programme à la hauteur de cet événement exceptionnel. À sa disposition, un budget de 6,2 millions. Largement répercutés par les médias, plus de 30 expositions et de nombreux spectacles à Francfort pendant la durée de la manifestation, mais aussi durant toute l'année 1998 dans l'Allemagne entière ont mis durablement la Suisse au centre de l'actualité culturelle. Lors de la cérémonie d'ouverture, la Suisse a été représentée par le président de la Confédération, Flavio Cotti, et cinq jeunes écrivains qui ont pris la parole en allemand, français, italien, rhéto-romanche et... arabe: illustration éloquente de l'identité multiculturelle d'un État qui continue d'être un pays d'accueil pour de nombreux écrivains venus d'ailleurs. 130 écrivains (67 Alémaniques, 27 romands, 15 Tessinois, 13 Romanches et 10 auteurs étrangers vivant en Suisse) ont lu des extraits de leurs livres à Francfort durant les 6 jours de la Foire. La Halle 7, aménagée par les architectes bâlois Diener & Diener, offrait un écrin austère, mais recueilli, à la présence suisse, l'espace principal étant dévolu à une vaste bibliothèque présentant plus de 1500 volumes, et à une installation érudite et poétique de Hans-Peter Litscher: la Machine à lire.

Quarante éditeurs de Suisse romande étaient présents dans la Halle 9, non loin de leurs collègues français; la plupart étaient regroupés au stand de l'Association des éditeurs suisses de langue française.

Parmi les très nombreuses publications suscitées par la Foire, relevons un catalogue original: *Quoi de neuf en littérature?* présentant une sélection de 101 œuvres littéraires publiées en Suisse latine pendant les années 1995-1998 (Suisse romande, Tessin et Grisons, 206 p.). Outre les notices biographiques et bibliographiques de rigueur, un extrait de chaque œuvre est donné en langue originale et en traduction anglaise, espagnole et allemande. Catalogue à commander contre 10 FS pour les frais d'envoi à l'adresse suivante: Pressoor, 27 rue du Midi, ch-2740 Moutier; fax: 41 (0) 32 493 13 08; courriel: prressoor@bluewin.ch.

Et un ouvrage collectif rendant hommage, de manière vive et ludique, à la profession de traducteur littéraire:

L'Écrivain et son traducteur en Suisse et en Europe, sous la dir. de Marion Graf, Zoé, 296 p. Avec un reportage photographique d'Yvonne Böhler.

Dans un pays plurilingue, mais aussi dans l'Europe qui se construit, le rôle du traducteur est essentiel, même s'il reste méconnu. Cet ouvrage propose une première approche d'ensemble de la traduction littéraire en Suisse. Mais surtout, il donne la parole à une quarantaine de traducteurs suisses, allemands, français et italiens qui, au travers d'entretiens, d'échanges épistolaires, de notes de travail ou d'essais, brossent un portrait vivant et contrasté de leur profession, qu'ils traduisent Handke ou Shakespeare, Pinget ou des livres pour la jeunesse, Amélie Plume ou Starobinski, Ungaretti ou la Bible, des sous-titres de film ou Friedrich Glauser...

LUXEMBOURG

Frank WILHELM
Centre d'études et de recherches francophones
Centre universitaire de Luxembourg
frank.wilhelm@ci.educ.lu

POLITIQUE

L a démission, le 15 mars 1999, de la Commission de l'Union européenne présidée par l'ancien premier ministre luxembourgeois Jacques Santer a constitué l'événement institutionnel majeur. Même si la responsabilité personnelle du président dans les dysfonctionnements constatés n'est pas en cause, politiquement, cet aveu d'impuissance ne fait l'affaire ni de l'Union européenne ni du Luxembourg. L'avenir dira si les instances européennes – Conseil, Commission (à travers son nouveau président, l'italien Romano Prodi) et Parlement – seront capables de mesures draconiennes. L'Europe, en tout cas, montre des faiblesses inquiétantes au moment où elle aurait besoin de toute sa crédibilité pour résoudre la crise yougoslave et proposer une vision sereine de la coopération internationale.

Comme pays membre et fondateur de l'OTAN, le Grand-Duché s'est trouvé impliqué dans la guerre contre le président serbe Milosevic. Le gouvernement a donné son accord pour l'opération militaire discutable, présentée comme inéluctable et salvatrice, dont les objectifs étaient toutefois majoritairement approuvés par les partis politiques et l'opinion publique. Sans armée digne de ce nom, le Luxembourg n'a pas pris part aux bombardements et s'est concentré sur les campagnes humanitaires d'assistance aux populations déportées. La discussion sur le droit d'ingérence, sur l'opportunité ou l'obligation d'accueillir des réfugiés politiques en provenance de pays balkaniques, a pris une ampleur inconnue jusque-là. Plusieurs milliers de réfugiés albanais du Kosovo ont été accueillis par l'État luxembourgeois, par les communes, par des organisations caritatives, les Luxembourgeois se souvenant qu'en mai 1940, quelque 40 000 d'entre eux durent également quitter leur patrie à la hâte, trouvant un accueil chaleureux en France. Ainsi, en pleine période de prospérité économique, l'année 1999 fut, pour le Grand-Duché comme pour l'Europe occidentale en général, l'occasion d'une leçon d'humilité et de solidarité: à quelque chose malheur peut être bon.

Le 13 juin 1999 fut marqué par les élections législatives nationales (60 députés) et les élections pour le Parlement européen (6 députés). Deux grandes questions ont dominé les débats électoraux: la réorganisation du système éducatif auquel certains reprochent un nombre trop élevé d'échecs scolaires et l'avenir de la sécurité sociale avec la garantie des retraites dans le secteur public et privé. La coalition gouvernementale des chrétiens-sociaux et des

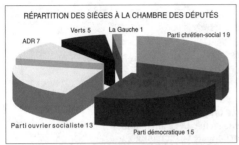

RÉPARTITION DES SIÈGES À LA CHAMBRE DES DÉPUTÉS

Verts 5   La Gauche 1   Parti chrétien-social 19

ADR 7

Parti ouvrier socialiste 13   Parti démocratique 15

socialistes, sous la direction du premier ministre Jean-Claude Juncker, n'a pas été confirmée. Si les socialistes, largement battus, ont été renvoyés sur les bancs de l'opposition, le Parti chrétien-social, grâce au prestige de son chef de file, est resté la formation politique la plus forte du pays et a pu rester au gouvernement, tout en ayant perdu deux sièges. Le Parti démocratique libéral, gagnant trois sièges, sort vainqueur du scrutin et entre au gouvernement après quinze ans d'opposition. Répartition des sièges à la Chambre des députés: Parti chrétien-social: 19, Parti démocratique: 15, Parti ouvrier socialiste: 13, ADR (mouvement corporatiste de type poujadiste): 7, Verts: 5, La Gauche (communiste et gauche alternative): 1. Répartition des sièges au Parlement européen: Parti chrétien-social: 2, Parti ouvrier socialiste: 2, Parti démocratique: 1, Verts: 1 (pas de changements par rapport à 1994). Le 10 octobre 1999, pour les élections municipales, les résidents étrangers originaires de pays de l'Union participeront peut-être davantage que par le passé: leur nombre ne cesse d'augmenter par rapport aux autochtones, les emplois étant déjà majoritairement occupés par des non nationaux, résidents et frontaliers.

Un groupe de travail spécial organise, sous la direction de Jean-Jacques Kasel, ambassadeur du Grand-Duché à Bruxelles, les festivités de l'an 2000, tandis qu'une autre équipe, sous la direction de Georges Calteux, directeur du Service des sites et monuments nationaux, prépare la mise en place de stèles commémoratives dans les douze cantons du pays, marquant, à l'instigation du Conseil de l'Europe, les "lieux de mémoire" chargés de transmettre le message du siècle finissant aux siècles à venir.

Vie culturelle

Expositions

On retiendra les deux expositions consacrées à l'École de Paris en automne 1998, au Musée national d'art et d'histoire et au Casino municipal. Certains des peintres de ce mouvement, qui ne formaient pas vraiment un groupe et, surtout, ne se réclamaient pas d'une obédience commune, figurent parmi les collections du Musée national. Ils témoignent de l'importance que la bourgeoisie francophile luxembourgeoise d'après-guerre, représentée par le critique d'art Joseph-Émile Muller, responsable des services éducatifs et des achats du musée, accordait au Paris des peintres. Or, ce rôle prépondérant de la capitale française comme moteur du renouvellement en matière d'expression artistique est considéré aujourd'hui comme révolu, les lieux de création s'étant au contraire diversifiés et éparpillés en Allemagne, en Angleterre, aux États-Unis et ailleurs, certains historiens étant même d'avis que Paris, depuis des décennies, n'est plus qu'un lieu de promotion, de mise en valeur, tout au plus de consécration de la peinture contemporaine. Que l'exposition en question fût justifiée ou non dans son intitulé et dans son ambition est assez secondaire. Même si elle ne fut pas le grand succès auquel ses organisateurs – luxembourgeois et parisiens – s'attendaient, l'essentiel est ailleurs. C'est qu'un débat ait eu lieu dans la presse et l'opinion publique luxembourgeoises sur le rôle et le statut de la création artistique, ceci à un moment où, après de longues discussions sur le principe de la fondation d'un musée d'art moderne, on vient enfin de commencer la construction de ce musée dans l'enceinte de l'ancien fort dit des Trois-Glands à Luxembourg, sur les plans de l'architecte sino-américain Pei. La conception artistique du futur musée a été confiée à un Français, Bernard Cheysson.

Sous l'emprise de la mondialisation et de l'unification européenne, des besoins identitaires croissants se font jour dans la société luxembourgeoise. De plus en plus de Grand-Ducaux voudraient que le luxembourgeois, proclamé langue "nationale" par une loi votée en 1984, après avoir été pendant un siècle considéré comme simple dialecte, soit davantage encore officialisé, enseigné, promu. Le gouvernement en a pris acte et a mis en place un **Conseil permanent de la langue luxembourgeoise**. Cet organisme s'est vu assigner deux objectifs prioritaires: constituer un nouveau dictionnaire du luxembourgeois et simplifier, par le biais d'une commission ad hoc, l'orthographe officielle. Le futur **Trésor de la langue luxembourgeoise** sera proposé en deux versions: l'une comme lexique usuel, l'autre comme glossaire scientifique. En attendant, la littérature de langue luxembourgeoise continue de produire de plus en plus d'ouvrages, essentiellement des récits, des textes dramatiques et des poèmes.

LUXEMBOURG

QUELQUES POINTS DE REPÈRE

Géographie

➤ Petit pays enclavé entre la France, la Belgique et l'Allemagne, le Luxembourg se dresse au 3e rang des 24 pays de l'OCDE pour son niveau de vie. Population polyglotte : français, allemand, luxembourgeois. PIB très élevé.

Histoire

➤ 963 Sigefroi Ier, premier comte de Luxembourg.

➤ 1815 (9 juin) Création par le congrès de Vienne du Grand-Duché de Luxembourg, donné au roi des Pays-Bas et rattaché à la Confédération germanique.

➤ 1867 (11 mai) Confirmation de l'indépendance du Luxembourg. Neutralité du pays après le démantèlement de sa forteresse.

➤ 1921 (25 juillet) Signature de l'Union économique belgo-luxembourgeoise.

➤ 1922 (5 mars) Ratification de la convention par la Chambre des députés luxembourgeoise.

➤ 1985 Par un protocole renégocié dans le cadre de l'accord monétaire belgo-luxembourgeois, le plafond d'émission luxembourgeois est rehaussé; mesure rendue possible par la situation économique et permettant l'émission d'un billet de 1000 francs luxembourgeois.

➤ 1992 Ratification du traité de Maastricht à une large majorité.

➤ 1995 (20 janv.) Jean-Claude Juncker renommé premier ministre, Jacques Santer succédant à Jacques Delors comme président de la Commission de l'Union européenne.

➤ 1999 (13 juin) Élections législatives. Juncker forme un nouveau gouvernement.

Cependant, la réalité linguistique sur le terrain se présente souvent en d'autres termes. Ainsi, le Centre culturel français avait lancé l'idée d'une étude sur le rôle joué par le français dans la société luxembourgeoise, dont le résultat, sous forme de témoignages et d'essais circonstanciés dus à des spécialistes autochtones et français, fut publié sous le titre: *La Situation de la langue française parmi les autres langues en usage au Grand-Duché de Luxembourg.* La teneur essentielle en est que le français n'a rien perdu de son attrait, étant devenu la première langue de communication du pays, faisant l'interface entre les autochtones et les immigrés et frontaliers francisants, lesquels constituent le gros de la population étrangère. En même temps, le français, qui fut pendant des siècles la langue de l'élite sociale, aristocratique puis bourgeoise et se confinait aux usages nobles, a changé de registre. C'est désormais le milieu, voire le bas de gamme qui est le plus utilisé, mais avec une fonction importante comme moyen d'intégration sociale. Ce glissement linguistique apparaît aussi dans la première enquête sociologique sur les Portugais du Luxembourg, menée sur entretiens par Delfina Beirão. Elle fait suite au Sondage Baleine, qui se proposait d'analyser l'utilisation des langues dans le contexte des trajectoires migratoires.

En novembre 1998, Erna Hennicot-Schœpges, ministre luxembourgeoise de la Culture, de l'Éducation nationale et de la Francophonie, avait invité à une séance académique au château de Bourglinster M. Boutros Boutros-Ghali, nommé en début d'année Secrétaire général de la Francophonie sur proposition du président Chirac. Ayant fait la carrière diplomatique que l'on sait, l'illustre invité tint un discours très politique, la francophonie étant pour lui la continuation de son travail précédent de secrétaire général de l'ONU. C'est dire que la salle, où il y avait beaucoup d'enseignants et de représentants de la scène culturelle, resta sur sa faim. Ayant exposé à Boutros Boutros-Ghali les attentes de la francophonie au niveau littéraire et universitaire, le responsable du Centre d'études et de recherches francophones lui proposa de susciter la création d'une Bibliothèque de la Pléiade francophone, qui recueillerait, à côté des classiques de la littérature française, les meilleurs écrivains des pays ayant le français en partage. Le Secrétaire général en prit note.

ÉVÉNEMENTS LITTÉRAIRES

Une exposition rétrospective a été organisée au Musée d'histoire de la Ville de Luxembourg sur *Les années 50. Luxembourg entre tradition et modernité*, donnant lieu à un catalogue avec des articles de fond, dont deux sont consacrés à l'analyse des champs littéraires francophone et germanophone luxembourgeois de l'époque de référence. L'auteur de ces lignes a monté une exposition consacrée à *Victor Hugo en Belgique et dans le Grand-Duché de Luxembourg*, présentée lors d'une causerie littéraire à la Maison du Grand-Duché de Luxembourg à Bruxelles, répétée au Centre national de littérature à Mersch et annonçant la rénovation muséographique de la Maison de Victor Hugo à Vianden.

Le principal événement littéraire du printemps de 1999 fut la nouvelle édition des **Journées littéraires de Mondorf**, qui eurent lieu du 23 au 25 avril dans la cité thermale, certaines manifestations étant décentralisées. Sous le signe du siècle et du millénaire qui touchent à leur fin et provoquent emballements et essoufflements, vingt-cinq écrivains avaient été convoqués pour parler de leurs angoisses, de leurs désillusions et de leurs folies consolantes. Des auteurs venus du Luxembourg, des Pays-Bas, de France, d'Allemagne, du Québec, du Portugal, de Roumanie, d'Irlande, de Russie, de Finlande, d'Italie, d'Autriche, du Pérou, de Yougoslavie célébraient la diversité et l'universalité de Babel pour clore le siècle en jubilant. Une première publication, disponible dès l'ouverture des Journées, réunit les textes des participants luxembourgeois, tandis qu'un autre recueil doit rassembler les textes lus par les invités: une manière d'étoffer le patrimoine spirituel du Luxembourg cosmopolite. À noter qu'une association nommée Amis des Journées littéraires de Mondorf assure la transition pendant les années où les Journées n'ont pas lieu, en organisant des débats et des lectures en association par exemple avec le Centre culturel français ou le Centre national de littérature.

Autre événement littéraire, rare, à signaler: la **création d'une pièce francophone**, *Destin. Destination.* Une tragédie, due à un Luxembourgeois, en l'occurrence Jean Portante. C'est une réflexion existentialiste et

Photo: Perry Poos

bouffonne sur la vie, où la spécularité met en circulation des personnages et leurs doubles avec, au milieu d'eux, un meneur de jeu et commentateur: le Destin en personne, thématisé par les bruits de sabots d'un cheval au galop. Création à l'ancien manège du château de Colpach, dans une mise en scène signée Claude Mangen.

Comme souvent, le genre littéraire discursif est le mieux représenté. Ainsi, Nic Klecker a publié un **recueil de chroniques**, de rêves et d'ergotages où ce militant des droits de l'homme se présente comme intellectuel de gauche constamment aux aguets. L'auteur de ces lignes a donné une anthologie commentée de textes littéraires francophones concernant Echternach, dont on commémorait en 1999 le treize centième anniversaire de la fondation de

l'abbaye bénédictine. Sous le titre *Identité nationale et dimension. Le Grand-Duché de Luxembourg entre les univers roman et germanique*, un recueil collectif tente de situer le pays par rapport à l'étranger dans le contexte de l'intégration européenne. Ce dernier processus est un des thèmes du livre publié par Jean Nicolas, travaillant en Belgique, sur *L'Europe des Fraudes*. Ses révélations parfois sensationnelles ont valu à ce journaliste d'investigation la réputation d'avoir fait tomber la Commission, de même qu'il aurait fait avancer les recherches dans l'affaire Dutroux. Mais ses méthodes ne font pas l'unanimité, ni ses résultats. Me Gaston Vogel, avocat, signe deux essais, l'un consacré à la *Vie des Saints*, l'autre proposant une lecture critique de l'histoire du christianisme. Deux Luxembourgeois installés à Paris signent des essais dans leur spécialité: le Dr Pierre Rauchs, psychanalyste auteur d'une étude sur *Louis II [de Bavière] et ses psychiatres*, et l'historien latiniste John Scheid, auteur d'un traité sur *La Religion des Romains*.

La **poésie** a été représentée par une demi-douzaine de publications. Jean Portante a fait paraître *Point de suspension*, interrogation de l'homme qui suspend sa vie pour mieux pouvoir l'épier, à l'image des badauds observant leur salive dans le fleuve qui descend vers la mer. Sous le titre *Le Paradis brûle*, Anise Koltz a rassemblé les textes parus dans ses recueils antérieurs: *Chants de refus, Chants de refus II* et *Le Mur du son*. Dans *La Terre se tait*, la même poétesse parle encore de l'impuissance de la parole face aux mystères du monde, mais aussi du délire envoûtant du langage qui impose sa folie à l'esprit. Pas de repères métaphysiques, ni même tangibles, puisque la terre, à son tour, est muette. Dieu est signalé pour mémoire, créé par l'homme à son image, mais sans effet autre que celui d'annonce. Le jeune Quoc Nguyen publie une nouvelle plaquette de poèmes et de comptines évoquant un monde d'animaux à préserver et d'enfants à rendre heureux. Paul Mathieu, un Belge né en Luxembourg, publie un recueil de poésie inspirée par ses voyages. Une Luxembourgeoise, émigrée au Canada francophone via l'Afrique, dit maladroitement sa nostalgie de la petite patrie, mais c'est le premier témoignage de ce genre venu du Québec.

Le **genre narratif** est assez peu représenté. La religieuse luxembourgeoise Margot Kaspar publie trois histoires congolaises sous

Photo: Anise Koltz

le titre de *Dieudonné*. Là encore, le livre vaut par sa seule existence, comme témoignage sur le colonialisme missionnaire blanc, un certain nombre de Luxembourgeois ayant œuvré au Congo belge. À la suite d'une résidence d'écriture en Belgique, deux francophones luxembourgeois ont donné des récits littérairement intéressants, parus tous les deux dans le recueil collectif publié par Frontière belge: *Histoires d'Eaux*. Dans *Calamités d'un petit combat pour l'accès à la mer*, Guy Rewenig, un des meilleurs luxembourgophones, s'exprime en français pour dénoncer par la dérision la folie des grandeurs de certains Grand-Ducaux désireux de rivaliser avec la Belgique. Dans *Jamais je n'ai eu soif autant*, Lambert Schlechter imagine le "récit posthume" d'un écrivain – lui-même – qui se projette au-delà de sa propre mort et détaille les circonstances de son dernier texte, abandonné sur le quai d'une petite gare flamande, écrit avec son réflexe de rescapé. Une écriture qui tend vers sa propre extinction, un écrivain marin solitaire en panne sèche et qui en fait l'objet même de sa navigation. Jean Sorrente, quant à lui, a remporté le prix 1998 de la libre Académie de Belgique pour son roman *Le Vol de l'aube* (Luxembourg-Echternach, éd. Phi, 1995).

Pièces, billets et timbres luxembourgeois de production française

René LINK, conseiller de direction
Banque centrale du Luxembourg

Au moment où l'Europe va passer concrètement à l'emploi de l'euro, il semble opportun de jeter un coup d'œil sur le passé monétaire et philatélique français du pays.

Les grands investissements que nécessite l'installation d'une imprimerie de sécurité ne sont économiquement justifiables qu'en cas de besoins suffisants pour assurer la rentabilité d'une telle entreprise. En ce qui concerne le Luxembourg, il est évident que pour sa production de monnaies métalliques, de billets de banque et de timbres-poste, l'exiguïté de sa situation le force à recourir à des firmes étrangères, dont un certain nombre d'origine française.

Dans le domaine des pièces de monnaie, il faut remonter aux années 55 et 60 du siècle dernier pour rencontrer les premières, mais hélas en même temps les dernières pièces luxembourgeoises (5 et 10 centimes) de production française (Monnaie de Paris). Pour les billets de banque, le palmarès n'est pas plus glorieux: un seul billet luxembourgeois (100 francs, 1968, émetteur: la Banque internationale, un émetteur privé) est sorti de presses françaises (Imprimeries Oberthur, Rennes).

Pour la philatélie, l'image est quelque peu différente: des quelque 1500 timbres luxembourgeois émis depuis 1852, environ 10% ont une connotation française. Des noms prestigieux de l'art du timbre français sont également entrés dans le panthéon philatélique grand-ducal: Mouchon, Cheffer, Cottet, Bequet entre autres ont dessiné ou gravé des timbres pour le Luxembourg, dont la majorité furent imprimés dans l'Atelier du timbre à Paris (jusqu'en 1972) et à Périgueux (après 1972). À remarquer que l'Administration des P et T a eu la délicatesse de confier à des artistes français de grand renom les travaux préparatoires des timbres de Victor Hugo de 1953 (Cottet) et de 1977 (Lacaque). Mais seule la vignette de 1977 fut aussi imprimée en France.

Si donc, dans les signes monétaires luxembourgeois, les traces françaises relèvent plutôt de l'histoire ou de la numismatique, l'influence de l'art philatélique français au Luxembourg est bien plus présente et plus contemporaine.

Il est intéressant de relever que c'est l'effigie du futur grand-duc Henri de Luxembourg qui ornera les pièces euro à venir.

BIBLIOGRAPHIE

Abréviations: A = Beaux Arts; BD = bande dessinée; Dr = droit; D = dictionnaire; E = essai, éc. = économie, finances; G = guide; H = histoire; P = poésie; Pl = politique; R = récit en prose; Th. = théâtre. Le lieu d'édition n'est pas cité quand il s'agit de la Ville de Luxembourg.

Littérature et culture

BONG Ditty, *Collection de poèmes 1986-1997* (P), Châteaugay (Québec), Association canadienne des Luxembourgeois, 1997.

CECCALDI Stéphane, *Le Luxembourg vu par des peintres* (E), Paris, Citédis, 1998, 119 p.

CENTRE CULTUREL FRANÇAIS DE LUXEMBOURG, *La Situation de la langue française parmi les autres langues en usage au Grand-Duché de Luxembourg* (E), 1998, 182 p.

COLLECTIF, *Identité nationale et dimension européenne. Le Grand-Duché de Luxembourg entre les univers roman et germanique* (E), Bruxelles/Luxembourg, Artis-Historia/Saint-Paul, 1999, 113 p.

FONDATION MUSÉE D'ART MODERNE GRAND-DUC JEAN, *L'École de Paris ? 1945-1964* (E), éd. par le Musée national d'histoire et d'art, 1998.

GÉRARD Marcel, *Et l'homme recréa Dieu* (E), [Bertrange], 1999, 52 p.

KASPAR Margot, *Dieudonné: Une adoption contratriée. Trois petites histoires d'Afrique* (R), impr. Saint-Paul, 1998, 76 p.

KLECKER Nic, *Chroniques, rêves et ergotages* (E), Diekirch, de l'APESS, 1998, 218 p.

** KOLTZ Anise, *Le Paradis brûle* (P), Paris, la Différence, coll. Clepsydre, 1998, 152 p.

KOLTZ A., *La Terre se tait* (P), Echternach, Phi et L'Orange bleue, coll. Graphiti, 1999, 112 p.

MATHIEU Paul, *Solens* (P), des Cahiers luxembourgeois, [1998], 135 p.

NICOLAS Jean, *L'Europe des Fraudes* (E), s. l., PNA, 1999, 160 p.

PORTANTE Jean, *Allen Ginsberg* (E), Bordeaux, du Castor astral, 1999.

PORTANTE Jean, *La Mémoire de la baleine. Roman* (R), rééd. Echternach-Luxembourg/Montréal/Bordeaux, Phi/XYZ/ du Castor astral, 1999, 473 p.

* PORTANTE Jean, *Point de suspension* (P), illustrations de Marek Szczesny, Echternach-Luxembourg, Phi, 1998.

PRUM Antoine, *La Cour des miracles* (BD), DNF, 1998.

QUOC Nguyen, *L'Avenir des papillons* suivi de *Une araignée couleur citron et autres poèmes et comptines* (P), préface de Régine Detambel, Rodange, Fleurs d'amandier, 1998, 79 p.

RAUCHS Dr Pierre, *Louis II et ses psychiatres. Les gardes-fou du roi* (E), Paris, L'Harmattan, 1998.

REWENIG Guy, *Calamités d'un petit combat pour l'accès à la mer* (E), Frontière belge, *Histoires d'Eaux*, Bordeaux, du Castor astral, coll. Escales du Nord, 1998, p. 163-173.

SCHEID John, *La Religion des Romains* (E), Paris, Armand Colin, coll. Cursus, 1998, 176 p.

* SCHLECHTER Lambert, *Jamais je n'ai eu soif autant. Récit posthume* (R), Frontière belge, *Histoires d'Eaux*, Bordeaux, du Castor astral, collection Escales du Nord, 1998, p. 193-205.

TRAUSCH Gilbert, *Le Maître de forges Émile Mayrisch et son épouse Aline. Puissance et influence au service d'une vision* (E), éd. par la Banque de Luxembourg, 1998.

VOGEL Gaston, *Le Pâturage. L'an deux mille. Contribution critique à l'histoire du christianisme* (E), Echternach-Luxembourg, Phi, 1999, 392 p.

VOGEL Gaston, *La Vie des saints* (E), Paris, Wern, 1999.

WILHELM Frank, *Echternach vu par des écrivains francophones* (E), éd. SESAM asbl et CERF, 1998, 131 p.

Journées littéraires de Mondorf, 12 auteurs luxembourgeois. 12 Autoren aus Luxemburg, éd. Phi et Journées littéraires de Mondorf, 1999, 285 p.

Droit, sciences économiques, politiques et sociales

BEIRÃO Delfina, *Les Portugais du Luxembourg. Des familles racontent* (E), Paris, CIEMI, L'Harmattan, 1999, 182 p.

CHAMBRE DES DÉPUTÉS, *La Révolution de 1848 et les débuts de la vie parlementaire au Luxembourg* (E), études publiées par la Chambre des députés à l'occasion du cent-cinquantenaire de la Constitution de 1848, dossier réuni par Gilbert Trausch, éd. de la Chambre des députés, 1998, 90 p.

SPIELMANN Dean et THEWES Marc (sous la dir. de), *Annales du droit luxembourgeois 1997* (E), vol. 7, Bruxelles, Bruylant, 1998.

MONACO

Robert FILLON
Secrétaire général de la Direction des relations
extérieures de la Principauté de Monaco
rfillon@gouv.mc

Les ministres de l'Économie et des Finances des pays francophones réunis pour la première fois en Principauté de Monaco

Sous l'impulsion de S.A.S. le prince héréditaire Albert, qui conduisait la délégation monégasque à Hanoi, la Principauté a décidé d'inviter sur son territoire à se réunir pour la première fois les ministres de l'Économie et des Finances de la Francophonie les 14 et 15 avril.

L'objectif était de mieux cerner les contours de l'"espace de coopération économique francophone" dont la Conférence de Monaco devait constituer l'acte de naissance.

En donnant pour intitulé à la Conférence "Investissement et commerce", les États membres de la Francophonie ont délibérément entendu à la fois prendre position sur les grands problèmes de l'heure et se placer résolument dans une perspective concrète, qui permette des "sorties opérationnelles" véritables.

L'extrême diversité des situations a été mentionnée par de nombreux intervenants. Ce constat peut faire craindre que la mondialisation n'aboutisse à creuser les inégalités.

Cela étant, la Conférence de Monaco a permis de souligner, une fois de plus, combien la langue française constitue un puissant ciment; elle permet en effet une compréhension intime entre tous ceux qui la partagent, elle ouvre sur des solidarités transversales qui ne seraient pas possibles sans elle.

La Principauté de Monaco est attachée à l'idée d'un "Centre d'informations économiques de la Francophonie" qu'elle accueillerait sur son territoire. Deux autres projets – créer un réseau d'institutions de formation en commerce international et constituer un fonds d'intégration pour les entreprises des pays les moins avancés – paraissent aussi extrêmement prometteurs

et mériteront, dans les prochains mois, une réflexion accrue de la part de toutes les parties intéressées.

MONACO

QUELQUES POINTS DE REPÈRE

Géographie
➤ Principauté enclavée dans le département français des Alpes-Maritimes.
➤ Ouverture sur la Méditerranée.
➤ Forte activité touristique.

Histoire
➤ Nombreuses occupations successives: Ligures, Phéniciens, Romains.
➤ 1297 Franceschino Grimaldi, dit "Malizia", un Gênois, s'empare par ruse du château de Monaco.
➤ 1641 Traité de Péronne, entre le prince Honoré II et le roi de France Louis XIII. Fin de la domination espagnole sur Monaco, début de l'alliance avec la France.
➤ 1793-1814 Annexion de Monaco par la France, à l'occasion de la Révolution française.
➤ 1861 Consécration de la sécession des villes de Menton et de Roquebrune. Le traité, passé entre Charles III et Napoléon III, permet le désenclavement de Monaco et ouvre une ère de prospérité économique fondée sur des projets audacieux tournés vers le tourisme de prestige.
➤ 1866 Création de Monte-Carlo.
➤ 1949 Avènement de S.A.S. le Prince Rainier III. Début de l'intense développement économique d'après-guerre.
➤ 1997 La Principauté fête le septième centenaire de la dynastie des Grimaldi.

VAL D'AOSTE

Pierre LEXERT
Directeur de l'Institut valdôtain de la Culture
l.apostolo@regione.vda.it

Région autonome dans le cadre de l'État italien, du fait de sa francophonie originelle et de sa propre histoire intramontaine, la Vallée d'Aoste continue à tirer son épingle du jeu malgré les contrecoups de la politique italienne, caractérisée – selon le journaliste Étienne Andrione – par "l'action d'un gouvernement et la cohésion d'une majorité dont on sait qu'elles sont, l'une, pratiquement inexistante et l'autre, purement tactique".

POLITIQUE GÉNÉRALE

Les promesses de réformes, claironnées à Rome par les membres de la Commission "bicamerale" instituée à cet effet, ont non seulement fait long feu, mais le désordre régnant au sein de l'administration péninsulaire et des services de l'État, les vaines querelles et les mesquins marchandages des partis en présence, l'altération de l'esprit civique chez des citoyens "affranchis", informés de la corruption endémique de leurs dirigeants, ne pouvaient qu'entraîner une hausse spectaculaire des impôts, favoriser l'abstention électorale ou référendaire et déboucher sur un assouplissement des procédures antimafieuses qu'entachaient déjà de scandaleux accommodements avec les pseudo-"repentis".

Dino Viérin, président du gouvernement valdôtain

D'ailleurs, bien que la Chambre des députés ait récemment approuvé la loi de sauvegarde des minorités linguistiques en application de l'article 6 de la Constitution, il n'est pas de jour où la francophonie du Val d'Aoste ne soit bafouée, contestée ou ignorée par les représentants allogènes du pouvoir central, des syndicats et des partis italophones – ces derniers poussant même la malveillance envers le français jusqu'à tenter de susciter contre lui l'hostilité des élèves et des enseignants. Attitude irresponsable à l'heure de l'Europe et dans une région frontalière jouxtant la France et la Suisse romande.

L'actuel conflit yougoslave a au moins fait prendre conscience à un certain nombre d'Italiens – au seul vu télévisé des bases états-uniennes truffant l'Italie – de l'état de crypto-dépendance dans lequel la colonisation politico-économique yankee a placé leur pays – aidée en cela par une démocratie chrétienne dont le dernier grand leader, Giulio Andreotti, sept fois premier ministre, a vu requérir contre lui la réclusion criminelle à perpétuité…

ÉCONOMIE ET SOCIÉTÉ

Forte de la nette victoire remportée lors des élections régionales de 1998 par l'Union valdôtaine, la majorité gouvernementale du Val d'Aoste, conduite par le président Dino Viérin depuis deux législatures, assure la continuité d'une politique tout ensemble libérale et pragmatique, ouverte aux innovations, attentive au bien-être des administrés et humainement très proche du corps électoral.

Désormais présente institutionnellement sur le web (www.regione.vda.it), la Vallée d'Aoste tend de plus en plus à se désenclaver, se voulant carrefour européen, pôle d'attraction touristique et culturel, accueillante aux entreprises novatrices et soucieuse de préserver ses traditions et sa spécificité.

Rénovations de centres urbains, agrandissements, restructurations ou reconversions de sites ou d'établissements (tels que: Institut agricole, usine Brambilla, Fort de Bard, centre d'Aoste, hôpital mauricien, cinéma "Splendor", par exemple), participations aux foires et salons internationaux, aménagement des horaires d'ouverture des négoces dans le sens d'une plus grande flexibilité, interventions en faveur de nombreuses communautés locales, aides aux réfugiés, amélioration du réseau de communications, sont autant de témoignages de la polyvalence du gouvernement régional, associée souvent aux initiatives communales. Et cette année encore la Vallée d'Aoste a obtenu la "cote AA", soit la meilleure cotation d'Italie pour sa fiabilité financière, de la part de la "Standard & Poor's".

Une ombre pourtant est venue il y a peu assombrir ce tableau: la quasi-cinquantaine de victimes, et les conséquences sur l'économie de la Région, du tragique incendie survenu le 24 mars 1999 sous le Tunnel du Mont-Blanc avec l'interruption *sine die* du trafic routier sur cet axe fondamental des relations européennes et franco-valdôtaines.

Notons que pour la huitième fois le pape Jean-Paul II a prévu de villégiaturer en Vallée d'Aoste. Peut-être y trouve-t-il un petit air de paradis…

CULTURE ET FRANCOPHONIE

La Foire hivernale de St-Ours, dont la renommée ne cesse de s'accroître alors que s'achève son premier millénaire, le printemps théâtral indigène, la variété des spectacles programmés; les expositions, récitals, concerts, chorales, colloques et conférences organisés en divers lieux du territoire, font de la Vallée d'Aoste une contrée pilote en matière d'action culturelle, dont on ne trouve pas d'équivalent en Italie à cette échelle. Retenons-en les éléments suivants à titre d'exemple:

Expositions: "Montmartre et la naissance de l'art moderne 1880-1930"; "Kandinsky et ses contemporains (1900-1920)", dont l'avant-garde russe notamment; "Dieux de pierre" ou la grande statuaire anthropomorphique dans l'Europe du IIIe millénaire av. J.C.; "Pierres et marbres" du sculpteur Giò Pomodoro; une anthologie graphique de Tomi Ungerer; les affiches d'Eugène Ogé; les "Figures au féminin" d'"Alis" Levi (1884-1982); les peintures de Remo Squillantini et de Enrico Thiébat; les aquarelles de Mario Calandri; les photographies de Dorothea Lange et de Vittore Fossati; l'aventure du baron Bich, l'industriel d'ascendance valdôtaine créateur de la fameuse "pointe Bic"; l'ouverture au public, enfin, de l'aire mégalithique de St-Martin de Corléans à Aoste.

Édition: Dans notre contexte bilingue, parmi les ouvrages imprimés tout ou en grande partie en français (autres que les publications documentaires, techniques ou monographiques d'un intérêt plus relatif), il y a lieu de citer: de Marco Gal: *À l'ençon (tout au bord)*, poésies en francoprovençal avec leurs doublets en français et en italien, Prix Balmas 1999; de Franco Cuaz: *Maurice Garin, le cyclisme du siècle dernier* (vainqueur du premier Tour de France, Maurice Garin était un Valdôtain), Prix Lacoste, décerné par l'Association des écrivains sportifs; de Carmen Colsy-Chenuil: *Boris Vian ou la quête d'un impossible regard*, thèse de doctorat soutenue à l'Université de Grenoble; de l'érudit historien Orphée Zanolli:

VAL D'AOSTE

QUELQUES POINTS DE REPÈRE

Géographie

➤ Région alpine (3 300 km², 117 000 habitants) entre le Piémont, la France et le Valais suisse.

Histoire

➤ IIIe s. av. J.C. Peuplement celto-ligure.
➤ Ier s. av. J.C. Région de passage, occupation romaine.
➤ 575 Entrée d'Aoste dans la mouvance des parlers franco-romands; la Savoie intégrée au royaume mérovingien.
➤ 1032 Aoste passe au Saint-Empire par la maison de Savoie.
➤ 1561 Le français, langue officielle, mais le piémont, prédominant. La capitale des États de Savoie est transférée de Chambéry à Turin (1562).
➤ 1800-1814 Annexion à la France par Napoléon 1er.
➤ 1814-1861 Retour du duc de Savoie.
➤ 1861-1945 L'Italie naissante de Victor-Emmanuel II englobe le Val D'Aoste francophone et prône l'unité linguistique alors que la Savoie est rattachée à la France (plébiscite de 1860). Le français prohibé.
➤ 1945 Autonomie provisoire.
➤ 1948 (26 fév.) Statut de région autonome (parité du français et de l'italien):
- un conseil de la Vallée (35 membres élus);
- le président du gouvernement régional est élu par le conseil. Le chef de l'exécutif (composé de 8 assesseurs), exerce aussi la fonction de préfet;
- deux représentants de la Région auprès de l'État, un député et un sénateur.

À noter

➤ Le français (enseignement obligatoire) résiste à l'immigration italophone.
➤ Invité spécial aux Sommets de la Francophonie.

Computa Sancti Ursi, soit les comptes du prieur-mécène Georges de Challant; de Lucien Caveri: *Le Val d'Aoste de A à Z*, bel album agréablement illustré; de Parfait Jans: *Meurtre au Forum romain*, récit policier; de Marthe Jans: *Repubblica allegra*, pochade humoristique sur les mœurs locales. À quoi il convient d'ajouter les livraisons trimestrielles du *Flambeau*, celles des *Cahiers du Ru* 31 et 32; le Prix spécial du Salon du livre d'Oradea, en Roumanie, au recueil de nouvelles *Le Dévoiement* de Pierre Lexert, et la participation du Val d'Aoste aux salons du livre de Paris, de l'Outaouais au Québec et de Genève.

Gastronomie: Avec onze nouvelles médailles d'or au dernier Concours international des vins de montagne, ses prestations gastronomiques en France lors d'une "quinzaine lyonnaise" et au Québec pour le "Festival du lac de Brome", la Vallée d'Aoste marque d'autres points dans le secteur du bien-vivre.

Francophonie: Un important pas en avant a été fait avec l'institution et l'ouverture du premier établissement bilingue de niveau universitaire dans notre pays, destiné à la "Maîtrise en sciences de la formation primaire" – fruit de la coopération de la Région avec les universités de Grenoble, Liège et Turin. Parallèlement, a été adopté le projet de loi sur les examens de la "maturità" (baccalauréat) afin de rendre opérationnel à cet égard l'article 38 du Statut d'Autonomie stipulant la parité linguistique français/italien.

Soulignons aussi que la remise officielle des prix du Concours international Jeunes Auteurs – auquel participent la Communauté Wallonie–Bruxelles, la Suisse romande, la Vallée d'Aoste, la Franche-Comté et la Roumanie – s'est déroulée à Aoste et que s'est tenue aux Thermes de St-Vincent la réception du Prix littéraire de francesistica et du Prix Balmas.

BIBLIOGRAPHIE

Ouvrages de base
COLLIARD Lin, *La Culture valdôtaine au cours des siècles*, Aoste, ITLA, 1976, 700 p.
GORRIS Rosanna (sous la dir. de), *La Littérature valdôtaine au fil de l'histoire*, Aoste, Imprimerie valdôtaine, 1993, 358 p.
JANIN Bernard, *La Vallée d'Aoste, tradition et renouveau*, Quart, Musumeci, 1991, 744 p.
LENGEREAU Marc, *Une sécession manquée*, Quart, Musumeci, 1984, 96 p.
NICCO Roberto, *Le Parcours de l'autonomie*, Quart, Musumeci, 1998, 390 p.
THIEBAT Pierre-Georges, *Une région alpine "intramontaine", la Vallée d'Aoste*, numéro spécial hors série, Chambéry, Société savoisienne d'Histoire et d'Archéologie, 1996, 120 p.

Nouveautés
BLANC Efisio et LO PRESTI Gaetano, *Danse et Musique en Vallée d'Aoste*, Aoste, Imprimerie Duc, 1998, 200 et 226 p., 2 t.
CAVERI Lucien, *La Vallée d'Aoste de A à Z*, Quart, Musumeci, 1998, 160 p.
CUAZ Franco, *Maurice Garin, le cyclisme du siècle dernier*, Quart, Musumeci, 1998, 176 p.
CUAZ BONIS Gianna et MOMIGLIANO LEVI Paolo, pour l'Institut historique de la Résistance en Vallée d'Aoste, *Giornali in Valle d'Aosta (1841-1948)*, Aoste, Le Château, 1998, 358 et 505 p., 2 t.
GAL Marco, *À l'ençon (tout au bord)*, poèmes, Aoste, Imprimerie valdôtaine, 1998, 140 p.
JANS Marthe, *Repubblica allegra*, nouvelle, illustrations de Michel Jans, Aoste, Imprimerie Duc, 1998, 141 p.
JANS Parfait, *Meurtre au Forum romain*, roman policier, [chez l'auteur], France, 1998.
ZANOLLI Orphée, *Computa Sancti Ursi (1486-1510)*, Quart, Musumeci, 1998, 443, 394 et 583 p., 3 t.

EUROPE CENTRALE ET ORIENTALE

Le français est présent en Europe centrale et en Europe de l'Est à divers degrés; il y est langue de culture et d'enseignement dans tous les pays de la région, en particulier dans ceux où l'on parle le roumain, langue romane.

La **Roumanie**, autrefois province romaine – la Dacie –, a donné à la francophonie de nombreux écrivains (Ionesco, Cioran, Gheorghiu, Istrati, etc). C'est le pays où le français est le plus enseigné; il participe aux Sommets de la Francophonie.

En **Moldavie**, république indépendante, le roumain écrit en caractères latin est langue officielle. Le français y est langue étrangère prédominante. Ce pays participe aux Sommets de la Francophonie depuis 1995.

La **Bulgarie** a développé une tradition francophone, surtout dans l'élite et en milieu éducatif. Elle participe aux Sommets de la Francophonie.

La **Pologne** a été fortement liée à la culture française depuis que Marie Leszczynska épousa Louis XV et que son père le roi Stanislas, chassé de Pologne, s'établit à Nancy comme duc de Bar et de Lorraine. Le siècle des Lumières devait contribuer au développement du français en Pologne.

C'est plus récemment que le français eut son importance en **Albanie**, où l'élite est francophone: on connaît au moins un de ses écrivains, Ismaïl Kadaré. La **Macédoine**, au carrefour d'anciennes civilisations, a été invitée, comme l'Albanie et la Pologne, à participer à la Francophonie au Sommet de Hanoi, avec un statut d'observateur.

De nombreux autres pays de la région ont une tradition française au moins chez les intellectuels; ainsi en est-il de l'**Autriche** et de la **Hongrie**, de plusieurs républiques de la Russie. L'**Arménie** a entrepris des demandes pour participer aux Sommets de la Francophonie.

Certaines organisations de la Francophonie couvrent une bonne partie des territoires identifiés ci-haut; c'est le cas notamment de l'Association des études francophones d'Europe centre-orientale, implantée à Vienne (Autriche) et à Pécs (Hongrie).

On peut consulter:

DURANDIN Catherine, *Histoire des Roumains*, Paris, Fayard, 1995.
"Bulgarie" (dossier), *Diagonales Est-Ouest*, n° 7, Lyon, fév. 1993.
LHOMEL Édith (dir.), *Transitions économiques à l'Est: 1989-1995*, Paris, Doc. française, 1997.
LHOMEL Édith et T. SCHREIBER (dir.), *L'Europe centrale et orientale*, Paris, Doc. française, 1997.

EUROPE CENTRALE ET ORIENTALE

	Roumanie[1]	Moldavie[1]	Bulgarie[1]	Pologne[1]	Albanie[1]	Macédoine[1]
Nom officiel	République de Roumanie	République de Moldova	République de Bulgarie	République de Pologne	République d'Albanie	Ancienne rép. yougoslave
Capitale	Bucarest	Chisinau	Sofia	Varsovie	Tirana	Skopje
Superficie (km²)	238 391	33 700	110912	312 677	28748	25 713
Régime politique	démocratie prés. bicaméralisme	présidentiel	parlementaire	démocratie pluraliste	démocratie parlementaire	démocratie parlementaire
Chef d'État Entrée en fonction Prédécesseur	Emil Constantinescu 17-11-1996 Ion Iliescu	Petru Lucinschi 1-12-1996 Mircea Snegur	Petar Stoyanov 22-01-1997 Jelio Jelev	Aleksander Kwasniewski 23-12-1995 Lech Walesa	Rexhep Mejdani 24-07-1997 Sali Berisha	Kiro Gligorov 27-01-1991
Chef du gouvernement Entrée en fonction Prédécesseur	Radu Vasile 13-04-1998 Victor Ciorbea	Ion Sturza 12-03-99 Ion Ciubuc	Ivan Kostov 19-05-1997 Stephan Sofianski	Jerzy Buzek 17-10-1997 Wlodzimierz Cimoszewicz	Pandeli Majko 29-09-1998 Fatos Nano	Ljubco Georgievski 1-11-1998 Branko Crvenkovski
Langues officielles Autres langues	roumain français, hongrois, allemand	roumain français, bulgare, russe, ukrainien, turc	bulgare français, turc, roumain	polonais allemand, ukrainien, lituanien,…	albanais grec	macédonien albanais, serbe, turc, valaque, rom
Principales religions en % de la population	orthod. roum. (87) catholique (5) orthod. grec (3,3) pentecôtiste (1) autres (3,7)	orthodoxe (98,5) judaïsme (1,5)	orthodoxe (85) islam (13) judaïsme (0,8) autres (1,2)	catholique (93,5) orthodoxe (1,3) protestantisme (5) autres (0,2)	islam (70) orthodoxe (20) catholique (10)	orthodoxe (67) islam (30) autres (3)
Population[2] Moins de 15 ans en % Plus de 65 ans en % Indice de fécondité Espérance de vie H/F Alphabétisation en %	22 607 620 19 13 1,17 65,3/73,09 97	4 457 729 25 10 1,88 59,61/69,27 96	8 240 426 16 16 1,14 68,39/75,74 98	38 615 239 21 11 1,36 68,6/77,16 99	3 330 754 33 6 2,57 65,58/71,94 72	2 009 387 24 9 2,06 70,41/74,71 94[3]
IDH (rang/174)	68	104	63	44	100	73
PIB (en M$ US)[2] PIB/hab. (en $ US)[2]	114 200 5 300	10 800 2 400	35 600 4 100	280 700 7 250	4 500 1 370	2 000 960
Monnaie[4] FF US $	leu 0,0004 0,00006	leu 0,5641 0,0906	lev bulgare 0,0032 0,0005	zloty 1,623 0,2607	nouveau lek 0,046 0,0073	dinar 0,1062 0,017
Principales exportations	machinerie, biens de consommation, combustibles, denrées alimentaires	produits alimentaires, vin, textiles, chaussures	machinerie agricole, produits chimiques, équipements de transport	machinerie, biens de consommation, combustibles, aliments	métaux, électricité, huile brute, légumes, fruits, tabac	produits alimentaires, machinerie, matériel de transport
Principales importations	machinerie, matériel de transport, produits chimiques, combustibles	produits industriels, produits chimiques, pétrole	machinerie, hydrocarbures	machinerie, matériel de transport, produits chimiques, aliments	machinerie, biens de consommation, céréales	machinerie, produits chimiques, hydrocarbures
Principaux partenaires commerciaux	Italie, Allemagne, France, Pays-Bas, Royaume-Uni	Ex-URSS, Allemagne, Roumanie	OCDE, É.-U, Ex-URSS, Allemagne, Rép. tchèque, Slovaquie	Allemagne, Italie, Russie	États-Unis, Italie, Grèce, Bulgarie, Turquie	Italie, Allemagne, pays de l'Est

Sources: Banque mondiale; ONU, *Bulletin mensuel de la statistique* et *Rapport sur le développement humain 1999; The World Factbook 1998.*

[1] Roumanie, Moldavie et Bulgarie membres de la Francophonie.
Pologne, Albanie et Macédoine observateurs depuis le Sommet de Hanoi (1997).
[2] Population: estimations juillet 1998; PIB: données 1997.
[3] Réf.: *L'état du monde 1999.*
[4] Taux au 25 juillet 1999, donné à titre indicatif.

ROUMANIE

Paul MICLAU
Université de Bucarest

avec la collaboration de

Viorica Aura PAUS
Institut des sciences de l'éducation de Bucarest

La Roumanie ne possède pas les ressources nécessaires pour maintenir des activités non profitables à partir de l'argent de produits naturels recherchés (pétrole, gaz naturel, etc.). On est obligé à court terme de trouver des ressources financières dans d'autres secteurs tels l'enseignement, la santé ou l'agriculture... et de contracter des emprunts.

La première question qu'on se pose est: comment ces activités ont pu se dérouler avant 1989? La réponse implique deux dimensions: d'une part, la présence d'un marché parallèle à celui de l'Occident (entre les pays communistes) et d'autre part, l'existence d'une politique d'une autarcie sévère. Au moment où le contact massif avec le marché mondial est devenu inévitable, le manque de performance, les activités non profitables sont devenus ruineux pour l'économie. La crise de vente à profit, effet de la production non performante, aurait pu être diminuée par un management intelligent ou par la modernisation rapide de l'économie. Ces mesures, sans être accompagnées de la réduction des activités non profitables, auraient mené au même échec à long terme. Le plus grave problème de l'économie roumaine après 1989 reste aujourd'hui encore la limitation de l'économie non performante à un minimum d'activités qui puissent être compensées par d'autres activités rentables. Pour ce faire, les partis politiques qui se sont succédés ont eu la même attitude. Aucun d'eux n'a élaboré une solution viable ou, même si elle avait existé, celle-ci est restée peu connue et encore moins mise en pratique.

Tant qu'on a pu maintenir un certain équilibre économique par les réserves existantes et par les emprunts, les problèmes économiques ont été minimisés ou résolus à court terme. Mais la chute économique est devenue évidente. Les emprunts ne pouvaient pas sauver une économie non performante et les sommes demandées aux organismes internationaux commencent à être obtenues plus difficilement. En même temps, les réserves financières propres diminuent rapidement. Les coûts sociaux augmentent et mènent, peu à peu, vers une situation sans issue.

LES EFFETS SOCIAUX ET POLITIQUES DE LA TRANSITION ÉCONOMIQUE

La société roumaine, repliée sur elle-même jusqu'en 1989, s'est trouvée prise dans un mécanisme international suffocant et elle a réagi pour se défendre. Cela a mené aux protestations, aux mouvements agressifs (voir les manifestations répétées des mineurs et celles des travailleurs à Brasov et Iassi en 1999). Le scénario est toujours le même: revendications repoussées, grèves d'avertissement, grèves générales avec menaces éventuelles de la stabilité de l'ordre étatique, cession devant la force. La solution du conflit oblige l'État à assumer les coûts des entreprises non performantes qui, en peu de temps, épuisent ses ressources; et le cycle recommence. En fait, c'est un cycle d'appauvrissement progressif du pays, avec un potentiel de déstabilisation inévitable.

L'explication en est claire: la majeure partie de la population (surtout les travailleurs) dépendait de l'industrie et compte encore sur elle aujourd'hui. La diminution sévère de celle-ci a fait qu'une importante catégorie sociale reste sans ressources. La "nouvelle industrie" ne peut pas absorber toute cette population active. L'industrie privée non plus n'est pas capable de résoudre le problème et cela, en raison de son insuffisant développement et aussi parce que les qualifications de ses travailleurs ne correspondent plus au profil de ces nouvelles entreprises. Pour beaucoup de gens, la reconversion professionnelle s'avère tardive, sinon impossible.

Au niveau de la nation, le problème soulevé est de savoir comment nourrir tant de gens devenus brusquement inutiles à la société. Le retour massif vers l'agriculture et la vie à la campagne n'est pas possible, puisque l'agriculture elle-même est confrontée depuis longtemps à un excédent de main-d'œuvre. La technique agricole roumaine est loin de pouvoir assurer la subsistance de la population des villages. Si l'agriculture se modernisait, elle produirait suffisamment pour nourrir la population, mais loin de créer des emplois elle aurait besoin d'un nombre encore réduit de travailleurs agricoles. Toute cette "masse" de gens, ayant construit l'industrie communiste, est devenue brusquement inutile et sa présence trop nombreuse freine maintenant le progrès. Il est bien évident qu'un retour vers le passé est impossible. Le pays se retrouve bloqué dans l'attente d'une solution viable. C'est un long chemin avec seulement des possibilités d'amélioration à long terme et des coûts matériels et humains difficiles à imaginer.

Dans ces conditions, le refus de l'Europe d'intégrer la Roumanie – et d'autres pays de l'Est – dans ses structures économiques fait sortir notre pays du circuit de l'histoire européenne même. Par réflexe, un tel pays

---

ROUMANIE

QUELQUES POINTS DE REPÈRE

Géographie
➤ Pays de langue romane (le roumain) dans les Carpates.

Histoire
➤ IIe s. La Dacie, province de l'Empire romain jusqu'en 270.
➤ XIVe-XVIe s. Invasions ottomanes.
➤ 1859 Union de la Moldavie et de la Valachie sous le nom de Roumanie, à laquelle s'ajoutent la Transylvanie et la Bessarabie en 1918.
➤ 1947 Abdication du roi Michel Ier. Instauration du régime communiste.
➤ 1965 Nicolas Ceausescu devient secrétaire du Parti communiste.
➤ 1974 Ceausescu président de la République. Régime très autoritaire.
➤ 1985-1987 Protestations contre la destruction du patrimoine culturel.
➤ 1989 (25 déc.) Après un soulèvement, Nicolas et Elena Ceausescu sont jugés sommairement et exécutés.
➤ 1990 (20 mai) Ion Iliescu élu président avec 85% des voix.
➤ 1992 (11 oct.) Ion Iliescu reconduit avec 66% des voix.
➤ 1996 (17 nov.) Iliescu battu par Emil Constantinescu (54%). Changement important vers l'économie de marché et la démocratie.

Culture
➤ Plusieurs écrivains francophones célèbres dont Eugène Ionesco, Émil Michel Cioran, Virgil Gheorghiu, la princesse Bibesco, Panait Istrati, Mircea Eliade, Anna de Noailles, Hélène Vacaresco, Julia Hasden et Tristan Tzara.

---

est obligé de survivre dans un temps qui le pousse inévitablement vers le passé. Cette "boucle temporelle" qui se forme sous nos yeux condamne le pays à vivre dans une simultanéité à dimension cosmique, et non pas historique, avec les pays du Nord.

D'un gouvernement à l'autre

Les problèmes ne diffèrent pas sensiblement d'un gouvernement à l'autre, ni la solution aux problèmes d'ailleurs; ce qui change, c'est la perspective et la manière d'approcher ces problèmes: soit les ignorer – avec ou sans la nostalgie du passé –, soit chercher à trouver des solutions de conjoncture. Une autre voie serait l'effort de se synchroniser avec l'Occident sans lui appartenir, d'où la pression sur ce même Occident pour qu'il offre son aide.

L'un des ministres au pouvoir a résumé la situation actuelle: "tous les partis et les gouvernements qui se sont succédé au pouvoir ont affirmé qu'ils accomplissent la réforme mais, en fait, cette réforme n'a jamais été réalisée réellement pour deux raisons: d'une part, le manque de confiance dans la réforme et d'une autre, leur manière d'agir sur la scène politique" (BBC, dimanche, entrevue avec Traian Basescu, ministre des Transports, 6 juin 1999).

La réforme est pourtant plus que jamais la seule chance de la Roumanie d'éviter le collapsus. Dans les conditions où les revendications et les mécontentements sociaux s'intensifient et où le gouvernement est obligé de manier un budget de plus en plus aminci, les responsabilités se partagent entre FPS (le Fonds de la propriété d'État) et la BNR (la Banque nationale roumaine). Le FPS représente l'État-propriétaire et on lui reproche – indifféremment des partis au pouvoir – son manque de transparence et des décisions souvent contradictoires et impraticables. Les accusations de corruption se sont fait entendre maintes fois aussi. En ce qui concerne la BNR, on affirme – même au niveau présidentiel et gouvernemental – que sa politique financière inhabile, son attitude envers les phénomènes de corruption dans certaines banques d'État et l'incapacité de stabiliser la monnaie nationale entraînent le pays dans une situation de risque. Enfin, l'attitude de l'État envers les Régies autonomes – qui ont un poids de presque 40% de l'économie et qui

bénéficient d'un traitement privilégié – fait augmenter les mécontentements.

La situation économique et sociale mène à envisager les alternatives de la Roumanie d'une manière tranchante: la mise en disponibilité des employés avec des salaires compensatoires et la réforme à tout prix, ou l'évolution anarchique de la société avec des conséquences politiques imprévisibles. Pour trouver des solutions à la crise économique, le gouvernement actuel a bien saisi l'urgence de la réforme et il a adopté, le 1er juillet 1999, la stratégie nationale de privatisation pour cette année, document qui dérive tant du programme politique du gouvernement que des conditions convenues avec les organismes financiers internationaux. On a décidé de passer sans délai à la privatisation et à la réorganisation des grandes entreprises qui constituent des trous noirs dans l'économie nationale. D'autres objectifs seront de continuer la privatisation des banques d'État, de diviser les grandes sociétés et de restructurer leurs finances, d'identifier les activités non profitables en vue d'une vente ultérieure.

Parmi les réussites de dernière heure du FPS, on pourrait mentionner la signature du contrat de vente-achat pour 51% des actions de la société automobile Dacia Pitesti, vers la société Renault, le 2 juillet 1999, et l'intention de l'entreprise Microsoft de participer à la privatisation des Instituts roumains d'informatique.

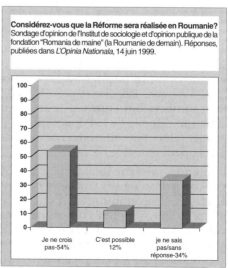

Considérez-vous que la Réforme sera réalisée en Roumanie?
Sondage d'opinion de l'Institut de sociologie et d'opinion publique de la fondation "Romania de maine" (la Roumanie de demain). Réponses, publiées dans L'Opinia Nationala, 14 juin 1999.

Salon international du livre de Bucarest
Viorica Aura PAUS*
Institut des sciences de l'éducation de Bucarest

Du 2 au 6 juin 1999 a eu lieu à Bucarest la Foire internationale du livre, où les maisons d'édition de France et des pays francophones ont bénéficié d'une attention particulière de la part du public roumain et étranger. France Édition, office de promotion internationale qui rassemble la quasi-totalité des maisons exerçant une activité à l'international, s'est présentée avec un catalogue d'environ 2 000 titres, appartenant à presque 60 maisons d'édition. À remarquer, le nombre, la qualité et l'actualité des méthodes d'apprentissage du français langue étrangère.

L'Agence intergouvernementale de la Francophonie était présente pour la deuxième fois à Bucarest, ce qui confirme l'importance des rapports qu'elle entretient avec la Roumanie, pays qui a accueilli la Conférence ministérielle de la Francophonie en décembre 1998. L'Agence a invité au Salon de Bucarest des éditeurs et professionnels du livre issus de divers pays francophones, leur offrant ainsi la possibilité de promouvoir leurs productions et de rencontrer d'autres professionnels du livre afin de partager leurs expériences.

Pour ce qui est des maisons d'édition roumaines, on remarque le grand nombre de traductions du français (litttérature et sciences) et la multiplication du nombre de manuels, grammaires et dictionnaires à l'usage de ceux qui veulent apprendre le français. La publication, en français, du volume de sonnets *Au bord du temps* de Paul Miclau renforce la contribution – déjà notable – de la Roumanie au développement de la francophonie dans le monde.

* Viorica Aura PAUS est l'auteur d'une intéressante histoire de l'enseignement du français en Roumanie aux 18e et 19e siècles: *Limba franceza in scoala romaneasca*, Bucuresti, Éd. Teora, 2e éd., 1998.

MOLDAVIE

Tamara CEBAN
Université pédagogique I. Creanga de Chisinau

LE NOUVEAU GOUVERNEMENT DE LA RÉPUBLIQUE DE MOLDOVA

Le président de la République, Petru Lucinschi, a désigné, le 12 mars 1999, le nouveau gouvernement en conformité avec la loi mise en vigueur et sur la base des suffrages de confiance accordés au Parlement de la République. Par décret présidentiel, Petru Lucinschi a nommé le premier ministre Ion Sturza et toute l'équipe des ministres. Étant donné la situation difficile de la République, le président a déclaré que le nouveau gouvernement devait trouver des solutions aux problèmes majeurs du peuple: la pauvreté et le désespoir.

Le premier ministre Ion Sturza a proposé la liste des personnes de l'Exécutif et on a procédé aux suffrages nominaux. Bien que majoritaires dans les élections, les communistes n'ont pas pu former le gouvernement car ils n'ont eu que 50% des voix au parlement. On a pris en considération le vote du député Ilie Ilascu, détenu par les autorités de Tiraspole, qui a envoyé une déclaration adressée au président de la République. Finalement, la proposition a été adoptée par 52 voix pour l'alliance démocratique.

Les élections locales

Le même jour qu'un référendum constitutionnel et consultatif ont eu lieu les élections locales (taux de participation 58,2%).

Au premier tour du scrutin, ont été élues toutes les Assemblées du deuxième rang, soit celles des arrondissements et de la capitale Chisinau, et les Assemblées de villages, villes et municipalités du premier rang. Le Bloc des communistes, des agrariens et des socialistes détient 118 mandats; l'Alliance du Centre, 64; la Convention démocratique, 42; le Parti des forces démocratiques, 25; le Front populaire chrétien-démocratique, 23; l'Union sociale-démocratique, 16; le Parti national-libéral, 11; les candidats indépendants, 6; le Parti national des paysans, 4; le Parti des socialistes, 2; le Parti Égalité, 1.

Dans les Assemblées du premier rang, le Bloc des communistes, des agrariens et des socialistes ont gagné 1723 places de conseillers, soit 38,01%; l'Alliance du centre, 927 places (20,45%); la Convention démocratique, 556 places (12,40%); le Parti des forces démocratiques, 318 places (7,02%); le Front populaire chrétien-démocratique, 272 places (6,27%); et les candidats indépendants, 239 places (5,27%).

MOLDAVIE (MOLDOVA)

QUELQUES POINTS DE REPÈRE

Géographie
➤ Pays de reliefs bas, culminant à 429 m, à vocation agricole. Ancienne principauté danubienne, à l'extrémité nord-est de la Roumanie.

Histoire
➤ 1526 Joug turc.
➤ XVIIIe s. Tutelle ottomane.
➤ 1812 Conquête russe de la Bessarabie, partie de la Moldova.
➤ 1856 État uni avec la Valachie.
➤ 1878 La Moldova est annexée par l'Empire tsariste.
➤ 1918 Union de la Bessarabie avec la Roumanie.
➤ 1944 Annexion à l'URSS.
➤ 1991 (27 août) Répub. indépendante.
➤ 1995 Membre de la Francophonie.
➤ 1996 Admise au Conseil de l'Europe.

JOURNÉES DE LA FRANCOPHONIE EN MOLDAVIE (20 AU 26 MARS 1999)

Au printemps de cette année, tout au long de la semaine du 20 mars, ont eu lieu les journées de la Francophonie. À l'occasion de cet événement, plusieurs activités se sont déroulées un peu partout dans le pays. L'ambassade de France en Moldavie, l'Alliance française de Chisinau et les antennes locales ont organisé, à partir de la nuit du 20 au 21 mars 1999, la Nuit du Web au centre Syfed-Refer de Chisinau de l'Agence universitaire de la Francophonie. Des jeunes de 14 à 30 ans de différents pays francophones étaient invités à participer à un jeu de piste virtuel sur Internet. Les internautes ont pu découvrir le monde de la francophonie en répondant à des questions portant sur trois liens hypertextes. Chaque lien conduisait le participant à un site francophone en rapport avec le sujet de la question posée. Sur l'un des sites se trouvait la bonne réponse; il fallait alors la rapatrier vers le site de la Nuit du Web et de la francophonie. Une fois la réponse validée, on passait à une autre question.

Le 21 mars, le Centre francophone a présenté une série de manifestations culturelles variées: récitals de poésie, mise à l'honneur par le "Printemps des poètes", projections de films francophones, pièces de théâtre, concerts.

Le lendemain, au centre francophone "La Francosphère", à l'Université Aleco russo de Balti, a eu lieu l'inauguration d'un poste de Radio-Francosphère.

Les 23-24 mars, à l'Université pédagogique T Creanga de Chisinau, un grand séminaire pédagogique, "Le conte ou comment lier intimement plaisir et apprentissage", s'est déroulé en deux parties avec la participation des professeurs de français et de l'organisateur, le doyen de la Faculté des langues étrangères, Mme Elena Prus.

Les étudiants de cet établissement, en collaboration avec les professeurs, ont manifesté leur grand intérêt envers la connaissance de la langue et de la civilisation françaises en présentant la pièce de Molière *L'Avare*; À ce propos, M. Bernard Vendhomme, directeur représentant de l'Agence universitaire de la Francophonie, a été agréablement surpris de la maîtrise du français des étudiants.

Le 25 mars, on a fêté l'anniversaire de l'Association "Moldavie-Francophonie" à l'Université libre internationale. Le même jour, dans la Salle du Sénat de l'Université d'État, Dominique Gazuy, ambassadrice de France et les représentants des organismes français ont eu une rencontre avec les étudiants et les professeurs de cette université, où s'est déroulée une grande fête de la Francophonie. Le Centre francophone "La Francosphère" de l'Université Aleco Russo de Balti a organisé, le 26 mars, une table-ronde sur le thème "L'idée de la Francophonie en Moldavie – hier, aujourd'hui, y aura-t-il un lendemain?

Toutes ces manifestations ont démontré que l'intérêt porté à la francophonie en Moldavie est avant tout de nature culturelle.

Au bord du temps de Paul Miclau
(Bucarest, Scripta, 1999)
Dr. Elena PRUS
Doyenne, Faculté des langues et littératures étrangères, Chisinau, Moldova

Le Roumain Paul Miclau a une carrière francophone exemplaire: il a enseigné à la Sorbonne, à l'Université de Montpellier, à l'Institut national des langues et civilisations orientales de Paris. Il a dirigé la Faculté des Lettres de Bucarest et pendant quinze ans, le comité régional des départements de français (AUPELF). Il est officier des Palmes académiques.

Ces activités ont de tout temps concurrencé la préoccupation fondamentale qu'a toujours été pour lui la POÉSIE, sous ses multiples formes: théorie (*Le Signe poétique*), traduction des meilleurs poètes roumains et français (Prix de l'Union des écrivains de Roumanie), volumes de vers et de prose (Prix européen de l'Association des écrivains de langue française).

Dans son premier volume de sonnets, on retrouve le poète partagé entre ses "fraîches origines" roumaines et sa vocation pro-française, coincé "entre les deux durées, le court passé français" et "les appels de mes ancêtres Thraces": mais il se sent profondément intégré dans l'histoire et la culture françaises:

"J'ai juré à Strasbourg, suis mort à Ronceveaux [...]"
"Je couche ma parole en matrice de blé
aux racines ancrées dans la vieille Pléiade".

Ainsi, "mis[e] au monde disjoint[e] dans le temps et l'espace", la poésie se développe dans le "couple espace-temps". Le mouvement circulaire entre le futur et l'oubli, palpitant d'amour et de vie, superpose les états et forme un palimpseste:

"superposés en moi les durées et les lieux
s'endorment à jamais dans un noir mystérieux."

La définition du sonnet de l'auteur nous donne une clé pour l'interprétation:

"Sans doute, le sonnet est-il le fruit de fantasmes
dans la matrice issue de l'orgue d'un tableau,
souffrance accumulée tout au long d'un fléau,
le sonnet est sommet du plus terrible spasme."

Dans le monde créé par la fantaisie illimitée (l'image du "cadavre du temps dans un cercueil volant", de "cette nuit un concept a traversé le ciel" ou "une étoile transperce et me prend sur la selle" concurrencent les fantasmagories de Bosch, Dali et Chagall) et par le jeu irréel onirique, "les signes ont perdu le système établi". Le poète en quête de l'absolu, de "l'hypersigne", propose une corrélation fonctions/signe, c'est-à-dire, un code global à suggestivité polyvalente. Certains sonnets font penser aux "correspondances" de Baudelaire (poésie/peinture, musique, architecture). La poésie française se sent, comme un écho interprété d'une façon originale (réminiscences de Lamartine, Hugo, Nerval, Verlaine, Rimbaud, Appolinaire, Prévert, etc.).

Par son intellectualisme, sa forme et sa langue exquise, la poésie de Paul Miclau complète la pléiade roumaine des fameux écrivains d'expression française: Ionesco, Cioran, Eliade, Istrati.

Radio Moldova International

Radio Moldova International, inaugurée le 8 juin 1992, offre 42 heures par semaine d'émissions en cinq langues: roumain, français, anglais, espagnol et russe. Les émissions françaises, transmises dans 70 pays, occupent 25 minutes de la programmation, sans compter les rediffusions. Valentina Testimifanu est à la tête de la section française avec quatre collaborateurs. Ceux-ci, comme tous les autres de la station, ont fait leur stage soit à Paris (la section française), en Afrique (la section espagnole), aux États-Unis (la section anglaise), en Roumanie ou en Russie.

Ce poste collabore avec d'autres postes de radio internationale et notamment, depuis trois ans, avec Radio France Internationale (émission "Enjeux").

Radio Moldova International reflète l'image de ce pays, en traitant tous les événements passés et actuels les plus importants.

BULGARIE

Stoyan ATANASSOV
Université de Sofia
dimitar@ns.fcml.uni-sofia.bg

La profonde mutation que vit actuellement la société bulgare rend caduque toute conclusion catégorique. Ballottée entre les relents du totalitarisme récent et les élans vers la démocratie, entre les nostalgies d'un passé sécurisant au sein du groupe et les promesses de la liberté individuelle, tiraillée entre les alliances d'hier et celles d'aujourd'hui, la société bulgare semble prendre conscience d'un fait incontestable: elle n'est pas un tout homogène; elle n'a pas de centre structurant et les stratifications nouvelles se forment en dehors des valeurs traditionnelles.

L'observateur quelque peu déboussolé serait tenté de situer la Bulgarie dans un espace de grandeur supérieure, tels par exemple les Balkans. Or, en dépit d'une mentalité commune aux différentes populations balkaniques, un trait paraît singulariser le Bulgare moyen: les ardeurs nationalistes qui animent la plupart de ses voisins lui sont étrangères. Le maître-mot que les différents gouvernements récents n'ont de cesse de conjuguer et que l'opinion publique a fini par adopter, c'est **l'intégration**. L'intégration européenne d'abord, avec deux objectifs majeurs: l'OTAN et l'Union européenne. L'intégration balkanique ensuite. Mais aussi la réintégration, ne serait-ce que dans une partie de l'ancien espace soviétique, besoins en matières premières et en marchés d'exportation obligent. La liste des intégrations souhaitées n'est pas exhaustive. Il faudrait cependant la prolonger beaucoup avant d'en arriver à l'intégration francophone. Car la francophonie, loin de constituer une priorité de la politique extérieure se trouve confinée dans des marges où elle risque de perdre sa visibilité. En l'absence de structures institutionnelles pour la faire connaître et la développer, la francophonie est le fait d'un nombre restreint d'universitaires et d'intellectuels qui s'efforcent de prouver ses vertus et ses possibilités. À l'égard de l'importante tradition de la culture française en Bulgarie, la francophonie bulgare en peau de chagrin peut paraître une anomalie. Parce que, dans le monde d'aujourd'hui, la présence vivante d'une culture étrangère ne peut se justifier que si elle est doublée d'une présence économique et que si une volonté politique sous-tend ces deux conditions.

BREF HISTORIQUE DU FRANÇAIS EN BULGARIE

Vers le milieu du XIXᵉ s., lorsque la Bulgarie fait encore partie de l'Empire ottoman, le français est introduit dans les programmes scolaires comme une troisième langue étrangère, après le turc et le grec. Au cours des années 1860, quelques établissements catholiques s'installent: le collège Saint-Augustin de l'Assomption à Plovdiv (1863); l'école des Augustins de l'Assomption, fondée à Andrinople en 1867, avec deux sections – bulgare et française. En 1892, l'école des Sœurs assomptionnistes ouvre ses portes à Roussé, puis dans deux autres villes: Yambol et Varna. Les écoles de Saint-Joseph de l'Apparition s'ouvrent à Plovdiv (1866), à Sofia (1880) et à Bourgas (1891). Ajoutons aussi le lycée turco-français de Galata Saray (Istanbul) où une partie de la jeune élite bulgare faisait des études laïques en

français. Cette entrée massive de la langue française en Bulgarie à l'époque de l'Empire ottoman est la conséquence directe de la politique de la France à l'égard de la Sublime Porte et des visées expansionnistes du Vatican dans les Balkans. Ce coup de force initial aura un long effet. Malgré le relatif désintérêt de la France face au sort de la Bulgarie, après la libération de celle-ci, le français devient, aux côtés du russe, la langue étrangère la plus importante. Cet état des choses persiste jusqu'à la Deuxième Guerre mondiale. En 1948, le régime communiste interdit toutes les écoles étrangères. Il va cependant bientôt mettre en place un réseau de lycées bilingues où le français cédera progressivement la position prééminente au russe et à l'anglais.

PLACE DU FRANÇAIS DANS L'ENSEIGNEMENT SCOLAIRE ET UNIVERSITAIRE

Le français est enseigné à l'école comme première langue étrangère optionnelle (depuis la première année du cycle moyen) ou bien comme deuxième langue étrangère (depuis la première année du lycée). Depuis deux ans, un enseignement précoce du français est dispensé dans quelques écoles primaires. Le tableau ci-contre présente le cursus du français dans l'enseignement public.

Les lycées bilingues assurent également un enseignement en français des disciplines suivantes: l'histoire, la géographie, la biologie, la chimie, la physique, les mathématiques. Les seules restrictions à cet égard sont dues au manque de professeurs qualifiés.

Dans les universités, quatre ont des départements d'études françaises et forment en français les futurs spécialistes: l'U. de Sofia (304 étudiants), l'U. de Veliko Tarnovo (267 étudiants), l'U. de Plovdiv (239 étudiants), l'U. de Blagoevgrad (87 étudiants). Il existe aussi cinq filières francophones: 2 filières dans l'U. technique de Sofia (162 étudiants), 1 filière dans l'U. de Technologie

chimique et de métallurgie de Sofia (389 étudiants), 1 filière dans l'U. de Sofia, la

Cycle Primaire	Hres/semaine Ens. général	Hres/semaine Ens. précoce
Iʳᵉ année	0	3
IIᵉ année	0	4
IIIᵉ année	0	5
IVᵉ année	0	5
Moyen	Ens. général	Ens. précoce
Iʳᵉ année	4	5/4*
IIᵉ année	4	5/4*
IIIᵉ année	4	4/4*
IVᵉ année	4	4/4*
Secondaire	Ens. général	Ens. précoce
Iʳᵉ année	2	4
IIᵉ année	2	4
IIIᵉ année	2	5
IVᵉ année	2	5
Secondaire	Lycées bilingues	Ens. intensif de LV
Iʳᵉ année (an.0)	19	19
IIᵉ année	6/4*	6/4*
IIIᵉ année	2+2/3*	3/2*
IVᵉ année	2+2/3*	3/2*
Vᵉ année	2+2/3*	3/2*

* Désigne l'horaire pour la deuxième langue vivante

Faculté d'économie et de gestion (121 étudiants), 1 filière dans l'Institut supérieur des industries alimentaires de Plovdiv (48 étudiants). Quelques universités privées proposent une formation spécialisée en linguistique appliquée: le français est souvent enseigné dans ce cadre. Les données manquent sur les cours privés de français pour jeunes et adultes. Les cours de français de l'Institut français de Sofia accueillent quelque 55 000 élèves, l'Alliance française 1500 élèves.

Une équipe de chercheurs vient d'établir, avec le concours de l'Agence de la Francophonie, une bibliographie des publications en français dues à des Bulgares. La bibliographie porte sur la période 1842-1995. Sur l'ensemble de quelque 5200 titres du domaine des sciences humaines, 2900 reviennent aux livres et monographies, tandis que les articles de recueils, de journaux et de revues sont au nombre de 2300.

Deux publications périodiques en français méritent d'être mentionnées. *Fréquences francophones*, l'organe trimestriel de l'Association des professeurs de français (depuis 1994) est consacré aux problèmes de l'enseignement du français et à la vie associative. La fondation "Maison des sciences de l'homme et de la société" publie (depuis 1997), la revue de philosophie *Divinatio* qui paraît deux fois l'an. La plupart des textes sont en français. Le vol. 5 (1997) est consacré à l'historien François Furet et aux réincarnations de l'utopie sociale; le vol. 6 (1998) rend hommage au philosophe Paul Ricœur avec un dossier: "La philosophie face aux défis des changements"; le vol. 9 (1999) réunit des études sur Max Weber. Le prochain numéro sera consacré au philosophe Jürgen Habermas. (Écrire à Ivaylo Znepolski, rédaction de *Divinatio*, Centre d'études culturelles, U. de Sofia, 15 Bd. Tsar Osvoboditel, Sofia, Bulgarie).

BULGARIE

QUELQUES POINTS DE REPÈRE

Géographie

➤ Pays formé par la chaîne des Balkans, à l'ouest et au nord, et une plaine, à l'est, qui s'étend jusqu'à la mer Noire.

➤ Le climat est continental avec une tendance à l'aridité.

Histoire

➤ 1878 La Bulgarie, peuplée à l'origine par les Thraces et longtemps sous domination ottomane, devient indépendante à l'issue de la guerre russo-turque.

➤ 1946 Abolition de la monarchie. Proclamation de la République. La Bulgarie s'aligne sur l'URSS.

➤ 1989 Manifestations contre le Régime. Ouverture du pays à l'Europe.

➤ 1991 Entrée dans la Francophonie.

➤ 1994 Retour des ex-communistes (Parti socialiste bulgare) aux élections législatives (16 déc.) et municipales (nov. 1995).

➤ 1996 (17 nov.) Élection, à la présidence, du démocrate Petar Stoyanov qui succède à Jelu Mitev Jelev (on écrit aussi Jelio Jelev en transcrivant de l'alphabet cyrillique à l'alphabet romain).

Économie

➤ La Bulgarie a ressenti les effets du retour au pouvoir des communistes.

➤ Une dévaluation du lev de près de 70 % au printemps 1996 a replongé le pays dans les difficultés (faillite de banques, flambée des prix).

➤ Un désaveu a été opposé par le pays au gouvernement de Jean Videnov.

La francophonie dans la vie économique

La présence économique des pays francophones en Bulgarie est très faible au niveau des investissements pour avoir un impact sérieux sur le pays. La situation est meilleure pour les exportations et importations: la France y occupe le premier rang. Qu'on en juge par les tableaux suivants:

Investissements directs 1992-1998

Pays	Millions $ US	%	Nbre
Belgique	306,86	15,17	124
Suisse	76,19	3,77	119
Luxembourg	65,73	3,25	36
France	20,08	0,99	123

Investissements directs en 1998

Pays	Millions $ US	%	Nbre
Belgique	31,22	5,04	16
Luxembourg	23,76	3,83	7
Suisse	6,58	1,06	17
France	3,35	0,54	19

POLOGNE

Józef KWATERKO
Université de Varsovie
kwaterko@plearn.edu.pl

POLITIQUE

À peine entrée dans l'OTAN le 12 mars dernier, la Pologne s'est presque immédiatement engagée dans les opérations de l'armée de l'Alliance contre la Yougoslavie. Dans l'hypothèse de l'acceptation du plan de paix par le gouvernement Miloszewicz, la Pologne s'est déclarée prête à envoyer 800 soldats pour renforcer le contingent de forces militaires que l'OTAN voulait déployer au Kosovo. Lors des frappes aériennes, plusieurs centaines de réfugiés du Kosovo ont été hébergés en Pologne. Des transports d'aide et des collectes importantes vers le Kosovo et l'Albanie ont été organisés par l'Action humanitaire polonaise, Caritas et la Croix rouge polonaise avec le soutien des principaux journaux et de la télévision.

POLOGNE

QUELQUES POINTS DE REPÈRE

Géographie

➤ En dehors de sa bordure méridionale qui appartient à la Bohème, hercynienne, et aux Carpates occidentales, tertiaires, la Pologne s'étend sur une partie de la grande plaine de l'Europe du Nord.
➤ Climat continental, hivers rigoureux.

Histoire

➤ 1er-VIe s. Contacts avec la civilisation romaine.
➤ 1569 Union avec la Grande Principauté de Lituanie.
➤ 1795 Annexion à la Russie, la Prusse et l'Empire austro-hongrois.
➤ 1830-31, 1863-1864 Insurrections polonaises, écrasées par les Russes.
➤ 1918 (nov.) Indépendance.
➤ 1920-21 Guerre polono-soviétique.
➤ 1921 (17 mars) Régime présidentiel.
➤ 1945-1989 République populaire de Pologne (régime communiste).
➤ 1952 Démocratie populaire.
➤ 1980 Naissance de SOLIDARNOSC.
➤ 1981 (déc)-1983 (juin) Mesures de guerre.
➤ 1986 Prisonniers politiques libérés.
➤ 1989 (août) Élection du premier gouvernement démocratique.
➤ 1997 Membre observateur de la Francophonie (Sommet de Hanoi).
➤ 1998 Membre de l'Otan, négociations avec la Communauté européenne.

ÉCONOMIE

La Pologne semble être bien partie dans sa marche vers l'Union européenne. En 1998 et 1999, elle aura effectué quatre importantes réformes structurelles: la sécurité sociale, la protection de la santé, le système de prestations à la retraite et l'administration publique. Sur le plan économique, dix ans après le début de la transition du pays vers l'économie de marché, le bilan est plutôt encourageant.

Le taux de croissance du produit intérieur brut (PIB) reste le plus dynamique en Europe centrale et orientale (7% en 1997 et 4,8% en 1998). Les investissements étrangers jusqu'à la fin de 1998 ont dépassé le chiffre de 30 milliards de dollars US (avec 2,4 milliards, la France y occupe la troisième place après l'Allemagne et les États-Unis) alors que l'inflation a baissé au-dessous de 10%, le but étant de la ramener sous la barre de 3% par an. Mais les principaux obstacles à l'adhésion à l'Union européenne, attendue selon la version réaliste en 2003 au plus tôt, ne sont pas tant économiques que sociaux. Une longue période d'adaptation sera sans doute nécessaire à l'agriculture polonaise. Le secteur agricole emploie 4 millions de personnes (27% de la population) alors que, dans tous les pays de l'Union, ce chiffre ne dépasse pas 7,5 millions.

La situation analogue concerne le secteur minier qui exige des réformes en profondeur, menaçant d'entraîner le chômage de dizaines de milliers d'ouvriers.

CULTURE

Jerzy Grotowski, fondateur du "Théâtre-laboratoire" de Wroclaw, professeur au Collège de France, est mort le 14 janvier 1999 à l'âge de 65 ans. Grotowski fut le théoricien et le praticien de la scène dont les conceptions ont révolutionné les techniques de théâtre au XXᵉ siècle. Sa pensée et ses réalisations (*Prince Constant, Akropolis, Apocalypsis cum figuris*) ont eu un impact considérable sur la création de plusieurs grands metteurs en scène comme Peter Brook et Eugenio Barba. Lors des stages qu'il organisait avec ses collaborateurs et disciples en Pologne, en France et en Italie, il a formé plusieurs acteurs et metteurs en scènes francophones dont, entre autres, Gabriel Arcand, Téo Spychalski et Serge Ouaknine (Montréal), et Gregg Germain (Guadeloupe). Ses écrits sur le théâtre sont parus en français dans deux recueils d'essais, *Vers un théâtre pauvre* (La Cité-L'Âge d'Homme, 1971, avec la préface de Peter Brook) et *Jour saint et autres textes* (Gallimard, 1973).

Parmi les manifestations culturelles qui ont trait à la francophonie, il faut signaler un important colloque international, "Blaise Cendrars au vent d'Est", organisé les 12 et 13 novembre 1998 par l'Institut d'études romanes de l'Université de Varsovie (en coopération avec la Fondation Pro Helvetia, l'Institut français et l'Ambassade de France). Toujours dans le monde universitaire, un Doctorat *honoris causa* a été attribué à Jacques Derrida par l'Université de Silésie à Sosnowiec. À cette occasion, la revue mensuelle *Literatura na swiecie* a consacré au philosophe français un important numéro critique (nᵒ 11-13, 1998). En mai 1999, à Cracovie, lors du VIIIᵉ Festival international de théâtre universitaire en langue française, des pièces de Jean Anouilh, Xavier Durringer, Michel de Ghelderode, Eugène Ionesco, Edouardo Manet et Boris Vian ont été jouées par des troupes des universités et des collèges polonais (Cracovie, Gliwice, Lublin, Koszalin, Poznan, Varsovie et Zielona Góra) ainsi que par celles venues des villes de Tallin (Estonie), de Debrecen (Hongrie), de Liège et de Bruxelles. Le public polonais a également apprécié la tournée, en avril dernier, du théâtre Talipot avec son spectacle *Les Porteurs d'eau*, joué par les comédiens originaires de La Réunion et de l'île Maurice et inspiré des traditions orales et de l'imaginaire des Mascareignes. Notons également la parution aux éditions Czytelnik, en décembre 1998, de l'essai-bestseller de Ryszard Kapuscinski, *Heban* (*Bois d'ébène*). Kapuscinski, correspondant de guerre et auteur déjà mondialement connu pour ses reportages sur l'Éthiopie (*L'Empereur*, 1978) et sur la Russie (*L'Empire*, 1993), y raconte ses multiples voyages africains faits entre 1957 et 1997, offrant au lecteur un témoignage saisissant sur les mentalités, les rapports de force postcoloniaux, les déchirements et les espoirs des peuples africains.

En juin 1999 en Pologne, Jean-Paul II, *globe-trotteur de l'Évangile*, 79 ans, a paru très fatigué: il n'entend pourtant pas interrompre ses voyages à l'aube du jubilé de l'an 2000.

ALBANIE

Anne-Marie BUSQUE
Université Laval

L'Albanie a fait son entrée dans la Francophonie à titre de pays observateur lors du Sommet de Hanoi en 1997. Bien que les langues les plus parlées soient l'albanais et le grec, la culture française est bien vivante en Albanie. Nombre d'intellectuels ont mené des études supérieures en France et l'enseignement du français a peu à peu retrouvé, au cours de la dernière décennie, la place qu'il occupait traditionnellement au pays avant l'instauration du régime communiste.

VIE POLITIQUE

Près de huit ans après la chute du communisme (1991), l'Albanie, toujours dépourvue de Loi fondamentale, a été conviée en 1998 à se doter d'une première Constitution par voie de référendum. La nouvelle Constitution, élaborée en collaboration avec le Conseil de l'Europe, reprend les standards européens en matière de droits de l'homme et de protection des libertés fondamentales. "Ici commence l'avenir", le slogan engageant du Parti socialiste au pouvoir, s'est heurté aux manifestations du Parti démocratique de l'ancien président Sali Berisha, qui a appelé le peuple à boycotter le scrutin. C'est donc dans un climat de tension que les Albanais ont voté le 22 novembre 1998. Plus de 50% de la population se serait prononcée, dont 90% en faveur de la ratification.

Après la présidence de Sali Berisha achevée au printemps 1997 dans un bain de sang (rébellion populaire, plus de 2000 morts), le premier ministre socialiste mis en place, Fatos Nano, annonçait sa démission en septembre 1998, suite aux représailles armées de Berisha lui reprochant son manque d'implication au Kosovo. Il fut remplacé par un collègue du parti, Pandeli Majko, plus jeune premier ministre de l'histoire de l'Albanie. À 31 ans, Majko a l'avantage de n'avoir pas eu de lien avec la période communiste.

QUELQUES POINTS DE REPÈRE

Géographie
➤ État montagneux de la péninsule des Balkans, sauf la partie centrale où vit la majeure partie de la population.
➤ Climat continental, sauf sur une étroite frange littorale.
➤ Économie basée sur l'agriculture, les mines (pétrole, chrome) et l'élevage.

Histoire
➤ Colonisée par les Grecs dès le VIIe s. av. J.-C., elle fait partie des royaumes d'Épire, de Macédoine puis de Rome.
➤ IXe s. Domination bulgare.
➤ XIe s. Le pays est repris par Byzance.
➤ XIVe s. Le pays est conquis par la Serbie.
➤ 1912 Révolte contre l'Empire ottoman et indépendance de la principauté.
➤ 1914 Autrichiens (au N.) et Italiens (au S.) s'emparent du pays.
➤ 1919 (août) Le traité de Tirana reconnaît son indépendance.
➤ 1939 Invasion italienne.
➤ 1944 Libération du pays.
➤ 1946 (janv.) République populaire.
➤ 1961 Rupture avec l'URSS et adoption d'une politique chinoise.
➤ 1978 Rupture avec la Chine.
➤ 1991 Multipartisme.
➤ 1992 Victoire du Parti démocratique.
➤ 1997 Membre observateur de la Francophonie (Sommet de Hanoi).
➤ 1997 Victoire du Parti socialiste.
➤ 1998 Nouvelle Constitution.

VIE ÉCONOMIQUE

Les incessants conflits politiques ne permettent pas à l'Albanie, qui demeure le pays le plus pauvre d'Europe, de redresser son économie: le pays, qui compte 3,5 millions d'habitants, connaît de graves pénuries d'eau courante et d'électricité, et les services publics sont, pour la plupart, inexistants. Malgré de nombreux efforts politiques pour redresser la situation, l'économie est en déroute. L'activité agricole, peu rentable, monopolise environ 61% de la population active, et le PNB par habitant est estimé à 689 dollars. D'autre part, bien que l'aide internationale se soit montrée généreuse envers les réfugiés du Kosovo en Albanie, devant tant de remous, plusieurs organismes de financement internationaux ont préféré interrompre leur action au pays.

Les problèmes économiques sont encore augmentés par un impressionnant phénomène de croissance démographique. La population de la capitale Tirana a presque doublé au cours des cinq dernières années et les nouveaux arrivants ont entrepris de construire des habitations partout où cela leur a semblé possible, sans tenir compte d'un ordre ou d'une disposition urbaine. Les terrains encore vacants ou appartenant à l'État ont ainsi été investis et de vastes demeures et des bidonvilles y ont pris place, au désespoir des autorités locales.

VIE CULTURELLE

Le peintre et écrivain Maks Velo a fait paraître en 1998 *Le Commerce des jours*, un recueil de nouvelles illustré de 12 encres de Chine. Les récits rendent compte du séjour de l'auteur dans le camp de détention de Spaç et se veulent un témoignage-choc sur la vie des détenus politiques de l'Albanie communiste.

Une revue spécialisée sur l'art a paru en 1998, publiée par la Galerie nationale des arts, laquelle a d'ailleurs rouvert ses portes et organisé une série d'expositions sur des thèmes variés, s'étalant du Moyen-Âge albanais aux œuvres contemporaines de peintres albanais installés dans différents pays.

Le 45e anniversaire de la fondation du Théâtre de l'opéra et du ballet a été souligné par la tenue de plusieurs spectacles mettant en vedette des célébrités locales. Du 1er au 14 décembre 1998 s'est tenu à Tirana un festival consacré à l'opéra.

Les réfugiés du Kosovo en Albanie

L'intervention des forces armées et des milices serbes au Kosovo, région limitrophe incluse dans la Serbie et peuplée de quelque trois millions d'Albanais (un Albanais sur deux vit hors de l'Albanie), a eu de fortes répercussions sur l'Albanie qui a vu affluer, depuis juin 1998, plusieurs dizaines de milliers de réfugiés sur ses terres. Les Albanais ont ouvert leurs maisons aux premiers réfugiés avec beaucoup de spontanéité, mais l'affluence grandissante a rapidement posé problème. La situation économique permettant difficilement au pays de prendre en charge autant de vies humaines, les efforts conjoints de différents organismes humanitaires internationaux ont été mis à profit. D'immenses "camps de toiles" ont été érigés pour accueillir les réfugiés, et des vivres et des médicaments ont été distribués.

Depuis le printemps 1999, les réfugiés regagnent en grand nombre le Kosovo pacifié. On estime toutefois, à la mi-juillet 1999, que la majorité d'entre eux demeurent toujours sur le territoire albanais, inquiets de ce qu'ils découvriront à leur retour.

MACÉDOINE

Toni GLAMCEVSKI
Journaliste

POLITIQUE

À la fin de 1999, les Macédoniens vont élire leur nouveau président de la République, qui va succéder à Kiro Gligorov, à la tête du jeune État macédonien depuis son indépendance. Aux dernières élections législatives de novembre 1998, le parti Social-démocrate (ex-communiste) a perdu le pouvoir au profit d'une coalition formée du parti macédonien VMRO-DPMNE et de l'Alliance démocratique. Avec 62 sièges sur 120, cette coalition, en principe, n'avait pas besoin d'alliés. Pour assurer la représentation des Albanais, elle a fait entrer dans le gouvernement le Parti de la prospérité démocratique albanaise, la formation la plus radicale.

Le nouveau gouvernement macédonien, présidé par le jeune premier ministre Ljubco Georgievski, veut améliorer les relations interethniques entre les Macédoniens et les Albanais. Le gouvernement tente également d'améliorer les relations avec les pays voisins: avec la Bulgarie, elle signe un accord; avec la Grèce les relations politiques et économiques se sont améliorées mais reste ouverte la question du nom de la république de Macédoine; avec l'Albanie les relations sont bonnes; avec la république fédérale de Yougoslavie reste ouverte la question de frontière qui n'est pas marquée. Depuis le printemps 1999, les troupes préventives de l'ONU qui sécurisaient la frontière nord ont dû quitter la Macédoine sur l'ordre de la Chine, qui a rompu les relations diplomatiques avec la Macédoine, car celle-ci avait reconnu Taiwan dont elle comptait ainsi attirer les investisseurs.

Mais la Macédoine, encore une fois, a montré qu'elle est une chance pour l'Europe, car elle a renforcé son rôle de dernier verrou pour l'européanisation des Balkans.

Pour la majorité des Slaves macédoniens, en général pro-Serbes, l'afflux des Albanais kosovars a été très mal vécu. Au plus fort de la guerre, les 250 000 réfugiés ont représenté près de 10% de la population, doublant presque le nombre des Albanais macédoniens qui représentent environ 23% des 2,2 millions d'habitants officiellement recensés (ils seraient en réalité 39%). Cela a largement suffi pour nourrir les angoisses des Slaves et du gouvernement.

MACÉDOINE

QUELQUES POINTS DE REPÈRE

Géographie

➤ Région de la péninsule des Balkans, essentiellement montagneuse. Le bassin du Vardar sert d'axe principal de communication entre la Grèce et la Serbie.

➤ Économie basée sur la culture, les mines et l'industrie (sidérurgie et textile).

Histoire

➤ VIIe-VIe s. av. J.-C. Unification du pays.

➤ 356-336 av. J.-C. Règne de Philippe II, qui domine la Grèce.

➤ 336-323 av. J.-C. Règne d'Alexandre, conquérant de l'Égypte et de l'Orient.

➤ 148 av. J.-C. Province romaine.

➤ IVe s. Rattachement à l'Empire romain d'Orient.

➤ VIe-VIIe s. Tribus slaves dans la région.

➤ IXe s. Domination bulgare.

➤ 976-1018 Premier Empire slavo-macédonien.

➤ 1371 Domination ottomane.

➤ 1912-1913 Libération du joug ottoman. Serbie, Bulgarie et Grèce se partagent le pays.

➤ 1919-1941 Partage entre trois pays: Yougoslavie, Grèce et Bulgarie.

➤ 1941-1945 Occupation bulgare, allemande, italienne.

➤ 1945-1991 La Macédoine devient l'une des six républiques de la Yougoslavie.

➤ 1991 (8 sept.) État indépendant et souverain.

➤ 1993 Admission à l'ONU sous le nom provisoire de *Former Yougoslavian Republic of Macedonia* (Fyrom).

➤ 1997 Membre observateur de la Francophonie (Sommet de Hanoi).

Le président Clinton a rendu visite aux réfugiés du camp de Stenkovac et a déclaré. "Le président des États-Unis n'aurait pu rien faire seul. Tous ensemble, nous nous engageons à ce que le Kosovo et dans tous les pays de la région plus personne ne soit menacé ou tué en raison de sa religion et ou de ses origines ethniques".

La francophonie

La francophonie en Macédoine est très vivace et bien représentée pour des raisons tant historiques que culturelles.

Le français est de nouveau enseigné dans la quasi-totalité des collèges et lycées. Le français est la deuxième langue étrangère étudiée au collège et au lycée. Dans l'enseignement supérieur, le français est fort bien représenté, qu'il s'agisse de littérature française ou de l'enseignement spécialisé. Chaque année, une cinquantaine d'étudiants entrent en première année de philologie française, soit un total d'environ 250 étudiants pour les quatre années du cursus. Le Conseil de la Faculté des lettres vient d'admettre le principe de l'enseignement du français pour grands débutants, ce qui devrait permettre d'attirer un nouveau public vers l'étude de cette langue.

Depuis deux ans déjà existe une section bilingue au lycée de Negotino. Il s'agit d'une section où les matières sont enseignées en français: mathématiques, physique, chimie, biologie et informatique. Quatre nouvelles sections bilingues ouvriront dès la rentrée 1999/2000 à Bitola, Tetovo et Prilep et trois autres à la rentrée 2000/2001 dans des lycées d'élite à Skopje. Dès septembre 1999, un jardin d'enfants entièrement en français ouvrira ses portes à Skopje, sur une initiative privée.

Plusieurs associations sont créées en Macédoine pour des initiatives et actions en faveur de la Francophonie. Sept radios locales macédoniennes ont signé un accord avec Radio France internationale, pour la reprise partielle de ses émissions. Un accord a été signé il y a quelques mois entre la télévision macédonienne MTV et Canal France international pour la reprise d'émissions francophones sur MTV.

Des projets d'ouverture d'Alliances françaises sont à l'étude à Bitola et Tetovo.

À la veille du Sommet de la Francophonie de Moncton, à INALCO-Paris fut organisée la présentation des ouvrages lexicographiques – français-macédonien, macédonien-français –, en présence des auteurs Aleksa Popovski et Petar Atanasov.

L'intégration de la république de Macédoine, en qualité de membre de plein droit, dans l'Organisation internationale de la Francophonie, serait une reconnaissance mais aussi une récompense des efforts de ce petit pays qui a su préserver la paix, la coexistence de ses peuples, le respect des Droits de l'homme et la stabilité démocratique, dans un contexte balkanique explosif et bouleversé. La société multiethnique de Macédoine s'épanouirait davantage. La langue française et la Francophonie représentent un vecteur clé pour l'ouverture de la Macédoine sur l'Europe et le monde.

ÉCONOMIE

La république de Macédoine, pour la troisième fois en moins de dix ans, s'est trouvée pour des raisons extérieures bloquée dans son développement. La crise et la guerre au Kosovo ont provoqué un véritable effondrement économique et de graves tensions politiques dans le pays, où l'opinion publique est partagée entre un soutien à Belgrade et une attitude compréhensive envers l'OTAN. Le gouvernement macédonien estime les dommages économiques directs à 660 millions de dollars (les dommages indirects sont estimés à 1,6 milliard de dollars). La perte d'un grand nombre de marchés, de contrats et l'augmentation du coût des transports ont provoqué l'arrêt forcé du travail d'environ 20 000 personnes, et le taux officiel du chômage s'élève à 40% (non officiel: environ 50%). Une addition à laquelle le gouvernement de Macédoine ajoute 200 millions de dollars par mois liés à l'afflux massif de 360 000 réfugiés et à l'installation de 250 000 d'entre eux dans des camps. Des experts estiment que la production nationale, au lieu d'augmenter de

6,5% en 1999, comme prévu avant le début du conflit, risque désormais d'enregistrer une chute de 10%, avec un regain d'inflation. La Macédoine, qui guette en vain les investisseurs étrangers, implore la communauté internationale de l'aider davantage (effacement d'une partie de la dette extérieure, estimée à environ 1,2 milliard de dollars, une aide financière pour renflouer le déficit de la balance des paiements, estimée à 432 millions de dollars). La seule république des Balkans qui n'ait pas connu de grandes turbulences intérieures sur le chemin de son indépendance et des transitions insiste sur son intégration à l'UE avec le statut de membre associé et sur l'aide promise avec le Pacte de stabilité pour l'Europe du sud-est. Sinon, cette situation économique risque de provoquer une explosion sociale dans le pays.

CULTURE

Sur le plan culturel, en 1999, parmi les grands événements qui ont marqué la francophonie macédonienne, une place d'honneur est réservée à l'exposition "Les trésors médiévaux de la Macédoine" tenue au Musée de Cluny, à Paris, du 10 février au 3 mai, et placée sous le haut patronage du président de la République française, Jacques Chirac, et du président de la république de Macédoine, Kiro Gligorov. L'exposition des icônes macédoniennes byzantines a suscité un très vif intérêt auprès du public. Dans le cadre de cette promotion de la culture macédonienne en France, de nombreuses manifestations ont été organisées à Paris: des conférences, des concerts de musique chorale du Moyen-Âge macédonien, une Soirée de poésie macédonienne à la Maison des écrivains à Paris. La présence des poètes et écrivains macédoniens Mateja Matevski, Radovan Pavlovski, Bogomil Guzel, Jordan Plevnes et Luan Starova à cette manifestation a permis au public français de faire connaissance avec la richesse de la poésie macédonienne.

Cette année, lors des Soirée Poétiques de Struga, en Macédoine (du 26 au 30 août), un des plus anciens festivals de poésie en Europe, la Couronne d'or sera remise au poète français Yves Bonnefoy pour l'ensemble de son œuvre.

De nombreuse manifestations culturelles ont eu lieu, en France ou en Macédoine, liées à l'expression et à la culture francophones-macédoniennes.

BIBLIOGRAPHIE

Littérature – Poésie

CHICLET Christophe et LORY Bernard (sous la dir. de), *La République de Macédoine*, Paris, L'Harmattan, 1998.

CINGO Zivko, *La Grande Eau*, Lausanne, l'Âge d'homme, 1980.

GHEORGHIEVSKI Tachko, *Le Cheval rouge*, Lausanne, l'Âge d'homme, 1989.

GHEORGHIEVSKI Tachko, *La Graine noire*, Paris, L'esprit des péninsules, 1997.

PLEVNES Jordan, *Le Bonheur est une idée neuve en Europe*, suivi par *Mon assassin très cher*, Est-Ouest Inter., 1997.

PLEVNES Jordan, *La Peau des autres*, Anthropos, Paris, 1993.

SOPOV Aco, *Anthologie personnelle 1950-1980*, Arles, Actes Sud–Unesco, 1994.

SOPOV Aco, *En chasse de ma voix*, Paris, Éd. Saint-Germain-des-Prés, coll. Poésie sans frontière, 1978.

SPASOV Aleksandar, *Koco Racin*, Paris, UNESCO, 1986.

STAROVA Luan, *Les Livres de mon père*, Paris, Fayard, 1998.

STAROVA Luan, *Le Temps des chèvres*, Paris, Fayard, 1997.

UROSEVIC Vlada, *Fous dans l'observatoire*, Paris, Saint-Germain-des-Prés, 1978.

Anthologie de la poésie macédonienne, Paris, Messidor, 1988.

La Poésie macédonienne; anthologie des origines à nos jours, Paris, Les éditeurs français Réunis, 1992.

AMÉRIQUE DU NORD

Le **Canada** est officiellement bilingue – français et anglais – mais dans chacune de ses dix provinces, les statuts diffèrent: au **Québec**, qui comprend 82% de francophones, le français est seule langue officielle; le **Nouveau-Brunswick**, où vit la majorité des Acadiens, est officiellement bilingue; les autres provinces (dont l'**Ontario**, voisine du Québec et qui compte une importante minorité francophone) sont officiellement anglophones.

Dans les instances de la Francophonie, le Canada siège comme État membre, alors que le Québec et le Nouveau-Brunswick y sont comme gouvernements participants.

Aux **États-Unis** l'anglais est la langue officielle, mais le français est parlé en plusieurs endroits: la Louisiane, jadis territoire français, qui accueillit nombre d'Acadiens après leur déportation (1755); la Nouvelle-Angleterre (Connecticut[3], Maine[6], Massachusetts[2], New Hampshire[5], Rhode Island[1], Vermont[4]), où de nombreux Québécois émigrèrent de 1840 à 1929 pour trouver du travail. La Louisiane et la Nouvelle-Angleterre sont invités aux Sommets de la Francophonie. Le français est également assez répandu dans la partie sud de deux autres États: la Floride, destination touristique des Québécois, et la Californie, où plusieurs ont choisi de faire carrière. Dans l'ensemble des États-Unis, sur 230 millions d'habitants, 13 millions sont d'origine francophone et 1,6 million utilisent le français à la maison.

Finalement, la francophonie en Amérique du Nord s'incarne également à **Saint-Pierre-et-Miquelon**, collectivité territoriale de la France.

On peut consulter:

Atlas interactif sur la francophonie nord-américaine, site convivial en couleurs (cartes, statistiques, aspects historiques et géographiques), <www.fl.ulaval.ca/cefan/franco>.

CHARTIER Armand, *Histoire des Franco-Américains de la Nouvelle-Angleterre, 1775-1990*, Québec, Septentrion, 1991, 434 p.

DAIGLE Jean (sous la dir. de), *L'Acadie des Maritimes*, Moncton, Chaire d'études acadiennes, 1993, 908 p.

LOUDER Dean R. et Éric WADDELL, *Du continent perdu à l'archipel retrouvé, Le Québec et l'Amérique française*, Québec, Presses de l'Université Laval, 1983, 289 p.

Québec 1998. Toute l'année politique, économique, sociale et culturelle (sous la dir. de Roch CÔTÉ), Montréal, Fides/Le Devoir, 1997, 347 p.

TÉTU de LABSADE Françoise, *Le Québec, un pays, une culture*, Montréal/Paris, Boréal/Seuil, 1990, 458 p.

AMÉRIQUE DU NORD

	Canada	Québec	Nouveau-Brunswick	Louisiane
Nom officiel	Canada	Québec	Nouveau-Brunswick	Louisiane
Capitale	Ottawa	Québec	Fredericton	Baton Rouge
Superficie (km²)	9 976 139	1 540 680	73 437	125 674
Régime politique	fédération	voir Canada	voir Canada	démocratie parlementaire
Chef d'État Entrée en fonction Prédécesseur	**Élisabeth II** 02-1952 **George VI**	voir Canada voir Canada voir Canada	voir Canada voir Canada voir Canada	William J. **Clinton** 03-11-1992 George **Bush**
Chef du gouvernement Entrée en fonction Prédécesseur	Jean **Chrétien** 5-11-1993 Kim **Campbell**	Lucien **Bouchard** 29-01-1996 Jacques **Parizeau**	Bernard **Lord** 7-06-1999 Camille **Thériault**	Murphy Mike **Foster** 8-01-1996 Edwin W. **Edwards**
Langues officielles Autres langues	français, anglais amérindiennes (cri, inuktitut)	français anglais	anglais, français	anglais français
Principales religions en % de la population	christianisme	christianisme	christianisme	christianisme
Population¹ Moins de 15 ans en % Plus de 65 ans en % Indice de fécondité Espérance de vie H/F Alphabétisation en %	30 675 398 20 12 1,66 75,86/82,63 97	7 334 500² 18,5 12 1,6 74,51/81,17 n.d.	752 955² 19 13 1,51 74,8/80,6 n.d.	4 500 000 n.d. n.d. n.d. n.d. n.d.
IDH (rang/174)	1	voir Canada	voir Canada	n.d.
PIB (en M$ US)¹ **PIB/hab. (en $ US)¹**	658 000 21 700	voir Canada voir Canada	voir Canada voir Canada	n.d. n.d.
Monnaie³ FF US $	dollar canadien 4,07 0,66	dollar canadien 4,07 0,66	dollar canadien 4,07 0,66	dollar US 6,227 1
Principales exportations	véhicules à moteur, pièces d'auto, papier, gaz naturel	aluminium, alliages, automobiles, équipements et matériel de communication, papier journal, bois d'œuvre, résineux	produits pétroliers, bois, papier, pâte à papier, crustacés, électricité	pétrole, gaz naturel, produits agricoles, construction navale, ressources halieutiques
Principales importations	produits manufacturés (auto, pièces), produits alimentaires	tubes électroniques et semi-conducteurs, automobiles et châssis, pétrole brut, produits chimiques et organiques	produits pétroliers, crustacés, sucre, matériel de transport, caoutchouc	produits manufacturés, produits alimentaires
Principaux partenaires commerciaux	États-Unis, Japon, Royaume-Uni	Canada, États-Unis, Japon	Canada, États-Unis, Norvège, Arabie Saoudite, Angola	États-Unis

Sources: Banque mondiale; ONU, *Bulletin mensuel de la statistique*, *Rapport sur le développement humain1999*; *The World Factbook 1998*.

¹ Population: estimations juillet 1998; PIB: données 1997.
² Réf: Statistique Canada, estimations 1998.
³ Taux au 25 juillet 1999, donné à titre indicatif.

CANADA

Françoise TÉTU de LABSADE
Université Laval, Québec
Francoise.Tetu@arul.ulaval.ca

avec la collaboration de

Birgit AACH, Université Laval , Québec
James de FINNEY, Université de Moncton, Nouveau-Brunswick
Pierre FORTIER et Clermont TRUDELLE, Société d'histoire de Toronto, Ontario
Lorraine FORTIN, Fédération des parents francophones de Colombie-Britannique
Yves FRENETTE, Université York, Toronto
Isabelle FOURMAUX, Québec
Lise GABOURY-DIALLO, Collège universitaire de Saint-Boniface, Université du Manitoba
André GIROUARD, Sudbury, Ontario
Cheryl GEORGET-SOULODRE, Université de Saskatoon, Saskatchewan
André RICARD, Québec
Michel RICHARD, Montréal
Larry STEELE, Mount St Vincent University, Halifax, Nouvelle-Écosse

POLITIQUE

À compter du 1er avril 1999, le Canada a tourné une autre page de son histoire et s'est enrichi d'un troisième territoire dans le Grand Nord: 88% des 12 210 électeurs ont élu en février le premier gouvernement autonome du Nunavut ("Notre pays" en inuktitut; capitale: Iqaluit), en Arctique de l'Est; ce changement géopolitique majeur a redessiné le Canada avec un territoire immense de 2,2 millions de km² d'une toundra apparemment peu hospitalière: y habitent 27 219 personnes (un habitant aux 100 km²) dont 85% d'Inuit; le premier ministre, Paul Okalik, s'est engagé à défendre leurs droits et libertés. Le territoire couvre 20% de la superficie totale du Canada (2 fois l'Ontario, 1,25 fois le Québec) où sont éparpillées 28 communautés. Il y a 21 km de route en tout et pour tout; les communications se font donc par avion.

Le gouvernement a décidé dans son budget 99 de répartir entre les provinces et territoires 11,5 milliards de dollars additionnels pour les soins de santé dont la responsabilité incombe aux provinces. Le monde de la santé avait d'ailleurs été secoué tout au long de l'année par des mouvements de grève, symptôme du malaise engendré par des compressions budgétaires précédentes massives. Sur le plan de la politique sociale, outre l'attribution des Bourses du millénaire pour l'enseignement supérieur,

CANADA

Quelques points de repère

Géographie

➤ Immense pays (2e au monde, 18 fois la France), essentiellement habité sur une mince bande, au sud.

Histoire

➤ 1534 Arrivée de Jacques Cartier, dans la vallée du St-Laurent, sous François 1er.
➤ 1604 Fondation de l'Acadie.
➤ 1608 Fondation de Québec.
➤ 1763 Traité de Paris: la France cède la Nouvelle-France à l'Angleterre.
➤ 1840 L'Angleterre unit le Bas-Canada (≈Québec) et le Haut-Canada (≈Ontario) pour former le Canada-Uni.
➤ 1867 Acte de l'Amérique du Nord britannique; le Québec, l'Ontario, le Nouveau-Brunswick et la Nouvelle-Écosse forment le Canada, État fédéral;
1870 + le Manitoba;
1871 + la Colombie-Britannique;
1873 + l'Ile-du-Prince-Édouard;
1905 + la Saskatchewan, + l'Alberta;
1949 + Terre-Neuve;
+ découpage de trois territoires, le Yukon, les Territoires du Nord-Ouest et le Nunavut.
➤ 1982 P. E. Trudeau, premier ministre libéral depuis 1968, rapatrie de Londres la Constitution.
➤ 1984 (sept.)-1993 (oct.) B. Mulroney, premier ministre, parti conservateur.
➤ 1990 (juin) Échec des accords de principe (1987) du lac Meech.
➤ 1992 (oct.) Échec de l'entente de Charlottetown.
➤ 1993 (23 juin) Accord de libre échange nord-américain—ALENA (effectif en 94).
➤ 1993 (25 oct.) Jean Chrétien, premier ministre, libéral; opposition officielle: Bloc québécois.
➤ 1997 (2 juin) Jean Chrétien réélu. Opposition officielle: Reform Party.

Société

➤ Capitale: Ottawa; métropoles: Toronto (Ont.), Montréal (Qué.) et Vancouver (C.-B.).
➤ En 1999, "l'indice de développement humain" classait le Canada au 1er rang sur 174 pays étudiés.

les années 1998 et 1999 ont été caractérisées par le débat autour du projet de l'Union sociale. Le Canada se classe de nouveau au premier rang dans le monde pour l'indice de développement humain; mais un rapport récent de l'ONU a estimé que l'action des gouvernements envers les plus démunis de la société était insuffisante. Raison de plus pour le fédéral de vouloir intervenir dans ces questions d'habitude de compétence provinciale.

Comme d'autres provinces d'abord, le Québec s'y est opposé, notamment en raison de l'absence du droit de retrait pour les programmes de paiements directs aux citoyens. Mais le fédéral a réussi à convaincre les neuf autres intervenants et le Québec s'est retrouvé isolé en ne signant pas l'entente qu'elles ont ratifiée avec le gouvernement central.

Des contentieux agitent souvent les provinces: si Terre-Neuve et le Québec en sont venus à une entente concernant l'aménagement des chutes Churchill, entente qu'ils ont en outre soumise à la nation innu, en revanche, l'Ontario a interdit le lucratif marché ontarien de la construction aux entrepreneurs et travailleurs québécois puisque la réciproque est pratiquement impossible, en raison de réglementations plus exigeantes au Québec.

Joe Clark est redevenu chef du Parti progressiste-conservateur, à la suite du départ de Jean Charest, rapatrié au Québec où manquait un candidat valable à la tête du Parti libéral du Québec. Preston Manning, chef des Réformistes, veut créer un nouveau parti de droite face aux libéraux fédéraux. Pour l'instant, le Parti de la réforme est surtout appuyé par l'Ouest du pays.

CANADA

Début août 1999, Jean Chrétien a remanié son cabinet: les ministres seniors conservent leur poste (Paul Martin aux Finances, Sheila Copps au Patrimoine, Lloyd Axworthy aux Affaires étrangères). Le Commerce international passe à Pierre Pettigrew, un Québécois francophone. À quelques semaines du Sommet de Moncton, un Franco-Manitobain, Ronald Duhamel, prend en main le ministère de la Coopération internationale et Francophonie. Ce faisant, le premier ministre Chrétien pousse la barre de son gouvernement vers la gauche et donne la parole à certains députés d'arrière-banc qui sont réputés n'avoir pas la langue dans la poche.

ÉCONOMIE

Comme tous les pays occidentaux, le Canada a senti les effets de la crise asiatique. La dépréciation du dollar canadien pendant l'année 1998 peut s'expliquer d'abord par la baisse significative des prix des matières premières (descendues au niveau des années 70) et ensuite par la puissance du dollar états-unien, signe d'une économie en bonne santé. Le huard désespérément bas depuis 1996 montre de nets signes de reprise au printemps 99; les matières premières reprennent au mieux et permettent aux voyageurs et investisseurs de moins trembler au moment des opérations de change. En revanche, ce dollar sous-coté autorise des exportations plutôt bénéfiques pour l'économie intérieure. Le Canada exporte 40% de ce qu'il produit (85% de ces exportations vont aux États-Unis).

Le chômage a nettement diminué, plus en Ontario que dans d'autres provinces, et la Banque du Canada a dû revoir à la hausse ses prévisions de croissance économique qui seraient plus près de 3,5% que des 2,5% initialement prévus. Le ministre Martin a présenté un deuxième budget équilibré et songe à réinvestir le surplus de plusieurs milliards de dollars dans les domaines durement touchés précédemment de la santé et de la recherche en général.

Les années 1998-1999 ont été marquées par des fusions de grands groupes particulièrement dans l'alimentation. Loblaw (Ontario) a acheté Provigo (Québec). Cependant, la fusion prévue des banques ne s'est pas faite, Paul Martin craignant une trop grande concentration du pouvoir économique. Cependant la Banque Toronto Dominium a tout récemment acquis Canada Trust (du conglomérat montréalais Imasco), ce qui en fait la troisième institution financière au pays. Ce dernier geste fait écho à la vague de fusion des services financiers en Amérique du Nord et dans le monde (se rappeler à ce sujet ce qui se passe entre les banques françaises comme du côté des pétrolières). Les résultats financiers des banques canadiennes augmentent tous, mais, de toute façon, pour le particulier, les frais bancaires ne diminuent pas.

Un projet de restructuration des quatre Bourses canadiennes vise à spécialiser les institutions: Toronto aurait le contrôle des transactions sur les grandes et moyennes entreprises, Vancouver et l'Alberta fusionneraient pour se consacrer à la petite capitalisation, à Montréal reviendrait le marché des contrats à terme et des produits dérivés, un créneau en expansion à l'heure actuelle. L'Ouest fascine aussi le monde de la finance: les gouverneurs de la Bourse de Montréal s'inclinent devant la baisse du pourcentage de transactions sur les actions canadiennes traité sur son parquet et concentrent leurs énergies canadiennes dans le contexte de la mondialisation.

Des entreprises québécoises marchent bien: le chiffre d'affaires de Bombardier (troisième avionneur civil au monde) a connu une année 1998 fabuleuse: 11,5 milliards de dollars en 1998-1999, soit une hausse de 35% sur l'exercice précédent. Bombardier Aéronautique a donc augmenté son nombre d'effectifs de 8200 à 9100 personnes.

Du côté du secteur du papier, Quebecor renforce sa position internationale, notamment en Amérique du Sud et en Europe. En achetant Sun Media, Quebecor est devenu la deuxième chaîne de journaux au Canada. Groupe Transcontinental GTC (33 imprimeries) est un des dix plus grands imprimeurs de l'Amérique du Nord (Ontario, Mexique, États-Unis).

L'ingénierie-construction est aussi une des forces du Canada: Le groupe Axor, qui a été fondé en 1972, est aujourd'hui la plus importante entreprise d'ingénierie-construction au Québec. Avec une croissance de 20%, il est de même le leader au Canada en conception-construction. Le contrat le plus récent de ce groupe a été signé en février 1999 (gestion d'un projet de 400 millions dans le traitement des eaux usées du Caire). Pour la construction et l'exploitation d'un

TGV entre Québec et Windsor, Axor coopère avec Bombardier et d'autres entreprises de construction dans le cadre du consortium Lynx. Dans un autre ordre d'idées, Fernand Rocheleau élève des chinchillas dont il récolte le poil pour en faire des tissus que réclament les maisons de haute couture parisiennes et italiennes. En juin 1999, le chômage était à son plus faible niveau depuis neuf ans: 7,6%.

SOCIÉTÉ

Ottawa a décrété 1999 l'année de la francophonie canadienne. Dyane Adam a été nommée commissaire aux langues officielles. L'universitaire franco-ontarienne (à l'Université Laurentienne de Sudbury, puis au Collège Glendon de York) est la première femme à gérer ce délicat dossier. Le précédent commissaire notait dans son dernier rapport que les services en langue française ont subi des reculs depuis cinq ans alors même que l'apprentissage des langues secondes est en plein essor. À l'automne 1998, le Secrétaire général de la Francophonie, Boutros Boutros-Ghali, a effectué une tournée canadienne dans le but de se familiariser avec les différents aspects de la francophonie du pays. Il a pu en toucher du doigt la grande diversité.

Les démolinguistes sont alarmistes en ce qui concerne l'anglicisation des minorités francophones hors Québec; le taux serait en effet passé de 54% en 1971 à 67% en 1991. Or, au dernier recensement de 1996, Statistique Canada a ajouté "canadienne" à la liste des origines ethniques, ce qui a pour effet de changer le système de références habituel; les données antérieures permettaient par exemple de mesurer la diversité ethnique de la majorité de langue française au Québec, donc l'intégration socio-économique des immigrants. "Nous voilà donc – comme dit Charles Castonguay, mathématicien à l'Université d'Ottawa – mieux renseignés sur la population d'origine française en Louisiane que sur celle du Québec."

La francophonie canadienne d'est en ouest					
Région	Province/ territoire	Français Langue maternelle		Français parlé à la maison	
			%		%
Acadie	Terre-Neuve	2 440	0,4%	1 020	0,1%
	Î. du-P.-Édouard	5 720	4,3%	3 045	2,3%
	Nouvelle-Écosse	36 310	4%	20 710	2,3%
	Nouveau-Brunswick	242 410	33,2%	222 440	30,1%
Sous-total Acadie		286 880	12,4%	247 215	10,7%
Québec	Québec	5 741 440	81,5%	5 830 080	82,8%
Ontario	Ontario	499 690	4,7%	306 790	2,9%
Ouest	Manitoba	49 100	4,5%	23 135	2,1%
	Saskatchewan	19 900	2%	5 830	0,6%
	Alberta	55 290	2%	17 820	0,6%
	Colombie-Brit.	56 755	1,5%	16 585	0,4%
	Yukon	1 170	3,8%	545	1,8%
	Terr. du N.-O.	1 420	2,2%	605	0,9%
Sous-total Ouest		183 635	2,2%	64 520	0,8%
Total hors Québec		970 205	4,5%	618 520	2,9%
Total Canada		6 711 645	23,5%	6 448 605	22,6%

Source: Statistique Canada, Recensement 1996

Décès: La députée Shaughnessy Cohen alors qu'elle siégeait à la Chambre des communes; un des fils de Pierre Elliott Trudeau, Michel; l'âme et la réalisatrice du Musée McCord de Montréal, Isabel Dobell.

Le Québec a été cité en exemple par le Conseil national du bien-être social canadien pour ses places en garderie à 5$ par jour. Cette politique familiale a rencontré un tel succès que le gouvernement québécois a dû en accélérer la mise en œuvre.

L'année 1998 était aussi marquée par la problématique autour des conditions de travail des téléphonistes de Bell, le plus grand fournisseur de télécommunications. Bell Canada veut vendre ses centres d'appels à une entreprise américaine (Excell Global Services). Ceci aurait pour conséquence que 2400 téléphonistes perdraient leur emploi et que celles qui resteraient connaîtraient une chute de salaire et des conditions de travail bien moins avantageuses.

QUÉBEC

Politique

Les élections du 30 novembre 1998 ont reporté Lucien Bouchard et le Parti québécois (PQ) au pouvoir. Mais la victoire n'a pas été aussi flamboyante que les péquistes l'avaient espérée: leur adversaire, Jean Charest, le nouveau dirigeant du Parti libéral du Québec, avait été appelé en avril 1998 de la direction du Parti conservateur canadien pour remplir le poste vacant au sein du Parti libéral provincial. L'objectif principal de Charest est en fait le maintien du fédéralisme et l'amélioration des relations fédérales–provinciales.

Composition actuelle de l'Assemblée nationale

Parti	Députés*	% des voix le 30-11-9
Parti québécois (PQ)	76	42,70 %
Parti libéral du Québec (PLQ)	48	43,71 %
Action démocratique du Québec (ADQ)	1	11,78 %

*Le nombre des députés (125) est égal au nombre de comtés au Québec. Chaque comté envoie son candidat gagnant, élu selon le mode du scrutin uninominal majoritaire à un tour, à l'Assemblée nationale. Dans un comté, on a dû reporter l'élection à cause du décès d'un candidat péquiste. Vote exercé: 78,51 % des 5 208 533 électeurs.

Sept des 26 ministres ont conservé les mêmes responsabilités qu'avant les élections. François Legault, un homme d'affaires, a été appelé à la tête du ministère de l'Éducation pour assurer une meilleure préparation des jeunes au marché québécois. Un nombre record de femmes ont été élues à l'Assemblée nationale. Elles sont le tiers du Conseil des ministres et occupent la moitié des sièges au Comité des priorités.

Lionel Jospin, premier ministre français, accompagné d'une délégation de ministres et de dirigeants d'entreprises françaises, a effectué une visite officielle au Québec en décembre 1998. Avec trois ministres, il se sont surtout intéressés à l'extension de la coopération culturelle et économique (180 millions de dollars d'investissements et création de 600 emplois). *Voilà* (Bell Canada et France Télécom), avec plus de six millions d'adresses, deviendra ainsi le plus puissant moteur de recherche francophone sur Internet.

L'Office franco-québécois pour la jeunesse (OFQJ) a fêté, en 1998, son 30e anniversaire. L'organisation, qui a été créée en 1968 par la volonté commune des gouvernements français et québécois, s'est orientée vers les échanges de perfectionnement professionnel et de formation pratique. Jusqu'à aujourd'hui, plus de 80 000 étudiants, travailleurs et jeunes professionnels ont bénéficié de ces programmes.

QUÉBEC

QUELQUES POINTS DE REPÈRE

Géographie

➤ Vaste territoire (trois fois la France), dont à peine 10 % est habité par 85 % de la population.

Histoire

➤ 1534 Arrivée de Jacques Cartier.
➤ 1608 Fondation de Québec par Champlain.
➤ 1763 Traité de Paris: la France cède la Nouvelle-France à l'Angleterre.
➤ 1774 Acte de Québec.
➤ 1791 Le Québec devient le Bas-Canada.
➤ 1840 Union du Bas-Canada (≈le Québec) et du Haut-Canada (≈l'Ontario) qui forment le Canada-Uni.
➤ 1867 Acte de l'Amérique du Nord britannique; Québec + Ontario + Nouveau-Brunswick + Nouvelle-Écosse = Canada, État fédéral. S'ajouteront au siècle suivant six provinces et trois territoires.
➤ 1960-1970 La Révolution tranquille débute avec les libéraux de Jean Lesage et continue avec l'Union nationale de Daniel Johnson, père.
➤ 1970-1976 Robert Bourassa, premier ministre libéral.
➤ 1976 (15 nov.) René Lévesque, premier ministre, Parti québécois.
➤ 1980 (20 mai) Référendum sur la souveraineté: non = 59 %
➤ 1985 (déc.)-1993: Robert Bourassa, premier ministre, libéral.
➤ 1994 (12 sept.) Jacques Parizeau, premier ministre, Parti québécois.
➤ 1995 (30 oct.) Deuxième référendum sur la souveraineté: non = 50,58 %; oui = 49,42 %; Parizeau démissionne.
➤ 1996 (janv.) Lucien Bouchard, chef du Bloc québécois à Ottawa, devient chef du Parti québécois et premier ministre.
➤ 1998 Lucien Bouchard, élu premier ministre.

Société

➤ Un Québécois sur deux habite la région de Montréal.
➤ Langue: français (82 % des Québécois sont francophones, 10 % sont d'origine britannique, 8 % d'autres origines).
➤ Capitale: Québec; métropole: Montréal.

Les tensions entre Québec et Ottawa ont connu quelques nouveaux épisodes, dont le dossier de l'Union sociale dans lequel le Québec a fini par préférer la marginalité au consensus auquel se sont ralliées les autres provinces. Une rare unanimité de l'Assemblée nationale propose une solution à l'offre des Bourses du millénaire créées par Ottawa. L'annonce dans le budget Martin d'une modification sans préavis de la formule utilisée pour répartir entre les provinces les fonds fédéraux versés pour les besoins sociaux a soulevé la colère du gouvernement du Québec qui s'est ainsi vu privé de 333 millions de dollars, prévus dans le budget provincial, pour l'année en cours. Nous avions parlé dans l'édition 1999 de l'avis nuancé de la Cour suprême du Canada sur la possibilité de sécession du Québec.

Sur le plan international, les élections, qui ont eu lieu en Écosse et au Pays de Galles en mai 1999 et qui ont permis la création de Parlements autonomes dans ces régions du Royaume-Uni, ont réjoui le cœur des Québécois, toujours sensibles dès qu'il est question d'autonomie élargie et de nationalisme.

Un rapport sur les finances et la fiscalité locales, présenté à la ministre Harel, propose 108 recommandations visant à abolir les iniquités qui existent en la matière entre les municipalités de tailles et de fonctions fort différentes: la région urbaine de Montréal, elle-même formée de plusieurs entités, rassemble la moitié des Québécois sur un territoire relativement peu étendu et fait face à des problèmes qui ne sauraient être semblables à ceux des 1347 autres municipalités dont 85% ont moins de 5000 habitants.

ÉCONOMIE

Économiquement, l'année 1998 a été une bonne année pour le marché québécois en général. Malgré la crise du verglas, qui avait bloqué en janvier 1998 20% de l'économie et 40 000 emplois, et malgré la récession économique mondiale, la croissance est demeurée à l'ordre du jour. Le PIB du Québec a augmenté de 2,7% en 1998 et continué à augmenter en début de l'année 1999 (huit hausses sur neuf mois en avril 99).

Le gouvernement a présenté en février 1999 un premier budget sans déficit depuis 1968. Le déficit zéro étant atteint un an plus tôt que prévu, le ministre Bernard Landry a axé ses priorités sur la santé et l'éducation, le passage à l'économie de savoir et la culture. Les familles bénéficient d'une aide fiscale, mais on remet les baisses d'impôts à l'an 2000, le ministre refusant de réduire le fardeau fiscal des particuliers "avec de l'argent emprunté". Cette politique est différente de celle de l'Ontario qui a encore réduit les impôts et fait ainsi redémarrer la consommation des particuliers. Un train de mesures visant à promouvoir la recherche et le développement expérimental, à faciliter l'adaptation technologique concerne plutôt les entreprises et l'économie du savoir. L. Bouchard a refusé de céder aux syndicats des secteurs public et parapublic, alléchés par le budget équilibré.

Pour la première fois depuis 1991, les exportations québécoises ont progressé de 120%. Les produits du secteur manufacturier (hors automobile) des entreprises québécoises ont connu une augmentation des ventes aux États-Unis. Elles représentent 20,5% du PIB québécois. Les domaines d'exportation se sont énormément diversifiés depuis quelques années (transport, hautes technologies, transformation des métaux, du papier et du bois). Le partenaire privilégié reste les États-Unis, mais le monde ouvre d'immenses possibilités aux entreprises qui se sont bien tirées d'affaires dans les accords de libre-échange (ALE et ALENA, Accords de libre-échange nord-américain). La récente (mai 1999) mission commerciale au Mexique a ouvert des marchés à plusieurs entreprises.

Certaines sont prospères autant sur le plan intérieur que sur le plan international: Bombardier, Axor, Quebecor et le Groupe GTC (voir Canada/économie). Quant à la Cité du multimédia à Montréal, inaugurée en juin 1998, qui accueillera une bonne trentaine d'entreprises, les conditions fiscales particulièrement avantageuses ont permis ou devraient permettre la création de 5000 emplois d'ici trois ans, 10 000 emplois en dix ans et favoriser des alliances entre les diverses entreprises multimédia. Tecsys (logiciels spécialisés) veut investir 150 millions au cours des cinq prochaines années.

Sur le plan intérieur, la vente des magasins Provigo à Loblaw a fait des vagues: vendre un des fleurons de l'économie québécoise à des intérêts ontariens soulève les craintes des producteurs agricoles locaux, alors même que les habitudes alimentaires des Québécois ont radicalement changé en une trentaine d'années. Du côté des transactions immobilières, 1998 a été l'année record de la décennie: le marché s'est stabilisé et les faibles taux hypothécaires ont permis aux ventes de progresser. Le Mouvement Desjardins s'est restructuré pour continuer à tenir la place fort honorable qu'il a dans le mileu bancaire.

SOCIÉTÉ

À la fin de l'année, la bonne santé économique a permis d'afficher une baisse sensible du taux de chômage sous la barre psychologique des 10%. Pendant douze mois, 96 000 emplois ont pu être créés. La Fédération des travailleurs du Québec a engagé, en 1998, près de 570 millions dans tous les secteurs d'activité du Québec et a ainsi créé ou maintenu plus de 10 000 emplois.

La nouvelle ministre de la Santé, Pauline Marois, aborde une situation difficile: compressions sur compressions, départs à la retraite massifs, restructurations diverses et redistribution des tâches ont entamé la confiance des citoyens quant à leur système de santé, pourtant fort enviable. La ministre a bon espoir, aidée qu'elle sera par les décisions budgétaires fédérales et provinciales, de remettre sur pied le (système) malade.

La société québécoise de la fin du siècle s'est beaucoup diversifiée avec les mouvements de population de ces dernières décennies; par exemple, une magistrate noire siège à Québec, un des ministres du gouvernement Bouchard est d'origine latino-américaine et on ne compte plus les écrivains qui ont choisi d'écrire en français au Québec, même si le français n'est pas leur langue maternelle. La société reconnaît maintenant que cette diversité ne date pas d'hier: à la fin de mars 1999, l'Institut interuniversitaire de recherche sur les populations (IREP) a organisé, à Montréal, le premier colloque consacré aux relations judéo-québécoises.

En 1999, les syndicats des 415 000 employés du gouvernement négocient avec leur employeur, fortifiés qu'ils sont par le dernier budget Landry; à quoi le gouvernement répond qu'il ne veut pas brader des années de sacrifices au bonheur des seuls syndiqués. Le Québec est le second État en Amérique du Nord à reconnaître officiellement les couples de même sexe.

Bernard Voyer, l'explorateur qui avait rallié le pôle Sud sur ses skis, a réussi à atteindre le Sommet de l'Éverest. La jeune et talentueuse **Julie Payette** (ingénieure, elle parle plusieurs langues) s'est envolée beaucoup plus haut avec la navette Discovery le 20 mai 1999 pour une mission de dix jours en orbite, afin de participer à l'assemblage de la station spatiale internationale.

Le Nunavik est au nord du 55e parallèle le territoire occupé par 15 communautés autochtones; Makivik est une société de développement économique, parfaitement démocratique, qui gère les sommes allouées par la Convention de la baie James; Air Inuit semble avoir réglé les problèmes de transport; l'emploi et l'habitation sont deux des autres défis journaliers que rencontrent les administrateurs dont le président est originaire de Kuujjuak.

DÉCÈS

Politiciens: Camille Laurin; Jacques Girard; Maurice Champagne; Denise Leblanc-Bentey; Yves Blais.

Artistes: Pierre Perrault; Maurice Perron; Klaus Matthes; les peintres Marcel Baril et Jean McEwen; Ulysse Comtois; Y. Anselme Lapointe; Yvon Dufour; Pierre Hétu.

Radio-télévision: Marcel Pépin; Gilles Richer; Louis-Martin Tard.

Écrivains: Gratien Gélinas; Roger Brien; Alphonse Piché.

Hommes d'action: Pierre Vallières; Rosaire Morin.

Camille Laurin 1922-1999

Il fut une figure marquante de la politique québécoise. Psychiatre reconnu, il a délibérément réorienté sa vie en politique. Membre du Parti Québécois depuis son origine, élu à la première élection, il fut alors le chef d'une opposition réduite à la portion congrue. Ministre sous les gouvernements Lévesque, il est le père de la Charte de la langue française, dite loi 101. "Conscience linguistique du Québec", il fit preuve d'un courage et d'une détermination exemplaires, notamment face aux critiques acerbes qui s'élevèrent devant cette loi, pourtant indispensable. Le premier ministre Bouchard reconnaissait: "On compte sur les doigts d'une main les personnalités qui, au cours du siècle, à force d'intelligence et de volonté, réussissent à modifier durablement une société. M. Laurin est de ceux-là."

Langue

On comprend la rigueur extrême avec laquelle M. Laurin avait bâti la loi 101 au vu des analyses du recensement fédéral de 1996. Le démographe Marc Termote constate qu'un immigrant a deux fois plus de chances d'adopter l'anglais s'il habite la banlieue de Montréal. Aussi est-il essentiel de maintenir une politique linguistique et d'immigration ferme bien ciblée sur la francophonie. On remarque que le Québec est le seul territoire canadien où la langue française se maintient comme langue maternelle et progresse dans l'ensemble comme langue d'usage chez les immigrants.

CULTURE

Des événements nombreux et divers ont fait connaître la spécificité québécoise: le premier Sommet mondial de la nordicité a réuni, à Québec en février 1999, 850 participants et 150 conférenciers concernés par les questions et problèmes d'un milliard d'êtres humains habitant les régions nordiques. À Rome, Orizzonte Québec a mis en valeur l'art visuel contemporain, avec l'accent sur la photographie.

Le Printemps du Québec en France

C'est sans doute l'événement majeur de l'année. Du 10 mars au 24 juin 1999, cet événement multiple avait pour objectif de "mieux faire connaître en France les dimensions les plus marquantes de la culture québécoise tout en mettant en lumière ses technologies de pointe, l'originalité de ses produits et de son savoir-faire ainsi que ses liens historiques avec la France" (**Lucien Bouchard**).

Robert Lepage, à la fois dramaturge, metteur en scène, cinéaste et réalisateur, en avait formulé le thème "Le feu sous la glace" qui évoque "la créativité, l'américanité, la nordicité, la vigueur et la diversité". Le Printemps du Québec en France était une occasion unique pour le Québec d'exporter une image positive et de promouvoir la culture québécoise dans 60 villes de France. Pendant les trois mois des ses activités, il y eut à Paris, entre autres, une exposition au Palais de la Découverte intitulée "l'Attitude Nord", qui présentait des nouvelles technologies québécoises dont la culture de tissus humains, peau, cartilages, vaisseaux sanguins, du laboratoire d'organogénèse de Québec. D'autres expositions portaient plus précisément sur les aspects culturels: "France-Québec, images et mirages", et "Arrêts sur images", entre autres; des installations (l'une, architecturale, de Pierre Thibeault au Jardin des Tuileries, l'autre sculpturale," Traversée des territoires" de René Derouin au Jardin des Plantes). Du théâtre, de la danse, des spectacles de tout ordre, des animations jusque dans le métro, d'innombrables rencontres et colloques scientifiques ou autres. Dans ce contexte, le Salon du livre de Paris, du 19 au 24 mars, invitait le public "À

Vive le Québec livres!

la découverte du Québec". 60 écrivains québécois formaient la délégation officielle, à laquelle s'étaient joints 120 autres auteurs. Cette manifestation littéraire avait pour but de sortir la littérature québécoise de l'ignorance, voire du mépris assez subtil, dans lesquels le marché français et la coterie parisienne la tiennent. Une multitude de dossiers spéciaux dans les journaux (on a un peu abusé du titre facile "Vive le Québec livre(s)!", un tourbillon d'entrevues, de tournées et de conférences aux quatre coins de l'Hexagone – si l'on peut dire? –, un Bouillon de culture, (P) pivot de la communication télévisuelle, ont déjà contribué à cet objectif. On avait sélectionné un nombre certain d'ouvrages (14 tonnes) à présenter dans un grand nombre de librairies françaises. Un jeune auteur, Gaétan Soucy, remportait tout un succès auprès des lecteurs avec *La Petite Fille qui aimait trop les allumettes* (8 000 exemplaires vendus en quelques semaines est inhabituel pour un éditeur montréalais).

Vient de paraître une impressionnante série de 18 films documentaires intitulée *La Culture dans tous ses états*. 36 documentaires de 53 minutes très intelligemment faits sur des thèmes aussi divers que la photographie (*L'Objectif subjectif*) ou la musique contemporaine (*Musiques pour un siècle sourd*), l'essai ou la poésie (*Le Verbe incendié*), pour ne donner qu'un aperçu de la diversité. C'est le dernier grand œuvre de l'Institut québécois de recherche sur la culture: passionnant, très actuel, plein de clins d'œil à nos idées reçues et d'ouverture à celles qui ne nous ont pas encore traversé l'esprit.

Arts visuels

Depuis peu, le marché de l'art a connu une timide reprise en Occident, entre autres au Québec. Les amateurs notent cependant que les quelques 200 commerces d'art du Québec favorisent la peinture plus que l'estampe, qui reste le parent pauvre des galeries, à de rares exceptions près. Aussi les graveurs se tournent-ils vers la figuration, plus accessible à l'œil du non-amateur.

Marcel Marois a reçu le prestigieux prix Saïdye-Bronfman 1998, en reconnaissance de sa contribution à l'essor de la tapisserie québécoise (une technique traditionnelle au service de thèmes actuels). Le Musée d'art contemporain de Montréal semble aimer à rapatrier des artistes d'ici installés ailleurs, tels Christiane Gauthier qui vit à Paris ou Daniel Villeneuve, établi à New York comme Claude Simard. Des trouvailles qu'il nous a été donné de voir dans les galeries, retenons les tableaux sur bois, à demi consumés, gravés avant d'être colorés ou vernis de Marc Garneau, les cultures fongiques d'Anne Thibault qui manipule cette matière vivante génératrice de surprises dont l'artiste, biologiste sur les bords, ne soupçonnait pas la belle esthétique, le polythène et autres matériaux industriels mêlés aux objets recyclés des sœurs Couture, les imposantes installations faites de bois récupéré du trio BGL (Bilodeau–Giguère–Laverdière).

Au plan financier si certains musées voguent sur une mer calme – d'huile(s) – tel le Musée de la civilisation qui présentait une murale en bois et céramique du sculpteur René Derouin (*Paraïso–La dualité du baroque*), d'autres, mal engagés dans la course aux subventions, et moins chouchoutés par le public, se débattent dans les eaux agitées creusées de déficits: ainsi en est-il du Musée des arts et des traditions populaires du Québec sis à Trois-Rivières, donc un peu loin des grands centres, qui abrite la collection de l'ethnologue Robert-Lionel Seguin. En revanche, un collectionneur avisé doublé d'une épouse muséographe vient de lancer personnellement à Québec un musée d'art inuit dont les 450 pièces explorent l'histoire, les techniques, les thèmes et les matériaux de cet art encore tout jeune. À noter: un superbe film documentaire sur un artiste majeur et qui échappe à la catégorisation: *Riopelle, sans titre, 1999, collage* du réalisateur Pierre Houle (Montréal, SDA productions).

Spectacles

Cette année les deux spectacles les plus achalandés du monde francophone sont probablement *Notre-Dame de Paris* (un million de billets vendus) du surdoué Luc Plamondon (parolier, dénicheur de voix exceptionnelles et producteur) et *O*, 12e spectacle que le Cirque du Soleil présente à Las Vegas dans son deuxième chapiteau permanent (le professionnalisme des numéros d'acrobatie n'est jamais exempt d'émotion). En 1999, cette entreprise montréalaise gère concomitamment huit spectacles dans le monde entier jusqu'en Russie et une École du cirque dans la métropole québécoise, sans tirer de ses succès plus de gloriole que nécessaire. C'est aussi à Las Vegas que sera présentée la première de la version anglaise de *Notre-Dame de Paris* en janvier 2000. Robert Lepage et Gilles Maheu ont fait école: on ouvre de nouveaux centres d'art multidisciplinaire qui prêtent leur scène au théâtre Recto-Verso ou à la chorégraphe Tammy Forsythe (*d3r/ds2=1/3vr*). Du côté des humoristes, Michel Lauzière en solo, Yves Pelletier et Martin Drainville en duo s'ajoutent à la liste officielle des 10 mises en nomination pour les Oliviers du premier Gala de l'humour.

Musique

Festival à Radio-France en février 1999: 25 compositions de 20 Québécois ont été présentées, entre autres par le Nouvel Ensemble moderne (NEM), dirigé par Lorraine Vaillancourt et l'ensemble de la Société de musique contemporaine du Québec (SMCQ), sous la direction du compositeur Walter Boudreau. Pour ses dix ans, le NEM présente un bilan fort honorable: 11 disques, 174 concerts, 21 tournées, 93 créations à son répertoire. D'autres ensembles et d'autres artistes se spécialisent dans la musique contemporaine; les compositeurs et pianistes André Ristic (*29 traités solitaires d'humanité*), Lorraine Desmarais (*Bleu silence*), plus classique; pour le métissage, on retiendra le clarinettiste Robert Marcel Lepage (*Les Clarinettes ont-elles un escalier de secours?*); le guitariste Claude Sirois. Code d'accès, organisation créée pour faciliter la diffusion d'œuvres d'artistes en début de carrière, a rendu possible le concert du compositeur et saxophoniste Pascal Boudreault *Morphogène noosphérique*. Sa performance est assistée par ordinateur.

Six pianistes de renom (Angela Hewitt, Marc-André Hamelin, Angela Cheng, Jon Kimura Parker, André Laplante et Janina Fialkowska) font équipe (*Piano à six*) pour offrir de très grands concerts de musique classique dans de toutes petites villes. Tout le monde connaît Casavant, facteurs d'orgues depuis plus d'un siècle. On ne sait peut-être pas que les bois du pays donnent aux instruments des qualités exceptionnelles: André Bolduc fabrique ses pianos en épinette de Beauce pour la table d'harmonie, en érable à sucre pour le sommier. L'instrument de musique le plus simple n'est-il pas la voix? C'est ce qu'affirment près de 160 000 Québécois dans plus de 2 600 chorales.

Littérature

Le Salon du livre de Paris ayant invité spécialement le Québec cette année, dans le cadre du Printemps du Québec en France, un bon nombre d'auteurs ont eu l'occasion de se faire connaître des Français. Nous avons dit plus haut le fabuleux succès de Gaétan Soucy (*La Petite Fille qui aimait trop les allumettes*), qui avait reçu l'an dernier le Grand Prix du livre de Montréal pour *l'Acquittement*. Mentionnons aussi le jeune Maxime-Olivier Moutier pour un roman-récit sensible et très réussi, Robert Lalonde dont la plume alerte offre au lecteur des scènes d'enfance au charme attendrissant (*Le Vaste Monde*). Il semble que le genre narratif se complaise dans des ouvrages de dimensions modestes, très souvent en dessous de 200 pages. Serait-ce une influence des recueils de nouvelles, très nombreux ces dernières années? Les écrivains néo-québécois contribuent à la diversité du paysage littéraire: Ying Chen, Gilberto Flores Patino, Aki Shimazaki, Élena Botchorichvili en traduction. Le Moyen-Âge fascine (Maryse Rouy); Jean Bédard a publié chez Stock un imposant ouvrage sur *Maître Eckhart*, roman très documenté sur un théologien au temps de l'Inquisition.

Les thèmes de la nationalité (Daniel Jacques, Robert Comeau et Bernard Dionne, etc.), de l'histoire des Québécois (Allan Greer sur la Nouvelle-France, Patrice Groulx sur Dollard des Ormeaux, le temps des Patriotes) et de la société québécoise (*l'Histoire des Cantons de l'Est*, la *Chronique du mouvement automatiste québécois (1941-1954)*) ont connu aussi la faveur des essayistes. Dans le domaine de la création littéraire, il existe des auteurs qui passent aisément de l'un à l'autre genre: Hugues Corriveau a publié presque en même temps, un roman, un recueil de poésie et des nouvelles.

Gallimard a publié dans sa Série noire le nouveau roman de François Barcelo et dans la collection Poésie/Gallimard figure maintenant *l'Homme rapaillé* de Gaston Miron que Nathalie Lessard et ses Têtes de contre ont mis en musique fort intelligemment. Un mot d'un créateur original, à la fois homme de lettres et artiste visuel. Rober Racine est inclassable; fasciné par la langue – peut-être aussi par LE Robert – il cherche à la réduire en éléments de façon totalement différente des linguistes: 55 000 mots découpés littéralement dans deux exemplaires du Petit Robert se retrouvent montés sur bâtonnets dans un *Parc de la langue française*. Alliant le plaisir de la musique à sa passion du verbe, il découvre les notes (*do, ré, mi*, etc.) contenues dans les mots dont il agence des *Phrases harmoniques* qui prennent vie sur un disque.

Nous nageons en pleine poésie, comme il nous est donné dans le spectacle de Pierre Lebeau qui, avec des amis comédiens comme lui, s'est offert un coup de cœur pour des poèmes de notre temps. Le jeune Tony Tremblay (poète, directeur littéraire d'*Exit*, réalisateur à la radio) s'est vu remettre le Prix Émile-Nelligan. Paul-Marie Lapointe a reçu le Prix Léopold-Senghor. Quant à la dynamique Claudine Bertrand, directrice d'*Arcade*, la revue de la littérature au féminin, elle a su parler aux femmes parlementaires qui l'ont incluse dans leur anthologie littéraire.

Les écrivains québécois pourront bénéficier d'une maison sise à Lodève, dans le sud de la France, offerte pour de courts séjours à des personnes rendues à un stade avancé d'écriture.

Danse

Au Québec et plus spécialement à Montréal, il ne faut pas avoir les deux pieds dans la même bottine pour suivre les mille et un pas des troupes et chorégraphes professionnels ou amateurs. Les Grands Ballets canadiens ouvrent leur répertoire à Édouard Lock et Gioconda Barbuto. En même temps, É. Lock a concocté *Exaucé* pour sa troupe La La La Human Steps (dite La La La) dont il met ses danseuses sur pointes. Ginette Laurin réunit sur une même scène neuf danseurs de Ô Vertigo et 12 musiciens de la Société de musique contemporaine de Walter Boudreau pour *La vie qui bat*; après *Bagne*, Pierre-Paul Savoie et Jeff Hall évoluent sur fond d'hologrammes dans *Pôles*. Anik Hamel fait appel au jeune dramaturge Wajdi Mouawad et à Ginette Prévost (fondatrice de La femme 100 têtes), jongle avec ses danseurs dans un perpétuel chassé-croisé de solos, duos, trios, quatuors, etc. pour *La Nef des 7*. Jocelyne Montpetit favorise l'improvisation et la stylisation: elle fait jouer son corps avec la lumière d'Axel Morgenthaler dans *Transverbero*. Benoît Lachambre sait être drôle dans *L'Âne et la Bouche*. Quant à Louise Bédard, elle s'est installée dans la cour des grands chorégraphes montréalais avec un conte urbain, *Urbania Box, je n'imagine rien*, inspiré d'un poème d'Anne Hébert. Il faudrait aussi mentionner *Mensonge variations* de Sylvain Émard. La danse s'exporte même en Amérique latine: ainsi Corpus Rhésus Danse, une des deux troupes professionnelles hors métropole, passe-t-elle l'été en tournée internationale, avec un long arrêt entre autres à Cuba.

Cinéma

Du point de vue de la fréquentation, le cinéma québécois s'est très bien porté puisque sa part du marché québécois a atteint, avec 8%, un niveau record. Des films populaires comme *Les Boys II* et *C't'a ton tour, Laura Cadieux* expliquent ce succès. À noter à ce chapitre la performance stupéfiante d'*Elvis Gratton II: miracle à Memphis*: la diffusion simultanée dans 91 salles a fait du film de Falardeau un plus grand succès que *Star Wars* et *Titanic* (1 200 000 entrées la première fin de semaine). Le banlieusard Bob Gratton, "caricature du Québécois quétaine", fait hurler de rire au premier degré. D'autres réussites commerciales: *Deux secondes* de la jeune réalisatrice Manon Briand, *Nô*, troisième long métrage du polyvalent Robert Lepage; *Un 32 août sur terre* de Denis Villeneuve a été salué à Cannes. François Girard a confirmé qu'il était de taille internationale avec *Le Violon rouge*, tourné en plusieurs langues et sur plusieurs continents. Léa Pool a séduit l'Europe avec *Emporte-moi*. Michel Brault a bien ficelé un film sur les Patriotes; un autre vieux routier, Jean-Pierre Lefèbvre, s'est lancé dans la comédie pour son 25e film, *Aujourd'hui ou jamais*.

L'année où l'Office national du film fête 60 ans d'un passé glorieux (10 oscars), le nouveau complexe de Daniel Langlois ouvre les portes de ses trois salles sophistiquées aux œuvres de demain. L'année où Pierre Perrault est mort voit aussi sa consécration par l'ONF qui a sorti les premiers (*La Trilogie de l'Île-aux-Coudres*) d'une série de cinq coffrets de son œuvre et par un volume de réflexions sur cette œuvre complexe.

Pierre Perrault 1927-1999

Une pratique du journalisme anthropologique l'incline à se spécialiser dans le documentaire selon une approche assez personnelle qu'il appellera "le cinéma du vécu". *Pour la suite du monde* (1963) inaugure une trilogie sur les habitants de l'Île-aux-Coudres, réalisée alors que le Québec vit sa Révolution tranquille. On retrouve son lyrisme, son sens de l'image dans ses œuvres poétiques comme on perçoit l'aisance de son écriture dans certaines de ses autres œuvres filmées (*L'Oumigmag*). Militant de la première heure, il pensait de son devoir de participer à l'émergence d'une identité québécoise.

Le Beau Jacques de Stéphane Thibault narre crûment le face-à-face de deux vieilles dames avec Jacques Villeneuve et ses bolides à la télé. **Richard Desjardins**, que l'on connaît mieux sur le terrain de la chanson intelligente et sensible, a lancé un documentaire *L'Erreur boréale* qui accuse de façon cinglante les compagnies forestières – et le gouvernement – de déforestation systématique; une bombe médiatique dont les questions et réponses ont occupé des colonnes de journaux… produits grâce à la matière première en question. L'environnement est à l'ordre du jour: le film est bien dans la ligne des préoccupations de l'heure.

Chanson
Isabelle FOURMAUX

Alors que Céline Dion, élue femme de l'année 1998 (devant Martine Aubry et Hilary Clinton!) par *Paris Match* et favorite du public américain aux *American Music Awards*, a fait l'objet d'un essai intitulé *Céline Dion et l'identité québécoise*, 1999 a vu le retour de quelques artistes, absents de la scène et des disquaires depuis plusieurs années. Ainsi, deux auteurs-compositeurs-interprètes très connus des années 1970, Sylvain Lelièvre (*Les Choses inutiles*) et Claude Gauthier (*Jardins*), ont connu un succès digne de leurs performances d'autrefois. Plume Latraverse (*Mixed Grill*), Michel Rivard (*Maudit Bonheur*) et Jean-Pierre Ferland (*L'Amour, c'est d'l'ouvrage*) montrent également que leur talent, comme le bon vin, se bonifie avec les ans.

Chez les plus jeunes, trois anciens interprètes de *Starmania* continuent sur leur lancée: Luce Dufault avec son deuxième album (*Des milliards de choses*), Bruno Pelletier qui a récolté deux Félix au dernier gala de l'Adisq pour *Miserere* et Isabelle Boulay qui, avec ses *États d'amour* et un an après Lara Fabian, a conquis la France et… Serge Lama, qui lui a offert un duo pour "D'aventure en aventure". Plusieurs chansons du troisième disque du jeune rocker Éric Lapointe (*À l'ombre de l'ange*), sorti en avril, risquent fort de se retrouver en tête du palmarès.

Pour plusieurs artistes, 1999 aura été l'année du "changement de peau" et de la maturité. Ainsi, Roch Voisine, Nelson Minville et Mitsou ont profité de leurs quelques années de "repos" pour offrir des disques qui tranchent avec leurs précédents. Ce qui est également le cas de Dan Bigras (*Le Chien*) et de Jean Leloup (*Les Fourmis*).

Les groupes ont beaucoup fait parler d'eux. Les Colocs (*Dehors novembre*) ont presque atteint un record de ventes et ont présenté leur spectacle au Théâtre Corona, célèbre salle de cinéma du début du siècle, récemment restaurée avec bonheur après 25 ans d'abandon. Parmi les nouveaux groupes, notons Lili Fatale, La Chicane, mais surtout l'inclassable duo d'Ann Victor. Autre découverte, Mara Tremblay et son album *Chihuahua*, lui aussi inclassable, mais attachant et authentique. Le rap québécois se porte très bien. Alors que Dubmatique a sorti un deuxième DC, La Constellation et Rainmen viennent rejoindre La Gammick et Shades of Culture pour contribuer à faire du Québec une des plaques tournantes du rap francophone.

Parmi les spectacles marquants, il faut noter ceux de Diane Dufresne (*Merci*), dans la même ligne que *Réservé*, de Richard Desjardins (*Boom Boom*) et du quatuor country des Fabuleux Élégants (Patrick Norman, Bourbon Gautier, Jeff Smallwood et William Dunker) qui offrent un "show de gars" sans prétention, mais fort agréable.

Bien sûr, *Notre-Dame de Paris* (voir cahier Arts, Spectacles et Sports) est sans contredit LE spectacle de l'année avec ses 650 000 spectateurs en une saison, ses 7,5 millions de disques vendus et son incontournable chanson "Belle". Son auteur, Luc Plamondon, a, d'autre part, été le premier francophone à être admis au panthéon de la musique canadienne, alors que son rêve de voir la création d'une banque de la chanson est en train de se réaliser puisque deux milles 78 tours ont déjà été numérisés à la Bibliothèque nationale et sont disponibles sur Internet (www.biblinat.gouv.qc.ca).

THÉÂTRE: L'ÉPAISSEUR DU TEMPS
André RICARD

Avec ses indispensables propositions sha-kespeariennes, son *Roméo* (TNM), son *Hamlet* (RV), son coup de chapeau à Beau-marchais (TNM), avec à l'automne un Euri-pide (Trident), le théâtre, toujours réactualisé, dialogue avec ses figures archétypales, avec les sources de la culture occidentale, adaptant même, à l'usage des Théâtres Ubu et du Nouveau Monde, la prose de Goethe, puis les chants éternels d'Homère. Tchekhov méritait d'être du nombre et il n'a pas été oublié: le Théâtre de l'Opsis a imaginé de lui consacrer pen-dant trois ans ses ressources, inaugurant un cycle qui le mènera jusqu'à l'an 2001.

Le XXe siècle de la modernité se reconnaît aussi des classiques et l'année en cours a su faire honneur à Gauvreau (*Les Oranges sont vertes*, TNM), à Ionesco (*Le Roi se meurt*, Espace GO) et à Réjean Ducharme (*Inès Pérée et Inat Tendu*, Trident). Le rôle d'Inès a été admirablement servi par la jeune fer-veur d'Évelyne Rompré.

Mercedes Palomino, l'une des deux fonda-trices du Théâtre du Rideau Vert, présidait en 98-99 la saison du 50e anniversaire. La compagnie, qui créait en 1968 *Les Belles-Soeurs* et *La Sagouine* en 1972, a permis l'émergence de nombreux artistes. Viola Léger s'y est souvent produite, encore as-sociée dans *Grace et Gloria*, à l'un des suc-cès de la saison. Le grand public l'avait découverte dans l'adaptation télévisuelle de *La Sagouine* d'Antonine Maillet; cette dernière demeure partenaire du Théâtre comme auteur. Michel Tremblay aussi pre-nait part à la saison du jubilé, et ce, avec une nouvelle écriture: *Encore une fois, si vous le permettez*, traduite et mise en scène presque en même temps en anglais à Mon-tréal: pan d'autobiographie dramatique où l'auteur convoque la figure maternelle d'une Rhéauna à la fougue imaginative, pour lui rendre hommage comme à une constante inspiratrice.

Le père de la dramaturgie québécoise, Gra-tien Gélinas, s'éteignait, cinquante ans après la première de *Tit-Coq*. Le Centre des auteurs dramatiques (CEAD) a constitué à son nom une fondation pour subvenir à la mise en scène de nouveaux textes. Le CEAD donne la mesure de la vigueur qu'a acquise depuis Gélinas le théâtre de créa-tion, avec l'annuelle Semaine de la drama-tique dont les lectures (douze nouvelles pièces retenues cette année) attirent de nombreux metteurs en scène, certains de l'étranger. Humour noir et dérision sont à l'ordre du jour avec une première création d'Isabelle Hubert, *Couteau, Sept façons ori-ginales de tuer quelqu'un avec...* et la reprise de *Durocher le milliardaire* (Robert Gravel) joyeusement décapant.

Littoral, l'odyssée (3h45!) poétique de Wajdi Mouawad, a séduit les spectateurs au Festi-val d'Avignon par la fantaisie d'une écri-ture très juste et par la qualité de jeu des comédiens. Le jeune dramaturge avait pré-cédemment offert une nouvelle œuvre au public du Théâtre d'aujourd'hui: *Les Mains d'Edwidge au moment de la naissance*. Ce Théâtre, dévoué à la création, a connu de belles heures grâce aussi à Micheline Parent (*Nuit de chasse*), à Pan Bouyoucas (*Nocturne*) et au prolifique Larry Tremblay (*Les Mains bleues*). La remarquable comédienne qu'est Sylvie Drapeau s'est signalée dans deux de ces productions. Ailleurs, Jovette Marchessault faisait créer *Madame Blavatsky*, une figure féminine encore qui s'ajoute à la galerie de portraits déjà impressionnante qu'a constituée la dramaturge.

Gratien Gélinas 1909-1999

Créateur à la radio, puis en scène, de Fridolin, Gélinas devient dramaturge, puis cinéaste avec *Tit-Coq* en 1948. Succès instantanés et durables. En 1957, il fonde la Comédie canadienne dont "la fonction première est de contribuer, par la création d'œuvres canadiennes, à l'établissement d'une identité nationale dans les arts de la scène". Autre grand succès avec *Bousille et les Justes* (1959), satire aiguë de la société québécoise. Il contribue aussi à la création de l'École nationale de théâtre (1960), ce qui complète le portrait de ce pionnier de la dramaturgie d'ici.

NOUVEAU-BRUNSWICK (ACADIE)

James de FINNEY
Université de Moncton

Pour l'Acadie et plus particulièrement pour la province du Nouveau Brunswick, cette année est celle du VIIIe Sommet de la Francophonie. Point de mire du monde politique, diplomatique et médiatique, le Sommet mobilise les énergies et les ressources des institutions et de la population en général. Aussi a-t-il des répercussions dans toutes les régions et dans toutes les sphères de la vie des Acadiens, de la vie culturelle à l'économie en passant par l'éducation, la politique et les relations avec la Francophonie internationale.

L'Acadie et le VIIIe Sommet de la Francophonie

La tenue à Moncton du VIIIe Sommet de la Francophonie revêt une importance particulière pour l'Acadie. Bien que n'ayant pas un État ou un gouvernement qui lui soit propre, l'Acadie demeure une réalité géographique et humaine. Située dans la région du Canada atlantique, l'Acadie compte une population de quelque 300 000 habitants regroupés en majorité au Nouveau-Brunswick (250 000) et également en Nouvelle-Écosse, à l'Île-du-Prince-Édouard et à Terre-Neuve. Trois millions de descendants acadiens vivent en Europe et en Amérique du Nord dont environ 800 000 en Louisiane. L'Acadie peut être considérée comme un peuple sans État. Comme la population acadienne ne rencontre pas les conditions d'admission aux institutions de la Francophonie, elle est représentée au Sommet par le biais du Canada et du Nouveau-Brunswick. La Société nationale de l'Acadie (SNA), qui représente au plan national et international le peuple

DRAPEAU NATIONAL
ACADIEN 1884

acadien réparti sur le territoire du Canada atlantique, fait partie de la délégation canadienne au Sommet. La Société des Acadiennes et des Acadiens du Nouveau-Brunswick (SAANB), qui est le porte-parole de la communauté acadienne de cette province, est intégrée au sein de la délégation du gouvernement néo-brunswickois. La SNA et la SAANB s'assurent que le Canada et le Nouveau-Brunswick prennent en considération les intérêts de la population acadienne dans les préparatifs et les retombées du Sommet. Ainsi, le drapeau acadien, adopté en 1884 lors de la deuxième Convention nationale de l'Acadie, a été arboré avec ceux du Sommet, du Canada, du Nouveau-Brunswick et du Québec – les hôtes de la Conférence des chefs d'État et de gouvernement. La SNA et la SAANB veillent également à ce que l'Acadie puisse avoir sa place au sein de la grande famille de la Francophonie.

Roger Ouellette, professeur titulaire, Département de science politique, Université de Moncton.

NOUVEAU-BRUNSWICK

QUELQUES POINTS DE REPÈRE

Géopolitique

➤ Le Nouveau-Brunswick, la Nouvelle-Écosse et l'Ile-du-Prince-Édouard forment l'Acadie des Maritimes et constituent avec Terre-Neuve un sous-ensemble géopolitique appelé provinces de l'Atlantique.

Histoire

➤ 1534 Arrivée de Jacques Cartier.
➤ 1603-1604 Installation à l'Ile Sainte-Croix puis fondation de Port-Royal en Acadie, devenue la Nouvelle-Écosse actuelle.
➤ 1713 Traité d'Utrecht: la France cède l'Acadie à l'Angleterre.
➤ 1755 "Le Grand Dérangement": l'Angleterre déporte 12 000 Acadiens (sur 15 000) et récupère les terres pour des colons britanniques. Au siècle suivant, quelques-uns reviennent en Nouvelle-Écosse; la plupart se fixent au Nouveau-Brunswick, ainsi dénommé en 1784.
➤ 1867 Acte de l'Amérique du Nord britannique: l'Ontario, le Québec, le Nouveau-Brunswick et la Nouvelle-Écosse forment le Canada, État fédéral.
➤ 1867 Création du journal *Le Moniteur acadien* à Shédiac.
➤ 1905 Le journal *L'Évangéline*, fondé en Nouvelle-Écosse en 1887, s'installe au Nouveau-Brunswick.
➤ 1964 Fondation de l'Université de Moncton.
➤ 1969 Bilinguisme officiel.
➤ 1970-1980 Renaissance acadienne; participation à la fondation de l'ACCT.
➤ 1970-1987 Richard Hatfield, premier ministre, conservateur.
➤ 1981 Loi 88: égalité des deux communautés linguistiques officielles, enchâssée dans la Constitution canadienne en mars 1993.
➤ 1987-1997 Frank McKenna, premier ministre, libéral.
➤ 1997 (13 oct.-14 mai 1998) Intérim de Raymond Frenette.
➤ 1998 Camille Thériault, premier ministre libéral.
➤ 1999 Bernard Lord, premier ministre conservateur.

Société

➤ 35% de francophones, soit 250 000 sur 750 000.

EN MARGE DU SOMMET

Le Sommet constitue le cadre général d'une foule d'activités et de rencontres. **Inforoutes**: le forum "Initi@tives 99" (colloque "La Francophonie numérique" diffusé en direct sur Internet; un programme de débats et de conférences sur la sécurité, les transactions, les droits d'auteur, la langue de travail et la formation des usagers; Conseil d'orientation de l'Université virtuelle francophone [UVF]). **Ressources naturelles**: un colloque international sur "la gestion durable du milieu marin". **Santé**: première conférence internationale francophone en santé portant sur "La pratique et la formation des professionnels de la santé". **Éducation**: les Assises de l'enseignement supérieur technologique et professionnel. Une coalition d'organismes sociaux, humanitaires et syndicaux a mis sur pied un **Sommet parallèle** (droits de la personne, situation des femmes, pauvreté et droits des travailleurs). **Droit**: des journées "Langues et Droit", colloque "Harmonisation et dissonance: langues et droit au Canada et en Europe". **Société**: un colloque international sur les "Stratégies socioculturelles des migrations". **Économie**: le 7e Forum francophone des affaires (FFA) a créé le Carrefour des affaires de la Francophonie, un centre multimédia qui favorisera la création d'un monde virtuel de réseautage international, une Rencontre jeunesse en affaires, un colloque "la Francophonie et la mondialisation: un univers de réseaux".

Toutes ces activités s'inscrivent dans la poursuite de l'effort international de l'Université de Moncton et du gouvernement provincial.

Le Sommet de la Jeunesse
Le thème "Jeunesse" du VIIIe Sommet de la Francophonie s'est traduit par de multiples initiatives dont le Forum jeunesse francophone international, tenu simultanément à Shippagan (Nouveau-Brunswick) et à Ouagadougou (Burkina Faso) pour formuler des recommandations pour le VIIIe Sommet. Création, par et pour les jeunes, du site Internet: www.francomania.net.

POLITIQUE

Après un an de gouvernement, Camille Thériault, chef du Parti libéral, a déclenché les élections. Pour la première fois dans l'histoire de la province, deux candidats acadiens s'affrontaient dans la course au poste de premier ministre. Les débats de la campagne électorale ont porté presque exclusivement sur les questions sociales et économiques, les groupes francophones, notamment la SAANB, n'ayant pas réussi à créer un véritable débat public sur la langue et l'éducation, deux dossiers qui préoccupent la communauté acadienne. Le 7 juin 1999, les élections renversaient la situation en portant au pouvoir Bernard Lord, le jeune dirigeant du Parti progressiste-conservateur, alors que le Parti libéral subissait une cuisante défaite. Cinq ministères ont été confiés à des francophones et M. Lord s'est engagé à effectuer les réformes promises au cours de la campagne dans les 200 jours suivant les élections.

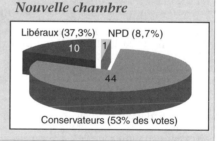

Ancienne chambre — Libéraux 45, NPD 1, Conservateurs 9

Nouvelle chambre — Libéraux (37,3%) 10, NPD (8,7%) 1, Conservateurs (53% des votes) 44

ÉCONOMIE

La situation économique des francophones de la région de Moncton continue à s'améliorer, grâce entre autres à l'industrie des "Centres d'appel". Cependant, la région francophone de la Péninsule acadienne connaît toujours de sérieux problèmes économiques et un taux de chômage élevé. Un rapport récent a permis la création d'un plan de relance et la mise sur pied d'une Commission du renouveau économique de la Péninsule acadienne. Mais le nouveau commissaire, Armand Caron, a été démis de ses fonctions dès l'arrivée au pouvoir du nouveau gouvernement de la province. Le troisième Forum des gens d'affaires francophone du Canada a rassemblé plus de 400 délégués à Bathurst du 10 au 12 juin 1999.

SOCIÉTÉ

On trouve enfin tout ce qu'il faut savoir sur l'Acadie contemporaine (et les autres communautés francophones du Canada) dans *Les Francophonies minoritaires du Canada: l'état des lieux*, ouvrage collectif sous la direction du sociologue acadien Joseph Yvon Thériault. Cet ouvrage est le premier à tenter d'examiner, dans son ensemble, le processus de redéfinition de l'identité, et de restructuration des francophonies minoritaires et acadiennes à l'extérieur du Québec.
Un bon tiers des habitants de Moncton est francophone (37%) et le maire, anglophone, s'est activé "pour offrir un niveau acceptable de services en français" aux

délégations des 52 pays du prochain Sommet, au grand plaisir des Acadiens.

Charles Castonguay, de l'Université d'Ottawa, conteste les affirmations de Statistiques Canada et du Commissaire aux langues officielles selon lesquels le taux d'assimilation des Acadiens se serait stabilisé. La croissance de la population acadienne, presque constante depuis le XVIIe siècle, diminue depuis quelques années; et lorsqu'on ajoute à ce facteur le taux d'assimilation, la situation devient préoccupante.

Les Acadiens du monde entier se sont donné à nouveau rendez-vous dans le cadre d'un deuxième Congrès mondial, en Louisiane cette fois. L'Acadie des Maritimes, tout en profitant de la fenêtre sur le monde que constitue le Sommet, renoue aussi avec ses propres racines populaires et son histoire grâce à cette rencontre en "Acadie du Sud".

ÉDUCATION

L'éducation, que ce soit au primaire, au secondaire ou au niveau universitaire, est toujours aux prises avec la décroissance économique et démographique. L'Université de Moncton, la seule institution francophone d'études supérieures de la région, s'associe donc à un nouveau réseau national d'enseignement à distance mis sur pied cette année par le Regroupement des universités de la Francophonie hors Québec. Ce réseau permettra aux institutions membres d'offrir des programmes de façon conjointe. Denis Losier, actuel pdg de la compagnie Assomption-Vie, préside aux destinées du Parc scientifique qui vient d'ouvrir ses portes à l'Université de Moncton.

Avec la nouvelle commissaire aux langues officielles du Canada, les Acadiens continuent la lutte contre l'élimination des Conseils scolaires.

CULTURE

L'année du Sommet aura été celle de l'ouverture de la culture acadienne à l'étranger, notamment en France. L'événement "Étonnante Acadie" a réuni à Paris des représentants de toute la communauté artistique et culturelle de l'Acadie: artistes, poètes, romanciers, musiciens, éditeurs, etc., sans parler des politiciens venus leur prêter main forte. De nombreux spectacles ont donné au public européen un avant-goût des activités culturelles entourant le Sommet de septembre, dont le "Marché de la poésie", le Festival de poésie de femmes au Centre Wallonie-Bruxelles de Paris, les expositions d'œuvres d'art organisées avec l'aide d'organismes français et du Centre culturel canadien. À Moncton, dans le cadre du Sommet proprement dit, se tiendra un symposium d'art actuel qui accueillera 17 sculpteurs en provenance de six pays de la Francophonie.

Le Festival de musique baroque de Lamèque en est cette année à sa 24e édition, toujours sous la direction de son fondateur et animateur, Mathieu Duguay. Ce festival jouit d'une réputation internationale qui lui permet d'attirer des artistes de grande renommée. L'influence à long terme du festival se fait maintenant sentir sur les artistes de la région: pour la première fois en effet, les trois chanteurs invités sont d'origine acadienne.

Le domaine du livre, cette année, est marqué par une véritable explosion d'ouvrages destinés aux enfants et aux adolescents. Fondée en 1996 par Marguerite Maillet, la maison Bouton d'Or a rapidement occupé ce créneau. La Fondation d'éducation des provinces maritimes a demandé aux Éditions d'Acadie de créer une collection de douze albums jeunesse, dont la plupart sont parus au cours des derniers mois.

Antonine Maillet a reçu le Prix du public à Paris pour *Le Chemin Saint-Jacques* (sur 56 titres). Il y a 20 ans, la romancière acadienne recevait le prix Goncourt pour *Pélagie-la-Charrette*. Sa dernière pièce de théâtre, *Le Tintamarre*, jouée au Rideau Vert à Montréal a reçu un accueil mitigé malgré la participation des très connues Viola Léger et Édith Butler. Un tout premier Festival de théâtre communautaire a rassemblé sept troupes en provenance de sept des treize régions de la province.

Un beau disque optique compact sur *L'Acadie* permet de mieux connaître l'histoire du premier peuple d'origine française à s'établir en Amérique du Nord et entraîne le lecteur des lieux de mémoire aux réalités d'aujourd'hui, en passant par diverses expressions culturelles.

Provinces de l'Atlantique

(Nouvelle-Écosse, Île du-Prince-Édouard (Acadie) et Terre-Neuve)

Toute l'Acadie s'attend à une visibilité exceptionnelle au moment du VIIIe Sommet de la Francophonie. Le gouvernement fédéral ayant en outre déclaré cette année, Année de la francophonie canadienne, il injecte, entre autres par le biais du ministère du Patrimoine, des fonds pour diverses réalisations ponctuelles. La Nouvelle-Écosse (env. 40 000 Acadiens) a confirmé un projet de Conférence-exposition internationale qui sera rattaché au Sommet de Moncton. On déplore en Nouvelle-Écosse le décès à un âge avancé du père Clarence Comeau, historien et généalogiste renommé.

Du point de vue culturel, on assiste à un brassage de plus en plus systématique des chercheurs et créateurs acadiens de toutes extraces; un colloque réunissait à l'University College of Cape Breton en octobre 1998 des universitaires et des poètes. En cette année de tricentenaire de la Louisiane, Barry Ancelet a repris son bâton de pélerin pour expliquer aux Acadiens d'en haut la renaissance littéraire qui agite l'Acadie tropicale.

À Pointe-de-l'Église, une représentation d'*Acadien d'la tête aux pieds*, écrite dans le dialecte de la Baie-Sainte-Marie, traite de l'héritage acadien face aux changements technologiques. La cinéaste Monique LeBlanc a été primée pour un joli documentaire, *Cigarette*. Gilbert Robichaud, quant à lui, mettait sur support vidéo *La Baie danse*, les talents de la région de Clare.

De tous les spectacles, c'est encore la chanson qui draine le plus d'énergies: Vagram Musique a lancé deux albums-compilations des musiciens francophones des provinces atlantiques, dont Ronald Bourgeois, André Aucoin et Grand Dérangement de la Nouvelle-Écosse qui ont fait une tournée de concerts en France l'automne dernier. Blou, groupe musical de la Baie-Sainte-Marie a produit son premier disque, *Acadico*, primé au East Coast Music Award en février 1999. Pour la relève qui se retrouve au Gala de la chanson de Nouvelle-Écosse, il faudra compter sur Denise Leblanc, gagnante des deux plus gros prix (musique et chanson), Lynn Béliveau, Délores Boudreau et Nathan Lelièvre. Une rétrospective a permis au public de se familiariser avec l'art naïf d'Éva Comeau-Hersey (1897-1979).

Le 27 juillet 1999, les élections provinciales en Nouvelle-Écosse portent au pouvoir John Hamm et les conservateurs avec une grosse majorité, mettant fin à 16 mois de gouvernement libéral minoritaire. Pendant la campagne électorale, les trois chefs de parti semblaient au coude à coude; des résultats serrés, non définitifs, ont donné 29 sièges aux conservateurs, 12 au Nouveau Parti démocratique, et 11 aux libéraux.

Avec cette dernière élection, les trois provinces maritimes, gérées par les libéraux il y a trois ans, sont aux mains des conservateurs.

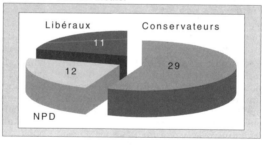

Cinquante ans après son entrée dans la Confédération canadienne, Terre-Neuve s'est souvenue de ce référendum de juin 1949 sur l'avenir du pays, ayant dû être repris en juillet, qui n'a donné qu'une faible marge de 52% à l'adhésion au Canada. Les Terre-Neuviens reconnaissent que le chômage endémique de la province a radicalement baissé depuis trois ans, que le développement minier de Voisey's Bay et le harnachement des Chutes Churchill au Labrador vont contribuer à redessiner l'économie d'une province jusque là trop tributaire des ressources halieutiques. Même la plate-forme de forage Hibernia rapporte moins que prévu, notamment en raison de la baisse des prix du pétrole dans le monde.

ONTARIO

POLITIQUE

Le gouvernement Harris, conservateur, après avoir administré une médecine de cheval aux Ontariens qui ont parfois rechigné fortement, est parti en campagne électorale. Les compressions de "la révolution du bon sens" ont été très sévères: l'Ontario est aujourd'hui la province avec le moins de fonctionnaires par habitant; depuis juin 95 on a supprimé 16 500 postes et on envisage encore la suppression de 13 500 autres postes. La loi 8, qui est censée protéger les Franco-Ontariens, est de moins en moins efficace: le budget de l'Office des Aff. francophones a été coupé de 40% et son personnel passait de 28 à 17 personnes. Le 3 juin, les résultats de l'élection provinciale se lisaient comme ci-contre:

Harris pouvait compter sur la fidélité d'électeurs qui ont apprécié la baisse (30%) des impôts et s'en sont fait promettre une deuxième (20%), ce qui en fera les Canadiens les moins taxés. Lionel Jospin,

premier ministre français, a mis l'accent, lors de sa visite, sur les échanges commerciaux: 115 des 350 entreprises françaises établies au Canada le sont en Ontario. Le ministre responsable des Affaires francophones de l'Ontario a demandé à faire reconnaître l'Ontario comme gouvernement participant au Sommet de Moncton, comme le sont le Québec et le Nouveau-Brunswick.

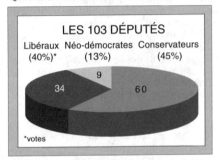

LES 103 DÉPUTÉS

Libéraux (40%)* Néo-démocrates (13%) Conservateurs (45%)

34 9 60

*votes

Le 25 septembre, on fête le drapeau franco-ontarien, arboré pour la première fois en 1975 à Sudbury.

SOCIÉTÉ

L'économie va plutôt bien: taux de croissance à 4% et 6,5% de chômeurs. Réputé pour son vin de glace, l'Ontario a connu un hiver particulièrement doux qui a fait durer les vendanges jusqu'en mars 99 et a enseveli Toronto, qui a récemment absorbé les municipalités avoisinantes, sous la neige avec les inconvénients habituels dans ce type de métropole. Le taux d'assimilation des francophones s'accélère (exode des résidents, vieillissement et faible taux de natalité); 499 700 Franco-Ontariens ne forment plus que 4,6% de la population totale de la province; le français ne serait la

langue d'usage que de 305 000 d'entre eux. Pour pallier le manque de personnel francophone en santé, le gouvernement fédéral a annoncé la création d'un centre national de formation en santé en français: l'hôpital Monfort, seule institution hospitalière francophone en Ontario, sauve sa spécificité en assurant la formation d'une centaine de médecins et d'intervenants divers francophones dans le domaine de la santé. Jusque-là, il fallait que ces derniers aillent dans des universités québécoises, mais l'institution ne sort pas ainsi d'une crise grave qui n'est toujours pas réglée.

S'informer sur Internet 1) services à Toronto: www.torontofranco.on.ca
2) un site pour visiter l'Ontario français: www.francoroute.on.ca

ÉDUCATION

On est heureux d'avoir la gestion scolaire qui arrive parfois à se faire tout en français nonobstant la présence de parents anglophones dépités – l'inverse a si souvent été la règle de base dans les communications!

– moins heureux de ce que les budgets ne suivent pas les besoins: il coûte plus cher de se chauffer en hiver dans le nord, traditionnellement francophone, qu'à Toronto. À Ottawa, on devra fermer des écoles primaires et secondaires pour réorganiser la communauté scolaire et mieux utiliser le financement provincial. Le gouvernement ne renouvelle pas l'entente fédérale-provinciale qui assurait un appui financier aux trois collèges francophones d'enseignement supérieur. Dans la ville-reine, aucun francophone ne s'est présenté pour occuper le poste de principal du Collège bilingue Glendon; en revanche, à Sudbury, la Laurentienne a à sa tête un recteur francophone pour la première fois et l'Université d'Ottawa, bilingue, a célébré 150 ans d'existence. Le réseau franco-ontarien d'enseignement à distance s'agrandit et se donne de nouveaux outils pour servir une communauté francophone dispersée. Les Canadiens-français en milieu minoritaire

peuvent obtenir une bourse d'études supérieures avantageuse de la toute nouvelle fondation Baxter-et-Alma-Ricard.

Décès: Pierre Savard, historien à la mémoire prodigieuse, qui a eu un rôle déterminant au Centre de civilisation canadienne-française de l'Université d'Ottawa. Omer Deslaurier qui a laissé sa marque dans les domaines de l'éducation et de la santé, entre autres, ancien président de l'Association canadienne-française de l'Ontario (ACFO), qui est en restructuration à l'heure actuelle.

Les trois des cinq quintuplées Dionne vivantes en sont venues à une entente financière et morale avec le gouvernement de la province concernant le traitement hautement médiatisé qu'elles ont reçu.

CULTURE ET COMMUNICATIONS

Le Théâtre français de Toronto a effectué une première tournée en 31 ans, au Québec de surcroît, alors que le Théâtre Denise Pelletier de Montréal promène un Molière en Ontario en un système d'échanges jamais vu auparavant. On crée maintenant au Québec, à peu près tous les ans, une pièce de Jean-Marc Dalpé; cette année, *Trick or Treat* fait se côtoyer le tragique et le dérisoire chez des personnages dépossédés.

> Prix du Nouvel-Ontario (arts et culture) à Hédi Bouraoui pour l'ensemble de son œuvre.

Le Voyageur de Sudbury a fêté 30 ans de communication écrite à de fidèles lecteurs tandis que la programmation de Télévision de TFO devient de plus en plus internationale: les animateurs de la très populaire émission Méga ont été élevés au rang de porte-parole de l'UNICEF. Pentafolio Multimédia a publié un doc (cédérom) conçu avec des témoignages d'adolescents pour des jeunes en détresse.

Nadine Morissette, née à Ottawa il y a 25 ans et devenue la rockeuse Alanis Morissette, rend les arénas états-uniens hystériques et promène triomphalement des textes forts et anglais jusqu'en Europe.

L'OUEST

PROVINCES: COLOMBIE-BRITANNIQUE, ALBERTA, SASKATCHEWAN, MANITOBA, TERRITOIRES: LE YUKON ET LES TERRITOIRES DU NORD-OUEST.

Les communautés comptent beaucoup sur des organismes et instances de leur province respective. Au Yukon, après dix ans, la communauté franco-yukonnaise a évalué les services en français de sa région: le gouvernement territorial obtient un A en éducation et en justice, mais seulement un C (passable) dans le domaine de la santé. La communauté fransaskoise crée une Assemblée communautaire et revendique auprès des autorités provinciales la reconnaissance du caractère bilingue de la province. Au Manitoba s'est ouvert le Centre du patrimoine qui regroupe les archives de plusieurs organismes franco-manitobains.

L'éducation connaît aussi un temps de restructuration (11 000 élèves francophones dans les quatre provinces de l'Ouest et le Yukon): on renforce les instances qui s'occupent du français dans les universités de la

Saskatchewan; un mouvement similaire a regroupé les neuf conseils scolaires francophones en une seule division administrative. Le Collège Mathieu de Gravelbourg travaille à établir un réseau d'enseignement secondaire à distance. En Alberta, trois conseils scolaires francophones sont administrés par des francophones. Le district scolaire de St-Eustache (Ma) célèbre son 100e anniversaire. Décès: Marie-Anna Roy, sœur de Gabrielle, peu après qu'un documentaire ait été réalisé à son sujet. Le Franco-Manitobain d'origine métisse, Neil Gaudry, député libéral provincial de St-Boniface.

Les médias jouent un rôle de premier plan: au défunt *Soleil de C.B.*, a succédé *L'Express du Pacifique*, *L'Eau vive* (Sask.), *L'Aurore boréale* (Yukon) et *L'Aquilon* (Territoires du Nord-Ouest) vont leur chemin, *La Liberté* (Manitoba) fête son 85e anniversaire mais à l'heure de l'audiovisuel, on se tourne plutôt vers Radio-Canada, dont certaines émissions produites localement rendent compte des activités culturelles de l'heure dont bon nombre découlent de la persistance des parents francophones à prolonger l'action scolaire par l'accès aux cultures de langue française.

CULTURE

Du côté du livre, *Éloïzes* a édité un numéro spécial sur la littératures de l'Ouest alors que paraît aussi un recueil collectif de nouvelles. Radio-Canada a lancé un concours pour l'Ouest: *Des nouvelles sous le soleil;* notre collaboratrice, Lise Gaboury-Diallo, est l'une des auteurs qui verront leur nouvelle diffusée pendant cet été. Marie Jack a été honorée pour son recueil de nouvelles. La littérature jeunesse inspire plus d'un écrivain. Aurélien Dupuis (C.-B.) publie au Manitoba et en Ontario, faute de maison d'édition spécialisée du côté du Pacifique. Les Éditions des Plaines (Ma) semblent privilégier ce créneau de si près lié à l'éducation tandis que les Éditions du Blé (Ma) célèbrent un quart de siècle au service de la littérature.

Le Conseil de la vie française en Amérique a décerné une Mention honorable du Prix littéraire Champlain, 41e édition, à M. Laurent Chabin pour son roman jeunesse, *L'Assassin impossible*.

Les spectacles attirent par leur côté interactif: le festival de la dramaturgie des Prairies a présenté deux textes de la Saskatchewan et deux textes de l'Alberta en février 99; *Le costume* de Raoul Granger et *Mélanie* de Laurier Gaudreau iront en outre à Ottawa en juin 99. Le Franco-Manitobain Marc Prescott a vu sa pièce, *Et si Dieu jouait aux dés*, présentée à St-Boniface et par la troupe la Seizième de Vancouver. *Yukon s'en va avec cette histoire-là*, écrite et produite par les Voyageurs, troupe de l'École Émilie-Tremblay, a traversé le continent pour amuser le public québécois alors que les Essenti*Elles* ont à leur tour plongé dans l'aventure de la création théâtrale.

La chanson est toujours bien représentée par le groupe fransaskois Hart rouge: *Une histoire de famille* a été lancé à Montréal, et *Nouvelle France* aux États-Unis; Michel Marchildon et Polly-Esther (*Plateforme et Sandales*) étaient représentés au MIDEM à Cannes. Au Yukon, Inconnu a sorti un deuxième album comme RADO (Regroupement des artistes de l'Ouest canadien). Au Manitoba, Guy Michaud enregistre *Première*, l'ensemble folklorique de la Rivière Rouge, *Swing la bottine II*, Gérald Laroche Rubato,

Arrêter le temps. Alain Pomerleau (Sask.) se lance aussi dans la comédie musicale d'inspiration plutôt moderne *Via le Net*; excellente! de l'avis des spectateurs de la Troupe du Jour.

Les arts visuels entraînent les artistes dans les Festivals de sculpture sur neige à Ottawa et à Québec; la qualité de l'hiver dans les Prairies doit en préparer les artistes à modeler ce matériau éphémère.

Il semble bien que l'Ouest se soit attaqué de plein front au septième art: la talentueuse Nancy Huston avait donné le ton avec le film de Léa Pool, *Emporte-moi*, et le scénario de *Voleur de vie* (Yves Angelo, France, 1998). Documentaire scientifique (*Les Couleuvres rayées de Narcisse*) de Charles Lavack, ou culturel (*Étienne Gaboury, architecte*); série documentaire (*Unique au monde*) pour la télévision sur 13 espèces d'animaux particuliers au Canada; scénographie (Réjean Labrie); son global (Norman Dugas), etc., tous les aspects sont touchés par l'un ou l'autre. Aussi la Société des communications du Manitoba a-t-elle reçu un joli pécule pour la formation professionnelle dans le cadre de l'industrie du film francophone de l'Ouest.

COLOMBIE-BRITANNIQUE

Lorraine FORTIN
Fédération des parents francophones

La Colombie-Britannique est la seule province hors Québec dont la population francophone (env. 60 000 personnes) a augmenté depuis le recensement de 1991. Dans certaines localités (Comox, Oliver, Campbell River) le pourcentage d'augmentation dépasse les 55%.

Les francophones de la C.-B., pour le développement de leur communauté, peuvent entre autres compter sur des organismes tels le Conseil culturel et artistique, la Société de développement économique, en plus de la Chambre de commerce franco-colombienne, ainsi que sur plusieurs associations et organismes qui offrent des services en français à leurs membres. Certaines sont provinciales et sont affiliées à des associations nationales, entre autres: le Conseil jeunesse francophone de la C.-B., les Scouts francophones de la C.-B., Réseau-Femmes C.-B., la Fédération des parents francophones de C.-B., la FFCB, etc.

Du côté des médias en français, la Société Radio-Canada, qui produit, entre autres, les émissions *Courants du pacifique*, *Ce soir en C.-B.* et également l'émission radiophonique *X Y Jazz*, demeure un partenaire de premier plan. Le journal hebdomadaire *le Soleil de Colombie-Britannique* est disparu en 1998 et un nouveau journal francophone bimensuel, *L'Express du Pacifique*, a vu le jour en juillet 1998. Tiré à 3000 exemplaires, il couvre l'ensemble de la province et produit quelques numéros spéciaux selon les événements qui sont couverts.

La diversité des événements culturels qui se succèdent au cours d'une seule année démontre bien le travail accompli par des gens qui ont à cœur la vitalité de leur communauté et le rayonnement du fait français partout en Colombie-Britannique. En effet, depuis quelques années, de nouveaux organismes, et d'autres déjà existants, ont pris une grande part dans la vie culturelle des Franco-Colombiens.

Que l'on pense, entre autres, à la troupe de théâtre la Seizième (Festival théâtre jeunesse), au Centre culturel francophone de Vancouver (Festival d'été et les Coups de cœur), à Visions Ouest Productions (Les Rendez-vous du cinéma québécois et francophones, les matinées scolaires en tournée, les spectacles d'opéra, les expositions et les ateliers d'animation, de radio et de cinéma), au Festival du bois, à la Semaine de la francophonie en Colombie-Britannique (organisée pour la septième année consécutive par la Fédération des parents francophones de C.-B., en collaboration avec l'ACELF, du 20 au 24 mars 2000), ainsi que l'Alliance française (Julien Clerc en spectacle, expositions, etc.), au Gala de la chanson du Conseil culturel et artistique, à la Télédictée d'Éducacentre, etc.

Un événement assez unique, "Avril, le mois du délire", est un mois consacré à la lecture et à la circulation d'auteurs dans les écoles francophones. Dans la même veine, le Salon du livre de Vancouver collabore avec le Writer's Festival de Vancouver pour augmenter sa visibilité et mieux faire connaître à la communauté en général les auteurs francophones. Le livre *Présence francophone à Victoria*, publié en 1987 par les Éditions Laplante-Agnew, est malheureusement épuisé en version française, mais est toujours disponible en anglais. Certains auteurs, faute de maison d'édition spécialisée, décident de publier à l'extérieur de la province, comme Aurélien Dupuis, de la région des Kootenays, qui a écrit *Petits Secrets de la nature* et *Julien*.

Du côté de l'éducation, Éducacentre, le service d'éducation et de formation des adultes en français, a vu le nombre de ses étudiants inscrits atteindre le millier dans l'un ou l'autre de ses campus. Le Conseil scolaire francophone de la C.-B., dès septembre 1999, aura pleine autorité sur l'ensemble du territoire. Près de 3000 élèves sont inscrits au Programme francophone, lequel existe grâce à la persévérance de parents qui, en l'an 2000, pourront fêter le 20e anniversaire de la Fédération des parents francophones de C.-B. (autrefois l'Association des parents), soulignant ainsi le travail qu'il a fallu pour arriver à offrir, à l'étendue du territoire, une éducation de qualité en français.

La francophonie de demain, va à l'école aujourd'hui...! Et ça prend, selon un proverbe bien connu, tout un village pour éduquer un enfant!

BIBLIOGRAPHIE

À moins d'indication contraire, la date d'édition est 1999. PU = Presses universitaires.

FRANCOPHONIE DES AMÉRIQUES EN GÉNÉRAL

*FRENETTE Yves, *Brève histoire des Canadiens Français*, Montréal, Boréal, 1998, 216 p.

MOUGEON Françoise, *Quel français parler? Initiation au français parlé au Canada et en France*, (acc. d'un DC: *Paroles francophones, Québec, Ontario, France*), Toronto, GREF, 1998, 200 p. (éd. revue et aug.).

***THÉRIAULT Joseph Yvon (sous la dir. de), *Francophonies minoritaires au Canada: l'état des lieux*, Moncton, Éd. d'Acadie, 576 p.

QUÉBEC

Anthologies, guides, numéros spéciaux

BONENFANT Joseph, HORIC Alain et THÉORET France , *Les Grands Poèmes de la poésie québécoise. Anthologie*, Montréal, L'Hexagone, 367 p.

BUREAU Luc, *Pays et mensonges. Le Pays sous la plume d'écrivains et de penseurs étrangers*, Montréal, Boréal, 400 p. Anthologie géo-littéraire.

CHARTIER Daniel, *Guide de culture et de littérature québécoises; les grandes œuvres, les traductions, les études, les adresses culturelles*, Québec, Nota Bene, 345 p.

PÉRUSSE Denise, *Pays littéraires du Québec*, Montréal, L'Hexagone/VLB éd., 1998, 381 p. Guide de la géographie littéraire du Québec.

Argument, n° 1, Québec, automne 1998, 132 p. Dernière-née des revues d'idées.

ENA mensuel, n° hors série 1999: *Le Québec: un défi d'excellence*, Paris, 128 p.

La France et le Québec. Des noms de lieu en partage, Québec, Les Publications du Québec, 272 p. (ill. coul.).

GLOBE, Revue internationale d'études québécoises, Montréal, vol. 2, n°1 (1999) *Relire la Révolution tranquille*, 160 p.

Liberté, avril 1999, *Media*, 242ᵉ n° pour les 40 ans de cette revue, 134 p.

Recherches sociographiques, mai-décembre 1998, vol XXXIX, nᵒˢ 2-3, Québec, PU Laval, *Québec et Canada: Deux références conflictuelles*, 316 p.

Biographies, chroniques, études, essais, actes de colloque

BOUCHARD Chantal, *On n'emprunte qu'aux riches. La valeur sociolinguistique et symbolique des emprunts*, Montréal, Fides, 48 p.

BOUCHARD Gérard, *La Nation québécoise au futur et au passé*, Montréal, VLB éd., 160 p.

BOULAD-AYOUB Josiane et KLIBANSKI Raymond, *La Pensée philosophique d'expression française au Canada: le rayonnement du Québec*, Québec, PU Laval, 1998, 686 p.

BRISSETTE Pascal, *Nelligan dans tous ses états, un mythe national*, Montréal, Fides, 1998, 223 p.

COMEAU Robert et DIONNE Bernard (dir.), *À propos de l'histoire nationale* (a.), Québec, Septentrion, 1998, 160 p.

*DESROSIERS Léo-Paul, *Iroquoisie, 1534-1701*, Québec, Septentrion, 4 tomes de 350 p. env., ill. Ouvrage monumental, retrouvé récemment en manuscrit, sur les relations mouvementées entre les Iroquois, les autres Amérindiens et les Européens.

DUBUC Carl, *Lettre à un Français qui veut émigrer au Québec*, Montréal, Boréal, 144 p. Réédition d'un ouvrage célèbre qui n'a pas pris une ride en trois décennies.

GREER Allan, *Brève Histoire des peuples de la Nouvelle-France*, Montréal, Boréal, 1998, 165 p. (trad. par N. Daignault).

JACQUES Daniel, *Nationalité et Modernité*, Montréal, Boréal, 1998, 268 p.

KOLBOOM Ingo, LIEBER Maria et REICHEL Edward (dir.), *Le Québec: Société et Cultures. Les enjeux identitaires d'une francophonie lointaine*, Dresden, Dresden University Press, 1998, 298 p.

KWATERKO Josef, *Le Roman québécois: ses (inter) discours*, Québec, Nota Bene, 1998, 224 p.

SCARFONE Dominique, *Oublier Freud?*, Montréal, Boréal, 288 p.

SEYMOUR Michel, *La Nation en question*, Montréal, L'Hexagone, 210 p. Réflexion sereine sur des points de vue différents qui se sont affrontés.

SEYMOUR Michel (dir.), *Nationalité, citoyenneté et solidarité* (actes), Montréal, Liber, 510 p.

WARREN Paul (dir.), *Pierre Perrault, cinéaste-poète*, Montréal, L'Hexagone.

France.Québec, images et mirages (collectif), Québec/Paris, Musée de la civilisation (Fides)/ Musée des arts et traditions populaires, 1999, 248 p. (ill. coul.).

Poésie

ACQUELIN José, *L'Orange vide: pelures d'un journal*, Montréal, Les Intouchables, 1998, 174 p.

BROCHU André, *L'Inconcevable*, Laval, Éd. Trois, coll. Opale, 1998, 222 p.

BROSSARD Nicole, *Musée de l'os et de l'eau*, Saint-Hippolyte, Le Noroît, 128 p.

DAVID Carole, *La Maison d'Ophélie*, Montréal, Les Herbes rouges, 1998, 53 p.

DORION Hélène, *L'Issue, la résonance du désordre* suivi de *L'Empreinte du bleu*, Saint-Hippolyte, Le Noroît, 101 p.

DUPRÉ Louise, *Tout près*, Saint-Hippolyte, Le Noroît, 93 p.

GUAY Jean-Pierre, *Le Premier Poisson rouge*, Montréal, Les Herbes rouges, 74 p.

LAMBERSY Werner, *D'un bol comme image du monde*, ill. coul. par Gabriel Lalonde, Québec, Le Loup de gouttière/Communauté française de Belgique, 64 p.

LATIF-GHATTAS Mona, *Les Cantates du deuil éclairé*, Laval, Éd. Trois, coll. Opale, 1998, 76 p.

LONGCHAMPS Renaud, *Œuvres complètes – Tome 1: Passions*, Trois-Pistoles, Trois-Pistoles, 314 p.

LTAIF Nadine, *Le Livre des dunes*, Saint-Hippolyte, Le Noroît, 74 p.

LECLERC Rachel, *Je ne vous attendais pas*, Saint-Hippolyte, Le Noroît, 1998, 67 p.

*MIRON Gaston, *L'Homme rapaillé: les poèmes*, préface d'Édouard Glissant, Paris, Gallimard, coll. Poésie, 1998, 202 p. (éd. définitive d'un classique).

*PERRAULT Pierre, *Le Visage humain d'un fleuve sans estuaire*, Trois-Rivières, Les Écrits des Forges, 1998, 60 p.

THÉORET France, *Une mouche au fond de l'œil*, Montréal, les Herbes rouges, 1998, 75 p.

Trois continents pour Trois-Rivières, Trois-Rivières, Les Écrits des Forges, 1998, 90 p.

44 poètes rendent hommage à la ville qui leur offre tous les ans un Festival de la poésie. Les Écrits des Forges ont également rassemblé et publié des textes épars de Nicole BROSSARD et Gatien LAPOINTE.

Romans, récits, contes, nouvelles

ARCHAMBAULT Gilles, *Les Maladresses du cœur* (r.), Montréal, Boréal, 1998, 228 p.

AUDE, *L'Enfant migrateur* (r.), Montréal, XYZ éd., 147 p.
Prix des lectrices *Elle Québec.*

BARCELO François, *Cadavres*, Paris, Gallimard, coll. Série noire, 1998, 213 p.

BÉDARD Jean, *Maître Eckhart* (r.), Paris, Stock, 1998, 353 p.
Roman "vrai", érudit et sensible d'un mystique du XIVe siècle qui défendit les pauvres et les femmes.

BOMBARDIER Denise, *Aimez-moi les uns, les autres* (r.), Paris, Seuil, 221 p.
Suite d'*Une enfance à l'eau bénite.*

CHEN Ying, *Immobile* (r.), Montréal, Boréal, 1998, 155 p.

*DAVIAU Diane-Monique, *Ma mère et Gainsbourg*, récit, Québec, L'Instant même, 184 p.

DEMERS Dominique, *Le Pari* (r.), Montréal, Québec-Amérique, 432 p.

DESAUTELS Denise, *Le Bonheur, ce fauve*, récit, Montréal, L'Hexagone, 1998, 233 p.

FLORES PATIÑO Gilberto, *Le Dernier Comte de Cantabria* (r.), Montréal, Fides, 1998, 142 p.

GAGNÉ Suzanne, *Léna et la Société des petits hommes* (r.), Montréal, VLB éd., 221 p.

LABERGE Marie, *La Cérémonie des anges* (r.), Montréal, Boréal, 1998, 342 p.
Prix des libraires du Québec 1999.

LALONDE Robert, *Le Vaste Monde. Scènes d'enfance*, Paris, Seuil, 170 p.

LALONDE Robert, *Le Vacarmeur*, Montréal, Boréal, 174 p.

MARCHAND Paul-M., *Sympathie pour le diable II*, récit, Montréal, Lanctôt Éd.
Tome 2 du récit coup de poing d'un correspondant de guerre, de Beyrouth à Sarajevo.

MAJOR Jean-Louis, *Mailles à l'envers* (c.), Montréal, Fides, 145 p.

MANSEAU Pierre, *La Cour des miracles*, Montréal, Triptyque, 271 p. Troisième volet de sa trilogie.

MARTIN Claire, *Toute la vie* (n.), Québec, L'Instant même, 112 p.

*MOUTIER Maxime-Olivier, *Marie-Hélène au mois de mars*, Montréal, Triptyque, 1998, 166 p.
Roman d'amour magnifique d'authenticité; belle écriture.

PERRAULT Pierre, *Le Mal du Nord*, récit, Hull, Vents d'Ouest.

*RACINE Rober, *Le Dictionnaire*, récits, suivi de *La Musique des mots* (DC et partitions), Montréal, L'Hexagone, 1998.

SHIMAZAKI Aki, *Tsubaki*, Montréal/Arles, Leméac/Actes Sud, 121 p.
Un imaginaire venu du Japon; style minimaliste.

SIMARD Louise, *La Route de Paramatta*, Montréal, Libre Expression, 1998, 504 p.
   Roman historique sur le temps des Patriotes.
SODERSTROM Mary, *Robert Nelson, le médecin rebelle*, Montréal, L'Hexagone, 348 p.
   R. Nelson, médecin d'origine britannique, signa la Déclaration d'indépendance
   du Bas-Canada en 1848, au cours de la Rébellion des Patriotes.
*SOUCY Gaétan, *La Petite Fille qui aimait trop les allumettes*, Montréal, Boréal, 1998, 182 p.
   Écriture novatrice pour une œuvre étrange qui a remporté un succès fou au Salon
   du livre de Paris.
TURGEON Pierre, *Jour de feu* (r.), Montréal, Flammarion Québec, 1999, 271 p.
   Dans le Montréal troublé de 1849, la mise à feu du parlement met fin au statut de
   capitale du Canada-Uni qu'a eu un temps la métropole.

Théâtre

ARCHAMBAULT François , *15 secondes*, Montréal, Leméac, 1998, 78 p.
BOUCHARD Michel-Marc, *Le Chemin des passes dangereuses*, Montréal, Leméac, 1998, 71 p.
BOUYOUCAS Pan, *Nocturne*, Montréal, Dramaturges éd., 1998, 123 p.
CHAURETTE Normand, *Stabat Mater*, Montréal, Leméac.
*MOUAWAD Wajdi, *Littoral*, Montréal/Arles, Leméac/Actes Sud, 144 p.
TREMBLAY Larry, *Les Mains bleues*, Carnières-Morlanwelz (Wallonie, Belgique), Lansman,
   1998, 46 p.

Autres documents

MATTE Gilles (coll. Gilles PELLERIN), *Carnets du Saint-Laurent*, dessins et textes,Québec/
   Laval, Les Herbes bleues, 114 p.
***La Culture dans tous ses états*, 36 vidéos, 53 min., qui font le tour et le point sur la
   culture québécoise par tranches diachroniques (ex: la photo, l'essai, etc.), Institut
   national de la recherche scientifique-Culture, 1998 et sq. (Très bien faits).
Je me souviens, coffret commémoratif de la chanson québécoise (2 DC), Gestion Son-
   Image, 1998.
   Choix peut-être discutable de divers artistes.
Les plus belles voix du Québec, sur DC et K7.
Tout René Lévesque, images, textes et paroles (DOC), Micro-Intel.
Les annuaires, bottins, répertoires et *Québec Info* mis à jour et publiés par Québec dans
   le monde: info@quebecmonde.com

Nouveau Brunswick – Acadie

BOURGEOIS Georges, *L'E muet et autres lettres d'amour* (p.), Moncton, Éd. d'Acadie,
   1998, 70 p.
BOURQUE Denis et BROWN Anne (sous la dir. de), *Les Littératures d'expression française
   d'Amérique du Nord et le carnavalesque*, Moncton, Chaire d'études acadiennes /Éd.
   d'Acadie, 1998, 348 p.
BRUN Christian, *Hucher parmi les bombardes* (p.), Moncton, Éd. Perce-Neige, 94 p.
COUTURIER Gracia, *Je regardais Rebecca* (r.), Moncton, Éd.d'Acadie, 284 p.
DALLAIRE Patrice, *Regards sur l'Acadie et ses rapports avec le Québec*(e.), Moncton, Éd.
   d'Acadie, 220 p.
DELÉAS Josette, *Léonard Forest ou le Regard pionnier*, Moncton, Centre d'études acadien-
   nes, 1998, 117 p.
   Essai sur le premier cinéaste acadien.
LEBLANC Gérald, *Je n'en connais pas la fin. Poésie 1995-1999*, Moncton, Perce-neige, 120 p.
LEBLANC Mario, *Taches de naissance* (p.), Moncton, Perce-Neige, 70 p.
LÉGER Dyane, *Le Dragon de la dernière heure* (p.),Moncton, Perce-Neige, 120 p.
PICHETTE Robert, *Napoléon III, l'Acadie et le Canada français*, Moncton, Éd. d'Acadie,
   1998, 223 p.
ROY Camilien, *La Première Pluie* (r.), Moncton, Perce-Neige, 228 p.
ROY Christian, *Pile ou face à la vitesse de la lumière* (p.), Moncton, Perce-Neige, 96 p.
SAVOIE Jacques, *Un train de glace*, Montréal, la Courte échelle, 1998, 218 p.
   Dernier volet de sa trilogie amoureuse.
Les Abeilles pillotent: Mélanges offerts à René LeBlanc, Pointe-de-l'Église, Revue de l'Uni-
   versité Sainte-Anne, 1998, 353 p.

CANADA

**L'Acadie, Disque optique compact, La Société nationale de l'Acadie, Portage techno-logies, 1998.

La Baie danse, vidéo, réal. Gilbert Robichaud, 1998, Clare (N.É.).

ONTARIO

ALEXIS André, *Enfance* (r.), Montréal, Fides, 1998, 288 p.
Prix Trillium 1999; Prix Chapters Books 1999 pour un premier roman.

ANDERSEN Marguerite, *Les Crus de l'esplanade,* nouvelles, Sudbury, Prise de parole, 1998, 178 p.

ANGUS Charlie, *Les Cathédrales industrielles du Nord,* essai, Sudbury, Prise de parole, 1998, 92 p. (ill. par Louise Palu; trad.).

BOURAOUI Hédi, *La Pharaone* (r.), Gazelle (Tunisie), L'Or du temps, 1998, 253 p.

BOURAOUI Hédi, *Rose des sables,* conte, Ottawa, Vermillon, 1998, 113 p.

DALLAIRE Michel, *Le Pays intime* (p. mis en musique et DC), Sudbury, Prise de parole, 86 p.

DALPÉ Jean-Marc, *Il n'y a que l'amour,* (huit pièces en un acte, trois contes urbains, une conférence et un texte poétique pour une voix), Sudbury, Prise de parole, 278 p.

DESBIENS Patrice, *L'Effet de la pluie poussée par le vent sur les bâtiments,* Montréal, Lanctôt, 189 p.

DUHAIME André, *Haïku sans frontières, une anthologie mondiale,* Orléans (Ont.), Les Éd. David, 1998, 441 p.

FAHMY Jean Mohsen, *Amina et le Mamelouk blanc,* L'Interligne.

FRIGERIO Vittorio, *La Dernière Ligne droite* (r.), Toronto, Les Éd. du GREF, coll. Écrits torontois, 1997, 148 p.
Mention spéciale au Grand Prix du Salon du livre de Toronto.

KARCH Pierre, *Le Nombril de Shéhérazade* (r.), Sudbury, Prise de parole, 1998, 177 p.

LABRIE Normand et FARLOT Gilles (dir.), *L'Enjeu de la langue en Ontario français,* Su-dbury, Prise de parole, 270 p.

LACOMBE Gilles, *Les Petites Heures qui s'avancent en riant* (p.), Orléans (Ont.), David, 1998, 89 p.

PELLETIER Pierre-Raphaël, *Il faut crier l'injure* (r.), Hearst/Ottawa, Le Nordir, 1998, 200 p.

POLIQUIN Daniel, *L'Homme de paille,* (r.), Montréal, Boréal, 1998, 252 p.
Prix Trillium 98 *ex aequo* avec le suivant:

PSENAK Stefan, *Du chaos et de l'ordre des choses* (p.), Hearst/Ottawa, Le Nordir, 1998, 50 p.

Cahiers Charlevoix 3. Études franco-ontariennes, Sudbury, Prise de parole, 1998, 367 p.
Grand Prix du Salon du livre de Toronto 1998.

Virages, revue de création littéraire, Toronto, six numéros depuis le printemps 1997.

La collection: "Les Inédits de l'École flamande" des Éd. Vermillon rassemble des textes de plusieurs auteurs de l'Outaouais, *Contes, légendes et récits* (n° 4) ou *Poésie* (n° 5).

OUEST

CHAPUT Simone, *Le Coulonneux* (r.), Saint-Boniface, Éd. du Blé, 1998, 233 p.

DUPUIS Aurélien, *Petits Secrets de la nature,* contes pour enfants, Saint-Boniface, Éd. des Plaines, 1998, 55 p.

DUPUIS Aurélien, *Julien,* Hearst, Éd. Cantinales, 1998, 146 p.

DIMITRIU VON SAANEN, Christine, *L'Univers est, donc je suis,* essais poétiques, Saint-Boniface, Éd. des Plaines, 1998, 60 p.

FISET Louise, *Soul pleureur* (p.), Saint-Boniface, Éd. du Blé, 1998, 46 p.

GENUIST Monique, *Itinérances,* récit romancé, Regina, La Nouvelle Plume.

JEAN Gérard, *Manifesto,* musique et paroles, Saint-Boniface, Éd. du Blé, 1998, 72 p.

HUSTON Nancy, *Prodige; polyphonie,* Arles/Montréal, Actes Sud/Leméac, 171 p.
L'Empreinte de l'ange a reçu le Prix des libraires du Québec, cat. Étranger, 1999.

NAYET Bertrand, *La Vie quotidienne et autres champs de mines* (n.), Saint-Boniface, Éd. du Blé, 1998, 128 p.

Des nouvelles sous le Soleil, (n. de 20 auteurs, 5 de chaque province de l'Ouest), Regina, La Nouvelle Plume.

Éloïzes, numéro spécial sur la création littéraire de l'Ouest "Traces et Territoires" (Marc Arseneau, dir.), vol. 26, Moncton, 1998, 166 p.

Pays d'eau et de soleil, (n. d'auteurs de l'Ouest, Annette Saint-Pierre dir.), Saint-Boniface, Éd. des Plaines, 162 p.

ÉTATS-UNIS

Françoise TÉTU de LABSADE
Université Laval, Québec
Francoise.Tetu@arul.ulaval.ca

avec la collaboration de

Kent BEAULNE, La Vieille Mine, Missouri
Christian HOMMEL, Université du Sud-Ouest de la Louisiane, Lafayette, Louisiane
David MARCANTEL, Jennings, Louisiane
Claire QUINTAL, Institut français, Worcester, Massachussetts

Dès 1723, M. Renaudière et Philippe François Renault exploitaient une mine de plomb dans ce qui est aujourd'hui le Missouri et qui appartenait à cet immense territoire qu'était alors la Nouvelle-France. La paroisse Saint-Joachim de La Vieille Mine (MO) et la Société historique de la région de La Vieille Mine organisent depuis 15 ans deux fêtes, l'une en mai, la Fête à Renault, et la Fête de l'Automne où se retrouvent les descendants de ces mineurs et fermiers de la Haute Louisiane. Cette année, les fêtes auront un caractère plus solennel puisqu'ils célèbrent eux aussi le 300e anniversaire de leur établissement sur les bords du Mississippi.

Nous savons tous que l'économie états-unienne va rondement, que le taux de chômage y est autour de 4%. Aussi le Canada et le Québec se tournent-ils plus souvent qu'à leur tour vers ce riche voisin. On parle depuis quelque temps au Canada de la possibilité d'une monnaie unique; l'euro aurait-il donné quelque idée à certains économistes? Pour sa modeste part, le Québec met l'accent sur les échanges commerciaux dont les changements ultra-rapides dans la zone des Amériques passent par l'économie, y compris l'économie de savoir. Le studio du Québec a permis à plusieurs artistes de faire un séjour à New York. Et c'est dans cette métropole que l'on envisage un Printemps du Québec en 2001, à l'instar de celui qui a eu lieu à Paris en 1999.

Effeuilleuse née aux États-Unis, qui a révolutionné le pieux (?) Montréal des années 40 par des spectacles avec beaucoup de classe, Lili St-Cyr était partie pour Hollywood dans les années 50, puis était revenue à Montréal en 1967 quand elle a cessé sa vie publique. Son décès en 1999 à 81 ans a été l'occasion pour bien des Montréalais de se rappeler les numéros de celle qui était devenue une légende dans la métropole.

La France va reconnaître les mérites des vétérans états-uniens de la Première Guerre mondiale. L'un d'eux, Edmond Forcier, est né il y a 103 ans dans le "Petit-Canada" de Fall River (Mass.).

NOUVELLE-ANGLETERRE

Beaucoup d'anniversaires marquent cette année la francophonie en Nouvelle-Angleterre: La Société historique franco-américaine a été fondée à Boston en 1899 et a accueilli nombre de conférenciers: des personnalités canadiennes et québécoises, dont le premier ministre Louis St-Laurent, Lionel Groulx, Benjamin Sulte, Adjutor Rivard, Edmond de Nevers, Marius Barbeau, Luc Lacourcière, etc., et des Français venus enseigner à Harvard comme Raoul Blanchard ou le sénateur Jacques Habert.

Ce centenaire se double de celui de L'Union Saint-Jean-Baptiste à Woonsocket (R.-I.), qui fêtera le sien en l'an 2000. L'Union a joué et joue un rôle-clé dans l'histoire des Franco-Américains en insistant sur l'éducation à plusieurs niveaux: dotant le Collège universitaire de l'Assomption à Woonsocket (R.-I.) de sa Maison française, permettant l'ouverture de l'Institut français et offrant bourses et prêts pour des recherches sur les Franco-Américains. Sa Bibliothèque Mallet est une mine inépuisable de renseignements. Élisabeth Aubé anime les recherches de LIFRA en littérature et Rhéa Côté-Robbins met en valeur les diverses contributions des femmes dans divers domaines. L'Institut français du Collège de l'Assomption, à la fois institut de recherche et centre culturel, qui a publié 13 livres sur les Franco-Américains, fête son 20ᵉ anniversaire. Armand Chartier traduit en anglais son *Histoire des Franco-Américains* et Yves Roby poursuit ses recherches sur deux siècles d'émigration canadienne-française vers "les États". Les festivals d'été se multiplient en Nouvelle-Angleterre: "La Kermesse" à Biddeford et "Le Festival de Joie" à Lewiston, dans le Maine, comme "Le Jubilé" à Woonsocket (R.I.).

Des rencontres de gens d'affaires ont lieu régulièrement sous l'égide du Forum francophone des affaires; cette année ce sera à Bathurst (N.-B.), à cause du Sommet de Moncton.

Un documentaire, *Franco-Americans: We remember*, passe en revue l'histoire régionale des descendants d'immigrants du New Hampshire et d'autres États de la Nouvelle-Angleterre. Ils étaient 327 000 définitifs en 1900 qui se doublaient de quelques 350 000 migrants entre le Québec et ces États plus prospères. Josée Vachon et Paul Paré ont fait une tournée au Québec pour présenter quelques saynètes intitulées justement *Partir pour les États*.

> Aram Pothier, né au Québec, venu jeune à Woonsocket (R.I.), devint maire de la ville, puis gouverneur de l'État du Rhode Island pendant dix ans au début du XXᵉ siècle. Woonsocket lui doit l'installation des grands lainiers français dont on raconte l'histoire dans le film *Les Tisserands du pouvoir*.

Des municipalités françaises s'intéressent aussi à faire connaître ce côté-ci de l'Atlantique et établissent à cette occasion un partenariat avec l'Association canado-américaine de Manchester (N.H.). À Boston, une exposition interactive sur le son du langage incorpore une grande diversité d'accents en langue française.

LOUISIANE

TRICENTENAIRE DE LA LOUISIANE, 1699-1999

En 1699, Pierre le Moyne d'Iberville atteint l'embouchure du Mississippi et établit un premier fort dans la baie de Biloxi sur le territoire qu'avait découvert Cavelier de la Salle. Trois siècles plus tard, la Louisiane fête ce tricentenaire avec éclat tout au long de l'année par des centaines d'événements culturels de toutes sortes: de Vacherie au bayou Lafourche, en passant par Lafayette, Jennings et St-Martinville, musique et danse entraînent les Cadiens dans un tourbillon (1500!) d'expositions, de mises en scène d'événements historiques. La première quinzaine d'août réunira des centaines de milliers d'Acadiens du monde entier (les Broussard et les Thibodeaux, les Richard et les Cormier, les Landry et les Babineaux, parmi les 80 réunions de famille prévues)

pour le deuxième Congrès Mondial Acadien (CMA). Le spectacle de clôture au *Cajun Dome* de Lafayette attirera 13 000 spectateurs pour le plus grand spectacle de mémoire de Cadien à se dérouler entièrement en français. Les drapeaux et le français s'affichent un peu partout.

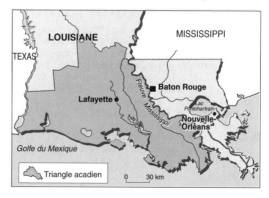

On pourra voir pour l'occasion les registres de la paroisse de Saint-Charles-aux-Mines, mieux connue sous le nom de Grand-Pré. Ces cahiers trouvés au XIXᵉ siècle racontent la vie de la paroisse de 1707 à 1748 en 2244 entrées (baptêmes, mariages, décès).

Sur le plan international, Mme Kathleen Babineaux-Blanco, lieutenant-gouverneur et deuxième haut fonctionnaire de l'État, a parcouru certains pays francophones. 28 villes de Wallonie déjà jumelées ont entraîné plus de 1000 Wallons dans le printemps louisianais tandis que s'accélère le jumelage d'autres villes avec des villes de l'Acadie du Nord et de la France. Pour sa part, une importante délégation de L'Ordre National du Mérite français parcourra quelques-unes des 22 paroisses de l'Acadiana.

La musique tient toujours une grande place dans le cœur de tous les Cadiens; il sort environ un DC par semaine dont on peut entendre des extraits sur les sites bilingues www.kbon.com et www.louisianaradio.com. Il s'agit d'une évolution marquée: on ne mélangeait pas les langues jusque-là. Waylon Thibodeaux interprète "Si longtemps séparé", chanson officielle du CMA. Nancy Tabb Marcantel a sorti un nouvel album sur lequel plusieurs des nouvelles ballades ont été écrites par Pierre et David Marcantel. Alphonse "Bois-sec" Ardoin a enregistré son dernier DC (*Allons danser*) à 82 ans avec le groupe Balfa Toujours. Des échanges de plus en plus nombreux renforcent les liens des groupes de Louisiane (Mamou Playboys, les Zydeco Chas-Chas, etc.) avec ceux de France (des Antilles surtout). On trouve la musique en feuilles de *Cap enragé*, le dernier album très prisé aux États-Unis et au Canada de Zachary Richard, qui arrive à ne pas perdre le souffle dans une carrière de plus en plus médiatisée.

Prix Champlain (41ᵉ édition)

Au cours du Salon du livre de Québec en avril 1999, Zachary Richard a reçu le prix Champlain du Conseil de la vie française en Amérique pour son dernier recueil *Faire récolte*, paru aux Éditions Perce-Neige de Moncton et accompagné d'un DC. Son discours de réception, évoquant les petits-enfants des déracinés de la Déportation de 1755, était d'autant plus émouvant qu'il faisait allusion aux Kosovars aujourd'hui.

Les classes d'immersion française requièrent toujours un nombre important de professeurs canadiens et québécois, belges et français, que l'on prépare à respecter des mots et tournures locaux qui s'appuient sur les soirées de contes, les émissions de radio, dont Barry Ancelet dit qu'elles sont des aspects de l'éducation-guérilla indispensable dans les circonstances. Au niveau universitaire, la recherche va bon train: on retrouve des textes oubliés du siècle dernier; par exemple, on va éditer des poèmes de Créoles de couleur néo-orléanais. On travaille parallèlement sur une anthologie du théâtre cadien alors que paraissent de nouveaux livres.

BIBLIOGRAPHIE

CLIFTON Debbie, *La Louve* (p.), Moncton (N.-B.), Perce-neige, 80 p.

LE BRIS Michel, *Quand la Californie était française*, Paris, Le Pré aux clercs, 430 p.

PROULX Annie, *Cartes postales* (r.), Rivages, 354 p.
    Ces cartes sont autant de jalons d'une odyssée qui parcourt l'Amérique d'hier.

RICHARD Zachary, *Cap enragé*, musique en feuilles, Mont-Saint-Hilaire (Québec), Publications Chant de mon pays, 1998, 72 p.

The internet Magazine for Louisiana Music: préservation et promotion du jazz, blues, zydeco, rock et autres sortes de musique cadienne (http://members.aol.com/zydecom/page1.htm).

Deux guides de voyage édités en 1998 par Ulysse (Montréal, Québec): *La Louisiane* (500 p.) et *La Nouvelle-Orléans* (278 p.).

CARAÏBE

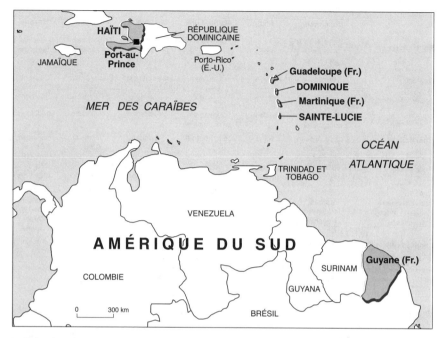

La Caraïbe est la région géographique regroupant l'ensemble des Antilles et certaines terres bordant la mer des Antilles; quelques-uns des pays qui la composent, essentiellement d'anciennes colonies créolophones, font partie de la Francophonie.

La **Guadeloupe**, la **Guyane** et la **Martinique** constituent, depuis 1948, des départements d'outre-mer de la France; le français y est donc la langue officielle couramment pratiquée, mais on y parle parallèlement le créole.

Haïti, ex-colonie française, est devenue en 1804 – après la révolte des esclaves – la première république noire indépendante; le français est langue officielle et le créole, langue nationale. Haïti participe aux Sommets de la Francophonie.

La **Dominique** et **Sainte-Lucie**, près de la Martinique et de la Guadeloupe et ayant fortement subi l'influence française, sont deux ex-colonies anglaises, indépendantes depuis 1978 et 1979; l'anglais y est la langue officielle mais le créole, à base lexicale française, la langue d'usage, ce qui explique leur participation aux Sommets de la Francophonie.

* * *

N.B. La Caraïbe est une région géographique; au pluriel, les Caraïbes désignent les premiers autochtones aujourd'hui pratiquement disparus, qui habitaient les Petites Antilles et les côtes voisines.

On peut consulter:

ADÉLAÏDE-MERLANDE Jacques, *Histoire générale des Antilles et des Guyanes*, Paris, Éd. caribéennes/Harmattan, 1994.

BELLORGEY G. et BERTRAND G., *Les DOM-TOM*, Paris, La Découverte, coll. Repères, 1994.

BERNABÉ Jean, CONFIANT Raphaël et CHAMOISEAU Patrick, *Éloge de la créolité*, Paris, Gallimard, 1989, 70 p.

BURAC Maurice (dir.), *Guadeloupe, Martinique et Guyane dans le monde américain*, Paris, Karthala, 1994.

CHAMOISEAU Patrick et CONFIANT Raphaël, *Lettres créoles. Tracées antillaises et continentales de la littérature 1635-1975*, Paris, Hatier, 1991, 224 p.

JUSTIN Daniel (dir.), *Les Îles caraïbes, modèles politiques et stratégies de développement*, Paris, Karthala/CRPLC, 1996.

MANVILLE Marcel, *Les Antilles sans fard*, Paris, L'Harmattan, 1992.

MATTHIEU Jean-Luc, *Histoire des DOM-TOM*, Paris, PUF, coll. Que sais-je?, 1993.

CARAÏBE

	Dominique	Haïti	Sainte-Lucie	Martinique[1]	Guadeloupe[1]	Guyane[1]
Nom officiel	Commonwealth de la Dominique	République d'Haïti	Sainte-Lucie	Département de la Martinique	Département de la Guadeloupe	Guyane française
Capitale	Roseau	Port-au-Prince	Castries	Fort-de-France[2]	Pointe-à-Pitre[2]	Cayenne[2]
Superficie (km²)	751	27 750	616	1 100	1 780	91 000
Régime politique	démocratie parlementaire	présidentiel	démocratie parlementaire	présidentiel	présidentiel	présidentiel
Chef d'État Entrée en fonction Prédécesseur	**Crispin Anselm Sorhaindo** 25-10-93 **George VI**	**René Préval** 7-2-1996 **Jean-Bertrand Aristide**	**Élisabeth II** 6-02-1952 **George VI**	**Jacques Chirac** 17-05-1995 François **Mitterrand**	**Jacques Chirac** 17-05-1995 François **Mitterrand**	**Jacques Chirac** 17-05-1995 François **Mitterrand**
Chef du gouvernement Entrée en fonction Prédécesseur	Edison **James** 14-06-1995 Eugenia **Charles**	Jacques-Édouard **Alexis** 15-07-1998 Rosny **Smarth**	Kenny **Anthony** 24-05-1997 Vaughan **Lewis**	Lionel **Jospin** 2-06-1997 Alain **Juppé**	Lionel **Jospin** 2-06-1997 Alain **Juppé**	Lionel **Jospin** 2-06-1997 Alain **Juppé**
Langues officielles Autres langues	anglais français, créole	français, créole	anglais, français, créole	français, créole	français, créole	français
Principales religions en % de la population	christianisme (92) autres (8)	catholicisme[3] (80) protestantisme (16) autres (4)	catholicisme (90) protestantisme (7) autres (3)	catholicisme (95) hindouisme et croyances. traditionnelles (5)	catholicisme (95) hindouisme (4) protestantisme (1)	catholicisme
Population[4] Moins de 15 ans en % Plus de 65 ans en % Indice de fécondité Espérance de vie H/F Alphabétisation en %	65 777 27 10 1,9 74,94/80,8 94	6 780 501 43 4 4,67 49,33/53,58 45	152 335 34 6 2,35 67,94/75,48 67	381 467 23 10 1,8 76,34/81,98 93	422 110 25 9 1,84 74,78/80,97 90	157 307 31 5 3,35 73,12/79,71 83
IDH (rang/174)	53	152	81	voir France	voir France	voir France
PIB (en M$ US)[4] PIB/hab. (en $ US)[4]	208 2 500	7 100 1 070	600 3 800	voir France voir France	voir France voir France	voir France voir France
Monnaie[5] FF US $	dollar est-carib. 0,3923 0,063	gourde 0,3739 0,06	dollar carib-occ. 0,1128 0,0181	franc français 1 -	franc français 1 -	franc français 1 -
Principales exportations	bananes, légumes, savon	café, produits manufacturés et produits agricoles	bananes, cacao, vêtements	produits pétroliers raffinés, bananes, rhum, ananas	bananes, sucre, rhum	crevettes, bois, or, rhum, vêtements
Principales importations	biens manufacturés, équipements mécaniques	produits alimentaires, hydrocarbures	produits manufacturés, machinerie, produits alimentaires	produits pétroliers et alimentaires, matériaux de construction, vêtements	produits alimentaires, combustibles, matériaux de construction	produits alimentaires, combustibles, machinerie
Principaux partenaires commerciaux	États-Unis, CARICOM, Royaume-Uni, Japon	États-Unis, Italie, France, Japon	États-Unis, Royaume-Uni, Japon, Canada, CARICOM	France, Guadeloupe, Royaume-Uni, Italie, Allemagne, Japon	France, États-Unis, Martinique, Union européenne	France, Union européenne, Allemagne, Belgique

Sources: Banque mondiale; ONU, *Bulletin mensuel de la statistique* et *Rapport sur le développement humain 1999*; *The World Factbook 1998*.

[1] Département français d'outre-mer (DOM).
[2] Chef-lieu.
[3] Environ 80 % des catholiques pratiquent le vaudou.
[4] Population: estimations juillet 1998; PIB: données 1997. DOM: population INSEE 1999.
[5] Taux au 25 juillet 1999, donné à titre indicatif.

CARAÏBE

Raymond RELOUZAT (Martinique)
Université Antilles-Guyane
Raymond.Relouzat@wanadoo.fr

Maryse CONDÉ, écrivain (Guadeloupe)

avec la collaboration de

Sherry FEDÉE (Sainte-Lucie)
Paule TURMEL-JOHN (Sainte-Lucie)
Sonia MAGLOIRE-AKPA
correspondant national de l'ACCT (Dominique)
Lyse SIMARD, AUQA (Guyane)
Lyse.Simard@lit.ulaval.ca

Faire le bilan de la dernière décennie aux Antilles est une entreprise décevante sauf pour la culture. À l'espoir des années quatre-vingt dix, succède un désenchantement, une radicalisation des positions et une économie très fragile. Il faudra reconsidérer beaucoup de choses au début du XXIᵉ siècle.

MARTINIQUE

POLITIQUE

En 1990, pour le deuxième septennat de Mitterrand, l'alliance objective du Parti socialiste français (PS) et du Parti progressiste martiniquais (PPM) de Césaire atténue un peu les difficultés congénitales des ex-colonies de la Caraïbe et, en particulier, du département-région de la Martinique: tourisme balbutiant, agriculture captive, secteur industriel insignifiant, tensions sociales fortes et chômage massif. Ceci renforce le sentiment que le cadre institutionnel doit être changé dans le sens, au minimum, d'une plus large décentralisation et, au maximum, dans le sens de l'autonomie voire de l'indépendance, au plan politique. Mais l'espoir de solutions proches demeure, car tous les Français, y compris ceux de l'outre-mer, n'imaginent pas que quatorze ans de socialisme n'amélioreront pas le sort des défavorisés et ne faciliteront pas, dans la Caraïbe, l'accès à plus de responsabilités chez les autochtones.

MARTINIQUE

Quelques points de repère

Géographie

➤ Île volcanique des Petites Antilles, située entre la Dominique au nord et Sainte-Lucie au sud.

Histoire

➤ Occupation précolombienne: Arawaks puis Caraïbes.

➤ 1502 Arrivée de Christophe Colomb.

➤ 1635 Implantation de la France par Belain d'Esnambuc. Économie de plantation.

➤ 1848 Abolition de l'esclavage grâce à Victor Schœlcher, membre du gouvernement républicain, député de la Martinique et de la Guadeloupe.

➤ 1902 (8 mai) Destruction de Saint-Pierre lors de l'éruption de la montagne Pelée.

➤ 1945 Aimé Césaire, le "père de la négritude", est élu maire de Fort-de-France (2 mai) et député (21 oct.).

➤ 1946 La Martinique devient un département d'outre-mer (conseil général).

➤ 1982 La Martinique devient aussi une région (conseil régional).

➤ 1992 Patrick Chamoiseau remporte le prix Goncourt avec *Texaco*.

Dans le cadre de la succession de Césaire, on assiste à la montée en puissance d'un nouveau dauphin, Claude Lise, qui est réélu à la présidence du Conseil général.

Dix ans après, le paysage politique s'est radicalisé et brouillé. Le président du Conseil régional, élu en 1998, est indépendantiste et son parti, le MIM, rafle quatorze sièges sur quarante. Sa politique n'est pas immédiatement lisible et l'opposition de droite se livre à une surenchère identitaire dans le but de ravir au PPM le privilège de faire référence à la personnalité spécifique antillaise. De plus, l'année 1998, pour être celle de la commémoration de l'abolition de l'esclavage, a suscité des débats et une réflexion sur le fond qui transcende les clivages gauche-droite. Un élément nouveau s'est également manifesté à cette occasion: la venue très "politique" de l'ambassadeur de Côte d'Ivoire en France à la Martinique, sans compter l'intervention maladroite d'un représentant de l'"ethnoclasse béké".

Néanmoins un espoir

Le seul espoir en 1999, mais il est de taille, et qui concerne au-delà de la Martinique les quatre Départements d'outre-mer (DOM), ce sont les conclusions du rapport demandé par le premier ministre à MM. Lise (sénateur de la Martinique) et Tamaya (député de La Réunion) sur les possibilités d'aménagement statutaire des DOM. La révolution institutionnelle est en marche: création d'un Congrès qui pourrait proposer des évolutions statutaires, clarification des compétences entre les deux collectivités, renforcement des pouvoirs des assemblées en matière de coopération régionale: le rapport Lise-Tamaya contient 70 propositions, pour certaines explosives.

Médias

La nomination d'une Martiniquaise à la tête de l'ex-RFO 1 s'inscrit dans un processus de décentralisation, qui prend lui-même place dans la réorganisation du paysage audio-visuel français en général. Si on ne sait pas encore si les stations d'outre-mer seront intégrées ou non dans le nouvel établissement public, la tendance est à la décentralisation, d'autant plus qu'avec l'offre privée télévisuelle-câble, Canal +, Canal Satellite, Canal Satellite bleu, le téléspectateur s'autorise à devenir plus sélectif et plus difficile.

Le rapport Lise-Tamaya: *La voie de la responsabilité*

– Le rapport du sénateur martiniquais Claude Lise et du député réunionais Michel Tamaya remis au premier ministre, propose de donner aux quatre DOM des responsabilités accrues et envisage à terme la possibilité d'une "évolution statutaire", tout en restant dans le cadre de la Constitution. Le sénateur de la Martinique et le député de La Réunion soulignent que la Martinique, la Guadeloupe, la Guyane et La Réunion connaissent "une situation de crise aiguë" qui appelle des "réponses rapides et urgentes". [...] MM. Lise et Tamaya formulent 70 propositions qui ont pour "axe majeur" l'"accroissement des responsabilités des collectivités locales". [...] Afin d'accroître la responsabilité des collectivités locales (Conseil régional et Conseil général), ils suggèrent de confier à la région le soin d'élaborer un plan de développement économique régional, davantage de moyens en matière d'aménagement du territoire, un plus grand rôle dans la gestion des fonds structurels européens. [...] Les deux parlementaires ont noté que la proposition qui risquait de prêter le plus à controverse était celle visant à créer dans les DOM un Congrès réunissant les deux conseils. Il serait compétent pour gérer les "compétences partagées", tels transports, logement, aménagement du territoire, coopération régionale. Le rapport prévoit surtout de donner au Congrès, s'il le souhaite, la responsabilité de proposer, avec une majorité des 3/5, une "évolution statutaire", pour laquelle, soulignent les auteurs, se sont prononcées "de nombreuses personnes, surtout en Antilles-Guyane". Le mécanisme proposé, assurent-ils, "reconnaît le droit de chaque département de choisir à terme le statut qu'il souhaite". [...] Autre proposition, "audacieuse" selon M. Tamaya, celle de donner aux DOM le pouvoir de négocier et signer des accords internationaux avec les États ou organisations internationales dans leur région. Parmi les 70 propositions figurent encore [...] la création à La Réunion d'un second département et, pour la Guadeloupe, la prise en compte des handicaps propres à l'île de Saint-Martin ainsi que l'évolution de Saint-Barthélémy vers le statut de TOM. (source: AFP)

Commentaires

– Un rapport parlementaire réclame une décentralisation renforcée pour les DOM: en général, plus un rapport officiel adopte un ton prudent, plus il a de chances de se faire entendre par le commanditaire. On peut donc penser que la mission Lise-Tamaya a un bel avenir devant elle. [...] Très prudents, et jetant un voile pudique sur l'aspiration – très forte en Martinique – à une autonomie renforcée ou sur la question de l'assemblée unique, Michel Tamaya et Claude Lise [...] mettent en avant la nécessité d'une décentralisation renforcée dans les DOM. Ce renforcement passe notamment par une clarification des compétences entre le Conseil général et le Conseil régional. [...] Les deux parlementaires proposent la création d'une "nouvelle institution", le Congrès, réunion des deux assemblées. [...] Se gardant de tracer des perspectives institutionnelles précises, le rapport renvoie à la réunion du Congrès la possibilité de proposer des futures évolutions statutaires. (*Les Échos*)

– DOM – La Nouvelle donne: faut-il changer l'administration des DOM? Ou seulement l'adapter? À La Réunion comme dans les départements français d'Amérique [...], ces questions institutionnelles suscitent un débat animé. Car c'est en réalité de l'avenir de la France d'outre-mer qu'il s'agit. Le rapport Lise-Tamaya [...] préconise une nouvelle étape. Il dessine un cadre évolutif qui devrait inspirer la prochaine loi gouvernementale d'orientation pour l'outre-mer. Les DOM connaissent aujourd'hui une situation économique et sociale délicate. [...] Il est peu probable qu'une simple loi suffise à tout régler! Au moins faut-il tenter de modifier les perspectives en accordant plus de marges de manoeuvre aux élus et aux décideurs des DOM. (*Le Point*)

En définitive, la revendication qui s'étend dans les DOM, pour plus d'autonomie et plus de responsabilité dans les prises de décision en ce qui concerne leurs problèmes spécifiques et leur environnement, fait son chemin. C'est l'affaire à suivre avec le changement de siècle.

ÉCONOMIE

En 1990, le paysage économique n'est pas très encourageant (problèmes agricoles structurels liés à la quasi-monoculture de la banane, industrie squelettique, déficit permanent des exportations), mais l'attente d'une amélioration subsiste encore, grâce aux espoirs fondés sur le tourisme qui commence à faire l'objet de plans de développement à long terme, en particulier, sur l'aménagement et la création de musées. L'entreprise ELIZÉ (salles de cinéma/restauration) s'apprête a mis en chantier un Palais des congrès pour accueillir des colloques et des expositions, ainsi que des rencontres de toutes sortes. Toutefois, il ne faut pas sous-estimer le fait que l'octroi de mer, qui finance en grande partie les communes et les collectivités territoriales, est menacé dans son existence même par les pressions de Bruxelles. Mais, à l'initiative de la Chambre de commerce, un nouvel aéroport est en construction aux côtés de l'ancien, qui deviendra un hall d'expositions. Un an plus tard, la compagnie régionale d'aviation Air Martinique, qui existe déjà depuis deux ans, inaugure son premier vol transatlantique.

Que s'est-il passé, pendant la dizaine d'années qui vient de s'écouler? La situation de la banane, principale culture, s'est aggravée, aussi bien sur le terrain (grève de deux mois fin 1998, avec blocage du port) que sur le fond (concurrence jugée déloyale avec la banane-dollar par les États-Unis, qui attaquent la France devant l'Organisation mondiale du commerce, OMC). Le nouvel aéroport accueille maintenant plus d'un million de passagers par an. Le Palais des congrès est achevé et fonctionne au mieux; le tourisme a peu progressé. Les compagnies maritimes américaines décident de supprimer l'escale de Fort-de-France et voici qu'American Airlines en fait autant pour sa ligne aérienne en supprimant ses destinations Guadeloupe et Martinique pour cause de rentabilité. Air Martinique a sombré corps et biens, du fait d'une gestion calamiteuse, à la limite de l'honnêteté et de l'incurie, pour ne pas dire plus, des élus qui étaient commis à sa surveillance. Un dernier point noir: la mairie de Fort-de-France n'a pas réussi, en dix ans, à organiser le transport en commun dans les limites du chef-lieu.

Le Palais des congrès et l'espace Osenat

Situé à Schœlcher, le Palais des congrès est une réussite. Il intègre dans un même site spectacles (essentiellement le cinéma, qui compte dix salles de projection), restauration, espace-expositions, espaces-jeux, salles de congrès et de réception. Situé à peu de distance, l'espace Osenat, moins ambitieux (une seule grande salle modulable d'environ 400 places), reste tout de même le lieu d'animation par excellence de la ville de Schœlcher, qui a déployé ces dix dernières années une intense activité culturelle: musique folklorique, théâtre, danse, animation poétique, etc.

CULTURE ET MÉDIAS

Au début des années 90, deux chaînes de télévision privées, Antilles télévision et Télécaraïbes international sont, en 1991, ainsi qu'une chaîne cablée, Câble TV, sur le point de voir le jour sous le patronage du Conseil régional, qui instruit les dossiers de candidature. Mais c'est surtout la créolité, nouveau mouvement littéraire, inauguré par Chamoiseau (*Chronique des sept misères*, 1988) et Confiant (*Le Nègre et l'Amiral*), qui va donner le branle à une nouvelle approche culturelle et littéraire de la réalité antillaise, dont les répercussions et l'influence seront grandes en métropole et dans tous les territoires francophones. Un Institut supérieur d'études francophones est créé (1995) sur le campus de

Schœlcher et commence à recevoir des stagiaires et des groupes d'étudiants de toute la Caraïbe et de l'Amérique latine, ainsi que de L'Amérique du Nord. Enfin, le CIRECCA, centre d'échanges culturels entre la Caraïbe et les Amériques, qui a dix ans, poursuit sans interruption ses échanges, en particulier avec le Québec.

Mais le grand projet culturel du Conseil général est l'ouverture d'un Centre départemental de la culture, dénommé l'Atrium, qui sera destiné à animer aussi bien la vie artistique et la créativité locale qu'à accueillir des artistes, des expositions, des conférenciers, des écrivains et des troupes de toutes provenances. Cela ne doit concurrencer en rien le Grand Carbet où il est prévu d'abriter d'autres types de manifestations (foires, concerts de musique folklorique, etc.). L'édition française confirme, par le grand nombre de titres parus aussi bien d'auteurs antillais et caribéens que d'auteurs s'intéressant aux Antillles, la qualité et la richesse de la créativité créole. Dix ans après, qu'en est-il? Une petite révolution s'est opérée en matière de télévision publique: une Martiniquaise, Marie-José Alie, a été nommée directeur général de la station de Martinique, rebaptisée Télé-Martinique. (Le Centre départemental de la culture, l'Atrium, est inauguré solennellement fin 1998, après avoir abrité une exposition itinérante de l'UNESCO sur Aimé Césaire). La mairie de Fort-de-France, malgré une légère désaffection du public, fait exister son festival annuel de juillet, maintenant solidement implanté dans le paysage (25 ans d'existence!). Des deux télévisions privées agréées, il n'en reste plus qu'une, Antilles télévision: mais le câble, auquel s'est ajoutée la télévision par satellite, a gagné son pari. Du point de vue de la production littéraire, la créativité martiniquaise est toujours aussi féconde; elle fait une part de plus en plus importante à l'essai historique et aux mémoires autobiographiques. Dans le domaine muséographique, des travaux de réfection du bâtiment et de réorganisation des collections ont redonné fraîcheur et fonctionnalité au Musée de la civilisation amérindienne. Par ailleurs, le remarquable Éco-musée de Rivière-Pilote, né grâce à l'initiative et au financement presque intégral de la municipalité et qui déroule l'histoire socio-culturelle de la Martinique, est passé sous le contrôle du Conseil régional.

L'Atrium

Technologie pointue, espaces intelligemment dimensionnés et disposés par rapport à la diversité des activités proposées, plateau technique moderne, équipe de gestionnaires et de techniciens compétente: le nouveau Centre départemental de la culture, sous la houlette de Jean-Paul Césaire, dispose de tous les atouts nécessaires à son bon fonctionnement. Il s'organise en deux salles de spectacles, une grande (1 000 places) et une petite (300 places), en vis-à-vis, mais isolables, et à l'acoustique remarquable, autour desquelles on trouve: une salle vidéo, "La case à vent"; un studio de répétition, "La terrasse"; un espace pour expositions, "Le patio"; un espace animations, "Le pigeonnier"; une salle pour colloques et rencontres, "La véranda". Luxueux et fonctionnel, ce centre propose déjà une programmation variée.

Le patrimoine muséologique

En plus des aménagements du musée de La Pagerie (lieu de naissance de l'impératrice Joséphine) et de l'inauguration (juin 1999) du musée d'Histoire et d'Ethnographie, ainsi que de la création de quelques "musées" mineurs, tel celui de la banane, le patrimoine muséologique de la Martinique compte: le Musée départemental (civilisation amérindienne); le Musée de la canne; le Musée du rhum; l'Écomusée (histoire et civilisation). N'oublions pas le projet, en cours de réalisation, d'un musée d'Art moderne, en plein centre-ville. Un grand nombre d'autres lieux de mémoire et de vie, publics ou privés, sont aussi ouverts au tourisme.

SPORT

Le semi-marathon de Fort-de-France, organisé chaque année en novembre, est déjà, en 1990, une manifestation connue à l'échelle européenne et caribéenne. Le stade d'honneur de Dillon, très controversé en raison de son coût, commence à accueilir de temps en temps des manifestations d'envergure internationale (l'une des premières manifestations fut la rencontre internationale de football France A-Colombie), et se voit en partie rentabilisé par l'organisation de concerts. La Semaine internationale de la voile, organisée par la ville de Schœlcher, est maintenant connue en Europe et en Amérique. Bref, dix ans après, la vie sportive est toujours aussi intense et aussi variée, d'autant que les équipements ont déjà atteint un niveau acceptable, mais perfectible. Le sport automobile s'installe dans la durée, avec des résultats plus qu'honorables pour le champion martiniquais Simon Jean-Joseph, second du championnat de France des rallyes en 1998. Pour la première fois, on organise en 1997 les championnats de France d'athlétisme au stade de Dillon, qui accueillera également deux meetings IAAF, en 1996 et 1999.

GUADELOUPE

Politique

En 1999, la Guadeloupe ne s'est pas encore remise de la débâcle des élections législatives anticipées de 1998 qui a fait disparaî-tre les indépendantistes du Conseil général comme du Conseil régional où, on s'en souvient, ils occupaient trois sièges. Plus aucun mot d'ordre nationaliste, à l'exception des graffitis du KNLG, (*Kan nasyonal pour libéwasion à pèp Gwadloup*), de l'immuable Luc Reinette le long des auto-routes: "Atensyon, péyi-là envayi! Attention, le pays est envahi!" Enten-dez, envahi par les Français de tous bords. Après l'éphémère excitation qu'avait fait naître le cent cinquantième anniversaire de l'abolition de l'esclavage, avec sa Route de l'esclave, son cortège de colloques et d'inau-gurations de statues, une morosité encore plus profonde qu'à l'accoutu-mée s'est abattue sur les esprits. Dans ce climat, les malheurs de Lucette Michaux-Chevry, présidente du Conseil régional, accusée et d'abus de biens sociaux et de "tous les péchés d'Israël" n'intéressent plus personne, même si ses défenseurs se croient tenus de clamer sur les mêmes murs que Luc Reinette: "Pas touché Liset! Ne touchez pas à Lucette!"

Que les élections européennes de juin 1999 aient connu un taux d'abs-tention record (près de 90%) n'est pourtant pas un signe des temps. L'Acte unique, Maastricht avaient soulevé à l'époque aussi peu d'attention dans l'électorat. Les Guadeloupéens ne se sont jamais envisagé un avenir euro-péen et n'ont pas encore compris que leurs pays ne sont plus des départe-ments d'outre-mer, mais des "régions ultra-périphériques" d'Europe. Certes, de petits malins entendent bien profiter des fonds que Bruxelles offre pour le développement. C'est ainsi que, paradoxalement, Jean Barfleur, le maire indépendantiste de la commune de Port-Louis, entend profiter de la manne de l'Europe pour assurer l'adduction d'eau en Nord Grande Terre, région traditionnellement assoiffée. À ces exceptions près, un manque de confiance géné-ralisé règne à l'endroit de l'Europe. Par contre, les planteurs de bananes accusent cette même Europe de n'avoir pas su les défendre contre la banane- dollar soutenue par les Américains.

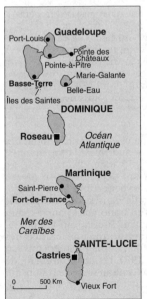

Économie

Cependant, le malheur des uns fait immanqua-blement le bonheur des autres. Le vide laissé par les partis politiques est la chance des syndicats. L'homme fort du moment est un certain Gaby Clavier, secrétaire général de l'UTC–UGTG (Union des travailleurs communaux, Union générale des travailleurs guadelou-péens), syndicat qui se situait na-guère dans la mouvance d'un des deux partis indépendantistes d'alors, l'UPLG, l'Union populaire pour la libération de la Guadeloupe. Si, mal-gré ses efforts, l'UPLG, rebaptisée Gran koutmen en 1997, avant de revenir en début d'année 1999 à son appellation d'origine, est mori-bonde, l'UTC–UGTG se place à la pointe du combat. Par suite de la grève des employés municipaux, trois communes et non des moin-dres, Pointe-à-Pitre, Abymes et Baie-Mahault, croulent sous les déchets. Les mairies sont fermées. Pas moyen d'obtenir la plus petite fiche d'état civil, le plus petit acte de décès. La situation ne s'améliore pas; bien qu'arguant du droit à la liberté du travail, les employés non-grévistes, encouragés par des personnalités telles que le docteur Henri Bangou, maire de Pointe-à-Pitre et ancien sé-nateur, multiplient les contre-mani-festations et dénoncent les ambitions politiques de Gaby Cla-

GUADELOUPE

QUELQUES POINTS DE REPÈRE

Géographie

➤ Île volcanique des Petites Antilles si-tuée au nord de la Dominique. Plusieurs dépendances (Marie-Galante, les Saintes, la Désirade et une partie de Saint-Martin).

Histoire

➤ Occupation précolombienne: Arawaks puis Caraïbes.
➤ 1493 Arrivée de Christophe Colomb.
➤ 1635 Olive et Duplessis prennent possession du territoire au nom de la France. Économie de plantation.
➤ 1792 La Révolution française atteint la Guadeloupe. Exécutions pendant la Terreur. Première abolition de l'esclavage, rétabli avec l'arrivée de Bonaparte.
➤ 1848 Abolition de l'esclavage grâce à Victor Schœlcher, membre du gou-vernement républicain, député de la Martinique et de la Guadeloupe.
➤ 1946 La Guadeloupe devient départe-ment d'outre-mer (conseil général).
➤ 1982 La Guadeloupe devient aussi une région (conseil régional).

vier. De même, prenant en otage les malheureux automobilistes, 30% des pompistes ferment boutique, engagés qu'ils sont dans un bras de fer avec les gérants des stations-service; les soldats du feu n'assurent plus leur ser-vice, se plaignant de leurs casernes exiguës et vétustes; de même, les em-ployés d'American airlines, pour protester contre le départ de la Compagnie américaine des Antilles françaises, pour cause de non-rentabilité, retien-nent un avion sur le tarmac de l'aéroport Pôle Caraïbe, trois heures du-rant. Le pays est certes habitué aux grèves (en 1998, grève du port de Pointe-à-Pitre, grève des supermarchés, grève des cliniques privées…).

La nouveauté, cette fois, est que l'UTC–UGTG exige l'intervention du re-présentant de l'État, à savoir le préfet, Jean Fédini, sûrement heureux de vivre ses dernières semaines dans ce paradis tropical et d'être nommé dans la Drôme. À en croire le syndicat, c'est au pouvoir français qu'il incombe de forcer les municipalités à appliquer les clauses des engagements qu'el-les ont signés vis-à-vis de leur personnel. Obligeamment, M. Fédini a ac-cédé à la requête et nommé un médiateur en la personne de Jean Thédore, ancien dirigeant de l'UPLG, devenu grand producteur d'ignames. Sans succès. Là-dessus, en désespoir de cause, une délégation d'une quinzaine de maires ceints de leur écharpe tricolore, dont Mme Michaux-Chevry, maire de Basse-Terre, est montée au chef-lieu demander à M. Fédini, qui n'en peut mais, de faire respecter le droit républicain.

TOURISME

C'est le moment que choisissent des journaux français *L'Express, Le Monde, Le Parisien* pour consacrer des articles à la Guadeloupe stigmatisant l'insécurité qui y règne. *Le Parisien* va jusqu'à dénombrer le nombre des touristes violés, détroussés, assassinés, et à comparer la destination Guadeloupe... à un enfer. Le coup est rude pour les hôteliers en perte de profit. Ils s'organisent et à coups de placards publicitaires, tentent de nier l'évidence cependant qu'un peu partout, sans se soucier de leurs efforts, les braqueurs rançonnent les stations d'essence (ouvertes), tuent les veilleurs de nuit, entrent au bull-dozer dans les supermarchés Écomax pour les dévaliser... en bouteilles de champagne. C'est aussi le moment que choisit le KNLG de Luc Reinette pour intensifier sa campagne ultra-nationaliste et, passant du créole au français, pour placarder partout des posters "Les blancs débarquent" priant les Européens de retourner chez eux. Les cris de racisme fusent de toutes parts. On compare Luc Reinette à Jean-Marie Le Pen. Que diraient les Antillais en France, un million selon le dernier recensement, si, par voie d'affiche, les Noirs étaient invités à plier bagage?

CULTURE

Malgré cela, certains tentent de garder le sourire. 71% de réussite au Baccalauréat, clame le recteur Chardon. La Guadeloupe, dont la jeunesse est aussi travailleuse, se rapproche des moyennes métropolitaines. Sur le plan populaire, Kassav, le groupe mythique, fête ses vingt ans et remplit d'admirateurs le vélodrome de Gourdeliane. D'importantes manifestations liées à la mer se mettent en place en Grande Terre dont l'apogée est une course de canots à rames dans le Grand Cul-de-Sac marin. Le Festival de *gwo ka en plaj sentann* (lisez sur la plage de Ste-Anne), qui en est à sa douzième édition, reçoit des percussionnistes de la Réunion, des Seychelles, des autres îles de la Caraïbe. L'innovation, c'est qu'il ne se veut plus seulement musical et prétend s'intéresser à un large éventail de problèmes culturels. Sous l'égide de Kofi Yamgnane, ex-ministre mitterrandien, chargé de l'intégration, il consacre une table ronde à l'épineuse question des langues régionales. On sait que prétextant le caractère indivisible de La République dont le français est la langue, le président Chirac a refusé de reconnaître les langues régionales. Selon lui, cela nécessiterait une révision de la Constitution. Levée de boucliers dans le camp des créolistes, soi-disant indépendantistes en même temps, qui curieusement refusent d'admettre que militer pour le créole, *langue régionale*, revient à reconnaître la légitimité du pouvoir français. Sur un plan plus élitiste, l'Art-chipel, scène nationale, sortie victorieuse de sa dure grève, propose d'excellents programmes de jazz et de salsa et se prépare à accueillir *Chemin des petites abymes*, pièce de théâtre de la Guadeloupéenne Michèle Montantin, créée, bel exemple de collaboration, entre les îles-sœurs-ennemies, au CDRM que dirige la Martiniquaise Michèle Césaire. Sous l'impulsion de la psychologue Dany Ducausson, entourée d'enseignants, la revue *Dérades* s'impose comme l'outil indispensable de la recherche en sciences humaines de la Caraïbe francophone. Surtout, un groupe d'intellectuels dont les écrivains Maryse Condé et Ernest Pépin décident de créer le Prix de l'Amérique insulaire et de la Guyane – Prix Amédée Huyghes-Despointes, du nom d'un béké libéral, voire gauchiste, très proche des milieux nationalistes. Ce prix d'un montant de 50 000 FF sera décerné tous les deux ans, à un écrivain de la Caraïbe et de sa diaspora, indépendamment de la langue dans laquelle il s'exprime et consacrera l'unité ainsi que le dynamisme de la région. Le jury est composé en outre des écrivains Edwige Danticat (Haïti), Caryl Phillips (St-Kitts), Rosario Ferré (Porto Rico), et des théoriciens Elizabeth Wilson (Jamaïque), Nara Araujo (Cuba), Roger Toumson, auteur du brillant essai *Mythologie du métissage*, éditeur en chef de l'importante revue *Portulan*, et Daniel Maragnès.

Bref, encore une sombre année pour la Guadeloupe avec ça et là, quand même, de petits éclairs de lumière!

GUYANE

POLITIQUE

Faisant suite à une série d'initiatives prises à l'occasion du 150ᵉ anniversaire de l'abolition de l'esclavage, Christiane Taubira-Delannon a déposé à l'Assemblée nationale, le 18 février dernier, une proposition de loi qualifiant l'esclavage de crime contre l'humanité. La députée de Guyane trouve essentielle la transmission du savoir et demande que les manuels scolaires consacrent plus de place à la traite des Noirs. Elle souhaite enfin que les organisations internationales s'entendent sur une date commune pour commémorer l'abolition de l'esclavage.

Comme dans les autres départements français d'Amérique (DFA), les questions institutionnelles ont suscité des débats animés. Le sénateur martiniquais Claude Lise et le député réunionnais Michel Tamaya ont déposé le rapport qui inspirera la prochaine loi gouvernementale d'orientation sur l'outre-mer. Le rapport Lise-Tamaya, intitulé *La Voie de la responsabilité*, décrit d'abord la condition actuelle dans les DOM, s'inquiétant d'une situation économique lamentable, et apporte, tel que demandé par le premier ministre, de nombreuses propositions, rappelant que "ce qui est bon pour les Antilles n'est pas nécessairement bon pour la Guyane ou La Réunion".

GUYANE

QUELQUES POINTS DE REPÈRE

Géographie
➤ Région équatoriale d'Amazonie située entre le Surinam et le Brésil, couverte à 90 % de forêts. Population concentrée sur le littoral (Cayenne).

Histoire
➤ 1643 Fondation de Cayenne par une compagnie normande.
➤ 1677 Convoitée par les Anglais et les Hollandais, la Guyane est conquise pour la France par l'amiral d'Estrées. Objet de nombreuses tractations, elle revient définitivement à la France en 1917.
➤ 1848 Abolition de l'esclavage.
➤ 1852 Création du bagne.
➤ 1870 Exploitation de l'or découvert vers 1855.
➤ 1946 Passage du statut de colonie à celui de département.
➤ 1967 Installation de la base spatiale de Kourou: principale activité économique.
➤ 1968 Création d'un centre de lancement de fusées à Kourou.
➤ 1982 Décentralisation régionale.

ÉCONOMIE

D'importants groupes miniers canadiens souhaitent implanter des mines industrielles dans le département: Cambior, société aurifère spécialisée dans les activités d'exploitation, de développement et d'exploration et Guyanor, filiale guyanaise de la Golden Star, ont déposé des demandes de concession auprès du ministère concerné. La compagnie américaine Asarco, cinquième producteur de cuivre dans le monde, a aussi affirmé son intérêt pour l'or de Guyane. La création de ces mines industrielles, aux dires de la direction, pourrait générer de l'emploi pour plusieurs centaines de personnes.

Par ailleurs, plusieurs projets d'envergure annoncés ces dernières années ne verront jamais le jour: citons le cas de Palame, qui devait implanter les plus grands studios

La maquette des studios de Palame

cinématographiques d'Amérique latine et créer une soixantaine d'emplois directs. Nous nous souviendrons du "plan vert" annoncé en décembre 1975 et qui prévoyait "la création en dix ans d'environ 300 exploitations sur 18 000 hectares". Enfin, relevons le projet d'exploitation du manioc de l'UTAP (Union technique agricole de production) qui se termina par la présence regrettable d'une usine désaffectée. L'espoir réside maintenant dans un projet sucrier qui produirait 60 000 tonnes de sucre blanc par an et qui créerait 650 emplois directs.

La crevette, l'or rose de la Guyane

La crevette pourrait-elle disparaître des rivages de Guyane? Unanimes, les artisans pêcheurs locaux répondent par l'affirmative. Mais les statistiques sont plus optimistes. Depuis huit ans, [...] le plafond de captures autorisées, fixé à 4 000 tonnes pour la France afin de garantir le renouvellement des espèces, est atteint chaque année. [...] Les artisans pêcheurs, en revanche, considèrent que la ruée vers "l'or rose" en Guyane est bel et bien finie.

La crevette de Guyane est exportée vers l'Europe, en particulier la France, l'Espagne et l'Italie. À Cayenne et dans les environs, elle emploie plus de six cent cinquante personnes. Mais, avec des conditions de travail très dures, et des salaires bas, les capitaines et les armateurs ont bien du mal à constituer et garder les équipages: 90% des matelots des crevettiers guyanais ne sont pas de nationalité française.

(Stéphbane Urbajtel, *Le Monde*, 8 mars 1999)

ENVIRONNEMENT

La création d'un parc national au sud du département amène des divergences d'opinion au sein des populations amérindiennes, des écologistes et des élus locaux même s'ils partagent tous l'idée de protéger la forêt guyanaise et les communautés qui y vivent. Lors de sa visite dans le département, le secrétaire d'État à l'outre-mer, Jean-Jack Queyranne, s'est prononcé en faveur de la préservation du milieu naturel mais a ajouté que "cela ne doit pas se faire contre les hommes". Pour les prochains mois, trouver un point d'équilibre sera vraisemblablement la mission des élus dont quelques-uns ont l'intention de retarder l'échéance du projet, malgré le fait que le premier ministre ait annoncé que cette zone protégée verrait le jour avant l'an 2000.

SOCIÉTÉ ET CULTURE

La drogue est devenu un problème crucial dans la société guyanaise. Le service régional de police judiciaire (SRPJ) ayant une antenne à Cayenne se consacre à la répression du trafic de stupéfiants (cocaïne, cannabis, crack) destinés aux marchés locaux ou européens. Le trafic augmente et achemine de plus grosses quantités. Pour ne donner qu'un exemple, 334 kilos de cocaïne ont été saisis en mars dernier à 120 kilomètres de Cayenne.

La Radio-Télévision française d'outre-mer (RFO) a été touchée par une série de grèves, à la fin de la dernière année, perturbant ainsi plusieurs stations de l'entreprise. La Guyane a participé à ce mouvement et les locaux ont été souvent témoins de fortes tensions. Les causes sont multiples: revendications salariales, promotions individuelles, inquiétudes des salariés face au projet de loi sur l'audiovisuel public et à la perspective de leur intégration dans France Télévision.

Le carnaval, dont la période se situe entre l'Épiphanie et le Mercredi des cendres, demeure l'événement culturel le plus populaire et la tradition du *Touloulou* (bal masqué) attire de plus en plus d'adeptes.

SAINTE-LUCIE

RECONNAISSANCE OFFICIELLE DU CRÉOLE

Sainte-Lucie reconnaît de plus en plus son héritage français à travers le créole qui est parlé par les habitants de l'île. L'usage du créole remonte à presque 250 ans, quand les premières colonies françaises se sont établies sur l'île. Le mélange du français des premiers colonisateurs et des langues africaines des esclaves a produit cette langue unique désormais parlée par la majorité de la population. Le développement linguistique a créé aussi des traditions et des coutumes identifiées aujourd'hui comme "culture créole".

Pourtant, dès 1814, depuis le moment où l'île est devenue une fois pour toutes colonie de la Grande-Bretagne et l'anglais langue officielle, l'usage du créole a connu une baisse graduelle. Néanmoins il a continué à être parlé par la majorité des gens au fil des années. Mais, étant une langue parlée plutôt qu'écrite, il était utilisé dans la vie quotidienne, tandis qu'on employait l'anglais dans toutes les situations officielles. Soulignons, par exemple, l'interdiction du créole dans la fonction publique. Ce dernier était considéré comme une langue peu raffinée, parlée par des gens peu instruits, etc. La population a donc progressivement pris une distance face à la langue de ses ancêtres, et ce, jusqu'à tout récemment.

À partir des années 1970, bon nombre de créolophones ont pris conscience du fait que le créole était en train de disparaître. Afin de promouvoir la langue et de combattre les préjugés qui lui étaient rattachés, plusieurs personnes, en collaboration avec des organismes non gouvernementaux, entre autres, le Folk Research Centre (FRC), ont développé des initiatives qui ont permis d'accepter l'emploi du créole comme langue courante. Parmi les développements clefs de cette "lutte", il y a eu notamment la création d'un système d'orthographe, lequel a finalement permis d'écrire la langue, le développement du festival annuel "Jouen kwéyol" (Journée créole), où les traditions et la cuisine créoles aussi bien que la langue sont mises en valeur, ainsi que l'organisation de colloques linguistiques et culturels. Néanmoins, ce qui a été l'événement marquant dans le progrès du créole,

SAINTE-LUCIE

QUELQUES POINTS DE REPÈRE

Géographie
➤ Île volcanique des Petites Antilles britanniques entre la Martinique, Saint-Vincent et les Grenadines.

Histoire
➤ 1502 Arrivée de Christophe Colomb. Le nom de Santa-Lucia remplace celui de "Louanalao", donné par les Indiens, qui signifie "le pays des iguanes".
➤ 1604 Première colonisation.
➤ 1639 Du Parquet, seigneur de la Martinique, acquiert l'île.
➤ 1728 Le traité d'Aix-la-Chapelle attribue l'île à la France.
➤ 1763 Le traité de Paris cède l'île aux Anglais.
➤ 1803 L'île tombe définitivement sous la tutelle anglaise, après avoir été reprise par les Français.
➤ 1979 (22 fév.) Indépendance.
➤ 1986 Participation au Sommet de la Francophonie; membre de l'ACCT.

Société
➤ Le créole est la langue courante, l'anglais, langue officielle.

c'est la récente attitude positive du gouvernement envers son usage officiel. En effet, pour la première fois en 1998, le gouvernement a adopté une loi permettant que le créole soit parlé en Chambre d'assemblée.

CRÉOLE ET FRANÇAIS

Tout récemment, en avril 1999, le Symposium international sur la langue créole, subventionné par l'Agence de la Francophonie en collaboration avec le FRC, s'est tenu à Sainte-Lucie et a attiré de nombreux spécialistes venus de pays créolophones tels que les Seychelles, Cayenne et l'île Maurice, entre autres. Les thèmes abordés lors de cet événement ont porté sur l'analyse de l'emploi de la langue et de son évolution future. On s'est aussi penché sur la manière de relever les défis qui se présentent à la langue. Le FRC espère que ce colloque encouragera la tenue d'autres rencontres sur le créole antillais.

Parallèlement au regain qu'a connu le créole, on peut aussi remarquer l'intérêt croissant pour la langue française et pour les cultures francophones. Le prochain Sommet de la Francophonie à Moncton, Canada, dont le thème sera "La jeunesse", a provoqué une grande participation de la jeunesse dans des initiatives de la francophonie. Un concours lancé par l'Organisation internationale de la Francophonie en septembre 1998, afin de sélectionner deux jeunes représentants de chaque pays pour assister au "Grand Rassemblement de la jeunesse francophone" le 20 mars 1999, a retenu l'attention des jeunes Saint-Luciens. Les gagnants de ce concours, Sarah Stanislas, étudiante de français, et Kony Joseph ont appris beaucoup de leur contact avec les autres jeunes francophones à ce rassemblement. Ils ont pu partager leurs idées et sont arrivés à mieux comprendre les questions qui touchent à la vie des jeunes dans beaucoup de pays francophones. Dans la foulée de ce rassemblement important, Kony Joseph a également profité d'un autre concours organisé par l'Organisation internationale de la Francophonie et a été sélectionné une fois de plus pour assister à la rencontre du Forum jeunesse internationale qui s'est tenu au Burkina Faso du 23 au 30 mai 1999.

D'autres Saint-Luciens sont allés à la découverte de la culture dans d'autres pays francophones. L'artiste et poète Jacqueline Atherly a assisté à la Concertation francophone sur l'artisanat et les arts plastiques en octobre 1998 au Burkina Faso. Elle a profité de l'occasion pour apprendre de nouvelles techniques artisanales. La danseuse Christine Samuel s'est rendue au Marché des arts et du spectacle africain (MASA) en Côte d'Ivoire afin d'assister à un festival et à un forum et pour se plonger dans la culture africaine, qui est si proche de celle des Antilles.

LA FRANCOPHONIE

Les célébrations pour commémorer la Journée de la Francophonie à Sainte-Lucie se sont voulues plus importantes cette année grâce aux efforts de la Mission de coopération française, de l'Alliance française et de la correspondante nationale auprès de l'Agence de la Francophonie, Shery Alexander Heinis. Un comité composé de représentants de chacune de ces organisations a préparé plusieurs activités pour mettre en lumière non seulement la langue française mais aussi la cuisine et la mode des pays francophones.

À travers les activités distinctes, le comité a tenté d'encourager une plus grande participation du public. Parmi celles-ci, on peut noter les événements qui se tiennent chaque année, tels les manifestations culturelles présentées par les élèves des écoles secondaires, les concours de poésie et d'orthographe organisés par l'Alliance française, la diffusion d'un film en français (cette année *Siméon* par Euzhan Palcy, réalisatrice martiniquaise), et la tenue d'une soirée de contes traditionnels qui a attiré le plus grand nombre de personnes l'année dernière.

De plus, un dîner de gala et un défilé de mode ont enthousiasmé le public saint-lucien. Cela s'est tenu dans un des hôtels les plus luxueux de Sainte-Lucie, où figuraient la bonne chère française et la mode de quelques stylistes renommés martiniquais et saint-luciens. Une conférence sur *La Femme dans le monde francophone* a été donnée par Jacqueline Atherly, professeur et artiste qui a vécu dans plusieurs pays francophones.

DOMINIQUE

POLITIQUE ET ÉDUCATION

Le français est l'un des sujets obligatoires enseignés dans toutes les écoles secondaires de la Dominique et dans dix-neuf (19) écoles primaires. En septembre 1999, on verra l'enseignement du français langue étrangère dans 26 des 65 écoles primaires de la Dominique, grâce à l'aide financière et technique du gouvernement français.

Cette décision du gouvernement de la Dominique fait voir un nombre croissant de Dominiquais qui s'inscrivent pour les cours de français. L'Alliance française a également organisé un cours spécialisé pour quelques fonctionnaires du gouvernement de la Dominique au cours du premier trimestre de 1999.

ÉCONOMIE

Le ministre des Finances, de l'Industrie et de la Planification a présenté, le 18 juin 1999, le budget du gouvernement de la Dominique pour l'année fiscale 1999/2000. La construction d'un aéroport international et de l'infrastructure nécessaire sont les points de développement les plus importants de ce budget.

On espère relancer le développement économique et social de la Dominique à partir de ces projets fondamentaux. Cela contribuera à diversifier l'économie de notre pays, compte tenu de la remise en question par les Américains des taux préférentiels contenus dans les accords de Lomé, entre l'Europe et les pays de l'Afrique, des Caraïbes et du Pacifique (ACP).

Le gouvernement de la Dominique a également établi une Commission spéciale pour organiser des activités marquant le 21e anniversaire de l'indépendance de la Dominique en novembre 1999, ainsi que le nouveau millénaire. Un programme d'activités s'échelonnant d'août 1999 à mars 2000 a été lancé par la Commission le 28 juin, à une conférence de presse à Roseau, sous le thème "Saisis le nouveau millénaire".

CULTURE

La deuxième édition du Festival mondial de la musique créole s'est déroulée du 30 octobre au 1er novembre 1998 à Roseau, la capitale de la Dominique. Le festival a attiré un public nombreux et varié des Caraïbes francophone et anglophone et a constitué une opportunité pour des musiciens des pays créolophones, en particulier membres de la francophonie, de présenter une large gamme de styles et de talents. Il a rassemblé des groupes musicaux de la Guadeloupe, la Martinique, Haïti, Louisiane, la république du Congo, Ste-Lucie et la

DOMINIQUE

QUELQUES POINTS DE REPÈRE

Géographie

➤ Île des Petites Antilles entre la Guadeloupe et la Martinique, couverte par la jungle du climat tropical humide. Il existe encore quelques centaines de descendants des Indiens caraïbes.

Histoire

➤ Occupation précolombienne: Arawaks puis Caraïbes.

➤ 1493 Arrivée de C. Colomb, le dimanche 3 nov. (d'où son nom).

➤ XVIIe s. Français et Anglais signent une entente de paix avec les Caraïbes, à qui ils accordent l'entière possession de l'île de la Dominique. Entente confirmée en 1728; neutralité de l'île.

➤ 1763 L'île est cédée à l'Angleterre par le traité de Paris.

➤ 1967 État associé à la Grande-Bretagne.

➤ 1978 (3 nov.) Indépendance de la Dominique.

➤ 1986 Participation aux Sommets francophones; membre de l'ACCT.

Société

➤ Le créole est langue courante, l'anglais, langue officielle.

Dominique. Les styles les plus représentés étaient: la cadence-lypso, le zouk, la cadence-compa, le soukous, et le bouyon provenant de la Caraïbe, de la France et de l'Amérique du Nord et de l'Afrique.

Deux symposiums pour l'établissement d'une Fédération mondiale des cultures créoles ont eu lieu à la Dominique, en octobre 1998 et en juillet 1999. L'idée de cette fédération est née de la nécessité de renforcer la collaboration dans le domaine culturel entre les peuples et les pays à la fois créolophones et francophones, tels que la Dominique, Ste-Lucie, Haïti, la Martinique et la Guadeloupe parmi d'autres.

Les symposiums ont réuni des artistes, des musiciens, des poètes, des chercheurs en linguistique, spécialistes de la langue créole, afin de discuter des différents aspects de la culture créole, en particulier la langue, la littérature et la musique.

Le 12 juillet 1999, les organisations représentées au deuxième symposium ont adopté une résolution pour l'établissement d'une Fédération mondiale des cultures créoles. Les détails ainsi que la structure de cette Fédération seront discutés à la prochaine réunion en octobre 1999.

N. B. Le créole à base lexicale française est la langue courante de la Dominique.

Le Comité national de la Francophonie de la Dominique a célébré avec faste une semaine nationale de la Francophonie du 15 au 20 mars 1999, en collaboration avec l'Alliance française de la Dominique et l'Association des professeurs de langues étrangères.

Nous osons espérer que cette collaboration tripartite continuera au cours des années à venir afin de permettre une certaine propagation du français dans divers milieux socio-économiques de la Dominique.

BIBLIOGRAPHIE

BEBEL-GISLER Dany, *Grand'mère, où commence la Route de l'esclave?*, Pte à P., Éd. Jasor.
BERNABÉ Jean et PINALIE Pierre, *Grammaire du créole martiniquais en 50 leçons*, Paris, L'Harmattan, 1999.
BAVARIN Ernest, *Le Cercle des Mâles-Nègres*, Paris, L'Harmattan, 1999.
BRETON Raymond (Révérend Père), *Dictionnaire caraïbe-français* (avec CD rom), édition présentée et annotée par le CELIA et le GEREC, Paris, IRD/Karthala 1665/1999.
BRIVAL Roland, *Biguine Blues*, Paris, Phébus, 1999.
CABORT-MASSON Henri, *Comportements et mentalités en Martinique*, Fort-de-France, Cabort, 1999.
CHALUMEAU Fortuné, *Hautes abîmes*, Paris, Lattès, 1999.
CONDÉ Maryse, *Le Cœur à rire et à pleurer, contes vrais de mon enfance*, Paris, R. Laffont.
CONFIANT Raphaël, *Régisseur du rhum*, Paris, Écritures, 1999.
CONFIANT Raphaël, *La Dernière Java de Mama Josepha*, Paris, Mille et une nuits, 1999.
DAMBURY Gerty, *Mélancolie*, nouvelles, La flèche du temps.
DELAS Daniel, *Lettres des Caraïbes de langue française*, Paris, Nathan/Université, 1999.
DELSHAM Tony et GWO POUEL, *Vies coupées*, Fort-de-France, MGG, 1999.
DELSHAM Tony, *Dérives*, Fort-de-France, MGG.
ELISÉE Max, *Mémoires d'un Chabin*, Paris, Olbia, 1999.
LARA Oruno, *De l'oubli à l'histoire*, Paris, Maisonneuve & Larose, 1999.
LOLIA Marylin, *Esclavage, crime contre l'humanité*, Atlantica.
MAUVOIS Georges, *Monologue d'un Foyalais*, Fort-de-France, Ibis rouge.
MAUVOIS Georges, *Un complot d'esclaves: Martinique 1821*.
NICOLAS Armand, *Histoire de la Martinique*, Tome 3: 1939-1971, Paris, L'Harmattan, 1999.
PAME Juliette, *Bissette, un martyr de la liberté*, Fort-de-France, Desormeaux, 1999.
PÉPIN Ernest, *Le Tango de la haine*, Paris, Gallimard.
PINEAU Gisèle, *Des prières prêtées aux oiseaux*, Paris, Stock.
PINEAU Gisèle, *Le Cyclone Marylin*, Heurtebise.
SAINTON Jean-Pierre, *Les Nègres en politique*, (2 volumes), Presses universitaires du Septentrion.
TELCHID Sylviane, *Grand-père Chabri raconte: légendes et mystères du pays Guadeloupe*, Jasor.
VILAYLECK Élisabeth, *Les Mots du corps dans la tradition martiniquaise*, Paris, L'Harmattan, 1999.
YACOU Alain (dir.), *Les Catastrophes naturelles aux Antilles*, Paris, Karthala/CERC, 1999.

HAÏTI

Rodney SAINT-ÉLOI
Journaliste, Haïti

avec la collaboration de

Maximilien LAROCHE
Université Laval

POLITIQUE

L e groupe musical haïtien Chandèl, parodiant la situation politique haïtienne, a trouvé le mot juste: *Un pas en avant, deux pas en arrière.*
Après plus d'un an d'absence de gouvernement, Jacques-Édouard Alexis,
l'ancien ministre de l'Éducation, est nommé premier ministre, avec un
Parlement dont la caducité du mandat est constatée par le président de la
République. Ce qui crée une situation sans précédent: maires élus révo-
qués puis remplacés... Premier ministre ratifié, mais "gouvernement anor-
malement constitué", avoue le président Préval à l'occasion de l'investiture
du premier ministre Alexis. Des groupes
de la société civile, comme l'initiative démocratique (I.D.), et une trentaine d'intellectuels crient à l'illégalité et à la dérive
totalitaire de l'Exécutif.

En dépit de tout, le pragmatisme et l'entêtement du nouveau premier ministre
auront porté leurs fruits: un Conseil électoral est mis sur pied, aussi bien qu'un
gouvernement, en majorité lavalassien.

Mais la nomination d'un premier ministre et le retour à un semblant de
légalité constitutionnelle n'ont pas eu raison de la longue crise politique.
Les mêmes forces d'inertie sont revenues. L'amateurisme, l'aventurisme
et le clientélisme ont la vie dure.

L'année politique a surtout été marquée par les querelles politiques de la
famille Lavalas. Ces querelles ont pris en sandwich la société civile haïtienne. La guerre déclarée entre l'ancien président du pays, Jean-Bertrand
Aristide, et le secrétaire d'État à la sécurité nationale Robert Manuel pour
le contrôle de la jeune police nationale, n'arrange pas non plus les choses.
On peut craindre une nouvelle guerre civile.

Entre-temps, les problèmes (inflation, insécurité, banditisme civil et
politique, trafic de stupéfiants, corruption...) auxquels est constamment confrontée la société haïtienne n'ont aucunement changé. La
coupure ville/campagne s'est accentuée davantage et la marginalisation
des classes défavorisées aussi, sur fond de violence sociale et politique. On

assiste aussi à l'instrumentalisation des jeunes des classes défavorisées, par les politiciens. Diplomates du béton d'hier, ils deviennent les guerriers du jour.

Les derniers événements font voir un paysage politique dominé par l'hésitation et la violence. L'absence d'autorité de l'État et la montée d'organisations populaires (OP), manipulées par certains partis politiques, montrent en clair les paradoxes d'un État, dont plus de 80% du budget provient de la communauté internationale. Situation de dépendance qui s'accentue ces derniers temps. Mais, de plus en plus se dessine une nouvelle tendance géo-politique, l'alignement d'Haïti sur Cuba. Le modèle cubain, à son déclin, semble le plus efficace pour les nouveaux dirigeants haïtiens. Des échanges intenses, dans certains domaines comme la santé, l'économie, la culture, se sont intensifiés ces derniers temps entre les deux républiques.

HAÏTI

Quelques points de repère

Géographie

➤ L'île d'Haïti – en arawak *terre montagneuse* –, l'une des Grandes Antilles (avec Cuba, la Jamaïque et Porto Rico), partagée entre République d'Haïti à l'ouest et République dominicaine à l'est.

Histoire

➤ 1492 (6 déc.) Arrivée de Christophe Colomb qui dénomme Haïti "Hispañola".

➤ 1550 Début de la traite des Noirs par les Espagnols pour remplacer la main-d'œuvre indigène décimée.

➤ 1697 Ratification par le traité de Ryswick de l'occupation de la partie occidentale qui avait commencé en 1625. Arrivée massive d'esclaves (90 % de la population au XVIIIᵉ siècle), prospérité de l'île, *la perle des Antilles*.

➤ 1791-1803 Révolte des esclaves (Toussaint Louverture). Stratégie de la terre brûlée et éviction des Français.

➤ 1804 Indépendance (négociée avec la France en 1825). Jean-Jacques Dessalines se proclame empereur.

➤ 1915-1934 Occupation américaine.

➤ 1957-1971 Dictature de François Duvalier, "Papa Doc".

➤ 1971-1986 Jean-Claude Duvalier, "Baby Doc", succède à son père.

➤ 1990 (12 déc.) Jean-Bertrand Aristide élu président. Chassé par l'armée (20 sept. 1991), avec l'accord tacite des États-Unis, il revient le 15 octobre 1994.

➤ 1995 (30 oct.) René Préval, président.

➤ 1998 Jacques-Édouard Alexis devient premier ministre.

Société

La société civile entre-temps s'organise; des commerçants, pour la grande majorité, et des professionnels disent non au "crétinisme politique", à l'insécurité, et oui à la paix, en organisant une grande manifestation réunissant près de cinq mille personnes au Champ de Mars le 28 mai 1999. Sous la menace des proches de l'ancien président Aristide, les manifestants ont dû mettre une sourdine à leurs revendications. *Le Nouvelliste*, dans son éditorial du 28 mai 1999, prévoit que "le risque est grand de l'affirmation de plus en plus caractérisée des antagonismes politiques, économiques et dorénavant sociaux".

L'innovation cette année est venue, pour plus d'un, avec l'entrée de la bourgeoisie haïtienne sur la scène politique. Depuis plus de 50 ans, cette élite économique qui traditionnellement se contentait de grapiller en tirant les ficelles, se sent aujourd'hui menacée. Elle intervient à haute voix, avec son porte-parole, Olivier Nadal, qui entend se battre pour "faire changer les choses". Bien vite resurgissent les conflits de classe, de couleur et d'intérêt. Mais l'heure est aussi à la remise en question de cette bourgeoisie qui a toujours tourné le dos à la question nationale.

Le point d'achoppement est aussi les prochaines élections prévues pour nov. 1999. Le conflit est déjà ouvert entre le Conseil électoral et l'Éxécutif, sur la question des élections avortées d'avr. 1997. Quant à la communauté internationale, les promesses

Entretien avec le premier ministre Jacques-Édouard Alexis

AFI: Universitaire, ministre de l'Éducation, premier ministre. Vous n'êtes pas un homme politique de carrière, pensez-vous pouvoir réussir?

J.-E.A.: L'histoire fourmille d'exemples qui montrent que gérer un pays, construire une démocratie n'est pas nécessairement l'œuvre des professionnels de la politique. Je dois bien avouer qu'il y a des stratégies, des traditions et des idéaux politiques qui peuvent servir de paradigme. J'en tiens compte. Mais pour essayer d'améliorer les choses dans la pratique, l'essentiel, à mon sens, est d'être pragmatique. Il n'y aura pas de solution miracle. Haïti ne peut venir à bout de cette longue crise que si nous arrivons à constituer une masse critique d'hommes et de femmes compétents, honnêtes, désireux d'éviter la catastrophe. Stratège politique ou non, sans cette masse critique, nous ne pourrons rien espérer.

AFI: Plus de 80% du budget national est financé par la communauté internationale. Comment comptez-vous sortir le pays de la dépendance?

J.-E.A.: Ce n'est pas une fatalité. On doit remonter aux sources historiques de ce gâchis. De 1986 à nos jours, les dirigeants ont hérité d'un pays dévasté. L'aide économique devient incontestablement nécessaire pour la relance de l'économie haïtienne. Le président Préval a rappelé récemment que "l'exercice de la démocratie et de la souveraineté a un coût". Notre devoir est de gérer cette dépendance, de réévaluer nos moyens et nos capacités à sortir de la dépendance. J'aime affirmer que nous ne sommes pas là pour partager la misère. Nous devrons tout faire pour que la richesse soit créée et veiller à ce qu'elle soit bien répartie. Ce n'est pas un slogan ni une formule politique comme une autre. La situation d'Haïti le commande. Et nous ne pouvons croiser les bras. Nous devons agir, vite et très vite.

Un seul exemple, l'organisation des élections d'après les premières estimations coûteront plus de 18 millions de dollars US; nous ne pouvons pas les financer nous-mêmes. Il faut continuer à compter sur l'appui de la communauté internationale.

AFI: Peut-on aller voter dans des conditions aussi extrêmes de misère?

J.-E.A.: Nous n'avons pas, malheureusement, de baguette magique. Je comprends que l'organisation des élections dans une telle situation pose problème. Mais la grande pauvreté ne peut être réduite qu'à l'aide d'un investissement massif. C'est un défi de longue haleine. Quant aux élections, nous n'avons pas le choix: il y va de l'avenir de la démocratie en Haïti et du processus de développement national.

AFI: Il y a deux dossiers très très chauds, la corruption et l'impunité.

J.-E.A.: Pour la justice, j'aimerais reformuler la question: la justice haïtienne, moribonde, est-elle capable d'être sauvée? Il y a plusieurs niveaux de compréhension liés au débat sur l'impunité chez nous. Commençons par le pire. L'appareil judiciaire haïtien, comme toute institution en transition, fait face à d'énormes problèmes: les juges sont corrompus, et souvent incompétents. Jusqu'à présent la justice est sous-équipée et largement défavorisée. Il faut dire aussi qu'il y a une tradition de manipulation et de corruption persistante.

AFI: La francophonie pourrait-elle jouer un rôle?

J.-E.A.: Assurément. Mais pour cela, il faut une francophonie dynamique, non réductible aux relations classiques d'aide au développement. Je l'ai souligné très clairement à l'occasion de la récente visite de M. Boutros Boutros-Ghali en Haïti. Et j'ai plaidé pour la réalisation d'un plan de mobilisation de ressources humaines qualifiées afin d'aider notre pays à faire face à court et à moyen terme à cette insoutenable carence, qui se manifeste dans tous les secteurs d'activité.

semblent tomber à l'eau. Le premier ministre Alexis, dans un sursaut nationaliste, affirme: "avec ou sans la communauté internationale, auront lieu les élections." Le jeu démocratique paraît piégé à la veille des élections de novembre. L'Institut républicain international (IRI), établi en Haïti, a dû mettre fin définitivement à ses activités au cours du mois de juin, car les opérations de soutien au renforcement des partis politiques ont été perçues par le parti Lavalas comme une entrave à la cause démocratique. Pour les proches de Lavalas, l'IRI était là uniquement pour "soutenir les partis macoutes et empêcher à tout prix le retour au pouvoir du président Aristide."

Après trois mois de gestion, J.-É. Alexis se déclare insatisfait de la lenteur gouvernementale, due en partie à ce qu'il appelle lui-même la "gestion-pompier"...

Parallèlement à la dégradation politique, l'environnement d'Haïti, déjà malmené par des décennies de mauvaise gestion des ressources naturelles et l'appauvrissement des paysans, subit de rudes épreuves. Entre autres, les contrecoups du phénomène El Niño: inondations, glissements de terrain, récoltes dévastées, dérèglement des saisons... Ceci contribue à accentuer l'exode rural en direction de Port-au-Prince, qui fête cette année son 250e anniversaire.

ÉCONOMIE

L'année économique se place sous le signe de la détérioration et de la confusion. Tous les secteurs de la vie économique ressentent le poids des querelles politiques intestines et l'absence de vision des dirigeants et donc d'action gouvernementale. Le chômage quasi général, l'affaiblissement des classes moyennes, le ralentissement des activités commerciales sont autant de points sombres qui caractérisent l'économie haïtienne en cette fin de siècle. Pour certains observateurs, la survie économique du pays est directement liée à la narco-politique. L'un des faits marquants est l'intégration officielle d'Haïti au Caricom (Communauté caribéenne) le 4 juillet 1999. Côté exportation, certains efforts sont entrepris pour l'exportation des denrées comme la mangue, dont près de 200 variétés sont cultivées en Haïti. Certains projets sont en cours pour l'augmentation de la production de canne à sucre à l'hectare. Aidés de certains experts cubains, les professionnels haïtiens vont se mettre à la tâche afin de se structurer pour s'intégrer sans complexe au marché de la Caraïbe.

Le gouvernement, en raison de la faiblesse de la production nationale, obtient le moratoire de cinq ans en vue de pallier la faiblesse de la production locale, afin d'empêcher une flambée des prix des produits de première nécessité dont le riz, frappé cette année de la maladie de la paille noire. Le ministère des Finances, au niveau macroéconomique, applique toutes les mesures recommandées par le Fond monétaire international et la Banque mondiale, comme la réduction des dépenses publiques et l'augmentation des recettes fiscales, entre autres. Après la privatisation de la minoterie, actuellement les moulins d'Haïti, de la cimenterie d'Haïti, la prochaine étape est la Compagnie de télécommunication haïtienne (Téléco), l'Autorité aéroportuaire nationale, l'Aéroport international de Port-au-Prince. D'après le premier ministre, avant la fin de l'année 99, ces entreprises d'État devront être privatisées.

Au niveau du secteur privé, tous les entrepreneurs se préparent à entrer dans la concurrence, d'une part, avec la République dominicaine, île voisine qui a déjà une grosse part du marché haïtien et, d'autre part, les zones de libre-échange de la Caraïbe. Par rapport à ces deux défis, le secteur privé haïtien a présenté, au cours du mois de juin, un cahier des charges au ministre du Commerce, M. Gérald Germain, dans lequel il a passé en revue la faiblesse structurelle du secteur économique et les stratégies bilatérales (Haïti/République dominicaine) et multilatérales (Haïti et la Caraïbe) sur la création de zone de libre commerce et soumis une ébauche de listes de produits à protéger comme pour les autres pays du Caricom. À la fin de l'été, la commission mixte haïtiano-dominicaine se réunira pour se pencher sur certains dossiers tels que le tourisme, les échanges commerciaux et la migration des paysans haïtiens en République dominicaine. Cette année, la situation s'est nettement détériorée avec le refoulement massif de travailleurs migrants haïtiens, le plus souvent, avec la violation de leurs droits. Situation que le ministre des Affaires étrangères Fritz Longchamp a sévèrement critiquée lors de sa participation au Sommet de Rio (juin 1999). À souligner aussi le pullulement des banques haïtiennes, qui ne se sont jamais aussi bien portées en cette période de disette.

CULTURE

Si l'année politique a été terrible, la culture, quant à elle, offre des moyens d'espérer. Initiatives culturelles, projets, rencontres, débats, publications, expositions témoignent de la vivacité de la vie culturelle en Haïti. Le livre haïtien a été cette année le grand gagnant. Deux ans après sa mort, Félix Morisseau-Leroy, le père de la poésie créole haïtienne, est célébré à Port-au-Prince et dans la diaspora haïtienne. Deux initiatives: la Collection Feliks Moriso-Lewa des Éditions Mémoire et la Bibliothèque Felix Morisseau-Leroy montrent l'incidence de l'œuvre de l'écrivain sur les jeunes créateurs haïtiens. Côté publication, trois maisons d'édition: Regain, Mémoire, CIDIHCÀ travaillent ensemble en vue d'un renouveau du paysage éditorial haïtien. Aussi est née la collection Bibliothèque haïtienne, qui a déjà mis en circulation des ouvrages accessibles à un large lectorat. Initiative louable quand on pense à la réflexion qu'elle suscite autour de la lecture publique en Haïti et de la circulation du savoir. Autre fait important dans l'édition, l'émergence du livre-jeunesse, avec le consortium Hachette-Deschamps, qui a fait paraître une dizaine de récits pour préadolescents. Les éditions Mémoire ont renforcé leur collection de livrejeunesse, avec de nouveaux titres. Mais le renouveau est venu avec l'hebdomadaire *Le P'tit Nouvelliste*, édité par le quotidien *Le Nouvelliste*. Cette proposition de lecturejeunesse est favorablement accueillie. La manifestation de la foire "Livre en folie" a battu tous les records. Plus de 6 000 exemplaires ont été vendus au cours de cette journée qui a accueilli plus d'un millier de visiteurs. À souligner les efforts de la fondation Connaissance & Liberté dans la mise en place et l'accompagnement des bibliothèques en Haïti. Grâce à leur soutien, plus d'une quarantaine de bibliothèques (de proximité) sont établies en Haïti. Autre évènement: la célébration du 250e anniversaire de Port-au-Prince, qui a quelque peu recentré le débat sur la question de l'habitat et sur la notion de l'espace public à Port-au-Prince.

BIBLIOGRAPHIE

ACHILLE Théodore, *Aristide: le dire et le faire*, essai, Montréal, Éd. de la Vérité, 1998, 105 p.
ALTIDOR Raoul, *Koulè Midi*, nouvelle, Port-au-Prince, Mémoire, 1999, 72 p.
AUGUSTE Marcel B., *La République d'Haïti et la Seconde Guerre mondiale*, Ste-foy, 1998, 351 p.
AUGUSTIN Joseph, *Le Vodou libérateur*, Montréal, Tanboula, 1999, 340 p.
    Témoignage d'un animateur culturel, musicien, ancien prêtre catholique qui a toujours milité pour l'intégration des éléments de la culture populaire et du vodoun dans le rituel catholique.
BAZILE André-Fils (sous la dir. de), *Annuaire de la communauté haïtienne en France*, Paris, 2e édition, 1999.
CADET Jean-Robert, *Restavec, from haitian slave to middle class american, an autobiography*, Austin, University of Texas press, 1998, 183 p.
    Une autobiographie qui aidera les sociologues à faire le point sur cet anachronisme de la société haïtienne: les enfants domestiques.
CASTERA Georges, *Bòs Jan (Jean le menuisier)*, texte et dessin, Mémoire, coll. Enfants d'Haïti, 16 p.
CASTERA Georges, *Pitit papa 1 (Le père et l'enfant)*, texte et dessin, Mémoire, coll. Enfants d'Haïti, 16 p.
CAVÉ Syto, *Le Singe du dormeur*, nouvelles, Port-au-Prince/Montréal, Bibliothèque haïtienne, 1999, 144 p.
DAGUILLARD Fritz, *Pèlerin sur la piste noire, En causant d'Haïti*, Port-au-Prince, Regain, 1999, 264 p.
DALEMBERT Philippe, *L'Autre Face de la mer*, Paris, Stock, 1999.

DÉSINOR Carlo (sous la dir. de), *Le P'tit Nouvelliste*, Port-au-Prince, Le Nouvelliste, mai 1999. Hebdomadaire en couleurs adressé aux enfants et adolescents.

DESQUIRON Lilas, *Les Chemins du loco-miroir*, Port-au-Prince/Montréal, Bibliothèque haïtienne, 1999.

DORSINVILLE Max, *Erzulie loves shango*, roman, Montréal, CIDIHCA, 1998, 228 p.

ÉTIENNE Franck, *Rapjazz, journal d'un paria*, Port-au-Prince, Imprimeur II, 1999.

ÉTIENNE Gérard, *Bacoulou*, Genève, Métropolis, 1998, 62 p.

ÉTIENNE Gérard, *La Femme noire dans le discours littéraire haïtien*, Montréal, Édition Balzac, 1998, 300 p.

EUGÈNE Manno et al., *Prix Jacques Stephen Alexis de la nouvelle*, 2e édition, Port-au-Prince, Imprimeur II, 1999.

FIGNOLÉ Jean-Claude, *La Dernière Goutte d'homme*, Bibliothèque haïtienne,1999.

GAILLARD Roger, *La République exterminatrice*, vol. 6: *Antoine Simon et la modification (déc. 1908-fév. 1911)*, Port-au-Prince, 1998, 250 p.

GARNIER Eddy, *Vivre au noir en pays blanc*, Hull, Éditions Vents d'ouest, 1999, 329 p. Deuxième volet d'une trilogie romanesque dont le premier volume, *Adieu bordel, bye bye vodou*, racontait la vie de Manolito qui ici arrive au Québec.

JEAN Jean-Claude et MAESSCHALK Marc, *Transition politique en Haïti, radiographie du pouvoir lavalas*, Paris, L'Harmattan, 206 p. À défaut d'une opposition institutionnelle et démocratique, le public peut trouver dans des ouvrages comme celui-ci une critique du pouvoir en place en Haïti.

LAFOREST Jean-Richard, *Poèmes de la terre pénible*, Montréal, Équateur/CIDIHCÀ, 1999, 261 p.

LAHENS Yanick, *La Petite Corruption*, nouvelles, Mémoire, 1999, 128 p.

LAMOTHE Émmanuel, *Le Vieux Port-au-Prince, Une tranche de la vie haïtienne, suivi de quelques faits et dates*, Port-au-Prince, Bèljwèt Publications, 1999; 1ère éd. 1939, 256 p.

LARAQUE Paul, *Œuvres incomplètes*, poésie, Montréal, Éd. du Cidihca, 1999, 331 p.

LESCOUFLAIR Michel Georges, *De simples créatures, Les femmes dans la Bible et dans le Coran*, Port-au-Prince, Imprimeur II, 1998, 138 p.

MARS Kettly, *Un parfum d'encens*, nouvelles, Port-au-Prince, Imprimeur II, 1999.

MILCÉ Éphèle, *Louvri tan*, poèmes, Port-au-Prince, Éditions de l'île, 1999, 48 p.

MORQUETTE Mac-Ferl, *Les Nouveaux Marrons, essai sur un aspect de la crise politique 1989-1998*, Port-au-Prince, 1999, 133 p.

NAZON Giscard, *Première distance*, poèmes, Impressa Imprimerie, 1999, 72 p.

OLLIVIER Émile, *Mille eaux*, Paris, Gallimard, coll. Haute enfance, 1999.

PAPILLON Margaret, *La Légende de Quisqueya*, Mémoire, coll. Enfants d'Haïti, 1999, 80 p.

PAUL Cauvin, *Les Sédentaires*, roman, Montréal, Humanitas, 1998, 191 p.

PHELPS Anthony, *La Poésie contemporaine d'Haïti*, Disque compact, Production Caliban, 1999.

RENAUD Alix, *Tande Kreyòl la byen*, (manuel, cassette d'accompagnement et lexique bilingue pour l'étude du créole), Québec, Garneau-International, 1998, 135 p.

SAINT-ÉLOI Rodney et CASTERA Georges (sous la dir. de), *Boutures*, Revue de littérature et d'art, Port-au-Prince, Mémoire, 1999, 40 p.

SAVAIN Roger, POPE Michaelle V., *Haitian kreyol in ten steps, Book and a video sketch on haitian language and culture*, Plantation FL., Language Experience, 1998.

TIGA, *Ze kalanderik*, texte et dessin, Port-au-Prince, Mémoire, Coll. Enfants d'Haïti, 1999, 32 p.

TROUILLOT Évelyne, *Ma maison en dentelles de bois*, Mémoire, coll. Enfants d'Haïti, 1999, 80 p.

TURENNE Joujou, *Joujou, amie du vent*, contes, Montréal, CIDIHCÀ, 1998, 159 p.

VICTOR Gary, *Albert Buron*, tome II, Port-au-Prince, Imprimeur II, 1999, 196 p.

VICTOR Gary, *Le Diable dans un thé aux citronnelles*, Port-au-Prince, Imprimeur II, 1999.

"Haïti: l'oraison démocratique", dans *Pouvoirs dans la Caraïbe*, (revue du CRPLC), n° 10, Université Antilles-Guyane, n° 10, 1998, 349 p.

"La littérature haïtienne des origines à 1960", dans *Notre Librairie*, n° 132, Paris, CLEF, 1998, 167 p.

"La littérature haïtienne de 1960 à nos jours", dans *Notre Librairie*, n° 133, Paris, CLEF, 1998, 223 p.

AFRIQUE SUBSAHARIENNE

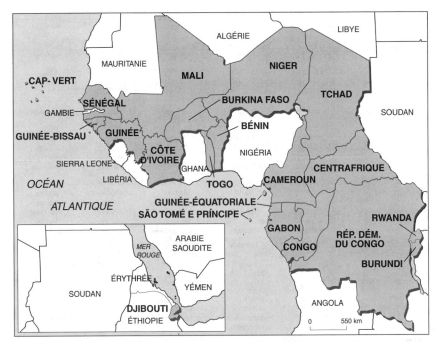

De l'Afrique subsaharienne, vingt et un pays sont présents aux Sommets de la Francophonie. Les frontières de ces pays sont nées de la présence des anciennes colonies européennes, particulièrement de la France*, de la Belgique et du Portugal.

Selon les endroits, le pourcentage de francophones réels varie de 0,1% à 35%, alors que celui des francophones occasionnels oscille entre 4% et 40%. Dans la grande majorité de ces pays, la langue officielle est le français, auquel s'ajoutent l'espagnol (Guinée-Équatoriale), l'arabe (Djibouti, Tchad), l'anglais (Cameroun), le kirundi (Burundi) et le kinyarwanda (Rwanda); c'est le portugais qui possède ce statut au Cap-Vert, en Guinée-Bissau ainsi qu'à São Tomé e Príncipe.

La situation du français est particulière. C'est la langue de l'administration, de l'enseignement et de la communication internationale. Mais dans la vie quotidienne, il est en contact permanent avec les langues africaines, habituellement langues d'usage, ce qui ne va pas sans conséquences. D'où le développement de niveaux dans le français parlé où la création imaginative de l'Africain trouve à s'exprimer, au point que l'on est amené à parler parfois de "français d'Afrique". À l'occasion, ces particularités poussent jusqu'à des transformations profondes de la syntaxe et de la lexicologie. L'Africain s'approprie alors le français qu'il soumet à de nouveaux modèles linguistiques.

*AEF: Afrique équatoriale française (1910-1958), fédération regroupant le Gabon, le Moyen-Congo, l'Oubangui-Chari et le Tchad. AOF: Afrique occidentale française (1895-1958), fédération regroupant le Sénégal, la Mauritanie, le Soudan, la Haute-Volta (actuel Burkina-Faso), la Guinée, le Niger, la Côte d'Ivoire et le Dahomey (actuel Bénin).

On peut consulter:

CEAN, *L'Afrique politique 1997*, Paris, Karthala, 1997.

CONSTANTIN F. et COULON C. (dir.), *Religion et transition démocratique en Afrique*, Karthala, Paris, 1997.

ELLIS Stephen, *L'Afrique maintenant* (Trad. de *Africa Now*), Paris, Karthala, 1995, 488 p.

Équipe IFA, *Inventaire des particularités lexicales du français en Afrique noire*, Paris, ACCT/AUPELF, 1ère éd. 1983, 550 p.; rééd. AUPELF/UREF.

ROUSSIN Michel (participation d'E. Goujon), *Afrique majeure*, Paris, France-Empire, coll. Pouvoir et stratégie, 1997, 210 p.

AFRIQUE (1)

	Burkina Faso	Mali	Niger	Tchad	Sénégal
Nom officiel	République du Burkina Faso	République du Mali	République du Niger	République du Tchad	République du Sénégal
Capitale	Ouagadougou	Bamako	Niamey	N'Djamena	Dakar
Superficie (km²)	274 200	1 240 192	1 267 000	1 284 000	196 722
Régime politique	présidentiel	présidentiel	militaire	présidentiel	semi-présidentiel
Chef d'État Entrée en fonction Prédécesseur	Blaise **Compaoré** 15-10-1987 Thomas **Sankara**	Alpha Oumar **Konaré** 26-04-1992 Moussa **Traoré**	Daouda Mallam **Wanké** 9-04-1999 Maïnassara **Baré**	Idriss **Déby** 4-12-1990 Hissène **Habré**	Abdou **Diouf** 1-01-1981 Léopold Sédar **Senghor**
Chef du gouvernement Entrée en fonction Prédécesseur	Kadré Désiré **Ouédraogo** 7-02-1996 Christian Roch **Kaboré**	Ibrahima Boubacar **Keïta** 4-02-1994 Abdoulaye Sékou **Sow**	Ibrahim Assane **Mayaki** 24-11-1997 Amadou Boubacar **Cissé**	Nassour Guelengdouksia **Ouaïdou** 16-05-1997 Djimasta **Koïbla**	Mamadou Lamine **Loum** 3-08-1998 Habib **Thiam**
Langues officielles Autres langues	français moré, dioula, gourmanc	français bambara, songhaï, soninké, malinké,pulaar, khassonké	français dyerma, haoussa, tamachek, fufulde, songhaï, touareg	français, arabe fulfude, mundang, tupuri	français wolof, fulacunda, tukulor, mandinka, diola, (casamana)
Principales religions en % de la population	croyances traditionnelles (44,8) islam (43) christianisme (12,2)	islam (90) croyances traditionnelles (9) christianisme (1)	islam (80) animisme et christianisme (20)	islam (54) christianisme (23) animisme (23)	islam (92) croyances traditionnelles (6) christianisme (2)
Population¹ Moins de 15 ans en % Plus de 65 ans en % Indice de fécondité Espérance de vie H/F Alphabétisation en %	11 266 393 48 3 6,64 45,38/46,85 19,2	10 108 569 47 4 7,02 45,67/48,43 31	9 671 848 48 2 7,3 41,83/41,21 13,6	7 359 512 44 3 5,74 45,81/50,73 48,1	9 723 149 48 3 6,18 54,55/60,28 33,1
IDH (rang/174)	171	166	173	162	153
PIB (en M$ US)¹ **PIB/hab. (en $ US)¹**	10 300 950	6 000 600	6 300 670	4 300 600	5 600 1 850
Monnaie² FF US $	franc CFA 0,01 0,0016	franc CFA 0,01 0,0016	franc CFA 0,01 0,0016	franc CFA 0,01 0,0016	franc CFA 0,01 0,0016
Principales exportations	coton, céréales, bétail, or	coton, bétail vivant, or	uranium, bétail vivant	coton, produits pétroliers, bétail	produits pétroliers, huile d'arachide, poissons, alumine
Principales importations	aliments, machinerie, produits pétroliers	machinerie, aliments, produits pétroliers, textiles	matériel de transport, articles manufacturés, produits alimentaires	produits pharmaceutiques, céréales, produits pétroliers	produits pétroliers, biens d'équipement, riz
Principaux partenaires commerciaux	France, Suisse, Côte d'Ivoire, États-Unis, Thaïlande	France, Côte d'Ivoire, Sénégal	France, États-Unis, Nigéria, Chine	France, Cameroun, États-Unis, Nigéria	France, Inde, Nigéria, Mali

Sources: Banque mondiale; ONU, *Bulletin mensuel de la statistique* et *Rapport sur le développement humain 1999;*
The World Factbook 1998.

¹ Population: estimations juillet 1998; PIB: données 1997.
² Taux au 25 juillet 1999, donné à titre indicatif.

AFRIQUE SUBSAHARIENNE

Anicet MOBÉ FANSIAMA
Groupe des sociologues de la défense
École des hautes études en sciences sociales – Paris

Thérèse BELLE WANGUE
Université de Douala

avec la collaboration de

Anne-Marie BUSQUE, Université Laval
Geneviève CALAME-GRIAULE
Directeur de recherche honoraire au CNRS, Paris
Fernando LAMBERT, Université Laval
fernando.lambert@sympatico.ca

Les décisions prises lors de la conférence des chefs d'État et de gouvernement de la Francophonie ont-elles un impact sur le vécu concret des populations africaines? La Francophonie reflète-elle les aspirations de tous les peuples francophones dans leur diversité culturelle et politique? Face au poids – économique et politique – écrasant du G7, la Francophonie ne risque-t-elle pas de perdre un peu de son attrait?

L'ÉMERGENCE D'UNE NOUVELLE AFRIQUE

Malgré les difficultés internes et les remous apparents dans de nombreux pays, l'Afrique change: elle présente un nouveau visage qui s'est affiné peu à peu dans les derniers mois. Des ajustements significatifs et des décisions d'importance au niveau de la politique générale du continent ont été relevés par la presse internationale. On peut les retracer rapidement.

Ce fut d'abord en Afrique que prit fin la guerre froide, lorsqu'un accord de l'ONU en 1988 permit le départ des troupes cubaines de l'Angola et, en corollaire, l'indépendance de la Namibie. Puis, les cartes se redistribuèrent au fur et à mesure que les anciennes puissances coloniales redéfinissaient leur politique africaine. Après les tristes événements et la guerre civile du Rwanda, la Belgique créa une commission parlementaire d'enquête en décembre 1997. La France fit de même en mars 1998. Cette dernière fermait d'ailleurs ses bases militaires en Centrafrique et supprimait son ministère de la Coopération, intégré désormais avec la Francophonie au grand ministère des Affaires étrangères.

Les États-Unis pensèrent profiter de ces retraits pour occuper la place. On sait que la France dont l'économie représente 5,6% de l'économie mondiale était présente de 50 à 60% dans l'économie africaine, ce que lui permettait plus aisément son rôle de "gendarme" de l'Afrique.

Les anglo-saxons avancèrent leurs pions économiques et politiques sans toutefois les succès qu'on prédisait aux Américains (en particulier au Zaïre et en Afrique centrale).

Un grand pas devait être franchi, en faveur de l'Afrique, lorsque le G 7 annulait, le 18 juin 1999, une grande partie de la dette des pays africains les plus pauvres. Un montant de près de 70 milliards de dollars était négocié au Sommet de Cologne qui, ajouté aux allégements décidés dans des ententes bilatérales, réduisait en fait de plus de la moitié la dette des 41 pays considérés. C'était lever une hypothèque qui pesait très lourdement sur leurs épaules. Les pays les plus pauvres ne représentent que 3% du PIB des pays les plus riches.

En contrepartie, les pays concernés s'engageaient à ne plus se lancer dans des dépenses non productives, à ajuster leurs économies, à pratiquer une plus grande transparence et de meilleures méthodes de gouvernement.

La réunion de l'OUA à Alger en juillet 1999 concrétisait mieux la prise en main par l'Afrique de ses propres difficultés. Trois pays émergeaient avec trois nouveaux chefs, l'Afrique du Sud avec le nouveau président Thabo Mbeki succédant à Nelson Mandela, le Nigeria qui venait d'élire Olusegun Obasanjo au suffrage universel dans ses premières élections démocratiques après un long régime militaire, et enfin l'Algérie avec Abdelaziz Bouteflika, qui n'en finit pas de surprendre le monde par le redressement rapide qu'il a effectué dans son pays en quelques mois et le rôle d'intermédiaire qu'il s'apprête à jouer entre l'OUA et l'ONU, entre les pays du Proche-Orient ou entre la République démocratique du Congo et les pays limitrophes – (voir dans "Idées et événements", *Des dynamiques convergentes à l'échelle du Maghreb, de l'Afrique et du Moyen-Orient*).

Le clivage entre Afrique francophone et anglophone, entre Afrique subsaharienne et Afrique du nord, tend à s'estomper. Les pays se redéfinissent les uns par rapport aux autres, suivant de nouveaux modèles non occidentaux et plus proches d'eux qui permettent d'entrevoir des jours plus dégagés pour ce continent pour lequel on commence à réduire à la baisse les prévisions d'expansion démographique, dans la perspective générale d'une croissance raisonnable. L'Afrique se reprend à espérer même si beaucoup de nuages ne sont pas encore dissipés.

Le Monde, 20-21 juin 1999

BURKINA FASO

Plus de quatre millions de Burkinabè ont été appelés aux urnes le 15 novembre 1998 pour une élection présidentielle. Le président sortant, Blaise Compaoré, a été réélu avec 87,52 % des voix. Le scrutin s'est déroulé dans le calme et le taux de participation a atteint 57 %.

Le 13 décembre 1998, le journaliste Norbert Zongo, directeur de publication de l'hebdomadaire *L'Indépendant* et président de la Société des éditeurs de la presse privée, a été retrouvé carbonisé dans sa voiture avec trois de ses amis. Le rapport dressé par la Commission d'enquête indépendante et rendu public le 7 mai 1999 a clairement établi, malgré les dénégations du pouvoir, que Zongo et ses compagnons d'infortune ont été assassinés. Norbert Zongo enquêtait sur la mort de David Ouédraogo, survenue à l'infirmerie de la présidence, à la suite des tortures qui lui avaient été infligées par les soldats de la garde présidentielle chargés d'enquêter sur un vol d'argent commis au préjudice de la belle-sœur du chef de l'État.

Cette affaire risquant de saper le crédit diplomatique de son gouvernement et de compromettre ses efforts en matière économique, le président Compaoré semble décidé à jouer la carte de l'apaisement. C'est du moins ce que laisse penser son discours du 21 mai. En effet, les éléments de la sécurité rapprochée du président vont être recasernés. Le dossier a été transmis à la justice et un "Collège des sages" a été mis en place sur le modèle de la Commission Vérité et Réconciliation sud-africaine, dont la charge est de "proposer le traitement à réserver à tous les crimes impunis ainsi qu'à toutes les affaires d'homicides résultant ou présumés résulter de la violence en politique pour la période allant de 1960 à nos jours".

QUELQUES POINTS DE REPÈRE

Géographie

➤ Pays enclavé au cœur du Sahel.
➤ Agriculture vivrière majoritaire; quelques cultures commerciales (coton, arachide).

Histoire

➤ 1898 La France occupe Bobo-Dioulasso.
➤ 1919 La Haute-Volta devient une colonie particulière (auparavant incluse dans le Haut-Sénégal-Niger).
➤ 1960 (15 août) Indépendance sous le nom de Haute-Volta; Yaméogo, président.
➤ 1966-1980 Gouvernement du général Lamizana.
➤ 1983 Thomas Sankara s'empare du pouvoir; révolution démocratique et populaire.
➤ 1987 Sankara est tué lors du coup d'État militaire mené par Blaise Compaoré qui lui succède.
➤ 1991 Nouvelle Constitution adoptée par référendum; multipartisme.

Société

➤ Évolution progressive vers la démocratie politique et le libéralisme.
➤ La capitale Ouagadougou accueille tous les deux ans, depuis 1969, une grande manifestation culturelle: le festival pan-africain de cinéma (FESPACO).

En attendant le rapport du Collège, le chef de l'État a suspendu de leurs fonctions les six soldats considérés suspects par la Commission d'enquête indépendante.

ÉCONOMIE ET SOCIÉTÉ

Le Burkina Faso bénéficie d'une attention particulière des institutions financières internationales et de certains de ses partenaires. Qu'il suffise de citer les aides et les prêts reçus de la BAD (Banque africaine de développement), du Japon et du Danemark. L'Autriche a promis de maintenir, voire d'accroître son aide.

La France n'est pas en reste; du 4 au 6 mars 1999, la sixième Commission mixte franco-burkinabè s'est tenue à Ouagadougou. La coopération française au Burkina Faso sera axée sur la lutte contre la pauvreté et le renforcement de l'intégration régionale durant les 5 prochaines années, a indiqué le ministre français de la Coopération, Charles Josselin.

Le réputé Festival panafricain de cinéma et de télévision (FESPACO) a célébré son trentième anniversaire avec un éclat particulier qui a été reflété par l'extrême richesse et la grande diversité des œuvres présentées.

Le public a notamment apprécié l'attribution de l'Étalon de Yennenga à une comédie: une première dans l'histoire du festival.

Cette année, les Ouagalais ont été privés des habituelles projections gratuites sur écran géant place de la Révolution, les autorités ayant tenu à s'assurer qu'aucune manifestation relative à l'affaire Zongo n'aurait lieu à l'intérieur des zones festivalières.

**FESPACO (Festival panafricain du cinéma de Ouagadougou)
27 février – 6 mars 1999**

Palmarès

Grand Prix Étalon de Yennenga: Le film *Pièces d'identités* de **Dieudonné Mweze Ngangura** (Rép. dém. du Congo);

Prix pour les longs métrages de fiction:

Prix Paul Robeson pour *Sucre amer* de Christian Lara (Guadeloupe);

Prix du meilleur montage à Nadia Ben Rachid (Tunisie) pour *La Vie sur terre*;

Prix du meilleur décor à Fallo Baba Keïta (Mali) pour *La Genèse*;

Prix de la meilleure musique à Wasis Diop (Sénégal) pour *Silmandé*;

Prix du meilleur son à Fawsi Tabet (Tunisie) pour *Lalla Hoby*;

Prix de la meilleure image à Moustapha Ben Mihoud (Algérie) pour *L'Arche du désert*;

Prix du meilleur scénario à Mtutuzeli Matshoba (Afrique du Sud) pour *Chikin Biznis*;

Prix de la meilleure interprétation masculine à Fats Boukholane pour le rôle de Sipho dans *Chikin Biznis*;

Prix de la meilleure interprétation féminine à Dominique Mesa (République démocratique du Congo) pour le rôle de Mwana dans *Pièces d'identités*;

Prix Oumarou Ganda pour *Fools* de Ramadan Suleman (Afrique du Sud);

Prix spécial du Jury pour *L'Arche du désert* de Mohamed Chouik (Algérie);

Mention spéciale pour *La Vie sur terre* d'Abderrahmane Sissako (Mauritanie);

Ont été attribués en plus 39 prix spéciaux, 6 prix pour le court métrage et 4 prix pour TV vidéo.

MALI

Consolider les acquis de la démocratie et apaiser la vie politique afin de préserver la paix civile. Telle semble être la ligne de conduite de la majorité des acteurs sociaux et politiques du Mali.

Les Maliens pourront alors conjuguer leurs efforts pour exploiter à bon escient les ressources matérielles (maigres) et humaines (considérables) dont dispose leur pays afin de les consacrer au développement.

Afin de lutter contre l'incivisme et de sauvegarder les idéaux de 1991 qui ont mobilisé les Maliens pour renverser la dictature de Moussa Traoré, un Forum civique a été créé à Bamako au mois de mars 1999.

L'ancien ministre de la Culture, Issa Ndyagne, préside cette association politique composée de responsables de la société civile, de militants des partis d'opposition et de la majorité. Le Forum se veut un groupe de pression pour "influencer, soutenir ou s'opposer aux décisions engageant le destin national".

Du 31 mars au 3 avril à Bamako, 500 Maliens et plusieurs experts internationaux ont participé au Forum national de la justice; ils ont débattu de l'indépendance de la magistrature, de la corruption et des rapports entre droits de l'homme et justice. Les participants ont recommandé la mise en place d'un observatoire national de lutte contre la corruption; l'institution des arbitrages traditionnels pour résoudre les conflits. Un débat sur la peine de mort est prévu. Le 2 mai, les électeurs maliens ont accompli leur devoir civique dans le calme pour élire leurs mandats communaux à Koulikoro et Ségou au nord du pays, à Sikasso au sud et à Kayes au nord-ouest. Les élections à Gao, Tombouctou, Kidal et Mopti ont eu lieu le 6 juin.

QUELQUES POINTS DE REPÈRE

Géographie

➤ Autrefois couvert de végétation, le pays est aujourd'hui pour une bonne part désertique (au nord et au centre: le Sahara).

➤ Enclavé, il souffre de l'absence de débouché maritime.

➤ Autour de Mopti, le pays Dogon est source de nombreux travaux ethnologiques.

Histoire

➤ Berceau des grands empires du Niger, du Ghana, du Mali; succession de divers pouvoirs.

➤ 1857 Occupation française.

➤ 1904 Inclus dans le Haut-Sénégal-Niger qui, amputé de la Haute-Volta en 1920, devient le Soudan français.

➤ 1958 La République soudanaise est proclamée.

➤ 1959 Elle forme, avec le Sénégal, la fédération du Mali.

➤ 1960 Fédération dissoute; le Soudan devient la république du Mali, présidée par Modibo Keita.

➤ 1968 Coup d'État; Moussa Traoré au pouvoir.

➤ 1991 Moussa Traoré est renversé par l'armée.

➤ 1992 Multipartisme; élection à la présidence de Alpha Oumar Konaré, réélu en 1997.

➤ 1993 Moussa Traoré condamné à mort; le FMI et la Banque mondiale suspendent leur aide.

➤ 1994 Ibrahima Boubacar Keita, premier ministre.

ÉCONOMIE ET SOCIÉTÉ

Le 16 septembre 1998, la Banque mondiale, le FMI et les créanciers internationaux ont accordé au Mali une réduction de son endettement de 250 millions de dollars dans le cadre de l'initiative multilatérale d'allégement de la dette des pays les plus pauvres.

En 1999, le gouvernement adopte un plan de développement de son industrie aurifère dont la production a enregistré une forte progression, hissant le pays au rang de quatrième producteur africain. Aussi le régime fiscal et douanier va être révisé; le gouver-

nement va diversifier le secteur minier et mettre en place une formation appropriée afin de répondre aux besoins de ce secteur.

La société sud-africaine Rangold reprend ses activités à la mine d'or de Syama qu'elle exploite depuis 1996. Elle investit aussi dans la mine de Morila située dans la région de Sikasso au sud du pays. Le gouvernement a pris des mesures fiscales pour adapter sa législation à la nouvelle politique tarifaire de l'UEMOA.

Transformer le coton sur place, telle est la nouvelle politique gouvernementale concrétisée par l'établissement d'une nouvelle unité de filature dans la ville de Fana.

Ce projet est issu d'une convention signée entre le gouvernement et deux sociétés, l'une japonaise (Omikensmi) et l'autre brésilienne (Omi Gillo Lorenzetti SA. Industrial Textil).

Le théâtre traditionnel des "Marionnettes" continue de battre le rythme de la vie culturelle. La troupe dirigée par Coulibally effectue une tournée mondiale. Les origines des marionnettes remontent dans la nuit des temps; cette expression culturelle revêt de multiples et profondes significations dans la vie sociale malienne.

Au pays des Dogons: l'aventure africaine de Marcel Griaule
Geneviève CALAME-GRIAULE
Directeur de recherche honoraire au CNRS

Le centenaire de la naissance de Marcel Griaule, pionnier de l'ethnographie française en Afrique (1898-1956), a été marqué par une grande exposition au Musée de l'homme et par le tournage d'un film de télévision, réalisé au Mali par Jean-Jacques Flori et sa femme Marianne Lamour[1]. Ce devait être le dernier film du chef opérateur, décédé à 69 ans d'une crise cardiaque, peu après le montage.

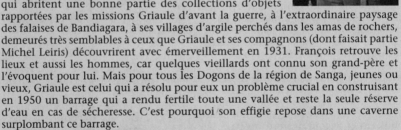

Il s'agissait de tracer le portrait de Marcel Griaule, d'évoquer sa carrière et de mettre en évidence le caractère novateur des méthodes qu'il pratiquait dès les années trente. Bien que ses voyages l'aient mené dans de nombreux pays d'Afrique, le pays dogon fut choisi comme étant celui sur lequel il avait progressivement concentré ses recherches à partir du moment de sa "découverte" en 1931 et auquel son nom est resté associé pour le grand public. Les réalisateurs demandèrent à François Calame, petit-fils de Griaule et ethnologue lui-même, de conduire le récit de cette grande aventure.

Le film nous conduit des sous-sols du Musée de l'homme, qui abritent une bonne partie des collections d'objets rapportées par les missions Griaule d'avant la guerre, à l'extraordinaire paysage des falaises de Bandiagara, à ses villages d'argile perchés dans les amas de rochers, demeurés très semblables à ceux que Griaule et ses compagnons (dont faisait partie Michel Leiris) découvrirent avec émerveillement en 1931. François retrouve les lieux et aussi les hommes, car quelques vieillards ont connu son grand-père et l'évoquent pour lui. Mais pour tous les Dogons de la région de Sanga, jeunes ou vieux, Griaule est celui qui a résolu pour eux un problème crucial en construisant en 1950 un barrage qui a rendu fertile toute une vallée et reste la seule réserve d'eau en cas de sécheresse. C'est pourquoi son effigie repose dans une caverne surplombant ce barrage.

En se guidant sur les livres, photos et documents d'époque, François suit les chemins escarpés de la falaise, retrouve les lieux d'enquête, les places, les maisons même qui ont vu passer la silhouette énergique de son grand-père, carnet de notes à la main. On constate la précision avec laquelle il avait décrit les gestes du travail, restés immuables (potière, tisserand, forgeron, pileuses...). Mais il découvre aussi que les rituels traditionnels se perpétuent malgré l'islam. Comme son grand-père en 1931, il assiste, à peine arrivé, à la célébration d'un *dama* (levée de deuil) et à la danse des masques décrites et filmées par Griaule soixante ans auparavant.

Ce film sensible est un bel hommage à Marcel Griaule, à son énergie infatigable, à sa passion dévorante pour la découverte scientifique et pour l'Afrique. La présence de son petit-fils communique à ces images une valeur humaine rare dans un documentaire.

Quant à l'exposition, les panneaux et vitrines étaient consacrés à Griaule, à ses collaborateurs, à ses expéditions et surtout à ses méthodes: observations et notes de terrain; outils audiovisuels, notamment utilisation de la photographie aérienne et débuts du cinéma ethnographique; collectes d'objets, de plantes, d'animaux...

[1] Film réalisé pour Canal +, en co-production avec la 5e; BFC Productions, 52 '.

NIGER

Le début de l'année 1999 a été marqué par le coup d'État du commandant **Wanké**: l'assassinat du président Ibrahim Maïnassara Baré, le 9 avril, à l'aéroport de Niamey. Le chef de l'État avait perdu de son crédit, n'ayant pas tenu sa promesse de remettre le pouvoir aux civils et n'ayant manifestement guère apprécié la victoire de l'opposition aux élections locales du 7 fév. 1999.

La réprobation générale suscitée à l'extérieur par ce coup d'État risque d'isoler diplomatiquement le pays alors que les efforts déployés par le feu président Ibrahim Maïnassara Baré commençaient à porter des fruits en matière économique. Le Niger se ressent déjà des condamnations émanant des pays voisins et l'Union européenne, emboîtant en cela le pas à la France, a suspendu toute forme de coopération.

Le lieutenant-colonel Daouda Mallam Wanké, soucieux d'organiser rapidement la "transition", s'est empressé, dès sa prise de pouvoir, de mettre sur pied une commission électorale nationale et indépendante (CENI), notamment chargée de réfléchir à un nouveau projet de loi fondamentale. Les responsables des partis consultés s'étant mis d'accord sur la structure à adopter, des dates de consultations électorales ont été fixées: le 17 juillet 1999, référendum constitutionnel; celui-ci n'a pas mobilisé les électeurs. Le 3 octobre 1999, premier tour de l'élection présidentielle. Le 14 novembre, deuxième tour de l'élection présidentielle et élection législative.

ÉCONOMIE

Le prix de l'uranium enregistre une baisse sensible; ce prix est fixé chaque année lors d'une rencontre à Paris entre le gouvernement nigérien et ses partenaires européens et japonais. L'Agence française de développement (AFD) a octroyé le 15 oct. 1998 une subvention de 20 millions de FF pour appuyer un programme de redressement économique de juil. 1998 à juin 1999.

La visite en France (23-27 fév. 1999) du président Maïnassara Baré a permis de convaincre les hommes d'affaires français de reprendre le chemin de Niamey. Vont-ils s'y rendre après le coup d'État?

QUELQUES POINTS DE REPÈRE

Géographie

➤ Vaste territoire traversé au sud-ouest par le fleuve Niger, qui concentre sur ses rives activités et populations (près de la frontière avec le Nigeria).

Histoire

➤ Occupation humaine très ancienne; peuplements multiples (Berbères, Touaregs, Peuls, et autres).
➤ VIIe s. Islamisation.
➤ 1897 Pénétration française (amorcée en 1830).
➤ 1922 Le Niger devient une colonie de l'AOF.
➤ 1960 Indépendance du Niger. Hamani Diori, président.
➤ 1974 Coup d'État militaire; Seyni Kountché au pouvoir.
➤ 1987 Mort de Kountché; Ali Seibou lui succède.
➤ 1993 Élections remportées par Mahamane Ousmane.
➤ 1996 (27 janv.) Coup d'État du général Ibrahim Maïnassara Baré. Révision de la Constitution.
➤ 1999 (9 avril) Assassinat de I. Baré. Daouda Mallam Wanké lui succède.

TCHAD

B ravant l'embargo aérien imposé à la Lybie, le président Idriss Déby a effectué une visite à Tripoli le 21 décembre 1998 pour s'entretenir avec son homologue libyen des "questions concernant le continent africain". Ce rapprochement avec la Libye n'a pas altéré les relations franco-tchadiennes, en dépit de l'expulsion de certains conseillers français accusés d'espionner la Libye.

Le 3 mars, le chef d'état-major adjoint de l'Armée, le général Abderahim Bahar, a été grièvement blessé lors d'un violent accrochage dans le Tibesti. Ce grave incident témoigne de la persistance des oppositions armées qui se disputent le pouvoir dans le pays. Le MDJT (Mouvement pour la démocratie et la justice au Tchad) s'est emparé de deux garnisons militaires dans le nord du Tchad. Le 22 mars, le gouvernement a confirmé la présence des troupes rebelles dans le nord du pays. Bien que libéré au mois de janvier, après 8 mois d'emprisonnement, l'opposant Yorongar Nganlejy poursuit son combat politique et dénonce la braderie du pétrole tchadien. En effet, il considère la construction d'un oléoduc comme une vaste escroquerie au profit d'ELF. Les soldats tchadiens dépêchés en RDC pour soutenir le régime Kabila ont subi de lourdes pertes en vies humaines; ils ont été rapidement rapatriés.

QUELQUES POINTS DE REPÈRE

Géographie

➤ Composé du nord au sud de trois grandes zones: le désert, la steppe et la savane.
➤ Deux grands fleuves du sud alimentent le lac Tchad: le Logone et le Chari, qui rassemblent sur leurs rives plus de la moitié de la population.

Histoire

➤ Fin IXe-XIXe s. Royaume de Kanem, rapidement islamisé.
➤ Fin XIXe-début XXe s. Le Tchad suscite la convoitise de plusieurs pays européens.
➤ 1910 Incorporé à l'AÉF.
➤ 1920 Colonie française.
➤ 1940 Ralliement à la Force libre avec son gouverneur Félix Éboué.
➤ 1960 Indépendance.
➤ 1962-1975 François Tombalbaye, président.
➤ 1980 Goukouni Oueddeïe prend le pouvoir (appui de la Libye).
➤ 1982 Hissène Habré et ses forces occupent N'Djamena.
➤ 1986 La France met en place un processus de protection militaire du Tchad, au sud du 16e parallèle.
➤ Fin de plus de 15 ans de conflits avec la Libye.
➤ 1990 Hissène Habré est renversé par Idriss Déby.
➤ 1996 (31 mars) Nouvelle Constitution par référendum; Idriss Déby élu président.

ÉCONOMIE

Le Tchad a reçu de l'Agence française de développement 18 millions de francs français pour financer un projet d'hydraulique pastorale; le FAD (Fonds africain de développement), quant à lui, a financé un projet de développement rural par un prêt de plus de 27 millions de dollars provenant de la BAD. En outre, le 9 avril, le Tchad et l'Agence française de développement ont conclu 2 conventions de financement: la première est destinée à appuyer un projet de la filière laitière pour améliorer quantitativement et qualitativement le lait et sa commercialisation. La deuxième va alimenter un fonds d'étude et de préparation de projets pour financer des études d'identification et de faisabilité, afin d'élaborer de nouveaux programmes.

CAP-VERT

On serait tenté de croire, après la déclaration, le 1er avril, de Carlos Veiga, premier ministre, que les grandes manœuvres politiques en vue de l'élection présidentielle de l'an 2001 sont commencées. Celui-ci a annoncé qu'il compte abandonner la direction de son parti, le Mouvement pour la démocratie (MPD). La Constitution interdit à l'actuel président Monteiro de briguer un nouveau mandat. Il a été élu en 1991 et réélu en 1996.

Néanmoins, le pays poursuit sa politique des privatisations, dont la 2e phase concerne les secteurs de banques, de transports et de télécommunications. Une délégation d'hommes d'affaires de la région autonome des Açores, conduite par le président de la région, est arrivée le 3 mars 1999 à Praia. La compagnie aérienne belge, SABENA, est intéressée par la prochaine privatisation de la compagnie cap-verdienne TACV. SABENA desservira le Cap-Vert deux fois par semaine à partir de novembre 1999.

QUELQUES POINTS DE REPÈRE

Géographie

➤ Archipel d'une dizaine d'îles escarpées (point culminant: le Pico, 2 899 m) au large du Sénégal.

Histoire

➤ 1975 La colonie portugaise devient indépendante et marxiste.

➤ 1991 (13 janv.) Premières élections législatives libres. Victoire du MPD d'Antonio Monteiro (libéral).

➤ 1991 (nov.) Antonio Monteiro devient président. Cap-Vert entre dans la Francophonie au Sommet de Chaillot.

➤ 1996 (18 fév.) Réélection d'Antonio Monteiro.

SÉNÉGAL

POLITIQUE

Longtemps qualifié de démocratie sans alternance, le Sénégal va-t-il franchir le pas pour un changement qui soit une véritable alternative à la politique menée depuis plus de trente ans?

Une chose est sûre: le Parti socialiste, au pouvoir depuis 1960, aborde le

prochain scrutin présidentiel en position délicate après la défection de Djibo Kâ et Mustapha Niasse. Ces deux personnalités ont exercé des fonctions très importantes tant au sein du Parti qu'au gouvernement comme ministres des Affaires étrangères. Adoptant des styles différents, les deux hommes ont affiché leur ferme volonté de mettre en œuvre une autre politique dans tous les domaines: institutionnel, économique, social et culturel.

AFRIQUE (2)

	Cap-Vert	Côte d'Ivoire	Guinée	Guinée-Bissau	Bénin
Nom officiel	République du Cap-Vert	République de Côte d'Ivoire	République de Guinée	République de Guinée-Bissau	République du Bénin
Capitale	Praia	Yamoussoukro	Conakry	Bissau	Porto-Novo
Superficie (km²)	4033	322 462	245 860	36 125	112 622
Régime politique	présidentiel	présidentiel	présidentiel	militaire	présidentiel
Chef d'État	Antonio **Mascarenhas Monteiro**	Henri **Konan Bédié**	Lansana **Conté**	Malam Bacaï **Sanha**	Mathieu **Kérékou**
Entrée en fonction	17-02-1991	7-12-1993	5-04-1984	14-05-1999	4-04-1996
Prédécesseur	Aristide **Pereira**	Félix **Houphouët-Boigny**	Sékou **Touré**	João Bernardo **Vieira**	Nicéphore **Soglo**
Chef du gouvernement	Carlos **Veiga**	Daniel Kablan **Duncan**	Lamine **Sidimé**	Jose Francisco **Fadul**	Adrien **Houngbédji**
Entrée en fonction	15-01-1991	15-12-1993	8-03-1999	15-12-1998	9-04-1996
Prédécesseur	Carlos **Pires**	Alassane **Ouattara**	Sidya **Touré**	Carlos **Correia**	Florentin **Mito-Baba**
Langues officielles	portugais	français	français	portugais	français
Autres langues	français, créole, mandyak	akan, dioula, moré, senoufo, bété, agni	pulaar (fuuta jalon), maninka malinké sussu, kissi	français, créole, portugais, balante, fulacunda, mandyak	fon, yorouba, somba, peul, bariba
Principales religions en % de la population	christianisme (93,2) autres (6,8)	islam (60) croyances traditionnelles (25) christianisme(12) autres (3)	islam (85) christianisme (8) croyances traditionnelles (7)	animisme (50) islam (45) christianisme (5)	croyances traditionnelles (70) christianisme (15) islam (15)
Population[1]	399 857	15 446 231	7 477 110	1 206 311	6 100 799
Moins de 15 ans en %	46	47	44	42	48
Plus de 65 ans en %	6	2	3	3	2
Indice de fécondité	5,08	5,97	5,59	5,17	6,48
Espérance de vie H/F	67,21/73,89	44,73/47,8	43,58/48,52	47,47/50,85	51,56/55,72
Alphabétisation en %	71,6	40,1	35,9	53,9	37
IDH (rang/174)	106	154	161	168	155
PIB (en M$ US)[1]	538	25 800	8 300	1 150	11 300
PIB/hab. (en $ US)[1]	1 370	1 700	1 100	975	1 900
Monnaie[2]	escudo cap-verdien	franc CFA	franc CFA	peso	franc CFA
FF	0,059	0,01	0,01	0,001	0,01
US $	0,0094	0,0016	0,0016	0,0002	0,0016
Principales exportations	poisson et dérivés, bananes	café, cacao, poisson, huile, coton, bois	alumine, bauxite, diamants, or, café, poisson	arachides, poisson, noix de coco, bois	pétrole, coton, cacao, huile de palme
Principales importations	céréales, produits pétroliers, produits chimiques	produits alimentaires, pétrole, aliments, matériel de transport	produits pétroliers, biens semi-manufacturés	matériel de transport, produits alimentaires	biens d'équipement, aliments, produits pétroliers
Principaux partenaires commerciaux	Portugal, Espagne, Pays-Bas, Brésil, Côte d'Ivoire	France, Pays-Bas, Nigéria, Allemagne, Mali, Burkina Faso	France, Allemagne, Belgique, Luxembourg, États-Unis, Côte d'Ivoire	Portugal, Espagne, Suède, France	États-Unis, France, Portugal, Maroc

Sources: Banque mondiale; ONU, *Bulletin mensuel de la statistique* et *Rapport sur le développement humain 1999*; *The World Factbook 1998*.

[1] Population: estimations juillet 1998; PIB: données 1997.
[2] Taux au 25 juillet 1999, donné à titre indicatif.

Djibo Leyti Kâ est à la tête de l'Union pour le renouveau démocratique, un des partis vainqueurs de l'élection législative du 24 mai 1998. Il parle d'une "véritable perestroïka" pour le Sénégal. Mustapha Niasse insiste, quant à lui, sur l'approfondissement de la démocratie et la prospérité économique. Il faut espérer que la probité intellectuelle et la crédibilité politique de ces deux leaders contribueront à hausser le niveau du débat et à clarifier les véritables enjeux de l'élection.

Les partis d'opposition sont-ils prêts à s'unir sur la base d'un programme clair pour gagner les élections et gérer le pays de concert? Rien n'est moins sûr! L'opposition a affiché ses divergences lors des élections sénatoriales du 24 janvier. Le Parti démocratique sénégalais (PDS) de maître Abdoulaye Wade et l'URD ont décidé de boycotter ces élections alors que le Parti africain pour la démocratie et le socialisme (AJPADS) et le Parti de l'indépendance et du travail (PIT) ont présenté une liste de coalition. Le Parti libéral sénégalais (PLS), dissident du PDS, a présenté sa propre liste. Voilà qui pourrait profiter au Parti socialiste. Monsieur Louis Carvallo, ancien président du Conseil d'État, a remplacé le général Dieng à la tête de la commission électorale. Ce remplacement va-t-il apaiser les esprits? On peut en douter car monsieur Carvallo est considéré comme un proche du couple présidentiel.

L'espoir de paix suscité par la rencontre du 22 janvier 1999 entre le président de la République, Abdou Diouf, et l'abbé Diamacoune s'est vite estompé. Les

QUELQUES POINTS DE REPÈRE

Géographie

➤ Pays composé, au nord, d'une zone sahélienne assez aride et, au sud, d'une zone tropicale plutôt fertile.

➤ L'agglomération de Dakar constitue un 3e pôle.

➤ Enclave indépendante membre du Commonwealth: la Gambie (1 100 000 habitants, 11 295 km²).

Histoire

➤ Peuplé dès la préhistoire; peuplements successifs.

➤ XIe s. Début de l'islamisation (influence malienne).

➤ XVIIe s. Les Hollandais fondent Gorée.

➤ 1659 Les Français fondent Saint-Louis et prennent Gorée en 1677.

➤ 1895 Le Sénégal est intégré à l'AOF, dont le gouvernement général se situe à Dakar.

➤ 1960 (20 août) République indépendante, Senghor président.

➤ 1976 Instauration d'un régime tripartite.

➤ 1981 Senghor se retire, Abdou Diouf lui succède (réélu en 1983, 1988 et 1993).

Société

➤ Dakar: l'une des capitales culturelles de l'Afrique noire, où siègent de nombreuses organisations internationales.

divisions du MFDC empêchent tout règlement politique de la meurtrière rébellion de la Casamance.

ÉCONOMIE

Selon les prévisions du FMI, de 1998 à 2000 le PIB connaîtrait une croissance de 5 à 6% par an au Sénégal. Le revenu par habitant augmenterait de 2% et l'inflation ne dépasserait pas la barre de 3%. Le FMI a approuvé un prêt dans le cadre d'un accord triennal de facilité d'ajustement structurel renforcé. Grâce à un prêt de 9 millions d'euros "sur capitaux à risques", la Banque européenne d'investissement (BEI) va soutenir les petites et moyennes entreprises appartenant aux secteurs de l'industrie, de l'agro-industrie, de la pêche et du tourisme.

General Electric va construire une centrale électrique de 55 mégawatts pour approvisionner la société Senelec, destinée à être privatisée. La principale exploitation d'or, située à Sabodala dans l'Extrême-Est du pays, a été fermée sur décision gouvernementale. La production cotonnière s'effondre.

Il faut d'autant plus encourager les initiatives des autorités pour soutenir l'activité économique du pays. Un centre national de production et de productivité (CNPP) sera créé pour signaler l'improductivité. Un autre centre sera chargé d'arbitrage, de médiation et de conciliation auprès de la Chambre de commerce de Dakar. Ce dernier est présidé par Mamadou Touré, ancien ministre et ancien directeur du département Afrique au FMI.

Les 28 et 29 juin 1999, le Sénégal a connu la troisième grève générale de son histoire post-indépendance. Le mot d'ordre a été donné par huit organisations syndicales, et suivi par un nombre effarant de personnes: l'ensemble du pays a enregistré 80% de grévistes. Les travailleurs se sont unis pour réclamer la hausse des salaires, la baisse des prélèvements, l'augmentation du taux des allocations familiales et la mise sur pied d'une Caisse nationale d'assurance-maladie. Les entreprises sénégalaises auront du mal à se remettre de cette manifestation qui aura coûté, au total, plus de 16 milliards de francs CFA à l'économie globale du pays.

GUINÉE

L a vie politique a été marquée par l'élection présidentielle, remportée dès le premier tour, le 14 décembre 1998, par le chef d'État sortant, le général Lansana Conté. La cérémonie d'investiture a eu lieu le 29 janvier 1999 devant un parterre de chefs d'État. Ce succès électoral a été assombri par de violents incidents survenus la veille du scrutin et après la proclamation des résultats, ainsi que par l'arrestation et la détention arbitraires d'un leader de l'opposition, candidat à l'élection, Alpha Condé. Rappelons que le 1er décembre, après plus de dix-huit mois d'absence au pays, Alpha Condé avait été chaleureusement accueilli par plusieurs dizaines de milliers de personnes à l'aéroport de Conakry.

Le 8 mars 1999, le président Lansana Conté nomme un nouveau premier ministre, Me Lamine Sidimé, ancien premier président de la Cour suprême.

Il remplace à ce poste Sidya Touré, désigné depuis juillet 1996. Celui-ci a consacré l'essentiel de ses efforts à l'assainissement de l'économie. À ce titre, il a dirigé plusieurs missions auprès des institutions financières internationales et a entrepris une vaste réforme du secteur bancaire guinéen. C'est d'ailleurs sur le terrain économique, qui a enregistré un taux de croissance de 5% depuis 1996, et sur celui de l'amélioration des conditions de vie sociale que le général Lansana Conté a remporté des succès.

Le 3 avril, le président a célébré le 15e anniversaire de son accession au pouvoir: en l'an 2003, il ne lui sera plus possible de se représenter. Peut-être Alpha Condé pourra-t-il alors rassembler autour de lui des forces politiques et sociales afin de proposer une alternative au pays.

QUELQUES POINTS DE REPÈRE

Géographie
➤ Plaine côtière humide, peuplée et riche; au centre, massif du Fouta-Djalon, domaine de l'élevage et source des grands fleuves Sénégal, Gambie et Niger. À l'est, pays plat, plus sec.
➤ Nombreuses ressources minières.

Histoire
➤ XVIIe s. Le pays des Malinkés devient le centre de la traite des Noirs, à l'initiative des Portugais présents depuis le XVe s.
➤ XIXe s. Islamisation.
➤ 1889 La Guinée devient colonie française, intégrée à l'AOF en 1895.
➤ 1952 Naissance du mouvement nationaliste de Sékou Touré.
➤ 1958 Indépendance et rupture totale avec la France. Régime dictatorial de Sékou Touré (République socialiste).
➤ 1984 Mort de Sékou Touré. Le colonel Lansana Conté devient chef de l'État.
➤ 1991 Nouvelle Constitution.
➤ 1993 Élection présidentielle. Victoire de Conté qui est réélu en 1995 dans les premières élections pluralistes.

CÔTE D'IVOIRE

POLITIQUE

La prochaine élection présidentielle prévue en l'an 2000 focalise toutes les attentions. Le pays regorge de ressources humaines et intellectuelles susceptibles de permettre le renouvellement de la classe politique. Tel est d'ailleurs un des enjeux majeurs des prochaines élections présidentielles et législatives en Côte d'Ivoire: préparer le pays à affronter et à relever les défis du prochain millénaire en se dégageant totalement des pesanteurs héritées de la colonisation et des contradictions postcoloniales.

La stature intellectuelle des trois principaux protagonistes ainsi que leur sens de l'État laissent présager une campagne électorale ardente et riche. Le président Konan Bedié et Alassane Dramane Ouattara, ancien premier ministre, peuvent se prévaloir d'une longue et riche expérience dans la gestion des affaires de l'État. Laurent Gbagbo a le mérite de la constance dans son opposition au "système". En outre, Alassane Ouattara dispose désormais d'un redoutable joker en la personne de Henriette Dagri-Diabaté, ancienne ministre de la Culture, élue secrétaire générale du Rassemblement des républicains le 30 janvier 1999. Ainsi donc, tout porte à croire que le niveau culturel et politique du débat sera très élevé et qu'il se tiendra éloigné des marécages de l'esbroufe, de l'intrigue et de l'invective.

La vigueur de la contestation estudiantine et son ampleur traduisent des insatisfactions profondes. Ainsi, le scandale lié à l'utilisation de l'aide accordée par la communauté européenne a permis de voir que l'action gouvernementale n'est pas exempte de critiques. Le rapport européen rendu public au début 1999 a mis à jour les pratiques frauduleuses (surfacturations, fausses facturations, etc.) des autorités sanitaires ivoiriennes, ce qui a entraîné le gel de l'aide budgétaire européenne à la Côte

d'Ivoire. Le président Henri Konan Bédié et son ministre M. N'Goran ont promis d'apporter bon ordre à la situation et de faire preuve de fermeté.

Quel que soit le résultat du scrutin, l'ensemble du peuple ivoirien dans ses multiples composantes régionales, sociopolitiques et culturelles, devrait être le vainqueur. Bien gérées, les ressources économiques constituent un atout majeur pour consoler la démocratie, si les fruits de la croissance sont équitablement répartis.

ÉCONOMIE ET CULTURE

Bien que pays non pétrolier, la Côte d'Ivoire a organisé le 23 mars un forum consacré aux potentialités pétrolières du Golfe de Guinée. En partenariat avec Shell – Côte d'Ivoire Exploration et Production BV, Ocean Energy – basé à Houston – est l'opérateur du forage qui a dû commencer au mois de juin.

L'État compte privatiser plusieurs sociétés, notamment la SIR (Société ivoirienne de raffinage). Le gouvernement a lancé un appel d'offres afin de trouver un partenaire pour une location-gérance au profit de l'hôtel du Golfe.

Les petites et moyennes entreprises (PME) jouent un rôle essentiel dans l'essor économique du pays; un salon d'industrie ivoirienne (Sali) leur a été consacré du 15 au 19 mars. Les espaces de promotion économique se multiplient (Sali, Sar Forum Investir); aussi Marie-Angeline Linger, présidente de Sali, vient de créer "Avant-Premier consultance" pour organiser les manifestations de ce genre.

La 4e édition du MASA (Marché des arts et du spectacle africain) a connu un succès éclatant (20-27 février). Désormais, le MASA n'est plus un simple programme de l'Agence de la Francophonie; il est devenu une organisation internationale. Mme Diabaté a beaucoup contribué à l'essor du MASA et de la Maison de la culture.

GUINÉE-BISSAU

Un changement politique est survenu en Guinée-Bissau le 7 mai 1999 par la destitution du président João Bernado Vieira. Débuté le 7 juin 1998 par une mutinerie de l'armée, le coup d'État a connu son épilogue onze mois plus tard. Réfugié à l'ambassade du Portugal, l'ex-président a été autorisé, le 6 juin, à quitter le pays pour la Gambie, alors que les partis politiques avaient décidé de le faire traduire en justice.

Les interventions des troupes sénégalaises et guinéennes n'ont pas réussi à sauver le président Vieira. Celui-ci avait révoqué le 5 juin 1998 le chef d'état-major, le général Ansumane Mané, soupçonné d'entretenir un vaste trafic d'armes en direction de la Casamance. Alors que de nombreuses personnes présumées complices du chef d'état-major furent arrêtées, celui-ci demeura libre. De juin 1998 à février 1999, en dépit des accord de cessez-le-feu signés en août et novembre, le pays fut le théâtre de violents combats, entraînant un déplacement massif des populations civiles et une destruction des infrastructures du pays. Deux cents personnes sont mortes, victimes d'une épidémie de méningite.

Les promesses d'aide faites par le Portugal et la communauté européenne n'ont eu aucun impact. En décembre 1998, alors qu'allait être formé un gouvernement d'union nationale, le président Vieira violait l'accord de paix conclu le 1er novembre à Abuja avec le général Ansumane Mané, recrutant six cents jeunes gens de son ethnie pour renforcer la garde présidentielle, après une formation militaire accélérée en Guinée et au Sénégal.

Après la destitution du président Vieira, Malam Bacaï Sanha, président de l'Assemblée, assume les prérogatives du chef de l'État, conformément à la Constitution; le gouvernement est reconduit. Les prochaines élections sont prévues au mois de novembre 1999.

QUELQUES POINTS DE REPÈRE

Géographie

➤ Pays constitué d'une partie continentale et d'un archipel de 40 îles au sud du Sénégal.
➤ Agriculture (riz, millet, arachide) et pêche.

Histoire

➤ 1446 Arrivée des Portugais dans ce pays peuplé de Mandingues musulmans et d'animistes.
➤ 1879 Colonie sous le nom de Guinée portugaise (détachée administrativement du Cap-Vert).
➤ 1962 Début de la guérilla antiportugaise dirigée par Amilcar Cabral.
➤ 1973 Assassinat d'Amilcar Cabral. Son frère Luis proclame la république de Guinée-Bissau (marxiste).
➤ 1980 Coup d'État du commandant João Bernardo Vieira qui réoriente l'économie du pays et se rapproche des Occidentaux (en particulier, intégration progressive dans l'espace francophone).
➤ Multipartisme.
➤ 1994 João Bernardo Vieira est confirmé dans ses fonctions par l'élection présidentielle du 7 août.
➤ 1999 (7 mai) Vieira destitué par l'armée. Malam Bacaï Sanha, chef d'État.

BÉNIN

L'année politique a été marquée par la victoire de l'opposition aux élections législatives du 30 mars. En effet, la Renaissance du Bénin (RB), le Parti du Renouveau Démocratique (PRD) et l'Alliance Étoile ont remporté 42 sièges sur les 83 que compte l'Assemblée nationale. Le poste de président de l'Assemblée est revenu à Adrien Houngbédji du PRD, qui a été élu par 45 voix contre 38 face à Bruno Amoussou, soutenu par la mouvance présidentielle. Cette victoire électorale apparaît significative pour l'orientation que pourraient prendre les prochaines élections présidentielles de 2001; élections déjà controversées, car alors qu'il s'était assuré l'appui des "frères" béninois Teovodjere, Mensah et Houngbédji pour battre l'ancien président Nicéphore Soglo en 1996, promettant de se retirer en 2001 au profit d'Houngbédji, le président Mathieu Kérékou semble vouloir revenir sur la parole donnée et préparer les prochaines élections pour son parti.

Il est à noter que Cotonou a été l'hôte, les 23 et 24 février 1999, de la troisième Conférence francophone des organisations internationales non gouvernementales, dont le thème était "Se développer autrement". Une attention particulière a été portée aux femmes et aux jeunes.

QUELQUES POINTS DE REPÈRE

Géographie

➤ Longue bande de terre orientée nord-sud et divisée en cinq régions naturelles aux zones climatiques variées: littoral sableux, terre argileuse, plateaux cristallins, régions montagneuses et plaines.

➤ Porto-Novo (180 000 habitants) est la capitale officielle mais sa voisine, Cotonou (555 000 habitants), est la métropole qui abrite le gouvernement.

Histoire

➤ Ancien royaume du Dahomey célèbre pour ses rois Glé-Glé et son fils Behanzin qui luttèrent contre la France jusqu'en 1894.

➤ 1895 Le Dahomey, membre de l'AOF, devient peu à peu la pépinière des cadres de l'Afrique, d'où son surnom de "Quartier latin de l'Afrique".

➤ 1960 (1er août) Indépendance.

➤ 1972 Coup d'État de Mathieu Kérékou.

➤ 1974 Le marxisme-léninisme, idéologie d'État.

➤ 1975 (30 nov.) Le Dahomey devient la République populaire du Bénin.

➤ 1990 Nouvelle Constitution.

➤ 1991 Nicéphore Soglo (démocrate) élu président de la République.

➤ 1995 (avril) Victoire de l'opposition aux élections législatives.

➤ 1995 (nov.) VIe Sommet de la Francophonie à Cotonou.

➤ 1996 (mars) Élections présidentielles. Retour de Mathieu Kérékou dans le cadre démocratique de l'actuelle Constitution.

Sept Africains invités à Cannes

Sept professionnels du cinéma africain ont été conviés en 1999 par l'Agence intergouvernementale de la Francophonie à se rendre au 52e Marché international du film (MIF), qui s'est tenu en marge du Festival de Cannes. En provenance d'Égypte, du Tchad, du Cameroun, du Burkina, de la Guinée et du Gabon, ces réalisateurs, producteurs et comédiens ont ainsi eu l'occasion de promouvoir leurs œuvres devant les diffuseurs du monde entier.

AFRIQUE (3)

	Togo	Cameroun	Centrafrique	Gabon	Guinée-Équatoriale	São Tomé e Príncipe
Nom officiel	République du Togo	République du Cameroun	République centrafricaine	République gabonaise	République de Guinée-Équatoriale	République de São Tomé e Príncipe
Capitale	Lomé	Yaoundé	Bangui	Libreville	Malabo	São Tomé
Superficie (km²)	56 785	475 440	622 980	267 670	28 050	960
Régime politique	présidentiel	semi-présidentiel	présidentiel	présidentiel	présidentiel	parlementaire
Chef d'État	Étienne Gnassingbé Éyadéma	Paul Biya	Ange-Félix Patassé	Omar Bongo	Téodoro Obiang Nguema Mbasogo	Miguel Trovoada
Entrée en fonction	13-01-1967	06-11-1982	20-10-1993	28-11-1967	03-08-1979	3-03-1991
Prédécesseur	Nicolas Grunitzky	Ahmadou Ahidjo	André Kolingba	Léon M'Ba	F. Macias Nguema	
Chef du gouvernement	Eugène Koffi Adoboli	Peter Mafany Musonge	Anicet-Georges Dologuele	Jean-François Ntoutoume-Emane	Angel Serafin Serich Dugan	Guilherme Posser da Costa
Entrée en fonction	21-05-1999	19-09-1996	4-01-1999	26-01-1999	23-03-1996	30-12-1998
Prédécesseur	Kwassi Klutse	Simon Achidi Achu	Michel Gbezera-Bria	Paulin Obame Nguema	Sylvestre Siale Bileka	Raul Brangaça Neto
Langues officielles	français	français, anglais	français, sangho	français	espagnol	portugais
Autres langues	éwé, kabyé, kotokol, mina, peul	ewondo, bulu, fang, mengisa, fulfude, duala, basa, langues bamileke	banda, gbaya	fang, myéné, punu, banzebi, bapuru, batéké	français, fang, bubi	créole, français, ngola
Principales religions en % de la population	croyances traditionnelles (70) christianisme (20) islam (10)	croyances traditionnelles (51) christianisme (33) islam (16)	christianisme (50) croyances traditionnelles (24) islam (15) autres (11)	christianisme (82) sectes africaines (12,1) croyances traditionnelles (2,9) autres (3)	christianisme (89) athées et sans appartenance (5,9) animisme (4,6) islam (0,5)	christianisme
Population[1]	4 905 827	15 029 433	3 375 771	1 207 844	454 001	150 123
Moins de 15 ans en %	48	46	44	33	43	48
Plus de 65 ans en %	3	3	4	6	4	4
Indice de fécondité	6,6	5,86	5,12	3,81	5,06	6,19
Espérance de vie H/F	56,52/61,12	49,9/53,03	45,02/48,68	53,55/59,56	51,61/56,31	62,87/65,86
Alphabétisation en %	51,7	63,4	60	63,2	78,5	73
IDH (rang/174)	143	134	165	124	131	123
PIB (en M$ US)[1]	6 200	30 900	3 300	6 000	660	154
PIB/hab. (en $ US)[1]	1 300	2 100	1 000	5 000	1 500	1000
Monnaie[2]	franc CFA	franc CFA	franc CFA	franc CFA	franc CFA	dobra
FF	0,01	0,01	0,01	0,01	0,01	0,0026
US $	0,0016	0,0016	0,0016	0,0016	0,0016	0,0004
Principales exportations	café, cacao, coton, bois, phosphates	pétrole brut, café, coton	café, bois d'œuvre, diamant	pétrole brut, bois d'œuvre, manganèse	café, cacao, bois d'œuvre	café, cacao, copra
Principales importations	biens d'équipement, produits alimentaires	machineries, produits alimentaires (céréales)	produits manufacturés, automobiles, céréales	machineries, produits alimentaires et chimiques	prod. pétroliers et alimentaires, matériel de transport	machineries, produits alimentaires et pétroliers
Principaux partenaires commerciaux	Union européenne, France	Union européenne, France, Belgique	France, Belgique, Cameroun, Japon	France, États-Unis, Espagne, Japon	États-Unis, Espagne, Cameroun, Japon	Pays-Bas, Portugal, France, Belgique, Allemagne

Sources: Banque mondiale; ONU, *Bulletin mensuel de la statistique* et *Rapport sur le développement humain 1999*; *The World Factbook 1998*.
[1] Population: estimations juillet 1998; PIB: données 1997.
[2] Taux au 25 juillet 1999, donné à titre indicatif.

TOGO

VIE POLITIQUE ET SOCIALE

De longs rebondissements n'ont cessé de ponctuer la crise politique qui ébranle le Togo depuis la Conférence nationale de 1992. Le dernier contentieux électoral porte sur les législatives sans participation de l'opposition de mars 1999. Des 81 députés de la nouvelle Assemblée nationale, 79 sont issus du parti au pouvoir, le Rassemblement du peuple togolais, et 2 des indépendants. Ce blocage politique est dénoncé par une opposition en quête d'unité et par le secrétaire général de la Fédération internationale des droits de l'homme, mais aussi par les institutions internationales et les bailleurs de fonds dont la médiation a fini par insuffler l'esprit de réconciliation animant désormais les deux parties. Le projet de création d'une deuxième université à Kara, au nord, en janvier 1999 vient donner une réponse apaisante aux revendications estudiantines de janvier, reprises en mars 1999. C'est en effet dans une réelle volonté d'apaisement

que le nouveau premier ministre Eugène Koffi Adoboli, nommé en mai 1999, a donné mission à son gouvernement d'œuvrer pour le consensus national et la reprise des relations avec les organismes internationaux qui ont suspendu leur aide. La visite du président français Jacques Chirac au Togo les 22 et 23 juillet 1999, précédée des interventions d'autres médiateurs représentant la France, la Francophonie et l'Union européenne, contribuera probablement à conforter cette volonté de conciliation qui donne des raisons d'espérer le déblocage politique, l'avènement de la paix sociale, le rétablissement de l'aide extérieure et la relance de la machine économique. En sa qualité de président en exercice de la Communauté des États de l'Afrique de l'Ouest, le président Gnassingbé Eyadéma a réussi, le 7 juillet 1999 à Lomé, à faire conclure un accord mettant fin à la guerre civile qui dure depuis huit ans en Sierra Leone.

VIE ÉCONOMIQUE

La crise qui frappe l'économie togolaise a, entre autres causes, le blocage politique, la méfiance suscitée par l'avènement de l'euro et la crise de l'énergie étendue à la sous-région. Le gel de l'aide publique au développement, comme mesure de représailles des bailleurs contre le manque de démocratie dans le pays, a eu pour conséquence l'aggravation de la dette, le déséquilibre de la balance de paiement, l'arrêt d'importants projets d'investissements publics et son corollaire, la détérioration des infrastructures. La reprise partielle de la coopération avec le FMI, la Banque mondiale et la France a permis au réseau bancaire togolais de résister à l'effondrement. Un Comité d'orientation et de surveillance a été mis en place en avril 1999 par le Conseil national des chargeurs en vue d'accroître l'efficacité des études et des activités portuaires autour desquelles s'ordonne le secteur des services. En application des conditionalités du PAS, un nouveau plan de restructuration a été élaboré qui prévoit la privatisation de 27 entreprises ainsi que la libéralisation de la filière coton. Le secteur agricole a d'ailleurs été le moins atteint grâce au Programme national d'appui à ce secteur (PNASA). Toutes ces mesures et les innovations de la dernière loi de

finances de décembre 1998, notamment ses dispositions relatives à la fiscalité, l'efficacité de la vie économique, le financement des institutions démocratiques prévues dans la Constitution, visent à redonner confiance aux bailleurs de fonds et à les infléchir dans le rétablissement de l'aide.

QUELQUES POINTS DE REPÈRE

Géographie

➤ Longue bande de terre s'ouvrant sur le golfe de Guinée. Du sud au nord, le climat chaud et humide et les forêts denses passent à un climat plus sec et à la savane.

Histoire

➤ 1884 Le Togo protectorat allemand.
➤ 1922 La Société des Nations confie le territoire à la France et à l'Angleterre.
➤ 1960 (27 avril) Indépendance. La partie britannique (occidentale) s'unit au Ghana. Sylvanus Olympio président, assassiné en 1963.
➤ 1967 Coup d'État militaire qui porte au pouvoir Gnassingbé Eyadéma, réélu jusqu'à maintenant. Élection toutefois contestée en 1993.
➤ 1991 Multipartisme.

CAMEROUN

VIE POLITIQUE

Pour redynamiser les six universités issues de la réforme de 1993, les autorités de ces institutions ont toutes été remplacées, excepté celles de l'Université de Buéa. Le premier "campus" régional de l'Université virtuelle francophone (UVF) a été inauguré à Yaoundé le 16 janvier 1999.

L'opposition camerounaise est-elle en passe de mourir de ses divisions internes (le Social Democratic Front, SDF) ou de ses prétentions émoussées à conquérir le pouvoir sous la barrière des partis (Union pour la démocratie et le progrès, UNDP)? L'insécurité dans les zones frontalières ne saurait être imputée aux Camerounais qui déclarent agir en position de légitime défense contre les attaques de soldats démobilisés, transformés en bandits à la frontière Cameroun/Tchad. La situation semble plus calme dans la presqu'île de Bakassi que réclame le Nigeria depuis que le Tribunal international de la Haye a prononcé la recevabilité de la plainte du Cameroun. Le président Jacques Chirac a dû écourter sa visite au Cameroun (24-25 juillet 1999) pour se rendre aux funérailles d'Hassan II au Maroc.

VIE ÉCONOMIQUE ET SOCIALE

Le gouvernement s'est donné pour principe de gestion économique et budgétaire d'établir une hiérarchie des réformes structurelles, d'imposer une plus grande rationalisation de la gestion en multipliant les audits internes et externes. Il s'est assigné pour objectif d'atteindre une rigueur budgétaire afin de générer des ressources destinées au secteur social, d'accroître l'efficacité des dépenses publiques, visant ainsi à combattre la pauvreté. Une délégation du FMI a procédé à Yaoundé en février 1999 à l'évaluation du Programme économique et financier soutenu au titre de FASR, en vue d'en vérifier le degré d'exécution jusqu'à cette période. Elle a débloqué une tranche de 22 milliards de francs CFA. À ces actions se sont ajoutés le rééchelonnement du paiement de la dette décidé par le Club de Paris, la discussion avec le Club de Londres, le déblocage de 25,057 milliards de dollars en avril 1999 par l'Agence française de développement pour le financement partiel du PAS. L'évaluation a mis en évidence des progrès économiques

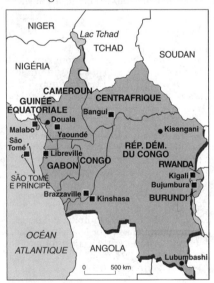

confirmés par le Groupement interpatronal du Cameroun (GICAM); il n'est pas établi que les effets de ce redressement aient été répercutés jusqu'aux salariés et aux ménagères. Des réalisations sont pourtant effectives. Les privatisations, notamment celles se rapportant aux secteurs des transports, de l'énergie, de l'agro-industrie, des services, ont des effets sur la mise en œuvre des réformes structurelles. Le comité interministériel de suivi élargi au secteur privé a tenu sa deuxième réunion à Douala en janvier 1999. Intégrées au programme triennal de redressement économique dont les travaux doivent s'achever en juin de l'an 2000, ces privatisations accusent du retard en raison parfois des appels d'offre infructueux.

Le Programme national de gouvernance (PNG) a été mis sur pied en août 1998 en application d'un contrat signé à Yaoundé en juillet 97 avec le PNUD. L'invention

> ## QUELQUES POINTS DE REPÈRE
> ### *Géographie*
> ➤ Forêt équatoriale, savanes, paysages variés.
> ### *Histoire*
> ➤ XVIIᵉ s. Les Fangs et les Doualas s'établissent au sud.
> ➤ XIXᵉ s. Les Foulbés (Peuls) s'installent au nord et imposent l'islam.
> ➤ 1884 Protectorat puis colonie allemande.
> ➤ 1919 Expulsion des Allemands, mandats britannique et français.
> ➤ 1960 (1ᵉʳ janv.) Indépendance de l'ex-Cameroun français.
> ➤ 1961 Le sud de l'ex-Cameroun anglais lui est rattaché (le nord se lie au Nigéria).
> ➤ 1961-1982 Présidence d'Ahmadou Ahidjo (démission).
> ➤ 1972 La fédération devient une république unitaire.
> ➤ 1982 Paul Biya président.
> ➤ 1991 Entrée du Cameroun dans la Francophonie.
> ➤ 1995 Entrée du Cameroun dans le Commonwealth.
> ➤ 1997 Élections législatives.

de la TVA, accompagnée d'une réduction drastique des exonérations fiscales et douanières, renforce la réforme fiscale. Avant que le Cameroun ne soit classé au premier rang mondial de la corruption par l'ONG Transparency International, le gouvernement avait déjà engagé la lutte contre ce fléau social. Les effets de cette lutte ne se font pas encore sentir, du moins pas de façon manifeste. Créé en 1994, le Comité des droits de l'homme et des libertés a remis le rapport de son premier mandat à Yaoundé le 1ᵉʳ juillet 1999. Le 27 octobre 1998 a été signé, à Yaoundé, le décret ratifiant les actes constitutifs du traité qui a institué la Communauté économique et monétaire de l'Afrique centrale (CEMAC), à N'Djaména en mars 1994 en vue de remplacer l'UDEAC. Les journées de la CEMAC se tiendront à Yaoundé en novembre 1999, confirmant la situation stratégique du Cameroun dans la promotion de l'intégration régionale et l'ouverture au marché mondial.

Francis Bebey, artiste camerounais

RÉPUBLIQUE CENTRAFRICAINE

Les premières élections législatives à avoir lieu depuis les mutineries militaires de 1996-1997 se sont ouvertes le 22 novembre 1998. À l'issue du premier tour, le Mouvement de libération du peuple centrafricain (MPLC), le parti au pouvoir, devançait légèrement les partis d'opposition. Réunis en conclave le 4 décembre, ceux-ci ont signé un accord de désistement réciproque de leurs candidats.

Quelques points de repère

Géographie
➤ Pays de savanes, cultures vivrières, plantations de café et de coton.
➤ Riche sous-sol (uranium, diamant).

Histoire
➤ XIXe s. Le pays, peuplé de Pygmées et de Bantous, est ravagé par la traite des Noirs.
➤ 1896-1898 Après l'Anglais Stanley, le Français Marchand explore le pays qui devient colonie française en 1905 sous le nom d'Oubangui-Chari.
➤ 1958 Proclamation de la République centrafricaine, dans le cadre de l'Union française.
➤ 1960 (13 août) Indépendance. David Dacko, président à la mort de Boganda.
➤ 1966 (1er janv.) Coup d'État du général Jean-Bedel Bokassa qui devient président à vie (1972), puis empereur (1976).
➤ 1979 Avec l'aide de la France, la République est rétablie par David Dacko
➤ 1981 Coup d'État militaire d'André Kolingba qui permet, en 1991, le multipartisme.
➤ 1993 (sept.) Ange-Félix Patassé élu président.
➤ 1994 Nouvelle Constitution.
➤ 1996 Mort de Bokassa; mutinerie et troubles à Bangui (1997).

Filière coton

Cet accord a porté ses fruits à l'issue du deuxième tour: les partis d'opposition ont remporté 53 sièges sur les 109 à pourvoir et sont devenus majoritaires avec le ralliement de deux députés indépendants, atteignant ainsi 55 sièges. Mais la mouvance présidentielle est redevenue majoritaire après la défection d'un député du Parti social démocrate (PSD), Dieudonné Koudoufara. C'est alors que les ministres issus de l'opposition ont démissionné en bloc du gouvernement présidé par Michel Gbezera-Bria. Celui-ci a été remplacé par Anicet George Dologuele, ancien ministre des Finances. Son gouvernement a recueilli un vote de confiance, le 2 février 1999, en l'absence des parlementaires d'opposition. Le 16 mars, la mouvance présidentielle a été renforcée par l'arrivée de deux transfuges au PSD. À l'approche de la fin du mandat de la MINURCA (Mission des Nations unies en RCA), le président Ange Patassé a fait savoir qu'il souhaitait son maintien. Le conseil de Sécurité de l'ONU a prolongé la mission jusqu'au 5 novembre; le secrétaire général s'est aussi prononcé en faveur de cette prolongation jusqu'au 31 août.

Le Programme alimentaire mondial a octroyé au pays une aide de 7 millions de dollars afin de combattre la malnutrition des enfants, surtout en milieu scolaire.

CONGO-BRAZZAVILLE

Les combats meurtriers opposant l'armée régulière ainsi que les milices Cobras aux milices Cocoyes et Ninjas ont provoqué l'exode massif des populations civiles. L'effroyable tragédie congolaise ne suscite guère l'intérêt des médias occidentaux alors que les organisations internationales des Droits de l'homme multiplient les rapports accablants sur la terreur que font régner les milices et les soldats de l'armée régulière.

Certains observateurs parlent d'épuration ethnique pratiquée dans certains quartiers de Brazzaville. D'autres évoquent un massacre méthodique des civils; une folie meurtrière a détruit un pays dans l'indifférence quasi générale. Viols et exécutions sont devenus le lot quotidien des Congolais impuissants face à ce déchaînement des violences qui parachèvent la démolition des infrastructures ayant échappé aux destructions de la guerre civile de 1997.

Plusieurs localités ont essuyé d'intenses bombardements et subi des saccages: Nganga, Lingolo, Ngoma – Tsé tsé, Nkayi, Dolisie... La ville de Pointe-Noire est victime de fréquentes coupures d'électricité.

Depuis l'appel à la réconciliation nationale lancé par le président Denis Sassou-Nguesso, la situation semble s'améliorer. Le 5 juin 1999, environ 400 militaires rebelles ont rejoint la Force publique, l'armée nationale. Les signes d'un apaisement sont visibles à Brazzaville et dans une grande partie du territoire. Le gouvernement s'est engagé sur la voie de la reconstruction et les réfugiés regagnent la capitale par milliers.

QUELQUES POINTS DE REPÈRE

Géographie
➤ Pays équatorial couvert de forêts.
➤ Sous-sol pétrolifère.

Histoire
➤ 1875 Voyage de l'explorateur français Savorgnan de Brazza.
➤ 1891 Colonie française intégrée à l'AÉF en 1910 (capitale Brazzaville).
➤ 1940-1944 Brazzaville, capitale de la France libre. Félix Éboué, gouverneur.
➤ 1944 Le célèbre discours du général de Gaulle jette les bases de l'Union française.
➤ 1958 République sous le nom de Congo-Brazzaville.
➤ 1960 (15 août) Indépendance. L'abbé Fulbert Youlou, président.
➤ 1963 (15 août) Révolution populaire; Alphonse Massamba-Débat élu président.
➤ 1969 Proclamation de la République populaire du Congo par Marien N'Gouabi (assassiné le 18 mars 1977).
➤ 1979 Le colonel Sassou-N'Guesso écarte Joachim Yhombi-Opango.
➤ 1981 Rapprochement avec l'Occident par le colonel Sassou-N'Guesso.
➤ 1990 Abolition du marxisme.
➤ 1991 Démocratisation. Multipartisme.
➤ 1992 Nouvelle Constitution (référendum). Pascal Lissouba, président.
➤ 1994 (mai) Le Congo renoue avec le FMI malgré la guerre civile (juillet 1993-juillet 1994): 2000 morts à Brazzaville.
➤ 1997 Les troubles reprennent.

ÉCONOMIE ET SOCIÉTÉ

Cette guerre absurde a des incidences extrêmement préjudiciables sur l'économie du pays qui devrait enregistrer une croissance du PIB de moins de 1% en 1999. La suspension de la liaison ferroviaire Congo-Océan a réduit de 30% l'activité économique.

En dépit de la situation, le Festival panafricain de musique (FESPAM) devait se tenir à Brazzaville (1er-8 août 1999), réunissant de grands noms de la musique africaine, afro-américaine et antillaise. 195 artistes étaient conviés, malgré le "message d'avertissement" lancé par le chef des rebelles du Mouvement national de libération du Congo (MNLC), Paul Mouléri, au début du mois de juillet.

Deuxièmes journées Tchicaya U Tam'si
Colloque international en commémoration de son passage à Orléans
et du 10ᵉ anniversaire de sa disparition.

À l'Université d'Orléans et à l'ORSTOM, 20-23 octobre 1998, un colloque était organisé par l'AESCO (Aide à l'équipement scolaire et culturel d'Orléans) en collaboration avec l'Université de Yaoundé II, sur le thème de l'héritage de Tchicaya U Tam'si.

Une table ronde sur "La place de la littérature francophone dans la littérature française" précédait le colloque. Six ateliers ont suivi pendant lesquels vingt-cinq communications ont été présentées par des universitaires d'Afrique, d'Amérique et de France. Une association des Amis de Tchicaya U Tam'si a été créée lors de ces rencontres et un Centre de recherche Tchicaya U Tam'si a vu le jour. Il sera situé dans des locaux de la Bibliothèque d'Orléans.

SÃO TOMÉ E PRÍNCIPE*

Après les élections législatives de novembre 1998, Guilherme Posser da Costa a été nommé premier ministre. Il est issu du MLSTP-PSD, le Mouvement de libération de São Tomé e Príncipe – Parti social démocrate. Le MLSTP-PSD est l'ancien parti unique auquel appartient Manuel Pinto da Costa, rival du président de la république en poste depuis 1991, Miguel Trovoada. Celui-ci s'est déclaré favorable à une entente avec son ancien rival.

La vie politique a été perturbée par des scandales financiers qui ont entraîné les démissions du gouverneur et du Conseil d'administration de la Banque centrale ainsi que celle du ministre des Finances et de la Coopération, Alfonso Varella.

ÉCONOMIE

Les prospections que mène le groupe pétrolier MOBILOIL suscitent beaucoup d'espoir afin de renouveler l'économie du pays, dont le PNB par habitant ne dépasse guère 270 dollars par an. Le développement du tourisme demeure sans effet sur une économie basée sur la monoculture du cacao; ainsi s'explique l'espoir suscité par les premières études sismiques sur l'*offshore* sãotoméen.

* Connu en français sous le nom de Saint-Thomas et Prince.

QUELQUES POINTS DE REPÈRE

Géographie

➤ Deux îles proches du Gabon.
➤ Anciennes colonies portugaises indépendantes depuis 1975.

Histoire

➤ 1471 Découverte de l'archipel, le jour de la Saint-Thomas, par João de Santarém et Pêdro Escobar.
➤ 1493 Le Portugal introduit des condamnés dans l'archipel ainsi que des jeunes juifs bannis par l'Inquisition et des esclaves amenés d'Angola.
➤ 1530 Première révolte d'esclaves.
➤ 1585 Seconde révolte d'esclaves. Création d'une principauté autonome.
➤ 1876 Abolition de l'esclavage.
➤ 1951 São Tomé devient une province portugaise d'outre-mer.
➤ 1953 Fondation du Mouvement de libération de São Tomé e Príncipe par Manuel Pinta da Costa et Miguel Trovoada.
➤ 1975 Indépendance de l'archipel. Proclamation de la République.
➤ 1991 Élections libres.

GABON

Le Gabon et les Gabonais semblent déterminés à consolider leur ancrage démocratique comme le démontre la dernière élection présidentielle de décembre 1998. Le mouvement social qui a précédé le scrutin laissait craindre une campagne agitée et un boycottage de la consultation. Il n'en fut rien, même s'il faut déplorer une forte abstention.

Le 6 décembre, le président Omar Bongo a été réélu dès le 1er tour avec 66,55% des voix. Ses adversaires ont dénoncé les irrégularités qui ont émaillé le scrutin et en ont exigé l'annulation. L'objectivité de certains observateurs a été mise en cause parce que jugés trop liés au pouvoir en place. Cette contestation n'a pas atteint la virulence des réactions de 1993.

Au lendemain de sa réélection, le président Bongo a proposé une ouverture politique rejetée par les principaux ténors de l'opposition; mais le climat politique est à l'apaisement. Ainsi le candidat arrivé en 2e position avec 16,54%, Pierre Mamboundou, n'a pas demandé l'annulation des résultats de l'élection; il est d'ailleurs sorti auréolé du scrutin, comme le leader de l'opposition.

Cet apaisement politique est un atout majeur permettant au président Bongo de renforcer sa stature diplomatique comme promoteur de la paix et de la stabilité dans la région de l'Afrique centrale. À son initiative, un sommet s'est tenu le 24 septembre 1998 à Libreville. Six chefs d'État (République démocratique du Congo, République centrafricaine, Congo-Brazzaville, Guinée-Équatoriale, Namibie) ainsi que le premier ministre camerounais et le ministre angolais de l'Intérieur ont participé à ce sommet. Ils ont apporté leur appui au président de la RDC et condamné l'agression extérieure dont est victime son pays.

Lors de son périple au Canada et aux É.-U. (avril 1999), le président Bongo a eu l'occasion de peaufiner son image de marque sur la scène internationale. En effet, le 24 avril, à Houston (Texas), le Conseil des entreprises américaines en Afrique lui a décerné le Prix du leadership dans la promotion de la paix et de la stabilité en Afrique.

Le 25 janvier 1999, la composition du gouvernement dirigé par le nouveau premier ministre Jean-François Ntoutoume-Emane a été rendue publique. M. Jean Ping a été nommé

QUELQUES POINTS DE REPÈRE

Géographie
➤ Pays équatorial riche et peu peuplé.
➤ Forêts, pétrole, manganèse, uranium.

Histoire
➤ XVe s. Arrivée des Portugais sur la côte gabonaise.
➤ XVIIe-XIXe s. Traite des Noirs. Commerce de l'ivoire et de l'ébène.
➤ 1849 Libreville fondée par des esclaves libérés.
➤ 1886 Colonie française après la venue de Savorgnan de Brazza, intégrée à l'AÉF en 1910.
➤ 1958 Proclamation de la République gabonaise.
➤ 1960 (17 août) Indépendance.
➤ 1961 (21 fév.) Adoption de la Constitution.
➤ 1967 (28 nov.) Décès du président Léon Mba. Conformément à la Constitution, Omar Bongo, vice-président, lui succède (2 déc.).
➤ 1986 Inauguration du chemin de fer transgabonais.
➤ 1990 Multipartisme. Bongo, au pouvoir depuis 1967, est réélu.
➤ 1994 Le Gabon quitte l'OPEP.

ministre des Affaires étrangères. Le président Bongo n'a pu réaliser sa volonté de renouvellement de la classe politique. En effet, sur les 42 ministres, on ne compte que huit nouvelles figures. Le 7 février, un réaménagement technique a modifié légèrement la composition du gouvernement ainsi que la répartition des portefeuilles en son sein.

ÉCONOMIE ET SOCIÉTÉ

Si la démocratie politique se renforce, en revanche l'économie accuse des signes de faiblesse inquiétants.

La société Elf-Gabon a enregistré en 1998 une forte baisse de ses bénéfices; de son côté, la compagnie d'aviation "Air Gabon" a atteint un seuil critique d'endettement. Suspendues durant la campagne électorale, les négociations entre le gouvernement et les syndicats ont repris le 28 décembre avec la ferme volonté de part et d'autre d'aboutir à des solutions globales et satisfaisantes, en dépit de nombreux blocages surtout au mois de février.

L'Agence française de développement (AFD) a décidé de suspendre ses décaissements en faveur du Gabon. Cette suspension va geler, jusqu'à nouvel ordre, tous les projets de développement au Gabon.

GUINÉE-ÉQUATORIALE

Le début de l'année 1999 a été marqué par de vives tensions politiques entre le pouvoir et l'opposition, celle-ci accusant le gouvernement d'allouer un budget dérisoire à la mairie de Malabo qu'elle détient. L'accablant rapport publié par Amnesty International au mois de janvier avait ravivé les craintes des observateurs quant au prochain scrutin électoral de mars. Cependant, les électeurs ont massivement participé au vote; 13 partis y présentaient des candidats. Le Parti démocratique de Guinée-Équatoriale (PDGE) au pouvoir a obtenu la majorité absolue avec 75 sièges sur 80. L'Union populaire a obtenu 4 sièges et 1 siège est revenu à la Convergence pour la démocratie sociale. La Commission électorale nationale a été saisie d'un recours en annulation totale de ces élections par 7 des partis d'opposition, notamment les deux qui disposent des sièges à la Chambre du peuple. Ils dénoncent aussi les arrestations de leurs militants.

Ces tensions politiques pèsent négativement sur la gestion des ressources économiques du pays, particulièrement le pétrole. Signalons l'écrasement survenu le 20 mars de l'unique avion de passagers de la compagnie nationale EGA lors d'un décollage à l'aéroport de Bata.

Les 24 et 25 juin 1999 s'est tenu à Malabo le Sommet de la Communauté économique des États de l'Afrique centrale (CEEAC), le premier depuis cinq ans.

QUELQUES POINTS DE REPÈRE

Géographie
➤ État du golfe de Guinée, constitué d'une partie continentale (forêts) et d'une partie insulaire (îles volcaniques et autres îlots).

Histoire
➤ 1777 Le Portugal cède le territoire à l'Espagne.
➤ 1858 La Guinée espagnole: colonie d'exploitation.
➤ 1964 Accès à l'autonomie.
➤ 1968 Proclamation de la république de Guinée-Équatoriale.
➤ 1991 Nouvelle Constitution.

RÉPUBLIQUE DÉMOCRATIQUE DU CONGO (EX-ZAÏRE)

Politique

L'éclatement de la rébellion au début du mois d'août 1998 a fortement ébranlé le Congo-Kinshasa. En quelques semaines, l'offensive rebelle a fait vaciller le régime **Kabila** installé au pouvoir depuis quinze mois à la suite d'une autre rébellion où étaient déjà engagés les mêmes protagonistes; c'est-à-dire l'Angola, le Rwanda, l'Ouganda.

Ainsi donc, en moins de deux ans se sont nouées et dénouées, au gré des intérêts géopolitiques et économiques – notamment miniers –, des alliances qui se révèlent totalement opposées aux aspirations du peuple congolais, en quête d'un pouvoir légitime et d'un meilleur usage des ressources communes. Cette flambée de violence qui endeuille le pays dévoile d'épineux problèmes politiques et militaires. Le président Kabila n'a pas su ou voulu traiter les conséquences des contradictions qui ont émaillé sa conquête du pouvoir grâce au soutien militaire du Rwanda et de l'Ouganda.

Dès 1996, les agendas politiques de tous les acteurs étaient trop différents même si certains d'entre eux ont instrumentalisé le sort des populations congolaises rwandophones, particulièrement les "Banyamulenges". La création de l'AFDL (Alliance des forces démocratiques pour la libération du Congo) a été instrumentalisée par le Rwanda et l'Ouganda, qui ont capitalisé à leur profit les revendications démocratiques du peuple congolais afin de régler les problèmes de sécurité à leurs frontières. Ces contradictions portaient déjà en elles les germes de la rébellion actuelle.

En effet, le Rwanda et l'Ouganda n'ont pu perpétrer leur agression que parce qu'ils ont bénéficié du précieux concours et de la complicité active du commandant James Kabare, de Déogratias Bugera et de Bizima Karaha. Ces deux derniers sont d'anciens compagnons du président Kabila. C'est ainsi qu'ils ont été placés au cœur de l'État alors qu'ils ont été récusés par les citoyens congolais. Depuis août 1998, ils ont rejoint la rébellion dont les premières opérations militaires ont été dirigées par James Kabare, ancien chef d'état-major de l'armée congolaise. Une gestion erratique de la diplomatie congolaise par Bizima Karaha a accentué l'isolement de la RDC sur la scène internationale.

AFRIQUE (4)

	Congo	République démocratique du Congo	Rwanda	Burundi	Djibouti
Nom officiel	République du Congo-Brazza	République démocratique du Congo (ex-Zaïre)	République rwandaise	République du Burundi	République de Djibouti
Capitale	Brazzaville	Kinshasa	Kigali	Bujumbura	Djibouti
Superficie (km²)	342 000	2 345 410	26 340	27 834	23 200
Régime politique	présidentiel	indéterminé	présidentiel	présidentiel	présidentiel
Chef d'État Entrée en fonction Prédécesseur	Denis **Sassou-Nguesso** 27-10-1997 Pascal **Lissouba**	Laurent-Désiré **Kabila** 24-05-1997 Sese Seko **Mobut**	Pasteur **Bizimungu** 19-07-1994 Juvénal **Habyarimana**	Pierre **Buyoya** 25-07-1996 Sylvestre **Ntibantunganya**	Ismaël Omar **Guelleh** 8-05-1999 Hassan Gouled **Aptidon**
Chef du gouvernement Entrée en fonction Prédécesseur	Denis **Sassou-Nguesso** 27-10-1997 Bernard **Kolélas**	Laurent-Désiré **Kabila** 17-05-1997 Léon Kengo **Wa Dondo**	Pierre Célestin **Rwigema** 28-08-1995 Faustin **Twagiramungu**	Pascal Firmin **Ndimira** 31-07-1996 Antoine **Nduwayo**	Barkat Gourad **Hamadou** 21-09-1978
Langues officielles Autres langues	français kikongo, lingala, minokutuba,mbere	français lingala, swahili, tchiluba, kikongo	kinyarwanda, français, anglais swahili, hima	français, kirundi swahili	arabe, français afar, somali
Principales religions en % de la population	christianisme (50) animisme (48) islam (2)	christianisme (70) islam (10) croyances traditionnelles et autres (20)	christianisme (74) islam (1) croyances traditionnelles et autres (25)	christianisme (67) croyances traditionnelles (32) islam (1)	islam (94) christianisme (6)
Population¹ Moins de 15 ans en % Plus de 65 ans en % Indice de fécondité Espérance de vie H/F Alphabétisation en %	2 658 123 43 3 4,98 45,29/48,89 74,9	49 000 511 48 3 6,51 47,27/51,4 77,3	7 956 172 45 2 5,86 41,49/42,4 60,5	5 537 387 47 3 6,4 43,79/47,38 35,3	440 727 43 2 5,94 49,06/53,15 46,2
IDH (rang/174)	135	141	164	170	157
PIB (en M$ US)¹ **PIB/hab. (en $ US)¹**	5 250 2 000	18 000 400	3 000 440	4 000 660	520 1 200
Monnaie² FF US $	franc CFA 0,01 0,0016	franc congolais 0,0008 0,000007	franc rwandais 0,123 0,0029	franc burundais 0,0118 0,0018	franc djiboutien 0,0362 0,0058
Principales exportations	pétrole brut, diamant	café, cuivre, pétrole brut, diamant	café, thé, étain	café, thé, coton	cuir, café (en transit)
Principales importations	machineries, produits chimiques, produits alimentaires	matériel de transport, produits alimentaires	équipement, produits pétroliers, produits alimentaires	biens d'équipement, biens de consommation	produits alimentaires, équipement, pétrole
Principaux partenaires commerciaux	France, Luxembourg, États-Unis, Belgique	Allemagne, Belgique, États-Unis, France	Allemagne, Pays-Bas, Belgique, Kenya	Allemagne, Belgique, France	France, Éthiopie, Somalie, Thaïlande

Sources: Banque mondiale; ONU, *Bulletin mensuel de la statistique* et *Rapport sur le développement humain 1999*;
The World Factbook 1998.

¹ Population: estimations juillet 1998; PIB: données 1997.
² Taux au 25 juillet 1999, donné à titre indicatif.

Pendant quinze mois, le régime a dénié au peuple congolais le droit de s'exprimer sur tous ces choix politiques hasardeux qui ont hypothéqué le devenir du pays. La plupart de ces choix ont été certainement imposés de l'extérieur; ils ont bradé la souveraineté de l'État et placé le régime sous une tutelle pesante. Voilà pourquoi il a voué aux gémonies la conférence nationale souveraine dont le schéma politique contrariait les desseins des parrains rwando-ougandais. En effet, leurs régimes ignorent les élections démocratiques et pluralistes; ils reposent sur le parti unique.

C'est depuis 1996 qu'ils ont clairement affiché leurs visées expansionnistes et leur volonté d'ingérence dans les affaires intérieures congolaises. Grisé par les perspectives de détrôner un mégalomane qui a fasciné le monde entier, courtisé par les trusts internationaux attirés par le miel minier, le régime actuel a feint d'ignorer les appétits de ses "amis". Les Congolais payent un lourd tribut à cette cécité politique.

Dépourvue de dynamique interne, manipulée de l'extérieur et reposant essentiellement sur un ressentiment vis-à-vis du président Kabila pour des raisons contradictoires, la "rébellion" actuelle est trop hétéroclite pour être un facteur de mobilisation capable de reconstruire l'État, d'asseoir la démocratie et de faire redémarrer l'économie. Alors que l'ensemble des citoyens congolais aspirent à vivre en paix avec leur voisins, à mobiliser les ressources humaines et intellectuelles pour développer leur pays, cette guerre de destructions et de pillages continue de plus belle. S'il en est ainsi, c'est peut-être parce qu'elle est davantage une guerre des parrains étrangers qu'un véritable conflit congolais. Chaque camp a ses alliés militaires, ses protecteurs et ses appuis économiques; aussi tout est fait pour ignorer les propositions de nombreux acteurs issus de la société civile, vivant tant au Congo qu'à l'étranger.

Après neuf mois de combats meurtriers, une victoire militaire paraît improbable. Le risque d'embrasement et de partition de fait du pays existe. Les

---

RÉPUBLIQUE DÉMOCRATIQUE DU CONGO (EX-ZAÏRE)

QUELQUES POINTS DE REPÈRE

Géographie
➤ Le plus grand pays de l'Afrique francophone (près de cinq fois la France).
➤ Forêt équatoriale.
➤ Potentiellement riche en ressources hydroélectriques (Inga, 1er site mondial), minières, forestières et agricoles.

Histoire
➤ Origines: deux grands groupes ethniques, Pygmées et Bantous.
➤ 1885 Le Congo, propriété personnelle du roi des Belges, devient un "État indépendant".
➤ 1908 Léopold II cède à son pays le Congo, qui devient colonie belge.
➤ 1960 (30 juin) Indépendance sous le nom de République du Congo. Joseph Kasa-Vubu est élu président de la République.
➤ 1961 Début d'une période de troubles. Sécession du Katanga (Moïse Tschombé). Assassinat de Patrice Lumumba.
➤ 1963 (janv.) Sécession du Katanga brisée par les forces de l'ONU.
➤ 1965 Joseph Désiré Mobutu prend le pouvoir.
➤ 1971 Le pays change de nom et devient République du Zaïre.
➤ 1997 Laurent-Désiré Kabila chasse Mobutu et se proclame président de la République démocratique du Congo.

acteurs locaux – militaires et politiques – sont littéralement dépassés par l'ampleur des événements et l'importance des enjeux liés à ce conflit ayant de multiples dimensions: nationale, régionale et internationale. Ceux qui profitent des retombées financières de cette guerre multiplient les obstructions pour empêcher toute solution politique qui préserve les intérêts du Congo et des Congolais. Si certaines initiatives diplomatiques fort louables achoppent, c'est parce qu'elles ne sont pas politiquement relayées sur place par un gouvernement jouissant d'une légitimité incontestée et incontestable. Les citoyens congolais ne se sentent guère concernés par ce vaste ballet diplomatique pour lequel ils ne sont ni consultés ni informés. Les succès et les revers diplomatiques ne font pas l'objet d'un débat contradictoire avec les forces vives de la nation. Pourtant, durant 15 mois, le gouvernement n'avait cessé d'exprimer sa volonté politique d'instaurer un nouvel ordre politique garantissant aux Congolais la sécurité et le développement économique. L'allégeance vis-à-vis de Kigali a complètement inhibé le pouvoir.

ÉCONOMIE ET SOCIÉTÉ

La société Gecamines a été restructurée afin d'accroître sa production et de réduire ses coûts. Elle est dirigée depuis novembre 1998 par un homme d'affaires zimbabuéen, Billy Rauten Bach, proche du président Mugabe. Cette nomination a suscité beaucoup de perplexité dans les milieux congolais.

Les revenus mensuels provenant de la vente des diamants ont baissé de 50%; cette baisse est consécutive à la décision gouvernementale d'interdire l'utilisation des dollars pour assurer les transactions économiques. La mobilisation des ressources minières pour financer la guerre a ruiné les efforts du gouvernement en matière économique alors qu'ils commençaient à porter leurs fruits en jugulant l'inflation. La réforme monétaire a été bien accueillie mais le gouvernement a été obligé de procéder à une seconde dévaluation en d'avril. La confiance des opérateurs économiques a été entamée par l'interpellation de J.-C. Masangu, gouverneur de la Banque centrale en janvier. Il a été détenu pendant 5 jours, officiellement parce que le virement de 17 millions de dollars destinés à payer les dépenses de l'armée zimbabuénne a été effectué en retard.

CULTURE

La culture est-elle l'arme miraculeuse qui permettra aux Congolais et à leur pays d'éviter le naufrage? La dégradation des conditions de vie n'a pas stérilisé la créativité culturelle. La tragédie qui endeuille le pays avec ses cohortes de malheur n'a pas émoussé la vitalité des artistes.

Le 7 mars, au 16ᵉ festival de Ouagadougou (FESPACO), le film *Pièces d'identités* de Mwenze Dieudonné Ngangura a remporté le grand prix (étalon de Yennenga). Le Prix de la meilleure interprétation féminine a été attribué à Dominique Mensha qui a joué dans *Pièces d'identités*. Le doyen de la chanson congolaise, Wendo So, a remporté un vif succès à Abidjan lors du dernier MASA au mois de février. La musique congolaise a connu des moments fabuleux en 1998-1999. En effet, deux monstres sacrés de la chanson congolaise ont triomphé à l'Olympia et au Zénith. Il s'agit de Koffi Olomide, qui a fait vibrer la salle mythique de l'Olympia, le 21 août 1998, 27 ans après Rochereau. Le 7 novembre, il se produisait au Zénith. Le 12 avril 1999, il recevait le Disque d'or des mains de M. Debodin, directeur de Sonodisc, pour son CD *Loi*. Il a déjà remporté le Maracas d'or du meilleur artiste africain en Afrique du Sud (CDRA), le Golden d'or à Paris... Le 20 mars 1999, Papa Wemba faisait vibrer le Zénith en déployant toutes les facettes de son immense talent.

Cette riche production artistique prouve qu'il n'existe pas de fatalité en histoire. Car ce sont les hommes – acteurs sociaux lucidement engagés dans le cours des choses – qui façonnent le devenir des sociétés.

Conseillée par Malambu ma Kizola, la maison Sonodisc, et d'autres producteurs comme Ngoyarto, Maître Imbouma et Jean-Pierre Nsunsa, contribuent depuis plusieurs années à la promotion des musiciens congolais et à leur succès sur la scène internationale.

BURUNDI

Vie politique

L'année 1999 a débuté sous d'heureux auspices. En effet, l'embargo qui frappait le pays depuis deux ans a été levé. Dès le 30 janvier, Ethiopian Air lines a repris ses vols sur Bujumbura. Le 1er février, un premier bateau est arrivé en provenance de Tanzanie.

Le FAD (Fonds africain de développement) a consenti un prêt afin de financer un projet de renforcement des infrastructures sanitaires. Malheureusement, le pays consacre 30% de son budget à combattre une rébellion qui depuis 1991 entretient un climat de terreur, empêchant ainsi le "débat interne à la base" préconisé depuis février afin de réconcilier les Burundais et de ramener la paix. La poursuite à Arusha (Tanzanie) des pourparlers entre divers acteurs entretient un espoir en dépit de la folie meurtrière des extrémistes.

Économie

Lors de sa visite en France en avril, M. Bamvu Ginyumvira, le premier vice-président, a rencontré des industriels français. La délégation burundaise a tenu à rassurer ses interlocuteurs sur la situation sécuritaire du pays et elle a mis l'accent sur les considérables potentialités dont dispose le Burundi. Par son accès au lac Tanganyika, le Burundi occupe une position stratégique. Le pays veut intégrer l'East African Community (Kenya, Ouganda et Tanzanie) afin d'être une charnière entre l'Afrique orientale et l'Afrique centrale. Le gisement de nickel a été confiée à la compagnie canado-australienne Andover Ressources NC.

Quelques points de repère

Géographie
➤ Pays de hauts plateaux à vocation agricole; très peuplé.

Histoire
➤ L'histoire du Burundi est intimement liée à celle du Rwanda, au moins jusqu'à l'indépendance (1962).
➤ 1966 (nov.) Le roi Ntare V, en visite officielle à Kinshasa, est renversé par le colonel Micombero qui proclame la République.
➤ 1972 Massacre entre Hutus et Tutsis.
➤ 1976 Le colonel Bagaza au pouvoir; renversé par Pierre Buyoya en 1987, alors qu'il participait au IIe Sommet de la Francophonie à Québec.
➤ 1988 Nouveaux affrontements.
➤ 1993 (1er juin) Élection du premier président hutu, Melchior N'Dadaye, assassiné en octobre.
➤ 1994 (13 janv.) Cyprien Ntaryamira, président. Il meurt dans l'accident de l'avion du président rwandais le 6 avril.
➤ 1994 (sept.) Sylvestre Ntibantunganya (Hutu) est élu président. Il forme un gouvernement avec Anatole Kanyenkiko (Tutsi).
➤ 1995-1996 Camps énormes de réfugiés aux frontières du Rwanda, du Burundi et du Zaïre. Nombreux transferts de population. Menaces d'affrontements interethniques.
➤ 1996 Coup d'État de Pierre Buyoya.

RWANDA

Au début du mois d'août 1998, le Rwanda et l'Ouganda ont tenté de renverser le régime Kabila 15 mois après l'avoir aidé militairement à conquérir le pouvoir en 1996-97.

Après maintes dénégations, le gouvernement rwandais a finalement reconnu qu'il entretenait un corps expéditionnaire en République démocratique du Congo pour, affirme-t-il, assurer la sécurité à ses frontières. Pourtant, les troupes rwandaises ont été projetées très loin de leurs frontières, à plus de 2500 km sur la côte ouest de la RDC. Selon le Rwanda et l'Ouganda, le territoire congolais sert toujours de base arrière aux rebelles qui lancent des attaques armées pour déstabiliser leurs régimes.

Tout porte à croire que la sécurité aux frontières et le sort des populations rwandophones ont servi de prétextes pour réaliser d'autres visées exprimées déjà en 1996: intégration économique du Kivu dans un vaste ensemble comprenant l'Ouganda et le Rwanda, à défaut d'une annexion pure et simple. La décision de renvoyer les officiers rwandais a permis au chef de l'État congolais de se réhabiliter auprès de l'opinion congolaise.

Des contradictions internes au Rwanda et à l'Ouganda peuvent expliquer que la sécurité y soit une source d'inquiétude. Ainsi, au Rwanda, le PAM (Programme alimentaire mondial) a été obligé de suspendre ses opérations aux mois de septembre et novembre. Bien qu'escortés par des militaires, ses convois étaient la cible des attaques armées. Les suites judiciaires du génocide de 1994 ne sont pas faciles à gérer. Le 30 novembre, soixante-seize détenus accusés de génocide sont libérés de la prison de RIRIMA à Kigali Rural. Plus de 124 000 personnes sont emprisonnées au Rwanda pour avoir participé au génocide. En 1999, le gouvernement organise la formation de 15 000 juridictions traditionnelles afin de juger une partie des accusés.

Le Parlement français a créé, le 3 mars 1998, une mission d'information chargée d'examiner la politique française au Rwanda de 1990 à 1994. Par son rapport, rendu public le 15 décembre, la France a été blanchie de toute implication directe dans le génocide de 1994. Cette mission représente une innovation; en effet, pour la première fois, des élus français exercent un contrôle *a posteriori* sur la politique étrangère de leur gouvernement. Le 26 mars, le Conseil de sécurité de l'ONU a approuvé la proposition du Secrétaire général de créer une commission d'enquête sur la manière dont l'ONU a réagi au génocide de 1994.

D'autre part, l'Organisation de l'unité africaine (OUA) rassemble pour la première fois le 26 octobre 1998 un groupe "d'éminentes personnalités" pour enquêter sur "les causes profondes du génocide, les circonstances et ses conséquences au Rwanda et dans la région des Grands Lacs".

En dépit d'énormes difficultés, les autorités se dépensent pour créer les conditions de reprise d'une vie politique et sociale normale, comme en témoigne la tenue des premières élections locales qui se sont déroulées sans incident du 29 au 31 mars. Les électeurs ont accompli leur devoir civique avec enthousiasme. Le taux de participation a atteint 95%. Selon le vice-président Kagame, la période de transition pourrait se terminer dans deux ou trois ans.

QUELQUES POINTS DE REPÈRE

Géographie
➤ Petit pays équatorial au climat tempéré par l'altitude, très densément peuplé.

Histoire
➤ XIVe-XVIe s. Royaume tutsi. Trois ethnies principales: les Tutsis (10%, éleveurs et guerriers), les Hutus (88%, cultivateurs) et les Twas (2%, chasseurs).
➤ 1894 Expédition allemande.
➤ 1923 Mandat donné à la Belgique, le Ruanda-Urundi est intégré au Congo belge.
➤ 1962 (1er juillet) Indépendance.
➤ 1964 Kayibanda, premier président. Début des luttes entre Hutus et Tutsis: ces derniers quittent en partie le pays.
➤ 1973 Coup d'État du général Juvénal Habyarimana.
➤ 1990 Des combattants du FPR (Front patriotique rwandais) attaquent les positions de l'armée rwandaise.
➤ 1994 (6 avril) Mort de J. Habyarimana et de C. Ntaryamira (président du Burundi) dans un accident d'avion (circonstances non élucidées). Génocide des Tutsis et massacres des Hutus de l'opposition.
➤ 1994 (19 juillet) Victoire du FPR. Pasteur Bizimungu est désigné président.

ÉCONOMIE

Le pays poursuit la politique des privatisations mise en place dans le cadre du PAS (Politique d'ajustement structurel) élaborée conjointement avec le FMI et la Banque mondiale. Le gouvernement tient cependant à ne pas sacrifier les services sociaux et prévoit d'investir en 1999, 236 millions de dollars dans des projets de développement. Au mois d'avril, le pays a conclu avec la Grande-Bretagne un accord définissant un cadre général de coopération entre les deux pays pour une période de 10 ans. L'engagement militaire en RDC risque de compromettre la réussite de cette politique. Ainsi, la CEE a décidé de geler le dernier versement d'un montant de 50 millions de dollars US sur un prêt de 150 millions de dollars.

AFRIQUE ORIENTALE

DJIBOUTI

Changement historique! L'élection à la présidence, le 8 avril 1999, d'Ismaël Omar Guelleh marque la fin d'une époque: il succède à son oncle Hassan Gouled Aptidon, au pouvoir depuis 22 ans.

L'élection présidentielle a été précédée d'une tragique affaire: la détention de 44 Djiboutiens dans des conditions inhumaines, sans jugement depuis 19 mois. Leurs compatriotes vivant en France et en Belgique ont observé avec eux une grève de la faim du 29 mars au 2 mai pour obtenir l'amélioration des conditions de détention et protester contre la stagnation des procédures judiciaires. La première action d'éclat du nouveau président a été de libérer une quarantaine de détenus de droit commun.

La France a décidé de maintenir sa base militaire de Djibouti; c'est la plus importante qu'elle possède à l'étranger. Toutefois, les effectifs vont être réduits. Ce maintien est un atout considérable pour Djibouti tant sur le plan géopolitique qu'économique et financier.

Comme par le passé, le pays espère tirer un meilleur profit de sa position géographique, en particulier le port de Djibouti, dont le trafic a fortement accru suite à la guerre entre l'Éthiopie et l'Érythrée. Cette intense activité génère des richesses économiques pour le pays et appelle une modernisation du port. Plusieurs projets sont à l'étude pour créer des zones franches industrielles, commerciales et de services. Rappelons que le franc djiboutien fête son 50e anniversaire; en effet, il a été créé le 20 mars 1949.

Le Président espère concrétiser les accords avec le FMI sur les facilités d'ajustement structurel renforcé.

QUELQUES POINTS DE REPÈRE

Géographie
➤ Sol désertique en basse altitude et végétation méditerranéenne en montagne (forêt du Day). Point culminant à 2200 m.
➤ Le port de Djibouti est le débouché du commerce éthiopien (aire de stockage de conteneurs, ateliers navals).
➤ Agriculture inexistante.

Histoire
➤ 2e millénaire av. J.-C. Côtes fréquentées par les marchands d'aromates.
➤ Moyen Âge: voie d'échange entre l'Arabie et l'Afrique (détroit de Bab el-Mandeb); comptoir de commerce à Tadjoura.
➤ 1862 Traités entre les commerçants français et les sultans d'Obock.
➤ 1888 Le Français Lagarde s'installe à Djibouti et construit un port moderne.
➤ 1896 Colonie sous l'appellation de Côte française de Somalie.
➤ 1917 Terminus d'un chemin de fer destiné à désenclaver l'Éthiopie.
➤ 1946 Territoire d'outre-mer.
➤ 1958 et 1967 Référendums pour le maintien des liens avec la France.
➤ 1977 Indépendance du pays qui devient une République. La France y maintient une importante base militaire.
➤ 1992 Accroissement des tensions entre Afars et Issas; reflet des événements politiques affectant les pays voisins.

Des valeurs sûres de la chanson africaine

Cesaria Evora et **Youssou N'Dour** ont conquis le cœur de millions d'auditeurs et de spectateurs à travers le monde. La chanteuse capverdienne, à la voix chaude et bien timbrée, est de plus en plus en demande. Son homologue sénégalais s'est fait plus rare au cours des dernières années, mais à 39 ans, s'il est l'un  des principaux représentants de la vague  World Beat qui a déferlé sur l'Occident au milieu des années 80, il a su se renouveler en retrouvant ses racines. "J'ai la possiblilité de faire deux styles de musique avec le m'balax sénégalais que le public africain préfère toujours."

Quelques événements culturels

– "Arts, écritures du monde francophone et quête identitaire", Colloque international à l'Université de Cocody, Abidjan, Côte d'Ivoire, du 23 au 27 novembre 1999.

Dans le cadre du Festival mondial des afro-musiques prévu en décembre 1999 à Abidjan et en partenariat avec des universités du Nord et du Sud, le GERLIF (Groupe d'étude et de recherche sur les littératures francophones) de l'UFR de Langues, Littératures et Civilisations de l'Université de Cocody–Abidjan organise un colloque international dont l'objectif est de réunir des chercheurs, des professeurs, des écrivains, des artistes, des critiques d'art, etc., pour réfléchir ensemble sur les formes concrètes d'expression de la quête d'identité dans le monde francophone.

– Exposition "Amabhuku. Illustrations d'Afrique/Illustrations from Africa", Bologne (Italie).

L'Afrique subsaharienne a été l'invitée d'honneur de la Foire internationale du livre pour enfants de Bologne (Italie) du 8 au 11 avril 1999. Cette exposition présente le travail de trente-quatre illustrateurs africains pour la jeunesse et doit circuler en Afrique et en France.

– 3e édition de la Librairie africaine, Salon du livre de Paris (19-24 mars 1999).

La Librairie africaine est un fonds de 1000 titres environ et sa présence au Salon du livre vise à promouvoir la production éditoriale africaine ou sur l'Afrique auprès du grand public.

– *Notre Librairie* fête ses trente ans.

Depuis 1969, *Notre Librairie* a mis en valeur le patrimoine littéraire, francophone ou traduit en français, des pays d'Afrique, de la Caraïbe et de l'océan Indien. La fête, qui soulignait la contribution fort importante de la revue, s'est déroulée à la Maison des écrivains de Paris, le 10 mars 1999.

– "Afrique, voix, poésie", premier colloque de poésie africaine subsaharienne, 6-8 novembre 1998, à Paris.

Le Centre Georges Pompidou, le CLEF et le Centre Wallonie-Bruxelles ont organisé le premier colloque de poésie africaine à Paris. Vingt poètes francophones d'Afrique noire et de Madagascar y ont participé. Des discussions ont eu lieu sur les grands thèmes qui traversent la poésie et la littérature africaine contemporaine. Sous la présidence de Jean-Baptiste Tati Loutard (Congo- Brazzaville), un hommage particulier a été rendu à trois grandes figures de cette poésie: Léopold Sedar Senghor, Tchicaya U Tam'si et Jacques Rabemananjara.

– Fatogoma DIAKITE, chef du projet "Lecture publique" du Mali, a reçu le 23 mars 1999 les insignes de Chevalier des Arts et des Lettres, dans le cadre du Salon du livre de Paris (19-24 mars 1999).

BIBLIOGRAPHIE

Roman, conte, nouvelle, poésie, théâtre

AYEVA Bassirou, *Miroir d'un rêve brisé, Lettre à Rissa*, Ivry-sur-Seine, Nouvelles du Sud, 1999, 268 p.

BEYALA Calixthe, (Cameroun), *Amours sauvages*, Paris, Albin Michel, 1999, 245 p.
Calixthe Beyala a créé un univers dont la femme est le centre. Ève-Marie, comme tous les personnages féminins de Beyala, doit lutter dans un monde de marginaux, de laissés-pour-compte, mais elle se raccroche aux valeurs fondamentales de l'amour et de la vie.

BEYE Seydou, *Les Brisures de soleil*, Paris, L'Harmattan, coll. Poètes des cinq continents, 1999, 76 p.

BIYAOULA Daniel, (Congo-Brazza), A*gonies*, Paris, Présence africaine, 1998, 253 p.
Le milieu des Africains immigrés avec ses misères quotidiennes: banlieue sordide, travail dur et sous-payé ou débrouille, besoin d'amour et de dignité confronté aux mesquineries et aux jalousies. L'histoire de deux amours, l'un basé sur la duplicité, l'autre sur la droiture.

BETI Mongo, (Cameroun), *Trop de soleil tue l'amour*, Paris, Julliard, 1999, 239 p.
Un nouveau roman de Mongo Beti qui traduit la continuité d'une œuvre toujours soucieuse des avatars des sociétés africaines contemporaines. L'Afrique ne réussit pas à s'en tirer à cause de l'incompétence de ses responsables et des profiteurs qui cherchent leur seul bénéfice. Les individus et le peuple sont toujours les victimes du système.

PRIX LITTÉRAIRES

Grand Prix littéraire de l'Afrique noire 1998
En mars 1999, l'Association des écrivains de langue française (ADELF) remettait le Grand Prix littéraire de l'Afrique noire 1998 à Gaston-Paul EFFA (Cameroun) pour son roman *Mâ* publié chez Grasset.
Livre Inter 1999
Le prix Livre Inter 1999 a été attribué à **Ahmadou Kourouma** (Côte d'Ivoire) pour *En attendant le vote des bêtes sauvages* aux Éditions du Seuil.

DIA Hamidou, (Sénégal), *Les Remparts de la mémoire*, poésie, Paris, Présence africaine, 1999, 72 p.
Poésie faite de toutes les questions auxquelles est confronté tout intellectuel africain face à sa mémoire et à ses doutes. "Des remparts qui protègent de et contre une mémoire possessive et exigeante."

KAMA KAMANDA, (Congo-Kin), *Œuvre poétique*, Paris, Présence africaine, 1999, 2 016 p.
Voilà réunie, en un seul volume, l'œuvre poétique monumentale du poète, romancier et conteur congolais-zaïrois.

KEN BUGUL, (Sénégal), *Riwan ou le chemin de sable*, roman, Paris, Présence africaine, 1999, 230 p.
La narratrice, une africaine "évoluée", devient la 28ᵉ femme d'un grand marabout, en toute liberté. Par son retour aux valeurs culturelles de ses origines, la narratrice-personnage cherche à reconstruire son identité et à se réconcilier avec elle-même. Nouvelles perspectives sur la femme africaine, sur le féminisme, et révision des idées reçues.

KOFFI KWAHULÉ, (Côte d'Ivoire), *La Dame du café d'en face*, théâtre, Éditions théâtrales, 1999, 89 p.

MATESO Locha, (Congo-Kin), *Lettres océanes*, poésie, Dakar, NEAS, 1998, 70 p.

N'DIAYE Bokar, (Mali), *La Mort des fétiches de Sénédougou*, roman, Paris, Présence africaine, 1999, 240 p.
Au Soudan français, sous la colonisation, l'influence des pouvoirs occultes des sorciers et féticheurs sur la mentalité des populations du Mali profond et les pouvoirs exorbitants des agents coloniaux sur les indigènes. Double domination.

NDIAYE Marie, (France-Sénégal), *Hilda*, Paris, Les Éditions de Minuit, 1999, 91 p.
La romancière est bien connue. Voici une pièce de théâtre. Une patronne dévorante envahit progressivement toute la vie de sa servante Hilda.

NGAL Georges, (Congo-Kin), *L'Errance*, réédition, Paris, Présence africaine, 1999, 222 p.

NONN Éric, (Gabon), *N'Gomo*, roman, Éditions Verticales, 1999, 149 p.

OUKOUBA-NKOGHÉ, (Gabon), *Le Chemin de la mémoire*, Paris, L'Harmattan, coll. Encres noires, 1999, 238 p.
Après un premier échec amoureux, la rencontre d'une femme d'origine indienne. L'amour permet de tracer le chemin de la mémoire.

TADJO Véronique, (Côte d'Ivoire), *Champs de bataille et d'amour*, Abidjan/Paris, NEI/Présence africaine, 1999, 175 p.
Un couple – un Africain, une Occidentale – vivant en Afrique est à la recherche de lui-même autant que du pourquoi de son existence. Il doit traverser la solitude à deux, les difficultés de l'amour et son érosion par le temps, son impuissance face aux maux de l'Afrique.

TATI LOUTARD Jean-Baptiste, (Congo-Brazza), *Fantasmagories*, nouvelles, Paris, Présence africaine, 1999, 136 p.
L'auteur congolais, en faisant vivre l'univers fantastique de son pays, poursuit le portrait de sa société entamé dans ses *Nouvelles Chroniques congolaises*.

TIÉMÉLÉ Jean-Baptiste, (Côte d'Ivoire), *Paroles bues*, poésie, Ivry-sur-Seine, Nouvelles du Sud, 1998, 125 p.

TRAORÉ Abibatou, (Sénégal), *Sidagamie*, Paris, Présence africaine, 1998.
Polygamie et sida, mélange explosif quand le mari est infidèle. Le récit en montre les inévitables conséquences.

YAPOBI Annie, *Le Chant des maux*, poésie, Lausanne, L'Âge d'homme, 1998, 63 p.

Critiques littéraires et artistiques, linguistique

AGGARWAL Kusum, *Amadou Hampâté Bâ et l'Africanisme*, Paris, L'Harmattan, coll. Sociétés africaines et diaspora, 1999, 264 p.

ALBERT Christiane (sous la dir. de), *Francophonie et identités culturelles*, Colloque à l'Université de Pau, 1998, Paris, Karthala, 1999, 338 p.

BOKIBA André-Patient, *Écriture et identité dans la littérature africaine*, Paris, L'Harmattan, coll. Critiques littéraires, 1999, 288 p.

BORGAMANO Madeleine, *Ahmadou Kourouma: le guerrier griot*, Paris, L'Harmattan, 1998, 252 p.

BOURDETTE-DONON Marcelle, *La Peinture centrafricaine, État des lieux*, Paris, L'Harmattan, 1999, 96 p.

BRAHIMI Denise et TREVARTHEN Anne, *Les Femmes dans la littérature africaine. Portraits*, Abidjan/Paris, CEDA/Karthala, 1998, 238 p.

CÉVAËR Françoise (textes réunis par), *Ces Africains d'Afrique noire. Arts, Littératures, Sociétés*, Ivry-sur-Seine, Nouvelles du Sud, 1999, 226 p.

CHIAPPANO Nino (sous la dir. de), *Tchicaya notre ami / l'homme, l'œuvre, l'héritage*, Paris, Édité par l'Association des anciens fonctionnaires de l'UNESCO, avec le concours de l'Agence de la Francophonie et de l'UNESCO, 1999, 192 p.

COLLECTIF, *Faits de langues. Les langues d'Afrique subsaharienne*, linguistique, Paris, Ophrys, 1998, 501 p.

DARKOWSKA-NIDZGORSKI Olenka et NIDZGORSKI Denis, *Marionnettes et masques au cœur du théâtre africain*, Saint-Maur, Sépia, 1998, 205 p.

EINSTEIN Carl, *La Sculpture nègre*, Paris, L'Harmattan, coll. L'art en bref, 1999, 128 p. Parue en 1915 à Leipzig, cette étude a été la première à reconnaître à l'art africain un statut d'art à part entière.

GARNIER Xavier, *La Magie dans le roman africain*, Paris, PUF, coll. Écritures francophones, 1999, 162 p.

GNAMMANKOU D. (sous la dir. de), *Pouchkine et le Monde noir*, Paris, Présence africaine, 1999, 328 p.

JULES-ROSETTE Benjamin, *Itinéraire du théâtre noir. Mémoires mêlées*, préface d'Amadou Lamine SALL, Paris, L'Harmattan, 1999, 94 p.

MABANA Claver Kahiudi, *L'Univers mythique de Tchicaya U Tam'si à travers son œuvre en prose*, thèse de doctorat, Berne/Berlin/Francfort, Peter Lang, 1998, 400 p.

MEURILLON Georges (réalisé par), *Cartes postales d'Afrique de l'Ouest (1895-1930)*, Cederom, Production Images & mémoires, Distribution: ICG Mémoire directe, Neuilly-sur-Seine.

MONNIER Yves, *L'Afrique dans l'imaginaire français (Fin du XIXᵉ-début du XXᵉ siècle)*, Paris, L'Harmattan, coll. Les Tropiques entre mythe et réalité, 1999, 302 p.

MOURA Jean-Marc, *Littératures francophones et théorie postcoloniale*, Paris, PUF, coll. Écritures francophones, 1999, 174 p.

RWANIKA Drocella M., *L'Inscription féminine. Le roman de Sony Labou Tansi*, Ivry-sur-Seine, Nouvelles du Sud, 1999, 224 p.

SINA DIATTA Christian, *Parlons jola. Langue et culture des Diolas*, (Sénégal), Paris, L'Harmattan, coll. Parlons, 1999, 332 p.

Histoire, sociétés, droit, politique

ADU-AMANKWAH Kwasi et KESTER Gérard (dir.), *Comment réussir une participation démocratique en Afrique*, Paris, L'Harmattan, 1999, 110 p.

ANTOINE Philippe, OUEDRAOGO Dieudonné et PICHÉ Victor, *Trois générations de citadins au Sahel*, préface d'Abdoulaye Bara Diop, Paris, L'Harmattan, coll. Villes et entreprises, 1999, 282 p.

ASSOGBA Yao, *Jean-Marc Ela, le sociologue et théologien africain en boubou*, Paris, L'Harmattan, coll. Études africaines, 1999, 112 p.

BATSIKAMA ba MAMPUYA ma NDAWLA Raphaël, *L'Ancien Royaume du Congo et les Bakongo (Dona Béatrice et Voici les Jagas)*, Séquence d'histoire populaire, préface de Laurent Monnier, Paris, L'Harmattan, coll. Congo Zaïre-Histoire et société, 1999, 324 p.

BAYONNE Oméga et MAKIMOUNA-NGOUALAT J.-C., *Congo-Brazzaville: diagnostic et stratégies pour la création des valeurs. Pourquoi les crises politiques, économiques et sociales? Comment s'en sortir?*, Paris, L'Harmattan, coll. Études africaines, 1999, 304 p.

BEUGRE Constant D., *La Motivation au travail des cadres africains*, Paris, L'Harmattan, coll. Études africaines, 1999, 196 p.

BOISSONNADE Euloge, *Kabila, clone de Mobutu*, Éd. Moreux, 1998.

BRAECKMAN Colette, CROS Marie-France, DE VILLERS Gauthier, FRANÇOIS Frédéric, REYNTJENS Filip, RIJCKMANS François, WILLAMA Jean-Claude, *Kabila prend le pouvoir*, Bruxelles, GRIP, Complexe, 1998.

BRAECKMANN Colette, *L'Enjeu congolais: l'Afrique centrale après Mobutu*, Fayard, 1999.

BREGAND Denise, *Commerce caravanier et relations sociales au Bénin, Les Wangara du Borgou*, Paris, L'Harmattan, coll. Sociétés africaines et diaspora, 1999, 272 p.

CAVIN Anne-Claude, *Droit de la famille burkinabè, le code et ses pratiques à Ouagadougou*, Paris, L'Harmattan, coll. Sociétés africaines et diaspora, 1999, 326 p.

CEAN, L'*Afrique politique*, Karthala, 1998.

CHAPLEAU Philippe et MISSER François, *Mercenaires S. A.*, Desclée de Brouwer, 1998.

CHAUVENET Lieutenant de, *Tchad 1916-1918, Carnets de route d'un officier de cavalerie*, Paris, L'Harmattan, coll. Racines du présent, 1999, 250 p.

CHRÉTIEN Jean-Pierre et TRIAUD Jean-Louis (sous la dir. de), *Histoire d'Afrique. Les enjeux de la mémoire*, Paris, Karthala, coll. Hommes et sociétés, 1999, 503 p.

COLLECTIF, *50ᵉ Anniversaire de la Revue Présence Africaine*, Colloque de Dakar sur le thème général de Bilan critique et perspectives, Paris, Présence africaine, 1999, 388 p.

COLLECTIF, *Droits de la personne, droits de la collectivité en Afrique, Arts, Littératures, Sociétés*, Ivry-sur-Seine, Nouvelles du Sud, 1999, 162 p.

COLLECTIF, *Fonder une nation africaine démocratique et socialiste en Côte d'Ivoire*, Front populaire ivoirien, préface de Laurent Gba Gbo, Paris, L'Harmattan, 1999, 108 p.

DELNEUF Michèle, ESSOMBA Joseph-Marie et FROMENT Alain, *Paléo-anthropologie en Afrique centrale. Un bilan de l'archéologie au Cameroun*, Paris, L'Harmattan, coll. Études africaines, 1999, 368 p.

DIOP Cheikh Anta, *Nations nègres et culture*, (nouvelle édition en un volume unique), Paris, Présence africaine, 1999, 568 p.

GOUTEUX Jean-Paul, *Un Génocide secret d'État, la France et le Rwanda, 1990-1997*, Éditions sociales, 1998.

HOCHSCHILD Adam, *Les Fantômes du roi Léopold, un holocauste oublié*, Belfond, 1998.

KOKORA Pascal D., *Le Front populaire ivoirien de la clandestinité à la légalité. Le vécu du fondateur*, Paris, L'Harmattan, coll. Études africaines, 1999, 240 p.

MAKOUTA-MBOUKOU Jean-Pierre, *La Destruction de Brazzaville ou la démocratie guillotinée*, Paris, L'Harmattan, 1999, 182 p.

MOBÉ Anicet, *Rébellions en République démocratique du Congo: ressacs de l'histoire?*, L'Africain.

M'POYO KASA-VUBU Justine, *Douze Mois chez Kabila*, Bruxelles, Le Cri, 1998.

N'DA Paul, *Le Drame démocratique africain sur scène en Côte d'Ivoire*, Paris, L'Harmattan, coll. Études africaines, 1999, 288 p.

N'GANDA NZAMBO KO ATUMBA Honoré, *Ainsi sonne le glas, les derniers jours du maréchal Mobutu*, Gideppe, 1998.

NGANDU-NKASHAMA Pius, *La pensée politique des mouvements religieux en Afrique*, Paris, L'Harmattan, 1999, 240 p.

NTARIBI Kamanzi, *Rwanda, du génocide à la défaite*, Kigali, Rebero, 1998.

NTIBANTUNGANYA Sylvestre, *Une démocratie pour tous les Burundais. De l'autonomie à Ndadaye 1956-1993*: volume 1, Paris, L'Harmattan, 1999, 348 p.; *La Guerre ethnocivile s'installe 1993-1996*: volume 2, Paris, L'Harmattan, 1999, 312 p.

OMASOMBO TSHONDA J. et VERHAERGEN B., *Patrice Lumumba, jeunesse et apprentissage politique 1925-1956*, Bruxelles, Institut africain–Cedaf, n° 33-34, 1998.

PRUNIER Gérard, *Rwanda, 1959-1996. Le Génocide*, Dagorno, 1998.

REYNTJENS Filip, *Rwanda, trois jours qui ont fait basculer l'histoire*, Institut africain–Cedaf/L'Harmattan, 1995.

ROSENMAYR Léopold, *Le Baobab, histoires vécues d'Afrique*, Paris, L'Harmattan, 1999, 226 p.

SARR Fatou, *L'Entrepreneuriat féminin au Sénégal, la transformation des rapports de pouvoirs*, préface de Samir Amin, Paris, L'Harmattan, coll. Forum du Tiers-Monde, 1999, 302 p.

SHALLY GACHURUZI B., *L'Entrepreneurship en Afrique noire. Application aux entrepreneurs du secteur informel au Congo-Zaïre*, Paris, L'Harmattan, 1999, 190 p.

SINDAYIGAYA Jean-Marie, *Grands Lacs, démocratie ou ethnocratie*, L'Harmattan, 1998.

TRAORÉ AMINATA D., *L'Étau, l'Afrique dans un monde sans frontières*, Actes Sud, 1998.

VERSCHAVE François-Xavier, *La Françafrique, le plus long scandale de la République*, Stock, 1998.

"Du Congo au Zaïre, du Zaïre au Congo", *La Revue Générale*, Duculot, juin-juillet 1998.

"L'Afrique nouvelle est-elle arrivée ?", dans *Cahiers marxistes*, Bruxelles, janvier-février 1998.

Les Deux Congos dans la guerre, Politique africaine, n°72, décembre 1998.

Revues

"Hommage/Tribute: Djibril Diop Mambety", dans *Écrans d'Afrique*, n° 24, 144 p.

OMASOMBO TSHONDA J. et VERHAEGEN B., "Patrice Lumumba, Jeunesse et apprentissage politique 1925-1956", dans *Cahiers africains*, n° 33-34, 270 p.

MAGHREB

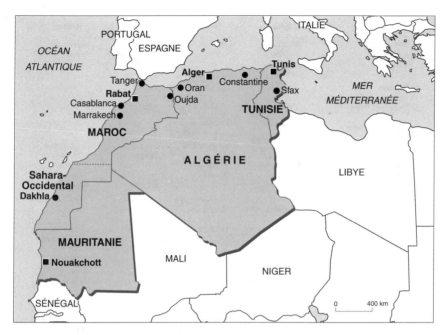

Le Maghreb (mot arabe signifiant "le Couchant") regroupe quatre pays à l'extrémité nord-ouest de l'Afrique, soit l'Algérie, le Maroc, la Mauritanie et la Tunisie.

L'Algérie, française de 1830 (prise d'Alger) à 1962, n'adhère pas aux structures officielles de la Francophonie et ne participe donc pas aux Sommets. L'arabe est la seule langue officielle, le français y est d'un usage courant: 30% de francophones réels + 30% de francophones occasionnels + les émigrés francophones, soit un total de près de 18 millions.

Le Maroc, ancien protectorat français (1912-1956) où la langue officielle est l'arabe, comprend également une bonne proportion de francophones et participe aux Sommets de la Francophonie. (Le Sahara-Occidental, rattaché au Maroc, doit faire l'objet d'un référendum, sous l'égide de l'ONU, pour fixer définitivement son statut.)

La Tunisie, ancien protectorat français (1881-1956) où l'arabe est langue officielle, participe aux Sommets de la Francophonie; on estime que près du tiers de sa population est francophone.

La Mauritanie participe aussi aux Sommets de la Francophonie, bien que la langue officielle soit l'arabe et que le pourcentage de francophones y soit moins important que dans les autres pays du Maghreb.

Tous les quatre font une place importante au français dans l'enseignement, les médias écrits et électroniques ainsi que dans diverses productions culturelles (musique, théâtre, cinéma et littérature).

On peut consulter:

AMIN Samir (dir.), *Le Maghreb, enlisement ou nouveau départ?*, Paris, L'Harmattan, 1996, 233 p.

BALTA Paul, *Le Grand Maghreb. Des indépendances à l'an 2000*, Paris, La Découverte, 1990.

DÉJEUX Jean, *Maghreb. Littératures maghrébines de langue française*, Paris, Arcantère, 1993, 658 p.

LACOSTE Camille et Yves (dir.), *Maghreb. Peuples et civilisations*, Paris, La Découverte, coll. Les Dossiers de L'État du monde, 1995.

LEVEAU Rémi, *Le Sabre et le Turban. L'avenir du Maghreb*, Paris, François Bourin, 1993.

NOIRAY Jacques, *Littératures francophones I – Le Maghreb*, Paris, Belin, coll. Lettres Sup, 1996, 190 p.

MAGHREB

	Algérie[1]	Maroc	Mauritanie	Tunisie
Nom officiel	République algérienne démocratique et populaire	Royaume du Maroc	République islamique de Mauritanie	République tunisienne
Capitale	Alger	Rabat	Nouakchott	Tunis
Superficie (km²)	2 381 741	710 850	1 030 700	163 610
Régime politique	présidentiel	monarchie constitutionnelle	présidentiel	présidentiel
Chef d'État Entrée en fonction Prédécesseur	Abdelaziz **Bouteflika** 15-04-1999 Liamine **Zéroual**	**Mohammed VI** 24-07-1999 **Hassan II**	Maaouya Ould Sid Ahmed **Taya** 12-12-1984 Mohamed Khouna **Ould Haidalla**	Zine el-Abidine **Ben Ali** 7-11-1987 Habib **Bourguiba**
Chef du gouvernement Entrée en fonction Prédécesseur	Ahmed **Ouyahia** 31-12-1995 Mokdad **Sifi**	Abderrahmane **Youssoufi** 14-03-1998 Abdellatif **Filali**	Cheik el Afia Ould Mohamed Khouna 16-11-1998 Mohamed Lamine Ould **Guig**	Hamed **Karoui** 27-09-1989 Zine el-Abidine **Ben Ali**
Langues officielles Autres langues	arabe français, kabyle (berbère), shawiya	arabe français, tachellhit, espagnol, tamazight	arabe français, pular, ouolof, soninké, hassaniya	arabe tunisien français
Principales religions en % de la population	islam (99) christianisme et judaïsme (1)	islam (98,7) christianisme et judaïsme (1,3)	islam (99,4) christianisme (0,4) autres (0,2)	islam (sunnite) (99,4) christianisme (0,3) judaïsme (0,1) autres (0,2)
Population[2] Moins de 15 ans en % Plus de 65 ans en % Indice de fécondité Espérance de vie H/F Alphabétisation en %	30 480 793 38 4 3,38 67,78/70,12 61,6	29 114 497 36 5 3,35 66,49/70,64 43,7	2 511 473 46 3 6,41 46,95/53,11 37,7	9 380 404 32 5 2,44 71,72/74,58 66,7
IDH (rang/174)	109	126	149	102
PIB (en M$ US)[2] **PIB/hab. (en $ US)**[2]	120 400 4 000	107 000 3 500	4 100 1 750	56 500 6 100
Monnaie[3] FF US $	dinar 0,09 0,0881	dirham 0,6301 0,0396	ouguiya 0,029 0,0046	dinar 5,157 0,8281
Principales exportations	pétrole brut, produits pétroliers, gaz naturel	phosphate, vêtements	fer, poissons, or, cuivre	pétrole, vêtements, phosphate
Principales importations	matériel de transport, produits alimentaires, produits chimiques	pétrole brut, produits chimiques, blé	thé, sucre, riz et autres produits alimentaires, produits pétroliers	produits alimentaires, transport, biens manufacturés (textiles)
Principaux partenaires commerciaux	France, Italie, États-Unis, Espagne, Allemagne	France, Espagne, Italie, Inde, Japon, États-Unis	France, Algérie, Espagne, Japon, Italie, Belgique, Luxembourg	France, Italie, Allemagne, pays nord-africains

Sources: Banque mondiale; ONU, *Bulletin mensuel de la statistique* et *Rapport sur le développement humain 1999*; The World Factbook 1998.

[1] Pays non membre de la Francophonie.
[2] Population: estimations juillet 1998; PIB: données 1997.
[3] Taux au 25 juillet 1999, donné à titre indicatif.

MAGHREB

Guy DUGAS
Université Paul Valéry-Montpellier III, CIEF – Paris IV
Dugas@danaid.univ.montp3.fr

Mohamed Séghir BABÈS
Expert-consultant en coopération internationale
et économie sociale, ancien ministre, Algérie

avec la collaboration de

Jamel ZRAN (Tunisie)
Mohammed GRIM (Algérie)
Hamid NACEUR KHODJA (Algérie)
Ahmed ISMAÏLI (Maroc)

Stabilité politique et croissance économique confortées en Tunisie. Au Maroc, une alternance politique toujours à l'épreuve avec un nouveau souverain. Relative stabilisation politique en Mauritanie. En Algérie, l'élection du président Bouteflika, bien que contestée au départ, semble porteuse d'un renouveau prometteur, dont témoignent les prémices d'une concorde civile à consolider.

MAROC

VIE POLITIQUE

Après les espérances nées de l'arrivée des socialistes au pouvoir et leur difficulté à constituer une équipe homogène, le gouvernement d'Abderrahmane Youssoufi peut déjà se prévaloir de quelques avancées significatives, par exemple dans la lutte contre la corruption ou celle en faveur de la généralisation de l'enseignement obligatoire. Les électeurs, d'abord enthousiastes et impatients, commencent à exprimer leur déception face à un bilan économique et social – plutôt maigre, il est vrai – d'une année d'alternance politique. Les forces conservatrices, incarnées au sein même du gouvernement par le même ministre de l'Intérieur Driss Basri, freinent toute velléité trop brusquée de changement. Si la dynamique née du sentiment d'ouverture au plus haut niveau a conduit à la création d'une quantité d'associations très actives dans les luttes féministes ou contre l'analphabétisme, les militants des principaux partis de la coalition gouvernementale (USFP et Istiqlal) redoutent désormais un enlisement technocratique et une usure du pouvoir

MAROC

Quelques points de repère

Géographie

➤ Pays au relief diversifié (montagnes, riches plaines, désert); double ouverture maritime: Méditerranée et Atlantique.

➤ Agriculture, ressources minières (3e pays producteur de phosphate), tourisme.

Histoire

➤ 1000 av. J.-C. Implantation des Phéniciens.

➤ 600 av. J.-C. Arrivée des Carthaginois.

➤ 40 Annexion romaine.

➤ 700 Conquête par les Arabes qui imposent l'islam aux Berbères.

➤ VIIIe-XVe s. Nombreuses dynasties, dont trois berbères.

➤ 1830-1912 Pénétration européenne.

➤ 1912 Protectorat français. Le maréchal Lyautey, résident général (1912-1925).

➤ 1956 (3 mars) Indépendance. Le sultan Mohammed V devient roi.

➤ 1962 Couronnement du roi Hassan II, chef d'État et commandeur des croyants.

➤ 1979 Occupation par le Maroc de l'ensemble de l'ancien Sahara espagnol, contestée par le Front Polisario qui a l'appui de l'Algérie.

➤ 1992 (sept.) Révision de la Constitution.

➤ 1993 (juin) Élections législatives (204 députés).

➤ 1996 Révision constitutionnelle pour instituer le bicaméralisme (2 chambres), voté en 1998.

➤ 1999 (23 juil.) Mort d'Hassan II. Son fils Mohammed VI lui succède.

qui finiraient par déstabiliser une expérience largement considérée comme la seule alternative possible, en dehors de l'armée ou des islamistes.

Mais la grande question posée par la mort d'Hassan II est de savoir comment agira son fils Mohammed VI, dans la même ligne de conduite, ou plus proche de la population défavorisée comme celle-ci l'espère.

À la faveur du 14 juillet, les Champs-Élysées ont vu défiler 500 hommes de la Garde royale marocaine, en présence de leur souverain "invité d'honneur de la France". S'inscrivant dans le droit fil de la célébration du "Temps du Maroc 1999" en France, cette parade des troupes chérifiennes est une grande première qui a permis de mettre en exergue "l'exceptionnelle déférence" témoignée par le chef d'État français à l'égard du souverain. Chargée de la sécurité des palais et des résidences de la famille royale, la Garde royale marocaine est également en charge des missions d'honneur et protocolaires.

À la demande des Nations unies et pour faire suite à un rapport de son secrétaire général Kofi Annan, le référendum au Sahara-Occidental a été, une fois encore, repoussé à juillet 2000 et le mandat de la Minurso prorogé de six mois. "Nous acceptons ce report s'il nous garantit le droit de la participation de tous les Sahraouis; nous le refusons s'il s'agit d'une simple manœuvre dont usent nos ennemis pour retarder le processus", a clairement déclaré le ministre marocain chargé des Relations avec le Parlement. Le règlement du conflit bute toujours sur l'épineuse question du recensement des Sahraouis. (Voir *AFI 1998*)

Les convictions d'une princesse ou le "discours sur la tolérance"

Accueillant Hilary Clinton, en visite privée à Marrakech, l'aînée des enfants du monarque chérifien, la princesse Talla Mérieni, a prononcé un discours faisant l'éloge de la tolérance et prônant les vertus de la "civilisation plurielle", procédant d'une même éthique de l'humain, patrimoine commun des musulmans, chrétiens et juifs. "Accepter, comprendre et écouter l'autre", tel est le credo d'une princesse qui a choisi de sortir de sa traditionnelle réserve publique et qui entend, semble-t-il, ne pas s'arrêter en si bon chemin.

La disparition du roi Hassan II
Guy DUGAS

La disparition subite du roi Hassan II, le vendredi 23 juillet 1999, après 38 ans d'un règne sans partage et quelques jours seulement après une visite très remarquée en France à l'occasion du 14 juillet, multiplie les motifs d'interrogation politique à l'intérieur du Maroc, dans l'aire maghrébine et dans l'ensemble du monde arabe.

– Au plan intérieur, où les disparités sociales apparaissent de plus en plus flagrantes, la question sera de savoir le rôle que les islamistes, très actifs dans certains domaines comme la fonction publique ou l'enseignement supérieur, entendent jouer. L'armée, soutien inconditionnel de la monarchie depuis les remaniements qui ont suivi les attentats des années 70, et le menu peuple, fortement impressionné par la "baraka" de son Roi, demeureront-ils aussi fidèles à son fils, le nouveau souverain Mohammed VI, dont la personnalité reste un mystère pour beaucoup? Quelle suite celui-ci donnera-t-il au plus récent coup d'éclat de son père, la nomination il y a un

peu plus d'un an d'un gouvernement d'opposition, avec à sa tête le grand leader socialiste Youssoufi et, en son sein, quelques éléments conservateurs inféodés au Palais, comme le ministre de l'Intérieur Driss Basri? Le peuple, enfin, lui conservera-t-il la confiance accordée à son père? Quels seront les premiers signes faits en direction des milieux les plus remuants: intellectuels, fonctionnaires et enseignants, nouveaux diplômés qui, il y a quelques mois, ont attiré l'attention du gouvernement et du Palais par des grèves et des occupations de locaux?

Le roi Hassan II et son fils Sidi Mohammed, qui lui succède sous le nom de Mohammed VI

– Au plan maghrébin, deux dossiers seront à surveiller particulièrement:

Le Sahara-Occidental, un vieux contentieux auquel le roi Hassan II accordait une grande importance, ainsi que le montre le sort réservé à des opposants comme Serfaty. La solution d'un référendum d'autodétermination sous la responsabilité de l'ONU achoppe toujours sur l'épineux préalable posé par le recensement des populations locales. Les problèmes intérieurs du voisin algérien, qui le poussent à ménager le Maroc, laissent néanmoins espérer un règlement positif pour le Royaume.

Les relations avec l'Algérie dotée depuis peu d'un nouveau président désireux de reconstituer l'État de droit, de réconcilier le pays avec lui-même et de l'ouvrir à nouveau au monde et au Maghreb constituent un autre dossier sur lequel le nouveau roi, Mohammed VI aura à se pencher très rapidement. Au moment de sa mort, Hassan II s'apprêtait à se rendre au poste frontière des Angads, hermétiquement fermé depuis des années, pour une première rencontre avec le président Bouteflika. Ce rapprochement crucial pour la partie algérienne est-il seulement reporté?

– Au plan international enfin, on connaît le rôle joué dans le conflit israélo-palestinien, depuis quinze ans, par Hassan II à la tête du comité Al Qods, son exceptionnelle proximité avec les Juifs pacifistes d'Israël, d'Europe ou des États-Unis, parmi lesquels beaucoup, originaires du Maroc, gardent une dévotion émue à la mémoire du sultan Mohammed V, son père (cf. Robert Asseraf, *Mohammed V et les Juifs du Maroc*, Plon, 1997). Ne bénéficiant pas du même charisme ni du même capital acquis, son fils parviendra-t-il à conserver le rôle de conseiller tenu par son père, très écouté de tous côtés? Quelles seront ses prochaines initiatives? Les obsèques du roi Hassan II, auxquelles ont assisté, dimanche 25 juillet, les chefs d'État de tous les pays concernés par le conflit, ont sans doute permis de premières discussions.

Avec la France enfin, où "l'Année du Maroc" se déroule avec succès, dans un climat bilatéral redevenu serein depuis l'arrivée au pouvoir de Jacques Chirac, la question sera de savoir quelle chance le nouveau souverain, formé dans des universités françaises et qui connaît bien les rouages de l'Union européenne pour avoir travaillé aux côtés de Jacques Delors, souhaitera donner à la francophonie, mise à mal dans son pays par le national-islamisme, d'une part, et les avancées constantes des anglo-saxons, d'autre part, dans les domaines linguistique et universitaire (université américaine d'Ifrane).

Autant de questions qui se posent avec acuité, et plus ou moins d'urgence, au moment de cette succession. Autant de dossiers que l'on suivra avec attention et un certain optimisme. Le nouveau souverain bénéficie de nombreux atouts au moment où une nouvelle donne, inédite et progressiste, s'installe aux trois niveaux, national, international et maghrébin, du fait de la nomination d'un gouvernement socialiste au Maroc, de l'arrivée au pouvoir en Algérie d'un président désireux de sortir enfin du cycle violence – répression, fût-ce au prix d'une amnistie générale, et de l'élection en Israël d'un gouvernement soucieux de renouer avec la politique d'Itshak Rabin, si nécessaire d'entente avec les Palestiniens et de restitution des territoires occupés. (Voir *AFI 2000* dans Idées et événements)

ÉCONOMIE

Pour la deuxième année consécutive, les résultats économiques stagnent. L'industrie marque le pas. Le remboursement de la dette extérieure absorbe près du tiers du budget national. Investissements et prêts privés étrangers, qui avaient atteint un niveau record l'année précédente, ont chuté en 1998. Très atteint par la Guerre du Golfe et l'attentat commis il y a quelques années dans un hôtel de Marrakech, le tourisme, qui du reste vise un public plus huppé qu'en Tunisie, tarde à retrouver ses flux antérieurs, malgré une augmentation de plus de 10% du tourisme de proximité (Espagne, Portugal). Les termes des échanges monétaires se détériorent lentement depuis 1991, si bien que le FMI préconise un ajustement qui pourrait passer par une dévaluation du dirham. Seuls les résultats des exportations agricoles inclinent à quelque optimisme, mais de nouveaux marchés doivent être investis, vers l'est notamment, en lieu et place des marchés européens qu'affecte la solidarité européenne.

La médiocrité de ces conditions pousse à un mécontentement social qui fait le jeu d'un islamisme modéré: deux élections partielles, à la suite de résultats invalidés, ont conduit au Parlement des députés islamistes – ce qui porte à dix le nombre de leurs représentants, quand le nombre minimum pour pouvoir constituer un groupe parlementaire est de douze... Par ailleurs, les troubles orchestrés par les syndicats d'étudiants islamistes se multiplient dans certaines universités, comme Fès ou Casablanca-Aïn Chok, devenues champs clos de l'activisme religieux. Malgré toutes ces difficultés, le pays a montré son unité à l'occasion de la mort d'Hassan II. C'est une grande force qui va l'aider dans son développement économique.

SPORT

Après la déception causée par l'élimination du Maroc dans la coupe du monde de football, les espoirs et enthousiasmes des sportifs locaux se sont reportés sur l'athlétisme et le tennis, où brillent des étoiles qui ont pour noms Hicham El Guerrouj, Nezha Bidouane (voir *AFI 98*) et Hichem Arazzi.

Après sa victoire au championnat du monde 1997, **El Guerrouj**, qui n'est âgé que de 24 ans, a réalisé à Zurich une performance exceptionnelle en courant le 1500 m en 3'26", améliorant de 37/100ᵉ

de seconde le record du monde de son rival algérien Noureddine Morceli et démontrant ainsi la suprématie du demi-fond maghrébin, après les 3'29"46 de son compatriote Saïd Aouita (23 août 1985) et les 3'27"37 de Morceli (12 juillet 1995).

En 1999, El Guerrouj s'est fixé un double objectif: les prochains championnats du monde à Séville et un autre record à battre, celui du mille que détient son éternel rival Morceli!

Une industrie en expansion: les articles de cuir produits et exportés au Maroc
Miloudi BELHAMRI (MAP)

Les 145 établissements de l'industrie de la chaussure produisent 60 millions de paires par an et emploient près de 9000 personnes. Selon les chiffres disponibles, ces entreprises ont assuré, en 1997, une production évaluée à 1,22 milliard de dirhams (+20% par rapport à 1996); elles exportent pour 827 mdh (+22%) et génèrent une valeur ajoutée de 418 mdh, soit 19% de plus qu'en 1996.

Le fait que 50% des manufactures marocaines exportatrices travaillent en sous-traitance pour de grandes marques étrangères, témoigne du succès d'un secteur toujours en progrès.

Bien qu'elles ne tournent qu'à 60% de leur capacité de production, les entreprises du secteur continuent en effet d'investir, et donc de créer des emplois. En 1997, leurs investissements ont été de l'ordre de 70 millions de dh, en augmentation de 93% par rapport à l'année précédente, et le nombre de leurs unités a augmenté de 5%.

En 1996, le Maroc a exporté vers la France des chaussures pour une valeur de 320 mdh, représentant 46,5% des exportations de la filière. Durant la même année, la Libye a acheté pour 195,40 mdh (28,4%) et l'Italie pour 30,3 mdh (4,4%).

Vêtements en cuir et maroquinerie

La branche de confection de vêtements en cuir et maroquinerie (vêtements, sacs à main, cartables, portefeuilles, ceintures, bracelets de montres, articles de bagagerie, etc.), a produit, en 1997, pour une valeur de 422 mdh avec une valeur ajoutée de 126 mdh. Ses exportations se sont chiffrées à 309 mdh, ses investissements ont été de l'ordre de 13 mdh.

Tout comme pour la chaussure, de nombreuses unités travaillent en sous-traitance pour de grandes marques étrangères. Pour les vêtements en cuir, l'Espagne est parmi les principaux clients du Maroc où elle a acheté en 1996 pour une valeur de 58,9 mdh, soit 61,7% de la valeur des vêtements en cuir vendus à l'étranger. Viennent ensuite la France avec 20,13 mdh (21,1%) et l'Italie avec 6,80 mdh (7,15%).

Pour la maroquinerie, la France vient en tête des clients avec des achats de l'ordre de 83 mdh (61%), suivie de l'Espagne avec 22,50 mdh (16,5%) et de l'Allemagne (9,3%).

La fabrication d'articles en cuir et de succédanés de cuir, sauf la chaussure, compte 87 établissements et emploie quelque 3300 personnes. Elle contribue pour 17% à la valeur ajoutée dégagée par le secteur du cuir.

Tannerie mégisserie

La tannerie mégisserie, qui compte 55 établissements, emploie un peu plus de 3000 personnes et a réalisé en 1997 une production évaluée à 810 mdh, en retrait de 14% par rapport à 1996. Elle a exporté pour 462 mdh (-9%) et investi 10 mdh (-6%). Elle a tout de même dégagé une valeur ajoutée de 149 mdh, en hausse de 10% par rapport à 1996.

Cette branche qui ne travaille qu'à 50% de sa capacité, produit quelque 60 millions de pieds carrés par an, dont la moitié est exportée. L'Italie vient en tête des clients (81%) suivie de l'Espagne (8,15%) et de la France (3,25%).

Dans ces chiffres rendus publics lors d'une rencontre maroco-italienne à Casablanca, la valeur de la sous-traitance des trois branches (chaussures, maroquinerie et vêtements en cuir), qui a été de l'ordre de 748 mdh en 1996, n'est pas comprise.

Les importations du secteur du cuir dans sa globalité en 1996, ont atteint une valeur de 337,7 mdh, avec un taux de couverture de 64,7%. Ces importations ont concerné notamment les cuirs et peaux, des chaussures, des articles de maroquinerie, des machines, des moules et des accessoires pour cuir.

Il est à noter qu'en parallèle de l'industrie moderne, il existe une activité artisanale ancestrale bien développée et également exportatrice. Sa production n'est pas comptabilisée dans les chiffres donnés ci-dessus.

Pour l'amendement des lois relatives à la femme marocaine
Ahmed ISMAÏLI (Meknès)

Au Maroc, où l'on est persuadé que tout progrès social est nécessairement lié à l'amélioration de la situation de la femme, les associations féministes se multiplient, les cinéastes s'intéressent de plus en plus au "deuxième sexe" et de nombreux colloques se tiennent sur la question. Ainsi, l'association *Joussour*, qui se définit comme un forum des femmes marocaines (en arabe, ce terme signifie "ponts"), a organisé à Rabat, les 19 et 20 février 1999, un colloque sur l'interprétation des textes coraniques en matière de condition féminine. L'une des communications les plus remarquées a été celle du professeur Abdessamad Dialmy, de l'Université de Fès. "La lutte féministe, précise-t-il, se heurte à la présence de textes qui s'opposent au principe de l'égalité des sexes." Obstacle qui, d'après lui, ne peut être contourné que par une révision des fondements même de la jurisprudence islamique. Il n'est donc plus question d'appliquer d'une manière littérale le texte coranique et adapter la loi islamique à notre époque est devenu une nécessité. "Tous les rapports sociaux, rappelle M. Dialmy, sont en évolution constante"; par conséquent, les lois relatives au statut personnel doivent aussi évoluer. Pour cela, il propose quatre démarches susceptibles d'aboutir à une réforme de la jurisprudence: 1. Dépasser le sens littéral des versets coraniques relatifs aux relations humaines et privilégier le sens latent, propre à refléter davantage les intentions divines; 2. Rappeler les *fatwas* qui prouvent que les efforts visant à l'actualisation de la loi coranique ont toujours existé; 3. Favoriser les dispositions rationnelles et égalitaires; 4. Renoncer à l'application des textes lorsque les conditions sociales ne s'y prêtent pas. D'ailleurs, dans la vie courante, la religion n'est pas appliquée de manière rigide. On peut être musulman sans être pratiquant.

Monsieur Dialmy préconise enfin l'élaboration d'un Code de la famille par le Parlement, parallèlement au Code de statut personnel, dans la mesure où "le dualisme juridique est une condition minimale de la démocratie". Il est temps d'admettre l'existence d'un courant de pensée laïque dans le monde musulman, réclamant une véritable liberté religieuse. Nous connaissons tous le verset qui admet une telle démarche: "pas de contrainte en religion".

Monsieur Dialmy propose ainsi l'élaboration, au seuil du siècle à venir, d'une doctrine musulmane caractérisée par la liberté religieuse . "À partir de là, conclut-il, on ne doit plus pouvoir imposer à un citoyen d'une nation arabe moderne de devoir être musulman, et encore moins d'obéir à un code de la famille d'origine religieuse. L'adoption d'un tel code doit rester un choix possible, mais doit devenir un choix libre et privé. L'alternative fondamentale est de mettre à la disposition du citoyen un Code de la famille égalitaire positif. Pour le moment, eu égard au développement du monde arabe, le dualisme juridique est une condition nécessaire minimale à l'exercice de la démocratie. Dans un premier temps, le citoyen pourra choisir librement de fonder sa famille selon l'un des deux codes; dans un deuxième temps, le Code de la famille positif sera obligatoire et le Code religieux facultatif."

CULTURE

Initié par le roi Hassan II et le président Chirac, *Le Temps du Maroc en France* a été officiellement lancé le 27 janvier par une conférence de presse conjointe des présidents des comités d'organisation, MM. Jean-Bernard Raimond et Abdellatif Berbiche, et des deux commissaires généraux, MM. Frédéric Mitterrand et Tajeddine Baddou, en présence de M. Alain Decaux, président de l'AFAA. Plus de cent manifestations, partout en France, vont permettre au public de mesurer l'importance du patrimoine économique et culturel, mais aussi les ambitions et les attentes du Maroc à l'aube du troisième millénaire. Parmi les temps forts de cette année marocaine: une vaste exposition patrimoniale au Petit Palais, inaugurée le 12 avril par le prince héritier Sidi Mohammed et le président Chirac; l'érection sur la Place de la Concorde d'une réplique grandeur nature de la porte Bab Mansour de Meknès; des spectacles folkloriques et équestres à Montpellier, dans le cadre du "Printemps des comédiens" (10 juin-4 juillet), et à Paris, durant l'été au Jardin des Tuileries; des expositions de peinture (Majorelle à Nancy, Matisse à Paris...) ou sur *L'appel du Maroc* (octobre, Institut du Monde arabe), etc. Le Maroc est également présent sur la plupart des grandes chaînes françaises, à travers films, documentaires et diverses émissions culturelles ou récréatives. Mais il faut bien avouer que cette multiplicité d'activités n'éveille que peu d'échos du côté sud de la Méditerranée, où l'on considère que certaines de ces manifestations gagneraient à être exportées: quoi de plus naturel, en effet, que de pouvoir contempler un Matisse ou un Majorelle sous la lumière qui les a inspirés, que de pouvoir

refaire "le chemin des Ambassades" dans les pas d'un Loti ou d'une Edith Wharton? À défaut de grandes manifestations de ce genre, les Marocains continuent de se précipiter dans les grands Salons du livre, à Casablanca, où cependant l'influence intégriste se fait de plus en plus sentir, et Tanger. Dans cette ville, dont le Salon prend beaucoup d'importance, on annonce à partir de l'édition 1999 un partenariat accru avec des organismes méditerranéens (Junta de Andalucia, Association des éditeurs des Régions Midi-Pyrénées et Languedoc-Roussillon).

MAURITANIE

Pressé par le Fonds monétaire international et la Banque mondiale, le pays a accepté de libéraliser son économie et de privatiser dans les trois prochaines années plusieurs entreprises publiques, en contrepartie d'une réduction substantielle de sa dette extérieure.

C'est sans doute ce qui explique l'éviction, en octobre 1998, du premier ministre Mohamed Lamine Ould Guig, en poste depuis seulement dix mois, et son remplacement par El Afia Ould Mohamed Khouna, économiste à la réputation établie et son prédécesseur à ce poste.

Très pauvre et peu peuplée, la Mauritanie, dont le PNB par habitant est de loin le plus faible du Maghreb, ne peut en effet se passer de l'aide extérieure qui, en moyenne pondérée, couvre approximativement 80% de son budget.

Des indices fort encourageants de la présence de réserves pétrolières off shore pourraient ouvrir d'autres perspectives de développement. Dana Petroleum vient d'obtenir une concession couvrant une superficie de 34 000 km², correspondant aux blocs 1,7 et 8 inclus dans la zone de prospection sous compétence mauritanienne.

À noter un coup de froid entre la Mauritanie et la France, à la suite de la mise en examen par un tribunal français d'un officier mauritanien qui effectuait un stage de perfectionnement dans une école militaire à Montpellier. Cette mise en examen résulte d'une double plainte de la Fédération internationale des ligues des droits de l'homme (FIDHP) et de la Ligue des droits de l'homme (LDH), plainte déposée en vertu de la convention internationale de

1984 sur la torture, intégrée en 1989 dans le droit français.

Toujours est-il que les autorités mauritaniennes ont engagé des mesures de rétorsion, en décidant le renvoi de tous les coopérants militaires français, le rappel des militaires mauritaniens en stage en France, ainsi que le rétablissement du visa d'entrée pour les ressortissants français désirant se rendre en Mauritanie. Toutefois, les diplomates des deux pays, par leurs récents contacts, s'évertuent à atténuer la tension naissante.

MAURITANIE

QUELQUES POINTS DE REPÈRE

Géographie

➤ Territoire en grande partie désertique (90 %). Ressources minières (fer) et pêche.

Histoire

➤ VIIe s. Conquête arabo-musulmane.

➤ 1443-1724 Occupations étrangères successives (Portugais, Hollandais, Anglais, Français).

➤ 1902 Xavier Coppolani conquiert l'intérieur du pays qu'il nomme Mauritanie.

➤ 1903 Protectorat français.

➤ 1920 Colonie française (rattachée ensuite à l'AOF).

➤ 1956 Autonomie interne.

➤ 1960 (28 nov.) Proclamation de l'indépendance.

➤ 1991 (12 avril) Nouvelle Constitution (multipartisme).

➤ 1992 (18 avril) Instauration d'un régime démocratique.

TUNISIE

POLITIQUE

D es trois pays du Maghreb, la Tunisie – où l'héritage laïque du bourguibisme perdure – continue d'être la moins touchée par le virus de l'intégrisme, ce qui dénote une remarquable stabilité d'un corps politique dans lequel les partis islamistes n'ont pas leur mot à dire, contrairement à ce qui se passe en Algérie et au Maroc. D'où un optimisme assez exceptionnel en comparaison de l'état d'esprit qui règne dans les deux pays voisins. La petite taille du pays, l'homogénéité et l'accroissement fort raisonnable de sa population, les facilités d'accueil accordées à de nombreuses PME européennes décentralisées, notamment dans le secteur de la confection (7% du PIB) et, de plus en plus, par le biais d'une politique de privatisation, à des multinationales, les réussites d'un secteur touristique (7% du PIB) dont on jugeait pourtant, quelques décennies plus tôt, les réalisations fort audacieuses (Port El Kantaoui, site Nabeul-Hammamet, etc.), tout cela concourt – malgré une stagnation, pour la deuxième année consécutive, des résultats agricoles (0,2%) – à une "exception tunisienne" que le président Ben Ali s'applique à gérer fort habilement. Avec un taux annuel de plus de 5%, la croissance ralentit à peine par rapport à 1998, malgré le contre-coup de la crise asiatique sur les achats européens.

Comment ses administrés ne porteraient-ils pas au crédit personnel du président une croissance de plus de 4% de leur PNB durant sa première décennie au pouvoir (1987-1997)? Ainsi rasséréné au plan intérieur, offrant à ses voisins le modèle d'une société civile progressant sans heurts apparents, celui-ci est conduit à assumer un rôle de plus en plus intéressant dans le domaine maghrébin, ou plus largement international, ainsi que le montrent ses déplacements à Paris ou Rabat. Comme au Maroc, le pouvoir souhaite un retour vers leurs racines de leurs communautés diasporiques et de leurs capitaux: après avoir organisé un important colloque à l'UNESCO, il y a quelques années, les Juifs tuni-

---

TUNISIE

QUELQUES POINTS DE REPÈRE

Géographie
➤ Pays essentiellement plat, montagnes au nord-ouest; ressources minières (phosphates), tourisme.
➤ Activités économiques concentrées dans le nord et les zones côtières.

Histoire
➤ XIIe-IIe s. av. J.-C. Colonisation phénicienne, puis carthaginoise.
➤ IIe s. av. J.-C.-Ve s. Domination romaine.
➤ VIIe–XVIe s. Conquête arabo-musulmane, dynasties orientales puis berbères.
➤ XVIe s. Domination ottomane.
➤ 1881-1954 Protectorat français.
➤ 1956 (20 mai) Indépendance.
➤ 1956-1987 Habib Bourguiba, président; modernisation du pays.
➤ 1987 Le premier ministre Ben Ali destitue Bourguiba (20 oct.) et prend la tête du pays. Il est réélu périodiquement.
➤ 1995 (17 juillet) Accord de partenariat entre la Tunisie et l'Union européenne.

Économie
➤ Le tourisme et les produits manufacturés de marques (textiles), associés à une maîtrise de la croissance démographique, favorisent le développement économique.

siens ont créé une "Société d'histoire des Juifs de Tunisie" qui, par deux fois, en 1998 (Tunis) et 1999 (Paris-Sorbonne), est parvenue à faire entendre les voix mêlées des Tunisiens musulmans et juifs de France ou d'Israël. Dans le conflit israélo-arabe et à la suite des élections israéliennes qui permettent à nouveau d'espérer en la paix, ces communautés apparaissent de plus en plus à tous, arabes et israéliens, comme le vecteur essentiel de la réconciliation entre Sémites. Les fréquents séjours au pays de personnalités politiques (Philippe Seguin ou le député de Paris, Pierre Lellouche) ou culturelles (les romanciers René de Ceccaty et Albert Memmi – qui a obtenu en janvier 1999 le deuxième prix de l'amitié France/Tunisie –, l'acteur Michel Boujenah) sont fortement médiatisés. À quelques mois d'élections présidentielles plurielles, prévues pour novembre, Zine El-Abidine Ben Ali semble assuré d'une réélection sans grande difficulté, du fait des réussites précitées, de ce contexte d'euphorie et des conditions requises pour être candidat (il faut être depuis plus de cinq ans président d'un parti autorisé).

ÉCONOMIE

La croissance semble se poursuivre à un rythme élevé, bien qu'en légère diminution par rapport aux années précédentes: 5% en 1998 contre 5,4% en 1997 et 7,1% en 1996, soit une moyenne annuelle sur la période triennale de 5,8%. Le produit intérieur brut (PIB) par habitant augmente de façon réelle à plus de 4% par an, cependant que le niveau de vie moyen du Tunisien s'améliore.

Au plan agricole, la dépendance à l'égard de la pluviométrie a été réduite grâce à un développement conséquent de la superficie irriguée, notamment dans les zones de production maraîchère (85% de cette production est en zone irriguée).

Le secteur industriel progresse à un rythme soutenu (6% en 1998 contre 5,8% en 1997 et 4,1% en 1996). Les branches porteuses de cette expansion sont celles des industries mécaniques et électriques, du textile et des services.

Le programme de privatisation active des entreprises publiques connaît une accélération significative. Ce dernier a permis de dégager des ressources additionnelles de l'ordre de 450 millions de dinars, contre 400 millions de dinars en bilan cumulé pour les deux premières étapes du programme de privatisation.

Mort du leader syndical Habib Achour
Jamel ZRAN

Né en 1913 dans les îles Kerkennah, le populaire leader syndical Habib Achour est décédé le 14 mars 1999. D'abord employé par la municipalité de Sfax et secrétaire des employés municipaux de la ville, il participa activement, en compagnie de Farhat Hached, au développement des syndicats autonomes tunisiens, avant d'être l'un des membres fondateurs de l'Union générale des travailleurs tunisiens (UGTT), dont il fut secrétaire général durant de longues années. À ce titre, il fut l'artisan des grandes grèves et manifestations populaires des années 70, au titre desquelles il fut emprisonné par Habib Bourguiba.

Vie culturelle

L'effort de la Tunisie en faveur du livre et de la lecture publique est assez remarquable, du même ordre qu'au Maroc, dont nous ne cessons de vanter la vigueur et les progrès de l'activité éditoriale. De nouveaux éditeurs naissent chaque année, qui se spécialisent dans des domaines nouveaux (les "beaux livres" ou la littérature enfantine), voire plus inattendus (la jeune maison *Alyssa*, par exemple, publie romans policiers et noirs à un format "mini-poche" et à des prix tout à fait abordables). Le Salon du livre de Tunis, qui se tient chaque année au printemps, n'a rien à envier à ceux de Casablanca ou Tanger, mais il se double en outre d'une volonté de promotion tous azimuts sans équivalent dans le monde arabe: autant que le lui permet un budget annuel en forte diminution, la Direction des lettres au ministère de la Culture se porte systématiquement acquéreur d'un nombre important d'exemplaires de tout ce qui s'édite sur place, en langue arabe (2/3 de ses achats) comme en langue française. Le réseau des bibliothèques publiques se rééquilibre et s'étend sur tout l'espace national (une centaine de nouveaux établissements en cinq ans); des bibliobus sillonnent les régions isolées; la formation du personnel n'est plus négligée, et – comme au Maroc – des départements spécialisés voient le jour dans quelques universités. Ainsi, avec ses 350 bibliothèques environ, une trentaine mobiles, et ses 70 bibliothèques universitaires, la Tunisie peut-elle se flatter de disposer de la meilleure infrastructure du Maghreb en matière de lecture publique.

Femmes de tunisie

En Tunisie, où l'on a dès l'Indépendance parié sur l'égalité de tous les citoyens devant la loi, la femme dispose depuis le 13 août 1956 d'un Code de statut personnel, qui abolit la polygamie et introduit la notion de respect mutuel au sein du couple et autorise le divorce, aussi bien pour le mari que pour la femme. Dès 1957, à l'occasion des premières élections municipales de la nouvelle République, les femmes tunisiennes ont pu, à l'instar des hommes, exercer le droit de vote. Dans ce domaine aussi, le président Ben Ali a su dépasser l'héritage bourguibien, tout en en conservant l'esprit: le pacte national soumis en 1988 à tous les partenaires de la société civile confirme ce principe d'égalité et précise qu'il "n'est pas moins important que le principe de liberté, c'est-à-dire l'égalité entre citoyens hommes et femmes sans discrimination". Un ministère de la Femme et de la Famille a été créé en 1993, qui s'appuie en termes d'information sur un Observatoire national de la Femme et, en termes de législation et de juridiction, sur un Conseil national "Femme et développement".

Les journées cinématographiques de Carthage à la fin du siècle

Jamel ZRAN, Tunisie

Les JCC (Journées cinématographiques de Carthage) représentent le festival cinématographique le plus prestigieux du monde arabe. Elles ont lieu tous les deux ans depuis 1966 et complètent le FESPACO (Festival panafricain du cinéma de Ouagadougou), lui-même premier festival cinématographique de l'Afrique subsaharienne, fondé en 1969 et organisé une année sur deux. Institué par le ministère de la Culture, les JCC s'emploient à rester fidèles à la promotion d'une cinématographie nationale dans les pays du sud de la Méditerranée. C'est à l'infatigable Tahar Cheriaa, directeur de cinéma au même ministère, que l'on doit la création des JCC: il en présida d'ailleurs les quatre premières rencontres, de 1968 à 1972. C'est lors des troisièmes JCC, en 1970, que fut créée la FEPACI (Fédération panafricaine des cinéastes). Les JCC constituent ainsi un lieu de rencontre unique pour les cinéastes arabes et chacune de leurs éditions donne lieu à plusieurs manifestations, dont une compétition officielle qui décerne un "Tanit d'Or" au meilleur film, un colloque et un ou plusieurs hommages à des réalisateurs ou à un ensemble d'œuvres.

Du 23 au 31 octobre 1998, les JCC en ont été à leur 17e session. Ce festival a su garder son rayonnement et n'a cessé de se frayer un chemin original au sein du cinéma panafricain. Le mérite de ce festival reste incontestablement la révélation d'un nouveau cinéaste arabe ou africain en lui permettant de dépasser les frontières. Parmi les réalisateurs révélés par les JCC, nous citons: Youssef Chahine, Ousmane Sembene, Souleymane Cissé, Férid Boughédir, Idrissa Oudraogo, Merzak Allouach, Nouri Bouzid, Mohamed Malas, Michel Khalifi et d'autres.

Quelques phases historiques importantes ont jalonné l'évolution des JCC. Avec sa création, le festival a eu au début une teinte expérimentale vouée à l'amateurisme; puis vint l'engagement, dans les années 70, comme un peu partout dans les pays du tiers-monde. Avec les années 80, les JCC sont à la recherche de stars; quant aux années 90, c'est le professionnalisme qui est recherché et le marché audiovisuel que l'on vise.

Les JCC sont également connues par l'organisation d'un colloque autour d'un thème spécifique. Ce n'est point hasard alors si celui-ci de la 17e session a eu comme sujet *Cinéma du Sud et enjeux de la mondialisation*. Les cinémas du Sud rencontrent aujourd'hui des difficultés multiples pour produire des films. Ils font face aux nouvelles lois du marché international, aux accords du GATT, de l'Organisation mondiale du commerce (OMC) et de l'AMI (Accord multilatéral sur l'investissement) en négociation. Dans les pays du Sud, la mondialisation risque d'avoir un effet très pervers et d'infliger au cinéma le coup de grâce, malgré le soutien que ces pays apportent à leurs cinématographies nationales.

Ce colloque s'est articulé autour de 3 thèmes: les états des lieux du financement du cinéma en Europe, en Afrique et dans le monde arabe, les traditions et les insuffisances du partenariat Nord-Sud et, enfin, les recommandations pour une stratégie de sauvegarde et de développement des cinématographies nationales, la déclaration de Tunis.

ALGÉRIE

POLITIQUE

La présidentielle du 15 avril 1999, ponctuée par ce qui se donnait à lire comme un coup d'éclat (retrait de six candidats sur sept, à la veille même de la tenue du scrutin), a donné lieu dans la presse internationale à d'abondants commentaires qui dispensent de s'y attarder ici outre mesure.

En revanche, compte tenu de la nature réelle des enjeux de cette élection et bien au delà des processus formels et des péripéties politiciennes qui ont marqué cette dernière, il s'avère essentiel de s'interroger les tendances lourdes qu'elle révèle.

L'enjeu central de cette élection, faut-il le rappeler, était de savoir dans quelle mesure, à quelles conditions et dans quels délais pouvait être envisagé un retour à la paix civile. L'exigence prioritaire et quasi unanime affichée par la population était bien, en effet, l'arrêt de toute violence. Or le candidat Abdelaziz Bouteflika, durant la campagne électorale et avec encore plus de force et de conviction que les autres candidats, semble-t-il, a su convaincre de son engagement en faveur d'un "dialogue sans exclusive" et d'une "réconciliation nationale" respectueuse du cadre républicain de l'État comme de ses idéaux.

Au jeu de la comptabilité macabre, le bilan est certes très lourd: pas moins de 100 000 morts, de 2000 à 3000 disparus, des milliers de cadres et d'intellectuels fuyant la violence et acculés à l'exil, des dégâts matériels considérables se chiffrant en milliards de dollars... et, en bout de ligne, un ras-le-bol généralisé.

Le premier chantier à l'aune duquel devait se mesurer la capacité d'homme d'État du nouveau président de la République était celui de la paix civile. Ce qui s'est passé à cet égard, immédiatement après l'élection, permet de mesurer la détermination de Bouteflika à prendre à bras-le-corps cette question majeure. Qu'on en juge:

Le 29 mai, dans son premier discours à la nation, Bouteflika propose la réintégration nationale "aux égarés", exprimant en la

ALGÉRIE

Quelques points de repère

Géographie

➤ Le 2ᵉ plus grand pays d'Afrique (plus de 4 fois la France).

➤ Occupé à près de 85 % par le désert (Sahara).

➤ Seulement 3 % des terres sont cultivées.

➤ Grandes ressources pétrolifères.

Histoire

➤ Civilisation berbère.

➤ IIᵉ mil. av. J.-C. Comptoirs phéniciens, repris par les Carthaginois, puis par les Romains.

➤ VIIᵉ s. Conquête arabo-musulmane.

➤ XVIᵉ s. Domination ottomane.

➤ 1830 Prise d'Alger; début de la colonisation française.

➤ 1954-1962 Guerre franco-algérienne qui prend fin avec les accords d'Évian (18 mars) et l'indépendance (1ᵉʳ juillet).

➤ 1963 Ben Bella, président de la République.

➤ 1965 Coup d'état de Houari Boumédiène, président jusqu'à sa mort (1978).

➤ 1979 Chadli Bendjedid lui succède.

➤ 1988 Manifestations populaires. Montée du FIS (Front islamique du salut).

➤ 1990 Élections municipales, victoire du FIS.

➤ 1991 (28 déc.) Élections législatives. Le FIS remporte 188 sièges sur 430 au 1ᵉʳ tour et s'achemine vers la majorité absolue au 2ᵉ; le processus électoral est interrompu. Début du terrorisme.

➤ 1992 (29 juin) Assassinat du président Mohamed Boudiaf.

➤ 1995 (16 nov.) Liamine Zéroual est élu président de la République. Les assassinats se succèdent malgré la répression.

➤ 1996 (28 nov.) Référendum constitutionnel renforçant les pouvoirs du président (80 % pour le oui sur un taux de participation de 70 %).

➤ 1997 (5 juin) Élections législatives.

➤ 1997 (25 déc.) Élections au suffrage indirect des membres du Conseil de la nation.

➤ 1999 (15 avril) Nouvelles élections après la démission du président Zéroual. Abdelaziz Bouteflika, président de la République.

circonstance sa "compréhension pour ceux qui ont été pris dans la tourmente mais dont la conscience a réprouvé les voies de la violence aveugle [...], pour ceux que leur seule conviction ne doit pas exclure de la communauté nationale". À tous ceux-là, Bouteflika confirme être "pleinement disposé, et dans l'immédiat, à initier les mesures qui leur permettront [...] d'aspirer à reprendre leur place au sein de la société". Le 6 juin, Madani Mezrag, chef de l'Armée islamique du salut (AIS), annonce que son mouvement arrête "définitivement la lutte armée" et se met "sous l'autorité de l'État". Le 7 juin, le président réagit, proposant de déposer un projet de loi sur la réconciliation nationale et la concorde civile "l'amnistie pour ceux qui n'ont pas été reconnus coupables de crimes de sang". Le 11 juin, Abassi Madani, chef historique du Front islamique du Salut (FIS), adresse une lettre au chef de l'État dans laquelle il "demande à tous ses frères en armes [...] de rejoindre le camp de la paix". Le 14 juin, l'instance exécutive du FIS à l'étranger approuve la démarche d'Abassi Madani, rejointe par la quasi-totalité des membres demeurant en Algérie. Le 5 juillet, Bouteflika, usant de ses prérogatives constitutionnelles, amnistie près de 3 000 prisonniers islamistes. Le 10 juillet, l'Assemblée nationale adopte une loi de "concorde civile". Entérinée le 11 juillet par le Sénat, cette loi, dont il est attendu une pleine légitimation du processus de paix engagé, sera soumise à un référendum populaire le 16 septembre.

L'événement est d'importance, ce qui a fait dire à un éminent journaliste occidental "qu'une paix peut en cacher une autre. [...], la satisfaction de voir les hostilités cesser au Kosovo ne devant pas masquer ce qui vient de se produire en Algérie: la mise en route d'un mécanisme d'apaisement pouvant conduire à la fin de la guerre civile" (Ignacio Ramonet, *Monde diplomatique*, juillet 1999).

La voie serait ainsi ouverte pour le deuxième grand chantier: celui de la relance de l'économie et de la réduction dela fracture sociale tant il est patent que la situation est plus qu'alarmante. D'autre part Bouteflika entend consacrer la "refondation" des relations algéro-françaises: "L'Algérie est un pays qui n'appartient pas à la Francophonie mais nous n'avons aucune raison d'avoir une attitude figée vis à vis de la langue française qui nous a tant appris et qui nous a, en tout cas, ouvert la fenêtre de la culture française. (30 juillet 1999)

Algérie: itinéraire d'un président "pas comme les autres"
Mohamed Séghir BABÈS
Expert-consultant en coopération internationale
et économie sociale, ancien ministre, Algérie

Le commandant "Si Abdelkader" ou les réminiscences du projet "nationalitaire"...

Abdelaziz Bouteflika c'est d'abord ce jeune étudiant qui, au cœur d'une adolescence hantée par le souvenir ancestral de la suprême meurtrissure faite à son peuple, a scellé son destin de patriote irréductible en rejoignant l'ALN, sous un nom de guerre qui n'avait rien de fortuit. Très tôt, on le voit, le "commandant Si Abdelkader" entendait renouer avec *la* geste héroïque de l'Émir Abdelkader, grand érudit autant que stratège et chef de guerre, et qui, dans le même temps qu'il inventait les formes stratégiques et tactiques d'une résistance farouche à la colonisation de son pays, mettait en place les cadres fondateurs de l'État-Nation moderne. Pour quelqu'un, comme le commandant Abdelkader, qui s'était vu enseigner a travers les programmes officiels que ses ancêtres étaient gaulois, il n'y avait pas, je crois, plus magistrale manière de marquer "son territoire" et son appartenance.

L'officier combattant sur tous les fronts...

Abdelaziz Bouteflika c'est ensuite ce très jeune officier en charge, successivement, des tâches d'organisation et de contrôle des zones 4 et 7 de la wilaya 5, des missions de coordination et de synthèse au PC de la wilaya 5, au PC de l'état-major "Ouest", au PC de l'état-major général de l'ALN, avant d'être affecté en mission spéciale sur le front algéro-malien, ce qui va lui permettre de nourrir et de conforter sa foi, jamais démentie depuis, en l'enracinement africain de l'Algérie.

Le brio du plus jeune ministre des affaires étrangères...

À l'indépendance de l'Algérie, Abdelaziz Bouteflika est nommé ministre de la jeunesse, des Sports et du Tourisme, pour être promu, par la suite, ministre des Affaires étrangères, ce qui faisait de lui, à l'âge de 25 ans, le plus jeune ministre des Affaires étrangères au monde.

À ce poste, Abdelaziz Bouteflika va, seize ans durant, imprimer à l'action diplomatique de l'Algérie une envergure hors pair, qui ira jusqu'à arracher à Valéry Giscard d'Estaing l'aveu quelque peu condescendant qu'on tenait là, sans doute, "le meilleur diplomate du tiers-monde". La présence emblématique de Bouteflika à la tête de la politique extérieure de l'Algérie va culminer avec son élection à la présidence de la 29e session de l'Assemblée générale des Nations unies, puis la 6e session extraordinaire consacrée à l'énergie et aux matières premières, dont l'Algérie fut l'un des principaux instigateurs.

La traversée du désert ou la révélation de l'homme "tel qu'en lui-même"...

À la mort de Boumédiène, dont il prononca une émouvante oraison funèbre, en sa qualité de plus proche compagnon, Abdelaziz Bouteflika fut, après avoir été écarté de la succession, l'une des victimes expiatoires offertes à l'autel de la "déboumédiènisation". Acculé de fait à un exil forcé, il est absent d'Algérie pendant presque sept ans.

Dure traversée du désert assurément, qui permit à *l'homme*, face à l'adversité et dépouillé de tous les oripeaux de la fonction, de découvrir l'insondable facticité et l'abyssale hypocrisie des rapports de pouvoir, comme il saura puiser en lui-même la force de se ressourcer, dans la douleur certes, mais avec le profond sentiment d'un inévitable retour des choses. Non pas que l'immanence du cycle lui paraissait tenir d'un quelconque archaïsme de la destinée humaine, tel l'antique *fatum*, mais bien plus parce qu'il avait la faiblesse de prêter à son peuple le génie singulier d'un goût irrévocable pour la dignité et la justice. Au demeurant, il avait fini de s'en convaincre dans les moments les plus sombres où, malgré l'anathème jeté par les puissants du moment, il avait vu se constituer autour de lui une chaîne de solidarité et de soutien, comme ce fameux jour où, devant être hospitalisé pour une urgence médicale dans une clinique quelque part en Europe, il avait pu se faire acheminer par des voies semi-clandestines un document de prise en charge de la sécurité sociale, établi par un fonctionnaire de l'administration qui avait bravé l'interdit.

La réhabilitation, enfin, au service d'une stratégie de sortie de crise...

De retour en Algérie (janvier 1987), Bouteflika eut le triste privilège d'assister en direct à la descente aux enfers, marquée par un certain 5 octobre 1988 avec les événements sanglants que l'on sait. Signataire de la "motion des 18", il sortit alors de sa réserve pour témoigner de sa réprobation de la ligne politique suivie jusqu'alors. Il fut pleinement réhabilité lorsque, en 1989, le congrès du FLN l'élira comme membre du comité central.

Il ne cessera, depuis, d'être un observateur attentif de l'évolution du pays, régulièrement consulté par les uns et activement sollicité par les autres, tant son jugement politique était tenu pour assuré et incisif. Concouraient à la constante sollicitation dont était l'objet Bouteflika son sens des responsabilités ainsi que son intelligence quasi instinctive des situations les plus complexes, conjuguée à sa très vaste culture: la vraie, celle faite de l'intime connaissance du terroir et de sa pleine profondeur historique, alliée à une immense ouverture d'esprit le rendant prompt à disserter sur Montesquieu et les mérites de *L'Esprit des Lois,* aussi bien que sur la portée universelle de la *Déclaration de 1789* ou sur l'étroite filiation entre la musique de tradition arabo-andalouse et la poésie lyrique des troubadours.

Bref, à mesure que mûrissaient les contradictions d'une situation interne devenue hautement problématique, l'équation Bouteflika est devenue incontournable aux yeux de nombreux acteurs, tant et si bien que l'élection présidentielle du 15 avril 1999, par delà les péripéties politiciennes qui l'ont marquée, est apparue, en vérité, comme l'aboutissement naturel d'un consensus largement anticipé.

Dans ces conditions, rien d'étonnant à ce que la tentative de certains esprits chagrins, qui entendaient faire passer cette issue pour une triviale *chronique d'une victoire annoncée,* ait si lamentablement avorté. C'était, en effet, mal connaître l'homme.

Servi, il est vrai, par un agenda politique favorable, Bouteflika a vite fait de donner la pleine mesure de ses capacités. Tout à la fois homme de décision et de conviction lorsqu'il conduit à pas cadencé sa politique de concorde civile; homme de communication quand il y a exigence d'un *coup médiatique* pour relancer le produit *Algérie* à Crans Montana; homme-orchestre lorsqu'il est question de relever l'immense défi d'un Sommet de l'OUA dont la réussite fut sans précédent; homme de conciliation quand vient le temps de renouer un dialogue fraternel avec le Maroc; homme briseur de tabous à l'image de cette main tendue à Yehud Barak; homme contempteur des idéologies courtes et unilatérales lorsqu'il s'agit de culture, d'éducation ou même de *mondialisation* de l'économie; homme de toutes les fidélités quand désormais l'enjeu vital est de convoquer la mémoire multiple de l'Algérie, mémoire numide, mémoire amazigh, mémoire phénicienne, mémoire punique, mémoire romaine, mémoire arabe, mémoire andalouse, mémoire turque, mémoire encore ouverte sur la plus récente des présences *par effraction,* et qui lui fait convier Chirac à venir l'investir "à deux" pour en réduire la béance, dans une relation paritaire, libérée des fantômes du passé; mémoire *métisse,* en somme, quand Bouteflika dit de lui-même, c'est-à-dire de son propre peuple, qu'il ne sait plus trop s'il est davantage africain qu'arabe...

Polysémie du personnage et du message qu'il consent à nous faire entrevoir à travers ce qu'il entreprend, ce qu'il dit, ce que nous savons peut-être de lui pour avoir eu le privilège d'un *peu* le côtoyer? Certes oui, et il est heureux qu'il en soit ainsi, puisqu'il ne nous est plus loisible, dès lors, de l'enfermer dans des formules closes et définitives. Seule l'histoire dira!

ÉCONOMIE

Les problèmes économiques restent, certes, considérables avec 40% des Algériens sous le seuil de pauvreté, 30% de la population active au chômage, 600 000 postes de travail supprimés en 2 ans, à la suite des restructurations ayant affecté le secteur public.

Mais les indices encourageants ne manquent pas. On note en particulier une relative meilleure maîtrise de l'inflation ramenée au taux de 5%, une réduction du recours aux crédits extérieurs (1,7 milliard de % en 1998 contre 6 milliards de $ en 1993), une croissance hors hydrocarbures redevenue positive en 1998 avec un taux de 2,5%, prévu être porté à 4% en 1999.

On observe par ailleurs une reprise notable de l'investissement privé ainsi qu'une poussée des exportations hors hydrocarbures sous la bannière d'un certain nombre d'entreprises publiques, désormais assainies, telles Ferphos (phosphate) et Asmidal (engrais et produits chimiques).

Il convient de dire que l'embellie que connaît le marché pétrolier depuis quelques mois, de même que les récoltes céréalières qui s'annoncent prometteuses cette année grâce à une pluviométrie exceptionnelle (fait rarissime, il a même neigé durant cet hiver à Alger), contribuent à ce climat de reprise économique.

Enfin, l'élaboration programmée d'un calendrier de négociations avec l'Union européenne et l'Organisation mondiale du commerce, devrait consacrer la volonté de l'Algérie de s'insérer dans l'économie régionale et mondiale, tout en veillant, selon le vœu, de son nouveau président, à sauvegarder ses intérêts politiques et stratégiques.

Culture et éducation: déclaration iconoclaste de Bouteflika qui met à mal la culture de l'enfermement et un certain discours de la spécificité recluse

"La question de nos valeurs et des fondements de l'identité algérienne" ayant "été tranchée définitivement, [...] cela ne doit pas nous conduire à un repli sur soi régressif et à un sectarisme borné, et qui ne pourraient que nous faire tourner le dos au progrès. [...] "Il importe que nous nous enrichissions" de toutes les expériences "qui, dans le monde, sont susceptibles d'élargir notre vision et de nous écarter de la médiocrité."

[...] "Nous faisons partie de ce monde; le système d'enseignement [...] ne peut prétendre à la spécificité par un simple satisfecit qui ne change en rien la réalité des faits." Aussi bien doit-on se mettre "avec humilité et simplicité, sans fatuité ni faconde, ni entêtement, à l'école des autres, pour apprendre ce que nous ne pouvons apprendre qu'auprès des autres, et faire en sorte que "cette attitude d'ouverture et de dépassement des frilosités" soit appliquée "aux domaines de la culture, à la création intellectuelle, à l'expression et au débat libres", seuls gages permettant de valoriser et enrichir la personnalité nationale dans toutes les dimensions qu'a forgées notre histoire". (Discours à la Nation, 29 mai 1999)

EMBELLIE SUR LE FRONT CULTUREL...

Méga-concert de Cheb Mami à Alger

Cheb Mami, de retour en Algérie après une absence de 10 ans, a animé un mégaconcert sur l'esplanade du Sanctuaire des martyrs, à la faveur de la célébration de la fête de l'indépendance.

À ce mégaconcert ont participé plus de 100 000 jeunes Algériennes et Algériens qui ont, ainsi, eu l'occasion de manifester leur soif de vivre et de rompre avec l'ambiance de morosité macabre de ces dernières années marquées par un drame sanglant.

Jusqu'à tard dans la nuit, ces 100 000 jeunes se sont évertués à reprendre en chœur les derniers succès mondiaux de leur désormais célébrissime Cheb.

Du coup, Khaded annonce sa prochaine venue en Algérie, pour une tournée à laquelle il dit vouloir se préparer activement. La date avancée doit correspondre à l'anniversaire du déclenchement de la Révolution soit le 1er novembre. (Voir "La Chanson algérienne" dans Idées et événements.)

Filmographie: retour en force de la mémoire amazigh

La cinémathèque d'Alger a abrité, durant la dernière semaine de juin, les premières Journées nationales du film amazigh qui ont été l'occasion de programmer une douzaine de films dont *La Colline oubliée* d'Abderrahmane Bouguermouh, *Machaho* de Belkacem Hadjadj, qui a pu révéler le talent naissant d'une jeune interprète, Mériem Babès, dans le rôle de l'héroïne principale, et *La Montagne de Baya* d'Azzedin Meddour.

Des films de facture ethnographique donnant à décrypter le regard du cinéma colonial sur l'amazighité ont été également présentés, tels les *Eaux sauvages* de Paul Lokkeberg et *La Femme bénédiction de Dieu* de Jacques Alexandre.

Nécrologie

Peintre et architecte, **Jean de Maisonseul**, né à Alger le 3 août 1912, est mort à Cuers (Alpes maritimes) le 3 juin 1999. La rencontre, en 1930, de Le Corbusier et de Camus sera déterminante pour sa carrière. Le premier, dont il devient le disciple, lui fait découvrir la Casbah d'Alger. Un relevé de ses constructions servira de base aux échelles de proportions (1950) du célèbre Modulor. De Camus, qu'il associera en 1956 à l'appel lancé par les libéraux en faveur d'une trêve civile, il demeurera l'ami fidèle pendant la guerre d'Algérie, et jusqu'à la mort de l'écrivain. Cet appel resté sans suite conduira à l'incarcération de Jean de Maisonseul à la prison Barberousse d'Alger, le 28 mai 1956, Camus intervenant vigoureusement pour sa libération (*Le Monde* des 30 mai et 4 juin 1956, repris dans *Chroniques algériennes, Actuelles III*).

Après le tremblement de terre d'Orléansville, J. de Maisonseul est chargé de la reconstruction de la ville. A l'Indépendance de l'Algérie, il est nommé conservateur du Musée national des Beaux Arts d'Alger (nov. 1962). Il le restera jusqu'en octobre 1970, s'occupant du retour au pays de près de 300 toiles confisquées en 1961 par l'armée française et conservées au Musée du Louvre. Il prend alors, jusqu'à sa retraite en septembre 1975, la direction de l'Institut d'urbanisme de l'Université d'Alger.

Durant toutes ces années, il a fréquenté, et parfois lancé, tout ce que l'Algérie coloniale, puis indépendante, a compté comme architectes, peintres et écrivains...

Mort de Baya (12 déc. 1931-8 nov. 1998)

Curieuse destinée que celle de cette artiste-peintre, souvent qualifiée de "naïve". Née dans une famille très pauvre le 12 décembre 1931 près d'Alger, elle n'était guère prédestinée à cet art. Orpheline dès l'âge de cinq ans, elle est recueillie par une famille de colons qui l'initie à la peinture. Dès l'âge de 17 ans, elle expose à la prestigieuse galerie Maeght de Paris où elle attire l'attention d'André Breton, qui voit en elle celle qui *"tient et ranime le rameau d'or"*, et Pablo Picasso, qu'elle côtoiera plusieurs mois durant, dès l'année suivante, à Vallauris où elle s'initie à l'art de la céramique. À son retour en Algérie, Baya se lie d'amitié avec les jeunes écrivains, poètes et artistes de l'École d'Alger, groupés autour d'Albert Camus qui considère chacune de ses œuvres comme *"une espèce de miracle"*. Elle se marie à Blida, avec un grand maî-

Tableau de Baya repris en timbre

tre de la chanson andalouse, Mahfoudh Mahieddine, avec qui elle aura six enfants. En 1963, ses toiles inaugurent la réouverture du Musée national des Beaux Arts d'Alger. L'année suivante, elle participe à l'exposition des peintres algériens au Musée des arts décoratifs de Paris. Quelques années plus tard (1987), ce sera, en compagnie d'Issiakhem et de Mohammed Khadda, l'importante exposition *Algérie, expressions multiples* au Musée des arts africains et océaniens. Baya était également sculpteure et dessinatrice (elle avait notamment réalisé des timbres pour la poste algérienne). Assez curieusement, sa carrière s'est achevée, en même temps que sa vie, par une ultime exposition à la galerie Maeght qui avait vu ses débuts. Ses toiles se trouvent actuellement dans la plupart des grands musées d'art contemporain du monde.

Lisette VINCENT (1908-1999)

Institutrice à 20 ans, Lisette Vincent, figure emblématique de l'école républicaine à vocation universaliste, a été de celles et de ceux qui furent l'honneur de la France à ses heures les plus sombres. Fille et petite-fille de colon, Lisette Vincent a consacré sa vie au combat anticolonialiste et antifasciste. Membre des brigades internationales pendant la guerre d'Espagne (elle fut la seule femme d'Algérie à être condamnée à mort par le régime de Vichy – 1942 –), elle n'hésita pas à s'engager auprès de ses autres "sœurs et frères" algériens pendant la guerre de Libération nationale. Expulsée d'Algérie en 1956, Lisette Vincent rejoint le FLN au Maroc où elle est chargée d'une mission d'assistance sociale auprès des populations algériennes réfugiées dans ce pays.

L'historien Jean-Luc Finaudi a consacré un livre au parcours de combat et de révolte de cette Algérienne hors du commun, livre qui servit de trame au scénario d'un film réalisé par Jean-Pierre Lledo. La projection-débat du film de Lledo à la cinémathèque d'Alger l'an dernier a été l'ultime occasion pour Lisette Vincent de revoir sa terre natale et d'élection, elle qui disait se sentir "exilée" en France depuis qu'elle y avait mis les pieds un certain 21 juin 1972.

BIBLIOGRAPHIE

ENSEMBLE DU MAGHREB

Africanité du Maghreb, n° spécial d'*Africultures*, Paris, L'Harmattan, no 13, décembre 1998.
  Une particularité de la région nord-africaine: son appartenance au continent noir.
Comédie de la ruse, Stratégies et discours des rusés dans les littératures européennes et du monde arabe, Meknès, Cahiers de l'Assoc. marocaine de lit. générale et comparée, n° 1, 1999.
  Actes du premier congrès de l'Association marocaine de littérature générale et comparée.
Littérature et Intolérance, Rabat, éd. Okad, 1998.
  Actes d'un colloque tenu à l'université de Kénitra en avril 1994.
Littérature francophone 2: Récits courts, poésie, théâtre, Paris, Hatier/AUF, coll. U. francophones, 1999.

ALGÉRIE

Littérature

*BEN Myriam, *Leïla*, suivi de *Les Enfants du mendiant*, théâtre, Paris, L'Harmattan, 1998.
**BENGUIGUI Jeanne, *Vertiges d'apocalypse*, suivi de *Legs*, préf. Guy Dugas, Troyes, les Cahiers bleus, 1998.
  Depuis 40 ans, une œuvre poétique régulière et profonde.
**CHAREF Abed, *Au nom du fils*, La Tour d'Aigues, de l'Aube, 1998.
  L'auteur d'*Algérie, autopsie d'un massacre* offre un roman très noir sur l'Algérie actuelle.
***CHOUAKI Aziz, *Les Oranges*, adaptation théâtrale, Forbach/Malakoff/Chalon-en-Champagne, 1998.
  Ce court récit, publié sans bruit dans la collection Mille et une pages, trouve sa consécration à la scène, à laquelle, dans l'esprit de l'auteur, il était destiné. Une réussite.
***KHADRA Yasmina, *Les Agneaux du Seigneur*, Paris, Julliard, 1998.
  L'insoutenable huis clos d'un village algérien déchiré par l'intégrisme et le terrorisme.
MOKEDDEM Malika, *La Nuit de la lézarde*, Paris, Grasset, 1998.
NEBOT Didier, *La Kahèna, Reine d'Ifrikia*, Paris, Anne Carrière, 1998.
  Encore un roman sur le personnage historico-mythique de la célèbre Reine berbère.
***PELEGRI Jean, *Les Étés perdus*, Paris, le Seuil, 1999.
  L'itinéraire d'un Français de l'Algérie rurale, de l'entre-deux guerres au déclenchement de la guerre d'Algérie. Un roman nostalgique, un écrivain rare et attachant.
SARROUB Karim, *À l'ombre de soi*, Paris, Mercure de France, 1998.
  Premier roman d'un jeune auteur franco-algérien.
***SENAC Jean, *Œuvres poétiques*, Arles, Actes-Sud, 1999.
***SENAC Jean, *Pour une terre possible... Poèmes et autres textes inédits*, Paris, Marsa, 1999.
  Deux gros volumes d'un poète maghrébin majeur mort assassiné en 1973.
**ZITOUNI Ahmed, *Une difficile fin de mois*, Paris, Le Cherche Midi, 1998.
  Un médecin, reclus dans son appartement, narre sa mort annoncée.

Essais et témoignages
BELANGE Norbert, *Oran sur Méditerranée*, Helette, éd. Curutchet, 1998.
CHAULET-ACHOUR, Christiane, *Noûn. Algériennes dans l'écriture*, Paris, Atlantica, 1999.
Sur quelques écrivains femmes d'Algérie, et leurs thématiques privilégiées.
DIB Mohammed, *L'Arbre à dires*, Paris, Albin Michel, 1998.
Une série de réflexions sur l'identité, l'exil, l'écriture, la langue.
GRIM Mohamed, *Proverbes et dictons kabyles*, préface de Dominique Daguet, Troyes, les Cahiers bleus, 1998.
L'esprit d'une communauté ressenti à travers ses expressions populaires.
IBRAHIM-OUALI Lila, *Rachid Boudjedra: écriture poétique et structures romanesques*, Clermont Ferrand, Service des publications, 1998.
ROY Jules, *Les Années singulières (19)*, Paris, Albin Michel, 1998.
Deuxième volume des mémoires de l'auteur des *Chevaux du soleil*.
STORA Benjamin, *Algérie. Formation d'une nation*, suivi de *Impressions de voyages*, Paris, Atlantica, 1998.
Les événements d'il y a trente ans expliquent l'Algérie actuelle et ses déchirements.
Y.B., *Comme il a dit lui*, Paris, Lattès, 1998; rééd.en format de poche: Paris, J'ai lu, 1999.
Chroniques au vitriol initialement publiées dans le quotidien algérien *El Watan*.

MAROC
Littérature
BENCHEKROUN Siham, *Oser vivre*, Casablanca, EDDIF, 1999.
Une autobiographie romancée.
BENCHEMSI Rajae, *Fracture du désir*, Arles, Actes Sud, 1999.
Six nouvelles sur les misères de la condition féminine et les faiblesses de la chair.
** BEN JELLOUN Tahar, *L'Auberge des pauvres*, Paris, Le Seuil, 1999.
Un écrivain marocain se prend d'une brève et fulgurante passion pour son hôte, la Vieille, "toute ridée, enflée et bourrée de bonté".
BENNIS Mohammed, *Le Don du vide*, Bordeaux, L'Escampette, 1999.
Recueil de poèmes traduits de l'arabe par l'auteur, avec la collaboration de Bernard Noël.
BONJEAN François et BOSCO Henri, *Le Chant profond d'une amitié. Correspondance 1935-1963*, Nice, Amitié Henri Bosco, Cahier numéro 37-38, 1997-1998.
Deux écrivains français du Maroc dialoguent.
*BOUGANIM Ami, *Entre vents et marées*, Paris, Stavit, 1999.
Roman autobiographique sur une enfance juive à Essaouira, Maroc.
** CHAFIK Nadia, *Le Secret des djinns*, Casablanca, EDDIF, 1998.
Le Maroc réinventé. Un auteur prometteur.
CHAMI-KETTANI Yasmine, *Cérémonie*, Arles, Actes-sud, 1999.
Un premier roman assez pessimiste sur la vie d'une jeune Marocaine émancipée.
CHEVRILLON André, *Un crépuscule d'Islam*, Casablanca, EDDIF, 1999.
Réédition d'un récit de voyage paru chez Hachette en 1906.
**CHRAÏBI Driss, *Vu, lu, entendu*, Paris, Denoël, 1998.
Déroutant, Driss Chraibi contredit ici l'image critique qu'il avait donnée de sa famille et de la société marocaine dans son premier roman, *Le Passé simple* (1954)!
**DADSI Driss, *À l'ombre des livres sacrés*, Paris, Présence africaine, 1998.
De la cohabitation intercommunautaire à l'intransigeance et à la haine.
**EL HANAI Brahim, *Agar des cimetières*, Marrakech, éd. Traces du présent, 1998.
Proses poétiques, récitées par une demi-douzaine de personnages.
**EL MALEH Edmond Amran, *Zrirek. Le Café bleu*, Rabat/Grenoble, Le Fennec/La Pensée sauvage, 1998. Reprise d'une vingtaine de textes de critique et de création.
*EOUIKCH Lahsen, *Le Petit Prince du désert*, Paris, L'Harmattan, 1998.
L'histoire merveilleuse de Bassou, sorte de "Petit Prince" du Sud marocain.
*** LAROUI Fouad, *Méfiez-vous des parachutistes!*, Paris, Julliard, 1999.
3e roman du romancier le plus prometteur de la jeune génération, verve et humour.
NASSERI Karim, *Chroniques d'un enfant du hammam*, Paris, Denoël, 1998.
1er roman assez insipide, encombré des lieux communs de la littérature maghrébine.
***SEHRANE Abdelhak, *Le Deuil des chiens*, Paris, Le Seuil, 1998.
Roman dur et sombre – Prix Maghreb-Afrique méditerranéenne 1998, ADELF/Paris.

** SMAÏL Paul, *Casa, la Casa*, Paris, Balland, 1998.
> Après *Vivre me tue*, texte d'une extrême violence sur une enfance en milieu "beur".

**ZRIKA Abdallah, *Petites proses*, Bordeaux, L'Escampette, 1998.
> Un des meilleurs poètes marocains arabophones s'autotraduit en français.

Essais

AMAHAN Ali et AMAHAN CAMBAZARD Catherine, *Arrêt sur sites. Le patrimoine culturel marocain*, Casablanca, Le Fennec, 1999.
> Inventaire et réflexion sur ce qui, historiquement, a fait la culture marocaine.

EL YAZAMI Abdelali, *Enquête sur la lecture au Maroc*, Rabat, AMPL/Bureau du livre, Amb. de France, 1998.
> Une enquête sur la diffusion des livres, l'importance et les pratiques de la lecture au Maroc.

GAUDIN Françoise, *La Fascination des images: les romans de Tahar Ben Jelloun*, Paris, L'Harmattan, 1999.

KHATIBI Abdelkébir, *L'Alternance et les Partis politiques*, Casablanca, EDDIF, coll. Débats, 1998.
> L'arrivée des socialistes marocains au gouvernement: l'alternance.

LAMRINI Ridha, *Le Maroc de nos enfants*, Casablanca, EDDIF, 1998.
> Les maux et malheurs du Maroc actuel. L'auteur demeure optimiste quant à l'avenir.

OUZRI Abdelwahed, *Le Théâtre au Maroc. Structures et tendances*, Casablanca, Toubkal, 1997.

ROZELET Anne Marie, *Passeurs d'espérance. Français libéraux dans le Maroc en crise (1945-1955)*, Rabat, Afrique-Orient, 1998. Un épisode mal connu de l'histoire du Maroc.

SAQI Rachida, *Marocaines en mâle-vie*, Casablanca, EDDIF, 1998.
> Court essai roboratif sur les rapports hommes-femmes, par une jeune Marocaine.

Deux cents Livres pour une Caravane, Rabat, AMPL/Bureau du livre, Amb. de France, 1999.
> Catalogue de la "Caravane du livre marocain" (périple de 200 jours à travers la France).

Essaouira. Artistes singuliers, Casablanca, galerie Damgaard, 1999.
> 15 peintres d'Essaouira d'une exposition itinérante du "Temps du Maroc". Préf. d'A. Azoulay, biographies d'A. Maneval et présentation d'Essaouira par G. Lapassade.

TUNISIE

Littérature

BEN MILED Ilham, *La Réconciliation*, poèmes, Tunis, [chez l'auteur], 1998.

BEN YOUSSEF Nicole, *Tout feu*, roman policier, Tunis, Alyssa, 1997.

**BOURAOUI Hédi, *La Pharaonne*, Tunis, l'Or du Temps, 1998. Bon roman historique.

CHELBI Mustapha, *Désir de l'autre, désir d'être*, poésie, préf. de Mohamed Ali Okby, Tunis, Alif, 1998.

EL'OCIN de Donia (pseud.), *Pour Leïla*, Tunis, Alyssa, 1998. Roman policier.

***FELLOUS Colette, *Le Petit Casino*, Paris, Gallimard, 1999.
> Roman autobiographique d'un écrivain judéo-tunisien reconnu.

FILALI Azza, *Monsieur L...*, roman, Tunis, Cérès, 1998.

GHACHEM Moncef, *Toukoum*, poèmes, Tunis, l'Or du Temps, 1998.

**GHANNOUCHI Jamel, *Tuer n'est pas jouer*, Tunis, Alyssa, coll. Glauque, 1998.
> Roman policier. Un des meilleurs de la série.

**GUELLOUZ Souad, *Les Rendez-vous de Beyrouth*, Tunis, Sahar, 1998.
> Retour de Souad Guellouz à l'écriture après plus de 15 ans, Prix Comar 1998.

MAHMOUD Najet, *Contes du grand sud tunisien*, Paris, L'Harmattan, 1998.

MELLAH Faouzi, *Entre chien et loup*, Tunis, l'Or du Temps, 1997.
> Roman sous-titré "Journal d'un voyageur égaré".

SAÏD Amina, *Territoires incertains*, recueil poétique, Tunis, L'Or du Temps, 1998.

Essais et témoignages

BEN LTAIEF Mustapha, *L'État et les Entreprises publiques en Tunisie*, Paris, L'Harmattan, 1998.

CHELBI Mustapha, *La Tunis des conquêtes*, Tunis, Alif, 1998.

FONTAINE Jean, *Itinéraire dans le pays des autres*, Tunis, l'Or du temps, 1998.
> Sur l'itinéraire à travers le monde musulman de ce Père Blanc, agrégé d'arabe, directeur de l'Institut des Belles Lettres arabes à Tunis.

GHACHEM Moncef, *Un matin près de Lorand Gaspar*, Tunis, L'Or du Temps, 1998.

MEDDEB Abdelwahab et MEMMI Albert, *En Tunisie*, Paris, Kohler, 1998.
> Textes, sur des photographies de Jellel Gastel.

Fêtes nationales

1er janvier	Haïti
22 février	Sainte-Lucie
3 mars	Bulgarie, Maroc
12 mars	Maurice
20 mars	Tunisie
20 mars	JOURNÉE INTERNATIONALE DE LA FRANCOPHONIE
3 avril	Guinée
4 avril	Sénégal
27 avril	Togo
30 avril	Israël*
3 mai	Pologne
20 mai	Cameroun
18 juin	Seychelles
23 juin	Luxembourg
24 juin	Québec
26 juin	Madagascar
27 juin	Djibouti
1er juillet	Burundi, Canada, Rwanda
4 juillet	Louisiane
5 juillet	Cap-Vert
6 juillet	Comores
12 juillet	São Tomé e Príncipe
14 juillet	France
21 juillet	Belgique
23 juillet	Égypte
30 juillet	Vanuatu
1er août	Bénin, Suisse
4 août	Burkina-Faso
7 août	Côte d'Ivoire
11 août	Tchad
15 août	Congo (Brazzaville), Nouveau-Brunswick (Acadie)
17 août	Gabon
27 août	Moldavie
2 septembre	Vietnam
8 septembre	Macédoine
22 septembre	Mali
24 septembre	Guinée-Bissau
27 septembre	Communauté française de Belgique
12 octobre	Guinée-Équatoriale
1er novembre	Algérie
3 novembre	Dominique
9 novembre	Cambodge
19 novembre	Monaco
22 novembre	Liban
24 novembre	Congo (Kinshasa) ex-Zaïre
28 novembre	Albanie, Mauritanie
1er décembre	Centrafrique, Roumanie
2 décembre	Laos
18 décembre	Niger

* Entre le 30 avril et le 15 mai, selon le calendrier juif.

PROCHE-ORIENT

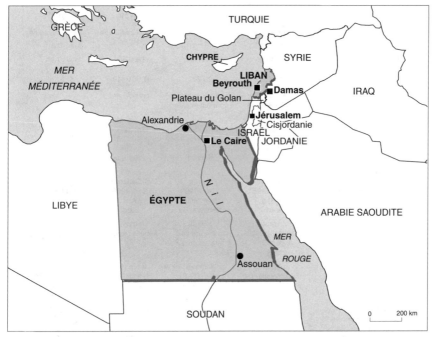

Le Machrek (le "Levant" en arabe) est l'appellation fréquemment utilisée pour désigner les pays du Proche-Orient, ou du Moyen-Orient.

Le Liban, dont la langue officielle est l'arabe et qui a été sous mandat français (1920-1943, donné par la Société des Nations), participe aux Sommets de la Francophonie; il comporte une minorité francophone très active dans le domaine culturel (particulièrement dans le secteur littéraire: Georges Schéhadé a été le premier Grand Prix de la francophonie).

L'Égypte, dont la langue officielle est l'arabe, participe aux Sommets de la Francophonie; bien que le pourcentage de francophones n'y soit plus très élevé, l'influence du français reste tout de même appréciable, notamment dans l'enseignement et les médias.

En Israël, État dont la fondation remonte à 1948, l'hébreu est langue officielle; ce pays ne fait pas partie de la Francophonie, mais l'usage du français y occupe une bonne place, surtout en milieu politique ou universitaire. Il y existe une radio française.

La Syrie, autrefois également sous mandat français (donné par la Société des Nations), ne fait pas partie de la Francophonie institutionnelle mais le français continue d'y exercer une influence certaine.

En Iran, le français fut longtemps la plus grande langue de culture avec un quotidien (*Le Journal de Téhéran*), des institutions d'enseignement de langue française et plusieurs écrivains francophones. La révolution islamique a changé la situation.

On peut consulter:

CORM Georges, *Le Moyen-Orient: un exposé pour comprendre, un essai pour réfléchir*, Paris, Flammarion, coll. Dominos, 1993, 126 p.

CORM Georges, *Le Proche-Orient éclaté II, mirages de paix et blocages identitaires, 1990-1996*, Paris, La Découverte, 1997, 321 p.

LEMARCHAND Philippe, *Atlas géopolitique du Moyen-Orient et du monde arabe*, Bruxelles, Complexe, 1994, 284 p.

LEWIS B., *La Formation du Moyen-Orient moderne* (trad. de l'anglais par D. Meunier), Paris, Fayard, 1995.

PINTA Pierre, *Le Liban*, Paris, Karthala, 1995, 210 p.

SALAMÉ Ghassan (sous la dir. de), *Proche-Orient, les exigences de la paix*, Bruxelles, Complexe, coll. CERI, 1994, 176 p.

Dictionnaire de la civilisation musulmane, Paris, Larousse, 1995.

PROCHE-ORIENT

	Liban	Israël[1]	Égypte	Syrie[1]
Nom officiel	République libanaise	État d'Israël	République arabe d'Égypte	République arabe syrienne
Capitale	Beyrouth	Jérusalem[2]	Le Caire	Damas
Superficie (km²)	10 400	20 770	1 001 449	185 180
Régime politique	république parlementaire	démocratie parlementaire	présidentiel	présidentiel
Chef d'État Entrée en fonction Prédécesseur	**Émile Lahoud** 24-11-1998 Elias **Hraoui**	**Ezer Weizmann** 13-05-1993 Haïm **Herzog**	**Hosni M. Moubarak** 6-10-1981 Anouar **al-Sadate**	**Hafez el-Assad** 22-02-1971
Chef du gouvernement Entrée en fonction Prédécesseur	**Salim Hoss** 8-12-1998 Rafiq **Hariri**	**Ehoud Barak** 17-05-1999 Benyamin **Netanyahou**	**Kamal al-Ganzouri** 3-01-1996 Atef **Sidqi**	**Mahmoud al-Zubi** 1-11-1987
Langues officielles Autres langues	arabe français, anglais, kurde, arménien	hébreu arabe, français, anglais, russe	arabe français, anglais	arabe kurde, arménien, circassien, syriaque, français
Principales religions en % de la population	islam (70) christianisme (30)	judaïsme (81,3) islam (14,2) christianisme (2,8) autres (1,7)	islam (94) christianisme et autres (6)	islam (89,6) christianisme (8,9) autres (1,5)
Population[3] Moins de 15 ans en % Plus de 65 ans en % Indice de fécondité Espérance de vie H/F Alphabétisation en %	3 505 794 30 6 2,32 68,08/73,33 92,4	5 643 966 28 10 2,74 76,52/80,39 95	66 050 004 36 4 3,5 60,09/64,14 51,4	16 673 282 46 3 5,55 66,48/69,11 70,8
IDH (rang/174)	69	23	120	111
PIB (en M$ US)[3] **PIB/hab. (en $ US)**[3]	15 200 4 400	96 700 17 500	267 100 4 400	106 100 6 600
Monnaie[4] FF US $	livre libanaise 0,0041 0,0007	nouveau shekel 1,512 0,2428	livre égyptienne 1,821 0,2924	livre syrienne 0,1073 0,0167
Principales exportations	papier, textiles, bijouterie, produits maraîchers	produits diamantaires, machinerie, produits chimiques	pétrole brut, fil de coton, produits pétroliers	pétrole, aliments, textiles
Principales importations	biens de consommation, équipements de transport, produits pétroliers	diamants bruts, machinerie, produits chimiques	produits agricoles, produits chimiques, machinerie	produits alimentaires, produits manufacturés
Principaux partenaires commerciaux	Arabie Saoudite, Italie, France, Syrie, États-Unis, Suisse, Allemagne, Jordanie, Turquie	États-Unis, Belgique, Allemagne, Royaume-Uni, Japon	États-Unis, Allemagne, Italie, Israël, France, Japon	Italie, France, Liban, Allemagne, Japon, Arabie Saoudite

Sources: Banque mondiale; ONU, *Bulletin mensuel de la statistique* et *Rapport sur le développement humain 1999; The World Factbook 1998.*

[1] Pays non membre de la Francophonie.
[2] Non reconnue par plusieurs pays.
[3] Population: estimations juillet 1998; PIB: données 1997.
[4] Taux au 25 juillet 1999, donné à titre indicatif.

PROCHE-ORIENT

Liban: Sélim ABOU
Recteur, Université Saint-Joseph, Beyrouth

Politique: Joseph BAHOUT, U.S-J., Beyrouth

Économie: Alexandre CHAIBAN, doyen U.S-J., Beyrouth
a.chaiban@usj.edu.lb

Culture: Katia HADDAD, U.S-J., Beyrouth
khaddad@usj.edu.lb

Égypte: Christine ISKANDAR, Université du Caire

Bibliographie: Dominique COMBE
Université Paris III
combe.dominique@wanadoo.fr

LE LIBAN

POLITIQUE

Le Liban entre deux élections: l'année des grands changements

L'événement le plus marquant de l'année politique écoulée est sans doute l'élection présidentielle d'octobre 98, qui a vu l'accession au pouvoir du commandant en chef de l'armée Émile Lahoud. Cette première alternance à la tête de l'État depuis la fin de la guerre, pour attendue qu'elle était, n'était toutefois pas dénuée de toute ambiguïté. Si elle mettait fin au mandat de plus en plus décrié du président Élias Hraoui, mandat prorogé en 95 au mépris de la Constitution qui interdit tout renouvellement, cette élection se faisait elle aussi grâce à une entorse constitutionnelle, le même texte interdisant aux hauts fonctionnaires en fonction d'accéder à la présidence. Le scrutin venait confirmer le caractère pour le moins "bonapartiste" du changement, puisqu'il devait se solder par un résultat de 118 voix sur 118 députés votants.

LIBAN

Quelques points de repère

Géographie

➤ Petit pays méditerranéen constitué d'une étroite plaine côtière et d'une autre plaine à l'est (la Bekaa) insérée entre deux chaînes de montagnes (le mont Liban et l'Anti-Liban), sur le flanc desquelles poussent des arbres fruitiers et le fameux cèdre, emblème national.

Histoire

➤ 3000 av. J.-C. Arrivée des Cananéens, puis des Phéniciens. Fondation de Tyr, Sidon, Byblos, Beryte (Beyrouth).

➤ 1000 av. J.-C. Les Phéniciens dominent le commerce méditerranéen. Occupations successives du pays par l'Assyrie, l'Égypte, Babylone, la Perse, puis l'Empire romain (64 av. J.-C.).

➤ 635-637 Conquête arabe.

➤ XIᵉ-XIIIᵉ s. Période des croisades. Les Occidentaux au Liban.

➤ XVIᵉ-XIXᵉ s. Domination ottomane.

➤ 1920 La Syrie et le Liban sous mandat français (traité de Sèvres).

➤ 1926 Constitution libanaise (le président, toujours chrétien maronite; le chef de gouvernement, un musulman sunnite; le président de la Chambre, un musulman chiite).

➤ 1943 Indépendance du pays.

➤ 1975 Début de la guerre après l'arrivée massive des Palestiniens (1970). La Syrie intervient et occupe le Liban (1976), Israël occupe le Sud-Liban (1978).

➤ 1975-1990 Période trouble. Destruction du pays.

➤ 1989 (24 oct.) Révision de l'équilibre institutionnel (en faveur des musulmans et de la Syrie: accords de Taef).

➤ 1992 (22 oct.) Rafiq Hariri nommé premier ministre.

➤ 1996 (18 août et 1ᵉʳ sept.) Élections législatives.

➤ 1998 (oct.) Élection présidentielle: Émile Lahoud nouveau chef d'État. Hariri quitte le pouvoir, remplacé par Salim Hoss.

À noter

➤ Le Liban se reconstruit et connaît une certaine croissance. 10 % de la population vit à l'extérieur du pays.

Dès son discours d'investiture, le nouveau président tenait à marquer une rupture très nette entre le mandat précédent et celui dont il annonçait les grandes lignes. En fait, plus que d'une rupture avec l'ère Hraoui, c'est surtout d'un quasi-procès de la période Hariri – l'ancien premier ministre étant le véritable homme fort durant les cinq dernières années – dont il devait s'agir et que Lahoud entamait alors. S'il n'a jamais fait de doute pour personne que l'élection du premier militaire de la République était loin d'être le premier choix du milliardaire-premier ministre, il était néanmoins attendu que les deux hommes, que tant le style, la personnalité et certains incidents opposaient déjà, coexistent tant bien que mal, du moins sous l'injonction et sous perfusion de la constante médiation du parrain syrien. La suite des événements s'est avérée tout autre; les Libanais furent surpris de voir Rafiq Hariri quitter le pouvoir et laisser le champ libre à ce qui allait, dès lors, prendre la tournure d'une véritable opération de sape.

Le changement annoncé par le nouveau pouvoir allait se déployer essentiellement sur trois axes, du moins tels qu'énoncés dans les intentions de la nouvelle équipe: celui de la réforme administrative et de la réfection de l'État de droit, celui du redressement économique, et celui de la "moralisation" de la vie politique. Dès la formation du gouvernement de Salim Hoss, rival politique et électoral de Hariri, un train de révocations et de nominations était effectué aux échelons supérieurs de la fonction publique, annonçant par là le début d'un processus souhaité de longue date et considéré unanimement comme nécessaire afin de mettre fin à l'endémique gabegie administrative dont pâtit le pays. Le processus tourna cependant très vite court; tant le nombre que l'échelon des fonctionnaires touchés par les mesures restaient insuffisants à faire de celles-ci une démarche efficace et cohérente. Mais surtout, c'était la restriction des mesures aux hauts fonctionnaires réputés proches du premier ministre sortant qui devait entamer la crédibilité de l'opération et augurer – au moins aux yeux d'un grand nombre – d'un début de chasse aux sorcières. Ce sentiment était quelque peu confirmé par l'extension de "l'ouverture des dossiers" à une partie de la classe politique, cette fois encore proche de Rafiq Hariri, dont la plupart des proches collaborateurs et alliés politiques commençaient à défiler devant les juges. L'accusation globale de corruption émise à l'encontre de ces derniers, ainsi que l'exécrable image que suscite la majeure partie de la classe politique auprès d'une opinion écœurée par des scandales politico-financiers devenus monnaie courante, devaient par ailleurs servir d'argument de fond au chantier de redressement économique et financier annoncé par le nouveau régime. Ce sont les abus et les détournements multipliés de fonds ayant accompagné le grand chantier de la reconstruction depuis la fin de la guerre qui seraient dès lors mis en avant pour expliquer l'origine et l'énorme ampleur du déficit budgétaire chronique et de la masse de l'endettement de l'État. Mise devant le défi de mettre rapidement fin à la spirale de crise annoncée par l'ensemble des analyses économiques, la nouvelle équipe devait toutefois se heurter à la difficulté de boucler un budget respectant à la fois ses engagements de départ et un minimum de réalisme économique imposé par une conjoncture pour le moins morose. Dans ce qui pourrait ressembler à une fuite en avant face à des dossiers insuffisamment ou maladroitement traités, le pouvoir commençait à évoquer la nécessité – préalable à toute autre réforme – de réformer la vie politique dans son ensemble, et de la mettre en conformité avec les grands slogans du régime: transparence, prééminence des institutions, dépassement du communautarisme... Point de mire de cette transformation projetée, les élections législatives prévues pour l'été 2000 et dont le débat sur la loi devant les régir est appelé à occuper de plus en plus le devant de la scène. Au vu des domaines jusque-là touchés par la volonté réformiste du régime, certains se prennent toutefois déjà à craindre qu'une telle tentative n'emprunte les mêmes travers, en donnant de surcroît, cette fois-ci, encore plus de champ à une "policiarisation" grandissante de la vie politique.

Si l'on devait dépasser les aspects purement internes et politiques survenus au Liban depuis l'élection d'Émile Lahoud, il conviendrait de placer aussi le changement dans son contexte régional. Les élections israéliennes et la nouvelle donne qu'elles amènent, la relance attendue du processus de paix, ainsi que les tribulations de la succession en jeu en Syrie ne manquent pas de rappeler tous les jours à quel point le Liban, loin de se comporter en acteur véritable, demeure la scène de projection d'enjeux qui le dépassent parfois largement.

ÉCONOMIE

Une situation budgétaire préoccupante

Dans sa déclaration devant le Parlement, Salim Hoss a fait état de la situation déplorable des finances publiques grevées par un endettement excessif et une grande corruption. L'attitude prônée par le gouvernement a consisté, avant tout, à s'engager solennellement dans la voie de la transparence et de la réforme budgétaire et fiscale. En vertu de la transparence, le gouvernement se devait de publier régulièrement des chiffres exacts retraçant l'évolution des finances publiques pour mettre fin à une querelle d'opinion sur la vraie nature du problème. À la fin de 1998, il ressortait des documents officiels que le rapport du déficit au PIB était de l'ordre de 23%, le déficit de la balance courante rapporté au PIB voisin de 15%, la dette externe représente environ 27% du PIB et que la dette publique nette pratiquement 120% du PIB. Quant au service de la dette, il s'élève à presque 15% du PIB.

Dans pareille situation, des restrictions sur les dépenses publiques étaient indispensables et une stratégie financière nouvelle s'imposait. Le budget de 1999 voté par le Parlement, en juillet seulement, matérialisait une volonté d'austérité évidente dans ses deux volets: diminution des dépenses publiques et augmentation des recettes fiscales. Cependant, du fait d'engagements antérieurement contractés, l'ensemble des dépenses budgétaires autorisées pour 1999 a dépassé d'environ 14% les dépenses effectives de 1998. Quant aux recettes, elles sont prévues en hausse sur l'année précédente du fait de l'élargissement de l'assiette fiscale et du relèvement de certains taux d'imposition.

Une tentative de planification sur cinq ans

L'action de redressement en profondeur envisagée par le gouvernement est fondée sur une projection macroéconomique qui se veut représentative de l'économie libanaise pour les prochaines années. Nous ne discuterons pas du bien-fondé de la construction proposée car, même pour les autorités ministérielles qui l'ont adoptée, elle n'est qu'une ébauche dont l'utilité première est de guider la réflexion tout en s'accommodant d'ajustements successifs. Il s'agit, à travers cette représentation chiffrée, de cerner les effets des mesures correctives prises en matière fiscale ainsi que des mesures prises en vue de stabiliser le ratio dette publique/PIB et de ramener à moins de 5% le ratio déficit/PIB à l'horizon 2003. À cet horizon, la projection envisage des recettes fiscales de l'ordre de 19% du PIB, un déficit budgétaire d'un peu moins que 5% du PIB, un endettement global de l'ordre de 96% du PIB et un service

de la dette ne dépassant pas 9% du PIB. On peut bien sûr relever la hardiesse de ces projections étant donné que ces ratios étaient, pour 1998, respectivement de l'ordre de 14%, 23%, 120% et 14%, et qu'en 1999 ils pourraient atteindre respectivement 16,5%, 13%, 128% et 14%. Un scénario optimiste pour chacune des années à venir n'est point interdit, mais cela suppose des conditions économiques favorables aussi bien sur le plan intérieur que sur le plan régional. Cela suppose aussi des données géopolitiques favorables, ce que les agressions israéliennes du mois de juin 1999 semblent profondément perturber. Il faudrait, malgré tout, saluer cette initiative qui s'inscrit dans la ligne d'un volontarisme lucide qui encourage le débat productif et sollicite l'attention des acteurs économiques.

La politique monétaire restera restrictive

Avec l'avènement du nouveau gouvernement, la question du renouvellement du mandat du gouverneur de la Banque du Liban (banque centrale) s'est posée. Mais elle fut rapidement tranchée en faveur de la reconduction du mandat, intervenue au second trimestre de 1999. De ce fait, la politique monétaire, assez restrictive, qui a été menée depuis plusieurs années déjà, semble devoir se maintenir avec les conséquences que cela aura sur l'évolution des taux d'intérêt. Il ne fait pas de doute que le premier semestre de 1999 a connu une décrue des taux sur la livre libanaise, mais ils restent cependant assez élevés pour rendre le service de la dette interne lourd à supporter. La restructuration de cette dette par substitution de l'endettement externe à l'endettement interne suppose une capacité à maintenir la valeur externe de la livre. Les autorités monétaires semblent pouvoir détenir ce contrôle. Mais il reste une difficulté qui pourrait se transformer en problème réel: n'y aurait-il pas conflit entre rigueur monétaire et austérité budgétaire, d'une part, et taux de croissance, en termes réels, de l'ordre de 4 à 5% comme le prévoit le plan précédemment évoqué, à partir de 2001?

VIE CULTURELLE

Changements politiques et francophonie

Les relations libano-françaises s'étaient dégradées en 1990, quand la France avait soutenu plus ou moins ouvertement une des parties prenantes à la guerre. La nomination de Rafiq Hariri à la tête du gouvernement libanais en 1992 avait permis de relancer ces relations: en effet, et bien qu'anglophone à l'origine, M. Hariri avait clairement misé sur un rôle déterminant de la France et de la communauté francophone dans le contexte régional, pari qui s'est avéré pertinent. Sa détermination était d'ailleurs telle qu'il était parvenu à emporter la

décision, au Sommet des chefs d'État et de gouvernement francophones à Hanoï, pour que le sommet de 2001 se tienne à Beyrouth. L'éviction de M. Hariri à la suite de l'élection d'un nouveau président de la République, qui a pris ses fonctions en octobre 1998, et son remplacement par M. Sélim Hoss semblent avoir provoqué un retour des zones de turbulences dans les relations libano-françaises, et les nombreux démentis médiatiques n'ont toujours pas réussi à dissiper l'impression que ces relations ne sont désormais plus sans nuages.

Quelques congrès francophones

Cette impression n'a cependant pas empêché la tenue de quelques congrès et rassemblements francophones à Beyrouth, congrès et rassemblements qui avaient sans doute été programmés de longue date. Parmi les plus remarqués:

– la sixième réunion des banques centrales francophones, qui a regroupé 21 banques centrales de pays francophones, le 25 juin 1999, et pendant trois jours;

– la douzième asssemblée générale, du 31 mai au 4 juin 1999, du Groupement international des secrétaires généraux des universités francophones (GISGUF), qui a organisé à cette occasion un colloque sur "Les risques de l'Université, les risques à l'Université";

– le 22ᵉ Congrès international de l'Association des dermatologistes francophones, regroupant des spécialistes venus de 30 pays francophones, au début du mois de juillet.

Lire en français et en musique

Le salon *Lire en français et en musique*, devenu une incontournable manifestation beyrouthine de la francophonie, a reçu cette année 100 000 visiteurs (rappelons que la population résidente au Liban est de 4 millions) avec, pour la première fois, des éditeurs belges très actifs et entreprenants.

Liban, l'autre rive

Une exposition intitulée "Liban, l'autre rive", s'est tenue en octobre 1998 et, pendant six mois, à l'Institut du monde arabe (IMA) à Paris. On peut évidemment s'interroger sur le titre donné à cette exposition et sur sa signification: s'agit-il du troisième rivage de la Méditerranée, le premier étant le rivage européen et le second le rivage africain? S'agit-il plutôt de l'autre visage du Liban, celui d'une civilisation éblouissante de raffinement, par opposition à la barbarie belliqueuse des années 1975-1990?

Quoi qu'il en soit, cette exposition regroupait à la fois les plus belles pièces (sarco-phages anthropomorphes, mosaïques, premiers alphabets, poteries et bijoux) du Musée national libanais et des pièces éparpillées dans tous les musées du monde (dont les magnifiques vestiges conservés au British Museum) ainsi que des chefs-d'œuvre de collections privées.

Plus d'un demi-million de visiteurs se sont rendus à cette exposition, qui a donné lieu à des activités culturelles diverses: animations, projections de films de longs et courts métrages réalisés au Liban, tables rondes sur l'avenir théâtral et cinématographique, et quelques pièces de théâtre.

Beyrouth, capitale culturelle du monde arabe

Beyrouth a été désignée "capitale culturelle du monde arabe pour 1999". À cette occasion, elle a connu un certain nombre de manifestations culturelles plus ou moins réussies, en tout cas toutes marquées du sceau de l'improvisation. Ainsi, une exposition-hommage à Beyrouth, ayant paraît-il pour objectif de donner un aperçu de la peinture du XXᵉ siècle, nous a montré le pire (des "posters" du genre de ceux que l'on peut acheter à la sortie de n'importe quel musée du monde, accrochés de guingois sur des cimaises en contre-plaqué) et de petites merveilles inconnues, comme des encres de chine de peintres du Bengladesh.

Autre manifestation, estivale celle-ci, "La culture descend dans la rue", du 15 juillet au 22 août, au centre-ville en reconstruction. Elle a proposé des concerts de musique classique et contemporaine, ainsi que des pièces de théâtre jouées par des troupes libanaises, tunisiennes et européennes.

Les festivals de l'été

La saison estivale, dont les Libanais attendent beaucoup sur le plan touristique, a commencé tôt cette année avec un concert de Luciano Pavarotti, son premier dans le monde arabe, le samedi 12 juin 1999. Seule enceinte de la capitale libanaise capable d'accueillir les 20 000 spectateurs venus du Liban et d'une dizaine de pays environnants; la Cité sportive, elle aussi en reconstruction. Elle présente cependant l'inconvénient de se trouver dans l'axe d'atterrissage de l'aéroport de Beyrouth. Mais rien n'arrête les amoureux du *bel canto* et les organisateurs d'une manifestation probablement fort lucrative: un "trou sonore" fut aménagé, le trafic aérien décalé vers l'ouest, au-dessus de la mer, et tout se passa pour le mieux.

D'autres manifestations festivalières ponctuent l'été des Libanais: le festival de Baalbeck; celui de Beiteddine, dans l'enceinte du palais de l'émir Béchir, fondateur du Liban moderne sous l'empire ottoman; le festival de Byblos, dans la ville qui vit la naissance du premier alphabet; le festival de Tyr enfin, ville mythique d'où étaient originaires deux femmes à qui les légendes attribuent un rôle fondamental dans l'histoire de l'humanité: Elyssar, fondatrice de Carthage, et Europe, enlevée sur les rivages tyriens par un Zeus dévoré de passion.

Le retour du cinéma européen

Face à la déferlante des films américains, souvent indigents, mais drainant des foules de mangeurs de hamburgers et de pop corn, une salle de cinéma, le *Cinéma 6*, vient d'ouvrir ses portes avec, à son programme, du cinéma européen, rien que du cinéma européen. Elle fait partie du réseau *Europe-Cinémas*, organisme de soutien au cinéma européen.

Une loi "Microsoft"

Le 17 mars 1999, le Parlement libanais a voté une loi sur la protection de la propriété intellectuelle et électronique, sous la pression de l'entreprise Microsoft. Ce fut sans doute le vote le plus rapide dans la vie parlementaire libanaise. La loi est très controversée, mais elle ouvre la voie au développement de l'industrie des logiciels. Les résultats escomptés ne se sont pas fait attendre: le 12 juillet, un accord pour l'aide à la création d'une "Zone de haute technologie informatique" a été signé par l'ambassadeur des États-Unis au Liban et le président de l'Institution nationale (libanaise) pour l'encouragement des investissements privés. Une chose est sûre: cette zone sera exclusivement anglophone.

Diah Saba Jazzar: *Introduction au théâtre de Georges Schéhadé*
R.C. AKKAR

Professeur de littérature française à l'Université, Diah Saba Jazzar, auteur de plusieurs articles sur le théâtre contemporain, a voulu dans ce livre "cerner les rêves, les motivations et le parcours" de Schéhadé, sans oublier pour autant l'humour et le comique schéhadiens dans ce qu'elle qualifie de "théâtre de la tendresse".

Ainsi, explique-t-elle, le poète crée dans ses pièces des personnages excessifs et illogiques, allant de séquences de bouffonnerie énorme à du comique beaucoup plus subtil, et inversement. Dans *L'Émigré de Brishane,* elle montre comment Schéhadé a doté Bénéfico d'une personnalité pétillante qui intervient de façon intempestive, apportant à la pièce "quelques éléments d'un comique très sûr". Au sujet de la guerre, qui a toujours soulevé de nombreuses questions sur l'attitude du poète à cet égard, notamment lors du conflit libanais, Saba Jazzar apporte une nouvelle lumière.

Elle décrit pourquoi *L'Histoire de Vasco* avait été considérée à l'époque comme étant une pièce anti-militariste. Pour elle, l'auteur ne s'y est pas simplement contenté de souligner l'absurdité des combats et leurs tragiques conséquences, mais il s'en est pris aussi à l'armée en général et aux valeurs qu'elle cherche à promouvoir... jusqu'à remettre en question la notion même de patrie.

Plusieurs facettes du grand poète et dramaturge sont donc mises en lumière dans ce livre, à lire pour une meilleure initiation.

ISBN 2-84289-103-1; Prix: 110 francs (port compris), paiement par chèque de banque (pas de chèque personnel); Éditions Dar An-Nahar, Beyrouth; Commande: BP 1951, Jounieh, Liban; Fax: 961-9-83-54-72

ÉGYPTE

POLITIQUE

Dans l'attente du remaniement ministériel prévu (oct.1999) et du renouvellement du mandat présidentiel, le 4e depuis l'arrivée de Moubarak, la politique intérieure semble sombrer dans une profonde léthargie. En politique extérieure, l'Égypte souhaiterait de son partenaire américain une position plus équilibrée entre elle et Israël. On suit de près la politique israélienne depuis l'arrivée d'Ehoud Barak et on se prend à espérer un règlement prochain du problème palestinien.

Pour ce qui est de la France, la lune de miel Moubarak–Chirac se poursuit. Leurs rencontres se sont multipliées, la dernière en date étant celle du 2-3 juillet effectuée par le président égyptien à l'issue de sa visite à Washington. Accord total sur les sujets d'intérêt commun: participation plus directe de la France au processus de paix et entente sur le sommet euro-africain prévu pour avril 2000 au Caire. La France est de plus en plus présente en Égypte. Les manifestations francophones se multiplient.

ÉCONOMIE

L'année s'est soldée par une régression sensible des rentrées en devises étrangères, due aux accords issus du Gatt qui ont eu un impact négatif sur les secteurs vitaux de l'économie égyptienne, comme l'industrie textile, par exemple. Les autorités responsables ont alors essayé de pallier ce déficit en œuvrant pour l'accroissement des exportations égyptiennes. En juillet 99, la situation de pénurie monétaire n'a fait que s'aggraver. Les banques sont à sec. La politique de la Banque centrale semble être directement en cause. Pour enrayer une dollarisation excessive, qui s'explique par l'augmentation de sa valeur par rapport à la livre égyptienne, la Banque centrale a acheté les bons de trésor de la plupart des banques afin de constituer des réserves en monnaie locale. Cette politique n'est pas la seule responsable de la crise. Les derniers arrêtés ministériels restreignant l'activité de la vente hors taxe ont accentué la récession du marché. D'autre part, les nouvelles lois contradictoires concernant l'émission des chèques ont semé le trouble auprès des investisseurs. Certaines banques n'autorisent que les chèques informatisés pour les virements de comptes, et d'autres, les chèques remplis à la main, ce qui a provoqué le gel d'importantes sommes investies par bon nombre d'affaires. S'ajoute à cela la baisse des revenus du pétrole et de ceux des Égyptiens travaillant à l'étranger et dont le nombre a sensiblement diminué dans les pays du Golfe.

Crise financière actuelle, mais croissance économique

La situation n'est pourtant pas aussi sombre qu'on pourrait le croire. En effet, le taux de croissance a atteint 5,7%. L'inflation a diminué, passant de 4,8% en 97 à 3,6% en 98.

Le volume du produit intérieur est de 278,4 milliards de LE. Le revenu moyen par habitant a atteint 1410 $ par an, et ce, grâce à l'augmentation des investissements nationaux et internationaux et à la poursuite de la politique de privatisation que nous avons signalée dans les articles des années précédentes.

Autre résultat positif: l'augmentation à la fois de la surface habitée (20% du territoire national contre 3% en 81) et des terres agricoles, notamment à Tochka près du lac Nasser.

Le gouvernement a également consacré 34,5 milliards de LE aux services (éducation, santé, subventions aux produits de base). L'infrastructure s'est développée avec l'augmentation du réseau routier à l'est (6300 km) et à l'ouest (3400 km). Pour certains, cette impressionnante croissance de l'économie égyptienne est due principalement à la privatisation des industries et de l'infrastructure. Pour que cette politique porte ses fruits à long terme, il est nécessaire que le gouvernement procède à la régulation de ce secteur par l'unification des lois en vigueur et leur bonne application. Mais l'Égypte est sur la bonne voie.

ÉGYPTE

QUELQUES POINTS DE REPÈRE

Géographie

➤ Immense désert (environ deux fois la France) coupé au milieu par la plaine et le delta du Nil surpeuplés.

➤ 3 % des terres sont cultivées. Hydroélectricité (barrage d'Assouan), pétrole et gaz naturel. Tourisme.

Histoire

➤ Dès le Xe mil. av. J.-C., la préhistoire attestée par de nombreux vestiges.

L'Égypte ancienne

➤ 3031-3000 av. J.-C. Unification de l'Égypte. Apparition des hiéroglyphes. Cinq grandes époques: l'Ancien Empire, période des pyramides (2778-2160); le Moyen Empire (2160-1785); le Nouvel Empire (1785-1085); la Basse Époque (1085-332); Alexandre le Grand (331-323).

➤ 31 av. J.-C. Mort de Cléopâtre après la bataille d'Actium. Domination romaine.

➤ 395 L'Égypte, province de l'Empire byzantin.

➤ 639 Conquête arabe.

L'Égypte moderne

➤ 1798-1801 Expédition de Napoléon Bonaparte.

➤ 1824 Champollion déchiffre les hiéroglyphes.

➤ 1859-1869 Construction du canal de Suez par F. de Lesseps.

➤ 1936 Indépendance de l'Égypte, longtemps sous influence britannique.

➤ 1952 (23 juillet) Le roi Farouk détrôné. Nasser chef de l'État.

➤ 1953 Proclamation de la République.

➤ 1956 Nationalisation du canal de Suez; réaction militaire tripartite (Grande-Bretagne, France, Israël).

➤ 1967 (5-10 juin) Guerre des Six-Jours.

➤ 1970 Anouar al-Sadate succède à Nasser; il sera assassiné en 1981.

➤ 1973 (2-22 oct.) Guerre contre Israël.

➤ 1979 Traité de paix avec Israël. L'Égypte au ban des pays arabes.

➤ 1981 (6 oct.) Hosni Moubarak, vice-président, devient président.

➤ 1982 L'Égypte récupère le Sinaï.

➤ 1989 Retour dans la Ligue arabe.

CULTURE

Foire internationale du livre

À l'occasion de la 31e édition de la Foire internationale du livre qui s'est tenue au Caire au début de cette année, l'initiative a été prise de consacrer un pavillon aux livres français et francophones.

Ce pavillon regroupe les différentes librairies du Caire, les éditeurs français et francophones (Belgique, Suisse, Liban et Tunisie) et les différentes institutions. Un stand multimédia et un autre de presse avaient pour objectif de promouvoir la Francophonie en Égypte.

Selon un responsable français, le but est à la fois politique et fédérateur. Puisque le Secrétaire général de l'Organisation internationale de la francophonie, Boutros-Ghali, est égyptien, nous, les Français d'Égypte, avons voulu rassembler les francophones volontaires présents au Caire dans un même espace de culture et du livre. Le pavillon francophone a également été un lieu d'animation: il y a eu conférences, débats, séances de dédicaces et musique.

Des auteurs francophones de renom ont été conviés à ces rencontres: Robert Solé, essayiste et journaliste au *Monde*, et auteur de *L'Égypte, passion française*, Azouz Begag, sociologue, Rouchdi Rached, directeur de recherches au Centre national pour la recherche scientifique (CNRS – Français), Abdel Kader Djemai, romancier algérien, Antoine Raybaud, critique littéraire, Étienne Barilier, essayiste suisse. En bref, le pavillon a séduit un large public.

Festival du cinéma

La présence francophone s'est également fait sentir au Festival international du cinéma plus que les années précédentes. Selon le réalisateur belge Robert Lambert, directeur des médias de l'Agence de coopération culturelle et technique (ACCT), l'agence s'intéresse de plus en plus à la mobilité des films et des cinéastes du Sud dans leur propre sphère. "Nous avons remarqué que le Festival du Caire marquait de plus en plus d'intérêt pour le cinéma africain".

Il était donc normal d'inviter les cinéastes du Sud à y participer, notamment ceux des pays membres de l'ACCT. "La Francophonie représente maintenant pour nous la volonté de donner et de préserver l'identité et la diversité culturelles."

L'intégrisme semble s'estomper

Violence ou arrêt de la violence? L'année 98 marque l'arrêt de la violence et du terrorisme en Égypte. Cet arrêt est-il un véritable recul de l'extrémisme, du moins de son bras armé? Cela revient-il à une évolution de part et d'autre (groupes islamistes et gouvernement)? Les groupes islamistes sont-ils convaincus de l'inutilité des procédés violents, d'une société prenant de plus en plus de distance par rapport à de telles idées ou de telles solutions? Bref, s'agirait-il d'une tentative de politisation d'un mouvement violent?

D'une part, le porte-parole de la Gamaa Islamiya assure que la tendance actuelle de ce groupe est de dialoguer avec les institutions de la société civile... Le Djihad, autre organisation intégriste armée, souscrit à ce point de vue. Mais un fait demeure: les dernières années, les forces de sécurité égyptiennes ont enregistré plusieurs succès sur les groupes armés. Aussi, les extrémistes armés se sont trouvés de plus en plus isolés de leur source de financement et de formation à l'étranger.

Notons à ce propos un facteur particulièrement important, à savoir: l'internationalisation du phénomène de terrorisme qui s'est révélée à travers les deux attentats contre les ambassades américaines à Nairobi et à Dar El salam. Ce qui a incité plusieurs gouvernements étrangers à s'associer aux recherches pour arrêter les éléments en fuite. On a alors entendu parler de "Revenants d'Albanie ou d'Afrique".

Les stratégies adoptées par le ministre de l'Intérieur sont à ce propos très efficaces. Celui-ci a en effet opté pour une politique conséquente à l'égard des islamistes; plusieurs ont été libérés dont 5000 repentis, les personnes qui avaient été arrêtées avant la vague de violence de 1992 et les femmes condamnées dans les procès terroristes. Cette stratégie a permis au gouvernement de mettre à profit les divisions qui se sont manifestées entre les partisans de l'arrêt de la violence (pour la plupart emprisonnés) et les adeptes de la ligne dure qui se trouvent à l'étranger.

À un autre niveau, le ministre a établi des accords avec les pays soupçonnés d'abriter des terroristes, et a lancé un appel à tous les pays du monde lors de la Conférence d'Interpol qui s'est tenue au Caire au mois d'octobre – on a pu ainsi obtenir l'extradition de 22 islamistes égyptiens.

D'après certains analystes, ce genre de mouvement est lié "aux sociétés agricoles et traditionnelles en voie de transformation en sociétés plus modernes", la phase de transition étant en quelque sorte responsable de la formation de ces groupuscules. Elle est presque dépassée et la politique de réforme économique a commencé à porter ses fruits.

Une nouvelle catégorie d'hommes d'affaires et de gestionnaires émerge, un nouveau capitalisme s'instaure et de nouvelles valeurs s'établissent. Un exemple illustrant ce point de vue est l'accord de la Gamaa Islamiya avec le gouvernement concernant les mesures prises sur la loi du fermage, prenant position pour les propriétaires contre les locataires; la Gamaa s'est ainsi coupée d'une certaine base qui aurait pu servir de champ fertile à son idéologie. Il s'agit donc de changement des structures socio-économiques qui entraîne un changement des mentalités.

La Gamaa se rétracte et son porte-parole affirme que "son objectif est plutôt religieux et va dans le sens de la prédication et non de la violence".

Le Djihad révise sa stratégie. Dans le communiqué de mars dernier, il n'attaque plus le régime égyptien et n'évoque plus également l'instauration d'un État islamique. En revanche, ce communiqué affirme que le renforcement des mesures sécuritaires n'empêchera pas le groupe de faire face à l'impérialisme occidental, notamment aux États-Unis et à Israël. Tout prouve que le Djihad n'est pas loin d'entamer une révision radicale de sa stratégie, même si cela se fait lentement. En tout cas, c'est un pas vers le changement. Les observateurs s'attendent à une année de calme en Égypte: elle y a droit.

Francexpo au Caire

La manifestation la plus importante a été Francexpo 99, au Caire du 2 au 6 mai. C'est l'une des trois grandes expositions organisées cette année dans le monde par la France. Plus de 150 entreprises y ont participé. Le premier ministre français Lionel Jospin, répondant à l'invitation de son homologue égyptien, Dr. Kamal El Ganzouri, a inauguré cette exposition.

L'ambassadeur de France au Caire, Jean-Marc de la Sablière, a précisé que l'Égypte a été choisie car elle est un partenaire majeur de la France dans cette région et sur le continent africain dans son ensemble. Les échanges sont actuellement chiffrés à quelques 10 milliards de francs. L'Égypte connaît des performances économiques remarquables qui devraient permettre un développement important.

Francexpo n'a pas été seulement une semaine commerciale, mais une semaine franco-égyptienne pendant laquelle *business* et culture ont fait bon ménage.

Université française

La création de l'Université française (voir AFI 98), contribuera à diffuser la culture francophone en Égypte et travaillera à promouvoir les nouvelles spécialisations, notamment en ce qui concerne la technologie.

Bibliothèque d'Alexandrie

L'inauguration constituera, en Égypte, l'événement culturel le plus important du début de ce troisième millénaire.

Une visite sur les lieux et une rencontre avec le directeur responsable nous ont permis de réaliser l'ampleur de ce projet. Le terrain fourni par l'État égyptien occupe le même emplacement que l'ancienne Bibliothèque d'Alexandrie. Il s'étend sur une surface de 80 000 m². Le coût total, évalué à 175 millions de LE, a été financé en grande partie par le PNUD, l'Unesco s'étant chargé des études de faisabilité. Ce projet national et international à la fois comportera un institut et un musée de calligraphie, des manuscrits, des livres rares et environ 400 000 ouvrages.

Découvertes archéologiques

L'année a été marquée par d'importantes découvertes archéologiques au Caire et au Fayoum. À Dahshour, la chambre d'enterrement de la tombe du scribe Heth, scribe royal du Nouvel Empire, a été mise au jour. Au Fayoum, un temple complet de 300 m² en briques crues a été découvert. Ce temple date de l'époque ptolémaïque, sous le règne de Ptolémée 1er, et était dédié au dieu Sobek, le dieu crocodile.

L'Égypte en France

L'IMA

Si les manifestations francophones ont été nombreuses cette année en Égypte, la présence égyptienne en France, bien qu'elle ne se situe pas sur le même pied d'égalité, ne peut être négligée.

Nasser Al Ansari, ancien directeur de l'opéra du Caire et de la Bibliothèque Nationale, est le premier Égyptien à être à la tête de l'Institut du monde arabe (IMA). Ce francophone déterminé, ce gestionnaire averti, ce mécène de renom réussira-t-il mieux que ses prédécesseurs à promouvoir la culture arabe malgré les différends et les différences de ce monde éclaté? Il n'en est qu'à sa première année...

Youssef Chahine

Quant à Youssef Chahine, ce n'est pas la première fois qu'il fait son entrée à Cannes. Son *Autre* projeté au 52e Festival de Cannes est un appel à la tolérance dans cet enfer où règne l'incompréhension. Avec badinage et sérieux, audace et humour, Chahine, égal à lui-même, brave les tabous et aborde des problèmes dont souffre la société égyptienne: extrémisme, conflit social et perversions.

Exposition

Signalons enfin la magnifique exposition de l'Ancien Empire qui s'est tenue cette année au Petit Palais. L'affluence du public français a témoigné une fois de plus de l'intérêt qu'il porte à toutes les manifestations relevant de la civilisation pharaonique.

BIBLIOGRAPHIE

Sociologie, économie, politique, histoire et archéologie

***ABOU Daoud et JONCHAY G., *Palestine: de Jérusalem à Munich*, A. Carrière, 1999.
Témoignage du terroriste palestinien.

***ABOU Sélim, *Liban déraciné: immigrés dans l'autre Amérique*, L'Harmattan, 1998.
Réédition d'un ouvrage fondamental sur l'émigration des Libanais en Amérique latine, à partir de témoignages. Première parution chez Plon, coll. Terre humaine.

ALBOUY M. et LABROUSSE A., *Les Pyramides des reines: une nouvelle nécropole à Saqqarah*, F. Hazan, 1999.

AYEB Habib, *L'Eau au Proche-Orient: la guerre n'aura pas lieu*, Paris/Le Caire, Karthala/CEDEJ, 1998.

BAUER J., *Les Partis religieux en Israël*, PUF, coll. Que sais-je?, 1998.

BERGÉ Marc, *Les Arabes: histoire et civilisation des Arabes et du monde musulman des origines à la chute du royaume de Grenade racontée par les témoins*, Auzou, 1998.

*BRIQUEL-CHATONNET F. et GUBEL E., *Les Phéniciens aux origines du Liban*, Gallimard-Jeunesse, coll. Découvertes, 1998.

BUCAILLE Laetitia, *Gaza, la violence de la paix*, Presses de Sciences Po, 1998.

CHARBIT D. (éd.), *Sionismes: textes fondamentaux*, Albin Michel, 1998.

CHESNOT C. et LAMA J., *Palestiniens 1948-98: génération fedayin, de la lutte armée à l'autonomie*, Autrement, 1998.

***CORM Georges, *Le Proche-Orient éclaté 1956-2000*, Gallimard, coll. Folio, 1999.
Rééd. en poche d'un ouvrage fondamental.

DAUMAS François, *Amour de la vie et sens du divin dans l'Égypte ancienne*, Saint-Clément-de-Rivière (Hérault), Fata Morgana, 1998.

**DIOP Cheikh Anta, *L'Antiquité africaine par l'image*, Présence africaine, 1998.
Essai qui reprend la thèse des origines négro-africaines de la civilisation égyptienne.

DUPONT de DINECHIN B., *Héroïque Liban: vocation du pays des cèdres*, Téqui, 1998.

ENCEL F., *Le Moyen-Orient entre paix et guerre: géopolitique du Golan*, Flammarion, 1999.

EZRAN M., *La France en Égypte*, L'Harmattan, 1998.

FÈVRE F., *Akhenaton et Néfertiti: l'amour et la lumière*, F. Hazan, 1998.

HÉRY François-Xavier et ENEL Thierry, *D'Alexandrie à Abou-Simbel, deux siècles d'images: la nouvelle description de l'Égypte*, Albin Michel, 1998.

HORNUNG Erik, *L'Esprit du temps des pharaons*, Hachette Littératures, 1998.

JACQ Christian, *Les Égyptiennes: portraits de femmes de l'Égypte pharaonique*, Pockett, 1998.

**LACARRIÈRE Jacques, *Marie d'Égypte ou le désir brûlé*, Seuil, 1998.

***LAURENS Henry, *La Question de Palestine, I: 1799-1921*, Fayard, 1999.

**LAURENS Henry (éd.), *Le Retour des exilés ou la lutte pour la Palestine*, Laffont, coll. Bouquins, 1998.

LEBLANC C., *Nefertari: l'aimée-de-Mout*, Monaco, Rocher, 1999.

LUTHI Jean-Jacques, *La Vie quotidienne en Égypte au temps des khédives*, L'Harmattan, 1999.

***MAALOUF Amin, *Les Identités meurtrières*, Grasset, 1998.
Une réflexion sur les dérives de la logique identitaire par le romancier libanais.

MONTET Pierre, *Lettres de Tanis: la découverte des trésors royaux*, Monaco, Rocher, 1998.

PEYRAMAURE Michel, *Cléopâtre, reine du Nil*, Pockett, 1998.

*PROLONGEAU H., *Le Curé de Nazareth: Emile Shoufani, arabe israélien, homme de parole en Galilée*, Albin Michel, 1998.

***SAUNERON Serge, *Les Prêtres de l'ancienne Égypte*, Seuil, coll. Points, 1998.

***SOLÉ Robert, *Égypte, passion française*, Seuil, coll. Points, 1999.
Rééd. en poche de l'histoire des relations de fascination entre France et Égypte.

SOLÉ Robert et VALBELLE Dominique, *La Pierre de Rosette*, Seuil, 1999.

YOUSSEF Ah., *La Fascination de l'Égypte: du rêve au projet*, L'Harmattan, 1998.
Relations et projets politiques France-Égypte depuis le Moyen-Âge.

1948-1998: aujourd'hui, cinquante ans après: en Palestine, au sud du Liban, en Israël, dans les camps de l'exil, Éd. de Minuit, 1998.

L'Art égyptien au temps des pyramides, Réunion des musées nationaux, 1999.
Catalogue de l'exposition du Grand Palais, 1999.

International Congress of Egyptologists (7, 1995, Canbridge, GB), Leuven, Peeters, 1998.

Critique littéraire

COMBE Dominique, "Machrek (Syrie, Liban, Égypte)", dans *Littérature francophone II. Récits courts, poésie, théâtre*, Hatier/AUF, 1999.

**JAZZAR Diah Saba, *Introduction au théâtre de Georges Schéha*dé, Beyrouth, éd. Dar An-Nahar, 1998.

KÉRYEL J. (éd.), *Louis Massignon au cœur de notre temps*, Karthala, 1999.

***LANÇON D., *Edmond Jabès l'Égyptien*, J-M. Place, 1998.
Biographie des années égyptiennes de Jabès.

MARDAMBEY F., *Liban, figures contemporaines*, Belfort, Circé, Paris, IMA, 1999.
Portraits d'écrivains et artistes libanais.

MESSADIÉ Georges, *Balzac, une conscience insurgée*, Éditions 1, 1999.
Biographie par un écrivain d'origine égyptienne.

ZAKKA N. et DELAMAIRE J., *Jésus dans la littérature arabe et hébraïque contemporaine*, Villeneuve d'Ascq, Presses universitaires du Septentrion, 1998.

ZEIN Ramy, *Dictionnaire de la littérature libanaise de langue française*, L'Harmattan, 1998.

Écrivains d'Israël: la nouvelle génération, Europe 1998.

Littérature

ADIB Hoda, *De Rhapsode au Zajal*, poésie, (Liban), L'Harmattan, 1998.

***BENOÎT Pierre, *La Châtelaine du Liban*, Livre de poche, 1998.
Réédition du célèbre roman de 1924.

CHEDID Andrée, *L'Artiste et autres nouvelles*, Librio, 1999.

CHEDID Andrée, *Le Dernier Candidat: comédie dramatique en deux actes*, Art et comédie, 1998.

CHEDID Andrée, *Œuvre romanesque*, Flammarion, 1998.

CHEDID Andrée, *Territoires du souffle*, Flammarion, 1999.

***CHEDID Andrée, *Verlaine, l'athlète et moi*, Grigny (Rhône), Paroles d'aube, 1998.
De la romancière égyptienne d'origine syro-libanaise.

***FAWAZ Ghassan, *Sous le ciel d'Occident*, Seuil, 1998.
Roman libanais sur la vie de deux étudiants à Paris sur fond de guerre civile au Liban: une des œuvres les plus marquantes de l'année.

JOMAA Ah. et ATHAR Borgo, (Corse), *Mediterranea*, 1998.
La Corse et un poète d'origine libanaise.

KHOURY-GHATA Venus, *Elle dit*, poèmes et récits, (Liban), Balland, 1999.

*KHOURY-GHATA Venus, *Une maison au bord des larmes*, Balland, 1998.
Roman libanais: déchéance, à Beyrouth, d'un artiste étouffé par le milieu familial.

**LECAYE H., *Par grand vent d'Est: mémoires d'un Alexandrin: autobiographie à la troisième personne*, Esprit des péninsules, 1999.
Autobiographie d'un médecin alexandrin, Henri El-ayem, qui témoigne de la vie intellectuelle et artistique au Proche-Orient dans les années 30-50.

*MESSADIÉ Georges, *Moïse 2, le prophète fondateur*, Lattès, 1998.
Biographie romancée, par un écrivain égyptien d'origine syro-libanaise.

MUSSAWIR Claudine, *Le Sceau du signe*, Marseille, Autres temps, 1998.
Recueil d'une poétesse née à Alexandrie.

RACHET Guy, *Khéops et la pyramide du soleil*, Livre de poche, 1998.

RACHET Guy, *Le Roman des Pyramides 2, Le rêve de pierre de Khéops*, Livre de poche, 1999.

*STETIÉ Saleh, *Sauf erreur*, poésie, (Liban), Grigny (Rhône), Paroles d'aube, 1999.

*SUREAU François, *Lambert pacha*, Grasset, 1998.
Roman français: intrigue policière sur le Nil, avec pour décor la fin d'un monde cosmopolite, proche de celle des romans de Robert Solé.

***TUENI N., *Jardinier de ma mémoire*, Flammarion, 1998.
Une anthologie de la plus grande poétesse libanaise d'expression française, disparue prématurément; une publication qui répare un oubli scandaleux de l'édition française.

OCÉAN INDIEN

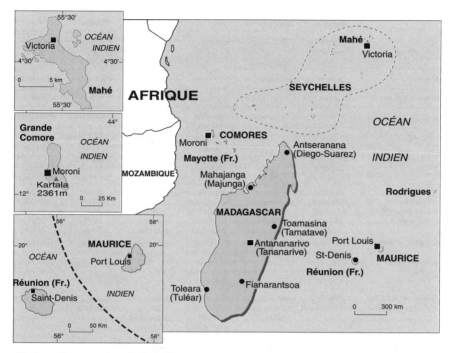

Plusieurs îles ou archipels du sud-ouest de l'océan Indien font partie de la Francophonie.

Les Comores, indépendantes depuis 1975, constituent une république fédérale islamique. Elles furent protectorat (1886) et territoire français d'outre-mer (1946). L'arabe et le français sont langues officielles. On y parle surtout le comorien (d'origine arabe et bantoue) et le swahili. Certains parlent le kibushi (d'origine malgache).

Mayotte, île séparée des Comores après le référendum de 1974, est une collectivité territoriale française. Le français y est langue officielle et on y retrouve les composantes linguistiques de l'archipel comorien.

Madagascar a proclamé son indépendance en 1960. Ancien protectorat français (1885), elle fut annexée par la France comme colonie en 1896. Les langues officielles sont le malgache et le français. D'origine malayo-polynésienne, le malgache, langue maternelle de la population, présente une grande unité linguistique à travers le pays, malgré ses variantes dialectales.

Maurice, hôte du Ve Sommet de la Francophonie en 1993, est un pays indépendant depuis 1968, après avoir été possession française (1715) et anglaise (1810). L'anglais est langue officielle de l'Assemblée législative et de l'enseignement. Le français, très présent, a un rôle semi-officiel. Le créole est largement employé par la population. On y parle également les langues indiennes (hindi, bohjpouri, tamoul, ourdou, etc.) et chinoises.

La Réunion, possession française depuis 1649, est un département français d'outre-mer depuis 1946. Le français y est donc langue officielle. Le créole est le moyen de communication naturel de la population. Des langues indiennes ou chinoises (cantonais) sont parlées par un certain nombre de familles.

Les Seychelles forment un État indépendant depuis 1976. Elles furent tour à tour possession française (1756) et anglaise (1811). Le créole, l'anglais et le français constituent le trilinguisme officiel mais le créole demeure la langue naturelle, tandis que l'anglais y est plus parlé que le français.

OCÉAN INDIEN

	Comores	Madagascar	Maurice	Seychelles	Mayotte[1]	La Réunion[2]
Nom officiel	Rép. fédérale islamique des Comores	République de Madagascar	République de Maurice	République des Seychelles	Collectivité territoriale de Mayotte	Département de La Réunion
Capitale	Moroni	Antananarivo	Port-Louis	Victoria	Mamoudzou	Saint-Denis[3]
Superficie (km²)	2 170	587 041	2 045	454	375	2 512
Régime politique	militaire	présidentiel	république parlementaire	présidentiel	présidentiel	présidentiel
Chef d'État Entrée en fonction Prédécesseur	Azali **Assoumani** 30-04-1999 Tadjidine **Massounde**	Didier **Ratsiraka** 10-02-1997 Albert **Zafy**	Cassam **Uteem** 30-06-1992 Veerasamy **Ringadoo**	France-Albert **René** 5-06-1977 James **Mancham**	Jacques **Chirac** 17-05-1995 François **Mitterrand**	Jacques **Chirac** 17-05-1995 François **Mitterrand**
Chef du gouvernement Entrée en fonction Prédécesseur	Nourdine **Bourhane** 6-12-1997 Amhed **Abdou**	Tantely **Andrianarivo** 17-05-1998 Pascal **Rakotomavo**	Navinchandra **Ramgoolam** 31-12-1995 Aneerood **Jugnauth**	France-Albert **René** 5-06-1977 James **Mancham**	Lionel **Jospin** 2-06-1997 Alain **Juppé**	Lionel **Jospin** 2-06-1997 Alain **Juppé**
Langues officielles Autres langues	arabe, français comorien, swahili, kibushi	malgache, français	anglais français, créole, hindi, urdu, telegu, chinois	créole, anglais, français	français arabe comorien	français créole, hindi, chinois
Principales religions en % de la population	islam (86) christianisme (14)	animisme (52) christianisme (41) islam (7)	hindouisme (52) christianisme (28,3) islam (16,6) autres (3,1)	christianisme (97,1) autres (2,9)	islam (99) christianisme (1)	christianisme (94) hindouisme, bouddhisme et islam (6)
Population[4] Moins de 15 ans en % Plus de 65 ans en % Indice de fécondité Espérance de vie H/F Alphabétisation en %	545 528 43 3. 5,48 57,95/62,84 57,3	14 462 509 45 3 5,76 51,7/54,1 80	1 168 256 26 6 2,22 67,05/74,74 82,9	78 641 30 6 1,98 66,13/75,53 58	141 944 46 2 6,48 57,21/62,02 91,9	705 053 32 6 2,67 72,36/78,6 79
IDH (rang/174)	139	147	59	66	voir France	voir France
PIB (en M$ US)[4] **PIB/hab. (en $ US)[4]**	400 685	10 300 730	11 700 10 300	550 7 000	voir France voir France	voir France voir France
Monnaie[5] FF US $	franc comorien 0,0265 0,002	franc malgache 0,0009 0,0001	roupie mauricienne 0,2467 0,0396	roupie seychelloise 1,174 0,1886	franc français 1 0,16	franc français 1 0,16
Principales exportations	girofle, vanille, ylang-ylang	girofle, vanille, café, crevette, minéraux	sucre, horlogerie, optique, textile, composants informatiques	cannelle, poissons, copra	ylang-ylang, cannelle, girofle	Sucre, rhum, mélasse, essence à parfums
Principales importations	viande, riz, véhicules automobiles, vêtements	produits chimiques, pétrole brut, machineries	équipement, produits alimentaires, chimiques, hydrocarbures	produits alimentaires, hydrocarbures, machineries	produits alimentaires, chimiques, combustibles, minéraux	produits alimentaires, agricoles, chimiques, combustibles
Principaux partenaires commerciaux	France, États-Unis, Allemagne, Afrique du Sud, Kénya, Singapour	France, États-Unis, Japon, Hong-Kong, Singapour	France, Royaume-Uni, États-Unis, Afrique du Sud, Inde	Singapour, Royaume-Uni, France, Afrique du Sud	France, Réunion, Comores, Asie du Sud-Est	France, Maurice, Bahrain, Afrique du Sud, Italie, Madagascar

Sources: Banque mondiale; ONU, *Bulletin mensuel de la statistique* et *Rapport sur le développement humain 1999; The World Factbook 1998.*

[1] Collectivité territoriale française.
[2] Département français d'outre-mer (DOM).
[3] Chef-lieu.
[4] Population: estimations juillet 1998; PIB: données 1997.
[5] Taux au 25 juillet 1999, donné à titre indicatif.

CCNB

Le réseau à l'écoute ...
Le réseau qui agit!

...roche pragmatique du réseau des collèges communautaires du Nouveau-Brunswick,
...e domaine de la formation technique et professionnelle, permet d'offrir des solutions pratiques
...soins spécifiques exprimés par nos clients.

...terventions aux niveaux provincial et national, ainsi que sur la scène internationale, comprennent les éléments suivants :

...nalyse de besoins
...ormation sur mesure
...ppui institutionnel
...ormation à distance
...ormation des formateurs
...ystème individualisé de formation à distance (SIFAD)

...UR INFORMATION
...nsieur Claude Savoie, directeur
...ction du développement international (DDI)

...stère de l'Éducation
... postale 6000
...ericton (NB)   Canada E3B 5H1
...EPHONE : (506) 444-5619
...opieur : (506) 444-4232
...def.savoie@gov.nb.ca
...v.nald.ca/nbinternational

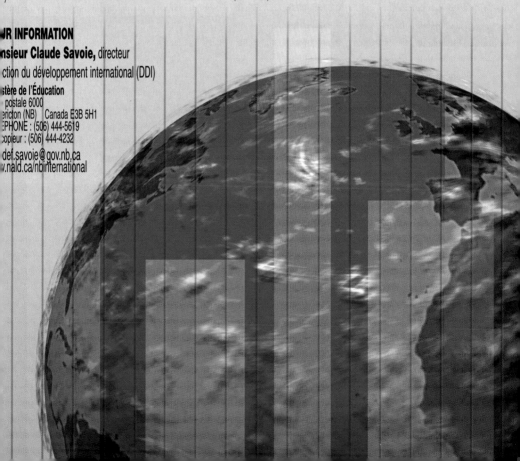

L'ILE-DE-FRANCE,

Forte de 11 millions d'habitants sur 12 000 km², l'Ile-de-France concentre :

20 % de la population nationale,
30 % du Produit Intérieur Brut,
22 % de l'emploi,
55 % du potentiel de recherche.

UNE RÉGION...

Au coeur d'un marché européen de 380 millions de consommateurs, l'Ile-de-France, 5ème puissance économique d'Europe, bénéficie d'un réseau de transports parmi les plus performants.

...QUI BOUGE !

Riche d'un patrimoine historique, culturel, et artistique, la Région est un acteur primordial de la francophonie.

Elle est la première destination touristique au monde avec 36 millions de visiteurs par an.

L'Ile-de-France, 500 000 entreprises 300 000 associations, 1281 communes, 8 départements.

Une région dynamique et solidaire.

RÉGION
ILE-DE-FRANCE

Conseil régional d'Ile-de-France 33, rue Barbet-de-Jouy 75700 Paris. www.cr-ile-de-france.fr

L'année francophone
internationale:
200 correspondants
à travers le monde.

Vous pouvez les
rejoindre.

http://www.francophonie.net/afi/

URSUIVRE DES ÉTUDES AVANCÉES À L'UNIVERSITÉ LAVAL,
PREMIÈRE UNIVERSITÉ DE LANGUE FRANÇAISE
EN AMÉRIQUE, C'EST OPTER POUR...

- DES PROFESSEURS COMPÉTENTS ET DISPONIBLES

- DES CENTRES ET DES ÉQUIPES DE RECHERCHE
DE CALIBRE INTERNATIONAL

- UN MILIEU DE VIE EXCEPTIONNEL
DANS LA RÉGION DE QUÉBEC

- DES PROGRAMMES DIVERSIFIÉS OUVRANT
LES PORTES DU MARCHÉ DE L'EMPLOI
TANT EN AMÉRIQUE QU'EN EUROPE

tudier à l'Université Laval, c'est choisir le meilleur
des deux mondes !

UNIVERSITÉ
LAVAL

LE SAVOIR DU MONDE
PASSE PAR ICI

WWW.ULAVAL.CA

Moncton *Un accueil international!*

La Ville de Moncton est heureuse et honorée d'accueillir le VIIIᵉ Sommet de la Francophonie. Centre par excellence de la culture acadienne, Moncton est fière de pouvoir contribuer à l'accueil chaleureux délégués et des visiteurs.

Les racines acadiennes de la région sont solidement ancrées en terre néo-brunswickoise; elles sont vives, hautes couleur et intenses. La Ville de Moncton représente une culture acadienne forte, rayonnante et polymorphe.

Dans la région de Moncton, cette culture est en pleine effervescence. C'est pour cette raison que le Sommet Francophonie sera un événement qui marquera le dynamisme des Acadiens à Moncton.

Bon séjour!

Radio Canada International

La voix du Canada dans le monde

Où que vous soyez dans la francophonie ou ailleurs dans le monde, écoutez RCI sur ondes courtes et Internet.

www.rcinet.ca

English

ПО-РУССКИ

КРАЇНСЬКОЮ МОВОЮ

Français

العربيـــــة

Español

汉 语 普 通 话

RCI — RADIO CANADA INTERNATIONAL

Un ouvrage complet et varié qui répond à toutes les questions que l'on peut se poser sur la francophonie

Michel TÉTU

QU'EST-CE QUE LA FRANCO-PHONIE ?

HACHETTE
Edicef

320 pages
80FF

L'OUVRAGE DE RÉFÉRENCE POUR
COMPRENDRE LA FRANCOPHONIE

DIFFUSION
HACHETTE DIFFUSION INTERNATIONALE
58, rue Jean-Bleuzen – F 92178 VANVES Cedex

Tél. + 33 1 46 62 10 10 / Télécopie + 33 1 40 95 10 39 / E-mail : hdi@hachette-livre.fr

Bruxelles
Paris
Libreville
Beyrouth
Conakry
Hanoï
Dakar
Berne
Genève
Lomé
Ndjamena
Tunis, Rabat
Luxembourg
Bamako
Maurice
Antanarivo
Nouakchott

Gagner le cœur
de la Francophonie

et bien d'autres...

Pour vos affaires ou pour vos loisirs, Air France vous offre chaque jour, via Paris Charles-de-Gaulle, le monde francophone. Et avec notre programme de fidélisation Fréquence Plus, profitez de billets gratuits et de surclassements plus vite que vous ne l'imaginez.

Pour en savoir plus, contactez votre agent de voyages ou appelez-vous au : **1 800 667 2747**

AIR FRANCE

GAGNER LE CŒUR DU MONDE

J'AIME TA NOUVELLE GUEULE!

BELLE GUEULE Pilsner
Pils

La nouvelle Pilsner signée Belle Gueule,
disponible dans tous les bars branchés.

http://www.francophone.net/afi

L'ANNÉE FRANCOPHONE
INTERNATIONALE

A 10 ANS

Son anniversaire coïncidant avec la venu
troisième millénaire, *L'AFI* se propose de
de son prochain numéro (*AFI 2001*) un l
de la francophonie à l'échelle mondiale

Dossiers-synthèses
(culture, politique, économie...)

Événements marquants
de l'espace francophone

Rétrospective de la vie
institutionnelle et associative

Une parution à surveiller

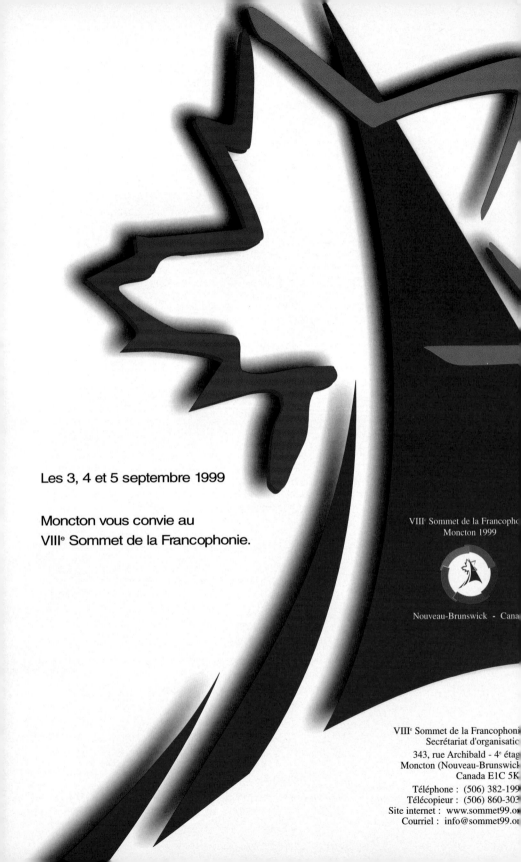

Les 3, 4 et 5 septembre 1999

Moncton vous convie au
VIIIᵉ Sommet de la Francophonie.

VIIIᵉ Sommet de la Francopho
Moncton 1999

Nouveau-Brunswick - Cana

VIIIᵉ Sommet de la Francophoni
Secrétariat d'organisatic
343, rue Archibald - 4ᵉ étag
Moncton (Nouveau-Brunswick
Canada E1C 5K

Téléphone : (506) 382-199
Télécopieur : (506) 860-303
Site internet : www.sommet99.or
Courriel : info@sommet99.or

Liberté • Égalité • Fraternité
RÉPUBLIQUE FRANÇAISE

MINISTÈRE DES AFFAIRES ÉTRANGÈRES

Le Service des affaires francophones

Rattaché au Secrétaire général du ministère français des Affaires étrangères, le service des affaires francophones est chargé du dossier de la Francophonie multilatérale.

Il a deux missions essentielles :

• suivre le fonctionnement des instances de la Francophonie.

Le service des affaires francophones assure la préparation et le suivi des sommets, des réunions de la conférence ministérielle et des sessions du conseil permanent, et participe aux commissions spécialisées. Il est chargé de la relation de la France avec ces instances ainsi qu'avec les opérateurs de la Francophonie (Agence intergouvernementale de la Francophonie, Agence universitaire de la Francophonie, TV5, Université Senghor d'Alexandrie, Association internationale des maires francophones).

• suivre la réalisation des programmes de coopération.

Le service des affaires francophones rend compte de l'utilisation des fonds affectés par la France aux opérateurs de la Francophonie dans le cadre des programmes de coopération. Il s'appuie pour ce faire sur l'expérience des administrations françaises contribuant à la Francophonie : les services du ministère des Affaires étrangères en charge de la coopération internationale et du développement, mais aussi le ministère de l'Education nationale, de la Recherche et de la Technologie, le ministère de la Culture et le ministère de la Justice. Le service des affaires francophones joue auprès des ces administrations un rôle de coordination.

Service des affaires francophones - 57, boulevard des Invalides 75007 Paris Cedex 07 SP France
Tel. (33) 1 53 69 39 73 / (33) 1 53 69 39 82 - Fax (33) 1 53 69 39 81
Site web : http://www.france.diplomatie.fr/francophonie

OCÉAN INDIEN

Jean-Louis JOUBERT
Université Paris XIII
jean-louis.joubert@wanadoo.fr

Jean-Claude CASTELAIN
Rédacteur de la revue *Universités*
jccastel@refer.qc.ca

avec la collaboration de

Yvan COMBEAU
Histoire contemporaine, Université de la Réunion
yvan.combeau-mari@univ-reunion.fr

COMORES

L a situation aux Comores a continué d'être dominée par la crise née de la sécession de l'île d'Anjouan. Tandis que les pays voisins de l'océan Indien en coopération avec l'OUA tentaient à la fin de l'année 1998 de favoriser une solution passant par la formation d'un gouvernement d'union nationale à Moroni et préparaient une intervention militaire contre les séparatistes anjouanais, le brutal décès du président des Comores, le 6 novembre, est venu changer la donne politique. Le président Mohamed Taki Abdoulkarim, à la tête de la République fédérale islamique des Comores depuis mars 1996, a succombé à une crise cardiaque.

Le président par intérim Tadjidine Ben Saïd Massounde a confié à Abbas Djoussouf le soin de former un gouvernement, qui s'est très vite heurté à l'éclatement de l'échiquier politique comorien et qui a éprouvé de grosses difficultés dans sa tentative de redressement de la situation économique, très délabrée.

Pendant ce temps, à Anjouan, les séparatistes se sont divisés. Des affrontements très violents ont opposé au début du mois de décembre les partisans et les adversaires du président de l'île, "Foundi" Abdallah Ibrahim. On a compté plusieurs dizaines de morts et de nombreux blessés dans des combats qui ont un temps vidé la ville de Mutsamudu de ses habitants. Le calme revenu, la situation politique de l'île sécessionniste ne s'est guère éclaircie.

Les missions de bons offices et de médiation se sont multipliées. L'OUA a continué de proposer une conférence de réconciliation inter-îles. L'ancien premier ministre français Michel Rocard a travaillé sur un projet de nouvelle Constitution fédéraliste pour l'archipel.

COMORES

Q̲uelques points de repère

Géographie

➤ Archipel de 4 îles dont Mayotte, qui a choisi de rester française en 1976.

Histoire

➤ Peuplement ancien et métissages successifs (Bantous, Arabes, Malgaches, Indiens).
➤ 1886 Protectorat français.
➤ 1946 L'archipel est détaché administrativement de Madagascar et représenté au Parlement français.
➤ 1975 (juil.) Proclamation d'indépendance suivie d'un coup d'État d'Ahmed Abdallah qui sera chassé par le prince Jaffar.
➤ 1976 Ali Soilih décrète la "révolution culturelle".
➤ 1978 Retour d'Abdallah avec l'aide des mercenaires dirigés par le Français Bob Denard. Assassinat d'Ali Soilih.
➤ 1989 (26 nov.) Assassinat du président autocratique Abdallah.
➤ 1990 Saïd M. Djohar élu président.
➤ 1995 Le président Djohar renversé par les mercenaires de Bob Denard. La France intervient et emprisonne Bob Denard.
➤ 1996 Saïd Djohar rentre aux Comores. Mohamed Taki est élu président.
➤ 1997 Ajouan proclame unilatéralement son indépendance.
➤ 1998 Décès du président Taki, victime d'une crise cardiaque. Tadjidine Massounde, nouveau président.
➤ 1999 (30 avril) Coup d'État. Azali Assoumani au pouvoir.

À noter

➤ Les Comores constituent une république fédérale islamique. Mayotte bénéficie vis-à-vis de la France d'un statut spécial (unique en son genre): "collectivité territoriale à caractère départemental".

Parallèlement aux soubresauts qui agitent les îles voisines, l'île de Mayotte s'interroge aussi sur son statut. Des discussions se sont engagées à partir du mois de décembre entre des représentants du gouvernement français et ceux des partis politiques représentés au Conseil général de l'île. Il s'agit de définir un nouveau cadre institutionnel pour Mayotte.

Deux forces politico-militaires s'affrontent à Anjouan: les partisans de "Foundi" Abdallah Ibrahim, basés à Mutsamudu, et les milices de Saïd Omar Chamassi et Mohamed Bacar, qui contrôlent les régions de Domoni et de Ouani. À Moroni, le président par intérim se heurte à une opposition qui se radicalise et multiplie des opérations violentes. Malgré des incidents divers, la conférence d'Antananarivo a abouti le 23 avril à un projet d'accord sur le principe d'un système politique permettant le maintien de l'unité territoriale de l'archipel des Comores. La délégation d'Anjouan s'en est tenue quant à elle à sa revendication de très large décentralisation et d'octroi de pouvoirs politiques spécifiques à chacune des îles. Son refus de signer tout de suite l'accord final a déclenché à Moroni une vague de manifestations tournant à l'émeute contre les originaires d'Anjouan. Plusieurs centaines d'Anjouanais ont quitté précipitamment la Grande Comore pour rejoindre leur île natale.

Ces soubresauts ont entraîné le 30 avril un putsch militaire qui a déposé le président par intérim. Le colonel Azzali Assoumani a été porté au pouvoir. Malgré les "préoccupations" ou condamnations exprimées par divers pays, inquiets devant ce 18e coup d'État (ou tentative de coup d'État) depuis l'accession du pays à l'indépendance en 1975, le nouveau chef d'État a constitué un gouvernement. Tout en promulguant une nouvelle charte constitutionnelle, il a promis de restituer le pouvoir aux civils dans un délai d'un an.

MADAGASCAR

Le retour de Didier Ratsiraka, à nouveau élu président de la République malgache, a totalement changé la donne politique à Madagascar. Le parti qui le soutient, l'AREMA, a remporté les élections législatives de l'été 1998. De nombreux ralliements ont accompagné cette recomposition politique. La nomination à des postes de responsabilité de partisans des "rouges" (ainsi appelés d'après la couleur symbolique choisie par l'AREMA) a notablement modifié la physionomie de l'administration malgache.

Cependant, l'AREMA, qui n'a rien d'un parti monolithique, souffre des rivalités et des ambitions concurrentes de certains de ses leaders. L'opposition n'est pas mieux lotie. Elle est divisée, et la manifestation (non autorisée) que son aile radicale, le RDVR (Rassemblement pour la défense des valeurs républicaines), avait organisée le 16 mars pour déclencher une mobilisation générale réclamant la destitution du président Ratsiraka, n'a pas été un franc succès.

Malgré une légère amélioration des finances publiques, les relations entre Madagascar et le FMI sont restées assez difficiles. Des signes divers affichent cependant une volonté d'assainissement. La lutte contre la fraude douanière a enregistré certains succès. Un accord a été signé le 10 octobre 1998 pour apurer par une indemnisation le contentieux né de la nationalisation de la société pétrolière Total. La politique de privatisation se poursuit, non sans lenteur, mais elle touche ou doit toucher des secteurs essentiels: le pétrole, les télécommunications, le transport aérien...

MADAGASCAR

QUELQUES POINTS DE REPÈRE

Géographie
➤ La plus grande île de l'océan Indien au sud-est de l'Afrique.
➤ Climat varié, tempéré par l'altitude au centre, tropical et humide à l'est, semi-désertique au sud.
➤ Diversité des richesses naturelles.

Histoire
➤ Au début de notre ère, vagues de migration d'Indonésie et d'Afrique orientale.
➤ XIIe-XVIIe s. Arrivée des Arabes, des Européens et des Africains.
➤ XVIIe-début XVIIIe s. Le pays est marqué par la multiplicité des petits royaumes.
➤ XIXe s. (début) Formation du royaume de Madagascar autour des souverains d'Antananarivo.
➤ 1896 Annexion de l'île par la France.
➤ 1947 Insurrection. Lutte pour l'indépendance.
➤ 1958 Création de la République malgache, indépendante le 26 juin 1960. Philibert Tsiranana, président.
➤ 1972 Mouvement populaire. Présidence de Ramanantsoa.
➤ 1975 (fév.) Ratsimandrava nommé premier ministre et aussitôt assassiné. Mise en place d'un Conseil supérieur de la révolution dont l'homme fort, le capitaine Didier Ratsiraka, adopte une politique économique de type socialiste.
➤ 1991-1992 Nombreux affrontements. Violente répression à Antananarivo.
➤ 1992 (août) Suppression par référendum de la Constitution de 1975.
➤ 1993 Albert Zafy, élu président de la République (66,9 % des voix) contre Ratsiraka.
➤ 1996 (déc.) Après une période de troubles, Ratsiraka est réélu.

Économie
➤ Graves difficultés économiques sous le régime marxiste; appauvrissement.
➤ Relance du tourisme (écotourisme) et développement d'infrastructures avec l'aide du FMI et de la Banque mondiale.

Quelques secteurs de l'économie malgache ont connu une expansion spectaculaire, comme l'extraction du saphir ("l'or bleu") dans le sud du pays. Par contre, l'invasion de sauterelles a gravement handicapé l'agriculture. Cette invasion, qui a duré toute l'année 1998, s'est répandue sur la quasi-totalité du pays (10 millions d'hectares ont été sévèrement touchés) et elle est arrivée jusqu'aux portes de la capitale.

Cinq millions de dollars pour l'enseignement supérieur à Madagascar

Le ministère malgache de l'Enseignement supérieur a mis en place un Fonds de développement de l'enseignement supérieur à partir d'une enveloppe financière de cinq millions de dollars octroyée par la Banque mondiale.

La mise en place de ce Fonds entre dans le cadre du développement des formations professionnalisantes et de l'adaptation du système universitaire malgache au nouveau contexte économique de libéralisation et de modernisation du secteur productif malgache.

Ce Fonds profitera aux six universités malgaches ainsi qu'aux autres institutions d'enseignement supérieur publiques et privées du pays dont les projets auront été retenus sous forme de contrats-programmes. Cinquante projets, dont quinze cette année, seront établis à la suite d'un appel d'offres auprès des intéressés.

Un panel d'experts internationaux, comprenant un Américain, un Anglais, un Français et un Italien, assurera le suivi des activités du Fonds en relation avec le ministère malgache de l'Enseignement supérieur.

Par ailleurs, le *Journal officiel* de la République malgache a annoncé, le 25 janvier 1999, la création de l'Agence nationale d'évaluation (Agenate) qui a pour mission de procéder à l'évaluation externe des établissements publics et privés de l'enseignement supérieur.

(Source: *Universités*)

MAURICE

POLITIQUE

Les commentateurs politiques mauriciens constataient, à la fin de 1998, que la situation générale mauricienne était restée comme bloquée pendant l'année écoulée. "Le progrès suspendu dans une année entre parenthèses", titrait le journal mauricien *L'Express* dans son numéro du 30 décembre 1998. Comme à l'habitude, des élections partielles avaient permis aux formations politiques de tester les rapports de force. L'opposition en avait conclu à la nécessité de se regrouper pour préparer les prochaines échéances électorales. Parfois délicates, les négociations entre le Mouvement militant mauricien (MMM) de Paul Bérenger et le Mouvement socialiste mauricien (MSM) de l'ancien premier ministre Anerood Jugnauth devaient aboutir à la fin de décembre à la signature d'un accord de fédération.

Mais le jeu traditionnel de la démocratie mauricienne a été confronté à une brusque explosion de violence sociale. Tout a commencé par l'arrestation, le dimanche 21 février, d'un chanteur de reggae fort populaire, Kaya, à l'occasion d'un rassemblement qui réclamait la légalisation de la marijuana (que l'on appelle "gandia" à Maurice). Dans des circonstances mal élucidées, Kaya est mort dans la nuit au commissariat de Port-Louis, ce qui a suscité une émotion populaire considérable, des scènes d'émeute et de pillages en plusieurs endroits de l'île. La violence de ces réactions s'enracine sans doute dans le sentiment d'une partie de la population mauricienne, les "Créoles" (c'est-à-dire la partie de la population plus ou moins métissée et d'origine africaine et malgache), d'être marginalisés et laissés pour compte dans le progrès général qu'a connu l'île Maurice depuis plusieurs décennies. Un rapport sur l'exclusion à Maurice, suscité par le président de la République, avait d'ailleurs attiré l'attention sur le bouillonnement souterrain de la chaudière sociale.

Les émeutes de février ont duré plusieurs jours, causant la mort d'au moins trois personnes. Un certain nombre de voix se sont élevées pour s'interroger sur la remarquable inefficacité de la police au début des événements.

Le calme rétabli, la situation est restée assez tendue: une certaine agitation était sensible dans plusieurs établissements scolaires. On a brûlé des autobus, des voitures, des stations-service, vandalisé des commerces: scènes de la "violence urbaine" ordinaire jusqu'alors inconnues à Maurice, causant des pertes économiques estimées à 300 millions de $ US.

MAURICE

QUELQUES POINTS DE REPÈRE

Géographie

➤ Île volcanique des Mascareignes (100 km à l'est de La Réunion) protégée par une barrière corallienne formant de nombreux lagons.

Histoire

➤ Xe s. L'île figure sur les cartes des géographes arabes.

➤ 1502 L'île apparaît sur les portulans portugais.

➤ 1598 Les Hollandais en prennent possession et la baptisent Mauritius.

➤ 1715 Maurice devient terre française sous le nom d'île de France.

➤ 1810 Occupation britannique confirmée par le traité de Paris (1814).

➤ 1833 Affranchissement des esclaves et immigration massive de travailleurs indiens.

➤ Après la 2e Guerre mondiale, succession de constitutions libérales conduisant à la semi-autonomie de l'île en 1961.

➤ 1968 (12 mars) Maurice devient un état indépendant dans le Commonwealth. Elle participe aussi à la Francophonie dès le Sommet de Paris (1986).

➤ 1992 (12 mars) Maurice devient une république.

➤ 1993 Ve Sommet de la Francophonie.

➤ 1995 L'île adhère à la Coordination pour le développement de l'Afrique australe.

Société

➤ Maurice surprend depuis 1970 par son dynamisme. Zone franche. Économie diversifiée: sucre, textile, tourisme, etc.

➤ Maurice est un état archipélique comprenant les îles Maurice, Rodrigues, Agalega, Saint-Brandon. Elle revendique l'îlot de Tromelin (France) et la rétrocession des Chagos (Angleterre) dont l'île de Diego Garcia est une base américaine.

Un nouvel incident grave est venu montrer que l'équilibre social demeurait très fragile. Le 23 mai au soir, les locaux de l'Amicale de Port-Louis, maison de jeux très connue dans le quartier chinois de la capitale mauricienne, ont été ravagés par un incendie criminel. L'épouse du propriétaire et ses deux filles ont été brûlées vives. Des soupçons se sont portés sur des intégristes musulmans qui auraient voulu purifier des lieux de débauche situés à proximité immédiate de la grande mosquée de Port-Louis.

Société

Cette grave crise qui a secoué la République mauricienne, présentée jusqu'ici comme un modèle de développement économique pour les pays du Sud, est venue rappeler "que cette croissance économique a été surtout le fait d'investissements étrangers", observe Jooneed Khan dans *La Presse* (Montréal, 26 février 1999). "Maurice s'est imposé comme un comptoir régional pour ces intérêts, mais il n'a pas tendu la main à ses propres exclus, et il n'a pas encore bâti une nation", conclut sévèrement le journaliste.

Parmi ces exclus, quelques milliers de Chagossiens expulsés de leur archipel de 96 km² par les Britanniques, il y a trente ans de cela, et entassés dans des "cités" misérables à Maurice. Ces Ilois reçurent quelque 9 millions de dollars "de compensation" de Londres en échange de leur abandon de tout droit de retour. Les îles Chagos furent ensuite excisées du territoire mauricien pour devenir la British Indian Ocean Territory qui abrite une base stratégique américaine sur l'atoll de Diégo Garcia. Un juge britannique vient de donner une nouvelle tournure à cette histoire en autorisant le Groupe des réfugiés des Chagos à demander la révision juridique des déportations devant la Haute Cour de Londres. Une affaire embarrassante pour Londres que suivent avec attention les défenseurs des droits de l'homme. Pour sa part, la République mauricienne continue à revendiquer sa souveraineté sur l'archipel, avec le soutien des Nations unies.

Économie

Sur le front économique, la croissance s'est maintenue autour de 5,6% en 1998. Mais depuis, elle a subi les contrecoups de la crise asiatique et de celle de la récolte sucrière qui est à la baisse en raison d'une importante sécheresse qui a frappé le pays en début 1999, ce qui expliquerait un ralentissement de la croissance, estimée à 2,5% cette année. L'industrie touristique continue à bien se porter et attire quelque 550 000 visiteurs annuellement.

Apparaissant pour la première fois dans le *Global Competitiveness Report*, Maurice se classe au 29e rang sur une liste de 59 pays. Les "tigres asiatiques" et les États-Unis dominent le classement, la France se classe 23e et l'Allemagne 25e dans ce rapport, rédigé par des économistes de Harvard à partir des données de la World Economic Forum, qui porte sur l'évaluation des pays qui ont un potentiel de croissance rapide à moyen terme.

Selon *Worldlink*, le magazine du World Economic Forum (mai-juin 1999), Maurice a connu vingt années prospères grâce au sucre, au tourisme et au textile, mais les vingt prochaines risquent d'être difficiles: le sucre et le textile ont perdu de leur compétitivité en raison d'une main-d'œuvre

qui coûte plus cher et le pays ne dispose plus d'assez de place pour l'implantation d'autres hôtels. Avec une population de 1,1 million d'habitants, Maurice est le cinquième pays le plus peuplé au monde au kilomètre carré. Le magazine entrevoit favorablement les opérations de délocalisation (usines de textile, parc de conteneurs, etc.) déjà entreprises vers Madagascar. *Worldlink* ainsi que la revue *Les Affaires* (Montréal, 26 juin) s'accordent pour qualifier Maurice de premier centre *offshore* de l'hémisphère sud.

En ce qui concerne l'indice de développement humain, le rapport 1999 du PNUD classe Maurice au 59e rang des 174 pays pris en considération. Tout en devançant l'ensemble des pays africains – l'Afrique du Sud étant au 101e rang – Maurice réussit une performance assez moyenne comparable à celle de certains pays de la Caraïbe et de l'Asie du Sud-Est. Comparativement aux pays développés, l'indice de pauvreté, le taux d'analphabétisation chez les adultes ainsi que celui de la mortalité infantile demeurent élevés et le ministre Bheenick, responsable du développement économique, constate que Maurice peut s'améliorer dans ce domaine.

ÉDUCATION

Bénéficiant de 4% de ses dépenses – soit environ 5% de son budget –, l'éducation demeure un secteur-clé à Maurice. Le taux d'alphabétisme avoisine 83%, l'enseignement est gratuit du primaire au supérieur et le développement industriel exige une main-d'œuvre qualifiée. Ceci explique les discussions entourant la réforme éducative prônée par le ministre Kadress Pillay.

Au plan de l'enseignement tertiaire, l'Université de Maurice a rendu public son plan stratégique et prévoit un accroissement de sa clientèle estudiantine qui atteindrait les 6000 étudiants en 2004, dont 3% seraient des étudiants étrangers. L'Université envisage la création d'une faculté de médecine ainsi que d'une école de commerce affiliée à la faculté de droit et de gestion. Elle prévoit aussi la mise en place de diplômes combinés tels économie et gestion, physique et génie électronique, etc. Ce plan stratégique nécessite de nouveaux fonds publics et amène les responsables universitaires et gouvernementaux à engager le débat sur la gratuité de l'enseignement supérieur mauricien, en attendant un autre débat sur la création d'une université à vocation technologique.

Institut de la Francophonie pour l'entrepreneuriat à Maurice

L'Institut de la Francophonie pour l'entrepreneuriat, mis en place à Maurice par l'Agence universitaire de la Francophonie, a accueilli en février 1999 vingt-deux étudiants, venus d'Afrique et de l'océan Indien, qui en constituent sa première promotion.

La formation dispensée par cet institut s'adresse aux étudiants et aux cadres d'entreprises intéressés par les activités d'entrepreneuriat, de création ou de reprise d'entreprise, et désireux d'acquérir les concepts et les méthodes nécessaires à la réussite de leur propre projet. La formation se déroule sur deux années.

L'institut offre un ensemble d'enseignements pratiques et théoriques destinés à favoriser l'émergence de projets innovants et durables. Les disciplines de gestion qui y sont enseignées insistent sur leur contribution à la mise en place des différentes phases d'un projet entrepreneurial.

Les enseignements spécifiques font prendre conscience de l'exigence qu'implique le passage d'une idée à sa réalisation.

CULTURE

Sur le plan culturel, l'année 1999 a été beaucoup plus positive. *Bénarès*, le roman d'un jeune mauricien, Barlen Pyamootoo, a reçu un succès flatteur marqué par de nombreux articles très louangeurs dans la presse nationale et internationale.

Le 4ᵉ Prix Jean Fanchette, qui commémore la mémoire d'un des très grands poètes mauriciens, a été décerné sous la présidence de Jean-Marie G. Le Clézio à Amal Sewtohul, jeune diplomate actuellement en poste à Pékin, pour *Histoire d'Ashok et d'autres personnages de moindre importance*. C'est un roman tout à fait en phase avec les explosions sociales actuelles. Le Clézio le définit comme "lucide, plein d'humour et impitoyable". Au cours de son séjour dans l'île natale de son père, Jean-Marie G. Le Clézio a reçu un Doctorat honorifique de l'Université de Maurice et a également pris possession de son passeport mauricien.

Parmi les disparus, deux personnalités des arts mauriciens: le décorateur et peintre Serge Constantin, dont l'atelier nichait sous les combles du théâtre du Plaza à Rose-Hill, et le professeur et homme de lettres Régis Fanchette qui était aussi à l'aise en anglais qu'en français.

La Bourdonnais, bâtisseur malouin

Flanquée de quatre palmiers royaux sur la Place d'armes, la statue de Bertrand François Mahé de La Bourdonnais contemple la rade de Port-Louis et tourne le dos à celle de la reine Victoria devant l'Hôtel du gouvernement.

Si Maurice a commémoré cette année le tricentenaire de la naissance de ce capitaine de la Compagnie des Indes, né à Saint-Malo en 1699, c'est qu'il laissa sa marque dans l'île comme gouverneur général des Isles de France et Bourbon entre 1735 et 1740.

Administrateur d'envergure, le sieur de La Bourdonnais s'employa à développer l'île, fit ouvrir les premières sucreries, construisit des gentilhommières et, surtout, aménagea Port-Louis en premier port d'escale et de ravitaillement sur la route des Indes.

Quand il regagna la France, après avoir fait capituler Madras, le plus important comptoir anglais de l'Inde, il se fit embastiller sur accusation de ses ennemis jaloux de ses réussites. Acquitté en 1751, il mourut en 1753. Maurice lui doit sa première vocation commerciale et maritime que reflète sa devise "l'étoile et la clé de la mer des Indes".

SEYCHELLES

Malgré divers incidents (comme une embuscade tendue le 9 septembre 1998 à une voiture de l'escorte présidentielle), la situation politique générale des Seychelles est restée stable. Par contre, le paysage économique s'est quelque peu assombri. Le gouvernement, qui a préféré retarder l'entrée en vigueur de la taxe de 100 dollars payée par chaque touriste débarquant dans l'archipel, a entrepris de résister à certaines recommandations du FMI et de la Banque mondiale. Cependant, la roupie seychelloise a dû être dévaluée en octobre 1998. Le contrôle des changes a été renforcé. Le budget a engagé des mesures d'économie qui n'ont pas semblé suffisantes aux responsables du secteur privé. La situation financière du pays reste délicate. L'activité touristique a connu une baisse notable qui a aggravé les difficultés financières de la compagnie Air Seychelles et contraint Air Mauritius à supprimer certaines liaisons avec les Seychelles. Plusieurs hôtels appartenant au holding gouvernemental Cosproh ont été mis en vente.

SEYCHELLES

QUELQUES POINTS DE REPÈRE

Géographie
➤ Le "Royaume de Neptune" est un archipel tropical situé en dehors de la zone des grands cyclones; 115 îles et de nombreux îlots (454 km² répartis sur un espace maritime de 800 000 km²).

Histoire
➤ 1742 Occupation française.
➤ 1814 Les Anglais s'emparent de l'île.
➤ 1976 (29 juin) Proclamation de l'indépendance.
➤ 1977 Coup d'État. Politique socialiste jusqu'en 1993.
➤ 1993 (18 juin) Adoption par référendum d'une nouvelle Constitution. France-Albert René, président.
➤ 1996 Choix d'un nouveau drapeau.

À noter
➤ Les Seychelles sont à la fois membres du Commonwealth et de la Francophonie.

LA RÉUNION

Yvan COMBEAU
Professeur en Histoire contemporaine
Université de La Réunion

LA VIE POLITIQUE ET ÉCONOMIQUE

La vie politique a été particulièrement active entre le mois de septembre 1998 et la fin du premier semestre 1999.

Au cours de cette période, plusieurs ministres (MM. Queyranne, Gayssot, Bartolone) ont été accueillis par le nouveau préfet Jean Daubigny et les élus réunionnais.

Le premier grand débat a été la discussion parlementaire organisée le 23 octobre 1998 dans le cadre du projet de loi d'orientation pour les DOM.

Dans la perspective de la loi d'orientation que prépare le gouvernement pour les départements d'outre-mer (premier semestre 2000), plusieurs rapports et missions sont commandés (rapport Mosse sur le développement économique, rapport Fragonard sur l'insertion, mission des parlementaires Claude Lise et Michel Tamaya, député et maire de St-Denis).

Sur la question de la possible création d'un second département pour La Réunion, un rapport a été demandé au préfet Jean Daubigny. Le débat sur ce thème est de plus en plus prégnant dans la vie politique de l'île. La bidépartementalisation est soutenue par les parlementaires et les assemblées locales. Ce projet pourrait, le conditionnel s'impose encore, se concrétiser au cours de l'année 2000.

Dans ces mois de préparation de la future loi d'orientation, J-J Queyranne a souligné qu'il ne s'agit pas d'un texte "fourre-tout" de mesures diverses, mais de la définition d'un cadre commun avec la prise en compte des problématiques singulières de chaque département d'outre-mer.

Fin juin 1999, le rapport Lise-Tamaya a été remis, au terme d'une

---

RÉUNION

QUELQUES POINTS DE REPÈRE

Géographie
➤ Île de l'archipel volcanique des Mascareignes.
➤ Relief vigoureux. Volcan en activité.
➤ Cultures variées: canne, vanille, etc.
➤ Saint-Denis, le chef-lieu, est la plus méridionale des villes françaises.

Histoire
➤ 1516 Le Portugais Pedros Mascarenhas découvre l'île.
➤ 1638 La France en prend possession et la baptise île Bourbon.
➤ 1665 Début de son exploitation; arrivée d'esclaves noirs.
➤ 1815 Après 5 ans d'occupation anglaise, la France récupère l'île.
➤ 1848 L'île Bourbon devient La Réunion. Abolition de l'esclavage.
➤ 1946 L'île devient un département français (conseil général).
➤ 1982 L'île devient une région (conseil régional).
➤ 1995-1997 Margie Sudre nommée secrétaire d'État à la Francophonie (Gouvernement d'Alain Juppé).
➤ 1998 Paul Vergès élu président du conseil régional et Jean-Luc Poudroux, président du conseil général.

mission de six mois, au premier ministre. Sous le titre *La Voie de la respon-sabilité*, ce texte de 178 pages avance 70 propositions. Il ne peut être question de reprendre ici l'ensemble des mesures proposées, mais de relever quelques points du rapport:
– la création d'un Congrès qui réunirait les deux assemblées départementales afin de gérer des champs de compétences partagés (aménagement du territoire, transports, logements, etc.);
– une meilleure intégration dans la construction européenne;
– la promotion de la langue créole;
– le développement de la formation (avec le CNFPT).

Dès sa publication, le rapport a suscité des critiques. Ainsi l'UDF considère que le Congrès est "un premier pas sur le chemin de l'autonomie". Le RPR dénonce "la dérive statutaire". Le Parti socialiste estime inversement qu'il s'agit "d'un bon rapport d'orientation". Le débat s'annonce donc particulièrement vif en vue de la préparation de la loi d'orientation (année 2000).

Parmi les débats des assemblées locales, retenons la réunion du Conseil régional sur la question de la route du littoral (décembre 1998). Problème récurrent dans la vie quotidienne de milliers de Réunionnais: la circulation routière sur l'axe sud-nord en direction de St-Denis avec les embouteillages et les risques causés par les chutes de pierres. Le 18 décembre 1998, le Conseil régional a été le lieu d'un important débat sur l'aménagement du territoire avec la volonté de trouver une alternative au développement spectaculaire de l'automobile. Paul Vergès, président du Conseil régional, a proposé la construction d'un tunnel entre Saint-Denis et la ville de la Possession qui permettrait la circulation d'un transport en commun en site propre (TCSP), électrique sur rail.

Avant que ce projet ne voit le jour (2009), pour tenter de minimiser les perturbations sur le principal axe routier, la Direction départementale de l'équipement a mis en place dès le début de l'année un nouveau dispositif en créant une voie supplémentaire afin de fluidifier la circulation.

Entre justice et politique, la commune de Saint-Paul a connu une année mouvementée. Le 1er avril 1999, Joseph Sinimalé, maire de la commune, a été incarcéré. De nouvelles élections municipales se sont tenues les 16 et 23 mai. Au premier tour, huit listes étaient en présence. La liste de Paul Vergès est arrivée en tête avec 34,9% des exprimés, suivie par la liste d'Alain Bénard (23,2%). L'union des quatre listes de droite a permis au second tour le succès d'Alain Bénard. À 43 ans, il devient le 30e maire de Saint-Paul comme l'a été son père Paul Bénard.

ÉLECTIONS EUROPÉENNES

Lors des scrutins européens, plusieurs candidats réunionnais ont été présents sur les listes nationales. En position d'éligibilité: Jean-Claude Fruteau, secrétaire fédéral du Parti socialiste, maire de Saint-Benoit, est 11e sur la liste PS-PRG-MDC conduite par François Hollande; Margie Sudre, secrétaire d'État à la francophonie dans le gouvernement Juppé, conseillère régionale, 3e sur la liste RPR-DL de Nicolas Sarkozy et Alain Madelin. Quant à Jean-Paul Virapoullé, maire de Saint-André, 1er vice-président du

Liste Hollande	33,9%
Liste Sarkozy-Madelin	18,9%
Liste Bayrou	15,4%
Liste Cohn-Bendit	5,89%
Liste Hue	5,63%
Liste Pasqua-De Villiers	4,79%
Liste Laguillier-Krivine	2,63%
Liste Le Pen	2,19%

Conseil général, il était symboliquement en dernière position sur la liste de François Bayrou, et Gabrielle Marie, 30e sur la liste écologiste de Daniel Cohn Bendit.

La campagne électorale a souligné des divisions au sein du mouvement gaulliste avec la démission de Tony Manglou, du secrétariat départemental du RPR. À gauche, le PCR a appelé à voter pour la liste Hollande.

L'engagement des candidats réunionnais n'a cependant pas empêché un fort taux d'abstention (66,8%). Il faut aussi relever un nombre important de bulletins blancs et nus.

Sur l'ensemble du département, les résultats du scrutin du 13 juin sont les suivants: (Voir tableau ci-contre)

QUELQUES REPÈRES (1998-1999)

– **Chômage:** La Réunion conserve un taux particulièrement élevé de chômeurs (37,5% de la population active). Si le chômage des jeunes connaît une baisse (13%) en 1998, le nombre de chômeurs de longue durée est en augmentation.

Autre indicateur préoccupant, celui que l'IEDOM souligne dans son enquête de mai: le nombre des allocataires du RMI est en hausse de 10% sur une année.

– **Social:** le département a connu plusieurs manifestations.

Les comités de chômeurs ont multiplié les actions et débats. La coordination des associations contre le chômage, l'exclusion et la précarité tente de s'organiser pour constituer une force de propositions pour le droit au travail et au logement. En mars, les travailleurs indépendants se sont mobilisés pour dénoncer le poids de leurs charges sociales et fiscales. Les personnels de l'Agence Départementale d'Insertion ont mené depuis juillet 1998 une longue campagne d'action contre les incertitudes liées à leurs statuts. En juin 1999, la CGTR a lancé un mois d'actions et de revendications syndicales.

– **Conseil économique et social régional:** dans son rapport (juin 1999), le président du CESR, Jean-Raymond Mondon, a mis l'accent sur les priorités que constituent le réseau routier, les besoins en construction de l'enseignement supérieur. Il a souligné la nécessaire signature d'un accord-cadre de coopération entre Madagascar et La Réunion dans les secteurs de la santé, de l'enseignement et de l'environnement.

– **Démographie:** le recensement 1999 n'a pas encore donné ses résultats. Il est probable que le chiffre de 700 000 habitants sera atteint.

– **Audio-visuel:** dans le paysage audio-visuel, il est évident que l'événement majeur est "l'arrivée" de Canal Satellite le 20 novembre. Le premier bouquet de chaînes numériques, thème présent lors de la campagne des régionales de mars 1998, devient une réalité dans de nombreux foyers réunionnais. Il faut bien aussi parler de modifications du paysage avec l'apparition de ces milliers de paraboles, nécessaires à la réception des programmes, installées sur les toits ou les balcons.

– **Météorologie:** peu de dépression lors de la dernière saison cyclonique. À signaler, le passage de la forte tempête tropicale Davina les 9-10 mars, qui a causé des dégats sur le sud du département.

– **Sport:** la grande manifestation sportive de l'hiver austral (juillet 98) a été sans conteste les Jeux des Îles de l'océan Indien. Autres événements: la venue dans l'équipe de Saint-Pierre de Jean-Pierre Papin (premier match le dimanche 14 mars 99) et la tenue de l'Assemblée fédérale de la Fédération française de football (juin 1999) en présence d'Aimé Jacquet.

– **Images:** images encore avec la nouvelle campagne de promotion de La Réunion lancée en avril par le Comité de tourisme de La Réunion.

Toujours en conjuguant le vert et le bleu, le CTR, présidé par Margie Sudre, croise l'île intense et la recherche de nouvelles sensations.

– **Tourisme:** l'activité touristique est encore en progression pour l'année 1998. Le nombre de touristes est passé de 370 000

(1997) à 400 000. Si La Réunion est une destination appréciée des Français, elle est encore peu attractive pour les touristes de l'Union européenne (13 000 en 1998).

– **Aéroport**: envol vers le nouveau millénaire: après l'ouverture de l'aéroport de Pierrefonds (proche de la commune de St-Pierre) dans le sud du département (inauguration le 19 décembre 98), c'est l'aéroport de Roland Garros qui se modernise avec de nombreuses extensions afin de répondre à une intensification du trafic aérien.

HISTOIRE

1998 a été l'année du 150e anniversaire de l'abolition de l'esclavage à La Réunion. En 1848, l'île compte un peu plus de 100 000 habitants parmi lesquels 62 000 esclaves. Avec la proclamation de la Seconde République (février 1848), l'esclavage est aboli. C'est en fait la seconde abolition décidée par la France. En 1794, un décret avait proclamé la fin de l'esclavage dans les colonies, mais avait été rejeté par les colons de La Réunion. Le 24 octobre 1848, le décret républicain s'impose à toutes les colonies françaises. Il impose en contrepartie, protégeant ainsi les activités des riches propriétaires de la Colonie, un travail obligatoire aux affranchis. Le 20 décembre 1848, le commissaire de la République, Sarda Garrigua, annnonce à la population cette abolition et en appelle à l'ordre et à la reconnaissance.

La célébration de ce 150e anniversaire a donné lieu à de nombreuses manifestations dans l'île et en métropole (comme le colloque de l'UNESCO à Paris): conférences, livres, colloques, expositions, émissions sur les médias, spectacles... Ces échanges ont conjugué le devoir et le travail de mémoire et d'histoire. L'Université de La Réunion a organisé en décembre un colloque international. Un mémorial aux esclaves a été inauguré.

Le 20 décembre, jour férié depuis 1983, l'île a fêté, en présence de Jean-Jack Queyranne, cet événement historique.

L'Université de l'océan Indien démarre

L'Université de l'océan Indien a commencé ses activités au début de 1999. Cette université sans murs, mettant en réseau les institutions d'enseignement supérieur et de recherche de la région, a son siège à La Réunion. Pour son démarrage, le Conseil de l'Université de l'océan Indien a retenu les orientations de formation et de recherche qui sont axées sur l'environnement, les nouvelles technologies et la gestion des petites et moyennes entreprises.

Pour mener à bien ces formations, la nouvelle Université de l'océan Indien va s'appuyer principalement sur les institutions d'enseignement supérieur de la région et fera également appel à des concours extrarégionaux.

Les premières filières de formation et de recherche, destinées à des étudiants de 3e cycle, porteront, d'ici l'an 2001, sur les études d'impact environnemental (Université d'Antananarivo, Madagascar), sur le traitement des eaux usées (Université de Maurice) ainsi que sur la formation des formateurs en gestion de PME-PMI (Université de La Réunion). Une formation bilingue conduisant au MBA est également prévue à Maurice.

L'Université de l'océan Indien est un projet majeur de la Commission de l'océan Indien, organisme de coopération des États et régions insulaires concernés qui bénéficie du concours de l'Union européenne. Le Fonds européen de développement contribue, avec 1,9 million d'euros (environ 13 millions de francs), au fonctionnement de l'université qui a également pour objectif le renforcement du système éducatif des Comores et des Seychelles, les deux États de la région qui ne disposent pas d'établissements d'enseignement supérieur.

(Source: *Universités*)

BIBLIOGRAPHIE

GÉNÉRALITÉS

BONN Charles et GARNIER Xavier (sous la dir. de), *Littérature francophone 2. Récits courts, poésie, théâtre*, Paris, Hatier/AUPELF-UREF, 1999, 416 p.
   Mise au point sur la poésie et le théâtre francophones dans l'océan Indien par Jean-Louis Joubert (pp. 142-152 et 292-294).
GUEBOURG Jean-Louis, *Petites îles et archipels de l'océan Indien*, Paris, Karthala, coll. Hommes et sociétés, 1999, 570 p.
MEITINGER Serge et CARPANIN MARIMOUTOU Jean-Claude (sous la dir. de), *Océan Indien. Madagascar, Réunion, Maurice*, Paris, Omnibus, 1998, 1096 p.
   Dans une collection de grande diffusion, un panorama suggestif des littératures suscitées par l'océan Indien, avec un roman inédit, *L'Aube rouge*, de Jean-Joseph Rabearivelo et la reprise de plusieurs textes intégraux: *Le Décivilisé* de Charles Renel, *Le Bain des reliques* de Michèle Rakotoson, *Les Marrons* de Louis-Timagène Houat, *Ulysse, Cafre* de Marius-Ary Leblond, *La Réunion* de Roger Vailland, *Le Notaire des Noirs* de Loys Masson, *Namasté* de Marcel Cabon.
"Nouveaux paysages littéraires. Afrique, Caraïbes, Océan Indien 1996-1998/1", dans *Notre Librairie*, n° 135, septembre-décembre 1998.

MADAGASCAR

BAUJARD Philippe, *Le Parler secret arabico-malgache du sud-est de Madagascar, Recherches étymologiques*, Paris, L'Harmattan, coll. Recherches étymologiques, 166 p.
COMTE Jean-Maurice, *Chronique d'une passion malgache*, Paris, L'Harmattan, 1998, 206 p.
   Souvenirs d'une vie passée à Madagascar, depuis la fin de la Deuxième Guerre mondiale.
COMTE Jean-Maurice, *Les Rizières du Bon Dieu*, Paris, L'Harmattan, coll. Lettres de l'Océan Indien, 1998, 144 p.
   Nouvelles contant la vie quotidienne à Madagascar.
KOERNER Francis, *Histoire de l'enseignement privé et officiel à Madagascar (1820-1995). Les implications religieuses et politiques dans la formation d'un peuple*, Paris, L'Harmattan, 1999, 338 p.
MANGALAZA Eugène Régis, *Vie et mort chez les Betsimisaraka de Madagascar. Essai d'anthropologie philosophique*, Paris, L'Harmattan, 1999, 332 p.
MIJORO Rakotomanga, *Forces armées malgaches. Entre devoir et pouvoir*, Paris, L'Harmattan, 1998, 220 p.
NIRINA Esther, *Rien que Lune. Œuvres poétiques*, avant-propos de Jean-François Reverzy, liminaires d'Edouard Maunick, Saint-Denis, Grand Océan, coll. La Roche écrite. Les Intégrales, 1998, 328 p.
   Poésie. Ce volume reprend l'intégralité de l'œuvre d'Esther Nirina, la voix poétique malgache la plus marquante des dernières décennies.
RABEMANANJARA Raymond-William, *Géopolitique et problèmes de Madagascar*, Paris, L'Harmattan, 1999, 332 p.
RABEMANANJARA Raymond-William, *Le Temps sans retour. Mémoires de Madagascar*, Paris, L'Harmattan, 1998, 199 p.
   Souvenirs d'une longue vie.
RABEMANANJARA Raymond-William, *Un fils de lumière*, Biographie d'Albert Rakoto Ratsimamanga, Paris, L'Harmattan, coll. Repères pour Madagascar et l'océan Indien, 1998, 190 p.
   Biographie d'un savant éminent, longtemps ambassadeur de Madagascar à Paris.
RAKOTOARISOA Jean-Aimé, *Mille Ans d'occupation humaine dans le sud-est de Madagascar. Anosy, une île au mileu des terres*, Paris, L'Harmattan, coll. Repères pour Madagascar et l'océan Indien, 1998, 204 p.

MAURICE

HUMBERT Marie-Thérèse, *Amy*, roman, Paris, Stock, 1998, 331 p.
POONOOSAMY Rama (Éd.), *Kaléidoscope – Nouvelles, short stories, zistwar*, Port-Louis, Immédia, Coll. Maurice, 1998, 232 p.
  Vingt-deux nouvelles inédites par un collectif d'auteurs mauriciens.
KHAL TORABULLY, *Dialogue de l'eau et du sel*, Solignac, Le Bruit des autres, coll. Le Traversier, 1998, 96 p.
  Recueil de poèmes par un jeune poète déjà confirmé.
KHAL TORABULLY, *L'Ombre rouge des gazelles: signes pour l'Algérie*, poésie, Grigny, Paroles d'Aube, 1998, 80 p.
JAUZE Jean-Michel, *Rodrigues, la troisième île des Mascareignes*, Paris, L'Harmattan, 1998, 272 p.
PYAMOOTOO Barlen, *Bénarès*, récit, Paris, Éd. de l'Olivier, 1999, 91 p.

LA RÉUNION

AGENOR Monique, *Comme un vol de papang'*, Paris, Le serpent à plumes, 1998, 258 p.
  Roman centré sur Madagascar, où se confirme le grand talent de la romancière réunionnaise.
AUPIAIS Dominique, *Ker Anna. L'âme celte de Bourbon*, roman, Saint-Paul, La Barre du Jour/Éd. du Grand Océan, 1999, 224 p.
CHERUBINI Bernard (sous la dir. de), *La Recherche anthropologique à La Réunion. Vingt années de travaux et de coopération régionale*, Paris, L'Harmattan, 1999, 240 p.
COMBEAU-MARI Evelyne, *Sport et décolonisation. La Réunion de 1946 à la fin des années 60*, Paris, L'Harmattan, 1998, 448 p.
DAMBREVILLE Danielle, *L'Esclave de Guinée*, roman, Paris, L'Harmattan, 1999, 124 p.
DAMBREVILLE Danielle, *Le Quimboiseur*, Paris, L'Harmattan, 1999, 288 p.
FRIOUX Paule, *L'École à l'île de La Réunion entre les deux guerres*, Paris, Karthala, 1999, 368 p.
GENVRIN Emmanuel, *Baudelaire au paradis*, théâtre, suivi de *Baudelaire aux îles Maurice et Bourbon* par Hippolyte Foucque, Paris, L'Harmattan, 1998, 102 p.
HO HAI QUANG, *Contribution à l'histoire économique de l'île de La Réunion (1642-1848)*, Paris, L'Harmattan, 1998, 238 p.

COMORES

AHMED-CHAMANGA Mohamed et MROIMANA Ahmed Ali, *Contes comoriens de Ngazidja. Au-delà des mers*, Paris, L'Harmattan, 1999, 200 p.
  Contes bilingues franco-comoriens.
SIDI Ainouddine, *Anjouan, l'histoire d'une crise foncière*, Paris, L'Harmattan, 1998, 340 p.
VERIN Emmanuel et Pierre, *Archives de la révolution comorienne. 1975-1978. Le verbe contre la coutume*, Paris, L'Harmattan, 1999, 358 p.
VERIN Emmanuel et Pierre, *Histoire de la révolution comorienne. Décolonisation, idéologie et séisme social*, Paris, L'Harmattan, 1999, 160 p.

ASIE DU SUD-EST

On trouve en Asie du Sud-Est trois pays qui, en raison de l'influence exercée historiquement par la France, font partie de la Francophonie.

Cette particularité explique que le Cambodge, le Laos et le Vietnam (ayant respectivement le cambodgien, le laotien et le vietnamien comme seule langue officielle) participent aux Sommets de la Francophonie.

Le français continue en effet d'y occuper une certaine place dans le domaine de l'enseignement ainsi que dans le secteur culturel (en particulier la littérature et le cinéma), et ce, même si le nombre de personnes dont c'est la langue d'usage n'est pas très élevé.

La décision de tenir à Hanoi, capitale du Vietnam, le VIIe Sommet de la Francophonie en novembre 1997 est symbolique. L'Europe, l'Afrique et l'Amérique du Nord tournent leurs regards vers l'Asie du Sud-Est dont le pôle économique marque le passage du XXe au XXIe siècle. La Francophonie entend participer au renouveau de l'Indochine et au développement de ces trois pays qui compteront bientôt une centaine de millions d'habitants.

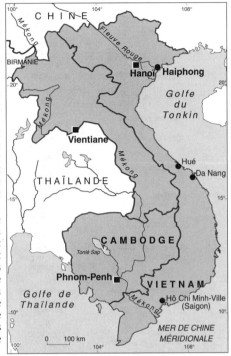

La présence française en Asie a également laissé des traces à Pondichéry, un territoire de 480 km² comptant 640 000 habitants; situé sur la côte de Coromandel en Inde, il fut cédé à ce pays en 1956. (Les comptoirs français de l'Inde sont connus aujourd'hui davantage par une chanson de Guy Béart que par leur poids réel. Ce sont Pondichéry, Mahé, Chandernagor, Karikal et Yanaon).

On peut consulter:

BRUNEAU Michel, TAILLARD Christian et al., *Asie du Sud-Est, Océanie*, Paris, Belin/Montpellier, Reclus, coll. Géographie universelle, 1995, 479 p.

CROCHET S., *Le Cambodge*, Paris, Karthala, 1997.

DOMENACH Jean-Luc, *L'Asie en danger*, Paris, Fayard, 1998, 340 p.

FRANCHINI Philippe, *Le Sacrifice et l'Espoir: Cambodge, Laos, Vietnam*, Paris, Fayard, 1997, 525 p.

HOURS Bernard et SELIM Monique, *Essai d'anthropologie politique sur le Laos contemporain. Marché, socialisme et génies*, Paris, L'Harmattan, coll. Recherches asiatiques, 1997, 400 p.

HÛU GNOC, *Esquisses pour un portrait de la culture vietnamienne*, Hanoi, Éd. The Gioi, 1996-1997, 588 p.

KONINCK Rodolphe de, *L'Asie du Sud-Est*, Paris, Masson, 1994, 317 p.

LECHERNY Christian et RÉGAUD Nicolas, *Les Guerres d'Indochine (X[e]-XXe siècles)*, Paris, PUF, coll. Que sais-je?, 1996, 127 p.

McNAMARA Robert S., *Avec le recul, la tragédie du Vietnam et ses leçons*, Paris, Seuil, 1996.

NÉPOTE J. et VIENNE Marie-Sybille de, *Cambodge, laboratoire d'une crise. Bilan économique et prospectives*, Paris, CHEAM, 1993.

SLIWINSKI M., *Le Génocide khmer rouge*, Paris, L'Harmattan, coll. Recherches asiatiques, 1995, 176 p.

TERTRAIS Hughes, *Asie du Sud-Est, le décollage*, Paris, Marabout/Le Monde-Éd., 1996, 208 p.

VIENNE Marie-Sybille de, *L'Économie du Vietnam, 1955-1995*, Paris, CHEAM, 1995, 220 p.

*WANG Nora, *L'Asie orientale du milieu du XIXe siècle à nos jours*, Paris, A. Colin, 1993, 408 p. Le livre de base pour connaître l'histoire de toute la région.

ASIE DU SUD-EST

	Cambodge	Laos	Vietnam
Nom officiel	Royaume du Cambodge	République démocratique populaire lao	République socialiste du Vietnam (ou Viêt-Nam)
Capitale	Phnom-Penh	Vientiane	Hanoi
Superficie (km²)	181 035	236 800	333 000
Régime politique	monarchie parlementaire	communisme	république socialiste
Chef d'État Entrée en fonction Prédécesseur	Norodom **Sihanouk** 24-09-1993 Chea **Sim**	Khamtay **Siphandone** 26-02-1998 Nouhak **Phoumsavanh**	Trân Duc **Luong** 24-09-1997 Lê Duc **Anh**
Chef du gouvernement Entrée en fonction Prédécesseur	Hun **Sen** & Ung **Huot** 7-08-1997 Norodom **Ranariddh**	Sisavat **Keobounphanh** 26-02-1998 Khamtay **Siphandone**	Phan Van **Khai** 25-09-1997 Vo Van **Kiet**
Langues officielles Autres langues	khmer français, anglais, vietnamien	lao dialectes (taï, phouteung, hmong) français, anglais	vietnamien français, khmer, cham, thaï, anglais, chinois
Principales religions en % de la population	bouddhisme (95) islam (2) autres (3)	bouddhisme (57,8) religions tribales (33,6) christianisme (1,8) islam (1), autres (5,8)	bouddhisme (67) christianisme (8) autres (25)
Population¹ Moins de 15 ans en % Plus de 65 ans en % Indice de fécondité Espérance de vie H/F Alphabétisation en %	11 339 562 45 3 5,81 46,64/49,4 66	5 260 842 45 3 5,66 52,3/55,34 56,6	76 236 259 35 5 2,5 65,37/ 70,25 93,7
IDH (rang/174)	137	140	110
PIB (en M$ US)¹ **PIB/hab. (en $ US)¹**	7 700 715	5 900 1 150	128 000 1 700
Monnaie² FF US $	riel 0,0046 0,0003	kip 0,0008 0,0001	dong 0,0004 0,000007
Principales exportations	caoutchouc, bois, légumes, soya	électricité, bois d'œuvre, café	charbon, riz, café, poisson, huile brute
Principales importations	machineries, matériel de transport, matériaux de construction	produits alimentaires, produits pétroliers, biens d'équipements	fertilisant, machinerie, hydrocarbures
Principaux partenaires commerciaux	France, Japon, Vietnam, Thaïlande	Ex-URSS, Japon, Chine, Thaïlande	Singapour, Japon, Hong-Kong, Corée du Sud, Taiwan

Sources: Banque mondiale; ONU, *Bulletin mensuel de la statistique* et *Rapport sur le développement humain 1999; The World Factbook 1998.*

¹ Population: estimations juillet 1998; PIB: données 1997.
² Taux au 25 juillet 1999, donné à titre indicatif.

ASIE DU SUD-EST

Appasamy MURUGAIYAN
EPHE et Université de Paris VIII
a.murugaiyan@wanadoo.fr

Bernard MÉLY
Centre national de recherche scientifique, Paris
bmely@free.fr

Ho THI THAN HUNG

Yves NOUGUÉRÈDE
Consultant international, chercheur à l'INALCO

avec la collaboration de

Anne-Marie BUSQUE
Université Laval, Québec
Philippe DELALANDE
Économiste-conseil, Hanoi

VIETNAM

Près de 80 millions d'habitants fin 1998, plus de 100 millions vers 2015: un frein dans l'immédiat à l'augmentation du niveau de vie, mais un atout certain dans un avenir proche si la croissance économique continue. Le Vietnam est, après l'Indonésie, le pays le plus peuplé d'Asie du Sud-Est. Il est homogène. Les Kinh constituent 87% de la population. La minorité morcelée en 53 ethnies dans les montagnes et hauts plateaux pauvres ne peut menacer l'unité nationale. Une situation qu'envieraient l'Indonésie et bien d'autres pays dans cette région agitée par la crise économique récente.

POLITIQUE

Après avoir accueilli en novembre 1997 le VIIᵉ Sommet de la Francophonie, le Vietnam a été l'hôte, en décembre 1998, du VIᵉ Sommet de l'ASEAN (Association des Nations de l'Asie du Sud-Est). Les 700 journalistes qui ont répondu à l'invitation ont eu l'occasion de constater une nouvelle fois la vitalité du Vietnam, dont l'expérience en matière d'accueil de conférences internationales ne cesse de s'accroître. Les pays participants ont conclu le Sommet par un engagement commun à relancer la croissance dans la région, après la crise financière profonde due à l'effondrement des devises en juillet 1997. Ils ont signé ensemble la "Déclaration de Hanoi", qui édicte les mesures à suivre et souligne notamment la nécessité de la solidarité et de la coopération entre les pays membres pour surmonter les difficultés économiques et sociales. Le plan d'action mis au point s'échelonnera jusqu'en 2004.

Des lettres de citoyens sont apparues à la fin de 1998 sur le réseau Internet, accusant des dirigeants du Parti communiste de profiter de leur position pour s'assurer des transactions foncières et d'autres faveurs. Aussi le comité central a-t-il longuement

---

VIETNAM

Quelques points de repère

Géographie

➤ Façade orientale de la péninsule indochinoise, étirée sur 1 400 km.

➤ Le Vietnam se compose d'une chaîne de montagnes reliant le delta du fleuve Rouge (au nord) et celui du Mékong (au sud).

➤ Ressources minières nombreuses.

Histoire

➤ Domination chinoise séculaire.

➤ L'empereur Gia-Long (1802-1820) créateur du Vietnam par l'unification des trois Ky (régions): Tonkin (Hanoi), Annam (Hué), Cochinchine (Saigon).

➤ 1859-1945 Domination française, de la prise de Saigon (1859) à la 2e Guerre mondiale. 1941: création du mouvement Viet-Minh par Ho Chi Minh.

➤ 1946-1954 Guerre d'Indochine.

➤ 1954 Défaite de l'armée française à Dien Bien Phu par le général Giap. Accords de Genève: partition du pays, au nord et au sud du 17e parallèle.

➤ 1965-1975 Guerre du Vietnam entre le Nord (communiste) et le Sud (soutenu par les Américains).

➤ 1975 (avril) Prise de Saigon qui devient Ho Chi Minh-Ville.

➤ 1976 Le Vietnam réunifié devient une république socialiste.

➤ 1986 Le *doi moi* ou renouveau économique.

➤ 1991 Le Parti communiste rejette le pluralisme mais s'ouvre à l'économie de marché.

➤ 1994 (3 fév.) Levée de l'embargo américain (1964-1994).

➤ 1995 (juillet) Entrée à l'ASEAN-ANSEA (Association des nations du Sud-Est asiatique). Forte croissance.

➤ 1997 (sept.) Trân Duc Luong élu président. Phan Van Khai premier ministre.

➤ 1997 (nov.) VIIe Sommet de la Francophonie à Hanoi.

---

débattu de la corruption au début de 1999 et tenté d'établir des moyens de l'enrayer. Les participants aux débats se sont efforcés de définir ce que l'on entend par "s'enrichir légalement" au Vietnam et se sont interrogés à savoir si cela pouvait impliquer une "déviation" du socialisme vers le capitalisme. Le Kha Phieu, lors d'une rencontre avec des journalistes vietnamiens au début du mois de janvier, a promis que le bureau politique et le comité central enquêteraient autant qu'il serait nécessaire sur l'existence possible d'une "mafia" au sein de la bureaucratie d'État. Il a qualifié cette dernière et sa corruption de "plus grands maux du Vietnam".

En mai 1999, l'Assemblée nationale vietnamienne a adopté une nouvelle loi sur la presse afin de renforcer le contrôle de l'État et de protéger les droits des journalistes. La loi stipule que le ministère de la Culture et de l'Information a la responsabilité de tous les médias, y compris de l'Internet, et prévoit des sanctions envers les éditeurs et les journalistes s'ils propagent des informations erronées. La diffusion de fausses nouvelles pourrait en effet entraîner la suspension d'une publication ou la révocation de sa licence, ainsi que des poursuites criminelles.

VIE ÉCONOMIQUE

Qu'on traite d'économie, de culture, ou de la société vietnamienne, bien vite l'interlocuteur occidental évoque le régime communiste. Il intrigue. Il assure l'unité du pays. La réunification de 1975 et la mise au pas du Sud qui a suivi y ont laissé bien des rancœurs et, pourtant, tous les Vietnamiens se félicitent de l'unité nationale retrouvée. Qu'en serait-il de l'unité dans un régime de multipartisme où inévitablement certains partis chercheraient à réveiller ces rancœurs pour asseoir leur pouvoir? Cette voie trouble est barrée. Le parti unique, pour préserver sa cohésion, est contraint à de savants équilibres internes. Le secrétaire général du parti est du Nord, le président de la République du Centre, le premier ministre du Sud. Depuis les récents troubles politiques d'Indonésie et de Malaisie, le parti enrichit son discours d'une formule nouvelle: le parti garantit la stabilité du pays. L'argument porte. Après tant de guerres qui furent aussi des guerres civiles, la paix intérieure n'a pas de prix.

Le parti s'est efforcé de substituer une légitimité fondée sur le développement à celle issue des guerres d'indépendance. La croissance économique de 1991 à 1998, au rythme annuel supérieur à 8,1%, en apporte la preuve au citoyen. Après la terrible décennie 80, la rupture est nette. Cette croissance se poursuivra-t-elle? Elle s'est au moins maintenue en 1998 à 5,8%, alors qu'elle fut nulle ou négative dans les autres pays du Sud-Est asiatique. Ce n'est qu'un répit dû au contrôle des changes que le Vietnam a conservé, dit-on. Ce répit peut être mis à profit pour parer aux répercussions de la crise qui a tant surpris l'Asie, d'autant plus qu'un important accord économique a été signé avec les États-Unis (25 juillet 1999).

Le parti communiste s'est inévitablement libéralisé en acceptant l'essor de l'initiative privée. Tout foyer d'initiative économique est une sphère de liberté. De gré ou de force, le parti a dû suivre le mouvement qu'il avait déclenché. Mais il ne faut pas s'abuser. L'exclusion du parti en janvier 1999 du général Trân Dô, qui voulait un débat public sur le rôle du parti dans la société, prouve qu'il y a des questions interdites.

Confusément se dessine un projet: s'adapter au monde moderne en déplaçant des points d'équilibre: équilibre entre la maîtrise publique d'un développement durable et l'ouverture accrue à l'économie de marché, équilibre entre les exigences d'un développement national et les apports positifs de la "mondialisation économique", équilibre entre le souci d'un développement social et la nécessité d'une croissance rapide facteur d'inégalités.

Une croissance économique forte peut-elle se poursuivre?

De 1991 à 1998, le PIB par tête est passé de 122$ à 330$. C'est encore peu et cela range le Vietnam parmi les PMA. Maintenir une croissance forte est donc nécessaire. Dans les années 1995-97, la Banque mondiale critiquait avec assurance la politique économique du Vietnam. Il fallait démanteler au plus vite les obstacles aux échanges extérieurs financiers et commerciaux: agréments des investissements, licences d'importation, contrôle des changes, etc. Le rapport sur l'économie du Vietnam "rising to the challenge" publié par la Banque en novembre 1998 est plus modeste. Il admet

implicitement que les excès d'une libéralisation trop rapide en Asie du Sud-Est furent en partie cause de la crise financière de la région. Il dresse la liste des mesures prises par le nouveau gouvernement Phan Van Khai pour alléger ces procédures trop lourdes et entreprendre les réformes nécessaires à la poursuite de la croissance.

Le secteur public en 1998 a encore assuré 40,2 % du PIB. Sur 5800 entreprises publiques, plus de la moitié sont déficitaires. L'assainissement est indispensable. Mais l'exemple chinois est ici médité. Après avoir proclamé sa volonté d'assainir son secteur public, la Chine marque un temps d'arrêt, à la suite des graves mouvements sociaux déclenchés par les licenciements massifs dans ses entreprises publiques. Alors le Vietnam "actionnarise" prudemment: 120 entreprises en 1998, 400 en 1999. On est encore loin du compte. C'est le budget de l'État et des provinces ou les banques publiques invitées à prêter qui épongent ce déficit. Les créances douteuses des banques s'accroissent d'autant. Il n'y a guère d'autre voie de résorption du déficit que celle d'une réforme progressive mais persévérante par restructuration interne des entreprises, privatisation, dissolution.

Le secteur bancaire a lui aussi grand besoin de réformes. Les lois de novembre 1997 sur la Banque d'État du Vietnam, sur les institutions de crédit, la directive de juillet 1998 sur le contrôle des banques et la création d'un "comité de restructuration bancaire", ouvrent enfin les réformes. Leur mise en œuvre demandera du temps; souscapitalisation des banques publiques, créances douteuses mal inventoriées, gestion et rentabilité médiocres. Mais les banques, entravées par le contrôle des changes et la réglementation bancaire, n'ont pu s'endetter en devises aussi imprudemment que leurs consœurs d'Asie. Et les banques étrangères, agréées parcimonieusement, ont surtout accompagné des investisseurs étrangers et financé des opérations de commerce extérieur. Leur impact sur l'économie interne reste modeste.

La chance du Vietnam est paradoxalement le rôle marginal qu'y joue le secteur bancaire. Le total des dépôts dans les banques représentait en 1998 seulement 18% du PIB et le total des encours de crédit moins de 6 milliards de $, soit 20% du PIB. Ce qui est faible. Échaudés par l'effondrement bancaire des années 80 qui les avait spoliés de leurs économies, les Vietnamiens préfèrent encore thésauriser leur épargne en dollars ou en "chi" d'or. Une grave crise bancaire aurait un effet limité sur l'économie nationale. On peut donc réformer le système bancaire sans précipitation. L'urgence est moindre que dans les autres pays d'Asie en crise.

Le déficit commercial (deux milliards de $ en 1998) n'est pas alarmant. Il pèse évidemment sur la balance des paiements courants et des réserves de devises fort modestes. Mais la communauté financière internationale a accordé 2,7 milliards de $ au Vietnam le 8-12-98 et le premier ministre a enfin convaincu le Japon d'inscrire le Vietnam parmi les bénéficiaires du fonds MIYAZAWA. Le pays avait été oublié au motif qu'il avait apparemment traversé sans encombre la crise financière asiatique. Évidemment, les exportations sont plus difficiles dans ce contexte de crise, d'autant que le dông vietnamien, par glissements contrôlés, ne s'est déprécié vis-à-vis du dollar que de 23% de février 1997 à février 1999, alors que les monnaies des pays voisins subirent des dévaluations bien plus profondes. Cela flatte la fierté nationale mais n'encourage pas les exportations. Qu'un pays émergent qui s'équipe ait une balance commerciale déficitaire n'a rien d'exceptionnel ni d'irrémédiable.

L'avenir de l'économie se joue ailleurs.

La décollectivisation de l'agriculture dès la décennie 80 fut le moteur de la croissance. L'allocation des terres aux familles paysannes selon leurs besoins par baux de longue durée, la dissolution de fait des coopératives obligatoires ont libéré une formidable énergie. Ce pays hanté durant des siècles par la famine est devenu en moins de dix ans le second exportateur mondial de riz et, depuis peu, le troisième

de café. Les cultures de plantation, l'aquaculture, l'élevage porcin et avicole sont en croissance constante. Les ruraux, 79% de la population totale, furent les premiers bénéficiaires de cet essor. À la fin de la décennie, l'ouverture à l'initiative privée du commerce, de l'artisanat, de la construction, des transports, a entraîné un autre essor de l'économie familiale qui a gagné la ville.

Cette économie familiale assurait 34% du PIB en 1998. Mais elle est largement "informelle", veut ignorer le fisc, le code du travail, le droit. Elle favorise la contrebande. Elle prive aujourd'hui l'État des ressources nécessaires aux services publics de l'éducation et de la santé. Elle bloque le développement des entreprises industrielles soumises au droit en leur infligeant une concurrence déloyale. Bref, cette économie familiale, moteur de la croissance, rencontre aujourd'hui ses limites. Il faut l'intégrer dans l'État moderne. C'est difficile, car elle a su constituer ses groupes de pression. Il faut un nouveau moteur à la croissance. Les capitaux étrangers ont eu jusqu'à maintenant un faible rôle dans la croissance vietnamienne. Le secteur d'investissement étranger n'a assuré que 9,8 % du PIB en 1998. Sa part s'élève à 14,5% si on y inclut les entreprises à capitaux mixtes. Mais les crédits internationaux d'équipement, de la BAD notamment, concourent déjà pour une bonne part au taux élevé de formation brute de capital. Depuis 1995, ce taux oscille entre 27 et 29 % du PIB. Ces crédits modernisent le pays, rendent possible la création d'industries qui ne pourraient se passer d'infrastructures de transport, de communication, etc.

Les capitaux étrangers, secondaires dans la première phase de croissance, deviennent indispensables aujourd'hui pour faire franchir à cette économie, rurale, "informelle" et empêtrée dans l'héritage d'entreprises publiques soviétiques, le saut dans la modernité. Ils apporteront la rigueur industrielle et les technologies qui manquent. Trop longtemps les ministères vietnamiens ont fait la fine bouche devant les propositions des investisseurs étrangers qui se pressaient à leur porte, multipliant les entraves administratives à plaisir. Depuis juillet 1997, les temps ont bien changé. Le rapport de force s'est inversé. On tente aujourd'hui de séduire.

Depuis janvier 1999, le premier ministre en personne réunit chaque trimestre les hommes d'affaires étrangers pour écouter leurs doléances, prévenir leurs désirs. La presse est mobilisée pour y faire écho. C'est une révolution culturelle. Elle peut porter ses fruits.

Les investisseurs asiatiques reviennent déjà, dès que leurs déboires internes sont surmontés. Les Allemands, les Italiens, les Hollandais et les Suisses reprennent confiance dans ce climat nouveau. Ils savent qu'il faut investir avant que les Américains n'arrivent en force. Or, ceux-ci sont encore retenus par l'absence d'accord commercial entre les USA et le Vietnam. La plupart font l'analyse que ce pays est un des plus prometteurs dans la région, que son retard économique même est en soi une réserve de croissance, que ses problèmes actuels largement conjoncturels ne sont pas insurmontables et que le gouvernement semble vouloir y faire face.

Sources: Nhà xuât ban thông kê; Bô kê hoach dâu tu; Banque mondiale, 1998.

CULTURE

Hanoi et Ho-Chi-Minh-Ville ont accueilli en 1999 le premier Festival du film européen au Vietnam. 51 projections ont eu lieu en mai et juin et plus de 25 000 billets ont été distribués par les ambassades et les organismes culturels vietnamiens. Conçu par la délégation de la Commission européenne, le Département du cinéma et le ministère de la Culture et de l'Information, ce festival vise à promouvoir la création artistique dans le domaine cinématographique et à favoriser l'ouverture du Vietnam sur le monde. Les cinémas sont peu fréquentés au Vietnam et Hanoi ne compte que 6 salles pour 3 millions d'habitants.

Parallèlement, le cinéma vietnamien a connu un nouveau souffle de vie avec la sortie des *Trois saisons* de Tony Bui, Américain né au Vietnam en 1972. Le film, à caractère impressionniste, a été couronné du Grand Prix et du Prix du public au festival américain de Sundance, et diffusé en vietnamien à travers le monde. Se voulant porteur d'espoir, Bui y raconte les destins parallèles de quelques Saigonnais à la recherche de l'amour et aux prises avec les pièges de la vie.

La peinture vietnamienne, dont la réputation n'est plus à faire, compte nombre d'artistes novateurs. Si l'école de Hanoi revendique un art figuratif social et brutal, celle de Ho-Chi-Minh-Ville s'inspire des paysages du delta du Mékong. Cinq œuvres de Truong Tan, de l'école de Hanoi, rappelant dans leur composition l'art du graffiti, font référence à l'homosexualité et au SIDA, tandis que celles de Nguyen Van Cuong dénoncent la primauté de l'argent dans le Vietnam moderne (*Couleur du dollar*, 1997). Enfin, les œuvres abstraites de Dao Minh Tri (*Mandala*, 1994), Do Hang Tuong (*Humains*, 1996), et Tran Van Thao (*Chœur souterrain 1*, 1997) de l'école d'Ho-Chi-Minh-Ville soulèvent un vif intérêt parmi les amateurs d'art contemporain.

Après *Sécheresse et Pluie* et *Il a été une fois*, la chorégraphe Ea Sola présente son nouveau spectacle intitulé *Voilà voilà* où interviennent danseuses, chanteuses et musiciens, faisant revivre des traditions musicales du nord et du centre, dont certaines remontent aux XIVe et XVe siècles. Ils entremêlent ainsi les lois du "Hat Tuông" (sorte d'opéra de cour stylisé d'influence chinoise), du "Hat Chéo" (tradition du nord qui évoque le village, l'homme et la nature), et du "Ca Trù" (chant intimiste et poétique interprété par une femme, et rythmé par elle sur une percussion de bois).

Littérature: voir article de Mme Ho THI THAN HUNG dans Idées et événements, section langue et littérature françaises

LAOS

En dépit des contrecoups de la crise financière, la stabilité politique et l'ordre social ont été maintenus.

POLITIQUE

De nombreux projets de développement et d'investissement ont vu le jour et le gouvernement a notamment affirmé sa volonté de mettre l'accent sur le développement rural. Il a ainsi entrepris la construction de nouvelles routes et la mise au point de plans d'irrigation pour favoriser l'agriculture. Des subventions seront versées aux éleveurs d'animaux.

Devant le succès des efforts fournis ces dernières années pour enrayer le trafic de narcotiques au pays (la production d'opium a diminué de 140 tonnes à 123 de 1997 à 1998, et plusieurs réseaux de trafiquants d'héroïne et d'amphétamines ont été démantelés), la Commission nationale pour le contrôle des drogues a choisi d'intensifier son action sur le territoire laotien. Le projet de développement agricole élaboré en ce sens prévoit toucher plus de 500 villages au cours des six prochaines années, surtout dans la province de Xieng Khouang, cinquième producteur d'opium au pays. Le projet a été approuvé en décembre 1998.

En 1999, le Laos se prépare à devenir membre de l'Organisation mondiale du commerce (OMC), ce qui permettra au pays d'occuper une place active au sein de l'économie globale.

ÉCONOMIE

Si la Thaïlande se remet progressivement de la crise, le Laos, malmené par les désordres venus de l'extérieur, doit à l'intérieur faire face à un accroissement des dépenses courantes induites des gros investissements publics réalisés. Le Kip, dont la parité oscillait de 3200 à 4500 pour un dollar (juillet 1998), fluctue entre 7000 et 7500. Les réaménagements salariaux n'ont pas compensé la perte du pouvoir d'achat. Les populations urbaines souffrent de cette situation.

Spécificité laotienne

L'Union européenne, depuis un accord en 1998 avec le Laos porte une attention particulière à son développement. Les articles laotiens de confection et autres produits artisanaux sont ainsi exonérés de la taxe d'importation, sans quota limitatif. Ces dispositions s'appliquent à la plus-value laotienne du produit, ainsi qu'à la matière première y entrant, qu'elle soit d'origine locale ou de pays membres de l'ASEAN. La France, l'Allemagne, la Belgique, la Hollande, la Suède, le Danemark appliquent déjà ces accords.

La France apportait jusqu'ici une coopération pertinente et adaptée, indispensable pour un développement autonome. Mais son montant trop faible ne pouvait en faire apparaître les aspects bénéfiques à moyen et long terme. Selon les nouveaux critères établis par la coopération française, le Laos verrait son aide doublée. La contribution francophone est très appréciée, telles l'installation d'un réémetteur de TV5 au Laos et celle, prochaine, d'un institut de médecine tropicale.

Les autorités laotiennes souhaiteraient des bourses de 3e cycle en plus grand nombre, principalement en administration, santé, droit, écoles d'ingénieurs dans les disciplines diverses dont l'aéronautique. Elles comptent bénéficier également de bourses de stage pour ses fonctionnaires et étudiants nationaux.

Sur le plan politique, la Constitution ouverte à l'"économie de marché, reconnaît au PPRL (Parti populaire révolutionnaire Lao) un rôle directeur de la politique nationale. Cela dit, depuis le dernier congrès du PPRL, on assiste à une démarche à deux dimensions. L'une consiste à tempérer les effets déstabilisants du marché sur l'économie nationale, et l'autre, à ouvrir progressivement la politique nationale en termes de décentralisation administrative et de démocratie locale.

La réduction de la dépense publique va porter principalement sur la masse salariale. Le gouvernement, qui avait résisté jusqu'ici au standard de l'ajustement structurel préconisé par les instances multilatérales d'aide, va devoir s'y ranger. Un programme de reconversion professionnelle devrait aider les personnels touchés par la déflation envisagée.

Malgré la progression des exportations, notamment dans le domaine manufacturé (textile, confections, vannerie...) et un frein porté aux importations soutenu par une augmentation de la production agricole, la balance commerciale, lourdement déficitaire depuis un demi-siècle, ne présente qu'une couverture de ses importations à 50%.

Les dispositions prises

Le gouvernement confirme les priorités du plan. Il accentue l'urgence et l'intensité de certaines d'entre elles pour répondre à la crise. Réduction de la dépendance économique par une amélioration de la balance commerciale. Priorité à la production locale: le Laos avait déclaré au dernier sommet de la FAO qu'il serait autosuffisant en riz en l'an 2000. Cet objectif est déjà atteint avec une production s'élevant à 1 800 000 tonnes.

Un programme de désenclavement rural doit permettre l'acheminement rapide de riz vers les provinces les plus éloignées, conduites à acheter du riz aux pays voisins, alors que la production nationale pourrait satisfaire leurs besoins.

Énergie électrique

Le programme en cours devrait constituer rapidement le premier chef des recettes d'exportation. D'ici l'an 2000, le Laos exportera 3000 mégawatts sur la Thaïlande, soit 65 à 70% de sa production: accord cadre sur l'exportation et la commercialisation de la production électrique de la "Nam Theun II" 19 nov. 1998. La production du barrage de la Nam Ngum est vendue sur la base de 0,004 dollar le kWh, prix révisable à la hausse (10%) tous les 4 ou 5 ans.

Les barrages de la Nam Theun-Hin Boun, financés par les pays scandinaves, et Houey-Ho, financé par la Corée du Sud, devraient produire respectivement 220 et 210 mégawatts. La production des autres barrages envisagés fera l'objet d'une réévaluation annuelle du prix du kWh sur une base de 10%.

LAOS

QUELQUES POINTS DE REPÈRE

➤ 1353 Unification des principautés et seigneuries lao en un royaume.

➤ 1637-1694 Apogée du rayonnement lao dans la péninsule.

➤ 1828 Rébellion laotienne contre la domination siamoise. Vientiane est anéantie et la population déportée vers le Siam.

➤ 1893-1953 Protectorat français.

➤ 1949 Indépendance du Laos en tant qu'État associé à l'Union française.

➤ 1964-1973 Guerre civile entre les princes Souvana Phouma (neutraliste) et Souphanouvong (communiste).

➤ 1975 Abolition de la monarchie. Proclamation de la République populaire démocratique Lao (RDPL).

➤ 1993 Adoption d'une Constitution.

➤ 1994 (avril) Ouverture du Pont de l'amitié entre le Laos et la Thaïlande.

➤ 1997 Admission du Laos à l'ASEAN.

Tourisme

L'année 1999-2000 a été décrétée "année du tourisme".

En 1998, le Laos a enregistré 500 000 visiteurs et touristes confondus. Il envisage d'en accueillir 1 000 000 en l'an 2000, si les structures et les services suivent.

Un complexe touristique d'envergure internationale est en cours de réalisation dans le site, exceptionnel sur le plan climatique et pittoresque, du Phou Khao Khouay (bungalow de luxe, aires de jeux, piscines, golf, circuits de promenade et un casino réservé à la clientèle étrangère). Le consortium malaisien qui finance ces installations dispose également de sa propre clientèle qui en garantit la fréquentation. Il en est de même près du Lac de la Nam Ngum où le casino est déjà en activité.

Les investissements, qui représentent 450 millions de dollars, apportent une recette importante au trésor public par le biais de la taxe forfaitaire d'État.

Investissements étrangers

Les investissements, autrefois majoritairement thaïlandais, se sont diversifiés. Le Laos a notamment reçu des investissements français (encouragés par la stabilité politique du pays).

La reprise des termes du code laotien des investissements dans le sens d'une simplification des procédures et des formalités administratives devrait renforcer cette tendance.

Formation

Le niveau quantitatif et qualitatif de l'encadrement humain nécessaire à la modernisation rapide du Laos n'est pas encore atteint. Pour cette raison, les coupes budgétaires n'affecteront pas les crédits de l'Éducation nationale, représentant 22% de la dépense publique. Les efforts seront maintenus dans l'ensemble des enseignements avec une priorité pour les services économiques, la gestion, le commerce, le droit et les langues étrangères (anglais et français essentiellement).

Les États-Unis ont adapté leurs critères d'admission des boursiers laotiens aux réalités du pays pour accueillir aujourd'hui un important contingent d'étudiants laotiens. Les autorités laotiennes souhaiteraient que de telles dispositions soient offertes du côté francophone.

CULTURE

La très populaire performance "Forn Lai Ngao", fait chaque année courir les foules au Laos (des jeunes gens utilisent des sabres et des lames de toutes sortes, et s'en lacèrent sans que la moindre marque s'imprime sur leur peau). Le public peut y admirer la résistance des participants, phénomène que plusieurs attribuent à des causes surnaturelles. Des représentations sont prévues dans le cadre des nombreux festivals de "l'année du tourisme 1999-2000", lesquels permettront au monde entier de découvrir le pays et la culture de ses différents groupes ethniques. Il est à noter que le patrimoine culturel laotien s'est enrichi en 1998 de la découverte de 163 représentations anciennes de Bouddha à Nakhanthoong, dans la municipalité de Vientiane.

CAMBODGE

Récupération du siège du Cambodge à l'ONU, admission officielle à l'ASEAN (10ᵉ membre), création d'un Sénat, reddition ou capture des derniers Khmers rouges, premier débat budgétaire à l'Assemblée nationale…

POLITIQUE

À la suite des élections générales du 26 juillet 1998 qui ont vu la victoire du Parti du peuple cambodgien (PPC) de Hun Sen, le Parti Sam Rainsy (PSR), qui n'a remporté que 15 sièges sur 122, a mené une campagne pour discréditer les élections, en dépit du fait que l'Union européenne, l'ONU et l'Association des nations de l'Asie du Sud-Est aient reconnu les résultats. Ses manifestations, entrecoupées de discours antivietnamiens, ont encouragé une partie de l'opinion à mettre sur le compte des Vietnamiens une vague d'empoisonnements survenus en septembre 1998: quarante-quatre personnes sont en effet décédées en l'espace de deux semaines après avoir bu de l'alcool de riz teinté de méthanol. Cinq Vietnamiens ont été battus à mort à Phnom-Penh. L'agitation post-électorale a tourné à la crise ouverte lorsque, le 7 septembre, Hun Sen a ordonné l'arrestation de Sam Rainsy, après l'explosion de trois grenades dans son ancien domicile. La ville, en proie aux émeutiers, a pu retrouver une relative tranquillité au terme de deux semaines de répressions armées et Sam Rainsy a été laissé libre.

Après trois mois de disputes, le pays s'est finalement appliqué à la fin octobre à distribuer les portefeuilles: le PPC (64 sièges) a hérité des portefeuilles économiques (finances, commerce, industrie, agriculture, plan, télécommunications, construction) ainsi que de celui des affaires étrangères. Le Funcinpec (43 sièges), parti du prince Ranariddh, a obtenu les ministères "sociaux" (éducation, santé, affaires sociales) ainsi que ceux de la justice et de l'information. Ranariddh a, de surcroît, été élu président de l'Assemblée nationale. Le Parti Sam Rainsy a été tenu à l'écart de l'accord.

À la toute fin de 1998 se sont rendus les deux derniers chefs historiques khmers rouges, Khieu Samphan et Buon Chea, responsables de près de deux millions de morts parmi leurs concitoyens.

Hun Sen a officiellement réclamé, le 21 janvier 1999, un procès exhaustif des Khmers rouges et de leurs partisans, afin de rendre justice au peuple cambodgien. Il a affirmé vouloir un procès couvrant la période de 1970 à 1998.

ÉCONOMIE

Reprise de l'aide internationale

La réunion du Groupe consultatif des bailleurs de fonds à Tokyo (25 et 26 février 1999) a entériné la reprise de l'aide au niveau d'avant les événements de 1997: 470 millions de dollars, soit près de la moitié des dépenses de l'État. Mais la mise en place des sommes allouées – Banque mondiale, Japon, Banque asiatique, France, Allemagne, Suède, etc. – ne se fera que progressivement et sans "rattrapage" de la période d'interruption précédente. De l'avis des observateurs, tant les modalités de versements, soumises à évaluations périodiques, que le montant total alloué constituent une incitation pour les autorités à mieux contrôler les dérives budgétaires et les rentrées fiscales notamment (seul le Japon, avec 100 millions inscrits, est allé au-delà de ce qui était attendu).

Réhabilitation d'Angkor

Plus de quinze chantiers de restauration en cours, des équipes venant de plus de huit pays (Allemagne, Indonénie, Hongrie, Inde, Italie, Suède, Chine, Japon, France). Angkor est devenu en 1999 le plus grand chantier archéologique du monde; l'ampleur de ces travaux dépassent ceux entrepris il y a plus de 100 ans par les premiers conservateurs français, avec des moyens évidemment plus modestes. Depuis son inscription, en 1993, sur la liste du Patrimoine mondial, le site d'Angkor est sous l'autorité de l'APSARA ("Autorité pour la Protection du Site d'Angkor"), acronyme particulièrement bien choisi (décret royal de 1995). Il lui faut assurer la relève d'un sauvetage mettant en jeu les meilleurs spécialistes mondiaux, tout en faisant

CAMBODGE

QUELQUES POINTS DE REPÈRE

Géographie

➤ Pays de la péninsule indochinoise, fertilisé par les crues du Mékong.

Histoire

➤ Vers 550 Arrivée des Khmers.
➤ 802-1431 Empire d'Angkor.
➤ 1863-1953 Protectorat français.
➤ Norodom Sihanouk, au pouvoir depuis 1941, est renversé par le régime proaméricain de Lon Nol (1970), à son tour chassé par les Khmers rouges (1975).
➤ 1975-1979 Dictature meurtrière de Pol Pot et Khieu Samphan.
➤ 1979-1989 Présence vietnamienne. République proclamée de Kampuchea.
➤ 1991 L'ONU intervient (APRONUC).
➤ 1993 (24 sept.) N. Sihanouk proclamé roi. Monarchie constitutionnelle.
➤ 1997 Luttes de pouvoir entre les deux premiers ministres: Hun Sen chasse le prince Ranariddh.
➤ 1998 Premières élections démocratiques.

participer à l'entreprise les 20 000 habitants du Parc d'Angkor et en faisant face aux pillages qui se poursuivent.

Dans l'attente du développement de la cité hôtelière prévue sur le site, pour éviter que la ville de Siem Reap ne perde son caractère traditionnel, et de la réfection des routes (depuis la frontière Thaï ou depuis la capitale, cette dernière voie comportant des ponts de l'époque khmère), c'est par vols directs qu'affluent les visiteurs: à partir de Bangkok – 2 à 3 avions de 67 places par jour – ou de Phnom Penh; toutefois, le nombre de visiteurs étrangers au départ de Phnom Penh n'a pas encore rejoint le niveau d'avant la crise de 1997.

Les investissements

Les pays asiatiques sont les principaux investisseurs: Asie non-ASEAN, 41%; ASEAN, 28%; Amérique, 1,3%; Europe, 0,9 %. Par pays, Taïwan vient en tête avec 17% des projets agréés – ce qui rend délicate la position du gouvernement vis-à-vis du "très grand frère" de Pékin – suivi de la Chine (13%), de Hong Kong (11%) et, loin derrière, de la Corée (0,5%), du Japon (0,1%)

et de l'Australie (0,1%); la très faible place occupée par le Japon et par les autres pays industrialisés (États-Unis, France, Canada, Suisse,...) semble indiquer une attente de stabilisation politique également demandée par les pays de l'ASEAN. Sur un total de 143 projets totalisant environ 850 millions de dollars, deux secteurs d'activités viennent en tête: le travail du bois (et non plus la coupe) et la confection (les 4/5 des emplois prévus); suivent l'hôtellerie, le tourisme et les plantations. Dans cet ensemble, l'investissement cambodgien représente environ 24%; pratiquement absent des secteurs industriels, il se concentre dans les services, l'hôtellerie, la confection et les plantations.

Les investissements chinois

En marge de la réunion de Tokyo, un accord cadre a été signé avec la Chine, prévoyant: un don de 1,5 millions de dollars d'aide à la démobilisation de soldats (environ 1200 $/soldat); un don d'environ 4,7 millions pour des projets à préciser; un prêt d'environ 20 millions pour des projets agro-industriels réalisés par des entreprises chinoises. La Chine devrait investir 200 millions de dollars pour la réalisation de la route internationale "Cambodge-Laos"; investissements dont la motivation, selon l'estimation d'un banquier en place (cité par *Cambodge Nouveau*), serait "largement politique et signifierait: pas de relations officielles avec Taiwan".

CULTURE

L'histoire culturelle du pays, que l'on a voulu effacer de force de tous les livres, il n'y a pas si longtemps, ressurgit peu à peu à travers l'étude d'anciens manuscrits liturgiques et littéraires, au cœur d'un petit village cambodgien.

Entre 1975 et 1979, les Khmers rouges s'étaient employés à anéantir tout ce qui concernait la culture au Cambodge, voulant éliminer la mémoire collective. On croyait tout disparu, jusqu'à la récente découverte de ces textes. À l'époque de Pol Pot, lorsque les livres étaient systématiquement détruits par l'armée, les bonzes de Punh Tmaï sont parvenus à transporter clandestinement des manuscrits dans le grenier de la maison de l'un d'entre eux.

En 1980, l'un des bonzes a rendu les manuscrits à la Pagode, la bibliothèque du village. Depuis 1996, une équipe dirigée par Olivier de Bernon, un spécialiste du khmer ancien, reclasse et remet en état les documents, puis saisit les textes reconstitués par ordinateur. Avant cette découverte, il ne subsistait pratiquement plus de traces de khmer ancien au pays. O. de Bernon et son équipe espèrent rendre au peuple sa mémoire et son patrimoine littéraire.

Notons la sortie du nouveau film de Rithy Panh (déjà connu pour *Les Gens de la rizière*) *Un soir après la guerre*, qui raconte le drame de son pays aux lendemains de la guerre, à travers les destins tragiques de deux jeunes Cambodgiens épris l'un de l'autre.

BIBLIOGRAPHIE

AFCI, *Viet Nam , le carnet de l'exportateur édition 1997-1998*, Paris, ACFCI, 1997.
Annuaire statistique 1998, Hanoï, Nhà xuât ban thông kê (Bureau des statistiques), 1999.
Asie et Francophonie, Actes de la XIIIe session du Haut Conseil de la Francophonie, 23-25 avril 1997, tomes 1 et 2, Paris, 1997.
BRUNEAU Michel, TAILLARD Christian et al, "Le Viet Nam", dans *Géographie universelle*, tome 7; Paris, Belin, 1995.
CEDRASCO, *Le Viet Nam de A à Z: économie, investissements et données pratiques*, Paris, Sudestasie, 1999.
CFVG/ACCT, *Guide francophone des affaires au Vietnam*, Nhà xuât ban chinh tri quôc gia, Hanoï, 1997.
CIRAD et AUPELF, "Les transformations récentes de l'agriculture vietnamienne", dans *Agriculture et développement*, no 6, 1997, pp. 319-542.
Doing business in Vietnam, Hanoï, Chambre de commerce et d'industrie du Vietnam, 1998.
Études vietnamiennes, (revue trimestrielle), Nhà xuât ban thê gioi, Hanoï.
HUU NGOC, *Esquisse pour un portrait de la culture vietnamienne*, Hanoï, éd. Thê Gioi, 1996.
PAPAIN Philippe, *Viet Nam*, La documentation française, coll. Asie plurielle, 1999.
PEE Hanoï, *Liste des entreprises implantées au Viet Nam*, Paris, CFCE, 1998.
Le Viet Nam, Paris, édition Atlas, 1998.
WORLD BANK, *Vietnam, rising to the challenge, an economic report*, 25 nov 1998, World Bank.

ZONE PACIFIQUE

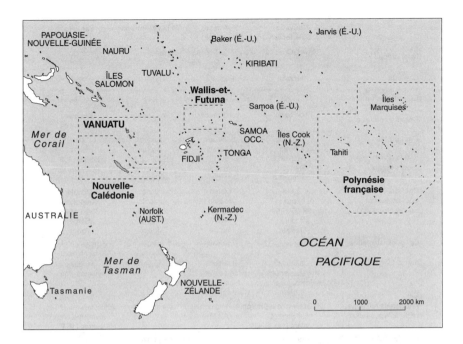

Parmi tous les groupements insulaires qui composent l'Océanie, quatre sont partiellement francophones: ce sont la **Nouvelle-Calédonie**, la **Polynésie française**, **Wallis-et-Futuna** ainsi que **Vanuatu**.

Les trois premiers archipels sont des territoires d'outre-mer (TOM) de la France et le français y est la langue officielle. On y parle également les langues mélanésiennes ou polynésiennes.

Vanuatu (autrefois condominium franco-britannique des Nouvelles-Hébrides) est indépendant depuis 1980; le français, l'anglais et le bichlamar sont les langues officielles de cet État, qui participe aux Sommets de la Francophonie.

Certains francophones préfèrent aujourd'hui l'orthographe **Vanouatou** à **Vanuatu**.

À noter:

L'Australie et la Nouvelle-Zélande sont deux États anglophones où le français a été pendant longtemps langue seconde obligée. Aujourd'hui, en concurrence, entre autres, avec des langues asiatiques, le français reste largement enseigné au secondaire et à l'université. (Voir chapitre "Francophonie sans frontières" *AFI 2000* p. 265)

On peut consulter:

ANTHEAUME B. et BONNEMAISON J., *Atlas des îles et États du Pacifique Sud*, Paris, Reclus/Publisud, 1988.

BENSA A., *Nouvelle-Calédonie, un paradis dans la tourmente*, Paris, Gallimard, 1990.

CHESNEAUX J. et MACLELLAN N., *La France dans le Pacifique. De Bougainville à Mururoa*, Paris, La Découverte, 1992.

CORDONNIER I., *La France dans le Pacifique Sud, Approche géostratégique*, Paris, Publisud, 1995.

JOST C., LE BOURDIEC P. et ANGLEVIEL F., *Géo-Pacifique. Des espaces français*, Nouméa, *Géopacifique*/UFP/CTRDP, 1994, 295 p. (cartes, fig.)

VIGNERON Emmanuel, *La Polynésie française*, Paris, PUF, coll. Que sais-je?, 1995, 127 p.

La Politique mélanésienne Steal Blong Vanuatu, édité par Howard Van Trease, traduit par Michelle Craw, McMillan Brown Center for Pacific Studies, University of Canterbury, and Institute of Pacific Studies, University of the South Pacific, 1995.

ZONE PACIFIQUE

	Nouvelle-Calédonie[1]	Polynésie française[1]	Wallis-et-Futuna[1]	Vanuatu
Nom officiel	Nouvelle-Calédonie	Polynésie française	Wallis-et-Futuna	République de Vanuatu
Capitale	Nouméa	Papeete	Mata-Utu	Port-Vila
Superficie (km²)	19058	3 521	142	12 189
Régime politique	voir France	voir France	voir France	démocratie parlementaire
Chef d'État Entrée en fonction Prédécesseur	**Jacques Chirac** 17-05-1995 François **Mitterrand**	Jacques **Chirac** 17-05-1995 François **Mitterrand**	Jacques **Chirac** 17-05-1995 François **Mitterrand**	John **Bani** 24-03-1999 Jean-Marie **Leye**
Chef du gouvernement Entrée en fonction Prédécesseur	Jean **Lèques** 28-05-1999 Lionel **Jospin**	Lionel **Jospin** 2-06-1997 Alain **Juppé**	Lionel **Jospin** 2-06-1997 Alain **Juppé**	Donald **Kalpokas** 30-03-1998 Serge **Vohor**
Langues officielles Autres langues	français langues mélanésiennes, wallisien, javanais, tahitien	français tahitien, marquisien, tuamotuan, dialectes chinois	français wallisien, futunien	français, anglais bichlamar, langues mélanésiennes
Principales religions en % de la population	christianisme (90) animisme et islam (10)	christianisme(84) autres (16)	christianisme	christianisme (76,7) animisme (7,6) autres (15,7)
Population[2] Moins de 15 ans en % Plus de 65 ans en % Indice de fécondité Espérance de vie H/F Alphabétisation en %	194 197 30 5 2,46 71,75/78,44 91	237 844 33 5 2,71 69,87/74,75 98	14 974 42 7 2,78 73,24/74,4 50	185 204 39 3 3,74 59,02/63,07 64
IDH (rang/174)	voir France	voir France	voir France	116
PIB (en M$ US)[2] **PIB/hab. (en $ US)[2]**	voir France voir France	voir France voir France	voir France voir France	231 1 300
Monnaie[3] FF US $	franc CFP 0,0548 0,0088	franc CFP 0,0548 0,0088	franc CFP 0,0548 0,0088	vatu 0,0076 0,0477
Principales exportations	nickel, fonte brute, métaux non ferreux	perles, produits issus de la noix de coco, vanille	copra, artisanat	copra, cacao, café, poisson, viande, bois
Principales importations	produits pétroliers, produits alimentaires, voitures	produits pétroliers, produits alimentaires, voitures	produits alimentaires, produits manufacturés, produits pétroliers	produits alimentaires, machinerie, matériel de transport
Principaux partenaires commerciaux	France, Japon, États-Unis, Australie	Australie, France, États-Unis, Japon, Nouvelle-Zélande	France, Australie, Nouvelle-Zélande	Australie, Japon, France, Nouvelle-Zélande

Sources: Banque mondiale; ONU, *Bulletin mensuel de la statistique* et *Rapport sur le développement humain 1999;*
The World Factbook 1998.

[1] Territoire français d'outre-mer (TOM).
[2] Population: estimations juillet 1998; PIB: données 1997.
[3] Taux au 25 juillet 1999, donné à titre indicatif.

ZONE PACIFIQUE

Dominique JOUVE
Université de la Nouvelle-Calédonie
jouve@ufp.nc

avec la collaboration de

Christian JOST
Université de la Nouvelle-Calédonie
jost@ufp.nc
Cécile PERRET
Université de la Nouvelle-Calédonie
perret@ufp.nc
Bernard GASSER
Marie-Pierre JAOUAN-SANCHEZ
Université française de Polynésie
jaouan_sanchez@mail.pf

NOUVELLE-CALÉDONIE

Après une période d'euphorie – qui a abouti au vote de la révision constitutionnelle –, des voix ont fait entendre des critiques sur le contenu de l'accord de Nouméa. Elles n'ont pas empêché la ratification de la loi référendaire à presque 72% des voix. Bravant les fortes pluies et les inondations, les électeurs ont choisi les membres des nouvelles assemblées de province avec un taux de participation de 74%.

VIE POLITIQUE

Pour que l'accord de Nouméa puisse entrer en application, il a d'abord fallu une révision constitutionnelle, votée par le Congrès réuni à Versailles le 6 juillet (872 voix pour, 31 contre).

Les mois qui ont précédé le référendum du 8 novembre 1998 sur la question "approuvez-vous l'accord de Nouméa?" ont été occupés par la rédaction de la loi référendaire, avec comme principaux acteurs le RPCR (Rassemblement pour la Calédonie dans la République), le FLNKS (Front de libération nationale kanak socialiste) et les représentants de l'État, mais aussi par une campagne intense d'information sur le contenu de l'accord, qui peut prêter à confusion puisque les indépendantistes y voient la certitude que le Territoire sera indépendant dans vingt ans, tandis que le RPCR affirme le contraire, et ce, sur une seule et même page du journal local. Didier Leroux (UNCT, Une Nouvelle-Calédonie pour tous) disait à la fin d'avril: "la signature de l'accord a fait naître l'espoir, mais sa lecture a fait naître le doute." RPCR et FLNKS

NOUVELLE-CALÉDONIE

QUELQUES POINTS DE REPÈRE

Géographie

➤ Île mélanésienne (10 fois la Guadeloupe, 2 fois la Corse). Relief escarpé. Riches gisements de nickel.

➤ Le territoire regroupe les îles Loyauté et l'île des Pins.

Histoire

➤ 1774 Arrivée de J. Cook dans l'île peuplée par les Canaques (ou Kanaks).

➤ 1853 Rattachement à la France.

➤ 1864-1896 L'île est transformée en pénitencier. Travaux forcés dans les plantations et les mines de nickel.

➤ 1879 Insurrection canaque.

➤ 1884 Gouvernement civil.

➤ 1946 Statut de territoire d'outre-mer.

➤ 1984-1985 Troubles indépendantistes.

➤ 1988 Les accords de Matignon, approuvés par référendum, prévoient l'autonomie pour 1998.

➤ 1989 Assassinats de deux chefs du Front de libération nationale kanak et socialiste (FLNKS), Jean-Marie Tjibaou et Yeiwéné Yeiwéné.

➤ 1998 Les accords de Nouméa établissent un transfert progressif des compétences de l'État au Territoire.

ont multiplié les réunions d'explication, tandis que de vives critiques étaient émises par le Front national, le Mouvement pour la France (Claude Sarrant), Calédonie département 102, l'Union pour la Nouvelle-Calédonie pour tous (Didier Leroux), sur des thèmes comme la restriction du corps électoral, la priorité à l'embauche locale, la création des "lois de pays" et la sortie de l'accord de Nouméa (trois consultations sur l'accès à l'indépendance sont prévues au cas où la première, puis la seconde seraient négatives). Ont fait campagne pour le oui au référendum le RPCR, Renouveau (né d'une scission au sein de l'UNCT), la FCCI (parti politique issu du comité de coordination indépendantiste, opposé au refus de négocier tant que le préalable minier ne serait pas levé), et le FLNKS.

Avec un taux de participation de 74%, la population appelée à voter (corps électoral bloqué sur celui de 1988, plus les jeunes Calédoniens arrivés à leur majorité depuis 88) s'est prononcée en faveur du oui à 71,85%, tandis que le non remportait 28,15% des suffrages. Ces résultats ont été commentés de façon très favorable tant par la classe politique française que par les voisins géographiques de la Nouvelle-Calédonie. Les chiffres globaux doivent être pondérés par les disparités entre provinces.

On peut penser que le FLNKS a très bien mobilisé ses sympathisants, et particulièrement les jeunes. En revanche, le bilan de la Province Sud est plus mitigé, puisque le RPCR n'a pas fait le plein de ses voix malgré un fort taux de participation. Le non a même atteint 42,26% des voix à Nouméa, soit plus que le potentiel des trois partis qui appelaient à voter non.

Répartition des sièges aux Assemblées de province et au Congrès.

	SUD	NORD	ÎLES	CONGRÈS
FN	5			4
RPCR	25	4	2	24
Alliance	4			3
FLNKS	6	6	6	12
UNI		8	2 (Palika)	6
LKS			2	1
FCCI		4	2	4
TOTAL	40	22	14	54

FN: Front national; RPCR: Rassemblement pour la Calédonie dans la République; Alliance: Alliance pour la Calédonie-UNCT; FLNKS: Front de libération nationale kanak socialiste; UNI: Union pour l'indépendance; LKS: Libération kanake socialiste; FCCI: Fédération des comités de coordination indépendantistes.

	Participation	Oui	Non
Province des îles	48,55%	95,5%	4,5%
Province Nord	73,40%	86,7%	13,3%
Province Sud	80,71%	63%	37%

Après la formation du gouvernement par le Congrès (élu pour 5 ans), un Sénat coutumier doit être mis en place puis le conseil économique et social. Ce Congrès voit la participation de neuf femmes (cinq du RPCR, une du FN, une d'Alliance, une du FLNKS, une de l'UNI). C'est la première fois que des femmes kanakes participeront à la vie politique à ce niveau, consacrant l'investissement des femmes kanakes dans la gestion des tribus et leur entrée dans le monde moderne.

Dans les Îles, on aura noté la percée du Palika (Parti de libération kanak).

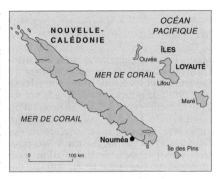

VIE ÉCONOMIQUE

– Le salaire minimum garanti est fixé à 453,36 XPF (franc pacifique) le 1er fév. 98 (+0,54%), soit 76 617 XPF pour 169 heures, tandis que le nombre de demandeurs d'emploi connaît un glissement annuel de +3,4% au 31 janv. 99. À la même date, les exportations enregistrent un glissement de -32,1% contre -10% pour les importations. Pour une hausse des prix à la consommation de +0,3% en janvier 99, la masse monétaire progresse de 1,3%, soit une croissance de 10,6% sur 12 mois.

– Alors que le 1er fév. 1998 était signé (État, Eramet et SMSP) le protocole d'échange des massifs de Poum et Koniambo (qui garantit l'accès à la ressource pour le projet SMSP/Falconbridge d'une usine dans la Province Nord), la baisse des cours du nickel conduit le fondeur Glenbroock à rompre son contrat d'approvisionnement avec la SMSP (1 million de tonnes/an). Si les productions de nickel connaissent une évolution favorable entre 97 et 98, de 97 à 99 le cours du nickel au London Metal Exchange subit une baisse importante (-34,5% pour le minerai exporté au Japon entre 98 et 99), due à la stagnation de la consommation en Europe et aux États–Unis et à une contraction de la demande en provenance des pays du sud-est asiatique, conjuguées à une augmentation de l'offre. Dans le cadre du volet économique de l'accord de Nouméa signé le 5 mai 98, l'État prévoit de céder 8% de sa participation au capital d'Eramet (actionnaire majoritaire de la SLN à 70%) et 30% au capital de la SLN à une entité publique néo-calédonienne détenue

par les sociétés d'économie mixte des trois Provinces.

– Face à un secteur agricole en recul au 3e trimestre (abattages de viandes bovines [-8,6%] et porcines [-13,6%]), l'industrie agro-alimentaire reste stable. Malgré les avatars de la filière aquacole (syndrome 93) et grâce aux exportations de thon congelé, la pêche est en progression tant en volume qu'en valeur.

– Le secteur du bâtiment bénéficie toujours des mesures d'incitation fiscale, des programmes d'habitat social lancés par le Fonds social de l'habitat et de grands chantiers (voie de dégagement est). En mars 99, rassemblées pour l'occasion dans un syndicat intercommunal à vocation unique ayant signé un contrat de concession avec la Société anonyme des eaux de la Tontouta (SADET, filiale du groupe Suez-Lyonnaise des eaux [SLE]), les quatre communes du Grand Nouméa inaugurent le chantier de la conduite qui leur procurera une sécurité totale en matière d'approvisionnement en eau: soit un investissement de 7,2 milliards XPF bénéficiant de la défiscalisation.

– Le complexe touristique de l'île des Pins (chaîne Méridien) est ouvert tandis que le catamaran Marie-Hélène qui desservait les Îles interrompt son service.

Indicateurs	1997	1998	1999	Variation 1997-98	Variation 1998-99
Cours du nickel (London Metal Exchange) $US/LB	3,21	2,49	2,10	-22,44%	-15,7%
Production k/tonnes humides tonnes de nickel contenu	Cumul 1996 7 266 53 412	Cumul 1997 8 149 54 892	ND ND	+12,2% +2,8%	
Exportations en valeur (milliards de XPF) k/tonnes humides tonnes de nickel contenu	12,03 36,39	14,79 38,34	ND ND	+22,9% +5,4%	

VIE SOCIALE

Avec l'accord de Nouméa en avril 98, suivi de l'inauguration du Centre culturel Jean-Marie Tjibaou, puis la révision constitutionnelle (juillet), le référendum (8 novembre) et les élections provinciales (9 mai 1999), la politique a éclipsé la vie sociale et même économique. Le projet d'un hôtel Paradis à Ouvéa, sur des plans d'un architecte japonais, le remplacement des DC 10 d'AOM par un Airbus A 340 pour trois vols par semaine, la création d'un nouveau syndicat pour les éleveurs de bovins dans le Nord (le SEBON) ont attiré peu d'attention, alors que la foire internationale de Nouméa a su conquérir les foules et que l'omelette géante de Dumbéa a fait le plein de curieux et de gourmands.

	1996	1997	1996-97	Janv. 1998	Janv. 1999
Nombre de touristes	91 121	105 137		9 083	7 694
Coefficient d'occupation des chambres	58,7%	58,7%	+15,4%	59,0%	55,5%

À la rentrée scolaire, les surveillants d'internat et d'externat ont fait une grève d'une semaine, contraignant certains établissements à reporter la rentrée de quelques jours. Les surveillants ont obtenu de pouvoir être intégrés dans la fonction publique territoriale à l'ancienneté (hors concours et diplômes d'accès), ce qui a provoqué une vive réaction du mouvement Renouveau (mené par T. Valet).

À Prony, un conflit a immobilisé le chantier du projet Goro nickel, de la société Inco, avant le règlement par un geste coutumier à la fin du mois d'avril. Par ailleurs, les syndicats – en particulier le SLUA – ont bien sûr mené diverses actions, et sur la seule mine gérée par les Kanaks, le chef et cogérant a été destitué par la tribu, qui se voit contrainte de chercher un nouveau gérant.

En ce qui concerne les *boat people* chinois, l'OFPRA a obtenu l'autorisation d'intervenir sur le Territoire. Les réfugiés ont une carte de demandeur d'asile renouvelable tous les trois mois, mais leur situation demeure très précaire puisqu'ils n'ont pas de permis de travail, même temporaire.

VIE CULTURELLE ET ARTISTIQUE

C'est du côté des revues et magazines que l'on notera la plus grande vitalité: *Objectif* a passé le cap du numéro 7, *L'Écho calédonien*, hebdomadaire, en est à sa quatrième livraison, et couvre à la fois la politique, l'économie, le tourisme, les sports et les loisirs, sans oublier des notes sur les problèmes internationaux. Un autre nouveau venu est le magazine culturel *Square*, lancé en novembre 1998 et qui arrive à son troisième numéro, avec des sujets variés allant de l'engouement pour les musiques latino à un forum sur l'échec scolaire; l'équipe de rédaction sait marier humour, légèreté et sérieux et comble un vide certain, puisque le supplément *Encre marine* du journal *Dimanche Matin*, entièrement voué à la littérature, n'a connu que deux publications pour le moment, une en juillet et l'autre en novembre 1998.

Dans l'édition, l'heure est encore à la connaissance et à l'évaluation du passé, avec les livres de souvenirs de Denyse-Anne Pentecost, d'Auguste Parawi Reybas, ou les poèmes et récits d'Antoine Soury-Lavergne, un colon Feillet. Les sagas familiales publiées par *Dimanche Matin* obtiennent un vif succès; le tome X du *Mémorial calédonien* (qui s'est plus largement ouvert à la culture et au monde kanak) fait le bilan des dix années des accords de Matignon. L'année a cependant été un peu moins fertile en nouveautés que les années précédentes, peut-être à cause de la restructuration de Grain de sable, maison présente pour la première fois au Salon du livre de Paris. Elle continue à sortir l'intégrale Mariotti, et innove en proposant une variante sur le concept des petits "grains de sable"; ainsi, le dernier-né, *Le Pilou*, associe au texte très

Organisation d'un pilou:
allée, cases, mâts, apport de vivres.
Réd. 1/9 dessin bambou gravé.

Le même dessin redressé par la perspective.

connu de Maurice Leenhardt deux autres textes quasi contemporains, mais restés confidentiels, sur le même sujet.

Il importe de signaler que s'est ouvert, cette année 1999, à l'Université de la Nouvelle-Calédonie, un DEUG de langues kanakes; ainsi les langues mélanésiennes reçoivent peu à peu la reconnaissance qu'elles ont attendue si longtemps. La dernière livraison de la revue *Mwà vée* est consacrée au réveil de ces langues difficiles et "rares".

Le Centre culturel Jean-Marie Tjibaou, après un an de fonctionnement, prend sa vitesse de croisière après avoir revu sa politique tarifaire. Ses spectacles attirent désormais beaucoup de monde, y compris en brousse, puisqu'ils tournent souvent, et une journée portes ouvertes a permis à un nombreux public de découvrir les richesses de la médiathèque et de s'approprier ce bel espace.

Au théâtre, les pièces de Nicolas Kurtovitch *Le Sentier* et de Pierre Gope *Cendres de sang*, sur le thème douloureux de l'inceste, ont passionné les Calédoniens, qui ont également apprécié de beaux spectacles de danse, en particulier avec la chorégraphe Germaine Acogny

Une partie des dix cases du Centre Jean-Marie Tjibaou

(qui a également animé un atelier de création). On a pu admirer diverses productions aborigènes, la compagnie Marrageku et le groupe musical Yothu Yindi, venus de la terre d'Arnhem. S'ajoutent à ces ouvertures sur le monde océanien les concerts des groupes de kaneka: Gurejele, Hümaa-Gué, OK Ryos, Mexem, qui se sont retrouvés avec des groupes venus de Tonga, Tuvalu, Vanuatu, Papouasie dans le cadre de l'excellent festival Pacific Tempo. Grâce à la mairie de Nouméa, un festival de jazz anime les soirées d'août; il s'est ouvert cette année à d'autres musiques du monde. La saison de préfiguration du café musique Le Mouv fait entendre des musiques d'Afrique (le groupe Diéla, de Guinée) et du reggae, tandis qu'au Centre culturel Jean-Marie Tjibaou se produira Manu Dibango, avec en levée de rideau le groupe kaneka Nodeak, de Maré. La création kaneka commence à bien se diversifier et se montre capable de toucher un vaste public.

En peinture, l'année 1999 a vu une très bonne rétrospective du travail de Micheline Néporon, "Niân Rè Râa", avec des bambous gravés, des aquarelles, des dessins à l'encre de Chine, mais aussi de grands formats à l'acrylique; cette artiste kanake bien connue a également participé, avec d'autres plasticiens, à la Biennale d'art contemporain en novembre 1998 à Nouméa. Par ailleurs, les peintres les plus en vue de Nouvelle-Calédonie exposent régulièrement, comme Gilles Subileau. Les différentes institutions font une promotion active de l'art contemporain, à travers les trajets scolaires de l'Art bus et différentes innovations (exposition Plein Art).

On notera également un atelier d'écriture dramaturgique, où Pierre Gope et Nicolas Kurtovitch ont travaillé à de nouvelles pièces, mais aussi une création locale pleine d'humour, de fantaisie et de poésie, *Ubus*, ainsi que des adaptations intimistes dans le cadre du Théâtre de poche qui, avec le théâtre de Nouville, est gagné à la culture sur d'anciens locaux de l'administration pénitenciaire.

La danse contemporaine est très bien représentée à Nouméa, tant par un festival de très bon niveau que par les troupes locales, par exemple Mado, avec *Magie*, ou Âji Âboro.

La création littéraire marque un peu le pas cette année, même si les veillées de contes attirent toujours de nombreux habitués. On signalera deux romans, celui de Jean Vanmaï, *Pilou-pilou*, premier tome d'une saga qui comportera trois volumes, et celui de Claudine Jacques, *Les Cœurs barbelés*, qui raconte une histoire d'amour entre une Caldoche et un Kanak de 1974 à nos jours. De nouveaux textes de Dewe Gorodé sont sous presse mais non encore parus. La revue *Mwà vée* a permis de découvrir deux jeunes poétesses kanakes, Olga Téin et Patricia Boi. Leur œuvre naissante mérite attention car, comme l'écrit Patricia Boi, "les solutions aux problèmes que rencontre actuellement notre pays sont contenues dans notre art. [...]. Je peux déchiffrer une colère ou une joie invisibles concernant la société calédonienne, que je traduis et transmets par des fables, des danses, des poèmes, des contes, des légendes. [...]. Je ne me déplace jamais sans mon carnet mémoire."

POLYNÉSIE FRANÇAISE

L'Embellie. Après une année 1998 très perturbée par les désordres cycloniques, les éléments se sont calmés en 1999 et le climat social, lui aussi, s'est montré relativement serein. La reprise économique se confirme en cette période d'"après CEP" malgré les effets de la crise asiatique et de la diminution des cours internationaux dans certains secteurs. Grands travaux, grands projets, la Polynésie française bouge dans un contexte de nouvelle modification statutaire.

VIE POLITIQUE

La vie politique de Polynésie française a été marquée essentiellement par les débats relatifs à l'évolution statutaire de ce territoire.

En février 1998, le Conseil économique social et culturel, dans son *Rapport sur les enjeux économiques, sociaux et culturels des relations entre la Polynésie française et l'Europe*, a préconisé des mesures destinées à protéger l'emploi salarié local. "Le CESC souhaite que la Constitution de la République soit aménagée de manière à permettre aux territoires d'outre-mer de bénéficier de dérogations explicites aux principes républicains de liberté de circulation des personnes et des biens." Ce rapport a suscité un vif débat.

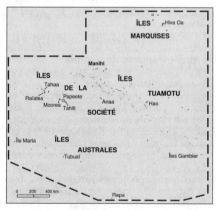

Après la signature des accords de Nouméa sur l'avenir institutionnel de la Nouvelle-Calédonie, en avril 1998, le président Gaston Flosse a demandé une modification du statut de la Polynésie française tel qu'il est établi depuis 1996. Des négociations ont eu lieu avec Jean-Jacques Queyranne, secrétaire d'État à l'outre-mer.

À l'occasion d'un colloque (nov. 1998) à l'Université française du Pacifique*, Papeete, sur le thème "Identité, nationalité et citoyenneté dans les TOM", le président Gaston Flosse a surtout mis en avant pour défendre l'idée de "citoyenneté polynésienne" les notions de protection de l'emploi et de protection du patrimoine, la question du droit de vote passant largement au deuxième plan. Le processus menant à l'évolution statutaire en Polynésie française est visiblement très différent de celui qui se déroule

---

* Les deux centres de Nouméa et Papeete sont devenus autonomes en 1999 sous les noms de: Université de la Nouvelle-Calédonie et Université française de Polynésie.

en Nouvelle-Calédonie. Le Tahoera'a Huiraatira, majoritaire à l'Assemblée territoriale, n'envisage pas de référendum.

Le 24 mars 1999, le Haut Commissaire de la République saisissait l'Assemblée territoriale pour avis sur un projet d'article constitutionnel, article inséré après le titre XIII de la Constitution .

Le 6 avril, l'Assemblée statuait en approuvant "les grandes orientations de l'avant-projet" et en demandant douze modifications du texte. L'opposition, Tavini Huiraatira et Fetia Api, s'est vivement élevée contre ce qu'elle a considéré comme une précipitation empêchant tout véritable débat démocratique à l'Assemblée.

Les modifications demandées touchent à la définition des compétences régaliennes de l'État, au caractère définitif des transferts de compétences au Territoire, aux moyens financiers correspondant à ces transferts,

POLYNÉSIE FRANÇAISE

QUELQUES POINTS DE REPÈRE

Géographie

➤ Cinq archipels de 150 îles volcaniques ou coralliennes (îles de la Société, îles Australes, îles Marquises, îles Tuamotu et îles Gambier).

➤ Zone maritime la plus grande au monde (9 fois la France).

Histoire

➤ 1767 Arrivée de l'explorateur anglais Samuel Wallis.

➤ 1843 Protectorat français, devenant colonie en 1880, après l'abdication du roi Pomaré V.

➤ 1946 Territoire français d'outre-mer (TOM).

➤ 1966-96 Centre d'Expérimentation du Pacifique – essais nucléaires.

➤ 1984 Élaboration d'un nouveau statut d'autonomie.

➤ 1996 Jacques Chirac, après une dernière série d'essais nucléaires en 1995, proclame la dénucléarisation du Pacifique-Sud (accords de Rarotonga, 1er fév. 1996).

aux représentations du Territoire à l'étranger, à la langue tahitienne, à l'application des textes de l'État en Polynésie française et aussi à la désignation du Territoire. Un amendement propose de "compléter l'expression Polynésie française par Tahiti Nui".

Lucien Kimitete, élu des îles Marquises, proche du Fetia Api, a contesté cette proposition qui, selon lui, ignore l'existence des différents archipels constituant ensemble la Polynésie française. D'une façon générale, l'opposition s'estime tenue à l'écart des discussions portant sur les modifications statutaires. Les élections européennes n'ont suscité que peu d'intérêt.

VIE ÉCONOMIQUE

La reprise de l'activité économique observée en 1998 est confirmée en 1999. Globalement, les chefs d'entreprise ont enregistré une augmentation de leur volume d'affaires. Les progressions les plus marquantes concernent le commerce de détail, principalement la grande distribution, les industries agro-alimentaires ainsi que le secteur du bâtiment et des travaux publics.

Cette évolution positive est liée d'une part à une forte croissance de la consommation des ménages, d'autre part à un accroissement notable des investissements des entreprises et des pouvoirs publics.

Le Fonds pour la reconversion économique de la Polynésie française a été créé pour compenser durant une période de dix ans la disparition des flux financiers (environ 18 milliards de Fcfp par an) liés à la présence du Centre d'expérimentations nucléaires du Pacifique sur le Territoire. Ce Fonds, cogéré par l'État et le Territoire, a permis le développement d'aides à l'emploi (Contrats création d'emploi et Dispositifs d'insertion des jeunes) et la réalisation de travaux d'intérêt public.

Le maintien des mesures d'incitation fiscale à l'investissement (loi Pons et loi Flosse) a correspondu à un fort développement de la construction, en particulier dans le domaine de l'hôtellerie de luxe.

Cependant, la balance commerciale reste très déficitaire, avec une hausse des importations et une baisse des exportations dans plusieurs secteurs. Le taux de couverture qui était de 23,9% en 1997 est passé à 22,7% en 1998 (source: ITSTAT). La filière perlière a été touchée par la mauvaise conjoncture internationale, ainsi que le secteur de la pêche.

Le nombre de touristes en Polynésie française est en augmentation tendancielle (163 774 en 1996, 180 440 en 1997, 188 933 en 1998; source: Service du tourisme), mais dans son *Bulletin trimestriel de conjoncture* de février 1999, l'Institut d'émission d'outre-mer signale une "diminution sensible du chiffre d'affaires dans l'hôtellerie".

Le projet *Metu@* (metua, "parent" ou "père" en tahitien, évoque aussi une grande figure de la vie politique) relance l'équipement informatique et l'ouverture à Internet; le centre administratif de l'avenue Bruhat (surnommé "Palais présidentiel") est presque terminé; l'hôpital Jean Prince, anciennement hôpital militaire, est en cours de rénovation, la ville d'Uturoa est en cours de réaménagement, etc.

Si le bilan économique est globalement positif, il reste fort à faire pour répondre aux défis de l'"après CEP".

VIE CULTURELLE ET ARTISTIQUE

Sport: l'intérêt pour le sport, et principalement pour les disciplines qui prolongent des traditions polynésiennes (pirogue et surf), ne se dément pas. On trouve dans ce domaine des références simultanées au modèle américain et au modèle de l'ancienne Polynésie ainsi qu'à une certaine religiosité. Les manifestations religieuses tiennent une place centrale dans la vie du Territoire.

Ici comme ailleurs, on considère généralement que les évènements de l'année 1999, comme la grande course de Hawaiki Nui Va'a, sont les derniers du millénaire.

Cinéma: l'entreprise courageuse d'Edwin Hiu-Aline (dont on peut voir le portrait dans le beau livre de photographies de Marie-Hélène Villerme, *Visages de Polynésie*, Mahina, 1996) qui avait ouvert une "salle VO" au Mamao Palace n'a pu se maintenir.

Littérature: Le roman de Louise Peltzer, *Lettre à Poutaveri* (éditions Scoop, 1995), n'a pas eu la suite attendue. Le livre de Flora Devatine, *Tergiversations et rêveries de l'écriture orale*, publié en 1998 aux éditions Au vent des îles, est assez significatif d'une sorte d'hésitation face à la naissance d'une littérature francophone.

Chants et danses: Le grand concours Heiva 1999 décerne des prix plus diversifiés que par le passé et rend hommage aux grandes figures de la danse polynésienne. Le prix Claire Leverd récompense un groupe amateur; le prix Madeleine Moua est destiné aux artistes représentant le mieux les traditions; le prix Gilles Hollande concerne une œuvre inédite. Le public du Heiva est nombreux, enthousiaste, passionné –pas de Heiva sans *pea pea* (conflit)–; on a bien là une culture très vivante.

Spectacles: Te Fare Tahiti Nui a rouvert sa grande salle de spectacles en 1998; il propose de nombreuses représentations et expositions. De grands projets sont en cours d'élaboration pour la conservation du patrimoine et l'aide à la création.

Université: L'Université française du Pacifique n'a plus d'existence juridique depuis le 9 janvier 1999. Les décrets du 28 mai fondent l'Université française de Polynésie parallèle à l'Université de la Nouvelle-Calédonie. Étant donné la distance entre Papeete et Nouméa, il était tout à fait nécessaire d'avoir deux établissements distincts.

Un nouveau magazine: *Va'a*, sous-titre: *L'Esprit du Va'a* ("pirogue"). Sur la couverture du n°3, mars 1999, sous des motifs polynésiens, on découvre une photo de Lewis Laughlin, champion de pirogue qui a participé de 1992 à 1997 aux grandes victoires emblématiques de l'équipe de Faa'a (commune du maire indépendantiste Oscar Temaru). Le sportif porte en évidence sur ses vêtements le logo d'une grande marque pétrolière. On peut y lire en gros caractères: "C'est Dieu ma Vitamine".

WALLIS-ET-FUTUNA

"Le temps n'est plus aux solutions communes à l'ensemble de l'outre-mer, mais au traitement spécifique à chacun d'entre eux", déclarait Jean-Jacques Queyranne lors de sa visite sur le Territoire au début de mai 1998. La signature des accords de Nouméa a engendré dans le territoire de Wallis-et-Futuna, d'une part, des réactions d'inquiétude quant au statut et aux futurs droits des résidents wallisiens en Nouvelle-Calédonie, et d'autre part, des velléités de modification du statut du Territoire. L'événement de l'année reste incontestablement la célébration des 40 ans de règne du Lavelua, monarque coutumier.

VIE POLITIQUE ET SOCIALE

La grande originalité de Wallis-et-Futuna, rappelons-le, réside dans le partage des pouvoirs, mais pas toujours dans celui des compétences, entre un État républicain et un pouvoir monarchique coutumier. Ce mariage, a priori contre nature, a longtemps été présenté comme un facteur d'équilibre lorsque tout allait bien, même lentement, rappelle le seul hebdomadaire du Territoire, *Te Fenua Fo'ou*. Serait-il aujourd'hui la cause de tous les tourments alors que le délicat glissement dans une nouvelle ère s'accélère? L'affaire Make Lakafia Pilioko, qui a secoué le royaume en mars-avril, en est une illustration. Me Make Lakafia, conseillère territoriale, ancienne présidente du Conseil des femmes, ayant été condamnée par la justice d'État pour détournement de fonds, s'est réfugiée chez le Lavelua pour échapper à la peine d'emprisonnement. Le désaccord qui s'en est suivi entre le Lavelua et son premier ministre quant à ce droit d'asile, a conduit à la destitution du premier ministre, Kalae-Kivalu Hatau, le 14 avril dernier.

L'événement de l'année reste malgré tout la commémoration des 40 ans de règne du Lavelua. Le monarque coutumier, Lavelua Tomasi Kulimoetoke, fut désigné pour conduire les affaires du royaume le 19 mars 1959. Le renforcement des liens politiques et coutumiers avec la Nouvelle-Calédonie est apparu comme l'autre temps fort de ces manifestations qui ont rassemblé des représentants de l'État, du territoire de Nouvelle-Calédonie et la Marine nationale, mais n'a pas drainé de grandes foules ni même les chefferies. La première retransmission en direct à la télévision explique-t-elle seule ce faible déplacement?

Sur le plan sportif, on retiendra la remarquable performance des rameurs du Territoire aux 8e championnats du monde de pirogue polynésienne qui se sont déroulés à Fidji en août 1998. Pas moins de six médailles ont été gagnées, résultats qui sont l'occasion pour le Territoire de se rappeler au souvenir des voisins du Pacifique et de recevoir un mot de félicitations du président Chirac.

WALLIS-ET-FUTUNA

QUELQUES POINTS DE REPÈRE

Géographie
➤ Archipel de trois îles, dont deux habitées, au nord-est des Fidji, .

Histoire
➤ 1767 Arrivée de l'explorateur anglais Samuel Wallis.
➤ 1886 Protectorat français.
➤ 1959 Territoire français d'outre-mer (TOM).
➤ 1998 Dernier recensement, 14 166 habitants. +3,4% seulement en 1990, une partie de la population émigrant régulièrement en Nouvelle-Calédonie.

VANUATU

La vie politique et économique du Vanuatu continue d'être rythmée par des accusations de corruption, des changements de portefeuille, des annonces de déficit budgétaire et d'aides financières extérieures, tandis que des mesures à résonnance linguistique poussent la communauté française vers les systèmes éducatif et administratif anglophones.

VIE POLITIQUE

L'année 1999 n'a pas fait mentir la réputation du Vanuatu de pays politiquement instable, malgré les tentatives "d'assainissement" du monde politique. La lutte contre la corruption se poursuit, non sans difficultés pour la "Modérateur de la République", Marie-Noëlle Ferrieux-Patterson. Depuis quatre ans, ses rapports successifs, lui valent d'être redoutée par la classe politique et soutenue par la population. Elle a toujours refusé la protection que lui a maintes fois offerte spontanément la police et a résisté avec succès à une nouvelle demande de limogeage. Le pic de "mauvaises conduites politiciennes", (1994-95), semble toutefois s'éloigner et une meilleure collaboration s'installer.

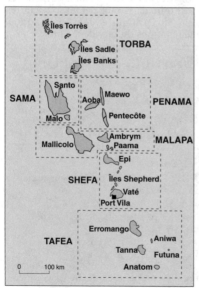

L'élection, le 24 mars 1999, d'un nouveau président de la République, le révérend John Bani, 57 ans, va-t-elle redonner suffisamment confiance au peuple pour qu'il s'implique plus activement dans l'effort de développement? La classe politique saura-t-elle se regrouper derrière ce leader charismatique en oubliant ses querelles? Il est encore trop tôt pour le dire.

Le révérend Bani, pasteur anglican et collaborateur de la première heure du père Walter Lini qui fonda en 1980 la république du Vanuatu, succède ainsi à Jean-Marie Leye à la tête de cette République de 160 000 âmes et de 80 îles. Élu par 43 voix (des membres du parlement et des gouverneurs des six provinces du pays) contre 11 pour son rival, un autre religieux, le père Harry Tevi, a pu accéder à ce poste à la suite d'un compromis auquel sont parvenus le gouvernement et l'opposition. La place que prennent les religieux dans les systèmes politiques des îles et États du Pacifique Sud n'est pas étonnante quand on sait que l'Église, en prise directe avec les systèmes coutumiers, est souvent appelée à jouer un rôle d'arbitre entre les clans et les partis.

Ces changements ont suivi d'un mois la disparition du pasteur anglican Walter Lini, premier ministre du Vanuatu de 1980 à 1991, qui a aussi été, aux premières heures postcoloniales, un des farouches adversaires de l'influence française au travers de son parti, le Vanuaaku Pati, proche du FLNKS kanak de Nouvelle-Calédonie. Il aura conservé, tout au long de sa carrière politique à différents postes de ministre, une réputation de moralité qui lui a valu une reconnaissance et un deuil nationaux.

VIE ÉCONOMIQUE

Les liens avec la Nouvelle–Calédonie se sont notablement renforcés avec la signature des accords de Nouméa et depuis la fin des essais nucléaires en Polynésie, événements qui ont redonné à la France une image et une place de nation "fréquentable". Une nouvelle convention de coopération a été signée avec la France d'un montant de 3MF.

Il faut rappeler le développement considérable depuis deux ans des superficies cultivées en kava (*Piper methysticum*) depuis que les États-Unis et l'Allemagne en achètent de grandes quantités pour leur industrie pharmaceutique. On recense aujourd'hui au Vanuatu près de 80 variétés de cette plante dont la racine donne une boisson socialement apaisante!

L'Union européenne, quant à elle, a accordé une aide de 7,5 millions d'écus (49 millions de francs français) pour la réhabilitation ou la construction d'une vingtaine d'écoles secondaires de Vanuatu et pour la formation d'enseignants du cycle secondaire. En effet, si le primaire, qui a bénéficié d'une aide européenne de 6,5 millions d'écus sur le FED 1990-95, assure une couverture à 80% des besoins, le secondaire doit encore refuser aujourd'hui 69% des demandes d'inscriptions faute de capacité d'accueil et de formateurs de niveau suffisant.

VANUATU

QUELQUES POINTS DE REPÈRE

Géographie

➤ Archipel de 80 îles au nord-est de la Nouvelle-Calédonie.

➤ Trois volcans toujours en activité.

➤ Zone maritime étendue sur 900 000 km².

Histoire

➤ 1606 Arrivée des Portugais.

➤ 1887 Occupation des Nouvelles-Hébrides par les Français et les Anglais.

➤ 1906 Condominium franco-britannique; deux hauts-commissaires succèdent à l'administration militaire.

➤ 1980 Indépendance des Nouvelles-Hébrides qui prennent le nom de Vanuatu.

➤ 1987 Walter Lini, premier ministre. Lui succèdent Donald Kalpokas (1991), Maxime Carlot (1991), Serge Vohor (sept. 1996), et à nouveau Donald Kalpokas (mars 1998).

➤ 1999 (mars) Après Jean-Marie Leye, le révérend John Bani, nouveau président.

À noter

➤ Vanuatu est à la fois membre du Commonwealth et de la Francophonie.

VIE SOCIALE

Le dégraissage de la fonction publique a été qualifié de véritable "massacre des francophones". On a parlé de "discrimination linguistique" pour "éradiquer la langue française". La Société de radio-télévision, financée par la France, a suspendu des émissions télévisées, les directeurs francophones ont été licenciés. Cette télévision diffusait des émissions cinq heures par jour, très "authentiques" pour le pays, en français et en anglais, sur Port-Vila et, en différé, sur l'île d'Espiritu Santo.

La communauté francophone souffre de plus en plus de mesures de mise à l'écart et de traitements inégaux par rapport aux anglophones, malgré les discours rassurants qui affirment qu'un juste équilibre sera trouvé. En l'attente, malgré les efforts d'adaptation, de baisse des droits d'inscription de l'U. de Nouvelle-Calédonie, de construction d'une Cité du Vanuatu à Nouméa, ou du petit Centre de formation en français à Vila, de plus en plus d'étudiants francophones partent suivre une formation supérieure en anglais à l'U. of South Pacific de Suva à Fidji ou au Vietnam, pour les plus attachés à la langue française.

L'ouverture à la mondialisation à travers Internet favorisera-t-elle une tolérance linguistique et intercommunautaire? En l'attente de tendances plus nettes, les médias nationaux ont été dotés il y a un an par l'UNESCO d'un équipement informatique en réseau trilingue (en anglais, en français et en bichlamar) qui remplace enfin les vieilles machines à écrire. La retransmission des événements sportifs de l'année a pu être assurée avec qualité et efficacité. Sur ce chapitre on retiendra la victoire de l'Australien Darin Anderson au Vanuatu Open de golf.

La disparition en juil. 98 du géographe français Joël Bonnemaison, auteur de *La Dernière Île*, l'île de Tanna, dont il révéla la beauté, la complexité et la richesse de l'organisation sociale et foncière, aura marqué la communauté scientifique et la population de Tanna.

BIBLIOGRAPHIE

Nouvelle-Calédonie

ALDRICH Robert et CONNELL John, *The Last Colonies*, Cambridge, Cambridge Univ. Press, 1998, 335 p.

BENSA Alban, *Nouvelle-Calédonie, un paradis dans la tourmente*, Paris, Gallimard, Découvertes 85, 1990, 192 p.; réédition sous le titre *Nouvelle-Calédonie. Vers l'émancipation*, 1998, 175 p. Les deux éditions comprennent une partie "Témoignages et documents".

BENSA Alban et WITTERSHEIM Éric, *Le Pacifique, un monde épars. Introduction interdisciplinaire à l'étude de l'Océanie*, Paris-Montréal, L'Harmattan, coll. Cahiers du Pacifique Sud contemporain, 1999, 214 p.

BLADINIÈRES Gilbert, *Le Mémorial calédonien, tome X, 1988-1998*, Nouméa, Planète Mémo, 1998, 602 p.

DAUPHINÉ Joël, *Canaques de la Nouvelle-Calédonie à Paris en 1931. De la cage au zoo*, Paris, L'Harmattan, 1998, 190 p.

DAVID Gilbert, GUILLAUD Dominique et PILLON Patrick, *La Nouvelle-Calédonie à la croisée des chemins: 1989-1997*, Paris, Société des Océanistes/IRD, 1999, 324 p.

DE DECKKER Paul et KUNTZ Laurence, *La Bataille de la coutume et ses enjeux pour le Pacifique Sud*, Paris-Montréal, L'Harmattan, coll. Mondes océaniens, 1998, 238 p.

GUILLAUD Dominique, SEYSSET Maorie et WALTER Annie, *Le Voyage inachevé... à Joël Bonnemaison*, 101 textes, Paris, ORSTOM/PRODIG, 1998, 776 p.

IHAGE Weniko, *Éducation, Culture et Identité*, Nouméa, CORAIL, 1998, 497 p.

   Actes du dixième colloque CORAIL, Nouméa, nov. 1997.

JACQUES Claudine, *Les Cœurs barbelés*, roman, Nouméa, Éditions du niaouli, 1998, 233 p.

KAEPPLER Adrienne L. et LOVE J. W., *Australia and the Pacific Islands*, The Garland Encyclopedia of World Music, vol. 9, New York-London, Garland Publishing, 1998, 1088 p.

KAKOU Serge, *Découverte photographique de la Nouvelle-Calédonie, 1848-1900*, Paris, Actes Sud, 1998.

KASARHÉROU Emmanuel, BÉALO Wedoye, BOULAY Roger et MERLEAU-PONTY Claire, *Guide des plantes du chemin kanak*, Nouméa, Centre culturel Tjibaou, 1998, 78 p.

KURTOVITCH Nicolas, *Le Sentier. Kaawenya*, suivi de *L'Autre* et *Qui sommes-nous?*, Nouméa, ADCK/Grain de sable, 1998, 79 p.

LEENHARDT Maurice, SARASIN Fritz et MONTAGUE Paul D., *Le Pilou*, introduction de GASSER Bernard et AMMANN Raymond, Nouméa, Grain de sable, 1999, 73 p.

NAEPELS Michel, *Histoires de terres kanakes*, Paris, Belin, 1998, 380 p.

OZANNE-RIVIERRE Françoise, *Le Nyelâyu de Balade (Nouvelle-Calédonie)*, avec Baptiste Boiguivie, Scholastique Boiguivie et Éliane Dedane, Paris-Louvain/Paris, Peeters/SELAF 367, 1998, 276 p.

PITOISET Anne, *Nouvelle-Calédonie. Horizons pacifiques*, Paris, Autrement, coll. Monde, hors série 114, avril 1999, 283 p.

STEFANSON Blandine, "Littérature de Nouvelle-Calédonie", dans *Notre librairie. Revue des littératures du Sud*, Jean-Louis Joubert (dir.), Paris, CLEF, no 134, mai-août 1998, 215 p.

VANMAI Jean, *Pilou-pilou. Chapeaux de paille*, Nouméa, Éd. de l'Océanie, 1998, 404 p.

Wallis-et-Futuna

JOST Christian (sous la dir. de), *The French-Speaking Pacific. Population, Environment and Development Issues*, Sydney, Boombana Publications, 1998, 272 p.

RALLU J.L. et al., *Population, migration et développement dans le Pacifique Sud*, Paris, UNESCO, 1997, 224 p.

Polynésie française

DEVATINE Flora, *Tergiversations et rêveries de l'écriture orale*, Te Pahu a Hono, ura, Tahiti, Au vent des Îles, 1998.

OTTINO-GARANGER Pierre et Marie-Noëlle, *Le Tatouage aux îles Marquises*, Christian Gleizal éditeur, 1999.

REGNAULT Jean-Marc, *Te Metua, l'échec d'un nationalisme tahitien 1940-1964*, Tahiti, Polymages, 1996.

SAURA Bruno, *Pouvanaa a Oopoa, Père de la culture politique tahitienne*, Tahiti, Au vent des Îles, 1997.

SAURA Bruno, *Des Tahitiens, des Français*, Christian Gleizal éditeur, 1998.

FRANCOPHONIE SANS FRONTIÈRES

Naïm KATTAN
Écrivain montréalais né à Bagdad

Lors d'un récent séjour en Argentine et au cours d'une tournée de conférences dans les universités et les centres d'études canadiennes de plusieurs villes (Buenos Aires, Cordoba, Rosario, La Plata, Tucuman, Mendoza), j'ai pu constater l'existence d'une soif pour le français, mêlée d'un regret et d'un quasi-cri d'alarme. On désire apprendre et enseigner notre langue et on déplore son recul. J'ai surtout rencontré, certes, des personnes acquises à la francophonie, qui se plaignaient de leur manque de moyens et d'une insuffisance des appuis qu'ils reçoivent des pays francophones.

La principale remarque que je retiens de ma visite à ce pays où le français occupait, il n'y a pas si longtemps, une place de choix, mais où la francophonie se transforme de plus en plus en désir sinon en nostalgie, c'est que notre tâche et nos efforts ne nous opposent pas à d'autres langues, telles que l'anglais ou l'espagnol. Sans quitter le territoire privilégié de la littérature, l'enseignement du français s'élargit à d'autres domaines qui fondent et constituent la culture. Si, par exemple, aux États-Unis, le français perd sa place de seconde langue au profit de l'espagnol, il importe désormais qu'il conserve la première place comme langue seconde. C'est le cas de nombreux autres pays où l'anglais est devenu la deuxième langue.

Il est évident que le français subit un recul mais le gris, pour ne pas parler du noir, ne domine pas partout. À preuve, le Printemps du Québec à Paris, à la veille du bimillénaire. Il était juste, réaliste d'étendre la présence du Québec à Paris, à tous les domaines de la culture. L'afflux des écrivains québécois au Salon du livre de Paris fut non seulement significatif mais parfaitement justifié, légitime. Ce qui était plus important encore, c'était que le visage du Québec fut celui de la diversité. Des écrivains migrants, des romanciers, des poètes, des essayistes venus d'Asie, du Moyen-Orient, d'Amérique du Sud, de Haïti étaient choisis parmi ses représentants.

Le Québec n'avait plus le profil d'une contrée folklorique, relativement archaïque. En effet, la littérature québécoise exprime une américanité en marche, une américanité toutefois spécifique, qui s'ouvre à la diversité du monde. De leur côté et à leur tour, les écrivains migrants n'ont pas le sentiment de prendre place comme des intrus, comme des étrangers, dans un monde sinon suranné, du moins fermé. Ils ont la conviction de participer à une culture d'ouverture, à un univers de diversité qui leur permettent de faire entendre leurs voix.

La diversité francophone est, on le sait, celle qui laisse libre cours aux différences mais qui, en même temps, cherche, de par l'unité des vocables, à les harmoniser, traçant ainsi la voie de l'avenir, donnant au monde l'exemple d'une quête, d'une direction où les différences ne séparent pas, mais se rejoignent, puisqu'elles se conjuguent dans une langue commune.

On constate ce phénomène, et depuis fort longtemps, en France même. Les écrivains migrants n'y sont plus uniquement les produits d'une ancienne colonisation mais proviennent de Cuba, de Grèce, d'Espagne, de Chine, d'Argentine, de Russie... Ainsi, la francophonie, à l'intérieur même des métropoles des pays francophones, recouvre, désormais, des territoires de divers continents. Aussi, l'autre ne fut jamais autant qu'aujourd'hui le prochain, de sorte que la diversité est devenue, au cœur même des cités où les francophones sont majoritaires, la marque de la francophonie. Ceci donne un sens réel, même s'il n'est pas tout à fait nouveau, à l'universalité du français. Ajoutons qu'en s'intégrant au français, les minorités culturelles issues de l'immigration, que ce soit à Paris ou à Montréal, créent, dans les rapports qu'ils entretiennent avec leurs pays d'origine, de nouveaux liens et de nouvelles perspectives pour le français.

NDRL. Il n'est pas possible de rendre compte de toute la planète. Une sélection est faite chaque année en fonction de la vitalité du français et de l'intérêt de nos lecteurs qui trouveront ici à tour de rôle des aperçus sur la situation du français et de la francophonie à travers le monde.

ESPAGNE

Rosa DE DIEGO
Université Pays Basque Vitoria-Gasteiz
ffpdemar@vc.ehu.es

Les vingt-cinq départements de philologie française assurent, au sein des universités espagnoles, une formation de spécialité en français, langue et littératures pendant quatre ans. Depuis leurs débuts, ils ont travaillé pour développer l'enseignement du *français langue étrangère*. Il faut pourtant constater que le français n'existe plus dans l'enseignement non universitaire. Pourtant, les perspectives sont prometteuses dans la mesure où l'actuelle réforme du premier et du deuxième cycles des lycées prévoit un cours de français facultatif, un système de deuxième langue étrangère. La situation des études francophones est devenue plus stable: on forme non seulement des professeurs, mais aussi des traducteurs et des interprètes. Ces départements francophones ont pris en même temps de l'ampleur à travers une formation de spécialité en français dans d'autres domaines fondamentaux comme les affaires, les sciences médicales, les beaux-arts, le journalisme ou le tourisme. Cette nouvelle formule est mise en œuvre dans le cadre d'un diplôme de spécialité, et avec un public étudiant plus grand et plus varié que celui des études françaises.

Le français langue de culture et langue de la francophonie

Le français maintient une tradition, surtout sous son aspect culturel. En Espagne, plusieurs revues consacrent leurs pages aux productions littéraires francophones. Il faudrait citer dans ce sens la *Revista de Filología Francesa* (Université Complutense à Madrid), les *Estudios de Lengua y de Literatura Francesas* (U. de Cadix), la revue *Correspondances* (revue hispano-belge de l'U. de Cáceres), la *Revista de Filología* de l'U. de La Laguna, ou *Queste, Études de langue et de littérature françaises* (U. de Pau, Pays Basque, Valence et Saragosse). Toutes témoignent de l'intérêt existant en Espagne, dans les différents départements de philologie française, pour les cultures et littératures francophones.

L'Ambassade canadienne poursuit sa politique de promotion du Canada. Elle octroie chaque année des bourses pour aider les recherches à court terme sur le Canada (domaine des sciences humaines et sociales ou études interdisciplinaires) ou des études comparées au sein de relations bilatérales. Ainsi, plusieurs chercheurs ont pu s'initier au domaine canadien francophone et actualiser leurs connaissances dans une perspective interdisciplinaire. La littérature québécoise est entrée aux études de philologie française. (Signalons le travail de l'attachée culturelle canadienne, Mme Choquette, ainsi que celui de Marisa Calés de l'Association d'études canadiennes qui soutiennent la recherche, l'enseignement, l'organisation d'événements publics et la rédaction de publications).

La Communauté française Wallonie–Bruxelles a développé ses nombreuses activités par le biais du CGRI (Commissariat général aux Relations internationales de la Communauté française de Belgique). L'appui est toujours tangible aux départements de philologie française, par le biais des lecteurs et assistants de langue française dans les universités et instituts de traduction. L'appui et le travail de la Communauté française de Belgique, dans les universités espagnoles, ont permis d'ouvrir des centres d'études de langue française, comme celui de Cáceres.

L'attention que l'Espagne porte à l'Afrique francophone s'exprime à travers les séminaires et colloques, ou les publications, comme le travail de Marta Segarra, de l'Université de Barcelone, sur les femmes écrivains du Maghreb. L'Université de Murcie ou celle de Cadix, entre autres, organisent régulièrement des séminaires, des rencontres dans le but d'offrir au public une connaissance de l'Afrique à travers le cinéma ou la littérature.

Il faudrait aussi signaler les activités de plus en plus nombreuses des Instituts français en Espagne (Barcelone, Bilbao, Madrid, Saragosse, Seville et Valence) dans des domaines assez variés. Il y a bien sûr celles qui concernent la langue, mais aussi l'organisation des expositions de peinture et de photographie (parfois avec la collaboration de musées publics ou privés), des concerts, des films ou la représentation de pièces de théâtre, avec des artistes locaux ou de France. Il convient de citer également le développement du réseau des diplômes DELF (Diplôme d'études en langue française) et DALF (Diplôme approfondi en langue française) destinés principalement aux jeunes étudiants entre 25 et 27 ans. C'est ainsi que face au recul du français dans l'enseignement secondaire et universitaire, il s'est produit une transformation du rôle traditionnel de l'Institut français, qui est devenu un centre culturel et un espace de renforcement de la langue française en Espagne.

La problématique des prochaines années sera le devenir des départements de philologie française au 21e siècle. Il ne faut pas oublier que les études littéraires et la langue française sont les parents pauvres de la famille universitaire, avec peu de subventions, peu d'élèves. Le français comme langue étrangère est délaissé au profit d'autres langues, d'autres disciplines. Il est évident qu'il y a un risque d'isolement, voire de frustration; il faut penser à un renouveau des études du français, à une évolution, à une sorte de révolution: les départements de philologie française ne sont plus seulement des centres de formation de spécialistes en littérature ou en didactique du français langue étrangère. Ils doivent devenir des pôles de promotion de la francophonie dans les domaines universitaires, avec une remise en question non seulement de leurs programmes mais aussi de leurs méthodes, en intégrant la technologie et les nouveaux moyens de communication. Il faut déjà sans doute considérer les études universitaires dans une interdisciplinarité technique et scientifique.

ITALIE

Anna SONCINI FRATTA
Université de Bologne
soncini@lingue.unibo.it

avec la collaboration de

Paola PUCCINI, Licia REGGIANI, Katia SERGENTI

Mettre en valeur la langue et la culture françaises et francophones à travers des manifestations variées: cela semble être un important enjeu depuis quelque temps en Italie. Des colloques internationaux, comme celui de Gênes en hommage au poète québécois Gaston Miron, des rencontres sur "Les génocides en Afrique et l'avenir de la représentation de la violence", ou sur "Sorcellerie et violence en Afrique", se sont déployés régulièrement en alternance avec d'autres moments de discussion poétique autour d'écrivains italiens comme Marino Moretti ("Non c'è luogo, per me, che sia lontano. Itinerari europei di Marino Moretti", congrès international) pour lesquels l'influence française ou francophone a toujours été très marquante. Le cinéma a fait sa grande entrée: des premières en langue française, mais surtout le premier Festival du film francophone, qui a ouvert ses portes à Naples.

Afrique

L'intérêt du public italien pour la culture africaine ne se dément pas: de nombreuses manifestations concernant l'Afrique noire ou le Maghreb témoignent d'une véritable passion, renforcée par la présence sur le territoire de plusieurs revues spécialisées: à côté de *Tolomeo* et *Africana*, l'année 1999 a vu apparaître un nouveau titre: *Africa e Oriente*.

Les revues s'adressent surtout à un public de spécialistes, mais nombreuses sont les manifestations cherchant à mettre en contact direct le public italien avec les différents aspects des cultures africaines; ainsi les conférences très appréciées de l'écrivaine algérienne Assia Djebar à Bologne, Florence et Milan; l'exposition "La joie de vivre", qui a permis d'admirer des illustrations africaines et de rencontrer Véronique Tadjo, écrivaine et illustratrice ivoirienne. Très significative et encourageante pour les futures relations entre Italie et Afrique francophone a été la participation à cet événement de M. Konaré, président de la république du Mali. Une autre exposition, "Origini e Diaspora dell'arte africana contemporanea", cette fois-ci à Milan, a mis en évidence le métissage artistique entre l'Afrique et L'Europe. Des Festivals du cinéma africain à Milan et à Santarcangelo di Romagna ont fait connaître les films: *Keita, l'héritage du griot* de Dani Kouyaté, *Buud Yam* de Gaston Kaboré, *Taafe fanga* d'Adama Drabo et *La Vie sur terre* d'Abderrahamane Sissako. Le festival de Santarcangelo a aussi organisé une rencontre avec Mohamed Driss pour aborder certains aspects du théâtre africain, et réalisé de nombreux spectacles de théâtre et de danse. Une Fête de la musique pour l'Orchestre national de Barbès, né de rencontres entre artistes d'origine africaine, a perpétué le charme que la musique africaine exerce sur le public italien.

Belgique

La Belgique a été la protagoniste d'événements à la une des quotidiens, comme la Biennale d'art moderne de Venise où la Communauté Française de Belgique présentait les œuvres de A. V. Jansens et de M. François, ou le Maggio Musicale Fiorentino qui avait au programme l'opéra de Debussy d'après l'œuvre de Maurice Maeterlinck *Pelléas et Mélisande*. Les dramaturges belges ont été également à l'honneur à Aoste, à l'occasion des rencontres universitaires des théâtres francophones; là, les lecteurs de la CFB ont mis en scène des œuvres théâtrales belges avec des étudiants italiens. À Bologne aussi le théâtre San Martino a eu la hardiesse de travailler sur un texte inédit d'André Savitskaya. Lors de la Foire internationale du livre de jeunesse (Bologne), la CFB a exposé des planches très originales de 60 illustrateurs autour du thème "Alice au pays des merveilles": Anne Herbauts a été couronnée pour son livre *Que fait la lune la nuit?*. Toujours à Bologne, la Comune a présenté une Semaine du cinéma belge avec des films et des courts métrages en présence de Jaco Van Dormael et de son *Toto le héros*; le Centre d'études sur la littérature belge de langue française y a poursuivi son activité en proposant, entre autres, aux étudiants du secondaire un concours sur le thème "Bruxelles capitale de l'Europe: le rêve du XXIe siècle?"

Québec

Pour "Orizzonte Québec", programme culturel et artistique né en 1998 pour la diffusion de l'expression artistique contemporaine québécoise en Italie, l'année 1999 a commencé avec *Les Aiguilles et l'Opium* de Robert Lepage, pièce présentée à Rome et à Reggio Emilia. Le théâtre québécois a encore été à l'honneur à Sesto Fiorentino où, pendant le cours de formation "Drama in scena. La Drammaturgia contemporanea", les élèves ont eu l'occasion d'assister à un séminaire sur le théâtre québécois comtemporain. La musique n'a pas manqué, non plus: en mars 1999, la formation jazz Trio François Carrier a montré sa virtuosité au Progetto Jazz de Cremona. La peinture a vu son nom lié à celui de Claude Simard (Venise) et de l'artiste Myriam Laplante (Rome). Parmi les activités académiques, plusieurs colloques: un événement culturel s'annonce pour le mois de septembre alors que l'Associazione Italiana di Studi Canadesi, qui a fêté cette année son 20e anniversaire, organise à Bologne un colloque sur "Il Canada e le culture della globalizzazione". Ce colloque vient après les initiatives du Centro di Cultura Canadese qui a réuni à Udine Régine Robin et plusieurs spécialistes de littérature québécoise pour parler de "L'Europe dans la culture québécoise" et précède celles du Centre interuniversitaire d'études québécoises qui organise à Venise "Autres Rêves: l'écriture migrante au Québec". Ce centre (dont la direction est assumée aujourd'hui par l'Université de Turin) est le résultat de la fusion du Centre de l'Université de Bologne avec d'autres groupes universitaires qui travaillaient sur la littérature québécoise.

GRÈCE

Georges FRÉRIS
Département de langue et de littérature françaises
Université Aristote de Thessalonique

La dernière année de ce millénaire a été marquée, en Grèce, par une série d'événements déterminants pour l'avenir du pays. La Grèce a été le seul pays de l'Union européenne à ne pas faire partie de la zone euro, ne répondant pas aux critères imposés par le traité de Maastricht. Mais grâce aux efforts élaborés par la politique austère du gouvernement, tous les indices laissent à prévoir que cet objectif sera atteint dans un an. Ce climat "d'épreuve nationale" a failli être bouleversé par deux graves incidents internationaux. Le premier a été l'arrestation (par des agents de la CIA), à Naïtobi, du leader du peuple kurde, Abdullah Ocalan, livré ensuite à la Turquie, où un paratribunal militaire, avant le jugement, a proposé la peine de mort. Cet événement a failli renverser le gouvernement grec impliqué sans sa volonté et a suscité une série de manifestations. Le second fut l'escalade du conflit dans les Balkans et l'implication de l'OTAN dans celui-ci. Le peuple grec n'a pas partagé les décisions de l'organisation internationale, craignant entre autres pour l'avenir économique et écologique de la région.

Cette ambiance d'insécurité a eu pour conséquence de faire davantage reculer l'impact du français en Grèce, puisque l'idée de la Francophonie est encore très liée au comportement de la France, bien que cette année, pour la première fois, une cellule scientifique grecque, le Laboratoire de littérature comparée du département de langue et de littératures françaises de l'Université Aristote de Thessalonique, ait mis dans ses objectifs l'étude de la francophonie littéraire et créé aux éditions "Paratiritis" de Thessalonique une collection littéraire intitulée "Francophonie". La première œuvre de cette nouvelle série, parue sous le titre *Introduction à la Francophonie – Panorama des littératures francophones*, comprend l'évolution et l'histoire des différentes aires littéraires, de l'Europe jusqu'au Pacifique, et parle de feu l'épanouissement de la production littéraire francophone grecque.

Malgré cette lueur positive de l'idée de la francophonie, le recul du français a encore progressé cette année, à cause d'une nouvelle loi qui a modifié l'entrée à l'enseignement supérieur. La nouvelle loi prévoit que la note moyenne des matières du lycée comprenne aussi une langue étrangère. La plupart des élèves grecs ayant fait, dès le primaire, de l'anglais et connaissant mieux cette langue, choisissent l'anglais aux dépens du français, qui continue encore à avoir en Grèce l'image de langue de salon, d'une langue non scientifique. C'est le résultat d'une politique éducative, presque "mythique", que les personnes concernées ne veulent pas affronter. Satisfaites des objectifs faibles atteints uniquement dans le cadre de la grande métropole grecque, Athènes, ces personnes ne se rendent pas compte du changement des mentalités, du grand essor des régions grecques, du dynamisme de la "Grèce profonde", en particulier de la Grèce du Nord qui, avec ses trois provinces (Épire, Macédoine et Thrace), est devenue depuis l'ouverture des frontières en 1989 le pôle d'attrait d'un grand marché, aussi bien pour les pays balkaniques que pour ceux de la mer Noire et de l'Asie.

TURQUIE

Hilmi ALACAKLI
Université de Marmara, Istanbul

DEUX PUBLICATIONS FRANÇAISES À ISTANBUL

Deux ouvrages préparés par les enseignants et les chercheurs de l'université Galatasaray vont être publiés. Le premier, intitulé *Léon Duguit et le service public aujourd'hui*, réunit les communications prononcées lors du colloque qui s'est tenu à l'université Galatasaray les 7 et 8 mai 1998 sur ce thème et qui a réuni des universitaires, des magistrats et des praticiens turcs, français et espagnols. Ce colloque avait été organisé par l'université Galatasaray en collaboration avec l'université Montesquieu, Bordeaux IV, avec l'appui du Consortium des universités et des établissements d'enseignement supérieur français partenaires de l'université Galatasaray et de la Fondation Galatasaray pour l'enseignement. Le deuxième ouvrage des Éditions de l'université porte le nom de *Regard turc sur le monde: les stéréotypes que les Turcs ont formés sur les Européens*. Ce livre concerne les recherches sociologiques faites par Nazli Oktem, Buket Türkmen, Jale Minibas, Feyza Ak, Ozlem Danaci et Hülya Tufan, sous la direction du professeur Barlas Tolan.

"Nous avons bu à la source de la culture française [...] nous voulons moderniser notre pays." **Mustafa Kemal "Ataturk"** (père des Turcs), 1899-1938.

Des implantations françaises en Turquie depuis 1997

Assurances: AGF, Axa, Cécar, Nordstern; **Banque:** Banque Indosuez, Banque Paribas, BNP, Crédit lyonnais, Société générale; **Bâtiment:** Lafarge, Quillery, S.A.E., Set, Sodimas; **Chimie, agro-chimie et plastique:** Durden, Carbone Lorraine, Elf, Eterplast, Pechiney, Rhône Poulenc; **Commerce automobile:** Peugeot, Renault; **Construction mécanique:** Etcoma, Major Skt, Renault; **Distribution et commerce de gros:** Carrefour, Valeo; **Eaux:** Hidro-Otv, Lyonnaise des Eaux, Pont-A-Mousson; **Électricité et électronique:** Bufer legrand, Carbone Lorraine, Schneider, Thomson; **Mine:** Eurogold; **Pétrole et gaz:** Total oil, Totalgaz; **Parfumerie et cosmétique:** l'Oréal; **Publicité:** FCA; **Restauration collective:** Sodexho, Ticket Restaurant; **Santé:** Essilor, Guerbet, Pasteur Mérieux Connaught, Sanofi, Servier; **Services, études et conseils:** Adecco, Alexandre, OMI, SPS, Tümser consultants; **Tourisme:** Botas; **Transformation des métaux:** Carbone Lorraine; **Transport:** Air France, Arkas, CMA, Sertans, Unatsan.

Source: Action magazine Istanbul.

SYRIE: La francophonie hier et aujourd'hui

Sonia HINDIÉ, Université d'Alep

La francophonie en Syrie est beaucoup plus ancienne que le mandat français sur les États du Levant après le premier conflit mondial (traité de Sèvres, 1920). Les Croisades en Terre sainte étaient des expéditions militaro-religieuses et ont laissé des traces dans les récits épiques des chroniques des potentats locaux.

Mais le rayonnement français au Levant est vraiment né d'une alliance stratégique, opérée sous la Renaissance par François 1er, avec la "Sublime Porte" – appellation fleurie de l'Empire ottoman. Dirigée contre l'empire de Charles Quint, elle octroyait à la France des "capitulations", privilèges politiques et commerciaux consacrant la préséance de la maison de France sur toute autre.

Les conséquences de tels accords souvent renouvelés ne furent pas seulement restreintes aux seuls plans commercial et politique: si la création des "Échelles du Levant" concrétisait "l'alliance du Croissant et de la fleur de lys", elle rendait en fait possible la pénétration de la culture, de la langue et de la civilisation françaises grâce à ces pionniers inlassables que furent les congrégations des ordres religieux enseignants tels les Frères maristes, les Jésuites, les Franciscains...

Après l'indépendance, la francophonie a baissé au fur et à mesure du déclin de l'influence des enseignants religieux; de nos jours, elle subit une crise majeure: le ministère de l'Éducation sacrifiant à un pragmatisme primaire, privilégie l'anglais pour diverses raisons: immigration palestinienne anglophone, attrait vers cet Eldorado que sont les pays du Golfe; avec la mondialisation, l'anglais est perçu comme *lingua franca* par excellence.

Mais il n'est de crise sans remède; l'état de la francophonie reste tributaire de la géopolitique: la France, par ses positions modérées vis-à-vis du monde arabe, reste pour la Syrie un interlocuteur privilégié dans ses échanges économiques, scientifiques et culturels; le Centre de recherches à Damas, les médecins, les ingénieurs, les architectes formés en France, les liens avec la Chambre de commerce de Paris, sont issus de partenariat.

Récemment, la création de l'école française d'Alep permet à 286 Français et binationaux de se présenter aux épreuves du Baccalauréat français. Les manifestations culturelles laissent toujours un public avide de théâtre ou de films; cette année, un spectacle de Calaferte, *Le Neveu de Rameau* de Diderot et un cycle de films en version originale ont fait salle comble. Les services culturels français sélectionnent de tels spectacles pour donner de leur pays un aperçu à la fois classique et contemporain: le message est bien reçu ici, où la demande est grande pour tout ce qui concerne l'Occident et particulièrement la France. Ce résultat s'observe en dépit de (ou peut-être grâce à) la prolifération des antennes paraboliques qui, en abolissant l'isolement géographique, assure le succès de TV5, entre autres.

Rappelons que si Alep est moins bien dotée que Damas, la capitale, qui dispose d'un centre culturel et non d'une simple antenne, Alep est la plus francophone des deux, par tradition: la création, au 16e siècle, du premier consulat de France au monde a eu lieu à Alep!

UKRAINE: CENTENAIRE DES ÉTUDES ROMANES À LVIV

Yarema KRAVETS
Titulaire de la Chaire de littérature mondiale,Université de Lviv, rr@link.lviv.ua
Roman POMIRKO
Doyen de la Faculté des langues occidentales, Université d'État Ivan Franko de Lviv

La fin du XIXᵉ siècle fit de l'Université de Lviv, en Galicie, un des plus importants centres scientifiques d'Europe centrale et orientale. En 1897, Edouard Porembowicz y créa une Chaire de philologie romane. Il participait à la vie culturelle comme critique littéraire, linguiste, traducteur, poète et prosateur, et s'intéressait aux littératures latine, anglaise, italienne, française, espagnole, polonaise, provençale et allemande. Ses critiques bien écrites sont remarquables; citons ses recherches sur Dante, les traductions de la *Divina Commedia* et de la *Vita Nuova*.

Y. Kurylowicz, son disciple, linguiste de renommée mondiale, a commencé sa carrière en philologie romane. Son grand intérêt pour la maîtrise de plusieurs langues étrangères et pour la connaissance approfondie de leur structure ont élargi le champ d'activités scientifiques du savant. La philologie indo-européenne et la linguistique comparée sont devenues les dominantes de ses recherches, qu'il poursuivait aux Universités de Wroclaw et Jagellon. En Occident, il a pu entrer en relation avec des savants de France (Émile Benveniste, André Martinet) et devenir ami de Roman Jacobson. En Pologne, la carrière scientifique de Kurylowicz a été impétueuse et fertile. Pour son œuvre, les académies danoise, serbe, norvégienne et la Sorbonne (1957) lui ont décerné des titres honorifiques.

Ces traditions scientifiques de la philologie romane ont été développées par Zygmunt Czerny. Le savant conciliait littérature et linguistique, travaillant comme pédagogue et méthodologiste, publiant des manuels de français. Il en fut un propagandiste actif en Galicie. En 1961, la Sorbonne lui a décerné le titre de docteur *honoris causa* et il fut décoré de la Légion d'honneur.

La Seconde Guerre mondiale a interrompu l'essor créateur de la philologie romane à Lviv. Le destin a dispersé beaucoup de savants. Henri Mechelberg a émigré aux États-Unis; Marie Vinovska est devenue femme de lettres en France; Adam Wilman, ambassadeur de Pologne à Rome...

Les vingt-cinq dernières années de notre siècle sont les plus fructueuses du Département d'études romanes. Les générations, la jeune et la moyenne, poursuivent les traditions linguistiques. Les stages scientifiques à Kyïv, Moscou, Saint-Petersbourg et aussi à l'étranger (Paris, Angers, Besançon) contribuent à l'étude des problèmes linguistiques sur la base d'une méthodologie moderne: on peut parler de l'école linguistique de Lviv.

À la veille du centenaire des études romanes à l'Université de Lviv, ont paru: *La République Démocratique Ukrainienne – La République Française (1917-1922)*, ouvrage interdisciplinaire traitant des relations multilatérales (diplomatiques, historiques, littéraires, culturelles, etc.) et *L'Espagnol et ses dialectes, variabilité du mot (1996)*.

Dans les années 60-70 avaient été édités des manuels pour les écoles supérieures: *Histoire de la langue française, 1ᵉʳᵉ partie; Origines de la langue française; Phonétique théorique du français contemporain; Unité structurale, sémantique du texte et les moyens de sa réalisation*; etc.

La Chaire organise aussi les Olympiades régionales annuelles des écoliers sur la connaissance des langues étrangères.

La collaboration avec l'Université d'Angers permet aux enseignants de faire des stages de recherche. Le personnel enseignant de la Chaire a formé l'Alliance française à la base de l'Université, puis un Centre français d'information et de culture a commencé son activité qui s'est déployée dans toute l'Ukraine occidentale.

Au début des années 90, avec l'accès de l'Ukraine à l'indépendance, la possibilité est apparue à l'étranger de faire connaître les traditions ukrainiennes, son folklore et son art. Une association Anjou-Ukraine a été créée en 1992.

Les habitants d'Angers ont pu voir en 1995 la peinture ukrainienne contemporaine puis, en 1996, participer à la fête de la Galicie (Halytchyna). Des ensembles artistiques de chants et de danses de l'université et du Conservatoire ainsi que des groupes ukrainiens de rock ont donné des concerts qui ont ravi les Français.

RÉPUBLIQUE SAKHA (YAKOUTIE)

Isabelle BORISSOVA
Université d'État Yakoute
pkp@sakha.ru

LA SITUATION LINGUISTIQUE ET LA POLITIQUE LINGUISTIQUE EN YAKOUTIE D'AUJOURD'HUI

Selon la dernière Constitution, la Yakoutie bénéficie de deux langues officielles: le russe et le yakoute. (cf. *AFI 1999*)

La langue française occupe la deuxième place des langues étrangères quoique sa situation reste assez instable. Mais 12 à 15 étudiants obtiennent le diplôme de philologie française de la Faculté des langues étrangères à l'Université d'État.

Le calendrier de la Francophonie

Décembre 1998 à avril 1999.

– L'Alliance francaise de la Yakoutie et le département de la philologie française ont organisé les concours linguistiques aux différents niveaux; parmi les écoliers et étudiants qui apprennent le français comme première et deuxième langue étrangère. L'élève de 11e classe de l'école N26 de Yakoutsk Danilova Annette (professeur de français Grigorieva Ludmila Nikitichna) était nommée comme meilleur connaisseur de la langue française parmi les élèves des établissements de l'enseignement secondaire de la République Sakha.

– 16-18 février 1999: le centre régional de la culture et de la langue françaises à Irkoutsk a offert aux francophiles de la Yakoutie le grand festival des films français: *Les Gens normaux n'ont rien d'exceptionnel* de Laurence Ferriera Barbosa, *Regarde les hommes tomber* de Jacques Audiard , *À la belle étoile* d'Antoine Desrosières, etc.

– Février: Visite de l'attaché linguistique de l'ambassade de France, du directeur du centre régional de la langue et de la culture françaises d'Irkoutsk, Bruno Boyer, et de Catherine Gadais son assistante, avec le séminaire "Les nouvelles méthodes de l'enseignement du français".

– Mars: Concours régional "Chantons en français" à Irkoutsk. L'écolier de l'école Sakha-française de Khamagatta, Nicolas Tarkaev, est devenu le lauréat du 1er prix.

– Mars: Tournée du groupe parisien "Chevry". Les chansons de Jean-Michel Chevry (le chef du groupe) et des musiciens du groupe ont trouvé des amateurs parmi les francophiles yakoutes.

– 20-30 mars: Décade "La Francophonie fait parler d'elle".

– 24 mars: Concours républicain "Hexagone" des amateurs de civilisation française.

– 24-30 mars: Concours des professeurs de langue française des écoles et des gymnases "Le français, c'est chouette!".

– 25 mars: Présentation de la version française du livre de N. A. Louguinov *Koustouk* effectuée par L. Sabaraïkina.

– 29 mars: Soirée solennelle de la Francophonie.

– 30 mars: Concert du club des amateurs de la chanson française.

– juin: visite du conseiller de l'ambassade de France en Russie, M.Tchériatchoukine. Pourparlers sur le jumelage entre les hôpitaux de Yakoutsk, l'institut de médecine et un centre hospitalier universitaire français.

Le centre de la communication française "Lingua"

Valentina CHAPOCHNIKOVA
Université d'État Yakoute

À 80 km au nord-ouest de la capitale, Yakoutsk, dans la riche vallée de la Lena, s'est ouvert (en 1993) le camp Lingua. Ce centre linguistique accueille cinquante adolescents disciplinés et joyeux, les meilleurs élèves en français, venus des quatre coins de Yakoutie. Le camp Lingua est le site idéal pour un séjour à la fois studieux, sportif et culturel.

L'implantation harmonieuse des bâtiments scolaires favorise l'activité scolaire. Les petites maisonnettes, les unes réservées aux garçons et les autres aux filles, sont le centre de vie, le point de rencontres et d'échanges autour des chefs des maisons (des animateurs et animatrices).

Parallèlement à la maîtrise grammaticale et au travail écrit de structure, l'élève peut parfaire ses connaissances de la civilisation française.

Chaque soir, les animatrices, les professeurs et les responsables créent une animation: disco, sports, vidéo. Le centre Lingua organise, avec son car, des excursions chaque semaine: une visite d'une journée dans les lieux touristiques de la Yakoutie, une excursion d'une demi-journée dans les environs du camp.

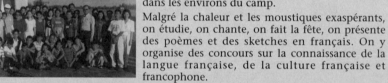

Malgré la chaleur et les moustiques exaspérants, on étudie, on chante, on fait la fête, on présente des poèmes et des sketches en français. On y organise des concours sur la connaissance de la langue française, de la culture française et francophone.

La langue française est pour nous l'expression d'une culture ancienne et universelle qui continue à contribuer au développement de la culture générale et du respect des peuples et de la démocratie.

ÉCOLE SAKHA FRANÇAISE

Nadejda MAKAROVA
Ludmila SIVTSEVA

Cette école expérimentale dispense l'enseignement de la langue française d'après un programme approfondi. Notre école s'est fixé comme objectif de former, dans tous les domaines, des spécialistes maîtrisant au moins une langue étrangère.

Vingt-sept professeurs enseignent à cent quarante-deux élèves. Nous comptons parmi nos professeurs trois professeurs de français et dix-huit professeurs émérites (titre honorifique distribué en regard de l'expérience et du professionnalisme).

Nous tâchons de développer des liens internationaux. Notre école est jumelée avec l'École des Roches de Normandie (Verneuil-sur-Avre) dont le président, monsieur Kaminsky, nous a rendu visite.

Ces deux dernières années, nous avons reçu des professeurs francophones (de France, Suisse, Belgique). Nous espérons désormais accueillir un lecteur francophone chaque année. Nos meilleurs élèves effectuent chaque été des stages linguistiques en France.

Nous organisons chaque été au mois de juin le Centre linguistique Lingua. Ce centre d'une capacité de cinquante places accueille des professeurs français (BCLE et autres) et les meilleurs élèves de nos Olympiades (concours national de langue française organisé par notre ministère de l'Éducation).

Les étudiants de la Faculté de langue française effectuent enfin leurs stages pratiques dans notre école; les professeurs de la faculté viennent les observer et dispensent eux-même des cours.

Le gouvernement de la République Sakha a voulu créer par l'école sakha-française de Khamagatta une école de type nouveau, afin de former des spécialistes maîtrisant plusieurs langues étrangères, dans le but d'établir des liens avec l'étranger et plus particulièrement avec les pays francophones.

ALLEMAGNE

Peter KLAUS
Freie Universität Berlin
klauspet@mail.zedat.fu-berlin.de

Pour un trilinguisme européen

D'éminents spécialistes allemands de la didactique des langues vivantes, Franz-Josef Meissner et Konrad Schröder, viennent de lancer un plaidoyer en faveur d'une Europe plurilingue. Partant de la revendication du président fédéral sortant, Roman Herzog, qui a repris cette même revendication du Livre blanc de l'Union européenne (1996), ils plaident pour un Européen de l'avenir trilingue. "L'école prépare-t-elle à la vie dans une Europe plurilingue?" ("Bereitet die Schule auf das Leben im mehrsprachigen Europa vor?" in *Französisch heute*, 3, 1998, pp. 320-322). Ils évoquent d'abord la richesse culturelle de l'Europe dont la diversité linguistique et culturelle serait partie intégrante du patrimoine européen et ils continuent en disant que l'Europe ne connaît que des minorités linguistiques et culturelles et, par conséquent, pas de culture ni de langue dominante. Conclusion: l'Europe a besoin d'une politique linguistique circonspecte et prudente. L'Europe a également besoin de citoyens multilingues; il faut donc un large éventail d'offres en langues vivantes. Car la diversité linguistique est la base de la diversité culturelle. Il faudrait mettre les enfants plus tôt en contact avec les langue étrangères, mais ceci par des enseignants compétents formés dans une pédagogie adaptée. Cette discussion vient à point nommé car, d'un côté, Jacques Chirac refuse de signer la charte européenne des langues régionales qui assurerait la survie des différentes langues régionales pratiquées encore en France de nos jours et, de l'autre côté, l'Allemagne refuse de siéger dans une réunion des représentants de l'Europe à Helsinki tant que la langue allemande n'est pas acceptée comme langue de travail.

L'enseignement du français

Il reste encore beaucoup d'efforts à faire pour que Berlin, la capitale, remplisse son contrat de bon partenariat et d'amitié avec la France. Il est franchement inconcevable que la capitale de l'Allemagne, une ville de 3,5 millions d'habitants, ne prenne pas plus d'initiatives quant à l'enseignement du français au niveau primaire en particulier, sans parler du secondaire. À titre d'exemple: en 1997, 1228 élèves des 5e classes du primaire avaient opté pour le français première langue vivante, ce qui correspond à 3,3% des élèves! Mises à part certaines réticences administratives et les restrictions budgétaires, le grand problème semble résider dans le fait qu'il n'y a pas assez de spécialistes pour cet enseignement ciblé, l'apprentissage précoce. Un scandale lorsqu'on sait que de nombreux diplômés qualifiés des universités berlinoises ne trouvent pas à travailler dans l'enseignement pour lequel ils ont été formés, simplement parce qu'il n'y a pas d'ouverture de postes. Les finissants en langues doivent se recycler ou aller chercher un emploi ailleurs, par exemple, dans le land de Brandebourg.

Lors d'un colloque franco-allemand placé sous le thème "Langue, lecture et littérature de jeunesse" (Strasbourg, mai 1998), 250 enseignants allemands et français ont discuté des tendances actuelles de la littérature pour jeunes dans les deux pays. Ces professeurs ont été chaperonnés par le Centre régional de documentation pédagogique d'Alsace (CRDP) et le Bureau du Livre de jeunesse de Francfort (Bernd Käsebier, "Colloque franco-allemand: Langue, lecture et littérature de jeunesse", in *Französisch heute*, 2, 1999, pp. 224-227). Après avoir constaté les influences réciproques dans les contes et légendes, les participants découvrent dans la littérature de jeunesse de plus en plus d'éléments en provenance du Maghreb, de l'Europe de l'Est et des États-Unis. Vu les traductions nombreuses dans les deux langues, il a été proposé de créer un prix du livre pour jeunes en France, ce même prix existant déjà en Allemagne. Les enseignants plaident aussi en faveur d'une approche ludique de la lecture, ce qui pourrait amener les élèves à découvrir (ou à redécouvrir?) le plaisir de la lecture.

Car la littérature contemporaine pour enfants et pour jeunes ne ferme plus dorénavant les yeux devant les changements profonds que subit actuellement la vie de famille, avec de plus en plus de familles monoparentales, de "nouveaux" pères et de "nouvelles" mères. Cette approche plus "réaliste" de l'environnement et du milieu de l'enfant et du jeune pourrait davantage crédibiliser cette forme de littérature.

Assistants de langue allemande au Québec

Naissance d'un projet pilote conjoint entre le ministère de l'Éducation du Québec, l'Institut Gœthe de Montréal et le Service allemand d'échanges pédagogiques (PAD) à Bonn. Ce dernier patronne des échanges d'assistants dans de nombreux pays d'Europe. Étudiants pour la plupart, ils assurent pendant une année scolaire une douzaine d'heures d'enseignement de leur langue maternelle dans des établissements du pays de leur choix. Les échanges sont particulièrement actifs entre la France, l'Allemagne et la Grande-Bretagne. La France met environ 500 postes à la disposition des candidats allemands. À cela s'ajoutent quelques centaines de postes nouvellement créés par le ministre de l'Éducation nationale, Claude Allègre, afin de favoriser l'enseignement précoce des langues vivantes.

Après quinze ans d'efforts, un projet pilote qui prévoit la création d'une quinzaine de postes d'assistants de langue allemande au Québec vient de voir le jour. Les candidats ont été sélectionnés par un comité mixte composé de représentants du Québec, de l'Institut Gœthe et du PAD (Pädagogischer Austauschdienst). Les premiers assistants de langue allemande sont entrés en fonction à la rentrée 1999.

Axe Paris-Berlin sur Internet

Les nouveaux médias ont fait un bond en avant ces dernières années. Toutes les revues d'associations de langues vivantes s'y sont mises et apportent conseils, réflexions et matériels didactiques. C'est ainsi qu'un projet d'enseignement par Internet a été développé, initié par l'Université de Paris VIII (Saint-Denis) et la Freie Universität Berlin. Deux enseignants, un de chaque université, se sont concertés pour encadrer deux groupes étudiant dans des locaux équipés d'ordinateurs de leur université respective. Le séminaire proposé avait pour titre: "Paris-Berlin: Les grandes métropoles et le "multiculturalisme"". À Berlin, ce cours s'adressait à des étudiants de français du deuxième cycle et ayant un bon niveau de français à l'écrit ainsi qu'à l'oral. Le public ciblé du côté de l'Université de Paris VIII (Saint-Denis) se composait surtout d'étudiants germanistes de niveau Licence minimum. Le but de ce cours était double: créer une contribution originale à l'apprentissage interactif des langues via Internet et trouver un terrain d'exploration d'un autre genre d'enseignement de la civilisation. Il fallait qu'il y ait échange, qu'il se forme des couples, des tandems, qui correspondraient via Internet. Il a fallu convenir d'un procédé applicable à tous les participants par rapport à un certain nombre de sujets déterminés à l'avance. Les étudiants français rédigent leurs commentaires en allemand, les étudiants berlinois le font en français.

Une fois le système bien en place, les participants ont été ravis d'avoir découvert d'autres possibilités d'échange, d'autres possibilités de se documenter (via Internet), d'autres possibilités de trouver un(e) partenaire pour des échanges interculturels. Le résultat a donc été encourageant pour les enseignants, qui vont essayer de motiver un deuxième groupe d'étudiants à se familiariser avec ce médium passionnant qu'est l'Internet. Une étape technique ultérieure serait l'installation d'une vidéo-conférence afin de communiquer aussi de vive voix et de visu, ce qui ajouterait certainement beaucoup de possibilités à ce genre d'échange.

Journées de littérature canadienne (novembre 1998)

Lorsqu'on parle du Canada ou du Québec à Berlin, il faut surtout mentionner les Journées de littérature canadienne à la Literaturwerkstatt à Pankow (novembre 1998): "Writing through Difference – Écrire la différence". Une semaine durant, un nombreux public s'est réuni autour des écrivains canadiens d'horizons les plus divers, le Québec étant représenté par Nicole Brossard et Dany Laferrière. Un choix intéressant qui reflétait en même temps aussi bien l'importance des femmes que l'élément immigré en littérature. Il va sans dire que la soirée franco-canadienne – lire québécoise – qui avait été annoncée comme explosive par certains journaux, à cause de la présence d'une féministe et d'un "Nègre" macho aura été la plus vivante et la plus riche en échanges avec le public berlinois, pour qui ce fut une révélation que de voir le Canada sous ce jour "multiculturel".

Depuis avril 1999, la Freie Universität Berlin propose une spécialisation en études canadiennes. Ce nouveau module est issu d'initiatives diverses, encouragé par des responsables du ministère des Relations internationales du Québec et par le président de la Freie Universität. L'étudiant, inscrit conjointement dans nos deux instituts, (d'un côté, l'Institut Kennedy d'études nord-américaines et, de l'autre, l'Institut de philologie romane) doit suivre des séminaires de deuxième cycle en littérature et en linguistique dans les deux langues. Le finissant se verra octroyer un diplôme de maîtrise avec la mention "expert en études canadiennes". Le premier séminaire a lieu cet été: 23 participants, ce qui est plus qu'honorable pour un séminaire de deuxième cycle.

50ᵉ anniversaire de l'Institut franco-allemand/Deutsch-Französisches Institut

Fondé en 1948 par deux éminents hommes politiques allemands de l'après-guerre, Carlo Schmid et Theodor Heuss, l'Institut franco-allemand a eu comme mission d'œuvrer pour le rappochement avec la France dans tous les domaines de la vie intellectuelle et publique. Les activités actuelles de cet Institut concernent surtout la recherche en sciences sociales, politiques et économiques en France et proposent des méthodes comparatistes. En même temps, l'Institut cherche à concentrer toute recherche en cours en Allemagne dans le domaine des sciences sociales sur la France. Depuis 1985, l'Institut Franco-Allemand, situé à Ludwigsburg, près de Stuttgart, organise tous les ans une conférence consacrée à la France, édite annuellement (depuis 1988) une publication sur la France (*Frankreichjahrbuch*, à peu près *Annales de la France actuelle*), développe des programmes de soutien aux thésards travaillant sur un sujet ayant un rapport avec la France. Ces personnes peuvent bénéficier d'un séjour de recherche au sein de l'Institut. L'Institut propose également des stages et des volontariats dans ses services. Il dispose d'une bibliothèque (fondée en 1990), qui comporte 27 000 monographies et 250 revues spécialisées, un grand nombre de dossiers de presse et environ 400 000 coupures de presse concernant des

questions touchant les rapports franco-allemands. Sa banque de données bibliographiques est la première en Allemagne sur la France actuelle et les rapports franco-allemands. (On peut consulter à ce sujet: Henrik Uterwedde, "Frankreich für Forschung und Praxis: Das Deutsch-Französische Institut in Ludwigsburg", in *Französisch heute*, 1, 1999, pp. 94-96).

DVA–Prix franco-allemand de traduction

La fondation de la Deutsche-Verlags-Anstalt (DVA) à Stuttgart a créé, il y a quelques années, un prix Franco-Allemand de traduction, consacrant simultanément un Allemand et un Français pour la qualité particulière de leur recherche dans ce domaine. Pour la première fois, ce prix a été décerné cette année à Berlin, dans l'Église française située à la "Gendarmenmarkt", rappelant ainsi le passé huguenot d'une partie de la population de Berlin. Les lauréats du prix ont présenté chacun la traduction d'une œuvre originale. Le traducteur français, qui vit en Allemagne, avait choisi de traduire une œuvre inédite de l'historien allemand Johann Gustav Droysen (1808-1884). Le traducteur autrichien, qui vit en France, avait proposé la traduction en allemand d'un essai théorique de critique littéraire sur le poète de langue allemande Paul Celan (1920-1973). Rappelons que la fondation DVA a fondé il y a deux ans un prix André-Gide pour encourager la traduction littéraire.

Cirque du Soleil à Berlin

Depuis quelques années, le grand événement francophone est l'arrivée du Cirque du Soleil à Berlin. Cette multinationale québécoise, qui connaît des succès étonnants avec chaque nouveau spectacle aussi bien en Europe qu'aux Amériques, a tenté de s'établir au cœur même de Berlin, tout près de la Potsdamer Platz. Malheureusement, le promoteur s'est vu contraint d'abandonner le projet: toute construction prévue sur l'emplacement choisi aurait mis en danger le tunnel d'une ligne du métro berlinois.

Le Cirque du Soleil ne s'est pas découragé, il a monté son grand chapiteau près du Centre international des Congrès où il attire les foules: il a dû prolonger de plusieurs semaines sa présence à Berlin.

ALLEMAGNE: SARRE

Hans-Jürgen LÜSEBRINK
Université de Sarrebruck
luesebrink@rz.uni-sb.de

COOPÉRATION TRANSFRONTALIÈRE ET DIALOGUE FRANCO-ALLEMAND

Le Collège universitaire franco-allemand (Deutsch-Französisches Hochschulkolleg/DFHK), dont l'administration binationale se trouve à Mainz et à Strasbourg, a été créé en 1987, suite aux décisions du sommet franco-allemand de Francfort de 1986 consacré à la dimension culturelle des relations entre les deux pays. Les premières filières d'études intégrées franco-allemandes menant à un double diplôme (préparé en France et en Allemagne) ont été inaugurées en 1988/89. Leur nombre est actuellement de plus de 60, avec près de 1000 étudiants recevant des bourses du Collège dans toutes les disciplines, en particulier les sciences naturelles, les études d'ingénieur et les sciences économiques. "Laboratoires de l'interculturalité", ces filières intégrées ont trouvé un écho très favorable sur le marché du travail. Le dixième anniversaire du DFHK coïncide avec la création de l'Université franco-allemande (Deutsch-Französische Hochschule) ratifiée par les gouvernements français et allemand en avril et mai 1999, inaugurée en automne 1999 et dont le siège sera Sarrebruck.

Le premier Dialogue franco-allemand ("Deutsch-Französischer Dialog"), congrès organisé les 14 et 15 mai 1999 au Centre des Congrès de Sarrebruck, a réuni plus de 400 participants; cette manifestation fut la première d'un cycle régulier qui se veut complémentaire des Freiburger Deutsch-französische Kulturgespräche et du congrès annuel des chercheurs travaillant sur la France et les relations franco-allemandes à l'Institut franco-allemand de Ludwigsburg (Frankreichforscher-Tagung, dernier weekend de juin).

La Sarre, premier État parmi les länder allemands à avoir introduit, en 1992, le français comme première langue obligatoire dans les écoles primaires, a entrepris ces dernières années des efforts pour contrecarrer cette évolution. Affaire à suivre.

Le Frankreichzentrum de l'Université de la Sarre, un des quatre centres d'études et de recherches sur la France en Allemagne (avec ceux de Freiburg, Leipzig et Berlin), a organisé en juin 1998 un colloque franco-allemand sur "La place des femmes dans les sciences en France et en Allemagne".

Horizons francophones

L'intérêt pour la Francophonie et, en particulier pour les littératures et cultures francophones hors d'Europe, longtemps négligées dans l'enseignement secondaire et universitaire en Allemagne, continue à progresser. En témoignent le numéro thématique de la revue de l'Association des professeurs allemands de français, *Französisch heute,* de mars 1999, consacré à la francophonie africaine ou le thème de l'université d'été organisée en août 1999 par le Frankreichzentrum de l'Université de Freiburg, "La France et la francophonie". Plusieurs sections du premier congrès de la nouvelle Association des Franko-Romanistes en Allemagne, qui a eu lieu à l'Université de Mainz du 23 au 26 septembre 1998 avec plus de 250 participants, ont été consacrées à la francophonie (entre autres, à la Belgique et aux nouvelles recherches sur les littératures africaines d'expression française). L'Université de Saarbrücken a créé, en juin 1999, un Centre d'études interculturelles sur le Québec et la francophonie nord-américaine, inauguré au début du semestre d'hiver 1999/2000. Il profitera des programmes d'échanges et de coopération existant entre l'Université de Saarbrücken, l'Université Laval, l'Université de l'Alberta et l'Université du Québec à Rimouski. Enfin, la création d'une nouvelle filière d'études francophones, qui débutera en l'an 2000, a été décidée à l'instigation du professeur J. Riesz, à l'Université de Bayreuth, qui a une longue tradition de recherche et d'enseignement dans le domaine notamment des littératures africaines d'expression française.

CHINE

Xueying DING
Université des langues étrangères de Beijing
xyding@public.bta.net.cn

La francophonie en Chine en 1999 est surtout marquée par des événements culturels. Une grande fête a été organisée en commémoration du bicentenaire de Honoré de Balzac à l'Université des langues étrangères de Beijing. Les ambassadeurs de France, de Belgique et du Canada en étaient les invités d'honneur.

Balzac est l'un des écrivains français les plus connus en Chine. La maison d'édition Littérature du Peuple a publié la traduction de toutes les œuvres de *La Comédie humaine,* dont *Eugénie Grandet, Peau de Chagrin, Le Père Goriot.* Malgré la différence linguistique et culturelle, les Chinois comme les Français ont le même respect pour ce grand écrivain. La fête s'est terminée en soirée par la projection du film *Balzac,* dont le rôle-titre est interprété par Gérard Depardieu. Ce qui a fait le plus grand plaisir des étudiants chinois, c'est la présence de cet acteur français qui a été très touché par les applaudissements et les ovations des jeunes Chinois.

Sur scène, les acteurs chinois ont monté une pièce de théâtre intitulé *Madame Curie.* On voulait y présenter Marie Curie comme une grande scientifique de renommée internationale, mais aussi en tant que femme et mère.

La francophonie en Chine connaît aussi la diversité. Le Centre de documentation suisse, qui se trouve dans le Département d'études françaises de l'Université des langues

Le Théâtre de Shanghai construit par l'architecte français Jean-Marie Charpentier, novembre 1998.

étrangères de Beijing, fonctionne très bien et organise souvent des activités culturelles. Le Centre d'études canadiennes et québécoises accueille en semaine beaucoup d'étudiants chinois. Le Département d'études françaises maintient depuis 1991 un échange régulier de professeurs avec le Département de sciences politiques de l'Université de Montréal. Un cours sur le Canada et le Québec est ouvert aux étudiants du 2e cycle.

L'enseignement du français connaît un progrès considérable. Cet été, l'effectif du nouveau recrutement des étudiants universitaires pour la spécialité "langue française" augmentera certainement. Le Département d'études françaises de l'Université des langues étrangères de Beijing accueillera une classe de plus en automne prochain. Et dans certaines écoles privées, on peut également s'inscrire en études de langue française. Les étudiants du département d'anglais choisissent toujours le français comme seconde langue étrangère. Non seulement il y a des cours de formation continue en semaine, mais aussi des cours les samedi et dimanche. Les étudiants sont en particulier des jeunes ayant déjà un bon poste dans une société de capitaux mixtes; ils travaillent fort en semaine et renoncent au repos pour apprendre le français. On peut dire que le français reste toujours une langue étrangère très importante en Chine.

CORÉE

Professeur Yoon-Soo WON
Directeur du Centre de recherches
sur la francophonie en Corée, Séoul

L'enseignement des sciences humaines en Corée se trouve aujourd'hui confronté à de nouvelles difficultés. Notamment, nous assistons à une diminution relative de l'enseignement des langues étrangères. Celles-ci sont pourtant les clés d'une ouverture au monde selon des impératifs de diversification. Cette situation s'est aggravée du fait de la crise économique qui exige que les nouveaux acteurs sociaux soient encore plus pragmatiques et performants. À mesure que tout est réévalué en termes de rentabilité immédiate, on se sent obligé de maîtriser le plus vite possible les technologies de pointe sans tenir compte de tous les enjeux d'un développement économique diversifié et de la visée de l'évolution des sciences biologiques. La globalisation, mot d'ordre de notre époque, régit malheureusement notre pays comme le vôtre.

Cependant, l'épreuve de la crise nous a offert une précieuse occasion de confirmer la légitimité de notre Centre de recherches sur la francophonie. Depuis sa fondation en 1989, on n'y a cessé de se demander quelles étaient les nouvelles valeurs à mettre en exergue. Bien qu'en phase de tâtonnement, nous prenons conscience qu'elles ne seront suscitées que grâce à une harmonisation entre imagination et raison, bref, à travers un jugement équilibré que l'on peut porter sur la vie à notre époque. C'est donc afin de promouvoir la diversité culturelle et de favoriser les échanges d'informations et de personnes dans la mouvance francophone que notre Centre organise chaque année une demi-douzaine de conférences et publie *La Revue d'études francophones*, qui en est aujourd'hui à son huitième numéro. Il ne faut pas oublier de mentionner que deux recherches sont en cours pour motiver les étudiants et les chercheurs: elles portent respectivement sur les conséquences sociocritiques de la langue et sur une conception erronée de la globalisation. Notons également que, dans le cadre des activités du Centre, les chercheurs ont activement participé à de nombreuses rencontres à l'étranger et que nous essayons de former dans divers domaines, tels que langue, littérature, arts, histoire, société, politique et économie, un groupe d'experts qui présentera la culture coréenne au sein de la Francophonie.

Notre centre n'est pas seulement une fenêtre ouverte sur les cultures francophones, mais encore, il est un miroir qui nous reflète et qui nous aide à mieux nous préparer aux défis du monde futur. C'est ainsi que le Centre de recherches sur la francophonie répond à l'idéal que poursuit l'Université, idéal de servir de rempart contre les dangers d'uniformisation et donc de déshumanisation, provoqués par un climat social qui nous amène à rechercher, dans tous les secteurs d'activités, productivité et efficacité.

AUSTRALIE

Peter BROWN
Australian National University, Canberra
peter.brown@anu.edu.au

L'année des explorateurs

En 1800, le navigateur français Nicolas Baudin publie le récit de son *Voyage de découverte aux terres australes* (Nouvelle-Hollande, Nouvelle-Galle du Sud, etc.). L'Imprimerie nationale française le réédite à l'occasion du bicentenaire. Le gouvernement français crée des bourses Baudin (100 000 FF au total par an) pour permettre à 12 étudiants australiens de passer leur année de licence 1999/2000 dans une université française.

En l'année du référendum sur l'avenir constitutionnel (nov. 1999), l'Australie va-t-elle devenir République? Ce n'est donc pas le seul Capitaine Cook qui hante encore les esprits deux cents ans après la colonisation européenne, bien que la Bibliothèque nationale d'Australie se lance dans un grand projet de mettre le tout Cook sur CD-Rom.

Il y a également eu toute une suite d'expositions mettant en valeur l'apport français aux origines européennes du pays. Ainsi, après un passage par le Musée de Sydney, une belle exposition intitulée "Terre Napoléon: Australia Through French Eyes" (L'Australie vue à travers le regard des Français) est montée en 1999 par la Bibliothèque Nationale. Il s'agit d'une présentation d'une cinquantaine de dessins et d'aquarelles, œuvres de Charles Lesueur et de Nicolas-Martin Petit, et de manuscrits de

l'expédition Baudin provenant du Musée d'histoire naturelle du Havre, qui reviennent en Australie pour la première fois après deux siècles.

La Bibliothèque de New South Wales a également rendu hommage aux explorateurs français du Pacifique, lors de l'exposition de "De Wallis à Baudin 1766-1804" (août-nov. 1998), au moment même où la chaîne hôtelière française Ibis a inauguré son deuxième hôtel à Sydney et son sixième en Australie. En Australie-Occidentale, le Musée maritime archéologique de Fremantle se sert des rayons x pour essayer de déchiffrer et de déceler le parchemin qu'aurait contenu une bouteille enterrée en 1772 par des marins français réclamant ce territoire au nom de la France...

C'est dire si une vieille histoire reste actuelle. D'ailleurs, les influences françaises ne s'arrêtent pas sur les côtes. En témoigne dans le domaine artistique l'exposition faisant ressortir l'influence de Cézanne sur les artistes australiens du 20e siècle, qui a servi de contrepoint à la grande exposition (82 œuvres) du peintre français qui s'est déroulée fin 1998-début 1999 dans les villes de Sydney et de Melbourne, alors que la société multinationale Sara Lee annonce son intention de faire la donation au Musée national d'Australie du tableau d'Alfred Sisley *Un sentier aux Sablons* (1883).

Relations au beau fixe

Les ambiguïtés de l'Australie vis-à-vis de la culture française – l'attirance envers ce qui aurait pu être la sienne en même temps que le soulagement que cela n'en soit pas ainsi – semblent être toujours de mise. Mais il est évident que les relations actuelles sont au beau fixe: en même temps que l'Australie se souvient de l'apport des Français à son passé, la France décerne la Légion d'honneur à tous les Anciens Combattants australiens de la Grande Guerre. On ne saurait négliger l'impact qui se fait sentir encore sur les relations entre les deux pays du fait que 180 000 volontaires australiens ont combattu sur le front de la Somme, où le tiers d'entre eux a péri.

Dans une sphère très différente, la réunion annuelle franco-australienne pour la

coopération scientifique a eu une raison particulière de se réjouir des activités entreprises conjointement, car une équipe de scientifiques des deux pays a annoncé la découverte d'un énorme gisement d'hydrates et de gaz d'une surface de 25 000 km, se situant sur la frontière maritime entre l'Australie et la Nouvelle-Calédonie. Ce concours chez les riverains du Pacifique semble concrétiser les nouvelles donnes de la région après l'accord de Nouméa en 1998. À ce sujet, dans l'édition, une recrudescence d'échanges entre l'Australie et la Nouvelle-Calédonie a lieu en 1999-2000 dans le cadre des Olympiades culturelles programmées en Nouvelle-Calédonie, où se rendent six écrivains australiens en 1999, après que l'auteur australien David Malouf (Prix Fémina étranger 1991) – francophone de surcroît – a été l'invité d'honneur de la deuxième Semaine du livre français et océanien de Sydney (nov. 1998).

Ces rapprochements font écho à d'autres, suspendus lors de la reprise des essais nucléaires français en 1995, à travers les jumelages et "pactes d'amitiés", déjà effectués ou programmés, de villes australiennes et françaises (Sydney-Paris; Brisbane-Nice; Canberra-Versailles) et la suppression des visas entre l'Australie et la France. L'année 1998, qui a vu annoncer un projet de TGV (inauguration prévue en 2003) sur les 300 km reliant Sydney et la capitale Canberra au coût de 3,5 milliards de dollars, a aussi été celle du centenaire de la Chambre de commerce française, rejoignant ainsi sept autres centenaires français en Australie tels que la BNP (ou des banques la précédant) et l'Alliance française. Cette dernière est là pour témoigner qu'on a observé un accroissement des apprenants du français de 40% en février 1999 par rapport à février 1998 dans presque tous les grands centres de l'Alliance. D'ailleurs, les effectifs de l'École bilingue bi-nationale, Telopea Park School (Canberra) continuent à augmenter, nécessitant pour la première fois d'ouvrir une deuxième classe dans la filière française en collège. L'école a reçu la visite en août 1999 de Jean Duverger, spécialiste du bilinguisme, et auteur de l'ouvrage intitulé *L'Enseignement bilingue aujourd'hui* (1996), venu faire un rapport sur les particularités (double cursus national: australien et français) de l'établissement pour le ministère de l'Éducation nationale en France.

Dans les écoles et lycées, le français reste globalement la deuxième langue étudiée après le japonais (tous niveaux confondus), alors que, dans les universités, le nombre des inscrits est aussi stable sinon en hausse. Si seulement on pouvait en dire autant du personnel enseignant, sur qui la crise budgétaire et une politique de commercialisation et de corporatisation des universités n'ont de cesse de sévir. Les universitaires, du moins ceux qui restent, ne chôment pas.

Colloques et congrès

La ville de Melbourne a organisé une semaine Mallarmé (colloque, expositions, musique, etc.) en octobre 1998 pour fêter le centenaire de la mort du poète français ainsi que le siècle de création artistique qui a hérité de son génie. Les invités étrangers, mallarméistes notables (Mary-Anne Cawes (É-U), Michel Deguy et Jean-Luc Steinmetz (France), etc.), ont confirmé les propos de Bertrand Marchal, éditeur de la nouvelle édition des *Œuvres complètes* (Gallimard 1998) du poète, selon lesquels l'Australie est "le deuxième pays de Mallarmé", se référant aux études de Chris Brennan, A. R. Chisholm, Lloyd Austin, Gardner Davies, Ross Chambers, James Lawler, etc. D'ailleurs, la "nouvelle génération" n'a pas manqué au rendez-vous par la présence de l'organisatrice du colloque, Jill Anderson, et de Peter Brown, dont le livre sur le poète, *Stéphane Mallarmé et l'écriture en mode mineur*, venait de paraître aux Éditions Minard.

Colloque "Repenser les processus créateurs" à l'Université de Sydney (février 1999), où l'un des invités d'honneur, Philippe Djian, a justement parlé de ses propres processus créateurs avant de s'installer dans la salle pour voir *37,2 le matin* à côté des autres intervenants nombreux venus d'Australie, d'Angleterre, de France, des États-Unis, d'Asie, d'Afrique et du Canada. Le Cirque du Soleil (Québec), avec son spectacle "Saltimbanco", dirigé par Hélène Larivée, a été l'invité d'honneur au Festival de Sydney avant de partir en tournée à travers le pays. Et dans un autre registre, il faut évoquer le colloque (fin mars), fort intéressant, "Alexis de Tocqueville et la démocratie en Australie" qui, à deux pas du parlement à Canberra, a stimulé la réflexion sur le passé et le présent de notre pays.

L'Université de Sydney accueille en septembre 1999 le 7e colloque de l'Australian Society for French Studies, axé sur l'état actuel des études françaises entre traductions et transitions culturelles. Ce colloque est programmé juste après celui organisé au sein de la même université sur les relations Australie/Asie/Europe à l'aube du troisième millénaire. La ville, s'apprête à être le site des Jeux olympiques (bilingues anglais-français) de l'an 2000. La première ville d'Australie fondée par les navigateurs-colons du 18e siècle – et, à cet égard, emblématique du pays moderne dans son ensemble –, s'interroge ainsi sur sa place dans le monde comme sur la place du monde sur cette terre australe où l'image de la France semble loin d'être effacée.

NOUVELLE-ZÉLANDE

Myreille PAWLIEZ
Université Victoria à Wellington
myreille.pawliez@vuw.ac.nz

Épisodiquement, les journaux et maga-zines néo-zélandais commentent avec humour qu'Aotearoa, le pays du long nuage blanc, aurait pu devenir terre française. Cette boutade rappelle qu'à quelque six mois près, les Français auraient devancé les Britanniques pour la colonisation de ce territoire peuplé de Polynésiens depuis le neuvième siècle. Plus de 200 ans d'écrits précisent le lien entre la France et la Nouvelle-Zélande.

Les premiers écrits en français sur la Nouvelle-Zélande datent du dix-huitième siècle alors que les navigateurs français explorant les mers du Sud inscrivaient leurs découvertes scientifiques et leurs réflexions dans leur carnet de bord ou leur journal. Les notes de voyage de Surville en 1769, de Duperrey en 1824 et de Dumont d'Urville en 1824, 1827 et 1840, incluaient d'importantes informations scientifiques sur le pays au commencement de sa colonisation. Les écrits de Dumont d'Urville témoignaient également de la culture maorie dont il avait noté entre 1827 et 1840 l'évolution au contact des Européens.

À partir des années 1830, l'intérêt scientifique de la France décrut au profit de l'expansion commerciale. Prospecteurs et baleiniers français mouillaient de plus en plus fréquemment dans les eaux territoriales de la Nouvelle-Zélande, colons et missionnaires français s'ins-tallaient en petit nombre dans la baie de Hokianga et dans la baie des Îles. En 1838, Langlois et Lavaud arrivaient dans la péninsule de Banks, pensant y établir une colonie française. L'évêque Pompallier établissait la mission de la baie des Îles en 1839 et Suzanne Aubert commençait en 1860 son œuvre charitable. Les prêtres français catholiques faisaient part de leurs expériences dans *Les Annales de la propagation de la Foi*.

Ce sont dans ces écrits des explorateurs, des baleiniers, des colons et des missionnaires que les historiens contemporains, spécia-listes des contacts entre la France et la Nou-velle-Zélande, puisent pour faire revivre ce passé relativement récent mais peu connu. On peut citer en particulier les travaux éru-dits de John Dunmore, l'un des premiers à avoir étudié les archives françaises et néo-zélandaises, déterrant les manuscrits de nombreux voyageurs français. Sa recherche fouillée de l'exploration française dans le Pacifique Sud, qui a commencé dans les années soixante, est pour la plupart publiée en anglais. Toutefois, Payot a publié en fran-çais un de ses ouvrages en 1996: *La Pérouse, explorateur du Pacifique*. Un autre ouvrage notable est celui de Peter Tremewan, qui retrace en anglais dans *French Akaroa* (Uni-versity of Canterbury Press, 1990) la tenta-tive manquée de colonisation française de la péninsule de Banks dans l'île du Sud. Plus récemment, l'historienne Jessie Munro a fait revivre la religieuse française catholi-que devenue légendaire en Nouvelle-Zélande pour son dévouement pour les pauvres et les marginaux dans une brillante biographie pour laquelle l'auteur a reçu le prix Montana du meilleur ouvrage de l'an-née: *The Story of Mother Aubert* (Auckland University Press, 1996).

D'autres chercheurs ont également contri-bué à une meilleure connaissance du fait français en Nouvelle-Zélande en traduisant certains écrits historiques. Ainsi, Carol Legge a traduit en anglais le roman ethnographique inédit que Dumont d'Urville avait écrit en 1824-25 sur son premier sé-jour de deux semaines dans la baie des Îles (*The New Zealanders: a story of austral land*, Victoria University Press, 1992) et Christiane Mortelier a traduit en anglais les mémoires du docteur Louis Thiercelier (*Travels in Oceania: memoirs of a whaling ship's doctor*, University of Otago Press, 1995).

D'autres travaux ont été effectués sur la langue. Le *Dictionnaire néo-zélandais–français* de Ewen Jones et Myreille Pawliez, publié en 1998 par L'Harmattan, recense le fonds lexical néo-zélandais, apportant en français une dimension géographique, zoologique et botanique, humaine, historique et culturelle à la Nouvelle-

Zélande. À la fois linguistique et encyclopédique, ce dictionnaire bilingue présente des dessins, des notes culturelles et des citations tirées de textes français historiques et contemporains pour aider à mieux cerner en français les termes et expressions typiques. Des synthèses sur les langues et l'histoire de la Nouvelle-Zélande et une bibliographie exhaustive des ouvrages en français sur la Nouvelle-Zélande complètent le lexique.

Les études françaises prennent de l'envergure dans les universités. Deux revues universitaires consacrées aux études françaises ont vu le jour dans les années 80. *The New Zealand Journal of French Studies,* publié semestriellement par le Département des langues de l'université Massey depuis 1980, offre des analyses littéraires, linguistiques et historiques en anglais ou en français ainsi que des critiques de livres. *Antipodes,* imprimé annuellement par l'université de l'Otago depuis 1995, propose des articles en anglais ou en français relatifs aux relations passées ou présentes entre certains pays francophones et la Nouvelle-Zélande.

Dans le domaine de la littérature, dès 1946, *Cet été-là* de Frank Sargeson, auteur néo-zélandais, était publié en France. Mais l'auteur néo-zélandais le plus traduit en français est sans doute Katherine Mansfield, Wellingtonnienne expatriée et morte en France, en 1923. Un an après la parution en livre de poche de *La Garden Party,* Stock fait publier en français son œuvre romanesque en 1966. D'autres ouvrages en français sortiront au cours des décennies suivantes: *Journal* (Stock, 1932, 1950, 1973), *Félicité* (Stock, 10/18, 1966), *L'Aloès* (Presses Pocket, bilingue, 1987), *Sur la baie* (Livre de poche, bilingue, 1988), *La Journée de Mr Reginald Peacock* (Livre de poche, 1990). De plus, Jean-Pierre Durix a traduit *Tangi* de Witi Ihimaera (Belfond, 1988), et les romans de Janet Frame ont été nombreux à paraître en français: *Ma terre, mon île* (Les Belles lettres, 1982), *La Chambre close* (Alinéa, 1986), *Parmi les buissons de matagouri* (Hommes et Groupes éditeurs, 1986), *Poussière et lumière du jour* (éditions Joëlle Losfeld, 1995), *Le Jardin aveugle* (éditions Joëlle Losfeld, 1998). Flammarion a publié de Keri Hulme en 1996 *The Bone People ou les Hommes du long nuage blanc,* P.O.L. *Je ne suis pas ce corps* de C.K. Stead en 1993, Actes Sud *Découvertes* d'Elspeth Sandys en 1997 et *Nuit de casse* d'Alan Duff en 1997, *Arléa Potiki, l'homme-amour* de Patricia Grace en 1993. Deux romans de l'auteur connu de livres pour enfants, Margaret Mahy, sont sortis en France chez Gallimard: *L'Enlèvement de la bibliothécaire* et *Les Ensorceleurs,* en 1983 et 1989 respectivement.

Outre ces traductions, on observe que les guides touristiques en langue française sur la Nouvelle-Zélande se multiplient: *Silva* (1985), *Olizane* (1990), *Lonely Planet* (1994), *Le Petit Futé* (1997), *Chantecler* (1998). Certains magazines francophones à grand tirage ont consacré une part à la Nouvelle-Zélande (tels que *Géo* numéro 15 en 1980, *Animan, nature et civilisation* numéro 7 en 1987, *Des pays et des hommes* numéro 32 en 1990, *Voyages magazine* numéro 8 en 1992, *Géo* numéro 213 en 1996). De même, les magazines en français font plus souvent qu'auparavant mention de la Nouvelle-Zélande, particulièrement en matière économique et sociale et, bien sûr, pour ce qui a trait au rugby. Il faut aussi mentionner que les éditions Atlas ont traduit le livre de David Lewis sur les Maoris en 1983.

On remarque en outre que les études néo-zélandaises sont apparues dans certaines universités en France au sein de départements d'anglais: Rennes, Nice, Dijon, Nanterre, Avignon. Par exemple, Georges-Goulven Le Cam a publié, en 1996, *L'Australie et la Nouvelle-Zélande* (Presses universitaires de Rennes).

Ainsi, deux siècles après les premiers écrits des aventuriers français dans le Pacifique Sud, la recherche des universitaires néo-zélandais dans les domaines de l'histoire, de la linguistique et de la littérature axés sur les liens entre la France, la Nouvelle-Zélande et le Pacifique Sud prend un essor considérable à partir de la deuxième moitié des années 80. La médaille John Dunmore de la Fédération des Alliances françaises en Nouvelle-Zélande, décernée annuellement depuis 1984 pour un travail de recherche d'envergure contribuant à la connaissance de la présence et du rôle français dans le Pacifique Sud, entérine cette envolée. D'autre part, les publications et les traductions en français sur la Nouvelle-Zélande, de plus en plus nombreuses, portent à croire que l'intérêt des Français et des francophones pour ce petit pays des antipodes s'accroît depuis les années 80. Le troisième millénaire verra-t-il un rapprochement culturel accru entre la Nouvelle-Zélande (et le Pacifique Sud) et la France (et le monde francophone)?

AMÉRIQUE LATINE

Esther BERMEJO DE CRESPO
Université catholique de l'Équateur
hcrespo@compuserve.com

LE FRANÇAIS ET L'AMÉRIQUE LATINE, ENTRE AMOUR, AMOURETTES ET ABANDONS

Depuis le siècle dernier, le français, langue de pres-
tige, de culture, de diplomatie, a été enseigné dans les écoles religieuses dont les sœurs et prêtres venaient d'Europe. Langue de la science, tous
les médecins devaient la connaître puisque la bibliographie actualisée dans
leurs disciplines était écrite en français. Souvent, les gens fortunés vivaient
une partie de l'année en Europe, principalement à Paris. Mais ces fortunes
se sont épuisées petit à petit, les séjours dans les résidences françaises ont
pris fin. Le prestige de Sèvres, Baccarat, Limoges, Lalique, s'est transporté
après la Deuxième Guerre mondiale sur General Electric, Westinghouse,
Frigidaire. L'"american way of life" a touché la vie latino-américaine et,
avec lui, l'influence des États-Unis et de l'anglais dans des domaines qui
auparavant étaient réservés à la France. Restent, sans doute, les parfums,
le champagne, la haute couture, Ariane, et quelques autres. Heureusement,
la francophonie suscite un nouvel intérêt.

Politique et enseignement

Il n'y a pas eu de politique linguistique bien définie en ce qui concernait l'enseignement des langues étrangères. En principe, une langue étrangère est enseignée dans le secondaire mais la place y est souvent réservée, depuis longtemps, à l'anglais; parfois, grâce aux efforts de professeurs de français militants et à l'action de la France, on a réussi à ce que la langue étrangère puisse être choisie par les étudiants. Dans ce cas le choix se fait entre l'anglais et le français, mais il faut que les lycées comptent avec un budget qui leur permette de faire face aux dépenses qu'implique en professorat, espace et temps, l'enseignement d'une deuxième langue étrangère. Lorsque la décision est prise et ces difficultés vaincues, les professeurs de français mènent une "campagne" de sensibilisation auprès des parents d'élèves afin qu'ils choisissent le français pour leurs enfants.

On comprend ainsi pourquoi les rapports entre les pays de l'Amérique latine et la France ont une influence décisive sur l'enseignement du français; les va-et-vient de la politique, les rapports entre les gouvernements, les critères des autorités responsables de l'éducation, les liens commerciaux et les projets de développement, se répercutent sur la place réservée à l'enseignement du français. Le voyage du

général de Gaulle en Amérique latine, dans les années soixante, a eu des retombées importantes pour le français. Malheureusement, l'effort de la France n'a pas été suivi: d'autres "marchés" ont été privilégiés, telle la Chine, puis le tour est venu de l'Europe de l'Est et du Vietnam. Sans parler de l'effort qu'a représenté pour la France et les pays et régions francophones la mise sur pied d'une francophonie solide.

Pourquoi le français en Amérique latine? Dans quel but? Souvent des interlocuteurs latino-américains, sceptiques, nous le demandent. Pour eux, l'anglais ouvre toutes les portes, permet de communiquer avec qui que ce soit. Néanmoins, depuis des années, un grand nombre de Latino américains sont conscients que la présence d'un seul interlocuteur étranger est néfaste. Les périls de l'uniformisation, dûs à la mondialisation, nous les avions prévus. Nous savons qu'il faut lutter pour maintenir sa place dans le contexte universel, en gardant son identité, ses particularités, et contribuer à ce que cette diversité, riche et nécessaire, subsiste et se développe.

Pourquoi donc le français en Amérique latine? Et bien parce qu'il nous ouvre les portes de toute une francophonie riche d'expériences, de cultures, de savoir-faire. Parce que la France fait partie de notre identité; son histoire, son droit, sa culture ont abreuvé les nôtres. La connaître nous permet de mieux nous connaître nous-mê-

Économie et enseignement

Des nouveaux liens paraissent vouloir se nouer. Jacques Chirac, accompagné d'hommes d'affaires a fait, en 1997, un voyage dans les pays du MERCOSUR. Deux accords ont été signés entre la France et le Chili, dont l'un en matière d'éducation. Le groupe Suez-Lyonnaise des Eaux (SLE) a remporté un contrat de distribution d'eau et d'assainissement en Bolivie dans la ville de la Paz et sa banlieue. Peugeot va renforcer son implantation industrielle en Argentine de même qu'au Brésil. Nous souhaitons vivement que ces accords profitent aux deux régions et nous espérons qu'ils auront des retombées pour la présence de la France en Amérique latine et vice-versa, non seulement du point de vue commercial. Nous souhaitons que ces nouveaux projets, et d'autres encore, permettent de développer le français des affaires et que l'on puisse dépasser la situation qui a fait dire à Annie Monnerie, en ce qui concerne l'apprentissage du français dans le monde: "Depuis une dizaine d'années, le français du tourisme s'est développé. Mais parler d'un français des affaires, cela fait encore sourire. Cela continuera tant que les entreprises rougiront d'être françaises.[1]"

Car en général, les chefs d'entreprises françaises n'exigent pas de leurs employés à l'étranger la connaissance du français et la correspondance, même en Amérique latine, s'y fait souvent en anglais. C'est rassurant de lire[2] que M. Gérard Pélisson, président du groupe ACCOR, pourrait recevoir le "Mercaticien d'or", créé pour honorer des responsables d'entreprises qui ont fait le choix de "vivre l'aventure du français dans une stratégie de plurilinguisme", lui qui récompense les employés de son groupe qui parlent français dans les hôtels implantés à l'étranger.

Aujourd'hui, l'économisme domine tout. Seulement quand des liens économiques se noueront fermement, la culture, la littérature, les arts pourront récupérer leur place. Des programmes de Licence en langues étrangères qui visent les affaires, les

mes. Et il faut la connaître dans sa propre langue, car elle seule est capable de nous dévoiler son savoir-être.

relations internationales et les rapports avec l'Union européenne se sont créés où le français devrait, d'après nous, tenir une place de tout premier ordre. Car si l'Espagne est devenue en quelque sorte le porte-parole de l'Amérique latine dans l'Union européenne, la France, elle, peut y jouer un rôle important en tant qu'interlocuteur privilégié. Des problèmes sont suscités, que l'Amérique latine ressent négativement: entre autres, depuis quelques années, la politique que la France mène dans le cadre du marché bananier face au produit latino-américain et que le grand public voit comme une agression directe. Même si, d'après les responsables, il s'agit d'une lutte contre les multinationales états-uniennes, contre l'exploitation et les bas prix que celles-ci paient aux agriculteurs latino-américains et, d'autre part, de la protection du produit en provenance des DOM-TOM et des anciennes colonies, le résultat final est le même: les pays bananiers de la région auront des problèmes d'écoulement de leur produit et, par là, stagnation et appauvrissement d'une partie de leur population la plus pauvre.

À la suite du passage de l'ouragan Mitch en Amérique centrale, le président Chirac a été le premier homme d'État étranger à se rendre sur les lieux de la catastrophe et il a annoncé l'effacement de la totalité de la dette bilatérale publique sur les pays dévastés. En outre, une importante aide a été apportée par la France dans les régions les plus touchées.

Une année après la visite du président mexicain Ernesto Zédillo en France, le président Chirac s'est rendu au Mexique en novembre 1998. Depuis que le Mexique est entré dans l'ALENA –Traité de libre commerce entre le Mexique, les États-Unis et le Canada –, les échanges entre le Mexique et les pays européens se sont sensiblement réduits. Les deux présidents ont signé une déclaration commune sur la diversité culturelle qui montre le souci des deux gouvernements envers les conséquences d'une globalisation mal conçue.

---

[1] Béatrice Jerôme, "Entretien avec Annie Monnerie-Goarin", dans *Le Monde de l'Éducation*, mensuel, n° 239, juillet-août 1996.
[2] Marie-Aimée Randot Schell, "Le Mot d'or 1997. Le français des affaires", *L'Année francophone internationale*, 1998, pp. 341-343.

En mars 1999, la BID (Banque interaméricaine de développement) a tenu pour la première fois son Assemblée des gouverneurs à Paris. Plusieurs séminaires étaient organisés, dont un, "Culture et Développement", qui a permis d'insister sur l'importance de la culture des peuples lors de la conception et de l'exécution des projets de développement. Plusieurs présidents, anciens présidents et ministres de pays latino-américains étaient présents. À cette occasion, d'importantes manifestations culturelles latino-américaines ont eu lieu à Paris, d'autres se réaliseront à Paris et en France jusqu'à la fin de ce millénaire. Cinéma, théâtre, danse, littérature, expositions, concerts permettent de faire connaître en France les multiples aspects de la culture latino-américaine.

Nous espérons que tous ces efforts auront des retombées importantes car, depuis plusieurs années déjà, le français en Amérique latine ne se porte pas très bien: c'est, avec l'Europe, la région du monde où il est en régression. Dans le cadre du MERCOSUR, par exemple, les gouvernements ont décidé que la première langue étrangère enseignée dans les pays hispanophones serait le portugais et au Brésil, l'espagnol. Ceci pose de nouveaux problèmes à l'enseignement du français dans ces pays puisqu'il ne pourrait plus être la deuxième langue étrangère enseignée mais bien la troisième. En Argentine, quelques Alliances françaises se sont vues contraintes de réduire leur personnel enseignant à cause de la diminution du nombre d'élèves, ce qui les a obligées à créer de nouvelles stratégies; des contrats avec des entités universitaires ou commerciales ont été signés dont il faudra étudier les retombées *a posteriori*. Au Brésil, l'enseignement du français diminue aussi mais un autre problème s'y ajoute, car la diminution progressive du nombre d'étudiants de français venant de loin, les professeurs de cette discipline se sont reconvertis et une pénurie de professeurs de français se fait déjà sentir. La formation de nouveaux professeurs est restreinte, les étudiants ne souhaitant pas devenir professeurs de français dans un marché du travail si peu stable.

Ailleurs, la situation paraît s'améliorer. En République Dominicaine, un décret de 1995 a donné au français le même statut que l'anglais. Au Venezuela, le français a été réintroduit dans le secondaire. Le président Chavez, avant même d'être officiellement investi et dans le cadre d'une tournée qu'il a entreprise en Europe, est venu à Paris et a été reçu par le président Chirac qui lui a promis, entre autres, l'envoi d'un expert financier de haut niveau afin d'étudier les modalités de la conclusion d'un accord bilatéral de promotion et de protection des investissements.

En Équateur, au mois de juin 1998, le ministère de l'Éducation a émis une disposition par laquelle le français devenait la deuxième langue étrangère obligatoire dans les établissements d'enseignement secondaire de l'État. Un grand débat s'est entamé. Des voix se sont fait entendre appuyant la décision, d'autres la décriant, les uns suggérant d'enseigner plutôt le quechua, langue majoritaire des Indiens du pays, d'autres encore pensant qu'il vaudrait mieux renforcer l'enseignement de l'espagnol.

Tant qu'il n'y aura pas de débouchés pour les jeunes connaissant le français, sa situation en Amérique latine continuera à être précaire. Mais à la suite des nouvelles actions et des rapports qui semblent s'établir, un nouvel espoir peut renaître.

L'enseignement en français

Depuis quelques années, des expériences se font dans ce cadre. Le département de français de l'Université catholique de l'Équateur, à Quito, a créé avec succès une licence (4 ans) en relations internationales dont quelques-unes des matières se donnent en français. Un programme similaire a commencé à l'Université catholique de Guayaquil, ainsi qu'au Chili et tout récemment en Argentine. Celui-ci a été présenté par François Eldin, représentant de la communauté d'affaires française en Argentine, lors des SEDIFRALE de Cochabamba, en Bolivie. Vingt entreprises françaises et argentines financent une filière franco-argentine bidiplômante de 2e cycle pour l'enseignement de l'économie et de la gestion, qui formera une promotion annuelle de 60 gestionnaires à l'université Salvador de Buenos Aires. Par ailleurs, l'AUPELF a reçu plusieurs propositions de nouvelles filières, dont la plus avancée est le projet d'une filière francophone en biologie à l'Université de la Havane à Cuba.

Les SEDIFRALE

Ces Sessions pour Didacticiens et Chercheurs en Français Langue étrangère ont réussi, grâce à la ténacité des professionnels latino-américains, à leurs universités, aux associations et à l'aide des gouvernements francophones, à fêter leurs vingt années d'existence à Puebla, au Mexique en juin 1999, après la session de Cochabamba, en Bolivie en novembre 1997. Elles permettent de faire évoluer l'enseignement, d'échanger des idées, de connaître l'état des recherches, et surtout de se sentir épaulés, solidaires. Souvent, après les SEDIFRALE, le français se porte mieux dans le pays qui les a accueillies, car elles permettent aussi une réflexion des décideurs dans le cadre de l'éducation.

Plus de 800 congressistes étaient réunis au Mexique qui apprécièrent particulièrement les ateliers concrets (informatique, phonétique pratique, etc.) souvent animés par des Québécois. Les prochaines sessions sont prévues à Rio en 2001.

La francophonie en Amérique Latine

Le concept de "Francophonie" en Amérique latine n'est pas encore suffisamment connu. Depuis les années 70, plusieurs actions de l'AUPELF ont tout mis en œuvre pour que des liens se nouent entre les pays d'Amérique latine et les pays et régions francophones. Quelques chaires de littératures d'expression française et de civilisations francophones se sont créées, des thèses de doctorat ont été soutenues, souvent publiées, principalement au Brésil. Un séminaire de professeurs latino-américains de littérature a eu lieu à l'Université de Dakar avec grand succès. Mais la décennie passée n'a pas permis d'établir les liens sud-sud tant souhaités qui auraient dû donner des fondements solides pour des rapports de longue durée. En Argentine, en juillet 1998, dans le cadre de l'ICOM/SUR-UNESCO, a eu lieu la *Primer encuentro Africa-América Latina: hacia un nuevo diálogo*. Espérons que ce nouveau dialogue se poursuive, permette une collaboration étroite et des échanges enrichissants pour tous les partenaires.

Les universités québécoises ont beaucoup aidé à établir des rapports solides et durables avec des universités latino-américaines, échanges de professeurs et d'étudiants, groupes de recherches, etc.

Aujourd'hui, la Francophonie paraît plus présente dans le monde: on parle même d'offensive francophone. Son Secrétaire général, M. Boutros Boutros-Ghali, a invité le 20 mars 1998 les responsables des organisations mondiales, dont l'Organisation des États américains (OEA), dans le but d'étudier des possibles modalités de coopération. Sans doute, ce premier pas important permettra de mieux faire connaître la Francophonie en Amérique latine et d'établir un dialogue plus direct avec les pays et les régions ayant le français en partage.

D'autre part, à l'occasion de la Journée de la Francophonie, dans beaucoup de pays de l'Amérique latine, s'est réalisé le concours "Allons en France, 1998". Les lauréats étaient reçus le 14 juillet au Palais Bourbon par le président de l'Assemblée nationale et ont été invités à la réception qui a suivi dans les jardins de l'Élysée. Le président de la République les a reçus, ce qu'ils n'oublieront sans doute jamais, et chacun d'eux deviendra un ambassadeur de la francophonie dans son pays.

Ces actions citées à titre d'exemples sont importantes, mais il faut encore qu'elles soient connues et bien diffusées. Les médias ont un rôle décisif à jouer, les médias francophones mais aussi les latino-américains, qu'il faut conquérir et sensibiliser.

L'avenir est peut-être moins gris que ce à quoi l'on s'attendait: le succès du Mondial de football aura aidé assurément non seulement à changer l'esprit des Français mais à renforcer l'importance de la langue française dans le monde.

Nous souhaiterions tous que la mondialisation, au lieu d'être conçue comme un courant uniformisant, permette surtout de mieux nous connaître, serve à renforcer les identités et à promouvoir le respect des cultures; que l'apprentissage des langues si nécessaire à la meilleure compréhension entre les êtres humains s'y développe et que le début du nouveau millénaire soit vraiment celui de la Culture de Paix tant souhaitée.

IDÉES
ET
ÉVÉNEMENTS

Politique et économie

Langue et littérature françaises

Arts, spectacles et sports

Science, éducation et technologie

Vie institutionnelle et associative

POLITIQUE ET ÉCONOMIE

DYNAMIQUES CONVERGENTES AU MAGHREB, EN AFRIQUE ET AU MOYEN-ORIENT

Mohamed-Séghir BABÈS
Expert-consultant en coopération internationale et
en économie sociale, ancien ministre, Algérie

Au gré des agendas politiques des pays de la région, comme à la conjonction fortuite des destins individuels de certains dirigeants de ces mêmes pays, une trame stratégique inédite est en train de se tisser, apparemment porteuse de tous les espoirs. Relance de la construction du Maghreb, refondation de l'Organisation africaine et reformulation de l'équation de paix au Moyen-Orient sont autant de repères qui éclairent la recomposition des champs politiques maghrébin, africain et moyen-oriental.

Relance de la construction au Maghreb

Le sommet des chefs d'État maghrébins de Zéralda (Algérie, 1988) avait scellé, dans l'enthousiasme des peuples de la région, l'acte fondateur de l'Union du Maghreb Arabe (UMA). Depuis, les sommets de Marrakech (Maroc, 1989), de Ras Lanouf (Libye, 1992) et de Tunis (Tunisie, 1994) n'ont fait que jalonner l'enlisement méthodique d'une démarche d'échec, comme en écho aux calculs politiciens à courte vue des *uns* et des *autres*.

Y. Arafat embrasse le nouveau roi du Maroc, Mohammed VI

Hormis la simple mise en place formelle des institutions statutaires, dont certaines enfantées au forceps, comme le Parlement maghrébin (Mejless Echoura), et qui, au demeurant, n'ont fonctionné que de manière chaotique, aucun des objectifs centraux assignés par la charte de l'UMA, ni aucune des résolutions issues des différents sommets ou autres recommandations des organes spécialisés n'ont connu d'avancée significative.

N'a pu être, de la sorte, concrétisée aucune des mesures ayant trait à l'établissement du marché commun maghrébin, à l'ouverture des frontières et à la libre circulation des personnes ou encore à l'harmonisation de certaines législations d'interface.

Sans conteste, la question du Sahara-Occidental, pomme de discorde récurrente entre l'Algérie et le Maroc, avait fini par miner le processus unitaire maghrébin. La fermeture des frontières suite à l'attentat islamiste de Marrakech (1994) a constitué le point paroxystique de la crise entre les deux pays.

Au surplus, l'affaire Lockerbie et l'embargo contre la Libye qui s'ensuivit avaient passablement nourri la discorde au sein de l'ensemble maghrébin, Tripoli considérant avoir été "lâché" par ses partenaires de l'UMA.

Le résultat dommageable de ce pourrissement fut le gel quasi total des activités de l'UMA depuis maintenant cinq ans.

Or, ne voila-t-il pas que, coup sur coup, la levée partielle des sanctions internationales contre la Libye (5 avril 1999) et, surtout, l'élection d'Abdelaziz Bouteflika à la magistrature suprême en Algérie (15 avril 1999) ont façonné une nouvelle donne régionale, accréditant fortement l'hypothèse d'une réactivation prochaine du cadre unitaire maghrébin.

Dès sa prise de fonctions, et tout en marquant sans équivoque son territoire, Bouteflika allait multiplier les signaux tendant à impulser une mise à plat du contentieux algéro-marocain, tout en indiquant la nécessité de son dépassement.

S'agissant en particulier de la question du Sahara-Occidental, Bouteflika s'est exprimé très clairement. Soulignant à ce propos que, désormais pris en charge par les instances onusiennes et soumis aux mécanismes de règlement et d'arbitrage définis par la communauté internationale, le dossier du Sahara-Occidental devait être découplé de la logique qui détermine les relations bilatérales algéro-marocaines et, *a fortiori*, de celle qui est censée animer l'organisation et le fonctionnement de l'UMA.

À la suite d'un ballet diplomatique conduit par de hauts responsables marocains, Hassan II avait fini par se convaincre de la sincérité et de la pertinence d'une telle démarche. À telle enseigne qu'une rencontre était prévue se tenir incessamment entre Hassan II et Bouteflika, lequel, se rangeant à la courtoisie que commande le droit d'aînesse, se disait prêt à faire le déplacement au Maroc.

Ce déplacement il le fit, certes, mais malheureusement dans les circonstances que l'on sait et que le destin avait voulu autres. Pour mention, Bouteflika a été le premier chef d'État étranger à être informé du décès de Hassan II. C'est la toute récente révélation faite par Driss Basri, ministre de l'Intérieur, lors d'une entrevue accordée au service arabe de RFI et à RMC Moyen-Orient.

Gageons que c'est là l'augure d'une très prochaine normalisation des relations algéro-marocaines, prélude au prochain Sommet de l'UMA, dont on suggère qu'il devrait se tenir en novembre à Alger. Le nouveau souverain Mohammed VI pourrait alors inaugurer son règne sous les meilleurs auspices et Bouteflika y trouverait un légitime prétexte pour prolonger l'exceptionnel succès du 35e Sommet de l'Organisation de l'Unité africaine (OUA).

Vers la refondation de l'OUA?

Le 35e Sommet de l'OUA (Alger, 12-14 juillet 1999) a été, de l'avis unanime des observateurs, un succès personnel de Bouteflika tout autant que le symbole d'une résurrection de l'Algérie comme pôle majeur de l'Afrique.

Mais au-delà de ces effets d'annonce, il convient de souligner plus fondamentalement que ce Sommet a généré des décisions très importantes pour l'avenir de l'Afrique.

J. Nyérére (Tanzanie) entouré de Z. Ben Ali (Tunisie) et d'A. Bouteflika (Algérie), président du Sommet d'Alger

De ces dernières, on peut même avancer qu'elles sont le propre d'une démarche de rupture, autorisant à évoquer une indéniable volonté refondatrice. La déclaration dite d'Alger qui a sanctionné ce 35e Sommet est parvenue à mettre en avant l'exigence première d'une mutation radicale, à l'interne, des systèmes politiques et économiques des pays membres de l'organisation.

L'anachronisme et l'inadaptation de ces systèmes se sont révélés dans toute leur nudité, lorsqu'il s'est agi pour le continent de traiter et de résoudre tant les querelles intestines de certains États que les nombreux conflits sous-régionaux, dont de multiples demeureront pour longtemps de triste et tragique mémoire.

Jamais enceinte de l'OUA n'aura aussi fortement retenti de la revendication des principes de bonne *gouvernance*, comme préalable à la prise en charge responsable et conséquente des problèmes de développement, tâche devenue vitale pour une Afrique confrontée aux défis incontournables de la mondialisation. Et d'ailleurs, tout à fait significativement, le point d'orgue du Sommet a été la résolution consacrant, cette fois-ci, la prise de mesures draconiennes et très concrètes tendant à prévenir les putschs et sommant l'ensemble des pays africains de ne plus reconnaître, à l'avenir, les gouvernements issus des coups d'État militaires.

Une autre résolution majeure portant condamnation du terrorisme, et assortie de mesures techniques précises de lutte contre le phénomène terroriste, a été également adoptée à l'unanimité, le Soudan s'y étant rallié *in extremis*.

Il est ressorti par ailleurs de ce Sommet le sentiment dominant que la bonne *gouvernance*, c'est aussi, et beaucoup, la transparence dans la gestion, l'existence effective de contre-pouvoirs, le respect scrupuleux du principe de l'alternance au pouvoir, garanti par la liberté des élections et conforté par la promotion des mécanismes devant permettre l'émergence d'une société civile apte à développer une forte interactivité avec la société politique.

Signe des temps, l'Algérie, l'Afrique du Sud et le Nigeria se sont distingués comme porte-flambeaux de cette nouvelle vision, tout comme ils se sont montrés partisans intransigeants de la résolution pacifique des conflits, par les moyens privilégiés du dialogue politique et de la conciliation.

Il reste que, sous la présidence algérienne, l'OUA doit à présent s'atteler à concrétiser "ses" bonnes résolutions. Notons, à cet égard, qu'à peine deux semaines après la clôture du Sommet, Bouteflika a eu un long entretien avec Kofi Annan à propos de l'évolution de la situation au niveau des points chauds de l'Afrique (Éthiopie, région des Grands Lacs, République démocratique du Congo, Angola), ainsi qu'à propos d'autres grandes questions évoquées lors du Sommet. Les deux responsables sont convenus de rester en étroit contact pour conjuguer leurs efforts à l'effet de réduire les foyers de tension en Afrique et ailleurs dans le monde, en particulier au Moyen-Orient.

Renouvellement des perpectives de paix au Moyen-Orient

La récente investiture d'Ehoud Barak (7 juillet 1999) a donné l'occasion au nouveau premier ministre israélien de proclamer son intention de conduire à son terme le processus de paix gelé par son prédécesseur. Son discours d'investiture, appelant à "la paix des braves" avec les Arabes, il l'avait voulu avec les accents gaulliens que commandait la circonstance, reconnaissant au passage les "souffrances" endurées et promettant de corriger "les erreurs" passées.

Du reste, ce discours a été positivement reçu par la direction palestinienne comme par l'ensemble des dirigeants arabes, le tout étant subordonné à des gestes concrets de la part d'Ehoud Barak. Il s'agit, tout singulièrement, de parvenir au gel de la colonisation, à l'application des accords de Wye River, au retrait du sud-Liban ainsi qu'à la reprise des négociations avec les Syriens pour l'organisation du retrait des troupes israéliennes du plateau du Golan.

Sur tous ces aspects, Ehoud Barak, pressé par ailleurs par les Américains et les Européens, semble vouloir aller de l'avant malgré d'ultimes réticences et résistances, dont témoignent des déclarations "à géométrie variable".

Sur le front moyen-oriental, là aussi, le signal fort est venu d'Abdelaziz Bouteflika qui, en marge des funérailles du roi Hassan II à Rabat, a eu une rencontre inédite avec Ehoud Barak, qualifiée d'historique par nombre d'observateurs politiques en considération de la position traditionnelle de l'Algérie.

Abdelaziz Bouteflika s'entretient avec Ehoud Barak aux funérailles d'Hassan II

En cassant un tabou, Bouteflika s'est attiré les foudres des extrémistes islamistes. Mais, fort de ses convictions relativement au processus de paix au Moyen-Orient, et assuré de la justesse des revendications arabes, Bouteflika semble avoir décidé d'inscrire son action dans la nouvelle dynamique qui se profile, prolongeant ainsi son appui à l'action de paix dans la région. Nul doute qu'il entend y trouver prétexte à tenir un rôle actif, en sa double qualité de chef d'État d'un pays arabe et de président en exercice de l'OUA ainsi que, bientôt, probablement, en qualité de président de l'UMA.

Les États-Unis paraissent, pour leur part, avoir pris acte de ces bonnes dispositions, comme semble l'indiquer une récente missive de Bill Clinton à Bouteflika.

Quoi qu'il en soit, les médiations également engagées par Abdallah de Jordanie et Hosni Moubarak, le président égyptien, accompagnent puissamment les efforts des acteurs de première ligne.

L'instauration d'une paix juste et équitable dans cette région est au prix, non seulement de l'engagement ferme des parties au conflit, mais aussi de la mobilisation responsable de l'ensemble de la communauté internationale ainsi que de la prise de conscience de tous les peuples concernés.

Alors, Maghreb, Afrique, Moyen-Orient, même combat? Certes oui, si l'on veut bien tenir compte des effets de synergie entraînés par les recompositions en cours à l'échelle de l'ensemble de ces régions.

LA CRISE ASIATIQUE

Bernard MÉLY
Centre national de recherche scientifique, Paris

L'Asie entre dans le troisième millénaire "sur la voie du redressement", comme le soulignait le rapport de la Banque mondiale (fin 1998) consacré à "la" crise asiatique, considérée dans son ensemble. Les premières touchées, la Thaïlande et la Corée du Sud, ont été les premières à retrouver, plus rapidement que prévu, une croissance positive (dès le premier trimestre 1999 pour la seconde). Près de deux années de récession avec leurs cortèges de désinflation, de chômage et de déstructurations sociales ont entamé ce miracle asiatique dont il faut rappeler qu'il avait quand même tiré de la pauvreté plus de trois cent millions de personnes en une vingtaine d'années! Pour faire face aux défis issus de leur adaptation à "la globalisation", à plus de transparence dans leurs institutions (démocratie?) ainsi qu'à l'émergence (dans les pays avancés) de *sociétés de la connaissance,* les pays d'Asie semblent pouvoir compter sur l'indéfectible optimisme de leurs populations, comme le révélait un sondage particulièrement révélateur: à peine un an après l'éruption de la crise, les pays d'Asie (Malaisie, Corée, Thaïlande, Chine, Taiwan) demeuraient les plus confiants en l'avenir sur un ensemble de 29 pays sondés (*Angus Reid/The Economist,* août 1998). Trois pays risquent cependant de rendre chaotique l'évolution à court terme de la région: l'Indonésie, la Chine et le Japon. Ce dernier, deuxième au niveau de l'économie mondiale et moteur de la croissance régionale, illustre l'inanité des approches économiques classiques face à un problème qui serait principalement d'ordre socioculturel selon l'économiste du MIT, P. Krugman (http://web.mit.edu/krugman/).

Et les états francophones, comment ont-ils traversé la tourmente asiatique? Ils sont partis en retard dans la course au développement et ont connu des fortunes diverses. Le Cambodge se remet avec peine de la décapitation du pays par les Khmers rouges. Le Laos avance tranquillement tandis que le Vietnam semble mettre les bouchées doubles.

L'entrée dans l'ASEAN

L'Association s'est donné, en 1992, l'objectif de création d'une zone de libre-échange ("Asean Free Trade Area", AFTA) avec un calendrier et des obligations précises en matière de réduction de droits de douanes – un résiduel de 0,5% de droits d'ici 10 ans – auxquels le Cambodge va devoir se soumettre. Des délais lui ont néanmoins été accordés afin de s'y préparer – 4 années de plus que le Vietnam, 2 de plus que la Birmanie – car les droits de douanes constituent l'essentiel des ressources budgétaires nationales (environ 70%). Pour les matières premières industrielles, le taux sera ramené de 7% à 5% dès 2003, tandis que pour les équipements, le taux de 15% sera ramené à 10% puis à 7% en 2002 (au Vietnam ces catégories de produits sont déjà exemptés de droits). Selon les règles de l'AFTA, les 6807 positions tarifaires existantes doivent être réparties en quatre catégories, chacune étant soumise à un taux et à un rythme de diminution de droits de douanes différents. Ce sont les produits du tarif général, les produits en exclusion temporaire, les produits dits sensibles et les produits généralement exemptés (3% du total).

CHRISTIANISME ET FRANCOPHONIE

Cardinal Paul POUPARD
Président du Conseil Pontifical de la Culture

L ors de son premier voyage apostolique en France, le Saint-Père Jean-Paul II, dès son arrivée, a lancé une interrogation cruciale: "France, fille aînée de l'Église, es-tu fidèle aux promesses de ton baptême?" Et Jean-Paul II de préciser sa question, quelques heures plus tard, avec une insistance nouvelle, devant les évêques de France: "Le christianisme n'appartient-il pas au génie de votre nation?" Le christianisme n'est-il pas partie intégrante et essentielle de la culture française?

La haute estime de Paul VI pour la culture française est bien connue, qui confiait: "Le français exerce la magistrature de l'universel." Déjà, Pie XII relevait que la mission de la culture française était de répandre sur le monde la vérité, la justice, la bonté et l'amour.

Je voudrais évoquer quelques-uns de ces acteurs qui ont fait la grandeur de la culture française comme l'honneur et la fierté de l'Église, présenter les témoins de la culture française au sein de l'Église, avec son apport spécifique dans la politique, les arts, les sciences et les lettres, et la sainteté, en particulier la sainteté de l'intelligence.

DE LA POLITIQUE "AUTREMENT"...

La culture française marquée par la foi a suscité, depuis le baptême de Clovis voici quinze siècles, une **certaine manière d'être politique.**

La Gaule romaine est divisée, l'hérésie sévit dans le Midi, le schisme règne à Rome avec l'antipape Laurent. Providentiellement les Francs sont restés païens, étrangers aux doctrines hérétiques. Vainqueur à Soissons, **Clovis** restitue à saint Rémi un vase sacré, première marque de son respect pour les évêques. Il cultive des relations admiratives avec sainte Geneviève. L'influence de son épouse, la reine sainte Clotilde, est prépondérante, mais, même après la victoire de Tolbiac en 496, Clovis ne se convertit toujours pas. Sa conversion est une démarche lente, graduelle et réfléchie, une authentique conversion sous la double influence de l'évêque saint Rémi et de l'ermite saint Vaast. Le roi bute sur le mystère d'un Christ crucifié et en même temps tout-puissant: le valeureux guerrier victorieux ne peut accepter cette humiliation, cette faiblesse d'un Dieu vaincu. Il lui faut pour l'accepter, et ce trait apparaît bien conforme à la culture française, la *double intelligence de la foi et du cœur*. Les fêtes en l'honneur de saint Martin à Tours, avec les guérisons extraordinaires et les manifestations de foi profonde des fidèles, le bouleversent et emportent sa décision. Il est baptisé solennellement à Reims, la nuit de Noël, et ce baptême transforme l'histoire: suivi des autres rois européens, Clovis devient le chef de file d'une longue lignée de princes chrétiens, réalité historique plus belle que la légende des siècles.

L'an 2000 nous donne l'occasion de réfléchir sur l'évolution des mentalités qui ont modelé le monde pendant des siècles depuis la naissance de Jésus-Christ. L'Église catholique a imposé un calendrier et marqué beaucoup de pays dont la France, sa "fille aînée" comme on s'est plu longtemps à le dire. Un éminent représentant du Vatican, le cardinal Paul Poupard, président du Conseil Pontifical de la Culture, longtemps impliqué dans la Francophonie, fait le point pour l'AFI.

Passons, d'une enjambée, au XIIIe siècle qui brille de l'éclat de nombreux saints. **Saint Louis** règne sur la France de 1236 à 1270. Homme d'État incomparable, son souci légendaire de justice et de paix éclate dans les manuels scolaires les plus laïcisés. Création du parlement de Paris, d'un corps de contrôleurs qui surveillent les fonctionnaires et corrigent leurs abus, interdiction des guerres privées et du duel judiciaire, rigueur monétaire: ces décisions courageuses favorisent la paix intérieure, le progrès économique, le développement urbain et finalement l'autorité royale. La vie privée du roi, en tout point exemplaire, est même  presque monastique par la place donnée au jeûne et à la prière. Son *Testament,* qui témoigne de sa délicate humanité et de sa charité héroïque envers les faibles, a dignement pris place parmi les lectures de l'Office divin. Avec saint Louis, la fonction royale acquiert aux yeux du monde et de l'Église un surplus de sacré qui traverse victorieusement les siècles, et la sainteté laïque entre dans les palais.

Le mystère de **sainte Jeanne d'Arc**, dans sa mission surnaturelle au cœur du temporel, marque l'histoire de France de telle manière que les non-croyants eux-mêmes la reconnaissent comme exemplaire dans une mémoire étonnamment vivante. Toutefois, son rayonnement porte la culture française au sein même des autres royaumes: quel est le saint le plus populaire en Grande-Bretagne, dont la statue est dans toutes les églises? Aussi étonnant qu'il paraisse, c'est sainte Jeanne d'Arc! Notre héroïne nationale est aussi vénérée par nos amis russes que par les Américains et quatre fois citée dans le Catéchisme de l'Église

catholique. Symbole du rayonnement de Jeanne, choix délibéré et éclairant de l'Église, dont elle affirmait avec tant de force et de clarté: "de Jésus-Christ et de l'Église, m'est avis que c'est tout un."

Un nouveau saut de plusieurs siècles, pour vérifier que la sève est toujours vivante dans l'arbre français. **Robert Schuman**, "Père de l'Europe", était, selon l'expression de Pierre Pfimlin, un "homme de vie intérieure, que les circonstances ont poussé sur la scène du monde". Toute sa vie fut le service d'un homme consacré. D'une ténacité pugnace, rien ne pouvait l'empêcher d'accomplir ce qu'il estimait être le meilleur. Adversaire résolu d'un laïcisme réducteur, Schuman était de ces hommes d'État pour qui la laïcité n'est pas le laïcisme et une démocratie s'honore et se conforte de l'apport conjoint de ses diverses familles spirituelles. Lorsque j'ai reçu le Prix Robert Schuman à Strasbourg, j'ai voulu le citer: "L'Europe ne saurait se limiter à la longue à une structure purement économique. Il faut qu'elle devienne aussi une sauvegarde pour tout ce qui fait la *grandeur de notre civilisation chrétienne.* Une telle mission culturelle sera le complément indispensable et l'achèvement d'une Europe qui jusqu'ici a été fondée sur la coopération économique. Elle lui conférera une âme, un anoblissement spirituel et une véritable conscience commune."

Avec celle de Robert Schuman, j'ai eu aussi la joie de postuler l'ouverture de la cause de béatification d'**Edmond Michelet**, ce résistant de première heure, déporté à Dachau dont il est le saint laïque. Ministre de la République, il concilie sans équivoque sa vie privée de chrétien et sa vie publique d'homme d'État. Son ami Malraux, agnostique en quête de transcendance dont il partageait les fulgurations étonnantes sur la foi, l'a parfaitement portraituré en cette formule: "il a été toute sa vie l'aumônier de la France." Cet hommage authentiquement laïc symbolise de nos jours mêmes le rayonnement d'une culture politique aussi ancienne que le vieux chant venu du fond des âges: "catholique et français toujours."

Des valeurs communes

La culture est l'expression incarnée dans l'histoire de l'identité qui constitue l'âme d'un peuple. Elle façonne l'âme d'une nation qui se reconnaît dans des valeurs, s'exprime dans des symboles, communique par des signes, **des artistes aux scientifiques, des poètes aux romanciers, des constructeurs de cathédrales aux musiciens.**

L'admiration contemple émerveillée la floraison de l'art médiéval, roman, gothique, la foi de tout un peuple pour les yeux et le cœur. Cluny, Le Puy, Paray-le-Monial, Fontenay, Saint-Germain-des-Prés, Notre-Dame-de-Jumièges, Fontevrault, Conques, Vézelay, Saint-Nectaire, Saint-Sernin de Toulouse, Saint-Bertrand-de-Comminges, Saint-Martin-du-Canigou, et, pour le gothique, Notre-Dame de Paris, Reims, Saint Denis, Sens, Amiens, Bourges, Chartres, Rouen, Saint-Denis, Strasbourg... Après le roman, le gothique, le **temps des cathédrales** est ce temps lumineux qui arrache à la pénombre des millénaires et ouvre leur pesanteur à la lumière de la grâce. Ces miroirs de pierre restituent le dur labeur des hommes, transfigurés dans cet art épris de Beauté éternelle. Long, patient, tenace effort, parfois de huit, voire de douze générations successives. Construire une cathédrale, c'est donner une âme à la société. "Nos cathédrales sont prières", s'exclamait, la voix vibrante d'émotion, le cardinal Eugenio Pacelli, futur Pie XII, sous les voûtes de Notre-Dame: "Au milieu de la rumeur incessante de la ville, parmi l'agitation des affaires et des plaisirs, dans l'âpre tourbillon de la lutte pour la vie, Notre-Dame, toujours sereine en sa calme et pacifiante gravité, semble répéter sans relâche à tous ceux qui passent: *Orate Fratres*. Priez mes Frères. Elle semble, dirais-je volontiers, être elle-même un *Orate Fratres* de pierres, une invitation à la prière." Appel même pour les non-croyants, présence transcendante, mystérieuse source de paix indicible, de silence intérieur et de douceur ineffable.

Le temps des cathédrales prolonge celui **des abbayes**. Le monachisme médiéval a créé une véritable identité culturelle: *ora et labora*. Il a préservé de l'oubli, et parfois de la perte irréparable, les grands textes de l'Antiquité. Les bénédictins, par leur lent, aride, persévérant et patient travail de copistes ont sauvé de la disparition les trésors de la pensée. La congrégation de saint Maur, avec Dom Mabillon, a donné au travail intellectuel ses lettres de noblesse.

Le **monde des sciences** n'est pas en reste. Il n'est pas hors de propos de le rappeler en notre temps qui court après le temps: l'horloge fut inventée, ou du moins perfectionnée, aux alentours de l'an 1000, par **Gerbert d'Aurillac**, dont nous venons de fêter le millénaire de l'élection au Souverain Pontificat cette année même. Moine en l'abbaye bénédictine de Saint-Géraud d'Aurillac, archevêque de Reims en France, puis de Ravenne en Italie, il est élu pape sous le nom de Sylvestre II en 999. Intellectuel et homme d'action, savant, diplomate et homme d'Église, lettré ami des livres et des hommes, rompu à la science arabe et à l'astrologie, inventeur d'un orgue à vapeur, passionné aussi bien de médecine que de mécanique, d'un savoir encyclopédique et capable d'inventions pratiques (sphères et astrolabes, machines à calculer avant la lettre), il répétait: "Unissons toujours la science et la foi." C'est lui aussi qui fait de Gniezno la métropole de la Pologne et crée la métropole de Esztergom, aujourd'hui encore siège du Primat de Hongrie. Il pousse les frontières de l'Église jusqu'au-delà de la Vistule et du Danube, au cœur de l'Europe. Et c'est lui qui instaure pour toute l'Église, le 2 novembre, la commémoration des fidèles défunts, où nous aimons fleurir les tombes de nos proches au cimetière et prier pour tous nos défunts. La croissance de l'Église va de pair avec l'intelligence de la foi et la culture. D'un millénaire à l'autre, l'Église ne cesse de parler les langues des hommes pour leur dire la Parole de Dieu, non pour accommoder l'Évangile au goût du temps, mais pour lui donner le goût de l'Évangile.

La vraie culture est **humble** et se moque de l'inculture. De la pléiade de grands **savants** qui ont honoré la culture française au sein de l'Église, du bienheureux Alcuin, au chirurgien **Ambroise Paré** et à ce prodigieux inventeur que fut **Ampère** (1836), je retiens un épisode savoureux. Lors d'un voyage en train, un jeune étudiant voit son voisin, âgé, réciter son chapelet. Il explique à cet esprit rustique que l'essor des sciences va supplanter la religion et apporter toutes les solutions désirables. Après un long discours, écouté avec attention et patience, le jeune homme désireux d'adresser quelques textes scientifiques pour corroborer ses dires, demande au vieil homme son adresse. Celui-ci, dans un grand sourire, lui tend sa carte de visite: "**Louis Pasteur,** de l'Académie française, Paris".

De Pascal à Pagnol

Du monde des sciences, évoqué à grands traits, j'en viens aux **lettres** avec le XVIIᵉ siècle, "le grand siècle des âmes" comme l'appelait si justement Daniel-Rops.

Pascal, selon le beau livre de Romano Guardini, "le drame de la conscience chrétienne": Port-Royal, l'apologiste enflammé, l'ennemi des jésuites laxistes et de la casuistique exagérée, le mystique et les trois ordres de grandeur: "la distance infinie des corps aux esprits figure la distance infiniment plus infinie des esprits à la charité" (Pensées n° 793). Pascal est déchiré, partagé entre le don total au Christ et sa propre grandeur dans le siècle. Cet esprit génial meurt comme un pauvre. L'éclat de ses *Pensées* rayonne le Dieu caché dont la Révélation mystérieuse en Jésus-Christ est celle d'un mystère d'amour. "Dieu seul parle bien de Dieu." (Pensées n° 799)

Corneille et Racine l'expriment au théâtre, **Bossuet et Fénelon** dans la chaire, avec le même génie et le même éclat contrasté. Esprit rigoureux, Bossuet puise aux sources de l'esprit de finesse français et l'Aigle de Meaux porte haut la clarté de la langue: "L'Église, c'est Jésus Christ continué, répandu et communiqué à travers le temps et l'espace." Tout est dit. Et pourtant son compagnon et adversaire Fénelon le complète: "L'Église seule, malgré les tempêtes du dehors et les scandales du dedans, demeure immortelle. Pour vaincre, elle n'a pas d'autre arme que la Croix de son Seigneur."

Blaise Pascal

Très longtemps ignoré, découvert en 1842 par le bibliothécaire de Saint-Laurent-sur-Sèvre, le *Traité de la vraie dévotion à la sainte Vierge* de **saint Louis Marie Grignon de Montfort**, traduit en plus de quarante langues, connaît un immense retentissement, jusqu'en notre temps tragique, où un jeune employé de Solvay à Cracovie appelé à un grand avenir le méditait au cœur de la nuit nazie. Prédicateur et missionnaire infatigable de l'ouest de la France, le père de Montfort, par ses cantiques populaires composés sur des airs profanes, pratiquait l'inculturation avant la lettre. Par lui, la culture française imprègne le futur Jean-Paul II. "Toute terre chrétienne est une terre mariale, mais cette vérité prend un relief saisissant quand on évoque l'histoire française", écrivait Pie XII en 1957. L'ancien adage *Regnum Galliae, regnum Mariae* est très assuré. La culture française est **liée à Marie de Nazareth**. "Marie, sous le titre de son Assomption dans le ciel, est patronne principale de toute la France", selon les termes de la lettre apostolique *Galliam Ecclesiae* *filiam, La France fille de l'Église,* du Pape Pie XI, en 1922. Son époux, saint Joseph, si aimé au Canada, en est le patron, et sa mère, sainte Anne, patronne de la province de Québec. Partout dans le monde, Notre-Dame de Paris et Notre-Dame de Chartres, la Médaille miraculeuse de la rue du Bac et le pèlerinage à Notre-Dame de Lourdes témoignent de manière incomparable du rayonnement de la culture française liée à Marie au sein de l'Église.

François Mauriac

Au lendemain de la Révolution française, l'influence de **Chateaubriand** fut considérable. Son apologétique romantique renverse les préjugés, bouleverse l'opinion. Le *Génie du christianisme* célèbre sa grandeur, ses beautés, ses mérites dans tous les domaines de l'activité humaine. Tout un chacun peut désormais se dire catholique sans passer pour un rustre ignorant: "Il n'y a point de honte à croire avec Newton et Bossuet, Pascal et Racine."

Notre XXᵉ siècle, parmi tant d'autres, en donne l'impressionnant témoignage. **Charles Péguy**, chantre incomparable du pèlerinage du peuple de France vers Notre-Dame de Chartres, est aussi celui de la culture française. "C'est embêtant, dit Dieu, quand il n'y aura plus ces Français. Il y a des choses que je fais, il n'y aura plus personne pour les comprendre..." Y aura-t-il un temps sans Français?

Si les troubles parfums des *Fleurs du mal* de Baudelaire ne cessent, comme chez **Julien Green**, de nous fasciner de leur beauté ténébreuse, **François Mauriac**, de *La Phari-*sienne à *Thérèse Desqueyroux*, pourrait reprendre lui aussi en un parfait contraste la confidence de **Marcel Pagnol** qui, avec *Marius*, a toujours du cœur dans son jeu provençal savoureux: "J'ai mis un sermon dans la plupart de mes films et pièces..." Ainsi va, contrastée, la culture française au sein de l'Église. La clarté, le style enchanteur et savoureux de Pagnol s'y conjuguent avec l'ardeur âpre et tourmentée de mon ami le poète métaphysique et mystique, le regretté **Pierre Emmanuel**, fustigeant notre culture "obsédée par la poursuite de l'avoir" et qui "ne sait plus ce que signifie le mot être." "L'athéisme est l'hiver du monde, la foi en est le printemps."

Poète, dramaturge, mémorialiste, romancière, polémique, la culture française au sein de l'Église est aussi historienne. **Daniel-Rops**, dont l'*Histoire sainte, Jésus en son temps* et l'*Histoire de l'Église de Jésus-Christ* ont un retentissement universel, fut l'ami de Jean XXIII, Jacques Maritain et Jean Guitton de Paul VI, Jérôme Lejeune et André Frossard de Jean-Paul II.

La culture française au sein de l'Église est aussi cette littérature d'âpre combat face à une vague médiatisée qui déferle et semble engloutir son héritage de sagesse venu du fond des âges. "France – cet appel dépasse les limites de l'Hexagone! –, es-tu fidèle à ton alliance avec la Sagesse éternelle?" C'est la question posée, voici déjà quinze ans, par Jean-Paul II au Bourget, dans sa mémorable homélie à la Messe du peuple de Dieu.

Ferment de la sainteté

La culture française est la "**mère des saints**", selon la belle expression d'un pape qui aima beaucoup la culture française, au point de déclarer qu'"il regrettait de n'être Français que par le cœur" (Benoît XV).

Le saint évêque de Genève, **François de Sales**, par son humanisme d'une douceur inimitable, où culture et foi forment une symbiose indissociable, voulait faire des saints de "la compagnie des soldats, la boutique des marchands, la cour des princes, le ménage des gens mariés." Ses *Lettres spirituelles*, à l'onction irremplaçable, aident l'âme à cheminer aimablement et doucement vers Dieu. "Une vérité qui n'est pas charitable procède d'une charité qui n'est pas véritable", "on attrape plus de mouches avec une pincée de sel qu'avec un baril de vinaigre." Seul évêque docteur de l'Église qui ait écrit en français, cet apôtre de la sainteté au quotidien, dont la maman de Gian Battista Montini lisait chaque jour une page en français à ses enfants, est un précurseur de l'enseignement du Concile Vatican II sur le caractère universel de la vocation à la sainteté.

De tous les saints français, son contemporain et grand ami, **Monsieur Vincent**, est sans doute le plus populaire avec Jeanne d'Arc et Thérèse de Lisieux. "Le pauvre peuple meurt de faim et il se damne." Ce cri d'angoisse de Monsieur Vincent transcrit dans son amour des pauvres la double marque de son génie, la charité qui en notre temps inspire la création, par Mgr Rodhain, du populaire *Secours catholique*, et la formation des prêtres. Monsieur Olier et les sulpiciens ont pétri des générations de prêtres au double héritage évangélique et français.

C'est un humble prêtre, chargé d'une minuscule paroisse française désormais connue du monde entier, qui est donné comme exemple et patron à tous les prêtres du monde: le **saint Curé d'Ars**.

Plus cachée encore et plus rayonnante, la petite **Thérèse de Lisieux** est sans doute celle qui porte plus loin en notre temps le visage aimé de la France, l'ultime docteur proclamé par l'Église. Elle écrit en français, elle pense en français. "Au cœur de l'Église, ma mère, je serai l'Amour." Cette confidence de la carmélite de Lisieux n'émane pas d'une mièvre confite en dévotion, mais d'une âme trempée par l'épreuve du doute, qui témoigne de la force de l'amour évangélique, de la compassion mystique pour le monde de l'incroyance. Comme elle le confie à mère Agnès: "Ce qui s'impose aujourd'hui à mon esprit, c'est le raisonnement des pires matérialistes." Alors que depuis son enfance, elle avait

Marie Marguerite d'Youville

grandi dans la paisible certitude de vivre un jour auprès de Dieu, tout à coup "tout a disparu". Une conviction lui permet de persévérer et demeurer fidèle: elle est aimée. Avec vaillance, elle affronte l'angoisse liée à la mort, le drame de l'humanisme athée. Dieu existe-t-il et existe-t-il un paradis? Sans la foi, nous confie-t-elle, je me serais suicidée. Elle retourne la situation: elle vit l'état de ténèbres pour les incroyants eux-mêmes, par amour. En cette petite carmélite sans expérience, déficiente de santé, à la culture modeste, Dieu choisit ce qui est le plus faible pour confondre les forts. L'Amour, un amour crucifié, un amour immolé, un amour infini: "On obtient tout de Dieu, autant qu'on en espère."

D'autres exemples pourraient illustrer notre propos, de Marguerite Bourgeoys à Marie Marguerite d'Youville, de saint Jean Berchmans aux saints martyrs Jean de Brébeuf, Isaac Jogues et leurs compagnons, de sainte Bernadette à Yves Nocolazic.

Je ne puis manquer d'évoquer la **sainteté de l'intelligence**. Déjà, au XIIIe siècle, l'Université de Paris comptait dans son corps professoral les plus grands génies du temps et les plus grands saints de l'intelligence: le docteur Séraphique saint Bonaventure, le docteur Angélique saint Thomas. Tous deux étaient d'origine italienne, mais c'est précisément à Paris, en ce vivier intellectuel unissant l'esprit d'Église *sentire cum Ecclesia* à la culture française, que leur génie et leur sainteté ont donné toute leur mesure.

Français et rationalité

La langue française a rendez-vous avec la raison. Elle tente d'atteindre l'absolu et l'universel, au-delà de l'anecdotique et du passager, d'exprimer les concepts abstraits le plus clairement possible en transcendant les faits particuliers et contingents. Les philosophes de la Grèce antique avaient procédé de même, pour trouver le concept le plus clair et incontestable qui désigne ce qui transcende. À la suite de la Scolastique, dans la foulée de saint Anselme et Alexandre de Halès, du

franciscain saint Bonaventure et du dominicain saint Thomas, la langue française s'efforce d'illustrer ce mariage de raison qui permet à Rivarol de parler de *l'universalité de la langue française*. Dans les résolutions des nations, la version française est souvent la plus claire. Si d'autres langues, comme la langue anglaise, sont plus riches, abondent en mots pittoresques, la langue française est plus flamboyante dès qu'il s'agit de concept ou d'abstraction: là où les anglophones disent "computer science", nous disons d'emblée "l'informatique".

Étienne Gilson dit de **Jacques Maritain** qu'il a "su créer un climat spirituel comparable à celui du XIIIe siècle, où chacun disait la vérité d'une manière telle, qu'aussitôt dite, elle cessait de lui appartenir". Croyant et penseur engagé, "maître des arts de la pensée, de la vie et de la prière", comme le décrivait Paul VI, Maritain ne cessa de combattre un christianisme décoratif, pour promouvoir une foi réelle, pratique, vivante. "Croire en Dieu, écrivait-il, signifie vivre de telle manière que la vie ne pourrait être vécue si Dieu n'existait pas, loin de ces chrétiens pour qui savoir que le Christ a racheté le monde est une information du même type noétique que savoir que la température était ce matin de 12 degrés centigrades." Il allie une philosophie qui fonde l'existence à une foi qui porte à l'héroïsme et mérite d'engager toute sa vie.

Lacordaire répétait que la vérité ne gouverne les esprits qu'à condition de les conquérir sans cesse. Le fondateur et premier recteur de l'Institut catholique de Paris, Mgr d'Hulst, appelait "à jeter dans le monde qui pense un ferment chrétien".

Jean Daniélou, Henri de Lubac, Yves-Marie Congar étaient théologiens et aussi éditeurs, avec en particulier les grandes collections de *Sources chrétiennes* et *Unam Sanctam*. C'est sans nul doute l'un des apports irremplaçables de la culture française au sein de l'Église, ce travail immense accompli par les auteurs des grandes collections. À la suite de l'œuvre titanesque de l'Abbé Migne, le *Dictionnaire de théologie Catholique*, le *Dictionnaire de la Bible* et son *supplément*, le *Dictionnaire d'archéologie chrétienne et de liturgie*, le *Dictionnaire de droit canonique*, l'*Histoire de l'Église* de Fliche et Martin et le *Dictionnaire de spiritualité*.

Paul VI a qualifié la place de la culture française dans le christianisme et dans le monde: "Dans la pastorale et la liturgie, comme dans les sciences sacrées, les noms français se présentent nombreux à notre esprit, ces hommes qui se signalent par la valeur de leurs travaux, et qui ne sont pas étrangers, en collaboration féconde avec leurs évêques, au bon succès du concile. Si la France **cuit le pain intellectuel de la chrétienté**, ce pain est partagé de mille façons dont le pape se réjouit et vous

félicite. Il y a chez vous comme une effervescence, un aiguillon permanent qui suscite dans le domaine religieux comme en celui des choses profanes, une réflexion sans cesse approfondie, peut-être parfois sans assez d'égards pour la valeur des institutions chrétiennes, qui demandent certes à être adaptées aux exigences de notre temps, mais n'en demeurent pas moins indispensables au rayonnement de l'Évangile."

Sainteté du politique, sainteté de l'intelligence et sainteté populaire, chefs-d'œuvre des lettres, des arts et des sciences, éclat de la pensée, **la culture française brille d'un vif éclat au sein de l'Église**, jusqu'en ce couchant de siècle dont le crépuscule obscur nous fait espérer l'aurore du nouveau millénaire.

Elle occupe sans nul doute dans l'Église une place originale. Mais, depuis des siècles, elle est traversée d'une tension vive, souvent larvée, parfois exacerbée, entre les fils de Pascal et les fils de Voltaire, les fervents de Paul Claudel et les disciples de Michel Foucault. "Comment pouvaient-ils se comprendre, écrit Pierre-Henri Simon en 1971, – il s'agit d'Arthur et de Nathalie, dans la *Sagesse du soir* – au temps de Gabriel Marcel et de Jean-Paul Sartre, séparés qu'ils étaient par la faille d'une culture?" (Éd. du Seuil, p. 211) *Le Drame de l'humanisme athée* n'est pas seulement un beau titre classique de la culture française au sein de l'Église, c'est aussi l'interrogation poignante qui ébranle l'Église de France, aux avant-postes de l'Église. "Une foi qui ne devient pas culture est une foi qui n'est pas pleinement accueillie, entièrement pensée et fidèlement vécue", écrivait Jean-Paul II dans sa *Lettre autographe* de création du Conseil pontifical de la Culture. Pensait-il à la culture française en l'écrivant? Il est de fait que cette culture française n'est pleinement elle-même que lorsque la foi s'y épanouit et lui donne, au cœur de sa finitude, un surcroît de plénitude. Depuis quinze siècles, la sève évangélique a fécondé la culture française, dont les chefs-d'œuvre ont enrichi l'Église. Depuis cinq siècles, foi et culture aussi se sont affrontées en des débats où l'intelligence n'a jamais totalement déserté des deux camps. Mais lorsqu'elle semble s'épuiser dans sa fonction critique, par ailleurs indispensable, le génie qui l'habite paraît se lasser, et une foi sans culture s'anémier dans une culture sans foi.

Une francophonie ouverte et universelle

Paul Claudel

La tradition française veille à la règle et à l'unité. Au contraire, la reconnaissance prioritaire de la liberté et de la diversité entraîne la perte de l'unité: un rapport de l'Université de Philadelphie (1983) alerte les États-Unis sur le fait que "le laisser-aller" linguistique instaure une incompréhension entre les quartiers des villes et le cœur des villes, entre telle ville américaine et telle autre. Les potentialités d'un programme informatique de traitement de texte comme *Word* soulignent qu'il devient nécessaire d'utiliser des dictionnaires anglo-canadien, anglo-américain, anglo-australien, anglo-africain, anglo-irlandais, anglo-zélandais, anglo-jamaïcain. La divergence l'emporte sur l'unité, mais aussi sur la vérité quand les concepts deviennent obsolètes, quand les mots perdent leur sens rigoureux. Si la langue demeure un système ouvert, la francophonie est un idéal qui conjoint harmonieusement unité et diversité, en une saine émulation et convivialité de langages. Aussi éloigné du multilinguisme que du sabir, le plurilinguisme se nourrit d'acceptation volontaire et d'organisation consentie. Ainsi la convivialité des langues en francophonie considère-t-elle le plurilinguisme africain non comme une entrave, mais comme un adjuvant. Bien loin d'être fossilisée, la langue française vivante est au contraire ouverte et même "ouvrante". Elle favorise la croissance harmonieuse de la personnalité par sa capacité d'antidote aux trois impuissances névrotiques relevées par les psychanalystes: impuissance à concevoir la globalité au risque du fétichisme, la réalité au risque du fantasme, l'altérité au risque du narcissisme.

Les crises de la culture française sont des crises de la culture chrétienne, et sans doute de la raison tout court. Mais, comme le mot le suggère, la crise est une étape décisive dans l'évolution d'un organisme. Elle peut se solder par un échec ou se dénouer dans une intégration nouvelle allégée des éléments caducs et enrichie d'une nouvelle sève. En notre postmodernité empreinte de morosité, le charme discret de la nostalgie nous envahit. Mais nous saurons transformer le défi en point d'appui et le risque en chance: "L'avenir est entre les mains de ceux qui auront su donner aux générations de demain des raisons de vivre et d'espérer" (*Gaudium et spes* 31, 3). Tel est bien le défi des perspectives chrétiennes et culturelles de la Francophonie: héritiers que nous sommes d'une riche tradition humaniste et chrétienne, à nous de la transmettre.

Les confessions de Saint-Augustin, en Pléiade

Le premier volume des *Œuvres* de l'illustre et premier évêque d'Hippone (aujourd'hui Annaba, en Algérie) vient de paraître chez Gallimard dans la prestigieuse collection de la Pléiade où il constitue déjà un succès. Il s'agit des *Confessions*, précédées de *Dialogues philosophiques*, éditées dans une traduction de Patrice Cambronne sous la direction de Lucien Jerphanion (1584 p., 430 FF). Ce dernier est devenu, après Henri-Irénée Marrou, le maître des études augustiniennes. On lui doit entre autres une *Histoire de la pensée, Antiquité et Moyen Âge* (Livre de Poche, 1993, 592 p.). Dans un empire romain qui se fissure, partagé désormais en deux ensembles, Orient et Occident (395), Saint-Augustin (354-430) s'interroge entre autres sur le rôle des "Barbares" venus de Gaule, d'Espagne ou d'Afrique.

UN PARI AUDACIEUX ET RÉUSSI

1ᵉʳᵉ Conférence des ministres de l'Économie et des Finances de la Francophonie Monaco, 14-15 avril 1999

Stève GENTILI
Président international du FFA
Président de la BRED – Banque Populaire

Depuis l'élection à Hanoï, en 1997, de Boutros Boutros-Ghali à la tête de l'Organisation internationale de la Francophonie, l'espace de coopération économique et culturelle qu'elle représente s'est rapproché des grandes concertations mondiales en vue d'y faire prévaloir ses valeurs et ses besoins et d'y jouer un rôle de médiation face aux tendances uniformisantes de la mondialisation. La première Conférence des ministres de l'Économie et des Finances de la Francophonie, en avril 1999 à Monaco, retenue au Sommet de Hanoï, aura été une étape marquante dans la construction francophone.

Une cinquantaine de pays réunis dans la principauté ont en effet décidé, au terme de deux jours de travaux, d'élargir leur coopération et de défendre ensemble la diversité culturelle et leur solidarité au nouveau cycle de négociations sur les règles du commerce mondial. La réunion a été aussi l'occasion d'un consensus des pays du Nord, sur l'allègement de la dette des pays les plus endettés, dont 20 sont francophones, peu avant le Sommet du G7/G8 de Cologne, Allemagne.

La Conférence de Monaco aura aussi permis d'appeler à une "rencontre de concertation" des ministres du Commerce extérieur francophones, avant le Sommet de l'Organisation mondiale du commerce OMC à Seattle, États-Unis, en décembre 1999.

L'initiative multilatérale francophone vise ni plus ni moins à créer un "bloc de consensus" avant les négociations à l'OMC: protéger les pays les plus pauvres, et souvent sans voix, contre les règles d'une "mondialisation rouleau-compresseur", et maintenir l'exception culturelle qui touche au premier chef les industries de la langue. La Conférence de Monaco aura en outre confirmé le rôle accru des acteurs privés du développement dans l'essor des espaces de coopération économique francophone. Le Forum francophone des affaires, associé à l'organisation de la conférence ministérielle en est le porte-parole au sein des institutions francophones.

La remise à Monaco du Grand Prix de la Francophonie économique à une société africaine, plurinationale et performante, la présence de dirigeants de grandes entreprises du secteur privé, en parallèle à la conférence, ont apporté la preuve que les entreprises, grandes et petites, ne veulent pas rester indifférentes aux problèmes qui marqueront le XXIᵉ siècle: intégration régionale, formation professionnelle et technique, transferts de technologie, régime des investissements étrangers, cadre juridique et fiscal, etc.

La situation économique évolue par ruptures du fait même du jeu des acteurs: concentration, grands mouvements stratégiques. L'Observatoire économique francophone, que la principauté de Monaco est prête à accueillir, constituera une source d'information de premier ordre pour la mise en œuvre de stratégies de développement international. Son but: être un catalyseur des échanges et une structure d'appui pour les entreprises.

En se voulant économique, la Francophonie a franchi un pas décisif à Monaco. Pari audacieux et réussi. La signature d'un accord-cadre avec la Conférence des Nations unies sur le commerce et le développement, CNUCED, l'approfondissement des relations avec le Fonds monétaire international (FMI), illustrent bien la volonté de la Francophonie de soutenir l'activité et la création entrepreneuriales, d'aider à l'harmonisation de l'environnement juridique et normatif des entreprises. L'engagement pris à Monaco par M. Boutros Boutros-Ghali de "s'entourer plus régulièrement des conseils d'hommes d'affaires, de banquiers, de financiers tant du Sud que du Nord" traduit également l'esprit d'un nouveau partenariat francophone qui s'appuie sur des États et des gouvernements, mais aussi sur des dirigeants d'entreprise, des universitaires, des organisations professionnelles, des experts en économie et en géopolitique.

Développement international Desjardins: un levier pour l'action

 Développement international Desjardins (DID) est un leader mondial dans l'établissement de partenariats visant la mise en place d'institutions financières communautaires. Filiale du Mouvement des caisses Desjardins, la plus importante institution financière du Québec (Canada), DID vise à renforcer la capacité d'agir des populations moins nanties des pays en développement et en transition en favorisant l'accessibilité aux services financiers.

Les réseaux de coopératives d'épargne et de crédit appuyés par DID dans plus de 25 pays confirment à chaque jour le bien-fondé de leur engagement à offrir des services de microfinance.

Au Vietnam: des résultats exceptionnels!

Au Vietnam, DID appuie le réseau "People Credit Fund" depuis 1994 dans l'émergence d'un système permanent de financement des petits agriculteurs, pêcheurs, producteurs, artisans et entrepreneurs. Après six années de collaboration, les résultats atteints sont exceptionnels. En effet, au 31 décembre 1998, le réseau comptait près de 1000 caisses réparties dans 53 des 61 provinces que compte le Vietnam, avec un actif de plus de 190 M$ CAN. Le réseau compte au-delà de 600 000 membres et arbore un volume d'épargne de 126 M$ CAN, ainsi qu'un volume de crédits de 164 M$ CAN.

Haïti: des impacts économiques dans le milieu

Le projet de revitalisation du mouvement coopératif haïtien initié en 1995 par Développement international Desjardins, en partenariat avec l'Agence canadienne de développement international (ACDI), compte 60 coopératives financières qui rendent accessibles des services financiers de base à plus de 75 000 ménages ou entrepreneurs (une augmentation de 262% en une seule année!).

Malgré la situation économique difficile, le volume d'épargne locale atteint les 10 M$ CAN et on estime à plus de 75% l'épargne mobilisée réinjectée dans le milieu.

L'accès à des services financiers adaptés aux besoins des communautés a des impacts bénéfiques: emplois, accroissement des revenus, dynamisation des circuits financiers intérieurs, création d'un capital collectif dans la communauté, etc. Les caisses contribuent à la correction des déséquilibres régionaux de l'économie haïtienne et également à la réduction de la pauvreté et de l'exode rural.

Le Parlement européen a une présidente, Nicole Fontaine (20 juillet 1999)

La Française Nicole Fontaine (Union pour la démocratie française, UDF) a obtenu 306 voix, alors que les autres candidats, le Portugais Mario Soarès (socialiste) et la Finlandaise Heidi Hautala (écologiste), ont bénéficié respectivement de 200 et de 49 suffrages. L'importance de cette victoire s'explique par l'union qui a caractérisé le PPE (Parti populaire européen), auquel appartient l'UDF, alors que la gauche était divisée.

Nicole Fontaine a su adopter une position intéressante à l'égard des autres formations politiques, en insistant sur le fait qu'elle s'appuierait sur des "majorités d'idées" pour mener un travail efficace. Le groupe socialiste s'est déclaré prêt à coopérer avec le PPE et l'a assuré de son soutien loyal.

Le nouveau parlement désire ainsi s'imposer davantage au sein des institutions européennes: Nicole Fontaine a indiqué que l'assemblée qu'elle préside exercerait un contrôle étroit de la Commission de Bruxelles. Elle entend aussi s'associer au Conseil des ministres de l'Union, pour ne pas le laisser seul s'acquitter des éventuelles réformes à engager.

LES PEUPLES ET L'ÉTAT

Arnaud DUBOIS, journaliste
arno.francite@wanadoo.fr

Alors que l'on vient de fêter le cinquantenaire de la Déclaration universelle des droits de l'homme, que devient le droit des peuples? La récente actualité internationale (sur l'indépendantisme des Kosovars et des Kurdes) montre que ce problème touche de nombreux pays, porte atteinte à l'État-Nation et constitue l'un des principaux enjeux du prochain millénaire. 225 États souverains et territoires sous tutelle composent notre planète. Un nombre qui varie sans cesse au gré du temps, traduisant le caractère artificiel des frontières qui coupent, divisent ou réunissent des peuples.

Le réveil des peuples

La fin des empires idéologiques: 1989-1991 fut une période charnière pour les peuples, elle marque la fin de la bipolarisation du monde mais surtout la naissance, sur les cendres de l'ancien empire soviétique, de nouveaux États indépendants. À la faveur des bouleversements politiques intervenus en URSS et sous la poussée des peuples, kazakh, ouzbek, géorgien, arménien..., des États sont nés.

Il faut considérer l'évolution connue par les peuples et minorités durant ce siècle. Alors que l'année 1919 fut marquée par l'écroulement de quatre empires dynastiques qui avaient permis la cohabitation des minorités (empire ottoman, prussien, austro-hongrois, russe), les années 60 sonnèrent la fin des empires coloniaux et le réveil des peuples d'Afrique. C'est également la consécration par l'ONU du droit des peuples à disposer d'eux-mêmes.

Plus de 30 ans après le mouvement des indépendances en Afrique, l'Europe, le vieux continent que l'on croyait politiquement fixé, se déchire sous la pression des peuples qui le composent. Les anciens pays du bloc de l'Est, muselés par la puissance tutélaire, se sont libérés. En même temps, le nationalisme s'est réveillé.

La Tchécoslovaquie s'est scindée en deux en 1993. L'ancienne fédération yougoslave, dont l'unité était maintenue par Tito, qui commençait, dès 1981, à montrer des signes de fatigue, s'est désagrégée entre Serbes, Croates et musulmans.

La récente actualité sur les volontés indépendantistes des Kosovars (rappelons que l'ancienne fédération yougoslave comprenait six républiques et deux régions autonomes, le Kosovo et la Vojvodine) et la répression serbe s'inscrivent dans ce besoin des peuples ayant une forte identité culturelle, religieuse et linguistique, d'obtenir une plus grande reconnaissance de leur culture, de leurs droits. À défaut de respect de ces différences, le peuple se radicalise, le nationalisme s'exacerbe; intervient alors comme seul recours la lutte armée. Actuellement, la région des Balkans, mosaïque de peuples, se recompose sur une base culturelle, religieuse et linguistique.

Le vaste bloc africain de 30 millions de km² n'est pas épargné par les convulsions que provoquent les peuples. L'héritage colonial a été lourd de conséquences, puisqu'il a conduit au découpage anarchique du continent, donc de ses populations. Mais l'embrasement avait été évité dans les années 60 par la proposition de Modibo Keita de déclarer ces frontières intangibles. Par la suite, l'OUA a repris ce principe.

Plus qu'ailleurs, en Afrique, les difficultés économiques, le désordre administratif et institutionnel (s'ajoutant au problème des frontières) a favorisé le développement d'un nationalisme s'appuyant sur le lignage, le clan, la tribu, l'ethnie. Les mouvements sécessionnistes se sont multipliés. De nombreuses régions sont touchées par ce problème: la Casamance, le Cabinda et son pactole pétrolier, le Sahara-Occidental, la région des Grands Lacs, le Sud Soudan... La difficulté pour ce continent, dans l'avenir, sera de gérer le processus de démocratisation, l'économie, le découpage des frontières et le respect des minorités.

La région du Caucase est également touchée par les mouvements séparatistes et les conflits ethniques; s'y ajoutent les enjeux pétroliers de la région.

Nous pourrions multiplier les exemples... Sans dresser une cartographie complète des conflits et tensions liés aux minorités, aux mouvements indépendantistes, on observe que l'État-nation, structure juridique et politique, est attaqué, rongé, déstabilisé de l'intérieur. A l'aube du troisième millénaire, le problème reste entier.

Le peuple avance, l'État résiste

Peut-on considérer, comme l'expriment de façon imagée CL. Nigoul et M. Torelli, que "le peuple est à l'État ce que la chrysalide est au papillon: une phase dans la métamorphose. Celle-ci opérée, il s'efface, l'étatisation le sublime"?

Un territoire, une population ainsi qu'une *organisation politique et juridique*, telles sont les trois conditions d'existence de l'État. Cette population présente alors certaines caractéristiques communes (race, langue, religion etc.). Celle de l'État est d'être *souverain*. Cette souveraineté est de plus en plus remise en question.

L'État, acteur privilégié des relations internationales, se trouve concurrencé, d'une part, par les organisations internationales qui bénéficient également de la personnalité juridique internationale.

Ces associations d'États sont actuellement plus de 300 avec les plus connues comme l'ONU, l'OMC, le FMI. On observe également la multiplication des zones d'intégrations économiques régionales (type ALENA, MERCOSUR, Union européenne, ASEAN...).

D'autre part, la puissance économique des sociétés transnationales, la multiplication des organisations non gouvernementales (ONG) qui exercent une influence importante, concurrencent également l'État. L'Internet, nouveau phénomène mondial, échappe totalement aux juridictions nationales.

Enfin, les peuples, les minorités peuvent accentuer le phénomène d'érosion de l'État lorsqu'ils en contestent l'autorité, le pouvoir. La communauté internationale leur reconnaît-elle des droits? qu'est-ce qu'un peuple?

Au delà des peuples, le respect des cultures

La notion de peuple divise les experts (cf. E. Jouve, *Le Droit des peuples*, PUF, coll. Que sais-je, 1992, et P. Ardant, "Que reste-t-il du droit des peuples à disposer d'eux-mêmes?", *Pouvoirs*, n°57, 1991, pp. 43 et s.). Il n'existe pas de définition précise de ce mot. Ce sont les usages internationaux qui permettent, au cas par cas, de considérer l'unité ethnique, culturelle ou religieuse d'un groupe humain.

Les années soixante furent l'âge d'or du droit des peuples. La charte constitutive de l'ONU fait référence, dans l'article premier et dans l'article 55 au principe d'égalité des droits des peuples et de leur droit à disposer d'eux-mêmes.

Le principe eut son heure de gloire avec la reconnaissance des mouvements de libération nationale (MLN) comme embryon d'État. L'OLP (créé en 1964) fut le premier mouvement reconnu par la Ligue des États arabes. S'inspirant de ce précédent, l'OUA reconnaît dés 1965 une quinzaine de MLN: le Front de libération nationale de l'Angola (FLNA), le Front de libération du Mozambique (FRELIMO), etc.

Quelle hypocrisie de fêter le cinquantenaire de la Déclaration universelle des droits de l'homme, sans évoquer ceux des peuples et de leur déclaration universelle. Celle-ci fut adoptée le 4 juil. 1976 à Alger par un groupe de juristes, d'économistes et d'hommes politiques. Seuls deux continents se sont dotés de règles protégeant collectivement les peuples. C'est le cas de la Charte africaine des droits de l'homme et des peuples (adoptée à Nairobi en 1981) et de la Charte latino-américaine des droits et libertés des peuples et travailleurs, adoptée le 14 nov. 1978 à Panama.

Il est bien difficile de différencier un peuple d'une minorité. Le peuple présente-t-il une plus grande unité de culture, de religion et de langue? L'enjeu est de taille, car reconnaître aux minorités un droit à l'autodétermination multiplierait les conflits minoritaires et aboutirait à une balkanisation des États. La dernière décennie fut marquée par la multiplication des conflits infra-étatiques, des luttes communautaires, identitaires. Le risque ultime serait de voir se créer des États sur une base ethnique.

FEMMES DU MAGHREB

Lyse SIMARD
Présidente de l'Association universitaire Québec-Antilles

avec la collaboration de

Aïssata KANE
Ancienne ministre, Mauritanie
Présidente de l'Association internationale des femmes
francophones (AIFF)

Rachida LARAQUI-TAZI
Secrétaire générale de l'AIFF, Présidente section Maroc

La situation actuelle de la femme au Maroc et en Mauritanie

LA FEMME DANS LA SOCIÉTÉ MAROCAINE

Rachida Laraqui-Tazi (AIFF)

Au cours de cette dernière décennie, la condition de la Marocaine a connu une évolution rapide et profonde tant sur les plans socio-démographique et économique que social. Par son dynamisme, la femme a prouvé sa pleine capacité à jouer, à côté de l'homme, un rôle déterminant dans le développement du pays, en s'impliquant dans tous les secteurs d'activités.

Il est vrai que l'exemple était venu d'en-haut. Le Roi Mohammed V, également Commandeur des croyants, avait donné le ton de l'émancipation de la Marocaine dès 1947, lors d'un meeting à Tanger. En effet, sa fille, la princesse Lalla Aïcha, y était apparue non voilée, à ses côtés, et avait prononcé un discours, resté dans les annales, où elle défendit ardemment la nécessité, pour les femmes, d'accéder à l'instruction. Ce geste, hautement symbolique, avait ouvert la voie à l'émancipation des Marocaines ainsi qu'à leur pleine participation à la vie publique. Du reste, quelques femmes exceptionnelles ont réussi à surmonter les difficultés inhérentes à leur statut et ont participé au mouvement national. Une femme a signé le manifeste de l'indépendance en 1944 et de nombreuses femmes ont combattu aux côtés des hommes pour l'indépendance du pays, en portant des armes et en distribuant des tracts. Cela devait beaucoup compter par la suite.

La situation juridique

La décennie 90 a été marquée par des changements positifs, sur les plans juridique, politique, institutionnel et scientifique.

Au niveau juridique, le préambule de la Constitution des droits de l'homme a été modifié. Plusieurs dispositions du Code du statut personnel également. La Convention relative à l'élimination des différentes discriminations à l'égard des femmes a été ratifiée. Certains textes législatifs et réglementaires touchant la condition des femmes ont été révisés: le Code civil, le Code de commerce et l'Autorisation d'obtention du passeport.

Au niveau politique, les femmes ont fait timidement leur apparition comme députées et conseillères et dans le gouvernement en tant que secrétaire d'État.

Cependant, les femmes demeurent confrontées à des problèmes majeurs inhérents à leur statut juridique au sein de la famille, lequel détermine leur rôle dans l'espace public où leur nombre demeure très réduit dans la sphère des pouvoirs et notamment au niveau de la prise de décision.

Malgré la dernière révision du Code de la Famille "Moudouana", la question du Statut personnel fait toujours partie des revendications principales des femmes. Les amendements ont suscité diverses réactions au sein des différents milieux. Les changements effectués sont en fait infimes. L'un des apports de la réforme a été de donner la possibilité aux orphelines devenues majeures de pouvoir se marier sans tuteur. Le deuxième point positif est la tentative de limitation de la polygamie. Mais les dispositions actuelles entravent encore les possibilités de participation de la moitié des femmes. On devra ouvrir un débat constructif autour de la révision de certains articles du statut personnel.

Le rôle des associations

Les femmes ont gagné un peu de liberté grâce à l'action entreprise par les associations et ONG féminines dans différents secteurs (social, culturel, économique, politique, artistique et sportif). Longtemps confinée dans l'espace du foyer, jouant son rôle traditionnel de mère et d'épouse, la Marocaine occupe à l'heure actuelle une place prépondérante dans la société civile où elle se valorise par son travail et sa contribution à la vie communautaire. Elle est en train de s'imposer par son sens des responsabilités et sa crédibilité dans la vie associative.

Une des premières associations de la décennie 60 est L'Union Nationale des Femmes Marocaines. Fondée en 1969, sous l'égide du Roi Hassan II et présidée par la princesse Lalla Fatima Zohra. L'UNFM, grâce à son réseau d'implantation dans toutes les provinces et localités du royaume, dispose d'importantes structures pour sensibiliser et informer les femmes (55 bureaux provinciaux et 300 bureaux locaux). Les principaux objectifs sont d'encourager les femmes à investir dans les secteurs économiques en les aidant à créer leurs propres entreprises, de lutter contre l'analphabétisme et de mener des campagnes de sensibilisation et d'information dans les domaines sanitaire, juridique et culturel.

À l'occasion de la conférence internationale des femmes à Beijing, en 1995, l'UNFM a présidé le Forum marocain pour la femme avec la participation des instances gouvernementales et les organisations non gouvernementales en majorité féminines.

La femme et le développement

Limitée à une production souvent invisible (production agricole, artisanale et domestique) et qui maintient les rapports fondamentaux propres aux familles patriarcales (dépendance de la femme face à l'autorité masculine), la participation de la femme s'est étendue à d'autres domaines pour la placer au niveau d'acteur principal dans le développement économique et social.

Le domaine de la santé

Malgré certaines différences dues au milieu (rural/urbain) et au degré d'instruction, la planification familiale, la maternité sans risque (surveillance de la grossesse et de l'accouchement) et la vaccination connaissent d'importants progrès.

Les performances atteintes sont appréciables: le taux de prévalence contraceptive est passé de 19,4% en 1980 à 58,8% en 1997. Quant au problème de la mortalité maternelle, il y a une amélioration assez sensible (404 pour 100 000 en 1980; 228 de 1993 à 1997). Le taux de fécondité a considérablement baissé: de 7,2 en 1960 il est actuellement de 3,1. Dans le milieu urbain, le nombre moyen d'enfants par femme est de 2,3 alors qu'au rural, il demeure à 4,1.

La femme et l'éducation

Un large consensus se dégage dans le pays autour de la nécessité vitale de l'instruction des femmes. De nombreuses études ont contribué à cette prise de conscience en relevant que l'éducation des femmes a un impact positif sur le rendement social. À ce jour, de grands efforts ont été consentis par les pouvoirs publics. Cependant, de nombreux blocages à la pleine implication des femmes persistent. Le taux d'alphabétisation des femmes a progressé depuis les années 60: de 17%, il est passé à environ 40%, ce qui demeure médiocre par rapport à la demande sociale et aux impératifs de développement. Les chiffres, du recensement général de 1994, montrent un recul important de l'analphabétisation. Entre 1960 et 1994, la proportion de la population qui ne sait ni lire ni écrire a baissé

Insertion des femmes sur le marché du travail

Même s'il reste faible, le taux d'activité féminine visible augmente en ville (de 14,7% en 1982 à 17,3% en 1994). Dans le milieu rural, la proportion des femmes salariées a été longtemps marginale: elle était de 3,5% en 1987 mais elle est en nette progression et est passée à 11,5%.

Les femmes sont présentes dans tous les secteurs. 30% des femmes salariées sont dans le secteur public. Les autres se trouvent dans le secteur privé.

Entre 1987 et 1993, le nombre de femmes entrepreneures a décuplé, en passant de 400 à 4000, dont des femmes issues des grandes écoles nationales et internationales de gestion et de commerce. Dans la fonction publique, les femmes ont effectué une percée spectaculaire. Elles ont fait leur apparition dans les hautes sphères du gouvernement occupant des postes d'importance, telle Halima Ouarzazi, présidente du Comité préparatoire de la Conférence mondiale sur les Droits de l'Homme.

Dans le domaine judiciaire, les femmes exercent dans les tribunaux de première instance, la Cour d'appel et la Cour suprême. Au ministère public, 40 procureurs du Roi sont des femmes. En 1993, 21 des 200 juges femmes ont été promues conseillères.

Dans la diplomatie, il y a une belle évolution (5 femmes diplomates en 1960 contre 173 en 1994). Les femmes représentent le Maroc aux Conférences internationales, aux travaux de l'Assemblée générale des Nations Unies, aux travaux de l'Union parlementaire internationale et d'autres organismes spécialisés de l'ONU.

de 87% à 54,9% et, en 1999, est passé à 47%. Mais le taux d'analphabétisme est plus élevé chez la femme que l'homme et il est deux fois plus élevé au niveau rural: sur 100 femmes de 10 ans et plus, les deux tiers ne savent ni lire ni écrire.

Des efforts gigantesques par différents départements ministériels et parallèlement, il est à signaler la dynamique enclenchée par la société civile pour la promotion de l'éducation des femmes. Le taux de scolarisation des filles est en constant progrès; il a atteint 80% mais il a touché d'abord les citadines; le taux de scolarisation de la fille rurale ne dépasse guère 36%.

La femme et la société

En plus de sa présence remarquable dans l'espace médiatique, la Marocaine se distingue par une présence active dans les **domaines artistique** (musique, théâtre, cinéma) **et sportif**, où elle a forcé l'admiration en obtenant de hautes distinctions internationales. Pensons à Nezha Bidouane qui, en 1997, remportait la médaille d'or au 400 mètres haies (Voir *AFI 1998*, p. 195).

Il y a aussi **émergence d'une parole écrite**. Un large mouvement d'idées a commencé à se propager. Des romancières et nouvellistes telles Nadia Chakif et Fadela Sebti racontent le vécu de la femme par le biais de leurs œuvres. Hors de la fiction, Soumaya Naamane-Guessous a connu un succès retentissant avec la publication de sa thèse de doctorat: *Au-delà de toute*

pudeur: la sexualité féminine au Maroc, conclusion d'une enquête sociologique menée de 1981 à 1984 à Casablanca. Cet ouvrage réédité de nombreuses fois depuis 1990 a eu un très gros impact. La journaliste Zakya Daoud, après deux biographies, s'est intéressée dans *Marocains des deux rives* (Paris, Éd. l'Atelier, coll. Acteurs du développement, 1997) à la vie de l'association "Migration et développement".

Conclusion

L'urbanisation accélérée entraînant une scolarisation étendue contribue à améliorer la condition féminine, mais ce changement est à peine amorcé. Un long chemin reste à parcourir. Des blocages d'ordre juridique, économique et social pèsent sur les femmes qui ont peu d'accès aux postes de décision.

Jusqu'à présent, la question de la femme a été cantonnée au social. Cependant, les pouvoirs publics affichent leur volonté de mieux intégrer la femme dans la société. Le gouvernement d'alternance nommé par le roi en 1998 s'est engagé à promouvoir la femme sur la base de l'égalité des chances conformément aux conventions internationales signées par le Maroc au plan d'action de développement. Ce plan prévoit, par des mesures à court ou à long terme, hausser le statut juridique et politique de la femme et briser les obstacles socio-culturels qui la confinent souvent en marge du développement.

La femme dans la société mauritanienne

Tous les membres de la société mauritanienne sont de religion islamique et la référence fondamentale en matière sociale est le Coran et les Hadiths. Selon le Coran, la femme est l'égale de l'homme en droits et en devoirs. Mais, dans la réalité, la situation de la femme est inférieure à celle de l'homme. À sa naissance, la première chose qu'on souhaite à la petite fille est un mariage réussi et le seul but de son éducation est d'en faire une maîtresse de maison soumise et accomplie.

"Je ne suis pas une révolutionnaire, mais une évolutionniste."

Aïssata Kane, présidente de l'AIFF

"Il ne faut pas juger la situation de la femme africaine avec des concepts européens. [...] L'émancipation de la femme, surtout celle de la femme africaine, passe par le dialogue avec l'homme. Je suis partisane de la complémentarité de l'homme et de la femme, pas de la guerre ouverte. Je suis ardemment militante féminine et pas féministe. Je parcours le monde pour dire la capacité des femmes et leurs possibilités immenses, rappeler qu'elles sont majoritaires en nombre et qu'il faut les intégrer à tous les niveaux. Nous en avons pris le chemin avec la femme éduquée et la femme salariée qui, en devenant économiquement indépendantes, ont changé de statut. Ma mère ne savait pas ce qu'était l'école. Quand je suis allée à l'école, ce fut un événement dans mon village. Aujourd'hui, aller à l'école fait partie des choses naturelles de la vie de ma petite-fille. Vous voyez, la condition de la femme évolue en Afrique. Sans qu'elle ait besoin de brûler des soutiens-gorge [...]

Entrevue réalisée par Jean-Claude Antoine

La femme et la famille

La famille mauritanienne (islamique) est constituée par l'union, selon le Coran, d'un musulman et d'une musulmane ou d'un musulman et d'une non-musulmane, à condition qu'elle soit une adepte d'une religion révélée. La femme musulmane, toujours selon le Coran, n'a pas le droit d'épouser un non-musulman.

La famille mauritanienne est de type élargi, couvrant toutes les alliances de part et d'autre du couple (même les artisans, comme les bijoutiers et les cordonniers, travaillant depuis longtemps pour la famille en font partie). La famille est la cellule de base de la société. Les membres ont entre eux des obligations et des droits et chaque élément doit trouver dans ce milieu son épanouissement, particulièrement en ce qui concerne l'éducation des enfants.

Le ménage mauritanien peut être monogamique ou polygamique. Les objectifs traditionnels de la polygamie sont de multiplier le nombre d'enfants et d'augmenter ainsi la main-d'oeuvre féminine au niveau du ménage. Cette pratique permet aussi de limiter et de diminuer le nombre de divorces et de réduire le nombre de femmes célibataires. La polygamie engendre également des inconvénients: des familles pléthoriques, des difficultés au niveau de l'encadrement des enfants, une possibilité de rivalité entre les femmes et d'animosité entre les frères et les soeurs. Certes, la pression du milieu peut atténuer ces deux derniers inconvénients. Contrairement à l'affirmation courante, la polygamie n'est pas une obligation de la religion islamique mais une autorisation contenue dans la Sourate 4, intitulée "Nissa: Les femmes".

Historique de la polygamie

Au moment ou l'islam jaillissait, sous la dictée de Dieu, à travers Mohamed par l'intermédiaire de Djibril Aleysalam (Gabriel), la péninsule arabique vivait le plus haut degré de paganisme et d'indécence en matière de relations hommes-femmes. Les femmes étaient pratiquement réduites à l'esclavage et les rapports à l'animalité.

C'est pourquoi les clauses du Coran, stipulant les interdits en matière de mariage et la limitation du nombre d'épouses à quatre, paraissaient, à son époque, une révolution, une mise en ordre, une fin à la pratique abusive des hommes, un salut pour les femmes.

La polygamie régresse généralement quoiqu'elle progresse dans quelques pays. En Afrique, deux pays l'ont supprimée: la Guinée et la Tunisie. En Mauritanie, la polygamie est quasi inexistante dans le nord mais répandue dans le sud peuplé de Négro-africains. C'est plus une question de pratique sociale, tolérée par les femmes et leur communauté, que de nécessité coranique: les Mauritaniens du nord et ceux du sud sont d'aussi bons musulmans.

Le Coran et la polygamie

a) **La permission**: "Il vous est permis d'épouser telles femmes qui vous conviendront, à raison de deux, trois ou quatre." (Sourate 4, Verset 3)

b) **La mise en garde**: "Si vous craignez de n'être pas équitables, prenez une seule épouse [...]." (Suite du verset précédent)

c) **La prise en compte de la faiblesse humaine**: "Vous ne parviendrez jamais à assurer une parfaite équité entre vos femmes, dussiez-vous en avoir le plus vif désir." (Sourate 4, Verset 129)

d) **L'obligation de l'équité**: "Ne vous laissez pas cependant entraîner par votre impartialité, au point de délaisser complètement l'une d'elles, la laissant en suspens." (Sourate 4, Verset 129)

e) **L'autorisation générale**: le musulman, qui se sent tout de même en mesure de se conformer aux conditions – égalité d'affection, égalité de traitement –, est autorisé à la pratique de la polygamie: "Veiller plutôt à établir la bonne entente et fuir toute inéquité: Dieu usera de sa clémence envers vous et vous fera miséricorde." (Fin de la Sourate 4)

Le divorce

La dissolution de la famille est permise par le divorce bien que, selon l'islam, le divorce soit la pire des choses licites. C'est pourquoi il ne doit être autorisé que comme mesure salutaire pour le couple. Néanmoins, il faut souligner que cette pratique est courante dans le nord mauritanien. La vie citadine facilite le divorce, dû principalement à l'éclatement du milieu traditionnel et à la perte de son influence sur les jeunes.

Pratiques traditionnelles

Parmi les pratiques traditionnelles, on trouve **le gavage** et **l'excision**.

L'excision n'est pas une obligation islamique mais ce n'est pas non plus un interdit. Les accidents, suite aux excisions, sont multiples: tétanos, infections chroniques, déformations, etc. Certains justifient l'excision comme étant une condition de chasteté pour les filles alors qu'elle est d'ordre moral, psychologique, de tempérament et de milieu. L'excision se pratique surtout en milieu alpular et soninké; elle existe aussi chez les Maures. Par contre, les Wolofs ne la pratiquent pas.

Quant au **gavage**, il s'agit d'une pratique nord-mauritanienne. Elle consiste à alimenter exagérément une fille pour favoriser démesurément sa croissance. Cette pratique a sévi jusque dans les premières années de l'indépendance; elle est en voie de disparition presque totale aujourd'hui. Le gavage avait des effets néfastes sur l'ensemble des organes, mais une fille gavée était valorisée aux yeux des prétendants au mariage. C'était également un signe indicateur de la fortune familiale. Ces pratiques doivent être critiquées avec prudence étant intimement liées à la culture.

La fécondité

Le rôle premier assigné à la femme est la procréation. La valeur de la femme est fonction de sa fécondité et sa première qualité se mesure au nombre de maternités. Le taux de fécondité, en général, est relativement élevé (6,3 enfants). Il y a eu croissance du taux de fécondité jusqu'en 1976 et une faible baisse de ce même taux depuis 1977.

Le déséquilibre des sexes est mal accepté sauf s'il est au profit des garçons. La société mauritanienne est pro-nataliste, favorisant les familles nombreuses. La tradition situe la famille nombreuse au-delà du sixième enfant. Rares sont les femmes qui ne veulent plus d'enfants, même si elles sont en passe d'atteindre la ménopause.

Les contraceptifs

La connaissance de la contraception, qui varie selon le niveau socio-culturel, est très faible quoique légèrement plus élevée chez les femmes de moins de 35 ans. La contraception en Mauritanie n'est pas largement utilisée, comparée aux autres pays africains, asiatiques ou latino-américains. Elle est surtout recommandée dans les cas de grossesses à risques ou fréquentes.

On trouve trois catégories de méthodes contraceptives; les méthodes dites modernes et efficaces: la pilule (la plus connue des méthodes), le stérilet, les préservatifs; la stérilisation masculine ou féminine; les méthodes traditionnelles: l'abstinence, la continence périodique, le retrait (l'enquête du ENMF a révélé une surprise en ce qui concerne la méthode du retrait quasi inconnue en Mauritanie et qui pourtant est la plus répandue en milieu musulman), les douches vaginales, les potions, gris-gris et autres.

En conclusion, les méthodes contraceptives et le vocabulaire qui y est rattaché sont maniés avec beaucoup de prudence, dû à la mentalité nataliste qui fait référence à l'islam. La religion ne s'oppose pourtant pas à la contraception, surtout quand il s'agit de préserver la santé de la femme et des enfants. Ce que l'islam veut éviter dans ce domaine, c'est la mésentente au niveau du couple, une certaine tendance à s'abstenir de procréer et le risque de libertinage sexuel.

Conférence internationale des Femmes de la Francophonie en l'an 2000

Le Secrétaire général de l'Organisation internationale de la Francophonie, Boutros Boutros-Ghali, a annoncé la tenue d'une Conférence internationale des Femmes de la Francophonie, à Luxembourg, les 4 et 5 février 2000.

Dans un message qu'il avait adressé aux femmes, à l'occasion de la Journée internationale des femmes en 1999, M. Boutros-Ghali avait salué leur détermination à

faire évoluer leurs droits, leur rôle essentiel dans le développement économique et

social, et il avait souligné la modernité du combat des femmes, qui ont été "les premières à tisser une solidarité, une fraternité, une sororité exemplaire, par delà les frontières".

VALEURS CRÉOLES

Pierre SOUQUET-BASIÈGE
Président de "Valeurs créoles"

D ans l'avant-propos de son ouvrage *Fab Compè Zicoque*, Gilbert Gratiant a établi que la culture créole, telle qu'elle s'est développée dans les anciennes colonies françaises, mais tout particulièrement aux Antilles et en Guyane, a tous les caractères d'une microcivilisation originale. Pour sa part, notre association, Valeurs créoles, adhère pleinement à cette vision des choses, parce que tout semble indiquer qu'elle est fort juste. Quant à la dénomination qu'il convient de donner à cette civilisation, nul terme ne nous a paru plus approprié que celui de "créolité" proposé par Jean Bernabé, Patrick Chamoiseau et **Raphaël Confiant** dans leur ouvrage commun *Éloge de la créolité*. Mais, bien entendu, dans le cadre de l'objet de l'association, nous n'utiliserons ce terme, sans autre qualificatif, que dans le sens de créolité française.

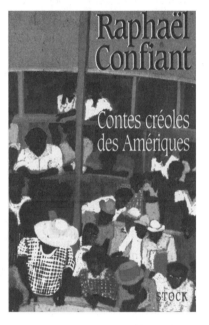

Ainsi définie, la créolité ne se limite pas pour nous au seul aspect linguistique: en tant que civilisation, elle englobe toutes les particularités d'ordre sociologique qui sont propres aux populations de nos régions, c'est-à-dire notamment la composition ethnique, les coutumes et les arts. Elle s'applique donc à toutes les composantes de ces populations, dont les membres sont de ce fait Créoles, quelle que soit leur origine. Par extension, on doit aussi considérer comme Créoles tous ceux qui, émigrés ou immigrés, sont restés ou sont devenus fortement imprégnés par la culture créole de par leur environnement immédiat, notamment leur environnement familial.

L'originalité de la créolité tient tout particulièrement à son caractère multiracial, assorti d'un métissage très poussé, et à la coexistence en son sein de deux niveaux de culture étroitement apparentés. À ces deux niveaux de culture correspondent, pour l'élaboration de la pensée et la communication, deux idiomes distincts que, comme le dit Gratiant, tous les Créoles utilisent indifféremment, en passant de l'un à l'autre en souplesse "selon les circonstances, les sujets traités, les occasions ou la fantaisie du moment", le créole et le français.

Ce que nous appelons valeurs créoles, ce sont précisément les éléments qui servent de références à cette créolité.

Sur le plan humain, ces valeurs résultent principalement de la symbiose culturelle franco-africaine qui s'est produite au cours de siècles de cohabitation entre les colons et leurs esclaves et qui s'est affinée ensuite, en se renforçant, lorsque l'abolition de l'esclavage a conduit à l'égalité des droits civiques entre ces deux composantes.

En dépit de l'inégalité des conditions de vie, cette symbiose s'est faite tout naturellement (on pourrait dire qu'elle s'est faite d'elle-même). Qui plus est, contrairement à ce que certaines idées reçues donneraient à penser, elle s'est faite sur un strict plan d'égalité culturelle, en ce sens que les colons se sont laissé complaisamment influencer par le parler, la gestuelle et certaines coutumes des anciens Africains, tandis que les gens de couleur se sont approprié avec avidité la langue française et certains principes des maîtres blancs.

En premier lieu, cela a conduit à une conception des rapports entre les personnes qui s'écarte radicalement de l'individualisme à l'européenne. Ainsi, dans l'échelle des valeurs humaines, les Créoles font primer l'hospitalité, l'urbanité des manières, la gratuité du service rendu, la sensibilité au malheur d'autrui (cette "compassion active" que Gratiant évoque si joliment), la tolérance aux faiblesses, le sentiment de sa propre dignité, autant que le respect de celle de l'autre, enfin un sens très poussé de l'entraide. Mais, sur un autre plan, par-delà la dureté des conditions sociales chez la plupart et les catastrophes collectives de toutes sortes, le culte bien français des plaisirs de l'existence sous toutes leurs formes s'est joint à la robuste jovialité propre aux Africains pour engendrer une exubérance dans la joie de vivre qui est tout à fait typique du tempérament créole. S'inscrivant dans cette joie de vivre, l'humour créole prend probablement sa source dans le prodigieux esprit d'observation qu'a dû développer chez ces mêmes Africains leur union intime avec la nature. Cet inimitable humour constitue l'une des valeurs créoles qu'il importe le plus de cultiver, car il ne contribue pas peu à humaniser les rapports sociaux entre les individus de toutes conditions.

En second lieu, outre l'élaboration de ces traits de caractère chez les hommes, apports français et apports africains se sont étroitement mêlés, en s'adaptant au contexte local, pour conférer aux différents domaines de l'art un caractère typiquement créole. C'est ainsi que sont nés une musique créole, des danses créoles, une cuisine créole, un style d'habitat créole, un habillement créole, qui ont tous pour point commun d'inciter à la convivialité, c'est-à-dire au goût du plaisir partagé. Bien sûr, en décrivant ainsi les valeurs créoles, on ne doit pas manquer d'y inclure les apports culturels effectués ultérieurement par d'autres ethnies, tels les Indiens et les Syro-Libanais, aussi bien sur le plan de l'efficacité économique qu'en matière d'art, notamment l'art culinaire. Mais il n'en reste pas moins que ces apports n'ont pas modifié substantiellement la créolité, dont le socle demeure essentiellement franco-africain.

Enfin, il faut noter que l'oralité du langage créole joue un rôle capital sur le plan culturel et ne doit donc en rien être considérée comme une insuffisance de la créolité. Là aussi, on ne doit pas se laisser abuser par ce préjugé courant chez les linguistes, selon lequel une langue n'aurait de dignité que si son écriture est bien fixée. L'accent, les intonations, les mimiques qui accompagnent la parole permettent en effet d'exprimer la personnalité collective des Créoles beaucoup mieux que ne saurait le faire la forme écrite. La richesse de l'oralité créole est en quelque sorte consubstantielle à cette personnalité.

La combinaison de toutes ces valeurs constitue un art de vivre créole qui, si l'on en stimule les points forts et que l'on s'attache à en réduire les dégradations, est à ce point digne d'intérêt qu'il pourrait même constituer un modèle pour la recherche de la qualité de la vie, dont nous savons qu'elle s'impose de plus en plus aux esprits comme un objectif majeur dans le monde inhumain en train de se développer autour de nous. De plus, cet art de vivre créole, en raison de son origine largement française et de son extrême imbrication dans la culture française, apparaît comme un authentique prolongement de la civilisation globale de la France, pour peu que l'on considère celle-ci, non comme un bloc monolithique limité à l'Hexagone et dont Paris seul donnerait le ton, mais comme un agrégat de régions ayant chacune leur spécificité propre et simplement unies par leur francité commune.

MÉDIAS ET FRANCOPHONIE

Marie-Aimée RANDOT-SCHELL

Pour la première fois, les parlementaires ont organisé, le 30 juin 1999 à l'Assemblée Nationale, un colloque intitulé "Médias et Francophonie".

Le député Bruno Bourg-Broc, président du Groupe d'études sur la Francophonie et la Culture française dans le monde regroupant une centaine de députés – toutes tendances politiques confondues – a voulu instaurer le dialogue entre les médias, les mettant en face de leurs responsabilités d'informateurs, et les institutionnels de la Francophonie qui s'évertuent à démontrer le bien-fondé de celle-ci. Pourquoi les médias sont-ils aussi hermétiques à la Francophonie? La question reste entière!...
À l'heure du développement exponentiel des médias audiovisuels, du formidable bond en avant du satellite et du numérique mais aussi des réseaux d'information et d'Internet, la Francophonie se doit de mettre à profit toutes ces nouvelles techniques de communication. C'est dans cette optique que Bruno Bourg-Broc, a expliqué l'intérêt de la rencontre des institutionnels et des opérateurs privés de la Francophonie, et la nécessité de faire dialoguer les médias avec les responsables de la Francophonie. "Nous avons trop longtemps péché par excès de suffisance et de supériorité. Nous avons considéré, à tort, que la défense de la francophonie et de la culture française était un combat réservé à une caste d'intellectuels en méprisant les outils médiatiques." Il considère que l'arme médiatique est la plus puissante de toutes les armes pour imposer un modèle culturel et commercial. Le Monde anglo-saxon a compris cela depuis fort longtemps. Néanmoins, il rappelle que nous savons vendre des programmes français face à une demande réelle. Les États-Unis ont pour priorité de vendre leurs produits quelle que soit la langue utilisée!... La France doit faire un effort particulier sur les doublages et les sous-titrages.

Devant les industriels de l'audiovisuel, TV5 et CFI, TVFI, Canal Horizons, RFI, La Cinquième et Arté, mais aussi le CIRTEF, le CSA... Laurent Fabius salue les missions francophones confiées à TV5 et CFI TV5 avec ses 80 millions de foyers potentiels contre 120 millions pour CNN et 40 millions pour la BBC. RFI est le quatrième réseau mondial. La Francophonie se définit en terme de marchés à conquérir, donc cela suppose imagination et créativité. "L'avenir de la Francophonie est un acte d'équilibre et de justice autant que d'imagination. Les médias ont une place de choix à occuper."

Selon Catherine Trautmann, ministre de la Culture et de la Communication, les aides à la production apportées par son ministère ne sont rien sans la possibilité de les diffuser, dans des médias. Nous avons besoin des médias pour relever le défi francophone. Tous les médias importants sont sur Internet. Le premier, dans la presse quotidienne régionale, est le "Télégramme de Brest " qui vend de la musique en ligne sur son site Internet.

Le deuxième, c'est RFI qui développe sur son site Internet des activités d'agence de presse et de presse écrite. L'ensemble de l'audiovisuel public est donc désormais sur Internet. La loi assignera aux chaînes publiques la mission d'être encore plus présentes sur les nouveaux supports. La prépondérance des contenus en anglais ne gêne en rien la croissance des contenus dans les autres langues.

Pour Louis Mexandeau, président délégué de la section française de l'Assemblée parlementaire de la Francophonie, "La Francophonie c'est un combat, une lutte contre l'anglais." Il fait allusion à la loi 101 au Québec qui a fait reculer l'anglophonie en faveur de la Francophonie. "Ne jamais subir".

"Le danger vient des médias", déclare une intervenante. Anne Chaussebourg, directeur du Monde, qui représentait la presse écrite, répondra "La Francophonie n'est pas forcément le bien-parler".

Pietro Securo, gestionnaire du Fonds francophone des Inforoutes pour l'Agence de la Francophonie, révèle que sur 530 initiatives, 60 seront financées et menées à leur terme grâce à un budget de 40 millions de francs.

Le rédacteur en chef de RFI, M. Sada, déclare que les journalistes sont aussi des militants de la Francophonie. Internet et la numérisation sont les vecteurs du travail quotidien. RFI utilise les tuyaux (Internet) et les contenus. On peut écouter RFI sur Internet en direct, à la carte, en téléchargement, et bientôt par sélection. RFI diffuse en 18 langues.

D'après M. Fournier, producteur pour La Cinquième, les nouveaux espaces de distribution sont liés à Internet.

Internet et Francophonie

Tout le monde s'accorde à dire qu'Internet peut être un bel outil pour le développement de la Francophonie. Cependant, Hervé Bourges nous donne quelques chiffres à méditer: "Aujourd'hui, sur 1 200 000 internautes sur le continent africain, plus d'un million se trouvent en Afrique du Sud. Ainsi, 95% sont anglophones et moins de 4% sont francophones. Le fait que le Nigéria vienne de lancer une politique de développement des accès Internet, ne va pas contribuer à inverser cette proportion. Notre devoir est de penser la Francophonie comme un marché et attaquer ce marché avec les médias, en adaptant ceux-ci aux réalités locales. C'est ce que font, d'ailleurs, RFO et RFI.

La Francophonie doit être un espace de codéveloppement économique et culturel dont l'audiovisuel serait la clef de voûte. Or, il n'y a pas de développement audiovisuel sans une libre communication , où la loi est là pour l'assurer et mettre les médias à l'abri des pressions politiques et économiques."

Charles Josselin, ministre délégué à la Coopération et à la Francophonie, a apporté un éclairage politique et de terrain dans son discours de clôture. En effet, les médias sont une pièce essentielle du dispositif de coopération internationale dont il a la charge aux côtés d'Hubert Védrine.

"La Francophonie en peine de médiatisation est-elle assez compréhensible pour l'opinion publique?"

Cet appel du pied fait par les institutionnels aux médias sera-t-il entendu, notamment pour le Sommet de Moncton? La question de leur participation fut posée franchement. La réponse fut tout aussi franche de la part des responsables de France Télévision, RFI... Les médias considèrent dans l'ensemble que le grand rendez-vous de la Francophonie fut le Sommet de Hanoï en raison de l'élection du Secrétaire général de l'OIF en la personne et la personnalité de M. Boutros Boutros-Ghali. Le Sommet de Moncton, qui réunira les 52 chefs d'État et de gouvernement ayant le français en partage, est forcément un événement moindre malgré les trois pays d'Europe centrale et orientale (la République Tchèque, la Slovénie, la Lituanie) désirant être observateurs à ce prochain Sommet. Le grand rendez-vous sera plutôt à Beyrouth où le bilan de l'OIF sera dressé, et le "suspense" sera à son comble: Boutros-Ghali sera-t-il reconduit dans ses fonctions, où y aura-t-il d'autres candidatures ?

Et pourtant, le récent changement de gouvernement au Nouveau-Brunswick, à défaut de constituer un événement majeur, pourrait éveiller la curiosité des médias !...

LANGUE ET LITTÉRATURE FRANÇAISES

LES LANGUES RÉGIONALES DE FRANCE

Pierre PILARD
pierre.pilard@francemel.com

Après la féminisation des titres (voir *AFI 1999*, pp. 317-325), le printemps 1999 a vu la France débattre des langues qui vivent sur son territoire. La signature de la Charte européenne des langues régionales ou minoritaires, le 7 mai, a en effet été suivie d'une sorte de revirement, puisque le Conseil constitutionnel, saisi par Jacques Chirac, a jugé un mois plus tard que sa ratification était incompatible avec la Constitution.

Quelques réactions politiques

À gauche, le Parti socialiste (PS) et les Verts ont demandé que des mesures soient prises en faveur des langues régionales pour rejoindre les engagements contractés en signant la Charte. Le Mouvement des citoyens (MDC) s'est montré satisfait de la ratification impossible de ce texte, tout comme, à droite, le Rassemblement pour la République (RPR) et Charles Pasqua. L'Union pour la démocratie française (UDF) est favorable aux engagements pris par la France.

Catherine Trautmann (Ministre de la Culture, PS): "La France ne saurait défendre plus longtemps le pluralisme linguistique en Europe, la place du français dans l'Union européenne et dans le monde, si elle négligeait le pluralisme linguistique chez elle. [...] La langue française est la langue unique de l'État et de tous les services publics. Mais toutes les autres langues de la France, en métropole et dans les DOM-TOM, sont des réalités culturelles essentielles. Mon ministère protège les monuments, les œuvres d'art, les livres, les arts et traditions populaires: il doit protéger mais aussi promouvoir ce patrimoine très riche de toutes les langues parlées par les citoyens français."

François Bayrou (UDF): "Les langues de nos régions, le basque, le breton, le béarnais, l'occitan, le corse, le gascon, l'alsacien, le créole, ont le droit à l'existence. C'est le même combat que la défense du français contre l'anglais."

Guy Carcassonne (Ancien conseiller du socialiste Michel Rocard): "La France a un culte du patrimoine très poussé, trois vieilles pierres peuvent faire l'objet des soins les plus vigilants. En revanche, quand il s'agit de ce patrimoine extraordinaire que sont les dizaines de langues pratiquées au cours des siècles sur son territoire, il est perçu non seulement comme indigne de protection, mais, qui plus est, comme dangereux pour la nation."

Bruno Bourg-Broc (RPR, président du groupe d'études de l'Assemblée nationale sur la francophonie et la culture françaises dans le monde): "Au même titre qu'il faut refuser la mondialisation linguistique et culturelle, il faut avoir à l'esprit que la montée en puissance des régionalismes culturels et linguistiques est tout aussi porteuse d'inquiétudes et de dangers potentiels pour la langue et la culture françaises. [...] Il faut, par ailleurs, ajouter que, de la langue au particularisme politique, puis du particularisme à l'autonomie, il n'y a qu'un pas, que certains ont déjà allègrement franchi."

Georges Sarre (MDC): "La Charte portait un coup sévère à la francophonie, allait contre l'intégration des Français d'origine étrangère, et favorisait un modèle de société communautariste contraire à la conception républicaine de la citoyenneté."

Cette charte, adoptée en 1992 par le Conseil de l'Europe, a déjà été signée par 18 États, et ratifiée par huit d'entre eux. La France a commencé à s'y intéresser en 1996: à la demande de Jacques Chirac, Alain Juppé en avait soumis le texte au Conseil d'État, qui l'avait jugé inconciliable avec l'article 2 de la Constitution française. En 1997, comme il s'y était à plusieurs reprises engagé, Lionel Jospin avait lancé une mission d'étude, dont Bernard Poignant, maire de Quimper, présenta le rapport: malgré quelques problèmes constitutionnels, la Charte pouvait être ratifiée. Guy Carcassonne, spécialiste de droit constitutionnel, conclut aussi qu'elle pouvait être signée et ratifiée, dans la mesure où les États peuvent y choisir 35 points seulement sur les 98 qui la composent.

La France s'est engagée sur 39 points, qui touchaient l'enseignement, la justice, les autorités administratives et les services publics, les médias, les activités et les équipements culturels, la vie économique et sociale, et les échanges transfrontaliers. Le Conseil constitutionnel a jugé que tous peuvent être mis en œuvre sans modification de la Constitution: les difficultés viennent du **préambule** de la Charte qui, d'après le Conseil constitutionnel, confère des droits collectifs à des minorités linguistiques et reconnaît le droit d'utiliser une autre langue que le français dans la vie publique (justice, administration, services publics): ces deux points s'opposent aux deux premiers articles de la Constitution française.

Contre: les opposants à la Charte soulèvent plusieurs arguments: la reconnaissance constitutionnelle des langues régionales et minoritaires pourrait aboutir à un régionalisme et à un communautarisme dangereux; le mot de "balkanisation" a été employé par plusieurs politiques. Le deuxième argument part du constat que l'usage du français est fragilisé en Europe et ailleurs dans le monde et l'on craint qu'il ne s'éteigne, étouffé entre l'anglais et les langues régionales. Enfin, se pose la question du coût des engagements pris, en regard de leur utilité.

Pour: les défenseurs de la Charte condamnent le centralisme français, "l'intégrisme jacobin" et évoquent l'aspiration à retrouver ses attaches dans le contexte globalisant de la mondialisation. Ils précisent que tenir compte des spécificités des citoyens n'est pas leur donner l'indépendance: on retrouve souvent dans leurs propos que l'unité nationale peut respecter les langues et les cultures minoritaires. Bernard Poignant, maire de Quimper, dresse un parallèle intéressant: "On ne défend bien sa langue chez les autres qu'en respectant toutes les langues chez soi."

Mais la défense et la promotion des langues minoritaires n'est pas soumise à la ratification de la Charte. Ainsi, la ministre de la culture, Catherine Trautmann, a annoncé la création d'un Conseil supérieur des langues de France, parallèle au Conseil supérieur de la langue française et présidé, comme lui, par le Premier ministre. La Délégation générale à la langue française (DGLF) devrait être transformée en Délégation générale à la langue française et aux langues de France, pour mieux coordonner la politique culturelle et linguistique.

Les langues parlées en France

La Charte européenne adoptée en 1992 par le Conseil de l'Europe définit les langues régionales comme "les langues pratiquées traditionnellement sur un territoire d'un État par des ressortissants de cet État qui constituent un groupe numériquement inférieur au reste de la population de l'État". L'expression "un territoire d'un État" recouvre "l'aire géographique dans laquelle cette langue est le mode d'expression d'un certain nombre de personnes justifiant l'adoption de différentes mesures de protection". Le texte tient aussi compte d'autres langues minoritaires, dépourvues de territoires celles-là, qui sont "pratiquées par des ressortissants de l'État, mais qui [...] ne peuvent être rattachées à une aire géographique particulière".

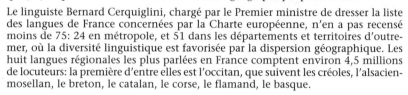

Le linguiste Bernard Cerquiglini, chargé par le Premier ministre de dresser la liste des langues de France concernées par la Charte européenne, n'en a pas recensé moins de 75: 24 en métropole, et 51 dans les départements et territoires d'outre-mer, où la diversité linguistique est favorisée par la dispersion géographique. Les huit langues régionales les plus parlées en France comptent environ 4,5 millions de locuteurs: la première d'entre elles est l'occitan, que suivent les créoles, l'alsacien-mosellan, le breton, le catalan, le corse, le flamand, le basque.

Certaines langues régionales ont circulé et ne se limitent plus au territoire où elles sont nées, comme les créoles, que l'on parle beaucoup autour de Paris. Les langues, en effet, accompagnent ceux qui les parlent et les immigrations récentes en ont apporté cinq en France qui relèvent de la Charte: **arabe dialectal**, **berbère**, **yiddish**, **romani chib** et **arménien occidental**. Bernard Cerquiglini distingue le cas de ces langues de celui de l'italien, du portugais, du polonais et du chinois, qui ne sont pas menacées et qui sont enseignées dans le secondaire et le supérieur.

Le rapport remis par Bernard Cerquiglini au Premier ministre est disponible sur le site de la Délégation générale à la langue française (http://dglf.culture.fr).

DOM

- Créoles (Martinique, Guade-loupe, Réunion; 3 en Guyane).
- 6 langues amérindiennes en Guyane.
- Hmong.

TOM

- 28 langues kanaks.
- Tahitien.
- Marquisien.
- Langue de Tuamotu.
- Langue mangarévienne.
- 3 langues aux îles Austra-les.
- Walissien.
- Futunien.
- Shimaroé et Shibushi.

LA FRANCE ET SES LANGUES: HISTORIQUE

On cite traditionnellement quelques dates pour retracer l'histoire de l'implantation du français en France, qui font de ce pays, selon l'expression de la linguiste Renée Balibar, "une nation totalement identifiée à une langue." Les deux premiers textes écrits en français dont nous ayons la trace datent du IXe siècle : ce sont les Serments de Strasbourg (842) et la Séquence de sainte Eulalie (880). Les jalons suivants appartiennent au XVIe siècle: il s'agit de l'édit de Villers-Cotterêts, pris par François Ier en 1539, et de la *Défense et illustration de la langue française,* de Joachim du Bellay (1549). Ces deux textes asseyaient le français dans les actes notariés et les décisions des tribunaux pour le premier, et dans la poésie et la littérature pour le second, en le substituant au latin et en lui donnant une place de langue officielle.

La Révolution française, à partir de 1789, a continué de combattre le latin, mais, fait nouveau, elle s'est également attaquée aux langues régionales, pour deux raisons. La première, c'est que les idiomes et les patois parlés en France écartaient du pouvoir bon nombre de sujets de l'ancien régime: le français devait donc être connu de tous les citoyens, souci d'égalité. La deuxième raison, c'est que certains parlers régionaux estompaient des frontières rendues sensibles par les guerres révolutionnaires: interdire les dialectes allemands d'Alsace, par exemple, renforçait la frontière avec l'Allemagne. La politique intérieure et la politique extérieure étaient en jeu, comme le donnent à connaître les propos de "l'Anacréon de la guillotine", Bertrand Barère de Vieuzac: "Le fédéralisme et la superstition parlent bas-breton. L'immigration et la haine de la République parlent allemand. La contre- révolution parle italien. Le fanatisme parle basque. Brisons ces instruments de dommages et d'erreur!" Le XIXe siècle a élargi l'usage du français. Les lois sur l'école par exemple, ont abouti à l'interdiction de parler breton dans la cour de récréation. Il y en a encore, en France, qui ont le souvenir d'avoir été réprimandés à ce titre par leur instituteur. Bernard Cerquiglini date de la Première Guerre mondiale le repli des langues minoritaires: "Le français s'impose alors comme la langue de commandement de toute la nation en armes."

Après la Deuxième Guerre mondiale, un mouvement favorable aux langues régionales s'amorce: en 1951, la loi Deixonne stipule: "Le conseil supérieur de l'Éducation nationale sera chargé [...] de rechercher les meilleurs moyens de favoriser l'étude des langues et dialectes locaux dans les régions où ils sont en usage." Cette loi réglementait l'enseignement de la langue et de la culture (folklore, littérature et arts populaires locaux) à l'école primaire, dans l'enseignement secondaire et à l'université. L'objectif était double. Il s'agissait d'abord, et paradoxalement, de défendre la langue française: les débats parlementaires de l'époque montrent que l'usage du breton devait aider les maîtres d'école à mieux faire comprendre le français et ses règles à leurs élèves. La langue française devait aussi bénéficier du droit d'exister des langues régionales, en ce qu'elles pouvaient en enrichir le lexique, comme l'indiquait Montaigne: "Si le français n'y va, que le gascon y aille." L'un et l'autre de ces arguments peuvent encore valoir aujourd'hui, *mutatis mutandis.* Cette loi visait aussi, naturellement, à assurer la transmission des patrimoines intellectuels, littéraires et artistiques des régions de France: Deixonne voulait consacrer "d'adorables richesses culturelles". La loi qui portait son nom connaissait assurément des limites: les langues minoritaires sans assise territoriale n'y étaient pas encore mentionnées (langues tziganes, yiddish, arménien), par exemple, et elle ne concernait, en 1951, que le breton, le basque, le catalan et l'occitan. Mais c'est elle qui a lancé la réhabilitation officielle des langues régionales en France, par l'enseignement.

Le fait qu'elle ne s'appliquât pas aux langues d'outre-mer, alors que la France avait encore un empire colonial conséquent, rappelle que la limite entre culture et politique est parfois de pur artifice. Une démarche prudente s'impose à ceux qui réclament la reconnaissance de leur patrimoine et à ceux qui sont en mesure de la leur accorder. La volonté très légitime de favoriser les langues minoritaires et les cultures qui les accompagnent ne doit pas scinder les nations, mais contribuer à leur enrichissement. L'expérience francophone, d'ailleurs, pourrait inspirer quelques réflexions fécondes, puisque le français est majoritaire ici et là, mais minoritaire ailleurs.

SITUATION ET AVENIR DU FRANÇAIS

QUELQUES APERÇUS, NON CONFORMISTES

Robert CHAUDENSON
Université de Provence
chaudens@newsup.univ-mrs.fr

*Le linguiste et créoliste de grande réputation, Robert
Chaudenson, dans un texte polémique, s'en prend aux
discours complaisants de la francophonie; il lance un
cri d'alarme en faveur des pays africains.*

On pourrait poser, pour commencer ce propos, la devinette suivante:
"Quelle est la langue la plus parlée dans le milieu francophone?"; la
réponse n'est pas "le français", mais "la langue de bois". En France en tout cas,
on constate un discours quasi identique de l'extrême-gauche à l'extrême-
droite qui se retrouvent sur le terrain du nationalisme linguistique. Déclarer
que le français est menacé dans le monde conduit à se faire traiter de
"pisse-vinaigre" ou, s'il s'agit plus précisément de l'Afrique, d'"afro-pessimiste".
Le discours de ceux que j'ai naguère nommés les "paladins de la francophonie"
repose, pour partie, sur des données et des statistiques dont tout démontre
qu'elles sont approximatives ou manipulées, dans le but de gonfler le nombre des francophones dans le monde et d'en souligner la constante et régulière augmentation. Je tiens depuis longtemps un sottisier de ces
évaluations. Le record actuel appartient, selon mes données personnelles,
à Maurice Druon qui annonçait, dans le *Point* du 7 août 1987, 500 millions
de francophones pour l'aube du XXIᵉ siècle, désormais toute proche. Ce
record sera sans doute difficile à battre, mais récemment encore, en mai
1999, dans un débat sur la francophonie, un homme politique de premier
plan avançait le chiffre de 250 millions de francophones dans le monde.

Tout le problème, on le pressent, est de savoir quel contenu et quel sens on donne au mot "francophone" et comment on évalue les niveaux éventuels de francophonie. Si, comme le font certains, on établit le nombre des francophones par simple addition des totaux de population des États de la Francophonie, on peut effectivement atteindre un total de 500 millions, surtout si on y trouve le Vietnam, l'Égypte ou peut-être bientôt le Nigeria après la Pologne. Une telle démarche est évidemment absurde et le devient de plus en plus avec l'évolution actuelle de la francophonie, puisque les exigences d'entrée pour les États nouveaux sont désormais de manifester un certain intérêt pour le français et d'user de cette langue dans les instances internationales quand la langue de l'État en cause n'est pas une des langues de ces organisations. Cette dernière clause est d'ailleurs loin d'être réellement appliquée puisque, sauf erreur, le Vietnam n'use pas du français à l'ONU alors que le quôc ngu, le vietnamien, n'est pas une des langues de cette organisation. Rares sont tout de même, reconnaissons-le, les évaluations qui se fondent sur ce principe de calcul. Les statistiques régulièrement fournies par le Haut Conseil de la Franco-phonie dans ses *États de la Francophonie dans le monde* sont plus fiables sur certains points, en dépit d'un certain optimisme (évaluation des francophones "réels"), mais bien plus discutables pour ce qui concerne les francophones "occasionnels" par exemple. Cette catégorie est en effet fallacieuse dans la mesure où le caractère "occasionnel" d'une activité marque qu'on ne la pratique que par moments, mais n'implique en aucune façon une compétence limitée ou incomplète. Un lecteur occasionnel d'hebdomadaires est quelqu'un qui ne lit que de temps à autre des hebdomadaires, cette circonstance n'implique nullement qu'il lit mal ou est à peu près illettré. Or, s'agissant par exemple de l'Afrique, les "francophones occasionnels" des États de la Francophonie sont des locuteurs que je classe, à l'aide de ma catégorisation personnelle de la "franco-faune", dans les "francophonoïdes" ou, pire, dans les "franco-aphones" (R. Chaudenson, *Vers une révolution francophone*, Paris, L'Harmattan, 1989). On aura compris que ces "à peu près" visent à donner une image linguistique plus exacte des populations de l'espace francophone et que "l'os médullaire" de la plaisanterie contient une "substantifique moëlle". On peut donner de ces catégories une définition linguistique plus rigoureuse par application du test d'Abidjan (R. Chaudenson et al., *Test d'évaluation des compétences linguistiques en français: le test d'Abidjan*, Didier Érudition, 1997). Selon ce test, les francophones sont les locuteurs qui obtiennent un total égal ou supérieur au SMIC (Seuil minimal individuel de compétence), soit 350 points; les francophonoïdes sont les locuteurs qui se situent entre 150 et 350, les franco-aphones obtenant moins de 150 points. On pourrait donc tout à fait, à partir d'échantillonnages nationaux représentatifs, évaluer avec une grande précision le nombre des francophones et déterminer avec exactitude les populations de chaque

catégorie, en précisant même les "profils" des locuteurs en fonction de leurs types de compétences puisque les quatre "habiletés" (pour parler québécois) sont évaluées de façon indépendante (compréhension et production orales; compréhension et production écrites). Lors du Colloque de Hué sur "l'enseignement du français et en français", l'équipe qui a mis au point le Test d'Abidjan avait demandé à J. Kouadio, membre de cette équipe, de présenter un projet en ce sens. Il n'en a évidemment pas été tenu compte, le Rapport général, sans doute prêt avant le début même des travaux, se limitant à une présentation des projets de l'AUPELF-UREF, sans grande relation avec la thématique de la réunion. Nos propositions à la CONFEMEN en vue d'utiliser ce test dans la mise en place, très éventuelle, du Programme commun de français dans l'éducation de base (1994-1995), n'ont pas davantage reçu d'écho.

Tous ces détails font sens. Il y a là une volonté, plus ou moins consciente selon les protagonistes, d'occulter les réalités linguistiques de la francophonie dans le monde. La chose serait d'importance mineure, si cet embellissement de la situation n'entraînait une absence totale de perception de la gravité et de l'urgence de la situation.

Même si les faits et les réalités sont infiniment moins graves, il me paraît impossible, quitte à passer pour un "pisse-vinaigre" ou un "agent de l'étranger", de cautionner par mon silence ces "altérations de la vérité" qui me paraissent conduire la francophonie au désastre.

L'AFRIQUE

Le cas de l'Afrique me paraît ici tout à fait central pour deux raisons majeures dont chacune serait à elle seule suffisante pour justifier une action urgente.

1. **La première raison** tient à ce que le français est, dans la plupart des États de l'Afrique dite "francophone", la langue officielle. C'est donc l'idiome dont on use dans l'éducation, l'information, l'administration, la justice, les emplois publics et/ou qualifiés, etc., même si, ici ou là, on peut apporter quelques nuances à ce résumé, inévitablement schématique.

Quoique, dans le Sud, quelques opposants politiques en mal d'argumentaire et, dans

le Nord, des tiers-mondistes qui ignorent l'histoire persistent à dénoncer dans cet état de fait un complot néo-colonialiste ourdi par les anciens colonisateurs, cette assertion ne résiste pas un instant à l'analyse. En effet, on peut montrer (je me suis naguère amusé à le faire) que l'immense majorité des leaders révolutionnaires africains s'est prononcée en faveur de l'usage des langues européennes. Les déclarations de Patrice Lumumba convergent avec celle de Samora Machel; une exception est bien sûr fournie par Sékou Touré, mais quand on voit comment s'est achevée l'expérience guinéenne, l'argument ne paraît pas décisif. Les

États pouvaient faire les choix qu'ils voulaient lors des Indépendances (même s'il est facile de voir les raisons des options qu'ils ont prises). Tout État africain peut, par ailleurs, du jour au lendemain, prendre souverainement la décision de changer l'ordre des choses comme l'a fait Madagascar en 1972 ou le Rwanda en 1996 (l'anglais est devenu à cette date langue officielle aux côtés du kinyarawanda et du français). Qu'on cesse donc de nous rebattre les oreilles avec le mythe du complot néo-colonialiste!

L'analyse et la réflexion doivent donc s'établir dans le cadre de ce que sont, actuellement, les choix souverains des États africains. Encore faut-il en tirer les conséquences. Lors de la chute de l'Empire soviétique, les États du Nord (souvenons-nous du discours de F. Mitterrand au Sommet africain de la Baule) ont découvert les vertus de la démocratie pour le continent africain. Des esprits pervers pourraient voir dans cette soudaine révélation la conséquence directe du fait que plus personne n'avait désormais besoin de ces régimes autocratiques qu'on soutenait essentiellement pour faire pièce aux "Républiques populaires" du continent. La démocratie et donc les droits de l'homme sont devenues la tarte à la crème de la coopération. Cet aspect, très médiatisé, a fait oublier que le droit de déposer de temps en temps un bulletin de vote dans une urne (quand on ne le fait pas à votre place) ne peut faire oublier que la Déclaration des droits de l'homme de 1948, signée par tous ces États, comporte aussi d'autres droits que je juge personnellement plus fondamentaux ou, en tout cas, plus essentiels. En effet, dans un État francophone, un citoyen qui n'a pas un accès minimal au français, langue de l'école, de l'administration, de la justice, du travail qualifié, etc. est privé des droits reconnus, à l'école, à l'information, à la santé, au travail, etc. Comme je l'ai

écrit et dit souvent, tout citoyen de ces États a certes droit à sa langue première et/ou identitaire (qu'on la nomme vernaculaire, grégaire, chthonienne, etc.), mais il a aussi droit à un accès minimal au français, faute de quoi il est victime d'une exclusion de droits de l'homme essentiels. Il est donc du devoir des États dont le français est la langue officielle d'assurer cet accès à la langue française pour leurs citoyens.

2. **La seconde raison** est que le devoir et l'intérêt des États francophones du Nord devraient les conduire à aider à la réalisation de cet accès au français pour toutes les populations francophones du Sud. J'ai la mauvaise habitude de dire (au grand scandale des paladins de la francophonie) que je suis personnellement assez indifférent au fait que le français puisse ne plus être, dans quelques décennies, une langue de l'Afrique, mais que ce sentiment ne devrait pas être partagé par les décideurs, responsables français ou francophones, qui ont en charge la diffusion de la langue française. Certains d'entre eux, quoique conscients, dans leur for intérieur ou en privé, de la gravité et de l'urgence du problème, pensent que cela durera bien autant qu'eux. Je leur accorde volontiers que ma position est plus commode que la leur et qu'on ne peut attendre d'eux qu'ils risquent leur carrière pour des actions dont les résultats ne se manifesteront qu'à long terme. Pour un politique, inaugurer un pont ou un abattoir est plus immédiatement gratifiant et exploitable qu'engager une réforme éducative par exemple qui rencontre, partout et toujours, des oppositions quasi unanimes et qui, si pertinente et opportune qu'elle soit, ne portera ses fruits que dix ou vingt ans plus tard, au seul bénéfice de ses successeurs lointains!

Faut-il pour autant que les chercheurs qui n'ont pas de responsabilités sur le terrain de l'action se taisent ? Je ne le crois pas.

L'AVENIR

S'il est de bon ton désormais, dans tout discours sur la francophonie, de mentionner que le premier à user de ce terme a été le géographe Onésime Reclus, qu'on confond souvent avec son illustre frère Elysée, les gens qui le citent devraient aussi le lire. Vers 1880, il estime à environ 48 millions le nombre des francophones (dont il exclut curieusement les Belges; cf. 1880: 422) et affirme que la francophonie ne peut, sans

risque, "descendre au-dessous de l'humble trentième" de la population totale du globe. Si l'on admet qu'il y a sur terre environ 6 milliards d'humains, "l'humble trentième" s'établit à 200 millions et nous sommes donc depuis longtemps dans une zone plus que critique. O. Reclus, réfléchissant à l'avenir du français dans le monde, comprend qu'un élément décisif tient au fait que "notre langue dépasse nos frontières". À ses yeux "[l]'avenir verra plus de francophones en Afrique et en Amérique du Nord que dans toute la francophonie d'Europe" (1887: 4). Cette vue est tout à fait pertinente, sauf pour la francophonie nord-américaine. Le Québec n'est plus à l'époque de la "revanche des berceaux" et son taux de natalité est des plus faibles. Les francophones d'Amérique du Nord ont donc plus d'intérêt encore que ceux de l'Europe au développement réel d'une francophonie africaine effective.

Les francophones d'Amérique du Nord et d'Europe ne peuvent donc trouver qu'hors de leurs propres zones, au plan démographique comme au plan politique, les appuis géopolitiques et géostratégiques d'une politique de renforcement de leurs positions. L'Afrique est donc clairement, bien plus que l'Europe centrale et orientale ou l'Asie (qu'il ne faut pas pour autant délaisser), l'enjeu central et c'est là que, dans les deux décennies à venir, va se jouer l'avenir du français langue mondiale car c'est là, avec les dizaines de millions de "francophonoïdes" ou de "franco-aphones" qui demandent le français et sont fondés à le faire, que se trouve un immense bassin de francophonie potentielle. Je ne veux pas entrer ici dans le détail d'analyses et d'argumentation que j'ai présentées ailleurs. Elles sont d'ailleurs inutiles pour ceux qui refusent de prendre en compte cette éclatante évidence.

Que peut-on et que doit-on faire en la circonstance? La première nécessité est sans doute d'ouvrir enfin les yeux sur la réalité des situations. La réponse, légitime en soi, des États africains sur le droit au français de leurs populations est bien sûr dans l'école, ouverte à tous et donc susceptible de donner à chacun l'accès minimum à la langue française. Si l'école africaine a le quasi-monopole de la diffusion du français (par pitié qu'on ne m'objecte pas ici l'Alliance française ou TV5 Afrique!), les objections à une telle défense sont redoutables. Je les résume en quelques mots largement suffisants:

– l'école scolarise réellement, au mieux, 30% des populations scolarisables (en majorité des garçons); pour ce faire, elle absorbe environ 25 à 30% des budgets nationaux, ce qui indique que les États ne peuvent en aucun cas faire plus.

– les résultats sont unanimement jugés très médiocres par toutes les instances d'évaluation, de l'UNESCO à la Banque mondiale.

– en fin de primaire, les compétences en français sont très réduites; comme les enseignements sont donnés dans cette langue, la déperdition dans la transmission des savoirs scolaires ne peut être que très importante.

– enfin, *in cauda venenum*, on prévoit un doublement des populations scolarisables d'ici 2020 en raison de la croissance démographique très forte.

Comment va-t-on faire face puisque les moyens ne peuvent être accrus ?

Il est clair qu'il faut changer totalement de stratégie et que l'école ne peut plus être le seul mode de diffusion de la langue française. La **stratégie** à mettre en œuvre doit répondre à cinq exigences simples:

1. Elle doit être **mondiale** puisque la francophonie l'est de plus en plus et qu'elle va désormais inclure bientôt (si ce n'est déjà fait) une majorité d'États où l'on ne peut compter sur l'école pour diffuser le français.

2. Elle doit être **réaliste**, c'est-à-dire rester dans les limites budgétaires actuelles (nationales, bilatérales, multilatérales).

3. Elle doit être **adaptée**, c'est-à-dire répondre à tous les types de besoin de diffusion de la langue française (préparation et complément à une école en français; appui à un enseignement de français langue étrangère ou seconde; effet d'appel vers le français dans les pays où un choix est à faire dans la scolarité).

4. Elle doit être **polyvalente**, c'est-à-dire offrir à des niveaux et à des publics différents les moyens d'initiation au français ou de perfectionnement dans cette langue (l'éducation de l'avenir fera une place de plus en plus grande à l'autoformation).

5. Elle doit être **attractive et fidélisante**; un tel dispositif ne doit pas être "éducatif", au sens pesant et rebutant du terme, même s'il peut et doit avoir des fins d'éducation.

On aura compris que ce dispositif ne peut être qu'audiovisuel. Je me suis expliqué ailleurs sur ce point (cf. Bulletin trimestriel *Langues et développement*, avril 1999) et je renvoie les lecteurs intéressés à ce document. Je serai par ailleurs fort intéressé à recevoir les suggestions de ceux qui pourraient imaginer une autre solution aux problèmes et aux perspectives de la diffusion de la langue française dans le monde.

HOMMAGE À ALAIN GUILLERMOU

Jeanne OGÉE
Vice-présidente de la Biennale de la langue française

La francophonie a perdu l'un de ses pionniers, professeur agrégé de roumain, grand défenseur du français.

L'attachement d'Alain Guillermou à la langue française le mena à fonder successivement, de 1952 à 1980, quatre revues, six organismes et une émission radiophonique, parmi lesquels la revue *Vie et langage* (1952–1974), *L'Office du vocabulaire français* (1957–1974), et son plus grand titre de gloire, la *Biennale de la langue française* (1963), dont la première eut lieu à Namur en 1965. Ce fut la première manifestation publique de la solidarité linguistique des pays francophones. Il annonça à la biennale de Québec, en 1967, la fondation du *Conseil international de la langue française* (CILF), dont il avait présenté le projet au Haut Comité pour la défense et l'expansion de la langue française, créé en 1966. Au sein du CILF, il fonda la Banque des mots en 1968.

En 1963, lorsque fut fondée la *Fédération du français universel* qui instituait les *Biennales*, ces "états généraux de la langue française" comme les appela Jacques Duron, la francophonie naissait à peine. Alain Guillermou fut le premier à fédérer des organismes qui s'étaient créés dans divers pays francophones, "pour la sauvegarde du meilleur français possible, écrit et parlé par le plus grand nombre possible de francophones" (Alain Guillermou, *Historique des biennales,* 1996). Ces organismes étaient douze à Namur en 1965, dix-neuf à Tours en 1985.

Une des tâches assignées par Alain Guillermou à la Fédération était la constitution d'un glossaire du français universel. Des mots d'une couleur différente y auraient figuré: blanche pour les mots de bon aloi, verte pour les mots en attente, rouge pour les mots à écarter et bleue pour les mots des pays francophones. Ce glossaire, prévu pour 1970 et dont la maison Larousse avait proposé l'édition en 100 000 exemplaires, ne vit pas le jour, au grand regret d'Alain Guillermou qui l'appelait "la grande idée du règne" et en faisait la tâche primordiale du CILF. Le projet fut repris par Hachette, en 1994 et un *Dictionnaire panfrancophone universel* parut en 1997. L'esprit et le but de la Biennale n'ont pas changé. Alain Guillermou les résuma dans une formule magnifique, prononcée à Namur: "Cultiver ce qui nous unit, savourer ce qui nous distingue, combattre ce qui nous divise".

Seul maître après Dieu dans le choix des pays où faire accoster les biennales, malgré les difficultés, les obstacles politiques et financiers, il a mené avec succès seize biennales, dans des pays francophones ou francophiles d'Europe, d'Amérique et d'Afrique. À Dakar en 1973, le président Léopold Sédar Senghor avait accueilli personnellement les biennalistes. En 1995, à Bucarest, pour le 30e anniversaire des biennales, il réalisa un rêve de longue date: mener la biennale en Roumanie. Profondément attaché à la Roumanie, il avait consacré trente ans à l'enseignement du roumain, à l'Institut des langues orientales à Paris puis à l'Institut d'études roumaines à la Sorbonne, dont il fut le directeur jusqu'en 1978.

La presse, sauf au début, ne fut pas généreuse de commentaires envers la francophonie. Les quelques lignes que voici, parues dans *Le Monde* (21-22 septembre 1975) sur la VIe Biennale, au Luxembourg, consacrée au "français, langue internationale" n'en ont que plus de valeur:

"Les biennales de la langue française, [...] sont une entreprise étonnante. Suscitées, organisées par un homme seul, M. Alain Guillermou, elles ne doivent de survivre et de réussir qu'à son omniprésence, à son inlassable optimisme, et à son talent de faire beaucoup avec peu de ressources."

Un homme seul... À Tours en 1985, pour le vingtième anniversaire des biennales, j'avais employé le mot de thaumaturge, "faiseur de miracles", pour qualifier l'aura d'Alain Guillermou. Je dirais maintenant "héros d'épopée". Car son œuvre est l'épopée d'un homme seul dans laquelle chaque biennale se définissait comme un combat dont il faisait une victoire. Honoré de titres et de prix prestigieux, il restait simple, amical, chaleureux.

L'influence des biennales sur le développement de la francophonie ne fait pas de doute, comme il se plaisait à le dire, par exemple sur la création du Haut Comité en 1966, des Commissions ministérielles en 1972 et, pourquoi pas?, des Sommets en 1986.

Il lutta constamment pour éviter l'éclatement du français (Jersey en 1979: "Une langue française, des langues françaises?") et la politisation de l'idéal francophone.

Il restait attaché à l'autorité de l'Académie française, qui lui décerna en 1966 le grand prix du Rayonnement français et dont des membres honorèrent de leur présence douze biennales.

Ses autres créations eurent des fortunes diverses: l'ANSULF, l'Association des usagers de la langue française, créée en 1976; la France en français (1978–1981); Foi et Langage (1976–1982). Ces deux dernières revues subirent le sort des revues linguistiques de grand public.

Sur la lancée que leur a donnée Alain Guillermou, les biennales continueront avec Roland Eluerd, le nouveau président, en s'adaptant aux thèmes nouveaux, à la mondialisation des échanges, aux techniques modernes, au multilinguisme. Elles garderont le cap défini par leur fondateur: défendre la langue française capable de porter d'autres cultures en respectant les identités culturelles.

Expolangues 99
Geneviève DUQUET, AFI

Sous le thème de la langue française et de la Francophonie, la 17e édition d'Expolangues, qui se déroulait à Paris du 27 au 31 janvier 1999, s'est avérée, aux dires des organisateurs, une franche réussite et laisse présager pour l'avenir un succès grandissant de l'événement. Sans battre un record du côté du nombre global d'entrées, le Salon a vu cette année le chiffre des entrées payantes augmenter de 30% par rapport à 1998, résultat qui prouve l'intérêt croissant d'une clientèle cible pour les questions éducatives relatives aux langues. Au total, 318 sociétés exposaient à la Grande Halle de la Villette, à la satisfaction tant du grand public que des nombreux professionnels locaux et étrangers qui ont visité cette année ce Salon des langues vivantes, des cultures et des échanges internationaux.

Au cœur de l'exposition, le kiosque de l'Agence de la francophonie, intitulé "Le français en partage", a démontré de maintes façons (conférences, rencontres, Internet, etc.) à tous ses visiteurs que la langue française avait bel et bien sa place dans le phénomène de mondialisation et n'était pas en reste au sein des technologies de l'information.

Le président d'Expolangues, Jean-Pierre van Deth, attendait de cette manifestation organisée autour du thème de la langue française une prise de conscience de la part des Français face à la francophonie que, d'après lui, ils méconnaissent, la percevant plus comme un fait institutionnel que comme une réalité vivante qui nous concerne tous.

La 18e édition d'Expolangues, qui aura lieu exceptionnellement du 24 au 28 novembre de cette même année, s'inscrira au sein d'une immense manifestation, "Le Salon de l'Éducation – La formation tout au long de sa vie".

La langue française vue du Liban:

LE DOUBLE-PAYS

À la mémoire de Nadia Tuéni (1935-1983)

Abdallah NAAMAN
Écrivain, conseiller culturel à Paris

É mile Cioran écrit: "on n'habite pas un pays, on habite une langue", *(Exercices d'admiration)*. Comme Adamov, Beckett, Césaire, Cohen, Damas, Green, Ionesco, Kundera, Mammeri, Moréas, Psichari, Schehadé, Senghor, Semprun et Yacine, élevés dans d'autres langues maternelles, et formés à d'autres langues écrites ou parlées, ont adopté et illustré le français, de nombreux écrivains choisissent aujourd'hui, et sans doute demain, d'habiter la langue de Molière. Lorsque certains ont émigré vers l'Hexagone, ils se sont parfaitement fondus dans une terre dont ils n'avaient jamais connu – sauf rares exceptions – le territoire, sinon dans le fantasme, mais dont ils habitaient déjà la culture dans le subconscient. Telle est sans doute la raison pour laquelle ils ont été vite acquis à ce nouvel environnement, somme toute familier et si proche.

La francophonie entre les mains des francophones hors Hexagone

Il y a vingt ans, j'ai commis un essai dans lequel j'ai prétendu que l'avenir de la francophonie se trouve désormais entre les mains des francophones hors de l'Hexagone. En effet, ne sont-ils pas trois fois plus nombreux que ceux de la Métropole? Ne sont-ils pas les plus inventifs à forger de nouveaux néologismes, contribuant ainsi à la fois à enrichir le lexique et à faire éclater la sphère de la langue française? Ne sont-ils pas aussi les plus zélés et prompts défenseurs de cette langue? N'est-il pas vrai enfin que les linguistes les plus vigilants à sauvegarder et à défendre le français sont des Suisses (Walther von Wartburg, Ferdinand de Saussure) et des Belges (Maurice Grévisse)?

Lorsqu'il est question de la langue française, on éprouve inconsciemment le sentiment qu'elle est naturellement, je dirais biologiquement, porteuse d'un esprit de liberté. Sans doute nous berçons-nous du rêve que l'égalité et la fraternité finiront par régner parmi les hommes. Quant à moi, je ne me fais aucune illusion ni sur l'une ni sur l'autre de ces deux utopies. Que reste-t-il alors qui vaille la peine que l'on cherche? La liberté, toute relative d'ailleurs. Il me semble qu'écrire en français, c'est se mouvoir dans un espace de liberté qui ne cesse de se rétrécir certes, comme une peau de chagrin, et cependant il mérite toujours que l'on lutte pour le sauvegarder, contre vents et marées. Et pour nourrir mon unique raison d'être, je ne me résignerai jamais à m'en dessaisir.

À chacun son français. Longtemps langue du colonisateur, puis de l'ennemi, elle est devenue un symbole de liberté, une arme de combat pour Rachid Mimouni; et pour les femmes maghrébines une arme de revendication, d'émancipation et de lutte contre l'intolérance de la gent masculine. Asservi par les Ottomans, le Liban choisit de "pleurer" (écrit Charles Hélou) en français. Occupés par les Anglais, les Égyptiens se mettent à rêver en français, devenu par ailleurs une *lingua franca* qui permet aux multiples minorités méditerranéennes et levantines de communiquer entre elles. Une manière aussi pour les élites de résister culturellement à l'occupation britannique. Transcendant le national (et parfois le chauvin), cette culture ouvre ceux qui la partagent à l'universel. Ainsi de Georges Henein, de Giuseppe Ungaretti, d'Edmond Jabès, de Joyce Mansour, d'Albert Cossery et d'Andrée Chédid.

L'Argentin Hector Biancotti choisit le français "pour se mériter", l'Espagnol Michel del Castillo y trouve un moyen d'échapper au souvenir de sa mère, le Hongrois Elie Wiesel le sollicite pour exprimer l'horreur des camps d'extermination, pendant que Cioran abandonne le roumain et adopte le français en espérant tuer la tentation fasciste et les dérives nazies qui ont entaché sa jeunesse. Quant à Julien Green, virginien de mère et géorgien de père, il tente de marquer une distance avec lui-même et se donne la liberté d'être un autre.

Bilingue par goût

À chacun donc son français, dis-je. Langue utilitaire (raffermissant la cohésion nationale comme dans certains pays d'Afrique) ou identitaire et militante (comme au Québec), que sais-je encore... Il est vrai aussi que l'on peut être un parfait francophone sans être nécessairement francophile. Andrée Chédid, ma compatriote levantine, a fait remarquer qu'à "la différence du Suisse ou du Belge, le Libanais est bilingue plus par goût que par nécessité". Ce faisant, il a probablement plus de mérite, car il est le plus désintéressé de tous. Elle-même a commencé par écrire en anglais, langue qu'elle chérissait dans sa jeunesse, avant de tomber, pour de bon, amoureuse de Paris, "le plus propice endroit où on peut être libre", comme elle se plaît à me confier.

Au moment où se livre le combat de la diversité des cultures, ces écrivains ont donné la priorité à l'écrit et la préférence au français. Ils ont été parmi les mieux à même de dire la séduction de cette langue, sa mémoire, ce qu'elle véhicule et les espaces de liberté auxquels elle donne accès. En compensation, elle se devait d'en faire accéder quelques-uns à l'universel. "Pourquoi écrivez-vous en français?" Cette question embarrassante m'est posée régulièrement, non sans arrière-pensée tendancieuse et parfois assassine d'ailleurs. Elle est souvent suivie de quelques autres, non moins énigmatiques: "Croyez-vous au métissage des cultures?" "Qu'apportez-vous, grâce à vos origines, à la langue française?" "Considérez-vous, comme certains, que l'avenir de la francophonie ne viendra désormais que des francophones nés hors de l'Hexagone?" Autant d'interrogations fondamentales certes, parfois pernicieuses, voire obscènes, tant il est vrai que le cheminement littéraire est une affaire personnelle qui procède de l'intimité, du non-dit, du tabou.

Il me semble que chaque écrivain entretient une relation très complexe avec une langue d'adoption, quelle qu'elle soit. En dépit d'une aliénation certaine, quoique languissante et diffuse, écrire dans une langue autre est perçu comme un défi redoutable qu'il convient de relever tous les jours. Un Français pur sucre peut se permettre quelques incartades avec sa langue, il le fait en famille. Pas un apprenti qui ne peut se relâcher et doit respecter une constante vigilance. C'est, la vie durant, un exercice d'ascèse quotidien, une succession de contraintes sans cesse renouvelées, un labeur interminable, une tâche à conquérir sans relâche, et à entretenir, comme on entretient une relation amoureuse. On l'a constamment à l'œil quoi qu'elle fasse.

Quant à moi, dès l'abord, que je n'arrive toujours pas, la cinquantaine passée, à me retrouver dans les innombrables toiles d'araignée de la grammaire française, nuancée à l'extrême, logique à souhait, déconcertante à l'envi. Je devrais dire rebelle. En tout cas, invitant à une permanente modestie.

En effet, encore lycéen, je me demandais pourquoi on écrit clef et clé, un orgue ancien et des orgues majestueuses, un amour fugitif et des amours éternelles...? Mais il y a plus grave. Le relâchement avec lequel on maltraite cette langue est accablant, à l'oral et même, ce qui est pire, à l'écrit. J'en veux pour preuve quatre exemples glanés dans les médias les plus sérieux, parfois même sous la plume d'écrivains chevronnés.

Parlant des chefs spirituels ou temporels de certains pays, beaucoup écrivent *Le ministre a reçu cheikh Abbassi Madani*, alors que cette dignité est un titre assimilé à celui de prêtre ou de curé. L'article défini *le* précédant *cheikh* est donc absolument de rigueur, analogie oblige. On entend dans les séries télévisées: *Il y a personne?* dans un sens interrogatif. Et c'est bien sûr: *Y a-t-il quelqu'un?* qui s'impose, en toute logique. Le préfixe *re* devant certains verbes marque la répétition de l'action. Or en France, on dira d'un petit cancre qu'il a redoublé sa sixième. En réalité, le malheureux a *triplé* sa classe! Nos amis Belges, une fois (sic) n'est pas coutume, sont plus logiques puisqu'ils préfèrent utiliser, à juste titre, le verbe *doubler*. Les franchouillards seraient bien inspirés de bannir définitivement le barbare *redoubler* au profit du logique *doubler*. *Dixit* pour le verbe *rebondir* que les participants à certaines réunions animées (parfois de fins lettrés) utilisent à l'envi, en prenant la parole pour la première fois dans les débats contradictoires. C'est *bondir* qui est de rigueur, clarté oblige. Vous me direz qu'il s'agit là de broutilles et que, à l'ère de la mondialisation, on devrait s'en soucier comme d'une guigne. Et vous n'aurez pas tort. Mais s'agissant de la langue qui nous préoccupe, celle de la clarté et de la logique par excellence, cela ne me paraît pas convenable. Quiconque ne respecte pas sa langue ne peut exiger ni espérer pour lui le respect et la considération des autres.

Je dois avouer, chemin faisant, que mon attachement à la précision est une affaire de famille qui vient de loin. Dans ma manie de faire partager le respect d'une langue, toute langue, j'ai de qui tenir. Mon pauvre père, qui a longtemps veillé au grain, chassant nos barbarismes de gamins mal dégrossis, nous chargea dans son testament d'assurer la relève. Je gage même que, du haut de la colline verdoyante où il se trouve à présent, il scrute et surveille les incartades de ses rejetons. Et comme je suis l'aîné de ses garçons, je ne puis manifester la moindre faiblesse, de peur de donner le mauvais exemple aux trois frangins, et de provoquer l'ire du paternel, pestant contre la plus haute des trahisons.

"Vous n'avez presque pas d'accent"

Dans cette démarche, à vrai dire, il y a un vilain reproche que les Français frileux ou chauvins ne manquent jamais de vous faire: "Encore un linguiste, un Chomsky de pacotille, de surcroît Levantin, qui s'immisce dans une galère qui ne le regarde pas, dans un club fermé de savants émérites. Que vient-il fabriquer ici?" ou alors: "Quoi, vous avez pris nos femmes et notre pain, et vous voilà à l'assaut de notre langue!" En effet, concurrencer les Français dans le maniement de leur langue, quelle idée saugrenue, quelle audace, quelle folie. Ils veulent bien vous concéder, magnanimes, des marques d'encouragement, lorsque, encore balbutiant et mal dégrossi, on vous donne du "vous n'avez presque pas d'accent", ou alors cet enrageant "votre style est *presque* chatoyant"! De bonne ou de mauvaise foi, ces encouragements vous réchauffent le cœur, mais ne vous consolent point, tant il est vrai qu'ils recèlent des sentiments inavoués de rejet. Jusqu'à la consécration, très rare (car n'est pas Green qui veut), et alors vous êtes adulé, adopté, fêté...

Parfois, en empruntant les détours d'une langue non natale, on cherche à aller plus loin dans son exil intérieur, et partant, dans l'aventure solitaire de l'écriture. Je pense à de nombreuses femmes qui ne peuvent exprimer leur for intérieur qu'à travers une langue étrangère, qui devient, paradoxalement, familière.

J'ai un point commun avec Milan Kundera, lorsqu'il fait remarquer, par exemple, que "dans une langue étrangère, on utilise les mots obscènes, mais on ne les sent pas comme tels. Le mot obscène, prononcé avec un accent, devient comique. Difficulté d'être obscène avec une femme étrangère. Obscénité: la racine la plus profonde qui nous rattache à notre patrie" (cf. *L'Art du roman*). Et cependant, la rigueur, la clarté et la nuance du français sont peut-être incompatibles avec mon tempérament levantin un peu relâché, insouciant et parfois approximatif. Et pourtant, c'est bien cette rigueur et cette nuance qui me fascinent dans cette langue souple, qui se prête avec bonheur à toutes les manipulations syntaxiques. C'est précisément à cause de cette incompatibilité que je suis attaché à cette langue rigide et rigoureuse. D'où la grande et permanente attraction qu'elle exerce sur les étrangers.

Depuis que l'économie et la politique l'emportent allègrement sur le culturel, le sort du français est compromis. Les Français ne sont pas indifférents à la décadence de leur langue, mais ils s'y résignent et l'acceptent comme un phénomène inéluctable. **Pas les francophones**. Plus le français est menacé, plus ils se liguent pour le défendre. Tout ce qui se perd, se dérobe, s'évanouit exerce sur eux une grande fascination. Ainsi de Cioran et de Beckett. Pour ce dernier, choisir le français, "c'était sa chance d'être plus pauvre", abandonner toute arrogance, chercher la simplicité, la discrétion, l'anonymat et peut-être la compassion. J'y souscris sans réserve, surtout depuis que j'ai lu que le français est devenu une espèce en voie de disparition. Même l'urdu, paraît-il, est "plus utile" (sic), à en croire l'*International Herald Tribune* du 28 décembre 1998.

Écrire ce que l'on ne peut dire

Comment dès lors concilier l'inconciliable? Aurais-je hésité, que l'appel du tréfonds aurait ébranlé mes certitudes et m'aurait convaincu que l'on ne peut indéfiniment assumer deux loyautés sans se trahir.

Je navigue entre deux rives, abritant mes espérances et mes inquiétudes dans un "double-pays", selon la délicieuse formule de ma compatriote Nadia Tuéni, confiant qu'il convient d'écrire ce que l'on ne peut (ou ne doit) pas dire. C'est ce que je tente de faire depuis que le cancer de l'écriture m'a habité. À l'évidence, je me porte plutôt bien, n'en déplaise à mon sceptique médecin. Mais cela n'est pas tout. Dans ma petite enfance, on m'a promis une vie éternelle dans l'au-delà, et pourtant j'ai cessé d'y croire dès ma puberté. Seule m'est restée une morale naturelle de bon aloi, une croyance, un espoir en la petite éternité accordée quelquefois à certaines œuvres élues. Au risque de paraître prétentieux – qui ne l'est pas un peu? –, j'écris pour communiquer avec l'autre certes, mais aussi pour témoigner, et surtout pour espérer accéder à cette éternité éphémère et oh! combien provisoire, mais délicieuse, réconfortante, apaisante et consolatrice pour traverser et assumer une vie. L'aventure humaine n'est-elle pas, en définitive, un cheminement solitaire, inquiet, exigeant et exaltant par excellence?

Maintenant que j'ai franchi allègrement la cinquantaine, ma religion est faite, et pour de bon. Ma vérité banale, mais tragique, est pourtant simple: ne m'oubliez pas de sitôt, de grâce.

L'arabe, ma langue maternelle, que je chéris et protège; le français que je conquiers et respecte

Cela fait longtemps que je chemine avec la langue française. Cette langue, je l'ai d'abord apprise à l'école. Puis j'ai commencé à flirter avec elle à travers quelques traductions. La plus ancienne, une version arabe du *Silence de la mer* de Vercors, a vu le jour en 1968. J'avais vingt ans et le grand poète Saïd Aql, magnanime, publia un billet dans la presse qui se terminait par ceci: "On dirait que ce roman n'est pas traduit, mais écrit directement en arabe." J'étais comblé, mais point grisé.

Puis il a fallu batailler pour mettre cette maîtresse dans mon lit, la conquérir et me faire adouber par elle. Le travail n'est pas fini, je doute qu'il le soit un jour. Avec les femmes, on n'a jamais le dernier mot et la conquête est une entreprise permanente qui ne souffre aucun laxisme. De plus, cette langue a tout pour les siens et très peu pour les autres, les "intrus", fussent-ils les plus proches de cœur, d'affinité élective, de proximité géographique, de choix esthétique, d'histoire personnelle, de contrainte politique, sociale ou existentielle. Sans compter la part du hasard, le rôle de l'image de la France, de l'imaginaire de sa littérature, de la symbolique de sa langue, de son message d'émancipation, d'ouverture et de convivialité.

D'aucuns adoptent une langue par un processus de révolte, pour la substituer à une autre et conjurer un sort, d'autres font un choix délibéré de rupture, d'autres s'y réfugient sous des cieux plus cléments. Mais la double identité, le passage d'une langue à une autre, est parfois sans retour. Cette rupture définitive s'apparente alors à une trahison: en s'appropriant une langue, on se laisse traverser par elle, mais on occulte l'autre, la maternelle, dans un mouvement de rejet malsain. On dirait qu'en devenant francophone, on se croit obligé d'être plus francophone que les Français, reconnaissance oblige. "Plus Français que moi, tu meurs!" C'est dire que l'épreuve est redoutable, permanente et lancinante.

Pour moi, le hasard et les aléas de la vie ont fait que cette expérience a été un va-et-vient sans heurts majeurs, ce qui m'a permis de me maintenir à égale distance des deux langues dans lesquelles je m'exprime: l'arabe, ma langue maternelle, que je chéris et protège, et le français que je conquiers et respecte. Ce qui ne m'empêche nullement de bousculer les deux, de les fracturer, de les renouveler et de les aimer, conjointement et simultanément. L'exercice est complexe et périlleux, et grands sont les risques. Mais avec le temps, on finit par s'y habituer.

Et cependant, en m'appropriant le français je ne renonce point à l'arabe. L'aurais-je pu avec un idiome qui me traverse de part en part? Généreuse, ma langue maternelle me pardonne des absences justifiées et des infidélités prolongées. Je dois le reconnaître, à ma honte: je suis volage, à répétition, mais j'ai des arguments solides. On vit de plus en plus vieux et notre existence supporte plusieurs ménages. Et puis les mœurs évoluent et se démocratisent, pour peu que l'on respecte ses engagements et que l'on agisse dans la transparence. Les expériences que j'ai eues dans ma vie avec ces deux maîtresses m'ont bien plus appris que les rencontres oiseuses avec des intellectuels suffisants et dominateurs.

Il reste qu'il faut se faire violence pour se détacher de ses origines. J'envie ceux qui peuvent (ou prétendent) se décharger de ce qui peut leur paraître comme un fardeau. Quant à moi, je reste profondément attiré par le Levant, ma patrie fondamentale, car il m'est impossible de me délivrer de moi-même.

JEAN RACINE (1639-1699)

Marc FUMAROLI
de l'Académie française

Racine est l'un des plus grands poètes européens de langue française. Mais Jean Racine, né le 22 décembre 1639 à La Ferté Milon, mort à Paris le 21 avril 1699, n'est que l'un des vingt-cinq millions de sujets de Louis XIII et de Louis XIV. Le troisième centenaire de la mort de Jean est l'occasion de scruter à nouveau le mystère de la poésie de Racine, et celui de sa transcendance par rapport au temps où elle est apparue et à l'homme qui, lui donnant son nom, n'a gardé pour lui que son prénom de baptême.

Peu d'auteurs donnent, comme Racine, un sentiment aussi évident d'incommensurable entre une vie d'homme et l'œuvre d'un poète. Jean Racine semble relever de la sociologie historique du "lettré", et Racine de la seule critique littéraire. Raymond Picard a pu écrire une savante et intelligente biographie de l'un, sous le titre *La Carrière de Jean Racine* (1956): elle ne cite les œuvres du poète qu'au titre d'événements dans la vie d'un sujet de Louis XIV qui fait "carrière" dans les Lettres. Thierry Maulnier, dans un essai justement célèbre (1935), et Raymond Picard lui-même dans les préfaces inspirées de son édition de la Pléiade, ont pu envisager l'œuvre dramatique du poète comme une monade parfaitement indépendante de Jean Racine, et même de son époque, trouvant tout son sens en dehors de son auteur et de ses circonstances historiques. Les efforts d'autres critiques, tel René Jasinski, pour déchiffrer dans l'œuvre du poète l'historicité de l'homme, n'ont pas convaincu. Plus fructueuses ont été les recherches qui établissent les profondes sources littéraires du poète, et l'arrière-fond contemporain de débats poétiques, rhétoriques, moraux et religieux sur lequel se détache l'extrême singularité de son œuvre dramatique. Il y a du M. Teste chez Racine, mais un M. Teste productif à volonté. On peut aussi voir Racine en Valéry du XVIIᵉ siècle, dont il nous faudrait reconstituer difficilement les *Cahiers* d'après ses préfaces, sa correspondance, les notes en marge de ses livres, tous témoignages incomplets où le poète et l'intelligence qu'il avait de son art se laissent plutôt deviner que percer.

L'histoire du théâtre elle-même, voire celle de la dramaturgie classique, sont déconcertées par cette oeuvre si singulière dans la production contemporaine qu'elle semble relever de ses seules lois internes. Même si l'on admet avec Raymond Picard que Jean Racine a choisi le théâtre parce que la scène, au début du règne de Louis XIV, lui offrait la meilleure voie pour faire fortune dans les Lettres, on est tenté aussi de croire, avec le même critique, que le choix de ce genre littéraire par le poète Racine, de préférence au lyrisme par exemple, s'explique par la possibilité que lui offrait le genre dramatique de construire une oeuvre signifiant par elle-même pour l'acteur et pour le lecteur, et derrière laquelle son propre "moi", aussi bien l'empirique que le créateur, pouvait s'effacer totalement.

Rappelons en quelques mots la biographie de Jean Racine. Orphelin dès la petite enfance, Jean est recueilli et élevé par la branche maternelle de sa famille, de bonne bourgeoisie d'office provinciale. Très liés au couvent et aux Solitaires de Port-Royal, ses tuteurs le confient, de 1649 à 1658, aux "Petites Écoles" de Port-Royal, où il reçoit à la fois une éducation religieuse sévère et un enseignement d'humanités d'une qualité exceptionnelle, faisant une large part à la langue et à la poésie grecques. Il achève ses études par une année de philosophie au Collège d'Harcourt. On songe pour lui à une carrière ecclésiastique, ce qui l'exile brièvement à Uzès, auprès d'un oncle chanoine. Mais déjà il s'est lié à La Fontaine (un parent assez proche), Perrault, Boileau, Molière: au désespoir de sa famille et de Port-Royal, il choisit la carrière d'homme de lettres. Il s'essaye avec succès dans la poésie lyrique officielle *(L'Ode aux nymphes de la Seine,* pour le mariage de Louis XIV en 1660), mais en 1664, il commence à s'imposer au théâtre: la troupe de Molière joue sa première tragédie, *La Thébaïde,* et l'année suivante la seconde, *Alexandre,* qui célèbre indirectement Louis XIV; trahissant Molière au cours même des représentations, il emporte sa pièce et sa principale interprète à l'Hôtel de Bourgogne, qui monte un spectacle rival. Jean avait une liaison publique avec la vedette de la troupe de Molière, "Marquise" Du Parc. C'est elle qu'il entraîne avec lui chez les comédiens du roi en 1665 et c'est elle qui triomphera à l'Hôtel de Bourgogne dans le rôle-titre d'*Andromaque* en 1668. Port-Royal condamne publiquement son ancien élève, traité avec tous ceux qui écrivent pour le théâtre "d'empoisonneur public". Il répond vivement et aigrement (1666-1667). Il s'essaye à la comédie en 1668 *(Les Plaideurs).* Après la mort de la Du Parc la même année (Jean la pleure violemment, mais on l'accusera bientôt de l'avoir fait empoisonner), il devient l'un des amants de la Champmeslé, et c'est avec cette nouvelle étoile qu'il fait triompher, entre 1669 et 1677, une série de chefs-d'oeuvre tragiques par lesquels il s'impose comme le seul rival digne du Grand Corneille. Dès 1672, il avait rejoint celui-ci à l'Académie française. Il avait déjà obtenu du roi plusieurs gratifications. Après le succès de *Phèdre,* âprement gagné contre une cabale de grands seigneurs, le roi le nomme son historiographe. Il est désormais pourvu d'une confortable pension annuelle. Il renonce au théâtre, se marie, renoue avec ses anciens maîtres de Port-Royal. Cela ne l'empêche pas de poursuivre une brillante carrière de courtisan dans l'entourage du même Louis

XIV qui persécute Port-Royal. Protégé de Mme de Maintenon après l'avoir été de Mme de Montespan, il écrira, à la demande de l'épouse morganatique de Louis XIV, deux tragédies bibliques, *Esther* et *Athalie,* qui seront jouées devant le roi et la Cour par les jeunes pensionnaires de Saint-Cyr, l'établissement d'éducation fondé par la presque-reine. À sa mort en 1699, il sera inhumé selon ses vœux à Port-Royal-des-Champs, au pied d'un des ses anciens maîtres des Petites Écoles, M. Hamon. Il laissait manuscrit un *Abrégé de l'histoire de Port-Royal,* écrit apologétique entièrement dirigé contre l'injustice du roi persécuteur des "saints" et des "saintes" du jansénisme, fidèles aux vraies doctrines chrétiennes.

Jean "arriviste" des Lettres, Jean traître à Molière et à Port-Royal, Jean libertin allant de maîtresse en maîtresse, Jean courtisan habile de Louis XIV, Jean époux et père de famille exemplaire, Jean citoyen de la République des Lettres et ami des meilleurs esprits de son temps, Jean réconcilié avec Port-Royal et prenant des risques pour lui être fidèle: que de contradictions, successives ou simultanées! L'œuvre dramatique elle-même n'est pas d'un seul tenant ni d'une même tenue. Les deux premières tragédies ont autant de faiblesses que de beautés. Les deux dernières, et surtout *Athalie,* semblent l'œuvre d'un nouveau Racine, inconnu du premier, peut-être le plus grand (comme le pensait Voltaire), en tout cas presque incompatible avec l'autre. Sa seule comédie, *Les Plaideurs,* n'est pas mémorable. Même dans la série des chefs-d'œuvre absolus de la maturité poétique, *Mithridate* est un peu trop ouvertement pastiche cornélien.

Tout ce qui, dans la dramaturgie classique française, si rationnellement régulière, est fait pour gêner un poète, tout ce qui dans l'alexandrin français rend la musique presque inaccessible, sert Racine. Chez lui, les contraintes dramatiques dénudent le naturel des sentiments et des situations, et les "barreaux" de l'alexandrin deviennent "les cordes d'une lyre".

Chacun des chefs-d'œuvre de la période 1668-1677 est en tout cas un univers en soi, d'une extraordinaire autonomie. Quoi de commun, sinon l'art souverain, entre le monde euripidien d'*Andromaque* et d'*Iphigénie,* l'univers virgilien de *Bérénice,* l'univers "persan" de *Bajazet,* et celui, crétois et pré-homérique, de *Phèdre?* Racine, poète néo-alexandrin, est capable pour chacune de ses tragédies d'explorer un "universel de l'imaginaire" différent, où il condense invisiblement une érudition prodigieuse, répétant avec des accents inouïs ce qu'une longue tradition littéraire avait déjà dit et bien dit. Ce qui est inouï (et moderne) dans ces tragédies si concertées, ce qui dans leurs vers élève le français au rang de langue mallarméenne, c'est l'extraordinaire charge émotionnelle et lyrique qui passe, malgré le déjà vu et le déjà entendu des mots et des situations,

malgré l'horlogerie de haute précision du drame. En ce sens, on peut rapprocher Racine et La Fontaine. Ils ont inventé le lyrisme moderne, le lyrisme de la fragilité du coeur humain, et il jaillit chez ces deux poètes d'autant plus haut qu'il est contenu par l'art le plus conscient de soi, dans des genres essentiellement anti-lyriques, la fable et le dialogue dramatique. Chez les deux poètes, le chant filtre aussi d'une mémoire si ancienne qu'elle peut prêter aux désarrois les plus intimes l'amplitude d'une voix de toujours et de partout.

LA CRITIQUE ACTUELLE DE JEAN RACINE

Dispersion et promesses

Éric VAN DER SCHUEREN, Université Laval, Québec

Attraction pour un nom que la tradition scolaire a élevé au rang d'une redondance – le Classique – ou propriété prétendument intrinsèque de la grande œuvre – celle qui invite aux gloses infinies –, le théâtre de Jean Racine aura été le laboratoire des disciplines nouvellement venues dans l'espace des compétences des spécialistes des lettres. Encore que peu sont nombreux à reprendre la *Thébaïde* ou l'*Alexandre le Grand*, à rire des *Plaideurs*, ou à revenir sur *Esther* et *Athalie*, que le XVIIIe siècle tint pour le chef-d'œuvre absolu de la tragédie classique et que la critique redécouvre depuis une décennie (Manuel Couvreur éd., *Racine et la tragédie biblique*, Bruxelles, Le Cri, 1992). De Racine, la critique parle davantage d'*Andromaque*, de *Britannicus*, de *Bérénice* et, par-dessus tout, de *Phèdre*; elle se souvient de temps à autre que Racine fut poète de cour mais aussi poète d'intime conscience lorsqu'il évoque le Port-Royal de son enfance, épistolier d'Uzès, polémiste acharné, historiographe du roi, auteur d'un livret d'opéra (*Idylle sur la paix*, avec Thomas Corneille), poète chrétien (*i.e. Cantiques spirituels*), d'un *Abrégé de l'histoire de Port-Royal*, et, plus érudite encore, de devises pour les médailles qui devaient commémorer le règne de Louis le Grand.

Le théâtre de Racine a donc été, sans décider de l'alternative initiale, le laboratoire de nouvelles disciplines: il y eut d'abord le coup de cymbale iconoclaste de Lucien Goldmann avec *Le Dieu caché* (Paris, Gallimard, 1956), qui prétendait rendre compte de l'œuvre du dramaturge par un déterminisme sociologique, déduit des théories de Lukacs; ensuite, un peu opportuniste et parfois naïve, la lecture de Roland Barthes (*Sur Racine*, Paris, Le Seuil, 1963), dont le nom fait aujourd'hui écran à une intelligence fine et suggestive, sinon à la culture qu'il faut chercher auprès de celui qu'on lui opposa, plus totalisant et indépassable sur le champ de l'histoire littéraire: Raymond Picard (*La Carrière de Jean Racine*, Paris, Gallimard, 1961 et le *Nouveau Corpus Racinianum*, Paris, CNRS, 1976). Il y eut aussi Charles Mauron (*L'Inconscient dans l'œuvre de Racine*, Paris, Corti, 1959) et, avec lui, une percée de sérieux dans la lecture psychanalytique du texte littéraire, à telle enseigne que son ouvrage demeure une référence pour qui veut lire la littérature dite d'art avec les lunettes de Freud; Mauron poursuivait l'essai de G. Dubujadoux ("Les Lettres françaises et l'inconscient", *Mercure de France*, 1924) et Jean Bellemin-Noël en perpétue les avancées au travers de son modèle de textanalyse. Enfin, il reste la tentative de René Jasinski (*Vers le vrai Racine*, Paris, Colin, 1958), qu'il est de bon ton de dénigrer, pour mieux se justifier de ne pas lire

En remontant le temps

Racine, à son exemple, invite au scandale et aux querelles. Stendhal en avait donné la dynamique avec son *Racine et Shakespeare* (1823). Il y aurait encore les cinquante pages d'Hippolyte Taine (*Nouveaux Essais de critique et d'histoire*, 1880), vigoureuses dans une volonté de remise en perspective moins de l'œuvre que de l'importance que lui confère la critique, premier coup de pied dans la taupinière des lectures qui agglomèrent Racine et jansénisme. Nouveau scandale – qui s'en souvient? –, le pavé d'Alfred Masson-Forestier, paru en 1910 et qui prétendait révéler un Racine *ignoré*. Tout n'avait-il pas été dit sur Racine qu'il fallait, pour continuer d'en parler, ouvrir le champ des légendes ou, plus actuel, le champ des réceptions où le discours critique est devenu dans les études raciniennes le corpus même de leurs analyses? Ce méta-discours critique ne cesse de reformuler la question: pourquoi et comment continuer d'enseigner, de jouer, de lire Racine? Derrière cette interrogation se trouve en fait le clivage fondateur qui divise encore les spécialistes des choses raciniennes: la critique dominante veut dissocier l'homme et l'œuvre, faire oublier l'hypocrite calculateur ou l'arriviste sournois pour mieux célébrer l'œuvre sublime, rejoignant de la sorte l'historiographie dominante du "Grand Siècle" qui ne peut être tel que s'il est désincarné. L'autre versant – de Goldmann à Alain Viala – prétend réintégrer l'homme, le contexte, ... et avec cela, la trivialité suprême qui n'en finit pas de faire du texte racinien, comme de toute œuvre linéaire, une question politique en son temps, comme aujourd'hui. Goldmann n'était pas subtil – vu à quarante ans de distance – dans son parallèle marxiste des jansénistes avec une sorte d'avant-garde du prolétariat. Alain Viala (*Racine, la stratégie du caméléon*, Paris, Seghers, 1990) a posé les questions de la sociologie de Pierre Bourdieu sur la carrière et l'œuvre de Racine et il a choqué par un style qui se veut tout sauf académique et qui laisse percer sans cesse combien le poète classique est devenu un instrument politique et social de la culture dominante

deux volumes denses qui ne démentent pas la tradition des grands ratages, qui sont plus vrais et plus éclairants parce qu'ils errent en leurs prémisses. Il a manqué les formalistes, plus heureux avec Corneille.

et de ses instances de régulation, à l'instar de l'École.

Si de nouveaux modèles investissent l'œuvre de Racine – de la pragmatique à l'éthologie –, il demeure le soupçon que son enjeu décroît, non tant du fait que les colloques nombreux qui ont souligné le tricentenaire n'ont tenu leurs promesses, que précisément de celui qu'elle n'est plus associée, comme dans les années cinquante, aux percées les plus novatrices des disciplines littéraires et afférentes. Pourtant, un nouveau Racine tend à apparaître, de manière dispersée et incomplète, en des perspectives qui tiennent de l'ébauche. Gilles Declercq est sans doute le plus stimulant à rapporter le théâtre racinien aux avancées de la rhétorique, sans en faire toutefois le lourd instrument d'une forclusion du point de vue sur le texte. Dans les études de Jacques Morel, l'intelligence du point de vue fait oublier la démonstration lapidaire qui prend au mot le principe de l'abbé d'Aubignac (*La Pratique du théâtre*, 1666): le théâtre, c'est une *action parlée*. Les articles d'Olivier Pot déconstruisent le mythe de la transparence de la langue racinienne pour mieux montrer les fractures entre la littéralité de l'intention du poète et l'effet produit par le poème dramatique. La haute culture de Volker Kapp permet de resituer Racine à sa juste place dans l'histoire européenne d'une notion qui aveugle et fait souvent parler les gargouilles: le sublime. Sans être exhaustif, signalons les recherches de Fabrice Preyat, qui reconstitue le réseau étroit – institutionnel (la Petite Académie et le Petit Concile) et humain (Bossuet, l'abbé Fleury, etc.) – des influences où Racine conçut son œuvre. Ces éclairages nouveaux peuvent paraître modestes; mais s'ils le sont à court terme, ils caractérisent justement le tournant prometteur que les études raciniennes ont pris et que marque, à l'occasion du tricentenaire, l'édition nouvelle du théâtre de Racine dans la Pléiade, donnant enfin le texte dans le respect de sa ponctuation originale: ce sont bien des vers dont le sens va affleurer tout autrement, plus proche d'une vérité historique minutieusement approchée. Enfin!

BALZAC SUR INTERNET

Hervé YON

Le bicentenaire d'Honoré de Balzac (1799-1850) est un très bon prétexte pour mettre en lumière des éditions électroniques de son œuvre, et montrer comment Internet en permet une certaine approche.

Gallica (http://gallica.bnf.fr), l'excellent site de la Bibliothèque Nationale de France, d'une convivialité remarquable, propose l'intégralité ou presque (?) de *La Comédie humaine*: 106 œuvres numérisées en mode texte, et 14 en mode image. Le corpus dépasse même *La Comédie humaine* puisque l'on y trouve également les *Contes bruns*, que Balzac a écrits en collaboration avec Philarète Chasles et Charles Rabou. Le promeneur sur ce site, s'il est profane en Balzacie, après avoir fait sa recherche de textes sur la clef "Balzac", prendra soin d'isoler les deux ou trois textes (sur les 120) qui ne sont pas d'Honoré de Balzac mais de Jean-Louis Guez de Balzac. En dehors de ce chemin de grande randonnée (et de grande qualité) qu'est le site de la BNF, d'autres promenades mènent en français à Balzac sur Internet.

http://www.france.diplomatie.fr propose sept œuvres bien choisies: *Jésus-Christ en Flandre, Le Colonel Chabert, Les Chouans, Melmoth réconcilié, Sarrasine, Une passion dans le désert*, ainsi qu'un texte qui ne fait pas partie de *La Comédie humaine*: le *Traité des excitants modernes*.

http://www.le-chateau.ilias.com offre le téléchargement d'*Eugénie Grandet*, du *Colonel Chabert* et des *Chouans*. Eugénie et le colonel pardonneront certainement à l'internaute le choc cybernétique qu'ils ne manqueront pas de ressentir à l'occasion de ce téléchargement.

Bibliopolis (http://www.bibliopolis.fr) et Acamedia (http://www.acamedia.fr) proposent aussi un accès aux romans de Balzac par le truchement d'un CD-Rom; ils seront l'année prochaine rejoints par Champion.

Ces éditions numérisées peuvent être très utiles aux balzaciens qui, grâce aux développements de la recherche hypertextuelle, retrouveront aisément une citation, gagneront du temps dans la quête des occurrences d'un mot ou d'une expression, chercheront la présence – même fugitive – des personnages reparaissants de *La Comédie humaine*. Ainsi, Roger Pol Droit ("Honoré de Web", *Le Monde des livres*, 25 juin 1999), après s'être promené sur http://lolita.unice.fr, nous dit y avoir rencontré 104 fois le mot "courtisane" dans toute *La Comédie humaine*. Ce site ne comprend malheureusement pas toute *La Comédie humaine*, il y manque encore pas moins de 40 romans et nouvelles! Une recherche exhaustive permet de gonfler le thesaurus "courtisane(s)" à 196 occurrences (144 au singulier et 52 au pluriel).

Le chercheur trouvera un avantage certain à consulter et utiliser les œuvres proposées par ces sites. Cependant, les éditions numérisées disponibles sur Internet ne peuvent reproduire que les textes tombés dans le domaine public; elles ne peuvent bien évidemment pas offrir à l'internaute les appareils critiques sous droits d'auteur.

Le lecteur, lui, se priverait difficilement de l'avantage de lire et de relire *La Comédie humaine* dans une édition de qualité, enrichie d'introductions, préfaces, notices, notes, avec un choix judicieux des variantes relevées dans les éditions successives parues du vivant de Balzac? Et sous son contrôle? C'est l'occasion ici de porter hommage au regretté Pierre-Georges Castex qui a su s'entourer des éminents balzaciens auxquels on doit l'édition en douze volumes, aujourd'hui incontournable, de la Bibliothèque de la Pléiade (Gallimard). Tous ceux qui se limiteront à quelques incursions sélectionnées dans le monde de Balzac, qui n'ont que faire de savoir si l'on y rencontre 104 ou 196 courtisanes, pourquoi iraient-ils se promener sur le web, au risque d'y faire des rencontres parfois moins agréables que celles qui consistent à croiser les courtisanes balzaciennes, souvent sympathiques et émouvantes?

A l'écran blafard d'un ordinateur, ces lecteurs préféreront les excellentes éditions séparées des romans et nouvelles constituant *La Comédie humaine*. Ces éditions sont nombreuses et le plus souvent de grande qualité. Relire *Le Colonel Chabert*, présenté et annoté par Nadine Satiat (GF-Flammarion), ou encore *Les Chouans*, présentés par Roger Pierrot (Folio classique, Gallimard), est un bonheur que l'on ne trouve pas sur Internet!

Il y a aussi le lecteur qui ne compte pas les courtisanes et qui ne serait pas intéressé d'apprendre, par une note en fin de volume, que le maréchal de Saxe rencontré dans *Le Cabinet des antiques* se prénommait Maurice, était comte, né en 1696 et avait servi le prince Eugène et Pierre le Grand (édition de Nadine Satiat, en Folio classique). Ce lecteur pourrait se contenter du texte affiché sur l'écran d'un site Internet, mais pourquoi devrait-il se priver du plaisir de lire *Béatrix*, *Les Secrets de la princesse de Cadignan*, ou encore *La Recherche de l'absolu*, dans une petite édition ancienne? Plaisir sensuel de tourner les pages légèrement jaunies, rousseurs et mouillures sur ce papier à l'odeur un peu acide et poussiéreuse: ce plaisir incomparable est certainement autre que celui qui consiste à appuyer sur la touche F9 d'un clavier d'ordinateur.

LA TROISIÈME VOIX: LE PHÉNOMÈNE DE L'ÉCRITURE MIGRANTE

Geneviève Duquet, AFI

Aujourd'hui prégnante dans l'univers littéraire occidental, l'écriture migrante, encouragée par les vagues de plus en plus nombreuses d'immigrations, traduit une nouvelle réalité: celle de l'éclatement des frontières et de la pluralité de nos sociétés, dont nous avons pourtant cherché longtemps à préserver l'homogénéité, croyant ainsi protéger la "pureté" de nos identités.

L'intérêt pour les écrivains migrants, appelés aussi "allophones", "ethniques", "métis", "néo-", etc., est relativement récent, mais s'est imposé très vite tant auprès du lectorat que chez les critiques et les chercheurs spécialisés en littérature – et en sociologie. Cependant, les principaux concernés, bien qu'ayant bénéficié de cette nouvelle popularité, sont pour la plupart très réticents face à cette catégorisation de leurs écrits, qu'ils trouvent réductrice; quoique tous marqués profondément par leur "double identité", ils ont chacun leur propre façon d'exprimer les deux patries qu'ils portent en eux.

François Cheng, Prix Femina pour son roman *Le Dit de Tyanyi*, considère la France comme étant devenue sa vraie patrie: il se dit lui-même "non seulement un écrivain français mais un Français aussi, en ce sens, noble et généreux, suivant lequel la France a été creusée par des gens venus de toutes parts qui ont contribué à enrichir cette identité française". Et c'est avec son nouveau regard d'occidental, "ce regard distancié [qui lui] a fourni une sorte de critique de valeurs", qu'il a pu redécouvrir la Chine. S'il ne parle pas d'exil, il parle en revanche beaucoup d'errance, d'une errance permanente. Cet état n'est cependant pas négatif ou malheureux; il se compare plutôt, tout comme son personnage, à un nuage, "pas seulement en tant qu'image de l'errance, mais aussi en tant qu'image de métamorphose, de transformation. [...] Le nuage en fait vient de la terre, puis il vogue dans le ciel et puis il revient vers la terre. [Mais] jamais au même endroit. D'où le fait qu'il est à la fois circulaire et en même temps linéaire".

"L'exil, ce n'est pas un état; c'est une cassure dans une vie", dit Mona Latif-Ghattas, écrivaine québécoise originaire d'Égypte, qui vient de publier le recueil de poésie *Les Cantates du deuil éclairé*. Ainsi, les marques du pays natal restent bien imprégnées en chacun de ces écrivains, même si le sentiment d'appartenance au nouveau pays est honnête et total. Mona Lattif-Ghattas se dit autant du Caire que de Montréal, citant volontairement plutôt les villes que les pays puisque, selon elle, "notre ville *est* notre pays"; elle mentionne toutefois la place spécifique qu'occupe chacune de ces terres dans son imaginaire et dans sa vie: "L'Égypte est pour moi mon pays rêvé et Montréal, mon pays réel."

Quant à Hédi Bouraoui, écrivain ontarien qui a remporté le prix du Nouvel-Ontario pour l'ensemble de son œuvre, il précise qu'il ne *représente* pas le Maghreb en ce sens où il n'y a vécu que les 6 premières années de sa vie. Mais son pays d'origine – la Tunisie –, le continent en entier l'interpellent. Et, tout comme Mona Latif-Gatthas, il se dit d'abord d'une ville, d'une rue même, avant de se dire d'une province, d'un pays, d'un continent. Il n'aime pas entendre parler d'"écriture métisse", ce terme sous-entendant dans l'inconscient collectif (et non pas littéralement) une notion d'impureté, de "moins bon". Quant au multiculturalisme, son sens est biaisé par ce qu'il devient dans le concret: une forme polie de ghettoïsation. Ainsi, Hédi Bouraoui préfère parler de "transculturalisme", notion qui implique selon lui deux conditions: connaître et aimer sa culture d'origine, ne pas la nier; et savoir la "donner", et recevoir de l'autre: échanger ses cultures.

Mona Latif-Ghattas affirme elle aussi que "c'est très important de ne pas se nier soi-même, [...] de ne pas [se] trahir. [...] Il faut assumer ce que l'on est", et "ça doit passer dans l'écriture, ça doit rester." La culture qui accueille reçoit et s'enrichit de la différence, de cette "troisième voix", comme elle la nomme elle-même; le pays d'origine apprend sur lui-même grâce à ce que François Cheng appelle le "regard distancié", qui se construit à la fois de l'intérieur et de l'extérieur du pays, regard nouveau que pose désormais sur lui l'écrivain marqué par la "migrance", par le "recul des océans".

Consacrant justement son dernier livre à la problématique de l'identité, le Libanais Amin Maalouf, avec *Les Identités meurtrières*, traite un point sensible des sociétés occidentales contemporaines: "Je crois que nous sommes dans un monde où les choses changent très vite, nous perdons tous un peu nos repères, et il me semble que nous sommes dans un monde qui a besoin d'une nouvelle vision de l'identité. Je crois que nous fonctionnons encore sur une ancienne conception de [celle-ci]: ce que j'appelle justement "l'identité meurtrière". C'est-à-dire une conception de l'identité qui est entièrement limitée à une seule appartenance qu'on confond avec l'identité entière et au nom de laquelle on se transforme souvent en tueurs. [...] Quelqu'un qui assume pleinement toutes ses appartenances est quelqu'un qui ne sera jamais un tueur." ("Bouillon de culture", avec Bernard Pivot, printemps 1999)

Peut-être alors est-il juste de dire, avec certains écrivains migrants, comme Naïm Kattan et Émile Ollivier (originaires respectivement d'Irak et d'Haïti), que le véritable pays de l'écrivain, c'est la langue. François Cheng dit d'ailleurs à ce sujet: "Je crois que mentalement aussi je suis devenu Français, en ce sens que j'ai adopté, bien sûr, la langue française, qui est devenue ma vraie patrie puisque je me suis investi entièrement dans cette langue, en tant qu'écrivain." Mona Lattif-Gatthas affirme pour sa part: "J'irais un peu plus loin pour moi. Je dirais que le véritable pays, c'est le texte, peu importe la langue; pour moi, c'est le poème."

Il faut donc "oublier un instant le mythe de la pureté des origines"; "au lieu de regarder l'Autre, [...] tentons de suivre le regard de l'Autre" (L. Gauthier, "D'une mémoire à l'autre", dans *Tangence*, et *La Mémoire sans frontières*). En accueillant cette parole plurielle, nous apprendrons sans doute beaucoup sur notre propre patrie.

Sources: entrevues avec F. Cheng et M. Lattif-Gatthas; conférence de H. Bouraoui; Hans-Jürgen Greif (sous la dir. de), *Tangence*, no 59, janvier 1999; Louise Gauthier, *La Mémoire sans frontières*, Presses de l'Université Laval, 1997.

ARASH MOHTASHAMI-MAALI

POÈTE IRANIEN D'EXPRESSION FRANÇAISE

Mohsen SABÉRIAN
Université de Mashad

> *Quand écrivez-vous ?*
> *Quand plus rien ne peut me sauver*
> *C'est-à-dire à peu près toutes les nuits.*

Arash Mohtashami-Maali, né à Téhéran, étudiant en France puis à Toronto, a publié en 1997 *La Tour du silence* suivi de *Retours fables*, son premier recueil de poésie. Bien qu'il se considère avant tout comme un poète iranien de langue française, il n'ignore pas pour autant son sentiment d'appartenance au milieu littéraire franco-ontarien. Pour lui, l'important, c'est d'avoir trouvé le milieu par excellence pour développer sa vocation de poète. Arash affirme qu'en effet la question de l'identité est problématique: "Je suis né en Iran, j'ai vécu en France et je vis présentement au Canada. J'ai une seule racine mais des identités multiples. Ici, comme partout, la francophonie n'est pas une, surtout à Toronto. Si celui qui parle français en Ontario est franco-ontarien, j'en suis un; sinon, je suis un francophone sans souche – terminologie qui me déplaît beaucoup".

C'est un jeune poète talentueux, modeste et dilettante; il écrit des nouvelles, fait de la photographie, est codirecteur de la jeune revue *Virages* (création littéraire), collabore avec Paul Savoie et Marguerite Andersen pour le développement d'un site Internet intitulé Palimpseste (http://www.chass.utoronto.ca/palimpseste). Ce site, qui se consacre plutôt aux poètes contemporains de l'Ontario, propose des extraits de leurs recueils de poèmes.

Les poèmes d'Arash sont fortement imprégnés de son pays et de sa langue maternelle, le persan. D'ailleurs, le point de départ de son inspiration se trouve dans le pays d'origine:

"Mon pays traîne dans mon être comme un sanglot
serrant, crispant les griffes de ma gorge, plantées là
comme dans toute ma race." (*La Tour du silence*, p.20)

Il est passionné par la richesse de la poésie persane qu'il marie si bien avec l'élégance de la langue française.

La Tour du silence est inspirée du nom que portaient les anciens cimetières zoroastriens en Perse. Il s'agissait d'un édifice à toit ouvert, placé en haut d'une montagne, où l'on déposait, selon la tradition, les dépouilles des défunts. On attendait ensuite que la chair se détache des os, que les rapaces et les éléments naturels s'en occupent, pour récupérer les os afin de les rendre à la terre dont ils sont issus (on trouve encore des tours du silence à Bombay). La seconde partie du recueil, *Retours fables*, est un ensemble de poèmes qui a pour thèmes l'exil et le silence en exil.

Certes, Arash Mohtashami-Maali a encore une longue route à faire. Il vient de terminer son 2ᵉ recueil de poésie, *Vestiges*. Quoi qu'il en soit, son avenir est prometteur. Il ne reste qu'à souhaiter une belle carrière à ce poète iranien passionné par la langue française.

LA LITTÉRATURE VIETNAMIENNE DE 1985 JUSQU'À AUJOURD'HUI

Ho THI THAN HUNG

Le Vietnam a vécu deux guerres successives qui l'ont conduit à une situation catastrophique à tous points de vue. La population dans cette situation était, dans son immense majorité, contrainte à travailler pour survivre. La politique menée à cette époque a conduit à un effacement total de l'individu devant la collectivité, c'est-à-dire à une grande passivité et à une absence totale d'esprit d'initiative. L'État exigeait une soumission absolue à la volonté du Parti communiste, en particulier pour les intellectuels et les écrivains.

La littérature vietnamienne, à cette époque d'immédiat après-guerre, était d'un conformisme absolu et ne traitait que des thèmes admissibles par le Parti, à savoir la guerre, l'héroïsme, la résistance.

La chute du système socialiste qui aidait financièrement le Vietnam contraignit celui-ci à un revirement politique radical et ce fut la "perestroïka", que l'on appela "doï moï" (renouveau).

Avec le VIᵉ congrès du Parti communiste, les dirigeants vietnamiens décidèrent de changer de cap pour trouver une issue immédiate. Ils reconnurent les erreurs et les errances du Parti communiste vietnamien et souhaitèrent s'ouvrir au monde extérieur, aux capitaux étrangers, à leurs idées libérales.

Le *doï moï* va donner un nouveau visage au Vietnam. Un vent nouveau va souffler dans la littérature lorsque, en 1987, au Congrès des écrivains, le secrétaire général du Parti communiste, Nguyên Van Linh, déclarera qu'il faut "dire la vérité sans détour", qu'il faut, pour que le peuple accède à la démocratie, "l'informer des choses publiques sans dissimulation".

Cet appel est entendu par une nouvelle génération de jeunes écrivains qui vont se précipiter sur les livres étrangers, les contacts et les échanges avec l'extérieur. Autour de Nguyên Huy Thiêp naît un courant qui va traiter avec un réalisme absolu de la situation qu'a vécue et que vit le peuple. Ce mouvement n'a évidemment pas gommé les tenants de la littérature traditionnelle qui continuent de vanter l'héroïsme, la guerre, les mérites du Parti communiste. Tout se passe comme si nous avions affaire en matière littéraire à une "querelle des anciens et des modernes".

Les modernes vont s'attaquer à des thèmes jusqu'ici intouchables: la misère, l'absence de liberté, la crédibilité du Parti, la corruption, la relation homme-femme...

La pensée se libère, les corps vont se libérer, le langage littéraire va se réinventer. Les écrivains vietnamiens qui concourent à cette révolution vont essentiellement dans cette période privilégier la nouvelle, et un peu le roman.

> Aujourd'hui, une centaine d'écrivains vietnamiens sont connus et publiés. Tous, pratiquement, ont publié des nouvelles. Les plus remarquables parmi eux sont:
> – Nguyên Huy Thiêp (*Cun, Un général à la retraite, La Dernière Goutte de sang, Le Sel de la forêt, Leçon paysanne, Dignité, L'épée acérée, Or et sang* [1988]; *La Vengeance du loup, Le Cœur du tigre, Les démons vivent parmi nous*);
> – Nguyên Quang Thiêu (*La Fille du fleuve, La Petite Marchande de vermicelles, Combien de banh chung pour le Têt, cette année?, Le Terrible Secret des cheveux blancs de la vieille Nhim*);
> – Nguyên khâc trêng (*Des fantômes et des hommes*);
> – Phan Thi Vang Anh (*Quand on est jeune, La Fleur tardive* [1995]);
> – Nguyên Thi thu Huê (*Femme célibataire, Le Paradis... et après?*);
> – Pham thi Minh Thu (*Les Femmes, Le Nain dans les contes de Grimm*);
> – Vu Bao (*Le héros qui pisse dans son froc*);
> – Hâ anh Th̲i (*L'Île aux femmes, Le Soupir*);
> – Nguyên Quang Thân (*La Danse du pot*);
> – Phan Thê Hông (*La Tour d'Aigues*);
> – Lê Minh Khuê (*Jeune Oie*);
> – Nguyên Khai (*Le Soleil de l'après-midi*);
> – Nguyên Quang Lâp (*Le Trompettiste*).

Ces nouvellistes nous racontent la vie du petit peuple, son quotidien, ses joies, ses douleurs de chaque jour, sa détresse, ses petits bonheurs, son inquiétude et son espoir dans le Vietnam en pleines mutations.

Nguyên Huy Thiêp est considéré comme le plus grand écrivain vietnamien actuel. Avec une trentaine de nouvelles de caractère réaliste, il nous présente le tableau d'un Vietnam dans son quotidien, "méconnaissable, grotesque, absurde, où plus rien n'avait de sens, où plus rien n'avait l'air humain", observe Phan Huy Duong.

Son écriture envoûtante, glacée, parfois même grossière, est le support d'un message fort qui dénonce l'effondrement des valeurs de la société vietnamienne face à l'économie du marché et au capitalisme sauvage.

Les réactions à la publication de ses œuvres (*Le Général à la retraite, La Dignité*) ont été violentes, passionnées, parfois négatives et souvent positives; en tout état de cause, elles ont été à l'origine d'un changement considérable dans la création littéraire.

Deux jeunes femmes, Phan Thi Vang Anh et Nguyên Thi thu Huê, qui n'ont connu ni la guerre ni la répression que subissaient leurs aînés, apportent un renouveau tant sur le fond que sur la forme. On ne parle pas de la politique mais de l'individu dans son indignité, sa bassesse, ses désirs, sa solitude, ses contradictions et son humanité. Leur proximité avec la jeunesse leur permet un autre regard et un autre langage.

Deux romanciers, Duong Thu Huong (*Au-delà des illusions*, 1er roman, 1988, *Le Roman sans titre, Myosotis, L'Histoire d'amour racontée avant l'aube*, et aussi des nouvelles) et Bao Ninh, sans doute les deux premiers qui ont été traduits en langue étrangère, se détachent d'une longue liste de nouveaux écrivains qui se lancent dans le domaine de la prose, parmi lesquels on peut citer: Pham thi hoaï (*La Messagère de cristal*), Nguyên Quang Lâp (*Fragments de vie en noir et en blanc,* roman, 1989), Bui minh quôc (*En un instant, une vie*), Nhât Tuân (*Retour dans la jungle*, roman), Nguyên Quang Thân (*La Danse du pot, Au large de la terre promise*, roman), Nha Ca (*Les canons tonnent la nuit*).

Avec les deux romans: *Le Chagrin de la guerre* et *Le Roman sans titre*, Bao Ninh et Duong Thu Huong ont osé montrer la face noire de la guerre et de l'après-guerre: désertion, drogue, folie, absurdité et profiteurs. Bao Ninh déclare: "La noblesse de la guerre est celle de la masse des combattants, pas celle des dirigeants assoiffés de gloire et de pouvoir. Ceux qui glorifient la guerre et n'en montrent pas l'horreur profonde mentent."

Duong thu Huong est une auteure prolifique de romans et de nouvelles. La remise du prix littéraire Fémina étranger pour le livre *Les Paradis aveugles* a beaucoup contribué à sa renommée internationale. À la fois écrivaine et combattante, très critique envers le régime, elle est sans doute mieux lue à l'étranger qu'au Vietnam. Un certain nombre de ses livres traduits à l'étranger sont interdits dans son propre pays. Le Parti communiste vietnamien l'a exclue à cause de son franc-parler. Avec d'autres écrivains, elle a réclamé un retour à l'humanisme, défendu l'indépendance de la pensée et de la création artistique par rapport à la politique.

N'oublions pas de citer Pham Thi Hoài qui, ayant étudié en Allemagne, a été influencée par Freud et par l'existentialisme de Jean Paul Sartre, et a testé aussi plusieurs formes d'écriture occidentale. Elle a publié des ouvrages remarqués par le public cultivé du Vietnam: *La Messagère de cristal, Sous la pluie.*

Quant aux autres genres littéraires, la poésie, le théâtre, la critique littéraire, ils vont rester des activités mineures. Seul Trân dang Khoa, avec *Portrait et dialogue*, paru en 1998, semble redonner vie à la critique littéraire. Cet ouvrage a connu 8 éditions depuis sa publication.

Une des caractéristiques de cette époque d'explosion de la création littéraire aura été sa féminisation. Après une période d'ouverture politique, la création artistique s'est considérablement développée mais elle a connu de multiples freins: les autorités politiques ont mal supporté une littérature qui avait une fâcheuse tendance à critiquer le régime. Une "nouvelle génération" est-elle en train de voir le jour?

ARTS, SPECTACLES ET SPORTS

LES JEUX DE LA FRANCOPHONIE

Diane LAFRANCE
Secrétariat canadien des Jeux de la Francophonie

Les Jeux de la Francophonie ont été créés lors du Sommet de Québec et c'est avec beaucoup de fierté que le Canada sera l'hôte des Jeux de la Francophonie qui se dérouleront du 14 au 24 juillet 2001.

Après le Maroc, la France et Madagascar, notre pays accueillera la quatrième édition de ces Jeux à Ottawa-Hull. 2600 jeunes athlètes et artistes des 52 pays et gouvernements de la Francophonie viendront exercer leurs talents, fraterniser et tisser des liens de solidarité. Le succès des Jeux repose sur l'originalité de leur formule. Les Jeux sont uniques.

Le gouvernement du Canada a toujours démontré son engagement envers le développement du sport amateur. Il poursuit inlassablement sa politique d'investissement pour soutenir les athlètes canadiens et encourage les autres pays membres de la Francophonie à reconnaître l'importance du sport comme outil de développement et d'insertion sociale et à investir les ressources nécessaires. En effet, le gouvernement du Canada estime que le sport est un extraordinaire levier de développement social. Si l'activité sportive a des effets bénéfiques sur la santé, elle favorise largement l'insertion sociale et contribue au renforcement des valeurs fondamentales comme le respect, la tolérance, le civisme et l'humanisme.

De plus, le sport joue un rôle majeur dans la croissance personnelle. Il enseigne le sens de l'effort, favorise le dépassement de soi et permet d'accroître le sentiment d'appartenance à un milieu de vie.

Ultimement, les investissements des gouvernements et leurs efforts auprès de leurs populations afin de les inciter à pratiquer une activité sportive se traduiront par des résultats tangibles. L'état de santé des citoyens sera meilleur, les problèmes d'exclusion sociale et de criminalité seront réduits et la productivité sera accrue.

Par ailleurs, le gouvernement du Canada déploie beaucoup d'énergie afin d'assurer le succès du volet culturel de la quatrième édition des Jeux. S'inspirant des principes fondamentaux sur lesquels la dimension culturelle des Jeux doit prendre appui, le Canada offrira donc en juillet 2001 un événement prestigieux où de jeunes artistes reconnus, à l'aube d'une carrière prometteuse, vont rivaliser de talents et donner le meilleur d'eux-mêmes dans les disciplines suivantes: la chanson, la danse, le conte, la sculpture, la peinture, la photographie et la littérature (poésie).

En somme, les Jeux de la Francophonie vont faire écho au bouillonnement quotidien qui anime l'espace francophone mondial. La magie qui unit les millions d'hommes et de femmes qui partagent la langue française aux quatre coins de la planète va également s'emparer des athlètes qui expriment leur passion pour le basket-ball, l'athlétisme, la boxe, le soccer, le judo et le tennis de table. À ces disciplines sportives formellement reconnues, les Jeux proposeront le volley-ball de plage à titre de sport de démonstration.

Et, pour témoigner de la nécessité de réunir tous les hommes et toutes les femmes qui ont relevé le défi du dépassement de soi et de la performance, les Jeux célébreront les efforts des athlètes handicapés en présentant, en démonstration, des épreuves d'athlétisme, le 1500 mètres pour les hommes de même que le marathon masculin et féminin. Le Canada s'est toujours montré extrêmement sensible au désir des athlètes handicapés de donner leur pleine mesure et continue ses efforts de sensibilisation auprès de tous les pays membres de la Francophonie, afin de favoriser leur pleine participation aux Jeux de la Francophonie. Tout comme les Paralympiques ont permis à des personnes handicapées de prendre part à des compétitions de haut niveau, il convient à la Francophonie de se mettre au diapason et d'offrir aux athlètes handicapés la possibilité de faire preuve de leur excellence.

D'ores et déjà, l'effervescence des Jeux a gagné tous les partenaires qui se sont associés dans la merveilleuse aventure des Jeux de la Francophonie. Le gouvernement du Canada, les provinces du Québec, de l'Ontario et du Nouveau-Brunswick, le Comité international des Jeux de la Francophonie (CIJF), le Comité organisateur des Jeux de la Francophonie (COJF), la Municipalité régionale d'Ottawa-Carleton (MROC), la Communauté urbaine de l'Outaouais (CUO) et les villes d'Ottawa et de Hull s'unissent pour faire de la quatrième édition des Jeux un succès inégalé.

L'horizon des Jeux de la Francophonie 2001 place les gouvernements devant leurs responsabilités et les interpelle sur leur vision de l'avenir de la Francophonie.

Pour le gouvernement du Canada, le choix est clair et les gestes qu'il pose le démontrent amplement. La Francophonie est capable de franchir le cap du troisième millénaire et de garantir son rayonnement avec succès. La clé de l'avenir, c'est le développement. Ce développement repose avant tout sur la possibilité pour chaque homme et pour chaque femme d'accomplir ses rêves. Il faut rassembler toute cette énergie autour de grands projets. Les Jeux de la Francophonie font partie de ces projets et le message qu'ils portent doit inspirer toutes nos politiques.

LES CINÉMAS FRANCOPHONES

Denise BRAHIMI
Université Paris VII

Avant même de s'interroger sur le développement de ces cinémas et leurs aspects actuels, il faut tenter de les définir, faute de pouvoir prendre ici d'emblée le terme de francophonie en toute rigueur. Il se trouve en effet que le cinéma fait une grande place à la langue parlée, celle des dialogues, dans des pays qui, pour être partiellement ou même complètement de langue française, n'en utilisent pas moins, oralement, des langues ou dialectes différents: créole, joual, berbère, arabe dialectal, etc. On est ainsi amené à nuancer la notion de critère d'appartenance à la francophonie, et à invoquer, au-delà de la pratique linguistique, les affinités culturelles, les références communes, ou encore l'ouverture manifeste vers le public français.

Pour chacun de ces cinémas on pourrait faire un historique complet, indiquant par exemple la date du premier court ou long métrage qu'il a produit. Cependant, on s'interrogera plutôt ici sur ce qu'a été le moment où ils ont atteint leur plein développement, caractérisé à la fois par l'abondance et par la qualité des réalisations. Et, à partir d'un examen de quelques œuvres majeures produites dans chacun de ces domaines géographico-culturels, on tâchera de voir ce que leur thématique a de singulier par rapport à la production française, étant entendu que cette singularité constitue à nos yeux, pour le cinéma français mais aussi pour le cinéma mondial, un enrichissement.

PROBLÉMATIQUE

Les cinémas francophones ne se sont élaborés ou développés que dans des États nationaux, ou devenus tels, ayant pris conscience de leur identité et trouvant dans le cinéma l'un de leurs moyens d'expression. Ceci découle du fait que le cinéma, selon une parole maintes fois répétée, est non seulement un art mais aussi une industrie. Il n'y a de production cinématographique qu'à partir d'investissements financiers importants, que l'État souvent garantit, dont il donne l'exemple, auxquels il contribue. Il est vrai que les productions sont de plus en plus des coproductions impliquant des capitaux d'origines diverses et provenant souvent de pays différents. Reste que l'on peut généralement attribuer au film produit une appartenance dominante et qui met en jeu un critère que l'on pourrait appeler subjectif ou identitaire. S'agissant de films francophones, il s'agit de savoir si le réalisateur a voulu que son film exprime une réalité différente de celle dont il est question dans les films français, quoique en relation avec eux, et s'il a été conscient d'agir à partir d'un espace géographique mais surtout culturel autre que l'espace français en même temps que relié à lui. On prendra deux exemples: l'un dont le traitement est ponctuel, puisqu'il s'agit d'un seul film, *La Kermesse héroïque (1935)* de Jacques Feyder; et l'autre qui est à la fois célèbre et complexe, puisqu'il s'agit de situer, entre France et francophonie, tout le parcours de Jean-Luc Godard.

Jacques Feyder est incontestablement d'origine belge: né à Bruxelles en 1885. Mais il est généralement considéré comme appartenant au cinéma français, alors qu'il a tourné dans douze pays et que quinze de ses films sur 22 ont été faits hors de France. Ici, le problème ne se pose guère que pour *La Kermesse héroïque* (1935), tant il est vrai que ce film se veut un hommage, humoristique certes, à son pays d'origine; et ce n'est sûrement pas un hasard si J. Feyder en a demandé le scénario à Charles Spaak, lui-même d'origine belge. L'hommage le moins contestable est celui qui est rendu par ce film à la peinture flamande de Breughel, Frans Hals, etc. La scène se passe dans les Flandres au 16e siècle et décrit fort plaisamment les réactions de la population, et surtout des échevins, au moment où l'armée espagnole arrive dans la petite ville qui en est le cadre. De l'insertion du film dans l'histoire passée et présente de ce pays, on a une preuve bien intéressante: la violente réaction des nationalistes qui, en Flandre, ont manifesté contre le film au moment de sa sortie. On considérera donc ici *La Kermesse héroïque* comme un film belge et francophone, même si J. Feyder a été naturalisé français en 1928.

De Jean-Luc Godard, né à Paris en 1930, on dira qu'il a d'abord été un cinéaste français, et notamment pendant toute l'époque dite de la Nouvelle Vague. Dans la mesure où il revient s'installer en Suisse à partir de 1979 et y travaille avec Anne-Marie Miéville, on peut admettre qu'il devient alors un cinéaste suisse francophone, réalisateur d'un ensemble de films qui vont de *Passion* (1982) à *JLG-JLG* (1995); mais Jean-Luc Godard est manifestement un cinéaste hors lieu, dont la seule dimension est d'être international. On voit ici ce que signifie le recours à une indispensable subjectivité des critères. Il est relativement plus facile de faire la part des choses pour un autre cinéaste d'abord suisse et francophone, Claude Goretta, par exemple à l'époque de *L'Invitation* (1973), mais happé par le cinéma français à partir de 1977 avec *La Dentellière* (tiré du roman de Pascal Laîné, Goncourt 1974). Le cinéma étant aussi et beaucoup l'œuvre des acteurs, on est amené à faire pour ce qui les concerne le même genre de distinction, selon qu'ils ont tourné dans des films francophones ou français. C'est par exemple le cas de l'actrice d'origine québécoise Geneviève Bujold, née à Montréal, qui a tourné à la fois dans le cinéma francophone du Québec, dans des films français tels que *La Guerre est finie* d'Alain Resnais (1965) ou *Le Voleur* de Louis Malle (1966), et dans une production franco-canadienne telle que *Kamouraska* de Claude Jutra (1973), film incontestablement canadien francophone d'après le critère subjectif, basé sur un scénario tiré comme on le sait d'un roman d'Anne Hébert. Reste le problème de la langue, qui devrait être tout à fait facile à résoudre, selon les implications du mot francophone, mais qui n'en est pas moins complexe lui aussi. En effet, la plupart des films maghrébins dont il sera question ont été tournés en arabe et donnent à entendre des personnages qui parlent l'arabe dialectal ou plus récemment le berbère. Cependant, ils ont été immédiatement conçus pour être sous-titrés et rendus intelligibles à un public francophone, pour des raisons de proximité géographique et aussi culturelle. En ce sens, le fait que ce cinéma ait été réalisé dans des pays longtemps francophones, et encore partiellement tels, surtout lorsqu'il s'agit de culture et d'échange, apparaît comme déterminant. En revanche, objectifs et subjectifs, tous les critères convergent vers le constat qu'il n'y a pas de cinéma francophone en Égypte, malgré la francophilie d'un homme comme Youssef Chahine, ni au Liban, malgré le fait que Maroun Baghdadi ou Jocelyne Saab ont dû travailler en France et ailleurs plus souvent que dans leur pays. Le cas des Antilles françaises est encore différent: bien qu'elles soient intégrées administrativement à la France, on dira du film d'Euzhan Palcy, *Rue cases-Nègres*, qu'il appartient au cinéma francophone et non au cinéma purement et simplement français parce que, beaucoup plus encore que le roman de Joseph Zobel dont il est tiré, ce film exprime un fort sentiment "d'antillanité" et s'efforce de faire sa place à la langue créole. Bon nombre de films d'Afrique subsaharienne ont intégré les langues africaines au-delà même du dialogue. *Finzan*, du Malien Cheikh Oumar Sissoko, est en bambara sous-titré français; les films du cinéaste burkinabé Idrissa Ouedraogo sont en général en moré, mais évidemment eux aussi sous-titrés. La nécessité évidente du sous-titrage en français pour la diffusion des films africains fait qu'il est inscrit comme partie intégrante dès la conception même du film, ce qui est moins évident ou moins avoué mais tout aussi valable pour les films maghrébins. A dire vrai, ces problèmes ne mettent pas en cause l'existence d'un cinéma francophone, sous les formes diverses qu'il prend dans les pays du Nord ou dans ceux du Sud. Le fait est qu'il existe hors de France, dans des pays entièrement ou partiellement francophones, un cinéma qui s'adresse à son public national mais aussi au public français, pour leur montrer autre chose que ce que l'on voit habituellement dans le cinéma produit en France.

HISTORIQUE ET THÉMATIQUE

Le développement des cinémas francophones a été et reste inégal selon les périodes, étant entendu qu'il a connu un peu partout son plus grand essor dans les années 1970-1980, avant que le marché ne soit dominé par les super-productions (américaines et donc anglophones le plus souvent).

Belgique

La Belgique donne l'exemple d'un cinéma déjà important bien avant la Première Guerre mondiale. On en prendra pour preuve un film de 1933, *Borinage* (parfois titré *Misère dans le Borinage*), de Henri Storck et Joris Ivens. Premier film belge engagé politiquement et en ce sens fondateur d'une longue tradition, il décrit les expulsions et les rétorsions de toutes sortes dont sont victimes les ouvriers de cette région de la part des patrons, à la suite d'une grève, en 1932. Henri Storck a donné une dimension véritablement anthropologique au documentaire, comme le prouve encore sa *Symphonie paysanne* (1942-1944), qui reste un des meilleurs témoignages sur ce qu'ont été la vie rurale et la culture paysanne avant l'avènement de l'agriculture industrialisée. La tradition du documentaire est si forte en Belgique que l'on date de 1955 le premier film de fiction, alors même que la conception cinématographique d'Henri Storck se retrouve dans toute sa force chez quelqu'un que l'on peut considérer comme son disciple, Luc de Heusch, à la fois surréaliste, ethnologue et africaniste de terrain, lié au mouvement artistique Cobra et auteur de plusieurs films d'art. *Jeudi on chantera comme dimanche* (1967), de ce même Luc de Heusch, bien que ce soit un long métrage de fiction, cas unique dans l'œuvre du cinéaste, n'en est pas moins une étude du monde ouvrier contemporain, dont les problèmes sont aussi bien affectifs et personnels que sociaux. Mais depuis la fin des années 60 et pour deux décennies, c'est désormais le réalisme

magique des films d'André Delvaux qui représente le cinéma belge et en donne au monde une idée très séduisante. Le cinéma d'André Delvaux, c'est une bonne dizaine de films qui se succèdent à partir de *L'Homme au crâne rasé* (1966), réalisé avec l'aide de la télévision flamande, premier film en Belgique à bénéficier de l'aide de l'État. Viennent ensuite ses deux plus grands succès. *Un soir, un train* (1968) bénéficie de la présence de deux grands acteurs français, Yves Montand dans le rôle de Mathias, à la recherche d'une femme côtoyée sans la connaître, et dans le rôle de cette femme, Anouk Aimée. Ce voyage hors des lieux et du temps précise l'esthétique de son auteur, qui consiste à passer indistinctement du rêve à la réalité. C'est en tant que caractéristique de cette même esthétique que *Rendez-vous à Bray* (1971) se rattache au fantastique flamand, tel que réinterprété par Delvaux, alors que le film est produit en France et adapté d'une nouvelle de l'écrivain français Julien Gracq. Dans sa dernière période de production, le cinéaste revient à une œuvre d'origine belge et située dans les Flandres, *L'Oeuvre au noir* (1988) d'après le roman de Marguerite Yourcenar, mais il y semble moins à l'aise que lorsqu'il crée son univers propre et n'obtient pas le même succès. À partir des années 1990, le cinéma belge se renouvelle et se diversifie, remportant de beaux succès, tels que *Le Maître de musique* (1987) de Gérard Corbiau, *Toto le héros* de Jaco Van Dormael (1991) et *La Promesse* (1996) des frères Dardenne.

Maghreb

L'histoire du cinéma commence plus tard au Maghreb et en Afrique de l'Ouest, pour des raisons historiques connues. Avant les années 60, qui sont celles des Indépendances conquises contre la puissance coloniale française, c'est de cinéma colonial et donc français qu'il s'agit, les "indigènes" n'y étant que fort peu représentés. Le désir de donner une image de soi authentique

incite les nouveaux États à soutenir un cinéma officiel et à créer des organismes, plus ou moins nationalisés, pour le gérer. En Algérie, cette tendance est représentée par les premiers films de Lakhdar Hamina, tels que *Le Vent des Aurès* (1967), jusqu'à sa grande ***Chronique des années de braise*** (1975). Pour la création, cette politique officielle est évidemment à double tranchant puisqu'un cinéma officiel ne va pas sans une idéologie du même nom, justifiant une censure politique, religieuse ou morale. En fait, le cinéma maghrébin se développe de manière beaucoup plus intéressante à partir du moment où il assume un rôle de critique sociale plus ou moins véhémente. Il le fait tantôt de manière bouleversante et tragique comme dans le film de Mohamed Chouikh, *La Citadelle* (1988), qui évoque une certaine horreur de la condition féminine et de ce qu'on a pu appeler "la guerre des sexes", tantôt avec un sens aigu du comique et de la dérision, comme dans le célèbre *Omar Gatlato* (1977) de Merzak Allouache. Cependant, le climat politique et culturel semble plus favorable en Tunisie, où se développe une véritable école de cinéma encouragée par la fondation des Journées cinématographiques de Carthage à partir de 1966. Les prix décernés à cette occasion soutiennent des films audacieux, en dépit de la censure. Le cinéaste le plus remarquable à cet égard est sans doute Nouri Bouzid qui, dans *L'Homme de cendres* (1986), s'attaque au problème de l'homosexualité masculine et du viol d'enfants en un temps et surtout en un lieu où ce qu'on appelle "la pudeur" exige que l'on garde là-dessus le plus grand secret. Non moins délicat est le sujet qu'il

Chronique des années de braise

aborde dans *Les Sabots en or* (1988), et qui est l'emprisonnement politique, ainsi que la pratique de la torture sur les prisonniers. Nouri Bouzid va très loin dans l'analyse de problèmes de société sans doute gênants pour le public de son propre pays et par ailleurs peu connus des Français, qui ont surtout une vision touristique de la Tunisie. Cependant, ce pays est aussi celui des conciliations et des réconciliations, habitué de longue date à la pluralité des cultures et des religions. Cette tolérance et cette sagesse amusée, qui n'empêche pas l'acuité de l'observation, font le succès du cinéma de Férid Boughédir, devenu célèbre en 1990 avec son film intitulé *Halfaouine ou l'Enfant des Terrasses*. C'est en ce début des années 90 que le cinéma tunisien a semblé voué à un grand développement, ce qui est peut-être à l'origine de certaines déceptions pendant les années qui ont suivi (telles que le relatif échec d'*Un été à la Goulette* de Férid Boughedir en 1996). Par ailleurs, la situation politique en Algérie est telle qu'on pourrait difficilement parler de cinéma algérien depuis une dizaine d'années. Au Maroc c'est le manque de moyens financiers qui constitue le principal handicap et l'on peut supposer que la fonction critique du cinéma n'incite pas les pouvoirs officiels à l'encourager.

Afrique

Le cinéma africain s'est développé lui aussi à partir des Indépendances et même avant, dans la mesure où il doit beaucoup à un homme comme le Sénégalais Sembène Ousmane, qui a tiré le scénario de ses films des livres qu'il avait écrits pendant la période coloniale: il en est ainsi pour *La Noire de...* (1966) et *Le Mandat* (1968). Ce premier cinéma africain exprime une forte revendication sociale, dont on a un autre exemple dans la *Lettre paysanne* (1975) de la Sénégalaise Safi Faye, mal reçue par les pouvoirs officiels. La dénonciation de l'exploitation sociale rejoint d'ailleurs le plus souvent celle de l'exploitation coloniale, selon des schémas de type marxiste, manifestement à l'œuvre dans les films du Mauritanien Med Hondo tels que *Soleil O*

(1970). Cependant, cette première phase est bientôt suivie d'une autre, où le cinéma s'efforce de savoir ce qu'il en est pour les Africains de leur identité, quitte à constater qu'elle n'est pas directement exprimable selon les catégories de la pensée européenne. Sur la perte de l'identité africaine, submergée par des fantasmes venus de France et "made in Paris", le film du Sénégalais Djibril Diop-Mambety *Touki Bouki* (1973) apporte un témoignage original, à la fois drôle et tragique. À l'inverse, retrouver l'Afrique profonde, c'est s'imprégner de ses mythes et au besoin les réinterpréter, mais le caractère intemporel du mythe fait que de toute façon il constitue aussi un regard sur l'actualité. Les prestiges de la pensée mythique, les images un peu mystérieuses sur lesquelles elle s'appuie et la réflexion qu'elle propose sur les problèmes essentiels de la vie en société, voilà sans doute ce qui fit le très grand succès de *Yeelen* (1987), film du Malien Souleymane Cissé. Med Hondo infléchit lui aussi son travail vers une recherche haute en images et en couleurs sur le passé africain: dans *Sarraounia* (1986) il montre, à partir d'un épisode historique attesté, comment l'islam conquérant et l'arme coloniale française se sont ligués pour faire disparaître ces représentantes d'une Afrique millénaire, féministe et prospère, qu'étaient les Amazones. L'évocation d'une Afrique rurale, pastorale et villageoise, est essentiellement le fait des cinéastes du Burkina Faso, qui se montrent particulièrement créatifs pendant la décennie 80-90. Ils bénéficient de l'existence dans leur pays du FESPACO, ou Festival panafricain du cinéma de Ouagadougou, qui se réunit tous les deux ans depuis 1970 pour assurer la promotion du cinéma africain. Le film fondateur de ce qu'on pourrait appeler l'école du Burkina Faso est l'œuvre de Gaston Kaboré qui s'intitule *Wend Ruuni* (Le Don

de Dieu) (1982). Il émerveille par l'invention de moyens propres à restituer ce qu'était la vie quotidienne et surtout mentale dans l'Afrique prémoderne, où régnait une autre temporalité que celle devenue universelle, de l'époque contemporaine. Gaston Kaboré a trouvé en Idrissa Ouédraogo un disciple ingénieux et fécond, notamment dans *Yaaba* (1989) dont le personnage principal est, comme celui de *Wend Ruuni*, un jeune garçon encore à peine adolescent. Il est certain que l'Afrique dont ces films nous parlent a disparu aujourd'hui de beaucoup de lieux, mais les histoires qu'ils nous racontent n'en sont pas moins susceptibles d'éclairer les problèmes du temps présent, en Afrique et au-delà. Car le propre de ce cinéma est de rejoindre des thèmes ou des mythes universels, par exemple le mythe d'Oedipe dans *Tilaï* (1990) du même Idrissa Ouédraogo. Le cinéma africain était très bien parti mais les conditions financières désormais déterminantes dans cette industrie font qu'il n'a sans doute guère de salut ailleurs que dans des coproductions, où son originalité risque de se perdre.

Québec

Du cinéma québécois aussi on peut dire que son développement a eu partie liée avec l'idée nationale, ou la revendication nationaliste. Mais de manière plus générale il s'inscrit dans une sorte de grand éveil qui a pour but et pour effet d'en finir avec une tradition qui ne s'était que trop longtemps conservée. Sur le plan cinématographique, l'Office national du Film, ou ONF, joue un rôle déterminant et à partir des années 60, on a l'impression que presque tous les réalisateurs ont été rattachés à cet organisme. Le plus célèbre d'entre eux, Gilles Carle, après avoir été un écrivain proche de Gaston Miron, réalise d'abord pour l'ONF des courts métrages, avant de passer aux films de fiction, à partir de 1965 et pendant une bonne quinzaine d'années, jusqu'au grand succès populaire des *Plouffe* (1981) tiré d'un roman de Roger Lemelin. Incontestablement, il y a au départ de ce cinéma une certaine volonté de provocation, destinée à secouer la chape d'un catholicisme particulièrement retardataire et pesant. *Les Mâles* (1970) de Gilles Carle produisent à cet égard un peu le même effet que le célèbre *Et Dieu créa la femme* de Roger Vadim dans la France de 1956. On y

voit comment deux hommes, qui vivent à l'état sauvage, commencent à se déchirer lorsqu'une femme vient s'installer chez eux. Le film touche à la fois à un problème proprement canadien, dans ce pays où beaucoup de gens vivent ou vivaient encore loin des lieux civilisés, et à un problème universel concernant le rapport des hommes et des femmes, aussi indispensable que problématique dans la plupart des sociétés. En tout cas, il assura à Gilles Carle une réputation internationale. Deux ans plus tard, dans *La Vraie Vie de Bernadette* (1972), on ne sait s'il faut parler encore de provocation ou d'un étrange et bouleversant paradoxe: cette femme, interprétée par Micheline Lanctôt, est un objet de scandale pour les habitants du village qui n'acceptent pas son mode de vie; et pourtant, de son anti-conformisme se dégage une véritable sainteté. Les films de Gilles Carle doivent beaucoup à l'actrice Carole Laure, qui est l'interprète principale de cinq d'entre eux. Cependant, l'image de la femme, au Québec, est essentiellement prise en charge par des réalisatrices d'inspiration féministe. Dans *La Vie rêvée* (1972), Mireille Dansereau décrit la conquête de la liberté

Pierre Perrault (1927-1999)

Geneviève DUQUET

Pierre Perrault et son œuvre incarnent un grand paradoxe: le réalisateur-poète a toujours admis ne pas être intéressé par le cinéma. Ce qu'il fait avec sa caméra est différent: "Je ne suis pas un fabricant de films; je *cueille* mes films."

Grand amoureux du Québec, particulièrement de son fleuve, ce "cinéaste de la parole", pionnier avec quelques autres du "cinéma direct", a su, dans ses nombreux documentaires (dont les plus connus sont *La Bête lumineuse, Pour la suite du monde* et *Les Voitures d'eau*), rendre hommage à la vie en captant les hommes et les femmes dans ce qu'ils ont de plus humain: leurs espoirs, leurs souvenirs, leur vulnérabilité; et, surtout, leurs mots. Perrault essayait "de découvrir en chaque homme une inspiration". Tout son art se résume à savoir où et quand placer sa caméra, savoir "attendre le moment", car il n'écrivait jamais de scénario: "La vie se scénarise par elle-même."

Lui qui voulait semer l'orgueil dans le cœur des Québécois afin qu'ils reprennent possession d'eux, non pas au sens politique, mais dans celui de "volonté de s'appartenir", a jusque dans sa mort "fait naître du hasard une vie qui en manque" en s'éteignant la nuit du 24 juin, date de la fête nationale du Québec.

Perrault laisse derrière lui une œuvre *vraie*, bâtie sur la poursuite de la vie, en laquelle il croyait plus que tout: "L'homme met toute sa complaisance dans l'imaginaire. Comme pour échapper à la réalité. Se distraire. Se dépayser. Il se cherche ailleurs pour ne pas se trouver [...]. C'est pourquoi tout le monde va au cinéma. En quête du miracle. Mais le vrai miracle, c'est la vie."

par deux femmes célibataires qui parviennent à se détacher de l'image protectrice de l'homme. C'est le premier long métrage québécois de fiction réalisée par une femme dans l'industrie privée. On a pu dire qu'à cet égard le féminisme québécois avait bénéficié de sa coïncidence et de son accord profond avec un autre désir d'émancipation, celui du peuple québécois tout entier, politiquement parlant. En tout cas, ce film a valu plusieurs prix à la réalisatrice qui rejoignit alors le groupe *En tant que femmes,* fondé par Anne Claire Poirier à partir d'un manifeste-programme soumis à l'ONF en 1971. Anne Claire Poirier avait donné le coup d'envoi du cinéma féministe au Québec en 1967 avec *De mère en fille,* mais celui de ses films qui eut le plus grand impact est *Mourir à tue-tête* (1979), qui aborde la grave question du viol. S'agissant de cinéma féminin et féministe, il faut encore citer le nom de Lea Pool, d'origine suisse mais venue se fixer au Québec en 1978. *La Femme de l'hôtel* (1984) est caractéristique de sa manière durassienne et montre trois personnages de femmes (dont l'une interprétée par la ravissante Louise Marleau) illustrant les rapports entre le cinéma et la vie. En revanche Tahani Rached, réalisatrice d'origine égyptienne, se montre plus préoccupée des problèmes sociaux vécus par les travailleurs immigrés que du féminisme. Les préoccupations sociales ont été longtemps le fait du réalisateur Denys Arcand, bon observateur de la société québécoise, qui raconte par exemple, dans *Réjeanne Padovani* (1973), une sombre histoire de crime commis par un riche industriel au moment où se construit l'autoroute Ville-Marie à Montréal. Mais son grand succès, qui est aussi celui du cinéma québécois tout entier dans les années 80, est le célèbre *Déclin de l'Empire américain* (1986) qui fait le constat de la mort du politique chez les intellectuels, dont le sexe est devenu l'unique préoccupation. Le film doit une bonne part de son succès à un humour ravageur, qui éclate dans le personnage fantasmatique de brute érotique joué par Gabriel Arcand, frère du réalisateur. Le cinéma québécois continue à faire preuve d'une belle vitalité, grâce à des personnalités dynamiques et multiformes comme Denise Filiatrault qui, en 1998, réalise *C't à ton tour Laura Cadieux* d'après le roman de Michel Tremblay.

Suisse

Le cinéma suisse se développe à peu près dans les mêmes années et se fait remarquer par ses qualités novatrices dans la décennie 1970. On peut considérer comme son père fondateur Henri Brandt qui, dans les années 50, fit surtout un cinéma ethnologique, mais qui consacre aussi des courts métrages à son propre pays sous le titre *La Suisse s'interroge* (1964) et incite par là des jeunes cinéastes à créer l'Association suisse des réalisateurs de films. On y trouve la plupart des grands noms qui vont s'illustrer dans les années 70: Alain Tanner, Claude Goretta, etc. En 1969, A.Tanner obtient le Grand Prix du Festival de Locarno pour *Charles mort ou vif*, un véritable manifeste avec l'admirable François Simon dans le rôle d'un industriel de Genève gagné par la clochardisation. C'est le début du nouveau cinéma suisse, dont les tendances se confirment avec *La Salamandre* (1971), du même Tanner, portrait de la fille-mère Rosemonde en être exceptionnellement libre. Viennent ensuite *Les Arpenteurs* de Michel Soutter, présenté à Cannes en 1972, sorte d'avertissement

poétique sur les menaces inhérentes à la transformation contemporaine du monde par l'industrie. En 1973, *L'Invitation* de Claude Goretta reçoit le Prix Spécial du Jury au Festival de Cannes, tandis que l'entrée dans le temps des désillusions est signifiée par un nouveau film d'Alain Tanner, *Jonas qui aura vingt-cinq ans en l'an 2000* (1976). Ce ton désabusé est aussi celui du film de Patricia Moraz, *Les Indiens sont encore loin* (1977), où l'on peut voir de la part de l'héroïne une sorte de rejet d'un monde devenu stérile et froid, de manière comparable à ce qui se passait pour Charles, le héros d'Alain Tanner. Cette superbe série de films continue jusqu'au cœur des années 80, mais l'on peut voir un symbole dans le fait que malgré le succès de ses *Petites fugues* (1979), Yves Yersin abandonne alors le cinéma. Comme si les cinéastes suisses avaient fini leur œuvre, comme si le cinéma était devenu un art du passé relevant de l'histoire, comme si l'unique pourvoyeuse d'images était désormais la télévision. C'est d'ailleurs, semble-t-il, ce que pense Jean-Luc Godard.

LES CINÉMAS FRANCOPHONES

Pour s'en tenir à quelques constats concernant les cinémas francophones, il est peut-être utile de distinguer ceux du Nord (Belgique, Québec, Suisse) de ceux du Sud (Maghreb, Afrique). Des premiers, on notera la place importante qu'ils accordent au documentaire, anthropologique ou social. Il semblerait que leur position périphérique par rapport à la France elle-même les rende plus sensibles à diverses formes de marginalisation. Le développement du cinéma féministe relève de la même sensibilité. Au Sud, les préoccupations portent davantage sur les processus propres à assurer le bon fonctionnement d'une société et sur les obstacles qui s'y opposent. Dans tous les cas, ce cinéma joue à la fois un rôle critique (de ce fait informatif) et un rôle créatif par la volonté d'inventorier ses ressources originales.

Indications bibliographiques

Maghreb et Afrique

BRAHIMI Denise, *Cinémas d'Afrique francophone et du Maghreb*, Paris, Nathan, 1997.
Dictionnaire du cinéma africain, Association des trois mondes, éd. Karthala, 1991.
Dictionnaire des cinéastes maghrébins, éd. ATM (Association des trois mondes), 1996.

Belgique

Itinéraires du cinéma de Belgique des origines à nos jours, Bruxelles, Revue belge du cinéma, 1983.
QUÉVAL Jean, *Henri Storck ou la traversée du cinéma*, Bruxelles, Festival national du film belge, 1976.

Québec

COULOMBE Michel et JEAN Marcel, *Le Dictionnaire du cinéma québécois*, Montréal, Boréal, 1991.
GAREL Sylvain et PAQUOT André (sous la direction de), *Les Cinémas du Canada*, Centre Georges Pompidou, 1992.
LEVER Yves, *Histoire générale du cinéma au Québec*, Montréal, Boréal, 1988.

Suisse

BUACHE Freddy, *Trente ans de cinéma suisse 1965-1995*, Centre Georges-Pompidou, 1995.
BUACHE Freddy, *Le Cinéma suisse 1898-1998*, Lausanne, L'Âge d'homme, 1999.

ENTREVUE IMAGINAIRE AVEC FRANCIS POULENC

Dominique BIHOREAU

L'AFI – Nous célébrons le 100ᵉ anniversaire de votre naissance, le 7 janvier 1899 à Paris. N'avez-vous pas le sentiment que l'enregistrement à cette occasion de l'intégrale de vos œuvres, les émissions qui vous sont consacrées sur France Musique, la retransmission à la télévision de votre opéra *Les Dialogues des Carmélites* constituent en quelque sorte une réhabilitation, après les reproches qu'on vous a souvent faits de votre vivant, de composer de la musique de cirque et de bastringue?

F. P. – J'ai fréquenté très jeune les music-halls. Une fois même, c'est en revendant sur les quais un recueil de sonates de Beethoven que je me suis procuré l'argent de l'entrée pour applaudir Mistinguett aux Folies-Bergères. Une œuvre comme *Les Mamelles de Tirésias*, que vous venez de reprendre à l'Opéra comique à Paris dans une fort bonne mise en scène, porte les traces très nettes de ce goût si vif que j'ai toujours gardé pour la chanson. Je ne me lassais pas d'écouter la charmante Mireille chantant *Couchés dans le foin avec le ciel pour témoin*. Qu'il s'agisse de grande musique ou de chansons, l'instinct mélodique m'a toujours semblé le don le plus précieux pour un musicien.

L'AFI – Si j'ai bien compté, vous avez composé 152 mélodies pour chant et piano, ce qui représente une part importante de votre œuvre. D'où vous vient cet intérêt pour cette forme musicale?

F. P. – Il faut remonter à Gounod pour trouver le créateur de la mélodie française. Si vous aviez entendu Mme Geori Boué chanter l'air des Bijoux dans *Faust*! J'adore cet air-là et tant pis si Hergé l'a ridiculisé à jamais avec son personnage de la Castafiore. Gounod, en mettant en musique Lamartine, Hugo, Musset, a forcé la culture du public français. Fauré et Debussy ont suivi, dans un tout autre style, bien sûr. Je pense, pour ma part, avoir bien servi la poésie française de mon temps. J'ai écrit quelque part que si l'on mettait sur ma tombe: "Ci-gît Francis Poulenc, le musicien d'Apollinaire et d'Éluard", ce serait mon plus beau titre de gloire. Faites-moi penser d'aller vérifier si ça a bien été fait.

L'AFI – Pensez-vous qu'on puisse parler à votre sujet de classicisme à la française?

F. P. – Le terme de classicisme est d'un emploi délicat. Un excellent ami, Henri Hell, a publié en 1958 ma biographie qu'il intitula: *Francis Poulenc, musicien français*. Huit ans plus tôt, lors de la création de mon concerto pour piano et orchestre, il en avait surtout loué l'intelligence. Il n'y a pas d'appréciation qui me touche davantage et, dans le cas en particulier de cette œuvre, j'avais réalisé exactement ce que j'avais voulu faire. Cette lucidité, cette mesure, c'est sans doute ce qu'on peut qualifier de français, mais cela a été pris pour de la mesquinerie; il est si difficile, voyez-vous, de faire comprendre aux gens que les Watteau sont de grands tableaux.

L'AFI – Vous paraissiez ne pas trop aimer la musique sérielle et l'école de Vienne.

F. P. – J'ai dit, lors d'une émission radiophonique, que Schoenberg était un chercheur prodigieux, Berg un génie parfait et Webern un miraculeux alchimiste. Il me semble que ce sont plutôt des éloges. D'ailleurs, un jour, dans un salon, une redoutable mélomane s'est étonnée vivement de mon admiration pour le *Wozzeck* de Berg. Je me suis un peu énervé, ce qui a amusé la galerie, mais je me suis excusé le lendemain par téléphone auprès de la maîtresse de maison. En revanche, j'estimais que si le dodécaphonisme devenait un dogme – on devrait plutôt dire un poncif –, les jeunes générations qui s'y soumettaient, d'ailleurs à retardement, ne produisaient plus en réalité que des vieilleries. Notez que si l'on était "dodécaca" de naissance, c'était parfait, mais si l'on se servait, dans les années 50, des douze tons uniquement pour être de son temps, alors m...! je ne marchais plus. J'ai toujours continué à écrire *do mi sol do* et je n'approuvais pas Stravinski qui, en flirtant avec les douze tons, se mettait des chapeaux trop jeunes pour son âge.

L'AFI – Cela ne vous a pas empêché de toujours manifester une profonde admiration pour Pierre Boulez.

F. P. – En effet, bien qu'estimant l'écriture sérielle plus proche du tempérament germanique que du nôtre, j'ai applaudi franchement aux recherches d'un musicien de l'intelligence et de la trempe de Pierre Boulez. J'ai assisté, le 21 mars 1956, à la première audition parisienne du *Marteau sans maître* sur un texte de René Char, que j'ai salué comme remarquable, et ai toujours suivi avec assiduité les concerts du Domaine musical qu'il avait fondé en 1954.

En somme, ce que je détestais, c'était le "suivisme". Tout en reconnaissant que l'influence est une chose nécessaire, moi-même, si j'adorais Debusssy, si j'aimais Ravel, – tout en lui préférant parfois Albert Roussel –, je n'aurais jamais voulu vivre dans leur sillage. L'envie me démangeait de donner comme sous-titre à mon *Histoire de Babar*, pour piano et récitant, *Dix-huit Coups d'œil sur la queue d'un jeune éléphant*, en écho à l'œuvre d'Olivier Messian *Vingt Regards sur l'enfant Jésus*. C'était très irrévérencieux, il ne faudra pas le répéter.

L'AFI – Quel regard portez-vous de l'au-delà sur votre vie et votre œuvre ici-bas?

F. P. – Claude Rostand a employé à mon sujet une formule qui a fait recette: il y avait en moi, selon lui, à la fois un moine et un voyou. En tant que compositeur, j'étais, disait-il, aussi bien un "musicien aimable, divertissant, souriant, impertinent voire inconvenant" que "sévère, grave, qui n'avait pas honte de son émotion et atteignait à la grandeur". Il est exact que lorsque je travaillais à mon *Stabat mater*, une fois passée ma robe de bure, je m'y sentais tout à fait à l'aise, comme un poisson dans l'eau. J'ai été aussi sincère dans ma foi chrétienne – sans hurlements messianiques – que dans ma sexualité parisienne. Quand j'ai composé mon opéra *Les Dialogues des Carmélites*, j'étais porté par un enthousiasme qui avait peut-être quelque chose de surnaturel. Saviez-vous que le père supérieur des Carmélites de Dallas m'a informé que tous les religieux de l'Ordre, pères, sœurs et frères, avaient commencé une neuvaine de prière et de pénitence pour demander à l'Esprit saint de m'aider à mener à bien mon ouvrage de glorification des bienheureuses martyres de Compiègne? Je ne doute pas que ce me fut d'un grand secours quand j'ai franchi le pas fatal qui m'a amené ici.

Cette entrevue imaginaire
a été réalisée à partir des ouvrages suivants:

POULENC Francis, *À bâtons rompus*, écrits radiophoniques, présentés et annotés par Lucie Kayas, Actes Sud.

POULENC Francis, *Journal de mes mélodies*, notes établies par Renaud Machart, Cicero, 1964.

POULENC Francis, *Correspondance 1910-1963*, présentée et annotée par Myriam Chimènes, Fayard, 1994.

LA CHANSON DANS LA FRANCOPHONIE NORD-AMÉRICAINE

SELON ZACHARY RICHARD

En Louisiane, le véhicule de la culture, c'est la musique. Pendant longtemps, et encore aujourd'hui d'une certaine façon, la culture cadienne a été dénigrée; la génération de nos parents a, en quelque sorte, tourné le dos à cette tradition, à cet héritage dont fait partie la langue française.

Mais certaines vérités s'expriment en français et ne pourraient jamais être abordées en anglais, tout simplement parce que l'expérience de francophone d'Amérique ne se traduit pas en anglais. Il est cependant important de s'ouvrir à toutes les influences, car c'est le métissage qui est intéressant. Il faut recréer de nouvelles choses en permanence, et donc, la francophonie, toujours en restant fidèle à elle-même, doit ne pas exclure les influences qui viennent d'ailleurs: le rap en est une parfaite preuve. La chanson francophone peut être associée à une revendication, à une révolte même; parce que parler français, en Louisiane en

particulier, et aussi en Amérique en général, n'est pas en soi une histoire de culture, mais plutôt une question d'engagement. Il faut en effet vraiment vouloir parler français pour se confronter ainsi à la réalité socio-économique qu'est celle du continent nord-américain. Et la chanson là-dedans occupe une place importante car elle est un point de ralliement, un emblème, un flambeau. Elle est le drapeau de la culture, qui touche davantage de gens que la littérature parce que beaucoup plus portable et beaucoup plus immédiate. En ce sens, la chanson est fondamentale pour la francophonie.

On ne peut toutefois pas construire une frontière autour de la francophonie sous prétexte qu'une influence vienne, par exemple, des États-Unis: ce serait trop bête. Il faut tout simplement s'ouvrir et adapter toutes ces influences, afin que le résultat, au bout du compte, nous ressemble.

Propos recueillis et mis en texte par G. Duquet

Acadie/Kosovo: le Grand Dérangement
Zachary Richard

Il n'est pas difficile de faire un parallèle entre le Grand Dérangement de 1755 et la situation actuelle du Kosovo. C'est le déracinement d'un peuple, sur des bases ethniques, appliqué avec brutalité.

Ce qui s'est passé en Acadie, au XVIIIᵉ siècle, c'est l'expulsion d'un peuple catholique français par des anglo-protestants qui croyaient que ces gens, différents d'eux, ne pourraient jamais faire partie de la société au sens où ils la définissaient. C'est la même chose qui se produit aujourd'hui: le nettoyage ethnique est aussi brutal.

Je ne prends pas la part des uns ou des autres dans le conflit qui opposent les Serbes aux Albanais; car c'est l'intolérance et la haine, c'est la combinaison vraiment désastreuse du pouvoir militaire et de l'intolérance qui, poussée à un tel degré, a des conséquences extrêmement catastrophiques sur un peuple. En effet, sans la déportation des Acadiens, les démographes estiment que la population acadienne aujourd'hui serait d'environ 7 millions, c'est-à-dire qu'il y aurait autant d'Acadiens que de Québécois.

Quand je vois ce qui passe avec les réfugiés kosovars, qui se font expédier un peu partout, ça paraît très évident que c'est le même sort que celui qui a été réservé aux Acadiens: une fois qu'ils étaient déportés, il y en avait vraiment partout; c'était une vraie diaspora, ils étaient jetés au vent et se sont retrouvés aux 4 coins de la planète. Ensuite, tout ce qu'ils voulaient, c'était se réunir. Aussi le plus grand espoir des réfugiés kosovars sera-t-il de rejoindre leurs familles et de reconstruire la société, telle qu'elle était avant l'expulsion. Enfin... c'est l'histoire des Acadiens.

ATTENTION,
LE MASCARET NE SIFFLE PAS

Alain-Martin RICHARD
Commissaire invité au Symposium

En marge du VIIIe Sommet de la Francophonie, l'Association acadienne des artistes professionnels du Nouveau-Brunswick a organisé le premier Symposium d'art actuel des Maritimes. L'événement a porté sur le terrain de l'art les préoccupations du monde francophone en ce début de millénaire: le poids de la francophonie dans le concert mondial, la place de la jeunesse dans les modulations géopolitiques actuelles, le mixage généralisé des cultures et des peuples.

Sous le thème du *Mascaret*, dix-sept artistes du Canada (Manitoba, Ontario, Québec, Nouveau-Brunswick), du Burkina Faso, du Sénégal, d'Haïti, de Belgique et de France ont réalisé des sculptures permanentes, réparties ensuite dans quatre villes du Nouveau-Brunswick, ou des projets d'ordre environnemental plus éphémères qui se sont évanouis dans le décor. Simul-

tanément, le volet *déferlement* occupait le reste de l'espace urbain par des performances et actions de rues quotidiennes, des soirées de poésie et de musique du monde.

Lorsque les ondes de marée montante s'engouffrent dans des goulots d'étranglement, elles acquièrent une telle force qu'elles remontent dans les fleuves côtiers sur plusieurs kilomètres. Ces ondes de marée, nommées mascarets, progressent vers l'amont jusqu'à 16 kilomètres à l'heure.

Le *mascaret* de Moncton a été retenu comme thématique du Symposium pour sa grande puissance métaphorique. Au moment où l'eau salée rencontre l'eau douce et que le courant change de direction, s'installe une zone chaotique d'hybridation et de mixité. Ce *mascaret linguistique* fait écho au mascaret culturel que constitue la francophonie. Dans un cas comme dans l'autre, il n'y a pas de pureté, mais plutôt un monde en mutation qui se réinvente.

Ainsi, les artistes ont travaillé terre, pierre, bois, métal, matériaux organiques, appareils électroniques, objets usuels dans une volonté commune de transformer la cité en un atelier d'art ouvert sur l'espace public.

Ce fut une grande fête de la création où ont été mixés le nord et le sud, l'est et l'ouest, les pratiques traditionnelles et les nouveaux médias, les sculptures permanentes et les œuvres éphémères s'absorbant dans la nature, où les arbres d'Abidjan et de Moncton ont vibré au même vent porté par la fibre optique, où le mouvement du mascaret a été transformé en musique au rythme du flux et du reflux, où les berges de la Petitcodiac ont développé un rapport nouveau entre la ville et la rivière, porteuse d'une histoire ancienne et d'un avenir à inventer.

Portail de toile descendant dans le courant, bas-reliefs de rejets marins illuminés dans la nuit, muret textuel, ondes de marée transposées dans des coques de bateaux renversées, boîtes inclinées et bourrées des outils du nomade ou du fugitif, tous les projets proposaient une lecture circonstancielle de l'état du monde, été 1999.

Au-delà d'une simple rencontre internationale, le Symposium de Moncton aura concrétisé une certaine intuition de ce que pourrait produire une hybridation des forces vives qui font l'art d'aujourd'hui. Ce que le forum et les tables rondes ont permis de mettre en perspective, selon le double point de vue de la création et des conditions de réalisation de l'art au moment où celui-ci n'est plus seulement un objet de commerce, mais une certaine façon de vivre.

Symposium d'art actuel
Moncton 1999

BELGIQUE, AVEC UN B COMME DANS "BANDE DESSINÉE"

Francis MATHYS
Journaliste à *La Libre Belgique*

Dans un domaine culturel, au moins, la Belgique a fait mentir l'adage "Nul n'est prophète en son pays". Si elle n'est évidemment pas la terre natale du Neuvième art (sans pour autant que l'on remonte aux fresques de Lascaux, ou à la Tapisserie de la Reine Mathilde, conservée à Bayeux, souvent présentée comme l'ancêtre du genre), la Belgique fut, pendant des décennies, le laboratoire, l'atelier principal de la Bande dessinée en Europe. Ce centre s'est aujourd'hui déplacé, morcelé, au point qu'à la veille de l'an 2000 (qui voit aussi la BD s'essouffler au niveau de son inspiration), il n'est plus un pays ou une ville en Europe qui aimante spectaculairement auteurs ou éditeurs d'un art qui associe graphisme et écriture.

Narration graphique. Sans doute sont-ce les termes qui définissent le mieux cette forme de récit visuel, apparemment "muet", alors qu'à l'égal d'un film, une BD "s'écoute" "les textes des bulles" les "phylactères" étant appelés à jouer le rôle du dialogue, voire de la musique.

Impossible, dans le cadre d'un article aussi bref que celui-ci, de résumer l'histoire de la BD en Belgique. On sait, d'expérience, que les auteurs cités dans un tel exercice périlleux se félicitent d'être mentionnés, mais regrettent de ne l'être qu'aussi furtivement; quant aux oubliés, c'est peu d'écrire qu'ils vous maudissent ou vous méprisent! A nos risques et périls, contentons-nous

©Dupuis 1999

donc d'un survol... supersonique, d'une énumération de quelques noms, dates et œuvres qui concoururent à l'établissement d'une flatteuse réputation, reconnue intercontinentalement. On n'exagère pas en affirmant, par exemple, qu'avec Magritte et Simenon, Paul Delvaux et Jacques Brel, Hergé est l'un des artistes belges les plus célèbres du XXe siècle: le monde entier connaît la silhouette de Tintin et Milou; quant au visage de cet homme discret, Andy Warhol s'est chargé de le faire connaître, via un portrait sérigraphié reproduit à l'infini dans des livres ou des journaux.

Hergé! Tout, dans le prodigieux parcours de la Bande dessinée belge, part de lui, et ramène à lui. Graphiquement, sans doute, n'a-t-il guère été un novateur, chacun (lui, d'abord) reconnut l'influence exercée par le Pinchon de "Becassine" et les "Zig et Puce" d'Alain Saint-Ogan; l'un et l'autre furent les maîtres de Hergé. Mais son génie fut de créer un monde romanesque, animé par des personnages extrêmement typés, dans des romans d'une étonnant solidité de construction. Des récits où l'aventure et l'humour forment un couple inséparable, indestructible. Des récits dont la clarté graphique et narrative assura le succès: se vouloir accessible à tous, privilégier la précision dans les décors et, surtout, enflammer l'imagination des lecteurs de sept à septante-sept ans: tel fut l'objectif d'Hergé. Des romans plus belges que nature et qui peuvent cependant être lus partout de par le monde.

Ces objectifs furent magistralement atteints par un auteur (dont Pierre Assouline fut l'un des impressionnants biographes, il y a quelques années) qui fit connaître à des centaines de millions de lecteurs ce qu'hier furent l'Amérique et le Congo, la Chine et l'Arabie, l'Écosse et le Tibet, Moulinsart et la Syldavie. Sans oublier la Lune, dont Tintin foula le sol à l'aube des années 50.

C'est en janvier 1929, dans *Le Petit Vingtième*, journal catholique belge, qu'apparut Tintin. Soixante-dix ans plus tard, sa célébrité n'a pas pris une ride, ses albums se sont vendus par tonnes d'exemplaires. Ils sont traduits presque dans toutes les langues. Et les dessins animés s'inspirant des albums de Tintin n'ont jamais fait la moindre ombre au charme indéfinissable des dits albums, qui se laissent relire et relire encore, alors même qu'on les connaît par cœur. Le bonheur qu'ils procurent est sans cesse renouvelé, mystérieusement.

Tintin fut aussi davantage que *Tintin*: en effet, dès septembre 1946, le personnage prêta son nom à un hebdomadaire qui, pendant ses quinze premières années, remportera un fantastique succès. Non seulement parce qu'il prépubliait les nouvelles aventures de Tintin (dont les légendaires *Objectif Lune* et *On a marché sur la Lune*) mais aussi parce qu'il révéla, dès ses débuts, quelques dessinateurs et scénaristes d'une qualité demeurée inégalée. Ce disant, nous songeons prioritairement au Paul Cuvelier des **Corentin Feldoë**, (scénarisés par le peintre-écrivain Jacques Van Melkebeke, personnalité "maudite" de la BD belge), au Jacques Martin d'**Alix** (dessinateur français qui fit toute sa carrière en Belgique, à l'instar de Tibet ou du Jean Graton des **Michel Vaillant**); mais surtout, aux aventures de deux des plus fascinants héros du Neuvième art belge: les **Blake et Mortimer** imaginés par Edgar Pierre Jacobs. Des œuvres comme *Le Secret de l'Espadon*, *Le Mystère de la grande pyramide*, et *La Marque jaune* furent accueillies, entre 1946 et 1954, comme d'authentiques du genre. Un demi-siècle plus tard, on les (re)découvre avec la même admiration qu'à l'époque; on les relit comme on relit les plus grands Hergé, qu'il s'agisse, outre *Objectif Lune* ou *On a marché sur la Lune*, du *Secret de la Licorne* et du *Trésor de Rackham le Rouge*, des *Sept boules de cristal* ou du *Temple du Soleil*. Des livres prodigieux.

Pépinière d'innombrables talents, l'hebdomadaire *Tintin* se développa en parallèle avec les Éditions du Lombard, toujours actives aujourd'hui. En cinquante ans, sous le label du Lombard, parurent des centaines d'albums, dont il est impossible de donner en seulement quelques lignes une idée, fût-elle approximative, de la richesse et de la diversité. Dieu merci, des historiens du genre ont écrit les "riches heures" de cette royale "écurie" éditoriale...

Si le nom de **Tintin** symbolise le succès de la BD belge à l'intérieur autant qu'à l'extérieur de nos frontières, il faut obligatoirement lui associer un autre personnage, qui devint également le héros-titre d'un hebdomadaire au succès colossal. C'est bien évidemment **Spirou**. Soit dit en passant, il n'est pas inutile d'observer qu'à de rares exceptions près (la plus fameuse étant la série-fleuve des **Bob et Bobette** de l'Anversois Willy Vandersteen), la Belgique néerlandophone n'apporta guère d'auteurs de premier plan à la BD; ce sont les éditions de **Kuifje** et de **Robbedoes** qui révélèrent hier aux jeunes Flamands les mille et un exploits des personnages des séries publiées dans *Tintin* et *Spirou*. Deux hebdos, deux maisons d'édition (Le Lombard et Dupuis),

©Dupuis 1999

deux écoles graphiques, deux sensibilités qui bénéficièrent d'une stimulante rivalité (pendant les années 40 à 70 à tout le moins). Pour **Tintin**, autour d'Hergé, on parla de "l'école de Bruxelles" (plus réaliste, marquée par "la ligne claire") et autour de Jijé (avec Franquin, Morris, Paape, Hubinon, Charlier, Will, Tillieux, Sirus, Peyo, etc.), de l'école dite "de Marcinelle".

C'est en avril 1938 qu'apparut **Spirou**, sous le crayon de Robert Velter: un jeune groom (tout le monde ne pouvait être reporter comme l'était Tintin!) qui sera dessiné, au fil des ans, par quelques grandes "pointures", principalement Jijé (Joseph Gillain) puis André Franquin. Un Franquin qui s'imposerait ultérieurement par la création de deux personnages atypiques : le Marsupilami, et surtout Gaston Lagaffe, prototype du contre-héros, il n'est donc pas – caractéristique bien belge – un "anti-héros" comme le furent les **Pieds Nickelés**, ou comme les grands "méchants" des histoires traditionnelles, façon Colonel Olrik dans les aventures de **Blake et Mortimer**.

C'est aussi au sein de *Spirou* qu'apparaîtront des séries-cultes comme **La Patrouille des Castors** dessinée par Mitacq, le **Timour** de Sirius, le **Gil Jourdan** de Maurice Tilllieux (adaptation d'un personnage, **Félix**, créé antérieurement dans l'audacieux hebdomadaire pour jeunes qu'était *Héroic-Albums*), le **Buck Danny** de Victor Hubinon et Jean-Michel Charlier (la plus mythique série militaire de l'histoire de la BD), la pulpeuse **Natacha** de François Walthéry, ou les **Johan et Pirlouit** de Peyo. Peyo, dont les Schtroumpfs connaîtront, grâce à la télévision, un succès planétaire dans les années 70-80, rivalisant même avec les créations à la Walt Disney.

Dans un moment "à cent à l'heure!" nous citerons des noms d'auteurs, pour montrer la richesse qui fut celle de l'équipe Dupuis sous la bannière de *Spirou*. Rappelons, cependant, que la presse quotidienne accueillit toujours des BD pour jeunes. Pour ne citer qu'un exemple, dès le début des années 50, *La Libre Belgique* publiait, dans son supplément pour enfants, les premières planches d'un jeune inconnu et de son non moins inconnu scénariste : Albert Uderzo et René Goscinny.

Ceux-là même qui, en 1959, dans *Pilote*, à Paris, lanceraient **Astérix**... Sans doute, sans les supports hebdomadaires que furent (dans des années d'âge d'or: 1946-1968) *Spirou* et *Tintin*, n'aurait-on pu imposer tant de personnages à la fascination d'un aussi large public. D'autres expériences, plus tard (comme le mensuel *À Suivre*, édité par Casterman), révéleront de nouveaux talents belges (nous songeons surtout à Comès pour Silence ou Eva) mais déjà c'était autre chose. Une autre époque...

Aujourd'hui (mis à part *Spirou*, qui mise pratiquement tout sur des séries d'humour), la disparition des supports de prépublication dessert les auteurs encore à la recherche d'un large public. Dommage!

Mais nous devons accélérer. Citons donc, à la va-vite, une litanie de noms, en espérant qu'ils éveilleront la curiosité. Ou raviveront d'heureux souvenirs. Ainsi, dans le gigantesque cortège de la BD belge, voyons nous défiler "en plus de ceux déjà évoqués" mille personnages qui méritent notre reconnaissance pour les heures si divertissantes, si captivantes (ou agaçantes) parfois, qu'ils nous firent ou nous font

vivre : les Jo et Zette de Hergé, le Docteur Poche et Jeannette Pointu de Marc Wasterlain, le Valhardi de Jijé, puis d'Eddy Paape, les Hassan et Kadour de Jacques Laudy, le Thyl Ulenspiegel de Willy Vandersteen, les Bidouille et Godasse d'Hislaire, et le Sambre de son homonyme Yslaire, l'Achille Talon de Greg, les Olivier Rameau et Colombe Tiredaile de Dany, les Bouldaldar et Colégram de Sirius, les Pom et Teddy de François Craenhals, le Chat de Philippe Geluck, le Thorgal de Rosinski et Van Hamme, le XIII du même Jean Van Hamme et de William Vance, la Jessica Blandy de Renaud et Jean Dufaux, le Lucky Luke de Morris, le Cori le moussaillon de Bob De Moor et La Vache de Johan De Moor, la Chlorophylle de Raymond Macherot, les Saki et Zunie de René Hausman, les Blondin et Cirage de Jijé, le Cédric de Cauvin et Laudec, le Petit Spirou de Tome et Janry, le Ric Hochet de Tibet et André-Paul Duchâteau (l'un de nos plus prolifiques scénaristes, avec Charlier, Cauvin, Dufaux et Van Hamme), les Tif et Tondu et Isabelle de Will, le Jeremiah de Hermann, les protagonistes des *Cités obscures* (elles sont devenues mythiques) de François Schuiten et Benoît Peeters, la Jodelle et la Pravda du pop-artiste Guy Peellaert, le Monsieur Barelli de Bob De Moor, le P'tit Bout d'Chique de François Walthéry, le Taka Takata de Jo-El Azara, la Bessy de Willy Vandersteen (le fabuleux créateur du merveilleux Monsieur Lambique), le Max l'Explorateur de Guy Bara...

On s'en veut d'en oublier! Allons! Offrons-nous dix centimètres de rallonge: merci donc aussi, au Dan Cooper d'Albert Weinberg, à la Yoko Tsuno de Roger Leloup, à la Tendre Violette de Jean-Claude Servais, au Chevalier Ardent de François Craenhals, au Jess Long d'Arthur Piroton, au Charly de Magda et Lapière, au Carland Cross d'Olivier Grenson et Michel Oleffe, ou à l'Aria de Michel Weyland, parmi tant d'autres! Que de richesses dans notre Neuvième art! Et si vous passez par Bruxelles, ne manquez surtout pas de visiter le Centre belge de la Bande dessinée (20, rue des Sables) à trois minutes de la Grand-Place. Un trésor, inscrit dans un joyau d'Art Nouveau... Le bâtiment étant une œuvre de l'illustre architecte Victor Horta (tous les jours, de 10 à 18h, sauf les lundis).

SCIENCE, ÉDUCATION ET TECHNOLOGIE

PHLÉBOLOGIE ET FRANCOPHONIE

Dr Pierre WALLOIS
Président d'honneur de l'Union internationale de phlébologie

L'article que Pierre Wallois a bien voulu nous confier est une précieuse contribution à la réflexion indispensable sur la situation de la langue française dans les sciences.

On peut dire de la phlébologie qu'elle est une invention française. C'est le Français Raymond Tournay qui a, le premier, constitué, à partir de 1928, le corpus de connaissances qui a défini cette spécialité. Ce corpus a naturellement été structuré à partir de travaux épars réalisés dans plusieurs pays, notamment en Allemagne et aux États-Unis, par des médecins isolés, souvent autodidactes. Mais la France, grâce à l'initiative fondatrice du Dr Tournay, a joué un rôle pionnier dans la création de la phlébologie.

Dr Pierre WALLOIS

C'est en France qu'a été créée, en 1947, la première Société de phlébologie. Elle a très vite attiré de nombreux auditeurs étrangers qui ont ensuite créé et animé des sociétés-filles en Allemagne, au Bénélux, en Italie, puis au Canada, en Amérique latine, etc. Dès 1959, ces Sociétés se fédèrent dans une union internationale dont le siège est fixé à Paris et dont le français est la langue officielle. En 1960, le premier congrès de cette Union réunit à Chambéry 400 participants (dont 6 venus de Moscou, malgré la guerre froide). Les travaux de ce congrès se déroulent naturellement en français.

Les congrès suivants sont bilingues (français + langue du pays hôte): à Wiesbaden, Amsterdam, Lucerne, Milan, Buenos-Aires. À partir de 1975, l'adhésion de la Société britannique à l'Union introduit la langue anglaise dans les débats et les publications: les travaux relatés en français vont

Autour d'une équipe de quatre Français animée par le Dr Frédéric Vin, fonctionne à Paris une École européenne de phlébologie qui organise une formation annuelle, théorique (10 sessions de deux jours) et pratique (100 heures de stages).
La Société française reste à l'avant-garde de l'action en faveur d'un enseignement structuré de la phlébologie.

désormais être accompagnés de résumés en anglais. Mais le français reste la langue officielle des congrès de Copenhague en 1980, de Bruxelles en 1983, de Kyoto en 1986. Le congrès de Strasbourg, en 1989, est marqué par l'arrivée dans l'Union de deux sociétés des États-Unis. Leur présence et leur influence entraînent l'introduction de l'anglais dans les débats du Conseil d'administration de l'Union et celle de la traduction simultanée aux congrès de Londres en 1995 et de Sydney en 1998. Le français reste néanmoins la langue prédominante: il l'a été en 1992 à Montréal et le sera certainement à Rome en 2001.

Quelle est la situation linguistique de cette Union internationale 40 ans après sa création par des Français? Son siège social reste à Paris, son président, un Autrichien, s'exprime en français aussi bien qu'en anglais. Quelques Français, dans cette spécialité comme dans beaucoup d'autres, se piquent de s'exprimer en anglais, mais des Britanniques, des Américains, la plupart des Belges, des Suisses, des Espagnols, des Italiens, des Hollandais, des Latino-américains, des Québécois continuent de s'exprimer en français.

La Société française, avec 1800 membres (dont 250 hors de France), reste la plus importante, loin devant la Société des États-Unis (600 membres), la Société allemande (350 membres) ou argentine (250 membres). Sa revue est celle qui a le plus grand nombre de lecteurs. Chaque mois, son site Internet (www.phlebologie.com) reçoit plus d'un millier d'interrogations.

Au-delà de ces considérations linguistiques, la phlébologie francophone paraît avoir un lien avec une certaine approche. Il s'agit de maintenir par rapport à l'utilisation croissante des appareils, dont la puissance et l'efficacité sont évidemment incontestables, une certaine distance. Leurs résultats appellent confirmation par l'examen clinique, l'analyse anatomique, la palpation. Une approche plus humaine, en somme.

Qu'est-ce que la phlébologie?

Il existe deux grands systèmes veineux: le réseau veineux profond, situé au sein même des différents muscles, et le réseau veineux superficiel situé directement sous la peau. Plus précisément, c'est au réseau veineux superficiel des membres inférieurs que s'intéressent les phlébologues. Les pathologies en sont nombreuses et différentes, et les thérapeutiques développées vont de la prescription de médicaments veinotoniques à l'intervention chirurgicale, sans oublier la sclérothérapie.

Union internationale de phlébologie
46, rue Saint-Lambert – 75015 Paris (France)
Tél.: (33) 01 45 33 02 71 – Fax: (33) 01 42 50 75 16
phlebo@mail.cpod.fr

Prix Richelieu-Senghor 1999
Marie-Aimée RANDOT-SCHELL

Le 29 juin dernier, le prix Richelieu-Senghor 1999 a été remis au Dr **Tran Quang Loc** pour sa contribution en faveur de la francophonie au travers d'actions multiples, tant humanitaires que culturelles, depuis plus de dix ans.

Vietnamien, Tran Quang Loc, qui fit ses études secondaires au lycée français de Saïgon (Vietnam), poursuivit ses études de médecine à la faculté de Montpellier (France) et obtint la nationalité française en 1975.

S. E. Bernard Dorin, président du jury, a expliqué ce choix: "il était temps de porter notre regard sur l'Extrême-Orient, particulièrement le Vietnam qui a abrité le Sommet de la Francophonie il y a deux ans. Le soleil a du mal à briller à ces extrémités de la terre. Nous avons voulu récompenser le directeur du journal *Médecins du Vietnam* rédigé en français, destiné aux médecins d'origine vietnamienne, en France et dans le monde. Nous avons voulu récompenser aussi le créateur d'un centre socioculturel situé à Paris, dans le quartier asiatique, qui a pour objectif l'enseignement des langues (français, vietnamien, chinois...). On ne compte plus ses actions humanitaires au Vietnam. Nous avons voulu récompenser à la fois l'humaniste et le francophone."

François Cloutier, président du Cercle Richelieu-Senghor, a remercié madame Anne Magnant, délégué général de la Délégation générale à la langue française, qu'il considère comme la marraine de ce prix, pour son accueil chaleureux et pour sa participation au prix Richelieu-Senghor.

Anne Magnant a souligné combien elle était fière de contribuer à ce prix, et tout particulièrement cette année, puisqu'il allait servir à la fois la cause humanitaire et francophone au Vietnam. Elle a adressé ses félicitations au président du Cercle Richelieu-Senghor pour les activités de cette association, qui contribue à rendre la Francophonie vivante, et aux membres du jury pour le choix de cette personnalité si intéressante que représente le Dr Tran Quang Loc.

À son tour, ce dernier a remercié tous ceux qui lui ont permis d'obtenir ce prix. Il s'est empressé de souligner que cette somme sera consacrée entièrement aux enfants de Dalat, au nord du Vietnam, qui sont malades et sans ressources. Il indique que son association a pu bâtir et équiper 4 dispensaires dans cette région des hauts plateaux.

Si le Dr Tran Quang Loc est un homme discret, effacé, et dont la modestie l'honore, son dévouement à la cause humanitaire et culturelle le fait briller malgré lui.

En effet, son Association des médecins du Vietnam a permis à 5000 mutilés de guerre de bénéficier de fauteuils roulants, à 500 familles de mutilés graves (les Gueules cassées) d'être secourues, à des milliers d'enfants lépreux, sourds, aveugles et handicapés d'être soignés et l'Association a également aidé à la reconstruction de paillottes après le passage du typhon Linda, etc.

Le Dr Tran Quang Loc soigne les corps, mais aussi les âmes, en enseignant à lire et à écrire en français comme en vietnamien, en organisant des concours d'essai en vietnamien destinés aux jeunes et en créant récemment une collection sur la littérature vietnamienne.

Voici l'exemple même d'un homme qui œuvre pour une francophonie plurielle.

LES RAYONS X, RAYONS DE LA VIE

Marie-Aimée RANDOT-SCHELL

*L'Institut Curie présente jusqu'en 2000 une exposi-
tion exceptionnelle sur l'histoire des premières applications médicales des rayons X et de la radioactivité
de 1895 à 1930.*

Grâce aux rayons X, l'invisible devient visible. "La découverte d'une
nouvelle technique de diagnostic issue de la découverte de Wilhelm
Röntgen en 1895 débouche sur la radiologie. Grâce aux rayons X, comme
l'inconnue en mathématiques, le docteur X peut visualiser l'intérieur du corps",
commente Monique Bordry, conservateur du Musée Pierre-et-Marie-Curie.

Les premiers clichés datent de 1896. Des
services de radiologie sont installés dans
les hôpitaux dès 1897. Deux techniques
sont déjà envisagées: la radiographie permet d'obtenir une épreuve photographique, et la radioscopie offre la
possibilité de visualiser la partie radiographiée sur écran. La
découverte du radium par les
Curie va déboucher sur la
curithérapie qui permettra le
traitement du cancer de la
peau. Dès 1900, les rayonne-
ments du radium sont testés
pour soigner de nombreuses
maladies réfractaires aux traitements connus. La radiologie
et la radiothérapie vont révo-
lutionner la médecine.

**Une quinzaine d'espaces re-
constitués** en mobiliers, matériels et documents d'époque
provenant de musées et collections privées,
allant du cabinet de radiologie du Dr X au
laboratoire de recherche, en passant par la
petite boutique du radium et l'amphithéâtre
de Marie Curie, vous font pénétrer dans cet
univers abstrait qu'est la recherche, qui
devient concret au fur et à mesure de la
visite par les démonstrations et applications.
Installez-vous dans cet amphi, reconstitué
avec les éléments d'époque, où Marie Curie
et ses proches collaborateurs ont travaillé,
l'émotion est garantie. Les documentaires
d'époque permettent de mieux comprendre
le fonctionnement d'une voiture radiologi-
que. Marie Curie en a équipé 18, mais il y
en a eu des dizaines similaires. On les appelait "les petites Curie". Une est exposée

devant l'entrée du Musée. Durant la guerre
14-18, Marie Curie, aidée de sa fille, a sauvé
de nombreux soldats grâce à la radiologie.
D'autre part, les films d'information de
l'époque vous font toucher du doigt certains
épisodes clefs de la lutte contre
le cancer. Dès 1918, la Ligue
franco-anglo-américaine contre
le cancer voit le jour.

La petite boutique du radium
vaut le détour. Là sont exposés
la crème de beauté "Activa" radioactive, un engrais radioactif, la radia, un appât radioactif
qui attire le poisson comme
l'aimant, dit-on! Cet engouement pour le mot "radium" ou
"radioactif" constitue la
grande surprise de cette partie
de l'exposition. Il y a même des
torchons au radium pour faire
la vaisselle qui évitent les bles-
sures. Durant les Années folles, on se rue
sur l'eau radioactive qui soigne les maladies de peau. Elle est considérée comme
miraculeuse.

Cet engouement dura jusqu'en 1945, où les
deux bombes atomiques américaines détrui-
sirent Hiroshima et Nagasaki et firent entre
200 000 et 300 000 morts. Puis, plus récemment, Tchernobyl, dont on parle encore des
traces de radioactivité apparues en France
comme dans d'autres pays européens.
Aujourd'hui, la radioactivité fait peur.

Néanmoins, il faut lui reconnaître ses bienfaits,
notamment en matière thérapeutique.
Pour de nombreux cancéreux, les rayons
X sont réellement les rayons de la vie.

CLUB FRANÇAIS DE MICROSCOPIE

Marcel V. LOCQUIN
Président

Le Club français de microscopie, fondé le 8 juin 1998, a pour objet non seulement de susciter des vocations parmi les jeunes usagers du microscope en leur faisant connaître les multiples champs d'application de cet instrument, mais également de tenir les usagers professionnels au courant du développement des instruments et des différentes techniques.

Il promeut et fait découvrir la microscopie auprès des différents publics, jeunes, étudiants, adultes, notamment: en montrant comment utiliser un microscope et comment réaliser des préparations; en indiquant les différentes techniques utilisées (polarisation, contrastes de phase et interférentiel, stéréoscopie, photographie, etc.); en favorisant les relations et échanges entre ses membres; faisant connaître certaines applications récentes des microscopes tant photoniques qu'électroniques; en étudiant l'histoire du microscope et des instruments anciens.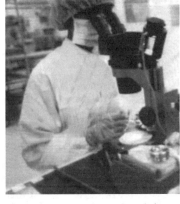

Le Club tient des réunions mensuelles, les unes sans thème particulier où les membres se retrouvent et discutent de sujets variés et d'autres, avec des thématiques précises mais sans périodicité fixe, comme par exemple les diatomées en février et les arthropodes en mars et avril 1999. Des visites de laboratoires universitaires et industriels sont organisées dans plusieurs villes, telles que Chambéry, Lyon, Mons, Orsay, Paris, Strasbourg, Versailles, etc.

Les membres animateurs sont des usagers confirmés du microscope et des techniques utilisées en microscopie. Ils sont au service des membres moins expérimentés pour les guider dans leur approche du monde de l'infiniment petit. Parmi ces membres animateurs, on peut citer: Calin Brancini (plancton d'eau douce); Yves Coineau (arthropodes); Bernard Coupel (matériel et documentation); Claude Dordonnat (diatomées); Pierre Girodet (diatomées, photographie au microscope); Jacques Guilbert (histoire du microscope); Daniel Jodelay (matériel); Claude Le Miere (réalisation de matériel); Marcel Locquin (optique, champignons et microfossiles); Gérard Wastiaux (minéralogie).

Le bulletin du Club, dont les trois premiers numéros de 1999 sont en préparation, contient des publications originales richement illustrées, des mises au point techniques, des présentations d'instruments, des descriptions de nouveaux accessoires, de nouvelles techniques, des comptes-rendus de projections de films, de diapositives, de visites de laboratoires, ainsi que la présentation de nos programmes d'activités.

FESTIVAL INTERNATIONAL DE LA MÉTÉO

Présenté sur le territoire de la Communauté urbaine de Québec du 14 au 18 avril 1999, le Festival, créé et organisé par François Fandeux, est un événement médiatique d'envergure internationale pour les présentateurs de bulletins météo et pour le grand public. Les changements climatiques ont été le thème de l'édition de cette année, qui marquait un développement spectaculaire: la première présentation de l'événement à l'extérieur de France. Plus de 100 chaînes et stations de télévision de 58 pays y étaient représentées.

Les changements climatiques ont été notamment abordés dans deux séries de conférences (l'une destinée aux professionnels, l'autre au grand public) ainsi que lors de la visite d'une quinzaine de classes d'élèves de la région de Québec, avec le concours de scientifiques d'Environnement Canada. Le Festival a atteint des millions de Canadiens à travers une couverture médiatique sans précédent. Deux kiosques sur les changements climatiques, au Musée de la civilisation et au Hangar du Vieux Port de Québec, ont permis à 10 000 visiteurs de s'informer davantage sur ces questions d'actualité.

Le Festival international de la Météo a vivement attiré l'attention des médias au Canada et à l'étranger. MétéoMédia et The Weather Network, à titre de réseaux hôtes, ont retransmis à chaque heure des émissions et des reportages à travers le pays. Plusieurs télédiffuseurs étrangers, ainsi que la presse écrite, ont également produit des reportages importants. "Les Météores", soirée de clôture et de remise de trophées, récompensait pour leur professionnalisme et leurs compétences les présentateurs météo les plus représentatifs pour l'année 1998-1999.

Résultats du festival international de la météo

1. Trophée du Festival: Évelyne Dhéliat (TF1 France)
2. Trophée de la Ville d'Issy-Les-Moulineaux: Karoly Vissy (MBC Hongrie)
3. Trophée de la Communauté urbaine de Québec: Philippe Jeanneret (TSR Suisse)
4. Prix des présentateurs: Steve Swiencowski (WLFL/TV États-Unis)
5. Prix des scientifiques: Luc Trullemans (RTL/TVI Belgique)
6. Prix des Médias: Frank Cavallaro (CFCF12 Canada)
7. Prix du reportage Météo et Environnement: Jocelyne Blouin (SRC Canada)
8. Prix spécial du comité: Aziz Diop (RTS Sénégal)
9. Prix des radios francophones: Denis Collard (RTBF Belgique)
Trophée créé par le sculpteur québécois Éric Lapointe

Informations et correspondance:
Fond Bleu Communication a/s IBL
11, Bis Rue de Moscou – 75008 Paris – FRANCE
Tél.: 33 (0) 1 46 38 71 21 – Fax: 33 (0) 1 46 38 71 33
http://www.weatherfestivalmeteo.org

LE FONDS FRANCOPHONE DES INFOROUTES*

Monique PERROT-LANAUD

À peine mis en place, en juin 1998, le Fonds francophone des inforoutes, dont la création a été décidée au Sommet de Hanoi en 1997, a démontré qu'il était devenu indispensable. Dès les premiers appels à proposition, il a reçu pas moins de trois cents dossiers provenant de trente-cinq pays. Privilégiant les projets associant des partenaires de plusieurs pays ou qui bénéficient à toute la communauté francophone, le comité de sélection en a retenu quarante-cinq qui vont bénéficier d'un financement sur le budget de 1998.

En toute logique, la formation aux nouvelles techniques de communication est un investissement capital. A donc été retenu le projet de l'Institut des sciences et techniques de la communication d'Abidjan (Côte d'Ivoire) de créer le Centre africain de formation aux technologies de l'information et de la communication (CAFTIC), en partenariat avec la France et le Québec.

Le Sommet de Hanoi a désigné les jeunes comme une cible prioritaire. L'association suisse Ynternet.org, avec ses partenaires arméniens, béninois, français et sénégalais, va installer dix centres pour former des jeunes qui monteront eux-mêmes leur site Internet et en assureront la gestion. Présenté par une école belge en partenariat avec le Maroc et la Tunisie, *Leaweb* proposera aux enseignants et aux jeunes des activités de lecture et d'écriture sur Internet. Le Comité de solidarité Tiers-Monde, une ONG québécoise, qui anime déjà un réseau francophone pour le développement durable regroupant 150 établissements scolaires au Bénin, au Cameroun, à Haïti et au Maroc, va créer un journal électronique, *Interre-actif,* qui sera rédigé par les élèves.

Le développement d'un espace de coopération économique francophone est aussi une priorité: le Fonds des inforoutes contribue à la mise en place du projet pilote PlaNet francophone dont le but est de créer un système d'information pour favoriser le développement de la microfinance dans six pays: Bénin, Côte-d'Ivoire, Haïti, Madagascar, Roumanie et Vietnam.

Le site développé par Enda (Sénégal) reliera les différentes inforoutes africaines au féminin et proposera aux Africaines des formations aux techniques de la communication électronique.

Dans le domaine du développement, *Inter-Dev* est présenté par le GRET de Paris en partenariat avec le Burkina Faso, le Cambodge, le Cameroun, Madagascar et le Sénégal. Ce système d'informations pratiques sera développé sur Internet par les acteurs locaux dans la petite agriculture familiale, l'artisanat, les petites et moyennes entreprises et l'économie populaire. Citons aussi *Relief,* le réseau de liaison et d'échanges de l'information environnementale francophone basé au Québec avec des partenaires en Côte d'Ivoire et en France, qui développera la coopération.

Pour faciliter l'import-export en Afrique de l'Ouest, le Pôle de commerce du Sénégal, réalisé avec le Bénin, le Burkina Faso, le Cameroun et la Côte d'Ivoire, sera un centre télématique d'informations commerciales, de formation et d'assistance.

---

* Extrait du *Journal de l'Agence intergouvernementale de la Francophonie,* n° 8, déc. 1998.

**Comment fonctionne le Fonds francophone
pour le développement des inforoutes?**

Le Fonds francophone des inforoutes est composé de **trois instances:**

– Le comité des inforoutes est l'organe de décision dont sont membres des représentants des treize États et gouvernements qui participent au financement du fonds, ainsi qu'un représentant pour chaque grande région francophone et des opérateurs de la francophonie. Il est présidé par l'administrateur général de l'Agence.

– Le comité des experts francophones procède à la sélection des projets.

– Le gestionnaire du fonds est Pietre Sicuro.

Budget: pour 1998, le fonds a été doté de 40 millions de FF grâce aux contributions de 13 États et gouvernements: Bénin, Cameroun, Canada, Québec, Nouveau-Brunswick, Communauté française de Belgique, Côte d'Ivoire, France, Gabon, Liban, Monaco, Suisse, Sénégal.

http://www.francophonie.org/fonds

L'Agence de la Francophonie a déposé elle-même deux projets. Plate-forme d'échange d'informations de la presse francophone, *Francopresse* mettra à disposition des articles et des dossiers ainsi que des modules de formation pour initier les journalistes aux nouvelles technologies. Le site de l'Espace juridique francophone permettra d'accéder aux données juridiques officielles des États et de développer les programmes de coopération de l'Agence dans ce domaine.

Par ailleurs, les professionnels de la presse écrite et audiovisuelle pourront bénéficier du site de l'Union internationale des journalistes et de la presse de langue française, qui mettra en ligne des informations professionnelles et juridiques ainsi qu'un fonds documentaire. Pour les juristes, c'est le site de l'Association des Cours constitutionnelles ayant en partage l'usage du français et celui de Juris international, qui diffuseront des documents de droit du commerce international (Internet et cédéroms).

Le Fonds a financé d'autres projets dans les domaines suivants: cinéma, multimédia, création de didacticiels, informatique, recherche et développement en sciences et techniques, édition, publication des thèses et bibliothèques électroniques.

Découvrir Internet

Voici enfin le moyen de s'approprier Internet, en français, et de devenir un vrai internaute francophone!

Avec *Découvrir Internet*, vous apprendrez à envoyer et recevoir des courriers électroniques; à consulter les répertoires de recherche sur la Toile; à transférer des fichiers électroniques; à participer à des groupes de discussions; à trouver les réponses à toutes vos questions sur l'Internet; à participer au développement de l'espace francophone cybernétique.

Ce cédérom a été développé conjointement par la direction de la formation à distance et la direction déléguée aux technologies de l'information de l'Agence de la Francophonie – ACCT. Il est fourni gratuitement sur demande par l'école internationale de la Francophonie, 15, quai Louis XVIII, 33000 Bordeaux, France. Il est aussi disponible sur le site:

www.francophonie.org/découvrir

LIMOGES, À LA POINTE DE L'ACTION POUR LA FRANCOPHONIE

Jean A. SOUILLAT
Bibliothèque francophone multimédia de Limoges
Pôle francophone associé à la Bibliothèque Nationale de France

Les médias français ont largement couvert, en septembre dernier, les cérémonies d'inauguration du nouveau bâtiment de la *Bibliothèque francophone multimédia de Limoges*. Superbe réalisation due à l'architecte français Pierre Riboulet, cette structure à la pointe de la modernité traverse les siècles, reposant sur une mosaïque gallo-romaine de la ville d'Augustoritum découverte sur le site et s'appuyant sur l'ancien bâtiment de l'hôpital du XVIIe dont la façade est un monument historique classé.

Les deux bâtiments, l'ancien et le moderne, reliés par un "jardin d'hiver" à la fois luxuriant et reposant, représentent une surface de 15 000 m², mais l'espace, au lieu d'être labyrinthique comme parfois dans certaines bibliothèques, est ouvert et immédiatement compréhensible pour le public qui peut, d'un seul coup d'œil, embrasser trois niveaux.

Le succès de ce nouveau service public a d'ailleurs été immédiat puisqu'au cours de ses deux premiers mois de fonctionnement, il a accueilli 150 000 lecteurs et visiteurs, c'est-à-dire autant que toute la ville de Limoges et sa proche banlieue. Les inscriptions de lecteurs sont passées dans le même temps de 35 000 à plus de 55 000 et les rayonnages, malgré les 450 000 documents dont 250 000 proposés en accès direct au public, ont été vidés au-delà de toute attente.

L'appellation "**francophone**" de la bibliothèque vient de ce qu'elle a développé, au cours des quatre dernières années, un "pôle francophone" spécialisé en littératures d'expression française et en documentation sur la Francophonie, ses institutions et ses publications. Ce pôle spécifique offre d'ores et déjà une dizaine de milliers de références à la consultation des lecteurs et plus particulièrement des chercheurs spécialisés en francophonie. Parmi ses collections, nous retiendrons plus particulièrement:

– La collection de 1400 tapuscrits de théâtre francophone;

– La collection complète des cassettes de la série télévisée "Espace francophone";

– Le Fonds Bosquet, constitué des ouvrages personnels de la bibliothèque d'Alain Bosquet consacrés à la poésie québécoise;

– La collection "Mémoire sonore de la Francophonie", consistant pour l'instant en une cinquantaine d'enregistrements sur CD, d'entretiens avec des auteurs francophones présents au cours des différentes sessions du Festival international des francophonies en Limousin;

– Le fichier français de Beme (ou Legs Buhler) représentant, en plusieurs centaines de milliers de fiches soigneusement classées, toute une vie de recherche sur l'évolution des mots français de l'époque contemporaine dans les pays francophones;

– L'abonnement à 12 journaux de pays francophones, du Maghreb, du Machrek, de l'Afrique noire, d'Orient, etc., ainsi qu'à une quarantaine de revues spécialisées.

La richesse de ce pôle francophone, alimenté régulièrement par l'apport bénévole des 200 correspondants de *L'Observatoire mondial des Productions littéraires francophones* disséminés dans soixante-dix pays, lui a valu d'être reconnu comme "Pôle associé" de la Bibliothèque Nationale de France dans le domaine du théâtre francophone, mais ses richesses en littératures d'expression française ne se limitent évidemment pas au seul domaine du théâtre: plusieurs milliers de romans, de recueils de nouvelles ou de poésies viennent le compléter.

La nouvelle bibliothèque est aussi appelée "**multimédia**", car les documents sont présentés sous différents supports: papier, cassettes audio, cassettes vidéo et CD-ROM. Leur consultation est accessible par des écrans publics d'accès interactifs, ainsi qu'à distance par le minitel (3615 BMLIM).

Ces documents sont présentés sur deux serveurs: http://www.bm-limoges.fr pour la bibliothèque générale,et http://www.francophonie-limoges.com pour le fonds spécifiquement francophone, sur lequel il est possible de consulter les notices. Sur ce serveur sont également consultables des extraits numérisés des 1400 tapuscrits de théâtre francophone déjà mentionnés.

Grâce à ce serveur francophone et à la messagerie qui y est attachée, sera mis en place dans le courant de l'année 1999 un **service de prêt rapide** de documents pour les chercheurs qui en feront la demande: le prêt sera gratuit, l'acheminement sera payable d'avance par carte bancaire internationale et l'acheminement devrait pouvoir être garanti en moins d'une semaine. L'année 1999 sera une année test pour ce service exceptionnel qui devrait répondre à un besoin pressant de la part de nombreux chercheurs et universitaires des départements d'études francophones des universités du monde entier.

Si ce service fonctionne comme nous l'espérons, nous pourrons affirmer que Limoges se trouve bien à l'avant-garde de l'action en faveur de la francophonie et de ses littératures.

Quelques autres pôles spécialisés

– **Littératures et sciences humaines**, avec 45 000 documents en accès direct;
– **Sciences et techniques**, dont dépend également un atelier multimédia d'initiation à Internet et aux CD-ROM;
– **Arts**, avec 8000 vidéos et 10 000 CD, ainsi qu'une "artothèque" de plusieurs centaines d'oeuvres empruntables;
– **Jeunesse**, avec ouvrages, mobilier, logiciels d'accès spécialement adaptés à un public de jeunes de 4 à 16 ans;
– **Limousin et patrimoine**, pour regrouper toute la production littéraire et éditoriale passée et présente du Limousin.

JEUNESSE ET FRANCOPHONIE
COLLOQUE À LA SORBONNE

Marie-Aimée RANDOT-SCHELL

En mars 1999, au Grand Salon de la Sorbonne, le Cercle Richelieu Senghor a réuni 150 lycéens pour un colloque tenu à l'occasion de la Journée mondiale de la Francophonie.

Boutros Boutros-Ghali, Secrétaire général de l'Organisation internationale de la Francophonie, a donné le coup d'envoi par un discours d'ouverture adressé à ces jeunes venus des lycées Louis-le-Grand et Turquetil de Paris et Jules-Ferry de Versailles. Le Secrétaire général a notamment déclaré: "Les thèmes sur lesquels vous avez choisi de réfléchir et de travailler depuis quelques semaines sont au cœur même de cette Francophonie nouvelle, dynamique et moderne que nous voulons voir rayonner à l'aube du troisième millénaire. Le Sommet de Moncton doit être une ère dans laquelle la jeunesse passe à l'action."

Le dialogue s'est ensuite instauré entre les élèves et le Secrétaire général avec des questions axées sur les échanges entre pays, la démocratie non respectée dans certains pays francophones, l'état de la presse francophone dans le monde, etc.

La matinée fut très riche en débats, en échanges d'idées et de propositions avec les spécialistes de la Francophonie et de la Jeunesse présents, tels Liane Roy, responsable de la Coordination jeunesse à l'Agence de la Francophonie, Kidi Bebey, rédactrice en chef de *Planète Jeune*; Catherine Hocquinghen, directrice-adjointe des échanges de l'Office franco-québécois, Jérôme Baloge, président de Jeune francophonie, Kukjovi Johnson, président de l'Association internationale des jeunes francophones et Pierre d'Alcantara Zocli, président de Jeunes entreprises d'Afrique francophone. En fin de matinée, la synthèse des travaux fut faite devant François Cloutier, ancien ministre de l'Éducation et de la Culture du Québec, président du Cercle Richelieu Senghor.

L'après-midi a vu se succéder trois tables rondes consacrées aux espaces culturel, virtuel et économique francophones. Gilles Dugay, directeur du Centre culturel canadien, s'est exprimé sur l'importance de la Francophonie au Canada en la présence des Acadiens. Roger Dehaybe, administrateur général de l'Agence de la Francophonie, lance un appel: "L'Agence de la Francophonie est plus qu'à votre écoute, elle sollicite votre collaboration. Notre grande ambition doit être de mettre la Francophonie au cœur des jeunes, de mettre les jeunes au cœur de la Francophonie." Laurent Personne, directeur de Cabinet du secrétaire perpétuel de l'Académie française, a expliqué le rôle de l'Université Senghor d'Alexandrie, en tant qu'un des quatre opérateurs directs de la Francophonie.

Stélio Farandjis, secrétaire général du Haut Conseil de la Francophonie, a parlé des jeunes à la découverte d'un espace culturel singulier et pluriel dans la francophonie. Trinh Duc Dù, l'homme clef du Sommet de Hanoï, a fait comprendre l'importance des enjeux et conséquences économiques au lendemain du Sommet de Hanoï. Marcel Lauginie, président d'Actions pour le français des affaires, a témoigné de l'efficacité des Mots d'or au travers de la mercatique des affaires. Simon Caron, directeur de l'Institut francophone des nouvelles technologies de l'information et de la formation de l'Agence de la Francophonie, indique qu'il y a 147 millions d'internautes dans le monde – 5 fois plus qu'en 1997 – dont le tiers aux États-Unis, le quart au Canada et seulement 5% en France. Dominique Lamiche, directeur de la Communication à France-Télécom, nous apprend que trois jeunes Français sur quatre pensent qu'avec Internet, le monde va devenir meilleur. Michèle Jacobs nous a vanté les mérites de TV5 avec ses programmes interactifs faisant dialoguer quelques centaines de millions de personnes en français sur les cinq continents. Dominique Gallet, producteur du magazine *Espace francophone* nous a fait comprendre qu'au travers de la banque audiovisuelle francophone, c'est un patrimoine et un outil d'information et de formation qui s'offrent à tous ceux qui veulent en savoir plus. Valérie Senghor, responsable de la production du CD-Rom *Léopold Sedar Senghor, le poète président*, nous a propulsés dans le monde de la poésie. En mémoire à l'amitié qui liait les deux anciens élèves du lycée Louis-Le-Grand, Léopold Sedar Senghor et Georges Pompidou, le poème *Élégie pour Georges Pompidou* de Léopold Sedar Senghor fut déclamé par deux élèves de Terminale du lycée Louis-Le-Grand. Ce fut un grand moment d'émotion.

Charles Josselin, ministre délégué à la Coopération et à la Francophonie, a cédé à la spontanéité pour clôturer ce colloque, en expliquant aux jeunes les principes de base de la francophonie, la différence entre un État (Canada) et un gouvernement comme le Québec ou le Nouveau-Brunswick (provinces du Canada) et en insistant sur le fait que le Sommet de Moncton sera ciblé sur la jeunesse. "Il est essentiel, dit-il, que la francophonie ne soit pas vécue comme un souvenir mais comme un avenir. Et c'est vous qui pourrez le garantir." Le ministre a insisté sur le fait que la Francophonie devait être en phase avec la sensibilité de la jeunesse: "Il faut que la Francophonie serve les projets professionnels. Il faut que les jeunes puissent se dire: parler français sert à quelque chose dans le parcours professionnel. Nous essaierons de vous donner les moyens de faire vivre vos projets."

Actions en cours

Les élèves de terminale du lycée Louis-le-Grand, après une longue réflexion avec leur professeur de philosophie sur le thème "Langage et droit, base de la Communauté francophone", ont envisagé d'écrire un ouvrage à trois voix, impliquant deux autres établissements: l'école Polyvalente Mathieu-Martin de Moncton (Nouveau-Brunswick) et le lycée Van Vollenhoven à Dakar (Sénégal); quant aux élèves de première "L", ils ont décidé de collaborer avec le journal *Planète Jeune*.

Les élèves du lycée professionnel Turquetil forment des projets proches de la vie active: six bacheliers section "Vente" vont faire leur stage dans des entreprises québécoises grâce à l'Office franco-québécois pour la jeunesse; une mini-entreprise est en train de se créer avec la Côte d'Ivoire et le Vietnam dans le cadre de l'association Jeunes entreprises d'Afrique francophone; un réseau d'établissements de type professionnel dans les secteurs de la maroquinerie, vêtements de peau, est en train de se monter entre l'Europe, l'Asie, l'Afrique et l'Amérique du Nord, dans le but d'échanger les expériences de pratiques professionnelles et pédagogiques; un CD-Rom présentant les 4 établissements est à l'étude...

Au lycée Jules-Ferry, des élèves de première et de BTS organiseront des visioconférences entre les lycées du Québec, du Burkina Faso et du Luxembourg sur des thèmes qu'ils établiront dès la rentrée 1999-2000. Tout problème posé devra être suivi d'une action. Par exemple, lorsque les élèves réfléchiront sur la disparité des inforoutes Nord-Sud, tout sera mis en œuvre pour qu'un lycée du Sud soit sur Internet ou en visioconférence.

VIE INSTITUTIONNELLE ET ASSOCIATIVE

I – Organisation officielle de la Francophonie

Organisation internationale de la Francophonie (OIF)

Pierre PILARD

L'OIF est née de l'initiative des 49 chefs d'État et de gouvernement réunis au Sommet de Hanoi en 1997, qui ont tenu à rendre parfaitement claire la dimension politique de la Francophonie et de l'idée exprimée par **Boutros Boutros-Ghali**, Secrétaire général de l'OIF (voir *AFI 1999*, pp. 371-372) que "la Francophonie dépasse de beaucoup le partage d'une langue". L'OIF a ainsi vocation d'être une institution internationale à part entière, au même titre que les 16 grandes organisations (ONU, OUA, UNESCO, Commonwealth, Ligue des États arabes, etc.) auxquelles Boutros Boutros-Ghali l'avait présentée à l'occasion de la Journée mondiale de la Francophonie en 1998, pour signer ensuite des accords avec certaines d'entre elles. À la fin de 1998, l'assemblée générale des Nations unies a adopté que l'OIF participait dorénavant à ses sessions et à ses travaux en qualité d'observateur et la nouvelle organisation a par ailleurs ouvert trois bureaux diplomatiques, auprès de l'ONU (Genève et New York) et de l'Union européenne (Bruxelles).

Cette année, l'OIF a mené des missions d'assistance électorale avec le concours de l'APF à São Tomé e Príncipe, au Burkina Faso, en République centrafricaine, au Gabon, en Guinée. Elle a affiché sa volonté d'être au service de la paix lors de la Conférence des ministres francophones des Affaires étrangères, tenue à Bucarest en décembre 1998, et a suivi l'évolution de conflits comme ceux qui touchent le Cambodge, la région des Grands Lacs, le Burundi, les Comores et la Guinée-Bissau, où une aide a été envoyée dans le cadre des opérations de maintien de la paix. La guerre du Kosovo a naturellement suscité une réaction de l'OIF, qui a condamné les violences et violations commises dans cette partie du monde, et a exprimé sa solidarité à ceux de ses pays membres ou observateurs qui y sont impliqués (Albanie, Macédoine, Bulgarie, Roumanie). La Francophonie accorde également beaucoup d'attention à la justice internationale et a participé activement à la Conférence de Rome sur la création d'une Cour criminelle internationale.

L'action diplomatique de l'OIF s'attache aussi à la démocratisation des relations internationales et considère que celle-ci s'appuie sur la diversité des langues: "Parce qu'au-delà du danger d'uniformisation, nous risquons de voir se développer un réflexe de repli sur soi et l'exacerbation des nationalismes, des fanatismes, de l'intégrisme sous toutes ses formes. Nous devons par conséquent mener de front ce combat avec toutes les autres communautés linguistiques et culturelles, qu'il s'agisse des lusophones, des arabophones, des hispanophones et d'autres." En novembre 1998, un symposium a été organisé à Genève sur le thème du multilinguisme dans les organisations internationales et Boutros Boutros-Ghali a souligné à ce propos que la Francophonie, au-delà de la langue française, "défend plus largement le respect de la diversité linguistique et culturelle".

L'économie est une priorité que s'est donnée l'OIF en 1999. Boutros Boutros-Ghali rappelait que les membres de la Francophonie connaissent des situations très diverses, des plus pauvres et endettés de la planète au G7. La Francophonie regroupe par ailleurs des pays qui appartiennent à différents espaces régionaux: impliquée à la fois dans les processus de mondialisation et de régionalisation, elle permet aussi un dialogue entre le Nord et le Sud. Ainsi, en avril, l'OIF a réuni à Monaco la 1ère Conférence des ministres de l'Économie et des Finances des pays francophones sur le thème de l'investissement et du commerce, plus particulièrement du commerce électronique, qui peut ouvrir nombre de pays au marché mondial. Les ministres ont réfléchi au rôle de la coopération francophone dans la perspective de l'expiration prochaine de la convention de Lomé, qui lie 71 pays d'Afrique, de la Caraïbe et du Pacifique à l'Union européenne, et ont débattu de la réduction de la dette des pays francophones. Ils ont aussi accordé une grande place au rôle de l'entreprise et à ses relations avec l'environnement public, inscrivant cette conférence "à l'interface du politique, de l'économique et de l'entreprise".

Une autre priorité de l'OIF pour 1999 est la jeunesse. Du 18 au 24 mars, Boutros Boutros-Ghali a réuni à Genève 104 jeunes venus des 52 pays francophones (membres ou observateurs de la Francophonie) et sélectionnés par un jeu-concours. Ce **Grand Rassemblement de la jeunesse de la Francophonie** marquait la volonté, de la part des institutions, de mieux connaître et mieux comprendre le regard que posent les 18-25 ans sur le monde et sur leur situation: l'éducation, la formation, l'emploi, le développement, la guerre et les nouvelles technologies constituaient certains des thèmes abordés lors des débats. Ces représentants ont été ensuite reçus à Paris par Jacques Chirac, et Boutros Boutros-Ghali a promis de perpétuer "l'esprit de Genève" en rappelant aux chefs d'État et de gouvernement les aspirations exprimées lors de ces journées; il s'est enfin solennellement engagé à être le porte-parole de la jeunesse lors du Sommet de Moncton: "Ce Sommet ne doit pas être un sommet sur la jeunesse. Ce doit être le Sommet de la jeunesse."

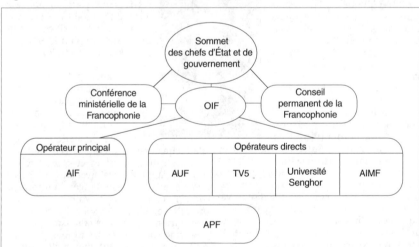

Pour mener à bien ses missions, l'OIF est entourée de six partenaires officiels, parmi lesquels l'Agence intergouvernementale de la Francophonie (AIF) joue le rôle d'opérateur principal. Quatre "opérateurs directs" représentent la société civile: l'Agence universitaire de la Francophonie (AUF), l'Université Senghor d'Alexandrie, l'Association internationale des maires et responsables des capitales et métropoles partiellement ou entièrement francophones (AIMF) et TV5. Enfin, l'OIF dispose d'un organe consultatif, l'Assemblée parlementaire de la Francophonie (APF).

OPÉRATEUR PRINCIPAL DE L'OIF

L'Agence intergouvernementale de la Francophonie (AIF)

Cet extrait d'un entretien avec M. Roger Dehaybe, administrateur général de l'AIF, présente la réforme de l'Agence de la Francophonie adoptée au cours de la XIIᵉ session de la conférence ministérielle de la Francophonie en décembre 1998.

Le paysage institutionnel de la Franco-phonie, qui a changé depuis le Sommet de Hanoï, a confirmé l'Agence dans son rôle d'opérateur intergouvernemental. La fonction politique n'est plus la sienne. L'Agence est donc désormais entièrement orientée vers les actions de terrain, qui requièrent rapidité, souplesse et capacité d'adaptation. Son statut de service public, qui la différencie des autres opérateurs de la Francophonie, pourrait être perçu par certains comme générateur de lourdeurs administratives et donc de lenteurs dans l'action. Pour ma part, je me refuse à croire que le service public est par essence moins efficace que le secteur associatif ou privé. Il y a là un défi à relever: faire la démonstration d'un service public efficace qui, avec la même rigueur, peut se doter de méthodes d'action aussi souples que celles dont disposent les autres opérateurs non gouvernementaux. [...]

Les besoins des États membres sont tellement criants et urgents qu'il nous fallait tout d'abord nous doter d'un outil qui nous permette de répondre à l'urgence, et donc d'agir vite. D'autre part, la coopération n'est plus seulement l'affaire d'une seule discipline au détriment d'autres. Sur le terrain, les dimensions se croisent: un projet n'est jamais uniquement éducatif, culturel ou économique. Il est généralement tout cela à la fois. Urgence et approche interdisciplinaire, voilà l'esprit de cette réforme. Pour ce faire, nous sommes intervenus à trois niveaux:

– La méthode de travail, en optant pour le travail d'équipe, plus adapté à l'interdisci-plinarité. Désormais, ce sont les projets qui dicteront la constitution des équipes de travail. La gestion "en râteau" qui remplace la gestion pyramidale me permettra, en tant qu'administrateur général, de constituer des équipes en fonction des dimensions de chaque projet.

– La gestion administrative et financière a été réformée pour assurer rapidité et rigueur. Nous avons donc adopté un nouveau règlement financier, qui répond à notre souci de pratiquer la transparence à l'interne et vis-à-vis des États et gouvernements membres, et avons réformé tout notre système informatique.

– Le statut du personnel a été révisé en concertation avec le comité du personnel, de manière à définir des règles claires et objectives en termes de perspectives de carrière. Ceci est primordial pour la motivation du personnel. Tout cela doit s'accompagner d'une information vers le grand public qui ne connaît pas suffisamment la Francophonie et reste peu informé sur les actions concrètes de coopération francophone. Un nouveau plan de communication a donc été mis au point pour que l'Agence parle non pas d'elle-même mais de ce qu'elle fait.

[...] La préparation de la réforme, qui a nécessité une grande mobilisation, ne nous a pas empêchés de continuer à travailler et d'obtenir des résultats. Sur le plan de la gestion, ainsi que je m'y suis engagé en février, j'ai fait en sorte que les frais de fonctionnement soient diminués au profit des programmes, un résultat que nous allons maintenir.

Quelques programmes

Durant l'année 1998, l'Agence a mis en œuvre un certain nombre de programmes majeurs. Dans le cadre du Plan d'urgence pour la relance du français dans les organisations internationales, la première session de la formation à la fonction publique internationale a été réalisée et la deuxième démarre en janvier 1999, tandis que le nouveau programme "Jeunes experts associés francophones" a été lancé. Le Programme d'aide à la presse écrite du Sud a été créé. Il vient d'octroyer des aides à une vingtaine d'organes de presse du Sud pour accéder aux nouvelles technologies de l'information. Afin d'améliorer le rendement du Fonds d'aide au manuel scolaire, l'Agence a défini une nouvelle politique qu'elle a commencé à développer dans trois pays d'Afrique en vue de favoriser le développement de capacités éditoriales dans les pays du Sud. Le Fonds francophone pour le développement des inforoutes a été mis en place. Dès cette année, il a octroyé des subventions à quarante-cinq projets, sélectionnés parmi trois cents dossiers reçus. Nous nous sommes aussi attelés à la préparation de la première Conférence des ministres de l'Économie et des Finances qui s'est tenue à Monaco en avril 1999.

L'École internationale de la Francophonie

[...] L'École internationale de la Francophonie posait des problèmes de cohérence. Le fait qu'elle soit éloignée du siège et qu'elle abrite un certain nombre de services relevant de directions générales basées à Paris nous posait des difficultés de gestion. D'autre part, les besoins du terrain ont évolué: les nouvelles technologies sont une réalité que l'Agence pratique depuis plusieurs années, que ce soit à travers la Direction des technologies de l'information, le Fonds des inforoutes ou encore la Direction de la formation à distance. Il devenait essentiel que la Francophonie se dote d'une institution qui s'attache prioritairement à l'utilisation de ces technologies dans l'acquisition du savoir. Ayant statut d'organe subsidiaire de l'Agence, cet institut disposera d'une certaine autonomie de gestion qui lui conférera de la souplesse, ce qui lui permettra d'être à l'écoute des besoins de l'ensemble des opérateurs de la Francophonie. La direction des programmes continue bien sûr à relever du siège. En devenant un instrument moderne au service d'une mission importante qui est la formation à distance, l'École de Bordeaux se trouve renforcée.

(*Le Journal de l'Agence intergouvernementale de la Francophonie*, n° 8, déc. 1998)

AIF

Objectifs

➤ Renforcer la communauté francophone par la coopération multilatérale.
➤ Organiser la concertation en rapport avec les conférences mondiales et les conférences ministérielles sectorielles.
➤ Agir comme opérateur principal du Sommet de la Francophonie.
➤ Renforcer la collaboration avec les autres opérateurs de la Francophonie, associations et OING francophones.

Historique

➤ 1969 1ère Conférence des pays partiellement ou entièrement de langue française (Niamey).
➤ 1970 Création à Niamey (Niger) de l'ACCT sous l'impulsion de H. Bourguiba, H. Diori et L. S. Senghor. À l'origine, 21 États membres; aujourd'hui, 47 États et gouvernements membres.
➤ 1983 Bureau régional de Lomé pour l'Afrique de l'Ouest. Suivent Libreville (1992) pour l'Afrique centrale et Hanoi (1994) pour l'Asie du Pacifique.
➤ 1991 Bureau de liaison à Genève (ONU). 1995: Bruxelles (Union européenne) et New York (Nations unies).

Publications

➤ *Le Journal de l'Agence intergouvernementale de la Francophonie* (mensuel).
➤ Actes des Sommets des chefs d'État et de gouvernement et des sessions de la Conférence ministérielle.
➤ Nombreuses productions par le biais du CIFDI et du BIEF, organes essentiels du réseau d'information de l'Agence.

http://agence.francophonie.org

LES OPÉRATEURS DIRECTS DE L'OIF

L'Agence universitaire francophone (AUF)

Pierre Alexandre

L'AUPELF-UREF a décidé, en avril 1998, de se transformer en AUF, dénomination plus conforme à la mission d'opérateur direct que lui attribue la Charte de la Francophonie adoptée par le Sommet de Hanoi. L'AUF n'en continuera pas moins à conduire son action selon deux modes complémentaires: en tant qu'association d'établissements d'enseignement supérieur et de recherche d'une part, en tant qu'opérateur de la Francophonie d'autre part.

L'association s'est renforcée depuis que des pays d'Europe centrale et orientale ont adhéré à la Francophonie. Ce renforcement est également dû au développement de l'enseignement supérieur dans les pays francophones d'Afrique subsaharienne, de l'océan Indien et du monde arabe. L'AUF regroupe aujourd'hui 396 institutions d'enseignement supérieur et de recherche dans 42 pays, ainsi que 330 membres associés (des départements d'études françaises ou francophones d'universités non francophones).

Avant chaque Sommet, l'AUF élabore une problématique qu'elle considère comme décisive pour l'avenir de la Francophonie.

Les Assises sur l'enseignement supérieur technologique et professionnel (Moncton, juin 1999), préparées par 6 séminaires régionaux, ont porté sur 6 thématiques: les mentalités, le partenariat entre société civile et monde universitaire, la demande des étudiants et la demande sociale, les filières professionnelles supérieures comme facteur de promotion et d'insertion sociale, les nouvelles technologies et les nouveaux métiers, les réalités et les stratégies régionales.

L'AUF a organisé d'autre part, du 27 au 30 août 1999, un colloque international sur le thème "Universités virtuelles, vers un enseignement égalitaire". Ce colloque se rapporte au projet le plus innovant de la communauté scientifique francophone: celui d'une **Université virtuelle francophone (UVF)**, qui vise à utiliser les nouvelles technologies pour mettre à la disposition des institutions membres de l'AUF un nouvel outil de coopération.

26 des 207 projets présentés par 687 partenaires en 1998 ont déjà été retenus pour être subventionnées par le Fonds francophone des inforoutes.

Un rapport sévère

Le 5 juillet 1999 était remis au Secrétaire général de l'OIF, M. Boutros Boutros-Ghali, un rapport d'experts sur la gestion de l'AUF, confirmant "les soupçons de dysfonctionnement", "la personnalisation du pouvoir" et "l'opacité des mécanismes décisionnels".

Le Monde, qui avait consacré aux difficultés de l'AUF un long article (le 3 juillet) n'hésite pas à écrire en tête d'un second article (le 22 juillet): "L'Agence universitaire de la Francophonie (AUF) est mal gérée". Plusieurs extraits des conclusions et recommandations du rapport sont cités, ayant trait à la nécessité d'un changement de directeur général (Michel Guillou) mais plus profondément à la création d'une nouvelle agence universitaire rattachée au Secrétaire général de la Francophonie. Des changements importants sont annoncés qui se concrétiseront peu à peu en 2000. Il est dommage pour la Francophonie qu'une telle publicité négative soit faite à cette institution née de l'esprit visionnaire de Jean-Marc Léger et qui était naguère remarquable, citée en exemple à toutes les associations francophones. Les successeurs de ce dernier transformèrent peu à peu l'AUPELF (Association des universités partiellement ou entièrement de langue française) en créant l'UREF (Université des réseaux d'expression française) en 1987; l'AUPELF-UREF devint l'Agence francophone pour l'enseignement supérieur et la recherche en 1996, et enfin l'Agence universitaire de la Francophonie (AUF) en 1998. L'entreprise grandit, sans doute exagérément, au moins trop rapidement (en 1999, un budget de l'ordre de 230 millions de francs, dont 62 consacrés au fonctionnement, avec 335 personnes), et lançant partout à travers le monde des opérations sortant de son champ normal d'activités (écoles primaires au Vietnam, etc.).

Association internationale des maires et responsables des capitales et métropoles partiellement ou entièrement francophones (AIMF)

Pierre PILARD

L'AIMF a célébré son 20ᵉ anniversaire lors de l'assemblée générale annuelle, à Québec (2-4 septembre). Jean Tibéri et Jean-Paul Lallier, président et vice-président de l'AIMF, maires de Paris et de Québec, ont inauguré cette célébration devant Jacques Chirac et Jean Pelletier, qui avaient été, en 1979, les premiers président et vice-président de l'association, née sur un axe Paris-Québec. Une plaque a été dévoilée au Parc de la Francophonie de Québec pour commémorer l'action menée par l'AIMF depuis 20 ans. L'assemblée générale a réuni, comme à l'accoutumée, deux délégués de chacune des 91 capitales ou métropoles francophones

aujourd'hui membres de l'AIMF. Des représentants de gouvernements francophones, d'organismes ou d'associations se sont joints à eux en observateurs. Les thèmes abordés ont été, en relation avec celui du Sommet de Moncton, regroupés sous le titre "La jeunesse et la cité".

Tant du côté de l'amélioration des conditions de vie des habitants que du soutien à la démocratie locale, la coopération a une double visée: celle du développement durable et celle d'un profit rapide aux populations concernées. Les opérations menées par l'AIMF associent donc la formation des hommes et des femmes à la réalisation d'équipements.

L'action sociale est un domaine prioritaire d'intervention de l'AIMF, avec la construction de centres médico-sociaux, de centres destinés aux jeunes et de terrains de sport dans les pays du Sud. L'AIMF a également contribué à résoudre les problèmes liés à la croissance urbaine et à la concentration des populations sur des espaces réduits: de grandes métropoles d'Afrique et d'Asie ont ainsi bénéficié de l'intervention de l'Association pour des travaux de viabilité, d'alimentation en eau, d'assainissement de quartiers et de marchés, et de voirie.

Par ailleurs, l'amélioration de la gestion municipale et le renforcement de la démocratie locale constituent l'autre centre d'intérêt de l'AIMF, qui fait en cela de l'informatique un instrument privilégié. L'informatisation de la comptabilité des municipalités permet de procéder à une meilleure analyse des coûts et de disposer ainsi d'un outil fiable de prévision, et donc d'assurer une utilisation saine des deniers publics. La maîtrise de l'état civil grâce à l'informatique conditionne celle des listes électorales et contribue, par conséquent, à la légitimité des résultats électoraux.

Le colloque international (Bordeaux, avril 1999) sur le thème "20 ans de coopération au quotidien: la gestion de l'environnement, un enjeu pour nos villes" a dégagé quelques lignes de réflexion: la propreté et l'assainissement des villes, la collecte et le traitement des déchets et des eaux usées, la maîtrise en milieu urbain de l'eau de pluie et des rivières.

AIMF

Objectifs
➤ Promouvoir un savoir-faire en matière de politique urbaine.
➤ Améliorer les conditions de vie urbaine, aider la démocratie dans les pays du Sud.

Historique
➤ 1979 Création de l'AIMF à l'initiative des maires de Paris et de Québec, J. Chirac et J. Pelletier. 20 villes fondatrices.
➤ 1989 Plan de coopération informatique, en partenariat avec l'Agence de la Francophonie, pour moderniser la gestion des villes du Sud. 50 villes membres.
➤ 1990 Création à Tunis du Fonds de coopération, destiné à réaliser des projets d'équipement urbain.
➤ 1993 L'AIMF, opérateur associé (Sommet de Maurice).
➤ 1995 L'AIMF, opérateur direct (Sommet de Cotonou). 81 villes membres.
➤ 1998 Assemblée générale à Beyrouth et colloque à Tunis sur les transports urbains. 91 villes membres.

Publications
➤ Actes des manifestations.
➤ *Histoire de l'Afrique*.
➤ Recueil de poèmes et de récits de l'Afrique noire, du Maghreb, de l'océan Indien et des Antilles.

http://www.aimf.asso.fr

L'Université Senghor

L'Université Senghor, à Alexandrie, est structurée en quatre départements (Nutrition et santé, Administration et gestion, Gestion de l'environnement, Gestion du patrimoine culturel) qui fonctionnent sous la responsabilité d'un directeur permanent, et qui accueillent plusieurs dizaines de professeurs associés et d'experts venus d'Afrique, d'Europe et d'Amérique du Nord pour des missions de formation de courte ou moyenne durée.

Le concours de recrutement est ouvert à tout candidat francophone âgé de 35 ans au plus, titulaire d'un diplôme d'enseignement supérieur sanctionnant quatre années d'études et faisant état d'une expérience professionnelle de trois ans au moins.

L'Université ne forme pas des spécialistes, mais tend, dans ses différents programmes, à donner à des spécialistes d'une discipline donnée et à des experts d'une profession, une formation de généralistes qui soient des interlocuteurs privilégiés de décideurs publics ou privés.

L'Université Senghor organise régulièrement des **ateliers**, **séminaires** ou **colloques**, en collaboration avec des organisations internationales et avec la participation d'experts internationaux.

Université Senghor

Objectif
➤ Former des cadres supérieurs nécessaires pour le développement du continent africain.

Historique
➤ 1989 Sommet de Dakar: création de l'Université internationale de langue française au service du développement africain (Université Senghor).
➤ 1990 Inauguration officielle.
➤ 1993 Reconnaissance par le CAMES (Conseil africain et malgache pour l'enseignement supérieur) des Diplômes d'études professionnelles approfondies (DEPA) délivrés par l'Université Senghor.
➤ 1998 Création du Centre de droit international René-Jean-Dupuy à Alexandrie.

Publications
➤ *La Lettre d'Alexandrie*.
➤ Les actes des grandes conférences.
➤ La collection *Patrimoine francophone*.
http://refer.org.eg

TV5
Nelly BELAIEV
Directrice adjointe de la communication

TV5
➤ 1984 Lancement de TV5 par 5 chaînes européennes de langue française (TF1, Antenne 2, FR3, la RTBF et la SSR).
➤ 1988 TV5 Québec-Canada.
➤ 1992 TV5 Afrique; programme de TV5 en compression numérique en Amérique latine et dans la Caraïbe.
➤ 1996 TV5 couvre l'ensemble du continent asiatique et le Pacifique Sud.
➤ 1998 Lancement d'un programme par abonnement: TV5 USA, et d'un programme spécifique pour le monde arabe: TV5 Orient.

http://www.tv5.org

Le 8 janvier 1999, TV5 Europe a lancé une nouvelle programmation comportant des déclinaisons régionales sur les 4 continents dont elle assure la couverture, Europe, Asie, Afrique, Proche et Moyen-Orient (dans l'attente d'un cinquième signal spécifique à l'Europe francophone, l'automne prochain).

Numéro un mondial des télévisions publiques satellitaires, TV5 est disponible dans le monde entier; c'est aujourd'hui la première chaîne câble et satellite en France avec 4,3 millions de foyers français; la première chaîne en français en Europe francophone et la troisième chaîne européenne après Eurosport et CNN (référence *Câble et Satellite*); la troisième chaîne mondiale après MTV et CNN (hors marché domestique USA) et la première chaîne mondiale de langue française avec 97 millions de foyers (un demi-milliard de téléspectateurs).

Cela, grâce à une structure modulaire de 4 heures se déclinant autour de 3 axes principaux: **l'information**, à travers les journaux belges, canadiens, français et suisses et les éditions internationales de la rédaction de TV5, ainsi qu'un club de la presse internationale hebdomadaire, "Kiosque", en direct de Paris. Chaque jour, **la fiction et le cinéma** sont multidiffusés 4 à 5 fois afin de permettre à chaque public de trouver son "primetime". **Les magazines**, enfin: l'art de vivre, l'évasion, les faits de société, la culture sont sur TV5 grâce aux chaînes partenaires; à cela s'ajoutent de prestigieux documentaires. Le divertissement, la jeunesse et les jeux complètent cette programmation originale.

Forum francophone des affaires (FFA)*

Florian ROMPRÉ
Secrétaire général international du FFA

Les **nouvelles technologies de l'information et de la communication** (NTIC) sont capables de donner à la Francophonie la dimension économique qui lui manque.

L'affirmation n'est pas nouvelle mais le FFA a toujours considéré que l'avènement de la *société de l'information* et de l'*économie de l'information* qu'elle entraîne était une priorité de développement pour la Francophonie. Sur proposition du FFA, dès 1991, les chefs d'État et de gouvernement réunis au 4e Sommet de Chaillot encourageaient "la mise en place d'un observatoire des échanges économiques entre francophones" et demandaient aux instances multilatérales "de mettre à disposition les ressources et les instruments destinés à la collecte et à la diffusion d'informations à travers le réseau du FFA".

L'information, nouvelle frontière du développement, est ici entendue comme un produit qui se finance, se fabrique, se stocke, s'achète et se vend. Elle est non seulement une matière première, mais aussi un facteur puissant de structuration de notre réseau de comités nationaux, d'intégration régionale et de valorisation maximale de l'entreprise.

La mise en place d'un observatoire économique francophone et l'emploi généralisé des NTIC sont ainsi deux aspects d'un même objectif: accompagner les entreprises dans le développement de courants d'affaires avec les pays francophones du Nord et du Sud.

L'inauguration à Dakar du premier Centre du FFA – Internet (Ceffanet) et la construction par le Secrétariat international du FFA d'un site web pour les PME/PMI francophones (http://www.ffa-i.org) indiquent clairement que la stratégie de notre organisation est d'élargir la fourniture de "services réseaux à valeur ajoutée". D'autres implantations africaines du Ceffanet sont envisagées.

Au XXIe siècle, 80% des PNB des pays industrialisés dépendront du traitement et de l'échange d'information. Les pays du Sud ne peuvent, ne doivent être privés de ce savoir et de la capacité d'obtenir l'information sur laquelle il se fonde. Déjà, l'impact économique des nouvelles technologies sur les décideurs est considérable.

Après le 7e FFA de Bathurst, au Nouveau-Brunswick (Canada), en juin 1999, après le Sommet de Moncton, en septembre, le FFA poursuit ses efforts en vue de la structuration d'un véritable partenariat entre les entreprises.

FFA

Objectifs

➤ Donner voix au secteur privé au sein des institutions de la Francophonie.
➤ Développer les échanges économiques.

Historique

➤ 1987 Création (Sommet de Québec).
➤ 1990 Établissement du secrétariat international du FFA à Montréal.
➤ 1991 Charte internationale: le FFA est formé de 50 comités nationaux.
➤ Forums à Dakar (1989), Paris-La Rochelle (1991), Maurice (1993), Cotonou (1995), Hô Chi Minh-Ville (1997) et Bathurst (Canada) en 1999.

Publications

➤ *Liaison FFA*, organe d'information du Secrétariat international.
➤ *Économies francophones*, la revue du Forum francophone des affaires.
➤ *Bourse d'affaires*, partenariat d'entreprises.

http://www.ffa-i.org

---

* Le FFA n'est pas opérateur direct, mais il est appelé à jouer un rôle de premier plan entre le secteur privé et les institutions de la Francophonie.

ORGANE CONSULTATIF DE L'OIF

L'Assemblée parlementaire de la francophonie (APF)

Patrick MONTAMBAULT
Secrétaire général

Après plus de trente ans d'existence, l'APF ne veut plus seulement œuvrer en faveur du rayonnement de la langue française et être le reflet et le témoin du pluralisme culturel des peuples de la Francophonie. Même si ces objectifs de 1967 ne sont pas oubliés, elle mène un combat inlassable en faveur du développement de la démocratie parlementaire et de l'État de droit. Les convictions des parlementaires qui la composent forment en effet un tronc commun de valeurs au premier rang desquelles figure la démocratie représentative comme seul mode acceptable de gouvernement. Celle-ci ne peut être, à nos yeux, construite que sur des processus électoraux fiables et observés par la communauté internationale, sur le respect des droits du Parlement qui doit pouvoir exercer en toute sérénité son pouvoir législatif et, quand la Constitution le prévoit, contrôler l'action du gouvernement. Au sein de ces Parlements également, même si le fait majoritaire est une réalité dans toutes les démocraties modernes, les droits de l'opposition doivent être respectés et celle-ci ne doit pas être évincée de toutes les responsabilités. Le respect de ces principes, qui pour nous doivent être reconnus comme universels, exclut, par nature, toute transmission du pouvoir par la force, le respect du principe de l'alternance étant également primordial.

C'est dans cette logique que nous nous sommes, depuis plusieurs années, penchés sur les problèmes de la région des Grands Lacs africains. L'AIPLF a été la première organisation à avoir employé le terme de "génocide" à propos du Rwanda et du Burundi et elle a publiquement regretté à ce propos le "lâche renoncement" de la communauté internationale. Elle a, en janvier 1998, participé dans cette région à une mission conjointe avec le Conseil permanent de la Francophonie. Cette mission a, par ailleurs, réitéré les demandes de l'AIPLF concernant la levée de l'embargo qui frappe avant tout les populations civiles, et dont la levée vient d'être décidée.

Toujours dans cette même perspective, nous avons organisé au mois de mai 1998, à Libreville, une importante conférence sur "le bilan de la démocratisation en Afrique". Cette conférence rassemblait aussi bien des parlementaires venus très nombreux des sections de l'AIPLF d'Afrique, d'Europe mais aussi d'Amérique du Nord (Canada et Québec), des experts et des professeurs de droit africains ou européens, ainsi que des représentants des oppositions africaines. La présence en un même lieu de toutes ces personnalités et la grande liberté de ton des débats ont permis des échanges très riches et très réalistes sur les progrès, mais aussi les régressions et les échecs, du processus de démocratisation sur le continent africain.

C'est également pour rester fidèle à ses convictions que l'APF a dû prendre, lors de la session d'Abidjan (juillet 1998), la

APF

Objectif

➤ Assurer le lien démocratique entre les institutions et les peuples de la Francophonie.

Historique

➤ 1967 Création de l'Assemblée internationale des parlementaires de langue française (AIPLF) à l'initiative de L. S. Senghor.

➤ 1989 Reconnue comme la seule organisation interparlementaire des pays de la Francophonie par le Sommet de Dakar.

➤ 1993 Le Sommet de Maurice lui attribue le statut d'assemblée consultative de la Francophonie, ce qui est confirmé en 1995 par le Sommet de Cotonou, et définitivement fixé au Sommet de Hanoi, en 1997, par la Charte de la Francophonie.

➤ 1998 L'AIPLF devient l'APF (Assemblée parlementaire de la Francophonie), et fédère près de 60 Parlements.

http://www.francophonie.org/aiplf

décision de suspendre temporairement certains de ses membres. Il s'agit, en particulier, des pays qui, ayant connu un coup d'État, ont mis en place des structures de transition, nommées et non élues, alors que l'ordre institutionnel légal était bouleversé. Ainsi, aussi bien au Rwanda qu'au Congo-Brazzaville, les institutions en place ne répondent pas, à nos yeux, aux critères qui font un Parlement. La décision a donc été prise de les suspendre temporairement jusqu'à l'organisation d'élections libres et transparentes, en souhaitant qu'un tel processus soit amorcé dans les délais les plus brefs.

Par delà cette action essentiellement politique qui est sa principale raison d'être, l'APF mène, en collaboration avec l'Agence de la Francophonie, cinq programmes de coopération interparlementaire, à partir de financements décidés et attribués par les chefs d'État et de gouvernement à l'occasion des Sommets de la Francophonie, qui visent à améliorer les conditions d'exercice de la démocratie parlementaire dans les pays bénéficiaires:

– Missions d'observation des élections: à chaque fois qu'un État membre de la Francophonie en fait la demande, une mission d'observation électorale est organisée par les instances de la Francophonie. Celle-ci est généralement constituée d'experts choisis par l'Agence de la Francophonie et de parlementaires désignés par l'Assemblée.

– Séminaires parlementaires: ils permettent à des parlementaires, appartenant généralement à des Parlements, nouvellement élus ou renouvelés, de bénéficier de l'expérience de collègues plus anciens, venant d'autres parlements de la Francophonie.

– Programme Pardoc: programme d'appui aux services documentaires des parlements du Sud (Pardoc) qui permet, après une expertise rigoureuse, de restructurer les bibliothèques des parlements bénéficiaires.

– Programme d'aide aux services des comptes rendus parlementaires: les parlements du Sud éprouvent souvent des difficultés dans la retranscription sténographique des débats. Or, une retranscription fiable est indispensable pour éviter les contestations, y compris sur les votes.

– Stages pour fonctionnaires parlementaires: ils permettent, soit dans le cadre de stages organisés par l'Institut international d'administration publique de Paris (IIAP), soit dans le cadre de séminaires décentralisés dans les parlements du Sud, d'assurer des cycles de formation pour les hauts fonctionnaires des assemblées parlementaires, que ce soit sur les procédures législatives ou sur les services administratifs (questure).

La XXVᵉ Session ordinaire de l'APF à Ottawa

La XXVᵉ Session ordinaire de l'APF s'est tenue du 5 au 8 juillet 1999. Ouverte à la Chambre des communes du Canada à Ottawa, en présence de Boutros Boutros-Ghali, de Jean Chrétien, premier ministre du Canada, et de Laurent Fabius, président de l'Assemblée nationale française, elle a d'abord été l'occasion de la première rencontre de femmes parlementaires francophones, consacrée aux réalités auxquelles sont confrontées les femmes en général et, en particulier, celles de la Francophonie.

Thème central du Sommet de Moncton, la **jeunesse** a été l'objet d'une réflexion et de décisions importantes: l'APF a abordé les droits de l'enfant (éducation de base, éducation à la santé, lutte contre l'exploitation et les mutilations sexuelles); elle a demandé la démobilisation immédiate des enfants soldats; elle s'est interrogée sur l'insertion des jeunes dans le marché du travail. Par ailleurs, de jeunes parlementaires ont décidé d'organiser et de développer le réseau de l'APF parmi les jeunes parlementaires francophones, pour promouvoir la Francophonie auprès de la jeunesse; un comité représentatif de l'Afrique, de l'Europe et de l'Amérique a été constitué et devrait aboutir à une conférence des jeunes parlementaires de la Francophonie.

Pour la première fois, l'exécutif de la Francophonie s'est soumis aux questions des représentants du pouvoir législatif francophone. Les questions des parlementaires au **Secrétaire général de la Francophonie** ont montré l'attachement des institutions francophones au respect des principes de la démocratie.

Enfin, l'APF a élu un nouveau président: Nicolas Amougou Noma, premier vice-président de l'Assemblée nationale du Cameroun, succède à Jean-Robert Gauthier, sénateur canadien, auquel tous les participants ont rendu hommage pour l'action qu'il a menée depuis 1997.

ORGANISATIONS, ORGANISMES ET ASSOCIATIONS

La 3ᵉ Conférence francophone des OING
(Cotonou, 23-24 février 1999)

Pierre ALEXANDRE

Les 23 et 24 février 1999 s'est tenue à Cotonou (Bénin) la 3ᵉ Conférence francophone des Organisations internationales non gouvernementales (OING), 26 mois après celle qui avait eu lieu à Genève en 1996 (voir AFI 1997, pp. 329-330).

L'administrateur général de l'Agence de la Francophonie (chargée d'organiser cette conférence) a précisé que l'AIF, dans ses nouvelles orientations, privilégiera l'action déléguée ("faire-faire au lieu de faire"), le partenariat sur le projet et le copilotage. Il a suggéré que les responsables régionaux des OING se mettent en relations avec les bureaux régionaux de l'Agence.

Les OING ont confirmé que la Conférence avait pour but de faire converger la coopération intergouvernementale et la coopération non gouvernementale pour des opérations concrètes, au plus près des attentes des populations. Les OING sont les mieux placées pour identifier ces attentes. Elles demandent que leurs expériences et leur compétences soient prises en compte dans la conception, la formulation, l'exécution et l'évaluation des programmes de l'Agence.

Elles demandent également que leurs réussites, notamment dans les domaines de l'éducation de base et de l'économie populaire, soient mieux diffusées par les médias de la Francophonie.

Le comité de liaison, que l'Agence consulte sur les projets des ONG, s'est déclaré prêt à exercer son "devoir d'auto-contrôle" en veillant à ce que telle OING agréée par les instances politiques ne se manifeste pas seulement à l'occasion de la Conférence.

Les travaux ont été organisés en trois ateliers correspondant à trois programmes mobilisateurs de l'Agence: Développement économique, droit et développement; Culture, communication, nouvelles technologies de l'information; Éducation et valorisation des ressources humaines.

Le Comité de liaison avait choisi pour thème transversal "Se développer autrement". Il entendait exprimer le désir des OING de convaincre les décideurs que la coopération francophone devrait privilégier la lutte contre la pauvreté, la violence, la corruption, par des actions de proximité au profit des femmes et des enfants.

Certaines recommandations adoptées peuvent être retenues comme typiques de cette préoccupation fondamentale:

– Humaniser la mondialisation de l'économie: la lutte pour l'emploi doit devenir un critère, au même titre que la rentabilité dans les politiques économiques;

– Favoriser l'insertion des jeunes et des femmes en renforçant, par la formation professionnelle, leurs capacités à l'auto-emploi;

– Compte tenu des tendances à la déscolarisation et du chômage des diplômés, insérer dans toutes les formations une préparation aux activités économiques. Associer le secteur privé aux activités d'éducation et de formation. Favoriser les stages en entreprise. Favoriser la circulation des étudiants, des enseignants et des savoirs dans l'espace francophone;

– Impliquer des jeunes dans les programmes d'épargne-crédit destinés à soutenir financièrement leurs initiatives;

---

29 OING de catégorie A (relations de concertation et d'association avec l'AIF) ou B (relations de consultation) participaient à la Conférence. 6 OING de catégorie C (relations d'information) et une trentaine d'associations œuvrant au Bénin y assistaient comme observateurs.

Le Comité de liaison élu pour les deux années à venir est présidé par le Comité international des femmes africaines pour le développement (CIFAD), vice-présidé par le Groupe d'études et de recherche sur la démocratie et le développement économique et social en Afrique (GERDESS). Ses trois autres membres titulaires sont: l'Association des écrivains de langue française (ADELF), la Fédération internationale des professeurs de français (FIPF), et l'Association africaine d'éducation pour le développement (ASAFED).

– Valoriser le bénévolat et le volontariat comme voie d'insertion des jeunes.

Le Sommet de Moncton permettra de savoir dans quelle mesure ces recommandations, exprimées au nom du "terrain", seront prises en compte par les instances politiques de la Francophonie. Il convient de rappeler que les chefs d'État et de gouvernement ont, en 1989, à Dakar, reconnu aux OING un rôle de "relais".

Mais il est remarquable que le Comité de liaison élu en 1996 se soit donné comme tâche prioritaire de produire un ouvrage (il s'agit d'une BD) destiné à soutenir des activités d'éducation de base, en situation non formelle. La réalisation de cet ouvrage signifie-t-elle que le Comité de liaison ne se contente plus des fonctions de représentation et de recommandation que lui ont reconnues les instances politiques de la Francophonie?

En marge de la Conférence, la Direction de l'Agence pour les nouvelles technologies a organisé une formation au courrier électronique et à Internet. L'Association francophone internationale des directeurs d'établissements scolaires (AFIDES) a d'autre part animé une demi-journée portant sur la création d'un site Internet pour les OING dans le cadre du Fonds francophone des inforoutes. Les OING ont décidé de "se développer elles-mêmes autrement", c'est-à-dire en réseau et non plus en parallèle. Le réseau des OING facilitera le partage de leurs expériences, de leurs compétences et de leurs ressources, ainsi que leur concertation avec les instances politiques de la Francophonie. Elles pourront en outre contribuer à augmenter la présence francophone sur les inforoutes. La Conférence a souhaité que ce réseau soit officiellement lancé par le Sommet de Moncton. Elle a demandé à l'Agence de fournir aux OING des services de formation aux nouvelles technologies et de favoriser l'accès aux équipements.

Symposium international AIFA-FIJEF (Québec, 21-23 mai 1999)

La compréhension intergénérationnelle en francophonie

Louis-Philippe BLANCHARD
Président de l'AIFA

Jocelyn TREMBLAY
Directeur général du FIJEF

AIFA

Objectifs

➤ Mettre au service de la francophonie internationale les forces vives des aînés.

➤ Être un carrefour de ressources et d'échanges dans les domaines de la gérontologie, de l'interculturel et de l'intergénérationnel.

Historique

➤ 1981 Fondation de l'AIFA lors de la IVᵉ Rencontre internationale des peuples francophones.

➤ 1985-1995 Série de ralliements internationaux (Belgique, Canada, France, Martinique, Sénégal).

http://www.francophone.net/aifa

Sous le haut-patronage de l'Agence intergouvernementale de la Francophonie et de l'UNESCO, l'**Association internationale francophone des aînés** (AIFA), en partenariat avec le **Forum international des jeunes pour la Francophonie** (FIJEF), a organisé à Québec un Symposium international sur le thème de "La compréhension intergénérationnelle: une stratégie pour tous les âges". Ce Symposium a eu lieu du 21 au 23 mai 1999, sur la colline parlementaire de la Vieille Capitale.

Au cours des six mois qui ont précédé l'événement, de nombreux petits groupes de personnes à travers la francophonie se sont réunis en cellules de réflexion pour évaluer la problématique proposée pour le Symposium. Un comité de rédaction a préparé, à partir des commentaires et des suggestions reçus, un projet de déclaration sur les droits

SYMPOSIUM INTERNATIONAL

La compréhension intergénérationnelle: une stratégie pour tous les âges

21·22·23 MAI 1999

Édifice Marie-Guyart Colline parlementaire Québec

Sous le haut patronage de l'UNESCO et de l'Agence de la Francophonie

Québec

et les devoirs intergénérationnels devant être promulguée lors du Symposium. Pour la première fois dans l'espace francophone, une déclaration portant sur les droits et les libertés intergénérationnels fera état de devoirs entre les générations touchant les domaines suivants: les valeurs humaines, la culture, l'éducation, la société et l'économie. Dans une déclaration faite en novembre 1997 relative aux responsabilités des générations actuelles envers les générations futures, l'UNESCO a proclamé solennellement que "les générations actuelles ont la responsabilité de veiller à ce que les besoins et les intérêts des générations actuelles et futures soient pleinement sauvegardés". En conséquence, l'AIFA et le FIJEF ont jugé essentiel que l'étude de la compréhension intergénérationnelle soit privilégiée pour permettre à chacune des générations de comprendre son rôle et ses responsabilités envers les autres générations. De plus, le Secrétaire général de l'Organisation internationale de la Francophonie, Boutros Boutros-Ghali, dans une allocution prononcée à Paris le 22 mars 1999, soulignait que "la solidarité, la réciprocité et le partenariat sont des bases essentielles pour faire vivre et faire croître un projet commun".

Lors de la cérémonie d'ouverture, qui s'est déroulée en présence de la ministre québécoise responsable des Aînés, Louise Harel,

de la représentante de l'UNESCO au Canada, Ndèye Fall, et du secrétaire général honoraire de l'Agence intergouvernementale de la Francophonie, Jean-Louis Roy, on a pu, grâce à la vidéo, assister en exclusivité à un débat de très grande qualité entre M. Boutros Boutros-Ghali et le directeur général de l'UNESCO, M. Federico Mayor. Cette conversation a vivement intéressé tous les délégués présents au Symposium et a contribué à inspirer leur réflexion.

Les séances de travail tenues durant le Symposium ont eu pour résultat l'adoption, la promulgation et la signature de la **Déclaration de Québec sur la Solidarité intergénérationnelle** par plus d'une centaine de délégués et de représentants d'associations locales et nationales et d'organisations internationales non gouvernementales.

Avant de se séparer, les délégués ont adopté unanimement une résolution visant à constituer un comité international de suivi chargé de diffuser la Déclaration. La formation de ce comité démontre la volonté des organisateurs de mettre sur pied un puissant moteur de sensibilisation pour la population en général et pour les institutions gouvernementales et les organisations non gouvernementales dont la mission est orientée vers le développement et la cohésion sociale.

FIJEF

Objectifs
➤ Participer à l'éveil d'une conscience francophone.
➤ Constituer une nouvelle génération de militants francophones.
➤ Donner une voix à la jeunesse dans les instances francophones.

Historique
➤ 1996 Fondation de Jeune francophonie à Paris.
➤ 1997 Plus de 150 jeunes d'Europe et des Amériques se réunissent en forum lors de la XIVe Conférence des peuples de langue française à Jonquière (Québec).
➤ 1998 Le prix Philippe-Rossillon est remis à Éric Larocque, président de la section acadienne du FIJEF.

http://www.jeunefra.citeweb.net/

Association francophone
d'amitié et de liaison (AFAL)

Maurice ZINOVIEFF
Secrétaire général

L'AFAL tient, tous les deux ans, avant les Sommets, un **Forum des associations francophones**. En 1999, celui-ci s'est tenu au Centre des conférences internationales à Paris (15-16 juin), et les représentants des 136 associations ont adressé un message aux participants du Sommet de Moncton. Le président de l'AFAL y sera présent, et un numéro spécial de *Liaisons* sera publié à cette occasion.

L'AFAL et l'ADIFLOR organisent chaque année une nouvelle édition de l'opération "Je parle français, et toi?" à l'occasion de la **Semaine internationale de la francophonie** et du "Français comme on l'aime" en mars: opération de sensibilisation au monde francophone auprès d'élèves de plusieurs lycées en France et à l'étranger durant toute l'année scolaire, dont le point d'orgue est une rencontre internationale des lycéens à Paris autour de nombreuses activités culturelles: exposés, débats, participation à des émissions de radio, visites de l'Assemblée nationale, du Sénat, de Musées, formation Internet, collectes de livres, etc. La rencontre de 1999 regroupait des Français, des Bulgares, des Irlandais et des Sénégalais. Celle de l'an 2000 accueillera des Belges, des Polonais, des Québécois, des Ivoiriens ainsi que des Français, avec une rencontre internationale à Paris.

AFAL

Objectif
➤ Favoriser l'action des associations et des ONG francophones.

Historique
➤ 1974 Création de l'AFAL.
➤ 1977-1979 Organisation des Rencontres francophones.
➤ 1984-1991 Organisation de colloques à l'UNESCO.
➤ 1991 Agréée par l' UNESCO (AFAL).
➤ 1996 Statut consultatif auprès du Conseil de l'Europe.
➤ Forum des associations francophones bisannuel, en prévision des Sommets.

Publications
➤ Répertoire des associations membres de l'AFAL (annuel).
➤ *Liaisons* (trimestriel).
➤ Actes des colloques.

L'AFAL, carrefour d'activités et d'informations, a poursuivi, au cours des trois dernières années, le développement de ses relations avec les associations d'**Europe centrale et orientale**. Plusieurs d'entre elles ont rejoint l'AFAL. D'autres vont le faire prochainement. Avec l'élection de son nouveau président, Jacques Godfrain, ancien ministre de la Coopération – Xavier Deniau devenant président d'honneur de l'association –, l'AFAL va renforcer ses liens avec l'Afrique.

La Francophilie

Jean-Baptiste de SERCQ
Président

La Francophilie regroupe des associations francophones pour aider et rapprocher les communautés francophones.

La partie franco-africaine de l'association s'occupe d'orphelinats, d'envoi de médicaments d'urgence, de possibilité d'immigration. Cette branche s'est ralentie, ne bénéficiant plus de tarifs préférentiels de la Poste ni des transitaires de groupage. N'ayant reçu aucune aide malgré les diverses promesses des autorités, nous sommes dans l'obligation de limiter nos activités. La Francophilie projette, dans son programme de rapprochement des peuples francophones d'Amérique du Nord,

d'organiser plusieurs manifestations: flux migratoires de France vers l'Amérique du Nord, exposition itinérante dans neuf villes américaines et canadiennes. Le projet, agréé par les autorités, attend le déblocage des fonds.

La Francophilie a présenté à Paris (20-31 mai 1999) une exposition de peintures de la collection de M. Jean-Baptiste de Sercq intitulée "Moncton s'expose". Les œuvres de grande qualité étaient issues des peintres du Centre culturel Aberdeen: Guy Dugas, Yvon Gallant, Paul-Édouard Bourque, Nancy Morin, Lionel Cormier, Hermenegilde Chiasson, Guéganne, etc.

Institut international de droit d'expression et d'inspiration françaises (IDEF)

Pierre DECHEIX
Secrétaire général

L'année 1998 a été marquée par l'attribution à l'IDEF du Prix Choucri-Cardahi, éminent juriste libanais qui voulait récompenser ceux qui œuvrent en faveur du droit français. La remise a eu lieu le 26 octobre 1998 à l'Académie des sciences morales et politiques en présence d'une assistance nombreuse, notamment de représentants des diverses associations francophones.

L'IDEF a poursuivi sa coopération traditionnelle avec l'Agence de la Francophonie en participant notamment au jury international chargé de sélectionner les candidats aux postes de directeurs et au Comité de liaison des OING francophones.

Le secrétaire général a prononcé, le 4 juin 1998 à Bruxelles, une conférence sur "Le droit de grâce sous la présidence du général de Gaulle".

Un résumé en 300 pages environ de l'action menée par l'IDEF depuis 35 ans est disponible sur le site Internet que lui offre l'Agence de la Francophonie.

IDEF

Objectif

➤ Grouper les personnes s'adonnant à l'étude ou à la pratique du droit dans les pays totalement ou partiellement d'expression française, et où le droit français inspire le système juridique s'exprimant dans une autre langue (anglais, arabe, espagnol, flamand ...), notion exprimée par le néologisme de "jurisfrancité".

Historique

➤ 1964 Fondation de l'IDEF.

➤ 1969 Fondation des sections belge et suisse; 1970, française, gabonaise, ivoirienne et canadienne; 1971, laotienne; 1984, sénégalaise; 1986, malienne; 1993, égyptienne; 1995, dominicaine; 1996, congolaise.

http://www.francophonie.org/oing/idef

Conseil de la vie française en Amérique (CVFA)

Guy LEFEBVRE
Directeur général

Fondé il y a plus de soixante ans, le CVFA a, dès lors, été au service des francophones nord-américains, dont il avait mandat de promouvoir l'unité, en poursuivant des objectifs de rapprochement, d'information, d'entraide et de promotion par un ensemble d'initiatives et de programmes. Considéré comme "un élément incontournable dans l'histoire des francophones d'Amérique du Nord", le CVFA a entrepris d'actualiser son action devant cette réalité d'une francophonie changée et changeante.

S'inspirant du vieil adage qui dit que l'histoire permet de faire un lien avec le passé afin de permettre la compréhension du présent et la planification de l'avenir, il précisera, dans un plan stratégique, comment il entend relever le défi d'un "organisme rassembleur, courroie de transmission au service des communautés d'origine, de langue et de culture françaises en Amérique".

Il essaiera d'être un organisme:
– d'identification des enjeux, de réflexion et de recherche d'action;
– utilisant le secteur des communications;
– composé de membres reflétant leur milieu;
– préoccupé par la franco-nord-américanie;
– favorisant l'intégration des jeunes.

Parmi ses activités, on note un bulletin d'information, *Franc-Contact*, la remise annuelle du Prix littéraire Champlain et de l'Ordre de la fidélité française (décoration destinée à reconnaître les mérites exceptionnels de francophones), et la présentation sur son site Internet (http://www.cvfa.ca) du *Répertoire de la vie française en Amérique*, lexique fournissant une information détaillée sur près de 2500 organismes francophones nord-américains. On y retrouve également une information abondante sur son passé, son présent et même... son avenir!

Richelieu International

Grégoire PAGÉ
Délégué général

Le Richelieu International a brillamment innové cette année en élisant Madame Géralda Quinn au poste de président international. Cet événement apporte à notre mouvement une dimension dont nous sommes très fiers.

Le Sommet de Moncton et l'Année canadienne de la francophonie ont inspiré les grands projets animés par le Richelieu et ont orienté les énergies des clubs dans une variété impressionnante de manifestations. Les clubs de toute la chaîne se sont investis dans des concours d'écriture, de dictée, de nouvelles, de poésie. Il faut citer la collaboration avec "Galaxie – jeune poésie" qui a reçu plus de 5000 textes provenant de toute la francophonie.

Parallèlement à toutes ces activités à caractère culturel pratique, notre année a été surtout marquée par le mégaprojet "**Le grand train de la francophonie**", organisé par un consortium formé de Via Rail, de la Société Radio-Canada et du Richelieu International. Quittant Vancouver le 15 août, le train a traversé le Canada en faisant étape à Edmonton, Regina, Winnipeg, Toronto, Ottawa, Montréal, Québec, Halifax pour terminer son voyage le 1er septembre à Moncton. Tous les jours, Radio-Canada a diffusé son émission *275 Allô/Ados* et a servi d'instrument privilégié pour favoriser les échanges entre les jeunes à chaque ville visitée; le Richelieu, en collaboration avec les bureaux régionaux du ministère du Patrimoine canadien, a organisé des manifestations permettant aux communautés visitées de démontrer leur vitalité, leur dynamisme et leur capacité de relève. Des tables rondes ont été organisées permettant des échanges sur les espoirs et les multiples visions de la francophonie dans le monde. L'AFIDES a réalisé et diffusé le volet éducatif du projet en produisant une trousse éducative distribuée dans les écoles primaires et secondaires de langue française et les écoles d'immersion à travers le Canada. Cette trousse contient l'affiche du projet "Le grand train de la francophonie", un premier cahier présentant les communautés francophones du Canada et des communautés de la francophonie internationale, un deuxième cahier contenant des activités pédagogiques en fonction du contenu du premier cahier, un disque compact sur la chanson d'expression française, produit en collaboration avec le Conseil francophone de la chanson.

Un concours national intitulé "**Cartes postales à fond de train**" s'adressant aux jeunes par l'émission 275 Allô/Ados s'est déroulé du 1er juin au 27 août. Le concours a proposé aux participants de créer une carte postale (dessin et texte) adressée à un ami imaginaire habitant une autre planète. Le texte devait parler du milieu francophone de chacun et formuler des souhaits pour le nouveau millénaire. Toutes les cartes reçues sont exposées sur le mur Franco-fou, une grande fresque murale exhibée au Sommet dans la ville francophone.

En conclusion, nous sommes fiers de dire qu'avec "Le grand train", le Richelieu International et ses partenaires auront fait voyager la francophonie.

Richelieu International

Objectifs

➤ Promouvoir la langue et la culture françaises, la connaissance des réalités politiques, sociales, économiques et culturelles des pays membres de la Francophonie.

➤ Agir en Francophonie dans les domaines humanitaire, culturel et social, suivant en cela la devise "Paix et fraternité".

Historique

➤ 1944 Fondation du Richelieu International à Ottawa. Extension à tous les francophones du Canada et de l'extérieur.

➤ 1955 Implantation aux États-Unis; 1969, en France; 1974, en Belgique; 1987, en Suisse; 1988, au Luxembourg.

➤ 1999 Le Richelieu International est aussi présent aux Antilles, en Colombie, au Sénégal et au Burkina Faso.

http://www.richelieu.org

Fédération internationale
des professeurs de français (FIPF)
Pierre ALEXANDRE

La FIPF est engagée dans la préparation du 10ᵉ Congrès mondial des professeurs de français, qui aura lieu à Paris du 17 au 22 juillet 2000. Elle a invité les enseignants de français et ceux qui enseignent en français d'autres disciplines à une réflexion collective selon trois lignes de force.

Diversité

– Diversité des contextes: quelles stratégies pour faire face au reclassement du français comme 2ᵉ et 3ᵉ langue étrangère? Comment prendre en compte les langues maternelles des apprenants?;
– Diversité des apprenants, de leurs cultures, de leurs projets, de leurs attentes;
– Diversité des images, des usages du français;
– Diversité des méthodes et des pratiques didactiques.

Modernité

– À quelles formes de contemporanéité l'enseignement du français doit-il s'ouvrir?
– À quelles nouvelles donnes mondiales?
– En quoi les nouvelles technologies bouleversent-elles l'apprentissage du français? Quelles nouvelles compétences exigent-elles des enseignants? Quelles nouvelles relations avec les apprenants?
– Ces technologies sont-elles porteuses d'amélioration radicale? Risquent-elles de créer de nouvelles inégalités?
– Comment concilier zapping et structuration?

Solidarité

La FIPF a pour vocation, depuis 30 ans, d'être un réseau d'échanges:
– Comment mettre en commun les savoirs, les recherches, les pratiques des enseignants de français (langue maternelle, langue d'enseignement, langue seconde, langue étrangère)?
– Comment établir le dialogue entre ceux qui l'enseignent comme langue de l'alphabétisation, langue des métiers, langue des arts?
– Comment les enseignants de français peuvent-ils coopérer avec les écrivains, les journalistes, les médiateurs francophones?

Dans les nouvelles qui paraissent des associations membres de la FIPF, on peut observer un intérêt croissant pour l'enseignement du français dans des contextes plurilingues (en Australie, en Argentine, en Amérique latine en général où la Xᵉ SEDIFRALE, tenue à Puebla, au Mexique, en juin 1999, a posé, entre autres, la question de la complémentarité des langues sur le continent américain). Le 10ᵉ congrès de la FIPF comportera une manifestation commune avec le 20ᵉ congrès de la Fédération internationale des professeurs de langues vivantes qui aura lieu, lui aussi à Paris, du 22 au 26 juillet 2000. On assiste aussi au développement de préoccupations comparatistes: le congrès international, organisé en décembre 1998 à Pondichéry par l'Association des enseignants indiens de français sur les différents aspects de la littérature francophone, a permis le lancement d'une Association internationale d'études françaises et francophones de l'océan Indien; la FIPF annonce la création en France d'une Association pour le développement des échanges et de la comparaison en éducation qui se propose de promouvoir "une approche distanciée des problèmes nationaux" en développant le réflexe de la comparaison internationale.

FIPF

Structures

➤ 177 associations membres dans 106 pays (dont 33 francophones).
➤ 7 commissions régionales des associations d'Afrique, d'Europe de l'Ouest, d'Europe centrale et orientale, d'Asie et du Pacifique, d'Amérique latine et de la Caraïbe, d'Amérique du Nord, du monde arabe.
➤ Une commission "transversale" du français langue maternelle.

Activités

➤ Une revue, *Dialogue et cultures*, et une lettre trimestrielle, *L'Univers francophone*.
➤ Un congrès mondial tous les 4 ans (1992: Lausanne; 1996: Tokyo; 2000: Paris).
➤ Un colloque international à Paris chaque année (1994: "La formation à distance". 1995: "Médias et apprentissage". 1997: "Le français en mouvement". 1998: "Le français et le théâtre". 1999: "L'interculturel").

http://www.fipf.com

Association France-Québec

Georges POIRIER
Président

L'Association France-Québec a fêté en 1998 ses **30 ans**. Fondée en 1968 par Xavier Deniau et une poignée de pionniers, elle est aujourd'hui l'une des toutes premières associations franco-étrangères, avec plus de 5000 membres répartis dans 65 associations en régions. Leur but: faire connaître et aimer le Québec. Au delà, il s'agit aussi de défendre une langue commune et les cultures francophones.

Pour marquer ce 30ᵉ anniversaire, France-Québec s'est doté d'un nouveau slogan: "Un pont sur l'océan, deux pays, deux peuples au coude à coude". Un numéro spécial de *France-Québec magazine,* de 100 pages, a été publié avec le concours de nombreux universitaires, dont Michel Tétu pour la Francophonie. Un colloque s'est tenu à l'Assemblée nationale avec des représentants des grandes formations politiques françaises (PCF, PS, RPR, UDF), montrant ainsi le consensus de la France vis-à-vis du Québec. Un prix littéraire, dénommé "France-Québec/Philippe Rossillon", a été lancé, permettant de couronner un romancier québécois par un vote de lecteurs en régions à partir d'une sélection d'un jury professionnel. L'année fut aussi marquée par un record d'échanges de jeunes (1044 ont traversé l'Atlantique pour aller travailler dans le pays d'en face) dans le cadre des stages organisés par France-Québec et sa jumelle Québec-France.

Le bénévolat de ses militants et un réseau "tricoté serré" expliquent le succès des actions menées par France-Québec dans toutes les régions. Ces actions sont variées: conférences, expositions, clubs de lectures, clubs d'affaires, jumelages, partenariats, etc. Pour accroître encore la visibilité de France-Québec, de nouveaux moyens sont utilisés: création en 1998 d'un serveur Minitel, lancement d'un site Internet en 1999. L'objectif est aussi, dans les années à venir, de susciter au moins une association par département. Il s'agit de relayer partout la modernité et la culture québécoises, de multiplier les échanges et les partenariats dans tous les secteurs d'activités.

Après le temps des retrouvailles voici 30 ans, après celui de la consolidation d'une coopération privilégiée, est venu le temps de l'élargissement des préoccupations pour répondre aux besoins d'aujourd'hui et de demain. C'est ainsi que le XIᵉ **congrès international des associations France-Québec et Québec-France** (Tours, juillet 1999) a été consacré aux grands enjeux de nos sociétés actuelles: culture, économie sociale, francophonie. Les associations sont également incitées à favoriser les jumelages municipaux triangulaires: une ville française, une ville québécoise et une ville de l'hémisphère sud, pour concrétiser la solidarité francophone. Des partenariats sont aussi engagés en régions avec d'autres associations (Les Amitiés acadiennes, France-Louisiane, etc.) lors de manifestations promouvant la francophonie.

Année après année, les moyens d'action s'adaptent mais sans altérer les objectifs et les valeurs fixés voici 30 ans: France-Québec sera toujours solidaire des Québécois.

Les Amitiés acadiennes

Claude ALBERTI
Secrétaire général

Association fondée en 1976 par Philippe Rossillon, les Amitiés acadiennes ont pour mission de développer les relations amicales et culturelles entre les Acadiens, les Français et les descendants d'Acadiens dispersés dans le monde, en liaison avec 8 associations de l'ouest de la France, d'où sont partis la plupart des ancêtres des Acadiens.

Les Amitiés acadiennes sont le correspondant en France de la Société nationale de l'Acadie (SNA), qui regroupe les associations francophones des provinces atlantiques du Canada.

Elles agissent dans l'éducation et la recherche: échanges scolaires, bibliothèque et centre de documentation sur l'Acadie. Les Amitiés acadiennes diffusent des livres non commercialisés en France, et attribuent chaque année le Prix France-Acadie. Elles publient des résultats de recherches généalogiques.

En 1998, l'association a contribué à organiser un voyage "initiatique" en Acadie; elle a participé à diverses manifestations francophones, comme la première édition des "Déferlantes francophones" à Capbreton (Landes).

Office franco-québécois pour la jeunesse (OFQJ)

Alain BEAUGIER
Directeur des échanges

L'année 1999 est celle du **Printemps du Québec en France**, dont l'OFQJ est – pour ce qui concerne le volet jeunesse – le principal animateur. À ce titre, il présente des jeunes de la relève culturelle sur différentes scènes: concerts de l'Ensemble de musique contemporaine du Conservatoire de musique de Montréal; animation de théâtre de rue par une classe d'étudiants du Conservatoire d'art dramatique de Montréal; lectures de textes de jeunes auteurs québécois représentatifs de diverses tendances de la nouvelle écriture; "marathon d'écriture" mené à bien par des étudiants français et québécois pendant 24 heures complètes; tournée de spectacles en région parisienne, dans le Bordelais et au Festival international de musique universitaire de Belfort par les finalistes du concours "Cégep en spectacles"; exposition d'art visuel par des artistes en résidence associés à Usines Éphémères; concours "Fragments d'un Printemps" visant la création de murales où s'amalgament représentations, portraits, poèmes, affiches dont les meilleures pièces ont été présentées lors du Salon du livre de Paris.

L'OFQJ intervient également dans l'espace jeunesse de l'exposition scientifique et technologique **"L'attitude Nord"** présentée au Palais de la Découverte: kiosques de vulgarisation montés par de jeunes scientifiques; animations et spectacles mettant en vedette les lauréats de concours scientifiques de niveau secondaire et collégial; animations scientifiques offertes par des comédiens afin de retenir l'intérêt des visiteurs.

En dehors de ces activités culturelles et scientifiques montrant la vitalité du Québec et sa créativité, l'OFQJ s'est attaché à divers projets phares dans d'autres secteurs. Dans le cadre du Mois de l'histoire des Noirs qui se tient chaque année à Montréal en février, l'exposition **"Déchaîne ta citoyenneté"** créée en France par l'Association de prévention pour une meilleure citoyenneté des jeunes. En liaison avec Cité ouverte 2002 au Québec et l'association Pulsart en France, la préparation d'une **"Grande marche des droits"** par des groupes de jeunes de banlieues

et quartiers défavorisés. Une **université d'été sur le patrimoine** réalisée avec le concours de la région Poitou-Charentes à l'intention d'un groupe d'étudiants et de professionnels français et québécois (conservation, sentiment d'identité, opportunités de développement économique et d'harmonie sociale...). Des rencontres franco-québécoises animées par le Centre d'entraînement aux méthodes d'éducation active (CEMEA) pour la France et le Groupe uni des éducateurs pour l'environnement (GUEPE) pour le Québec, portant sur le repérage de métiers et la création d'emplois autour de l'**éducation relative à l'environnement**. Dans le cadre du 35e Mondial des métiers qui réunit à Montréal en novembre près de 600 jeunes de 35 pays et 5 continents pour des compétitions non pas sportives mais professionnelles, l'OFQJ recrute une délégation de jeunes Français appelés à participer à deux colloques – l'un sur la **formation professionnelle et technique**, l'autre sur l'**accès des femmes à des métiers non traditionnellement féminins**. Pour la première fois et grâce à l'OFQJ, une délégation de 6 Ivoiriens participera à ces manifestations. En partenariat avec le Comité central de coordination de l'apprentissage dans le BTP en France et le Fonds de développement de la formation professionnelle en Côte d'Ivoire, l'OFQJ entreprend de réunir au Québec des jeunes de ces trois communautés francophones sur un chantier de construction. Dans un réel souci d'échange de techniques et de savoir-faire, ils travailleront notamment la **technique de la brique de terre crue comprimée**, qui tend à se développer en France et au Québec. En coordination avec le Comité d'action politique franco-québécois, des **stages** sont organisés au sein de cabinets ministériels et d'administrations centrales en France et au Québec. Des **missions commerciales croisées** sont effectuées pour le compte d'entreprises françaises et québécoises, par des étudiants choisis au sein d'établissements spécialisés (HEC Montréal, École polytechnique de Montréal, Université du Québec à Trois-Rivières, École polytechnique féminine de Sceaux).

Centre international d'études pédagogiques (CIEP)

Pierre ALEXANDRE

Office français pour le développement de l'éducation dans le monde, le CIEP est organisé en trois départements: expertise et coopération; langue française; échanges et enseignement international. Au service de la coopération bilatérale et multilatérale, le CIEP travaille en partenariat avec les universités, les institutions européennes et les organismes mondiaux concernés. Centre de séminaires doté de ressources technologiques et documentaires spécialisées, il accueille des participants de plus de cent pays des cinq continents.

Son département Langue française vise à améliorer les pratiques et les contenus pédagogiques dans le domaine de l'enseignement de la langue, par des expertises et des formations. Il contribue à la réflexion sur la langue, organise des séminaires réguliers et un forum annuel, animés par de grands spécialistes (1er forum du CIEP: "Français de l'avenir et avenir du français", Paris – octobre 1999). Le département conçoit des programmes comprenant des formations modulaires ou à la carte, pour les publics de spécialistes en langue dans tous les domaines de la didactique du français, langue étrangère et seconde. Il entretient des liens privilégiés d'information, de formation et d'animation avec les acteurs de la diffusion du français à l'étranger, attachés de coopération en français, associations, enseignants, départements de français des universités.

Par ailleurs, le CIEP est le centre de gestion pédagogique et administrative du DELF (Diplôme d'études de langue française premier et second degrés) et du DALF (Diplôme approfondi de langue française), officiellement délivrés par le ministère de l'Éducation nationale.

CIEP

Objectifs

➤ Contribuer à la qualité de l'éducation dans le monde.

➤ Mettre à disposition des savoirs et savoir-faire dans la conduite de politiques éducatives.

➤ Créer un réseau dans le domaine de l'enseignement international et promouvoir une pédagogie des échanges.

➤ Dynamiser la réflexion, les actions et les échanges en langue française.

Historique

➤ 1946 Création du Centre international d'études pédagogiques.

Publication

➤ *Revue internationale d'éducation Sèvres* (parution trimestrielle).

http://www.ciep.fr

Le Comité syndical francophone de l'éducation et de la formation (CSFEF)

Pierre ALEXANDRE

Après avoir formé des formateurs (séminaire de Dakar en 1996, séminaire de Ouagadougou en 1997), le CSFEF organise maintenant des séminaires nationaux puis régionaux (au Niger en juin 1998, au Bénin et au Togo en décembre, au Sénégal en février 1999) qui s'adressent aux directeurs d'écoles adhérents de syndicats de l'Éducation. Les équipes comprennent des formateurs du Sud et travaillent sur la Déclaration universelle des droits de l'homme, la Charte africaine des droits de l'homme et des peuples, et les conventions sur les droits de l'enfant et des femmes, et sur le droit du travail.

Dans la perspective du Sommet de Moncton, le CSFEF considère que les discours sur la citoyenneté n'auront pas de sens tant que la vie sociale restera dominée par le "chacun pour soi", que les jeunes n'auront pas retrouvé une place dans la vie économique et que les conditions de travail dans les systèmes éducatifs continueront à se détériorer.

Les jeunes se perçoivent comme concurrents des adultes dans une "lutte des places" sur le marché de l'emploi. Dans des sociétés où l'exclusion n'est plus l'exception, la jeune génération n'est plus en mesure de faire admettre ses propres valeurs.

Association francophone
d'éducation comparée (AFEC)
Jean-Michel LECLERCQ
Président

L'AFEC a célébré en 1998 son 25ᵉ anniversaire, en affirmant encore la dimension francophone de ses activités.

La décentralisation des manifestations sur l'espace francophone s'illustrera à nouveau en 2000, grâce à l'invitation de se réunir à Genève et, en 2001, avec un projet à Catane. Parallèlement, une modification des statuts prévoit des sections nationales, régionales ou locales dont les entités francophones seront sans doute les premières à vouloir profiter.

L'autre préoccupation majeure est de renforcer la place du français dans l'éducation comparée à un moment où la mondialisation risque d'y consacrer la prépondérance de l'anglais. D'où le thème du congrès international de Paris en 1998: "L'histoire et l'avenir de l'éducation comparée en langue française en Europe et dans le monde". Elle s'exprime encore plus fortement dans le titre des actes de ce congrès, coédités en 1999 avec le Centre national de documentation pédagogique de France: *L'éducation comparée: mondialisation et spécificités francophones*. Les efforts dans le même sens sont poursuivis avec le projet d'une revue d'éducation comparée en français, dont seule l'existence permettrait de contrebalancer l'influence des innombrables publications anglo-américaines dans ce domaine.

C'est grâce à de telles initiatives que l'AFEC entend mieux mériter son appellation et remplir sa mission. Elle veut espérer que les responsables de la Francophonie lui apporteront les soutiens nécessaires. Ceux-ci paraîtraient d'autant plus justifiés qu'ils se relient à l'enjeu majeur de la défense du français dans le secteur crucial de la coopération en éducation.

Association francophone internationale
des directeurs d'établissements scolaires (AFIDES)

Des sections de l'AFIDES sont nées au Burkina Faso et au Bénin et du matériel de formation à distance pour les directeurs d'école primaire et secondaire a été expérimenté au Bénin, au Burkina Faso et au Sénégal. Un colloque international AFIDES-Université de Montréal a été organisé en octobre 1998 sur le thème "Autonomie et évaluation des établissements: l'art du pilotage au temps du changement".

Élue au Comité de liaison lors de la 3ᵉ Conférence des OING (Cotonou), l'AFIDES a participé à la formation d'une quinzaine d'OING à la correspondance électronique et à Internet et reçu le mandat de créer un site pour les OING francophones, financé par l'AIF et le Fonds de l'autoroute de l'information du gouvernement québécois.

L'AFIDES a activement préparé le Sommet de Moncton en publiant, avec le Conseil francophone de la chanson, un guide pédagogique sur la chanson francophone au Canada et, en partenariat avec le Club Richelieu International, un document intitulé Le "Grand train de la Francophonie", diffusé dans toutes les écoles francophones du Canada.

La 9ᵉ **Biennale de l'AFIDES** (Luxembourg, 24-28 octobre 1999) portera sur le thème "Le chef d'établissement, principal facteur de l'efficacité scolaire".

AFIDES

Objectifs
➤ Favoriser les échanges professionnels entre les gestionnaires de l'éducation.
➤ Former des chefs d'établissements.

Historique
➤ 1983 Fondation de l'AFIDES à Montréal.
➤ 1996 Liens officiels avec l'UNESCO.
➤ 1983-1999 Biennales de l'AFIDES (Montréal, Bruxelles, Lyon, Lugano, Montpellier, Ottawa, Tunis, Lausanne, Luxembourg).
➤ 1997 Accréditation par le Conseil permanent de la Francophonie et l'AIF.

Publication
➤ *La Revue des Échanges* (4 parutions chaque année).

http://www.afides.qc.ca

XVIIIᵉ Biennale de la langue française
Ouagadougou, 29 octobre-1ᵉʳ novembre 1999

À l'invitation de son président, Roland Éluerd, la Biennale de la langue française a décidé de consacrer ses prochaines rencontres au français de la mondialisation. Le monde n'est pas un péril pour le français, c'est son espace naturel. La mondialisation doit donc être abordée comme une chance. C'est de ce point de vue que doit être entendue la question: "Que serait la Francophonie sans l'Afrique francophone?"

Sous le thème "Le français langue mondiale: l'expression du droit", la XVIIIᵉ Biennale de la langue française abordera: 1° le domaine d'expression francophone, où elle étudiera particulièrement le rôle du français en Afrique et dans le droit de l'Union européenne; 2° le domaine de la jurisfrancité, où un droit d'origine française s'exprime dans une autre langue (anglais, espagnol, arabe, etc.). Juristes, magistrats, avocats, historiens, anthropologues, linguistes et... justiciables partageront leurs analyses sur la place du français dans cette expression fondamentale des civilisations.

Sous le thème "Le Burkina Faso et la Francophonie", la Biennale permettra de mieux mesurer la richesse de l'apport du Burkina Faso au monde francophone. Écouter l'Afrique francophone, aller à la rencontre de ses cultures et de ses langues, de l'adaptation du français au milieu africain, découvrir ses réalisations et ses projets, c'est enrichir la diversité du français et

du monde. Une attention particulière sera portée à l'avenir et à la place des nouveaux médias dans la culture et l'enseignement. Le programme est disponible sur le site Internet de la Biennale.

Biennales de la langue française

Historique

➤ 1963 Fondation par Alain Guillermou de la Fédération du français universel qui institua les Biennales.

➤ 1965 Première Biennale à Namur.

➤ 1973 Parution du 1ᵉʳ volume des *Actes*, consacré aux 4 premières Biennales: *Le français, langue sans frontières*.

➤ 1995 XVIᵉ Biennale à Bucarest: *La place du français sur les autoroutes de l'information*.

➤ 1997 XVIIᵉ Biennale à Neuchâtel: *Multimédia et enseignement du français*.

➤ 1999 (29 oct. au 1ᵉʳ nov.) XVIIIᵉ Biennale à Ouagadougou: *L'expression du droit: le français, langue africaine et internationale; la jurisfrancité*.

Publications

➤ 15 volumes d'*Actes*.

http://www.francophonie.org/oing/biennal

La Maison de la Francité
Daniel LAROCHE
Directeur

Créée en 1976, la Maison de la Francité a pour objectif de promouvoir la langue française ainsi que le caractère francophone de Bruxelles et son rôle au sein de la Francophonie internationale.

Parmi ses principales activités: "SOS langage", un service téléphonique d'assistance linguistique gratuit; un centre d'information et de documentation comptant plus de 2600 ouvrages; l'Observatoire de la langue à Bruxelles, qui intervient chaque fois qu'une anomalie est constatée dans l'emploi (ou le non-emploi) du français dans les messages publics adressés à la population bruxelloise; la publication du périodique *Francité*; l'accueil de groupes extérieurs pour des séances d'information; un concours annuel d'écriture grand public;

une collection itinérante de plus de 200 jeux de langage; la gérance du complexe immobilier du 9 de la rue Joseph II, à Bruxelles, où sont installées une dizaine d'associations francophones.

Parmi ses activités nouvelles en 1998, la Maison de la Francité a mis sur pied plusieurs projets de manifestations dans le cadre de l'événement "Bruxelles, ville européenne de la culture en l'an 2000". Elle a lancé, à l'intention des professeurs de français, des formations à l'utilisation pédagogique d'Internet, a organisé des projections de films mettant en évidence des artistes et des cinéastes francophones, a accueilli de nombreuses associations extérieures pour des manifestations culturelles.

Union latine

L'Union latine agit pour la diffusion et la présence de la langue française et des cultures qu'elle véhicule au travers du reste de la latinité.

Deux directions de l'Union latine sont particulièrement actives en faveur de la langue française: la Direction promotion et enseignement des langues (DPEL) et la Direction terminologie et industries de la langue (DTIL).

La DPEL organise des cours de langues dans les pays membres, en fonction des besoins linguistiques recensés; les cours financés complètent les dispositifs mis en place par les États ou par les institutions chargées de la politique linguistique à l'étranger. Des concours linguistiques sont organisés sur un plan local, national ou international, afin d'éveiller un intérêt pour leur apprentissage; cet aspect ludique sensibilise et ouvre les participants à l'univers des langues étudiées.

La diffusion de matériel pédagogique permet d'enrichir les bibliothèques des centres d'enseignement dans divers pays. Des séminaires, rencontres, colloques, tables rondes sur des thèmes ayant trait aux langues latines et à leur enseignement sont organisés et réunissent les spécialistes et les professionnels directement concernés par les langues et leur avenir, tant à un niveau scolaire ou universitaire qu'institutionnel. L'édition de manuels, d'atlas linguistiques ou les actes des différents colloques organisés permettent de diffuser auprès d'un large public les actions menées. Les données les plus significatives de ces travaux pourront être consultées sur le site Internet.

La DTIL a pour but d'enrichir les terminologies scientifiques et techniques des langues latines, de contribuer au développement de la coopération en matière de terminologie, de néologie et d'industries de la langue dans les pays latins, et de favoriser l'essor et l'utilisation des réseaux de communication télématique dans le cadre de la latinité. La DTIL a contribué à la création de centres de terminologie dans les États membres et à leur mise en réseau dans le domaine de la terminologie. Des pages présentant l'essentiel de son activité sont disponibles en cinq langues, sur le site de l'Union.

Union latine

Objectifs

➤ Diffuser langues et cultures latines.

➤ Développer la terminologie scientifique et technique en langues latines.

Historique

➤ 1954 Convention constitutive créant l'Union latine, organisation intergouvernementale regroupant 34 États de langue officielle néolatine: espagnol, français, italien, portugais et roumain.

➤ 1983 Relance de l'Union latine au IVe Congrès de Paris.

Publications

➤ *Terminometro*, un bulletin de la DTIL en français, espagnol et portugais, disponible sur le site de l'Union latine.

➤ Dictionnaires et lexiques panlatins sur des thèmes spécifiques (environnement, Internet, agro-alimentaire, etc.).

http://www.unilat.org

Conseil de la langue française (CLF)

En 1998-1999, le Conseil de la langue française a remis deux mémoires: l'un sur les objectifs de la francisation, dans le cadre d'une consultation publique du ministère des Relations avec les citoyens et de l'Immigration et l'autre, sur la lecture, dans le cadre du Salon du livre. Il a aussi transmis deux lettres officielles traitant, d'une part, de la politique sur les inforoutes et, d'autre part, de l'avis du Conseil supérieur de l'éducation: *Les enjeux majeurs des programmes d'études et des régimes pédagogiques.*

Le Conseil a également tenu à Québec, les 30 novembre et 1er décembre 1998, un séminaire international sur le thème "La gestion du plurilinguisme et des langues nationales dans un contexte de mondialisation", préparé en collaboration avec la France, la Belgique et la Suisse. Il a donné suite à une série de recommandations qui ont été transmises aux gouvernements des pays participants ainsi qu'aux instances de la Francophonie, et les actes paraîtront à l'automne 1999.

Au cours du dernier exercice, des recherches ont été conduites sur la réussite scolaire en français dans les écoles montréalaises, sur la langue d'usage public, sur les mouvements migratoires des groupes linguistiques dans Montréal et dans sa région, sur la qualité de la langue, sur la langue de l'affichage et sur le français dans une économie de la connaissance.

L'organisme a fait paraître quatre études: *L'Inforoute en français: un portrait québécois*; *Le Conseil de la langue française, 1978-1998*; *L'Usage des langues dans les services de l'État québécois*; *L'Évolution de la situation de l'affichage à Montréal de 1995 à 1997*.

Le nouvel exercice, commencé depuis avril dernier, a vu la parution d'un avis sur la qualité du français, *Maîtriser la langue pour assurer son avenir*, et un avis sollicité par la ministre sur l'affichage des raisons sociales paraîtra à l'automne. Au chapitre des activités à caractère international, signalons la poursuite des travaux sur le français dans l'économie de la connaissance en vue d'un séminaire international qui se tiendra en France en 2000, la participation de la présidente, Nadia Brédimas-Assimopoulos, à un colloque sur les expériences d'aménagement linguistique qui se déroulera en octobre en Catalogne, ainsi que des travaux d'approche et de réflexion sur la situation et l'avenir des langues nationales dans les Amériques.

Association internationale des femmes francophones (AIFF)
Lyse SIMARD

L'AIFF s'est donnée comme mission première le regroupement de toutes les associations de femmes du monde entier dont les activités visent l'intégration de la femme au processus de démocratisation et du développement global, privilégiant les valeurs humaines et culturelles. L'AIFF participe aux réseaux Femme et développement et Femme pour la paix et paix pour la femme; elle collabore au Centre d'études et de recherches sur la femme. Elle est OING de catégorie A auprès de l'AIF, et compte des sections, des comités et des représentations dans les pays francophones et non francophones.

Cette année, l'AIFF a mené des actions dans plusieurs champs: culture, éducation, communication. Elle a souligné la Journée internationale de la francophonie par une exposition, "Écrits francophones au féminin", et par des conférences-débats sur la pauvreté.

La présidente fondatrice de l'AIFF, Aïssata Kane, ancienne ministre de la Protection de la famille et des Affaires sociales de Mauritanie, secrétaire générale de l'Organisation panafricaine de la famille et consultante Femme et Développement, a participé à de nombreux congrès et séminaires à travers le monde et présenté de multiples conférences, en rapport avec la promotion des droits des femmes dans l'espace francophone, la santé des femmes, la femme et le développement économique et la lutte contre la désertification.

Aïssata Kane et Rachida Laraqui-Tazi, présidente de la section Maroc, ont participé au Symposium international sur le thème "La compréhension intergénérationnelle: une stratégie pour tous les âges" tenu en mai dernier dans la ville de Québec. Leur présence a manifestement provoqué de fécondes rencontres, a créé et confirmé des liens établis avec des représentants de diverses associations, et a permis d'espérer la présence de l'AIFF au Sommet de Moncton.

AIFF

Objectifs
➤ Réunir les femmes francophones et leur donner voix auprès des institutions.
➤ Faire participer les femmes francophones aux programmes de développement et à la paix dans le monde.

Historique
➤ 1987 Création de l'AIFF.
➤ 1992-95 Participation au Sommet de Rio sur l'environnement.
➤ 1993 Participation au Sommet de Maurice.
➤ 1994 Participation à la Conférence des OING francophones à Paris.
➤ 1995 Participation en qualité d'observateur au Sommet de Cotonou.
➤ 1997 10ᵉ anniversaire. Participation au Sommet de Hanoi.

Programmes
➤ Alphabétisation; formation professionnelle; sensibilisation (planification familiale, droits juridiques...).

Association des études francophones d'Europe centre-orientale (AEFECO)

Yves BRIDEL
Président

L ors de son 4ᵉ colloque (Leipzig, 1998) sur le thème "Unité et diversité des écritures francophones" (*AFI 1999*, p. 403), l'AEFECO a tenu une assemblée générale où ses statuts ont été modifiés et où un nouveau conseil a été désigné. Ce dernier s'est réuni au mois d'octobre 1998 à Strasbourg pour réorganiser le fonctionnement de l'association. Il a adopté un règlement du conseil et précisé dans un document les rapports entre l'association et les *Cahiers francophones d'Europe centre-orientale*. Ces derniers viennent de publier leur numéro 9, consacré à un hommage au poète québécois disparu Gaston Miron; ils publieront au cours de 1999 les actes du colloque de Leipzig.

Le conseil de l'AEFECO a décidé que son 5ᵉ colloque international aurait lieu dans la deuxième moitié du mois de mai 2001 à Strasbourg. Il aura pour thème: "L'Europe et la francophonie, les francophonies et l'Europe". Un comité d'organisation a été désigné: il comprend, sous la présidence d'Yves Bridel, les professeurs F.-X. Cuche, doyen de la Faculté des lettres de l'université Marc-Bloch de Strasbourg, qui coprésidera le colloque, B. Chikhi, nouvelle titulaire de la Chaire de littérature francophone à Strasbourg, Arpad Vigh et Marc Quaghebeur. Il a tenu une première séance en janvier 1999. Les personnes intéressées à participer à ce colloque peuvent demander des renseignements ou annoncer leur inscription à l'AEFECO, avec le thème de leur intervention (20 minutes maximum). Les adresses de l'AEFECO sont disponibles à la fin de ce volume.

Le Conseil se réunit à nouveau en septembre 1999 à Pécs pour une séance ordinaire, pour la mise sur pied du colloque de Strasbourg et pour faire le point sur la nouvelle vie de l'Association qui compte aujourd'hui une cinquantaine de membres.

AEFECO

Objectif
➤ Promouvoir la collaboration universitaire en Europe centre-orientale dans le domaine des études francophones.

Historique
➤ 1992 Fondation de l'AEFECO à l'issue du 2ᵉ Colloque international sur la Francophonie à Pécs (Hongrie), consacré à "L'enseignement de la francophonie", avec la participation d'universitaires originaires de huit pays: Allemagne, Autriche, Bulgarie, Hongrie, Pologne, Roumanie, Suisse, Yougoslavie.
➤ 1995 Colloque international à Vienne, autour de la question "Y a-t-il un dialogue interculturel dans les pays francophones?"
➤ 1998 Colloque international sur le thème "Unité et diversité des écritures francophones".

Publications
➤ *Cahiers francophones d'Europe centre-orientale*, revue annuelle de pluriculturalisme. 8 numéros parus jusqu'ici.
➤ Actes des colloques.

Ligue de coopération culturelle et scientifique Roumanie-France (LCCSRF)

Nicolae DRAGULANESCU
Président

L a LCCSRF a été fondée en 1990 par plusieurs centaines d'intellectuels francophones et francophiles. Ses buts statutaires sont la promotion en Roumanie de la francophonie, de la langue, de la culture et de la science françaises; la promotion des valeurs spirituelles roumaines dans les pays

francophones; le développement des échanges personnalisés entre la Roumanie et les autres pays francophones.

En Roumanie (le plus francophone des pays de l'Europe de l'Est), de 1940 à 1990, une seule association similaire ("d'amitié avec le peuple frère soviétique") a eu le droit d'exister. Par conséquent, les Roumains avaient, en 1990, très peu d'expérience du management des associations et ignoraient tout du bénévolat. Malgré tout, la LCCSRF a enregistré, de1990 à 1999, près de 2000 adhérents, surtout des intellectuels et des jeunes attirés par la langue française, par la perspective d'une meilleure connaissance des pays francophones et par la "promesse" de coopération avec des francophones de par le monde.

Les actions de la Ligue pendant les années 1990-1999 ont été à la fois nombreuses et diverses. Dans le domaine de la francophonie, la Ligue a organisé la participation roumaine à la XVIᵉ Biennale de la langue française (Bucarest, 19-25 Août 1995), la VIIᵉ édition du Symposium national "La Roumanie francophone" (en 1999); elle assure la célébration de la "Semaine internationale de la Francophonie", de la fête nationale de plusieurs pays francophones, ainsi que l'organisation et le suivi du concours national annuel "Connaissez-vous la France?". Elle a participé à l'édition et à la diffusion de la version roumaine du livre de Xavier Deniau, *La Francophonie*. Elle a apporté sa contribution à RFI et TV5 pour fonder à Bucarest, en 1991, les postes francophones Radio Delta et TV Sigma.

La Ligue organise aussi des soirées franco-roumaines, des projections commentées de diapositives, des récitals, concerts et autres spectacles, des symposiums, des lancements de livres. Elle octroie une assistance technique aux personnes physiques et morales francophones intéressées par la Roumanie (hébergement, traductions, facilitation des contacts et de l'orientation, organisation de stages dans les entreprises roumaines, facilitation de jumelages et parrainages, etc.), et propose des cours de langue française et des stages en France pour les jeunes Roumains.

De nombreux autres projets ont été envisagés, mais leur réalisation est, hélas! strictement et douloureusement conditionnée par les ressources disponibles. À remarquer que la continuité de l'engagement de la LCCSRF sur la voie initiée en 1990 a été assurée, pendant dix ans, surtout grâce à la volonté, aux efforts et aux sacrifices consentis bénévolement par les animateurs de la Ligue. Malheureusement, suite à la diminution continuelle du pouvoir d'achat de nos concitoyens, les bénévoles et les cotisants de la Ligue sont de moins en moins nombreux... Par conséquent, tout financement extérieur des actions et projets de la Ligue sera de nature à encourager ses adhérents et ses animateurs à continuer dans leur engagement...

Association internationale de la jeunesse francophone (AIJF)

Moustapha GUEYE
Président

Née au Sénégal en 1989 en prélude du Sommet de la Francophonie, l'AIJF est parrainée par Léopold Sédar Senghor. Fondée par M. Gueye dans le souci de préparer les francophones de la seconde génération, elle a participé aux débats de la 9ᵉ session du Haut Conseil de la Francophonie. Bien que née au Sénégal, elle n'en a pas moins l'ambition d'aller à la rencontre d'autres jeunes des pays francophones.

Dans ses réalisations, l'AIJF a initié et mis en place des clubs francophones dans des établissements scolaires du Sénégal, comme le lycée Lamine-Gueye de Dakar, les cours Sainte-Marie-de-Hann et le lycée Ousmane-Socé-Diop de Dieuppeul. L'association a initié la création à Dakar de la Semaine francophone de Dakar (SEFDAK), qui consiste en des conférences, des projections de films,

des expositions artisanales ainsi qu'en une exposition de peinture du collectif des femmes plasticiennes Femin'art. L'association organise des jumelages entre écoles du Nord et du Sud, collecte des ouvrages destinés aux écoles rurales africaines francophones, lutte contre l'analphabétisme, la drogue, le sida, et publie depuis quelques années un mensuel d'information générale sur le traitement de l'information politique, culturelle et économique de la francophonie. L'AIJF s'est fixé comme objectif d'organiser cette année, pendant les grandes vacances, une colonie de vacances pour les jeunes francophones dénommée **"Le séjour touristique Sédar Senghor"**, qui consiste à faire découvrir aux jeunes francophones le pays de celui qui est l'un des pères fondateurs de cette communauté organique qu'est la francophonie.

Centre international des civilisations bantu (CICIBA)

Vatomene KUKANDA

Les activités du CICIBA comprennent trois composantes. **La documentation** est organisée au sein d'une banque de données culturelles informatisée, multilingue, multidisciplinaire et multimédia. Elle est chargée de la collecte, de la conservation, du traitement, de la diffusion des données sur la culture bantu éparpillées à travers le monde et de leur mise à la disposition du public. Elle joue le rôle de raccourci pour atteindre ces données. **La recherche** vise la promotion de la culture bantu par les études et les analyses des données permettant de mieux définir et illustrer l'identité culturelle des peuples bantu d'hier et d'aujourd'hui. Elle utilise la méthode comparative et interdisciplinaire qui aide à saisir l'âme bantu dans toutes ses dimensions, en couvrant les domaines suivants: archéologie et muséologie, médecine traditionnelle et pharmacopée, linguistique et traditions orales, études islamo-bantu et études sur la dimension culturelle du développement. **Les productions et l'animation culturelles** ont pour objectif de faire connaître le monde bantu par la diffusion et la vulgarisation des résultats de recherches réalisées au CICIBA et par l'organisation des manifestations culturelles publiques.

La présence et l'action du CICIBA dans les États membres sont assurées par les antennes nationales placées sous la responsabilité des ministres de la Culture. Ceux-ci président les Commissions nationales pour le CICIBA installées dans leur pays respectif, lesquelles jouent le rôle de conseil en la matière. Les antennes exécutent les programmes tracés par le CICIBA dans le domaine de la documentation, de la recherche, et de la production et animation culturelles.

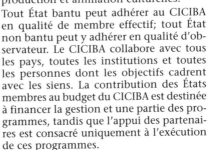

Tout État bantu peut adhérer au CICIBA en qualité de membre effectif; tout État non bantu peut y adhérer en qualité d'observateur. Le CICIBA collabore avec tous les pays, toutes les institutions et toutes les personnes dont les objectifs cadrent avec les siens. La contribution des États membres au budget du CICIBA est destinée à financer la gestion et une partie des programmes, tandis que l'appui des partenaires est consacré uniquement à l'exécution de ces programmes.

CICIBA

Objectifs

➤ Collecter, promouvoir et préserver les valeurs culturelles des peuples bantu susceptibles d'en sauvegarder l'identité et d'en favoriser le développement et l'ouverture au monde;

➤ Coordonner la documentation, la recherche, ainsi que la production et l'animation culturelles dans les États membres (Angola, Cameroun, Centrafrique, Comores, Congo, Guinée-Équatoriale, São Tomé e Principe, République démocratique du Congo, Rwanda et Zambie).

Publications

➤ Le CICIBA publie une revue intitulée *Muntu* et les bulletins de liaison spécialisés dans les domaines de ses activités.

Association universitaire pour le développement, l'éducation et la communication en Afrique et dans le monde (AUDECAM)

L'AUDECAM met en œuvre des actions de coopération et exécute les commandes des établissements culturels ou d'enseignement français à l'étranger. Elle est placée sous la tutelle de la Direction générale de la coopération internationale et du développement (DGCID) du ministère des Affaires étrangères.

Elle accueille également la Cinémathèque, qui conserve et prête à des organismes sans but lucratif, pour des projections non commerciales, un fonds d'environ 500 fictions et documentaires concernant l'Afrique. Elle édite un catalogue annuel des films disponibles.

Institut de recherche
pour le développement (IRD)

Marie-Lise SABRIÉ
IRD-Communication

L'Institut de recherche pour le développement (IRD, ex-Orstom) est un établissement public à caractère scientifique et technologique, placé sous la double tutelle des ministères français chargés de la Recherche, de la Coopération et du Développement. Il conduit, depuis 50 ans, des recherches centrées sur les relations entre l'homme et son environnement dans les pays du Sud, pour contribuer à leur développement durable. S'appuyant sur 2500 agents et 36 implantations – 5 en métropole, 5 dans les DOM-TOM et 26 à l'étranger –, l'IRD intervient essentiellement en Afrique, dans l'océan Indien, en Amérique latine, en Asie et dans le Pacifique.

Les activités scientifiques de l'IRD s'organisent en cinq départements:

– Le département "Milieux et environnement" développe des recherches sur la variabilité climatique et ses impacts régionaux, la dynamique de l'océan, des milieux terrestres (sols, biosphère) et des ressources en eau, la géodynamique des ressources minérales et des risques naturels, et l'impact des activités humaines sur l'environnement;

– Le département "Ressources vivantes" étudie la biodiversité, les écosystèmes (aquatiques, marins, littoraux, continentaux) et les agrosystèmes tropicaux pour mieux connaître leurs ressources, comprendre leur fonctionnement et assurer la viabilité de leur exploitation par une gestion appropriée;

– Le département "Sociétés et santé" conduit des programmes de recherche sur la santé (maladies parasitaires et virales, nutrition et malnutrition), les questions urbaines, les dynamiques sociales et économiques dans la perspective de politiques de développement;

– Le département "Expertise et valorisation" propose de mettre les compétences et les savoir-faire des équipes scientifiques de l'IRD à la disposition des organismes publics et privés, français, étrangers et internationaux;

– Le département "Soutien et formation des communautés scientifiques du Sud" a pour mission de contribuer au renforcement de leurs capacités de recherche, notamment des jeunes équipes, et à leur meilleure insertion à un niveau international.

L'IRD met en œuvre une politique de diffusion multimédia de l'information scientifique et technique et, dans ce cadre, édite ou coédite une trentaine de publications par an, en langue française pour l'essentiel. Ses 19 centres de documentation – dont près de la moitié en Afrique francophone – accueillent 25 000 personnes chaque année et mettent à leur disposition un fonds documentaire, comprenant au total 200 000 ouvrages, 1500 revues, une cinquantaine de bases de données scientifiques sur CD-Rom ou autre support informatique. Cette diffusion s'effectue également par Internet (http://www.ird.fr), et par des documents audiovisuels, une banque d'images fixes (Base Indigo) et de nombreux colloques et séminaires scientifiques.

Académie francophone d'ingénieurs (AFI)

Depuis 1993, l'AFI publie sur une multitude de sujets scientifiques, du zéro aux origines de la vie, en passant par la chronologie des langues et des écritures.

Sous le haut patronage de Jacques Chirac, l'AFI a tenu son 4e Colloque international sur le thème "Avancées technologiques en vue du 21e siècle" les 15 et 16 janvier 1998 au siège de l'UNESCO. L'AFI a aussi reçu le haut patronage et le soutien de nombreuses personnalités.

En 1999, l'AFI se propose notamment de former de nouveaux spécialistes pour lutter contre la violence exercée autour et dans le monde des ingénieurs, aussi bien dans les milieux familiaux que professionnels. Elle planifie de même une série d'expositions sur les cultures méditerranéennes, une chronologie de l'histoire de l'humanité présentée au Musée des langues du monde, et prévoit ouvrir une École solaire d'été dans le dessein de dispenser de l'information utile sur les énergies renouvelables et respectueuses de l'environnement.

Une section russe de l'AFI vient de se constituer à Moscou.

Le Parc de la Francophonie
de La Rochelle

Patrice POTTIER
Délégué à la communication

Un nouveau président, Raymond Merlaud, un nouveau conseil d'administration et un nouveau bureau ainsi que de nombreux projets concrets: le "nouveau" Parc de la Francophonie est relancé depuis avril 1999. Le printemps a donc marqué la renaissance de ses activités sur les plans économique, culturel et humanitaire en direction des pays francophones et francophiles.

La première opération concrète patronnée par le Parc de la Francophonie de La Rochelle a eu lieu au mois de mai dernier. En partenariat avec l'Association sénégalaise des professeurs de lettres, le Parc a contribué à l'organisation d'un grand concours national d'orthographe en offrant un appui financier ainsi que de nombreux livres d'auteurs francophones. Ce concours national a regroupé près de 300 collèges sénégalais et tous les élèves des classes de la 6e à la 3e y ont pris part. On sait que le français est la langue officielle d'enseignement au Sénégal et qu'il est obligatoire au Baccalauréat. Malgré cela, les lycéens, et parfois les professeurs sénégalais, souffrent d'un manque de livres en français, d'où la nécessité de les aider en leur offrant des ouvrages des meilleurs auteurs francophones.

D'autres projets d'ordre humanitaire ou technique sont à l'étude, comme celui d'équiper en eau potable les villages du Sénégal.

Le Parc de la Francophonie de La Rochelle n'est pas un espace mais une démarche relationnelle entre les entreprises ou associations qui ont le français en partage. Depuis 1987, La Rochelle a "enfanté" une série de Parcs regroupés en Fédération internationale des Parcs de la Francophonie: Rimouski (Québec), Dakar (Sénégal), Charleroi (Belgique), N'Djamena (Tchad), Bucarest (Roumanie), Beyrouth (Liban), Brazzaville (Congo), etc. Le nouveau bureau va s'employer à les réactiver. Le plus récent: celui du Brésil, qui va entreprendre la construction d'un grand aquarium à Florianopolis, en partenariat avec la Société des aquariums Coutant de La Rochelle.

Enfin, d'autres Parcs sont en projet dans le monde francophone: Saint-Denis (La Réunion), La Fayette (Louisiane), Hô Chi Minh-Ville (Vietnam), Antananarivo (Madagascar) et Cotonou (Bénin).

Association francophone
de management de projet (AFITEP)
Bernard BROISIN-DOUTAZ
Délégué général

L'année 1998 s'est caractérisée par un fort développement en nombre d'adhérents, en nombre d'abonnés à la revue *La Cible*, en nombre de certifications en maîtrise de projet et en direction de projet, en partenariats avec d'autres pays francophones (Canada, Belgique, Suisse).

Elle s'est également caractérisée par la publication d'un catalogue des formations continues en management de projet qui était très attendu et, surtout, par la tenue du premier Congrès francophone de management de projet, à Paris, les 5 et 6 novembre 1998. Grâce à l'appui de l'Agence de la Francophonie, ce congrès a vu la participation des représentants de 17 pays francophones (une soixantaine de personnes). Il a réuni, pendant deux jours, au total 1350 personnes, qui ont pu ainsi assister aux 35 conférences qui étaient proposées (sur le thème "Maîtrise d'ouvrage, maîtrise d'œuvre") et visiter le salon du management de projet qui regroupait 46 exposants.

Cette année, le Congrès francophone du management de projet sera organisé les 26 et 27 octobre, à Paris, sur le thème "Maîtriser les risques".

Radio-France Internationale (RFI)
Marc VERNEY

Radio-France Internationale émet 24h/24h sur l'ensemble de la planète. Ses programmes sont composés d'émissions d'actualité en français, d'émissions en langues étrangères et d'une chaîne musicale francophone diffusée par satellite.

RFI en langue française (89 FM à Paris, et en ondes courtes, FM, par satellite dans le monde entier) est la première radio d'actualité internationale en continu. Elle diffuse infos et magazines en alternant reportages et interviews.

RFI diffuse également en 18 langues ses bulletins d'information et magazines de société en utilisant des vecteurs de diffusion différents de ceux du français.

Par ailleurs, RFI propose à 900 radios dans le monde des programmes culturels et musicaux spécifiques, dont la chaîne RFI-Musique. L'agence de presse écrite MFI fournit articles et enquêtes à 300 journaux abonnés au service.

Les nouveaux moyens de diffusion sont en très rapide expansion. Près de 200 relais FM reprennent RFI en direct, 14 satellites couvrent l'ensemble de la planète et 13 antennes ondes courtes de nouvelle génération diffusent RFI avec un confort de réception accru. Par ailleurs, 18 réseaux câblés en Europe, en Amérique et en Asie proposent les émissions de RFI.

RFI

Historique

➤ 1931 Le Poste colonial diffuse sa première émission en ondes courtes depuis le studio de l'Exposition coloniale à Paris.

➤ 1935 Le Poste colonial devient polyglotte et se dote d'émetteurs puissants, capables de rivaliser avec ceux de la BBC.

➤ 1938 Le Poste colonial devient Paris mondial.

➤ 1975 Création de Radio France Internationale, direction de Radio France.

➤ 1986 RFI améliore la couverture de ses émissions vers l'Asie.

➤ 1989 Premier relais d'émissions en FM de RFI à New York.

➤ 1996 Radio Monte-Carlo Moyen-Orient devient une filiale à 100% de RFI. Le groupe RFI compte alors 45 millions d'auditeurs répartis sur la planète entière.

➤ 1998 Annonce du lancement de la rédaction de RFI en ligne sur Internet.

http://www.rfi.fr
http://www.rfimusique.com

Centre international de recherches, d'échanges et de coopération de la Caraïbe et des Amériques (CIRECCA)
René MORÉLOT
Directeur adjoint

Créé à Fort-de-France (Martinique) en 1982, le CIRECCA a pour but de contribuer, au moyen de la langue française, au développement des relations et des échanges internationaux (culture, développement, langue, science et technologie) dans la Caraïbe et les Amériques. Il a bénéficié de l'initiative de plusieurs ministères français et étrangers, de plusieurs collectivités locales (conseils généraux, municipalités), de Chambres de commerce, d'Universités (Université Antilles-Guyane, Université d'État d'Haïti, etc.), de l'AUPELF et de l'UNICA (Association des Universités et Instituts de la Caraïbe). Il met en place des stages de formation de formateurs en FLE (professeurs de français de la Caraïbe et d'Amérique latine) et favorise, par l'immersion, le perfectionnement linguistique de stagiaires américains (étudiants d'universités), caribéens ou originaires d'autres pays, ainsi que de ressortissants étrangers résidant en Martinique. Le CIRECCA organise aussi des colloques internationaux (Journées de la francophonie des Amériques, Carrefour des opérateurs culturels de la Caraïbe, etc.).

Conseil francophone de la chanson

Nouvelle directrice générale au CFC
Geneviève DUQUET

Le CFC, dont le bureau principal est à Montréal, a depuis septembre 1998 une nouvelle directrice générale: Nathalie Le Coz, qui prend le relai de Serge Provençal à la tête de la direction, et ce, tout juste après l'adoption des nouveaux statuts de l'organisation.

Un bref regard sur le parcours de Mme Le Coz ne peut que confirmer la pertinence de sa nomination à ce poste prestigieux: diplômée du Conservatoire de musique de Montréal, elle a également complété des études en anthropologie et en communication. Elle a travaillé comme recherchiste pour l'ADISQ et le ministère des Communications du Canada, relationniste pour l'Assemblée mondiale des artisans des radios de type communautaire (AMARC) et l'édition montréalaise New Music America, analyste responsable des programmes d'aide au disque et au spectacle au Patrimoine canadien, au ministère de la Culture et des Communications du Québec, puis à la Société de développement des entreprises culturelles (SODEC)...

C'est cette nouvelle figure, reflétant le dynamisme du CFC, qui s'apprête à son tour à relever les défis qu'implique la mission première de l'organisme: "promouvoir la chanson et les musiques de l'espace francophone à travers le monde". Ambitieux mandat, comme le dit elle-même Mme Le Coz, et qu'elle se prépare à remplir par le biais, entre autres, d'une meilleure "circulation" des artistes, au Québec et ailleurs. "Stimuler les réseaux de tournée dont la carte déborde largement le Québec" et "fournir un soutien technique à une tournée africaine, nord-américaine et antillaise, puis européenne d'un plateau hip-hop francophone composé de groupes des trois continents", sont des exemples d'actions qui seront posées en ce sens. Parallèlement à ces projets, le CFC poursuivra son travail "d'éveil" aux musiques de la francophonie dans le milieu de l'éducation, avec une réédition du cahier pédagogique *La Chanson de l'espace francophone*, destiné aux élèves du secondaire et distribué à travers le monde. Encouragée par le succès de cette publication-compilation, Nathalie Le Coz souhaite un outil semblable de sensibilisation et d'apprentissage, autour cette fois d'artistes francophones canadiens; elle espère ainsi développer un public et mettre en valeur les différentes identités culturelles "d'un immense pays mal connu".

Source: *Rythmes*, Bulletin de liaison du Conseil francophone de la chanson ,vol. 6, nᵒˢ 1-2, 1ᵉʳ trimestre 1999.

CFC

Objectif
➤ Promouvoir la chanson francophone dans l'espace de la francophonie internationale.

Activité
➤ Consultant auprès de gouvernements, d'organisations intergouvernementales (ACCT) ou de sociétés privées dans l'organisation d'événements culturels à caractère international (MIDEM, MASA).

➤ Observateur permanent auprès de l'OMPI (Organisation mondiale de la propriété intellectuelle).

➤ Trophée annuel RFI-CFC.

Structures
➤ Un secrétariat permanent à Montréal.
➤ Une direction Afrique à Douala.
➤ Une direction Europe à Bruxelles.
➤ 21 membres dans 19 pays, dont 15 en Afrique.

Publications et enregistrements
➤ Le bulletin trimestriel *Rythmes*.
➤ Le cahier pédagogique *La Chanson de l'espace francophone* et le disque du même titre destinés aux écoles de la francophonie.
➤ Le guide *La Circulation des artistes africains en Europe*.
➤ Compilation d'artistes africains sur deux disques compacts *Midem 1998 Francophonie*.

http://www.chanson.ca

Théâtre international de langue française (TILF)

En près de 2000 représentations, le TILF a déjà mis en scène 113 auteurs issus de 36 pays et territoires de langue française et donné lieu à 25 créations et 20 parloirs (panoramas scéniques).

La saison 1998-1999, celle de "l'ouverture à des œuvres naissantes, jeunes et féminines" (Gabriel Garran) a amené à voyager et à découvrir des auteurs issus des différents territoires et horizons francophones. L'Afrique était largement représentée, avec *Michel*

TILF

Objectif

➤ "Rendre compte de la fécondité des écritures théâtrales francophones et de la diversité de l'imaginaire né de toutes les identités de la langue française" (Gabriel Garran).

Historique

➤ 1985 Création du TILF par Gabriel Garran, fondateur du Théâtre de la commune à Aubervilliers et son directeur pendant 20 ans.
➤ 1983 Le *Bal de N'Dinga* du Congolais Tchicaya U Tam'si.
➤ 1986 *L'Homme gris* de la Canadienne Marie Laberge.
➤ 1993 Jusqu'alors "théâtre nomade", le TILF s'installe sur le Parc de la Villette.

Leiris à Gondar (Éthiopie), adaptation et mise en scène de Geneviève Rosset d'après *L'Afrique fantôme* de Michel Leiris; avec un hommage à l'auteur congolais Tchicaya U Tam'si, *Le Bal de la mémoire*; avec une création du Bénin, *Les Enfants du Fa*, sur une idée d'Aloughine Dine, et dans une mise en scène de Gilles Zaepffel. La création de *Prophètes sans dieux*, dans une mise en scène de Slimane Bénaïssa, a évoqué l'Algérie. Pour la France, David Lescot et Marie Thébaud ont mis en scène *Les Conspirateurs*, de David Lescot, et Gabriel Garran a proposé la création d'*Un barrage contre le Pacifique*, adaptation de Marguerite Duras par Geneviève Serreau. Entre la France et l'Allemagne, Luc Laporte a mis en scène *La Chair de poule*, de Fabienne Rouby, d'après un conte des frères Grimm. Dans le cadre de la saison israélienne en France, le TILF a présenté une série de lectures autour de Hanokh Lévine, figure emblématique du théâtre israélien contemporain. Vincent Goethals a mis en scène *Le Chemin des passes dangereuses*, du Canadien Michel-Marc Bouchard.

Le TILF s'est associé au Parc de la Villette pour présenter des écritures et des expressions multiformes venues de Nancy, Blois, Stains et Fresnes sur le thème des banlieues, avec **"Rencontres des cultures urbaines"**, en octobre 1998. **"Francophonie au féminin"**, du 10 au 26 juin 1999, était un festival autour des auteurs féminins francophones du monde entier, sur une initiative du TILF.

Centre de rencontres et d'échanges internationaux du Pacifique (CREIPAC)

Marie-France DEZARNAULDS

Le CREIPAC a été créé en 1980 pour répondre aux besoins de l'enseignement du français langue étrangère dans la région. Il a pris naissance sous la forme d'une association placée sous le haut patronage de l'AUPELF. Son objectif était de répondre aux demandes de formations émanant des universités étrangères ayant un département de français. Car la Nouvelle-Calédonie offrait, et offre toujours, la seule possibilité de contact avec la langue française dans un environnement proche.

Depuis sa création, le CREIPAC n'a cessé d'étendre son champ d'action dans tous les pays voisins de la zone Asie-Pacifique. Afin de développer efficacement ses potentialités et de jouer un rôle majeur dans l'accueil et la formation des stagiaires étrangers, les autorités territoriales et nationales ont fait du CREIPAC, en janvier 1992, un établissement public territorial. Grâce à cette reconnaissance institutionnelle, le CREIPAC a pu ainsi établir des relations conventionnelles tant avec le vice-rectorat qu'avec l'Université française du Pacifique. Le renouvellement de ces conventions en décembre 1994 a permis au CREIPAC d'obtenir l'habilitation comme Centre d'examens pour le DELF en 1995 et le DALF en 1998.

Festival international
des francophonies en Limousin

Hélène CADIOU
Chargée de communication

Le 16ᵉ rendez-vous des théâtres franco-phones aura lieu du **23 septembre au 3 octobre 1999**, à Limoges et en Limousin. Fidèle à sa vocation de découverte de nouveaux talents, il accueillera une centaine d'artistes venus des quatre coins du monde francophone (Sénégal, Bénin, Communauté française de Belgique, Burkina Faso, France et différentes provinces du Canada: Québec, Ontario et Nouveau-Brunswick). Une large partie de la programmation sera consacrée à des spectacles inédits en France, avec cette année trois créations et trois premières, dont *Rêves*, le dernier spectacle de Wajdi Mouawad (Liban/Québec-Canada), qui fut la révélation du festival 98 avec *Littoral*, et *Exils*, une pièce interculturelle sur fond de francophonie qui réunit sur scène artistes québécois, franco-ontariens et acadiens.

La danse sera présente également avec *Kôbèndé*, spectacle de la chorégraphe burkinabée Irène Tassembedo, de même que la musique, qui fera vibrer le Chapiteau des francophonies, carrefour des festivaliers, où se produiront plusieurs groupes acadiens, africains et régionaux. Une sélection de films de réalisateurs francophones sera aussi proposée en fin de festival.

Comme chaque année depuis 1984, l'atmosphère festivalière s'installera à Limoges durant dix jours, conjuguant spectacles, recherche, réflexion autour de tables rondes, lectures scéniques, ateliers de théâtre et ambiance de fête sous le Chapiteau des francophonies. Puis, comme de coutume, les spectacles seront présentés en tournée dans les communes du Limousin avant de rejoindre Paris ou quelques autres capitales.

La Maison des auteurs accueillera quant à elle une dizaine d'auteurs dramatiques pour une résidence d'écriture de deux ou trois mois à Limoges. Ils bénéficient de bourses offertes par le Centre national du livre, l'association Beaumarchais, le ministère délégué à la Coopération et RFI.

Plus que jamais, l'édition 1999 est le reflet de rencontres et d'échanges entre créateurs et comédiens de cultures différentes qui travaillent de concert autour d'une langue et d'un projet artistique communs. Le programme peut être consulté sur notre site.
http://www.fest-theatres-franco.com

Club des lecteurs d'expression française (CLEF)

Depuis 30 ans, le CLEF soutient l'émergence, la valorisation et la diffusion des littératures francophones ou traduites en français venues du Sud; il encourage également le développement de la lecture et de l'écriture en langue française dans les pays du Sud. Pour cela, le CLEF produit la revue *Notre Librairie*, d'actualité et de critique littéraire, mais aussi des expositions itinérantes sur les littératures du Sud et leurs auteurs et, enfin, a créé un site Internet. Il organise d'autre part des rencontres avec les auteurs (rencontres FNAC avec les éditions du Serpent à plumes: invitation d'Emmanuel Dongala des États-Unis et d'Aminata Sow Fall du Sénégal).

Le CLEF participe à des colloques (colloque Édouard Glissant à la Sorbonne), et à des salons littéraires (Salon du livre de Paris); il anime aussi des ateliers d'écriture (atelier d'écriture en Guinée, en collaboration avec le Projet du livre de Conakry) ainsi que des stages de formation aux littératures francophones (lors du colloque de Leipzig de mars et avril 1998).
http://www.clef-litsud.com

Notre Librairie présente trois fois par an, en 150 pages illustrées, un panorama des littératures du Sud (Afrique, Caraïbe, océan Indien) francophones ou traduites en français: études critiques, entretiens, textes inédits, notes de lecture, rubrique "Vient de paraître" sur les publications littéraires francophones des pays du Sud.

Elle constitue une source d'informations précises et complètes à destination grand public et un outil professionnel pédagogique et de référence, indispensable aux professeurs d'université et de lycée, aux étudiants et aux élèves du secondaire.

Communauté des radios
publiques de langue française (CRPLF)
Anne-Marie BUSQUE

La CRPLF favorise les échanges entre les animateurs, les journalistes et les techniciens de France, de Suisse, de Belgique et du Canada. Les rencontres d'écrivains (annuelles), le "Portrait de l'année", la diffusion des grands concerts de la francophonie

---

CRPLF

Objectifs

➤ Faire connaître, illustrer et défendre le patrimoine de la communauté internationale française.

➤ Mettre en commun les forces et les talents des animateurs, journalistes et techniciens des quatre sociétés qui composent la CRPLF (Radio-France, Radio Suisse Romande, Radio-Télévision belge et Radio-Canada).

➤ Encourager la vitalité et la création dans le monde radiophonique de langue française.

Historique

➤ 1955 Fondation de la CRPLF.

➤ 1956 Réunion à la CRPLF des radios francophones suisses et belges.

➤ 1957 Réunion à la CRPLF de Radio-Canada.

---

et la "revue de presse à quatre" (hebdomadaire) font partie de ses principales réalisations.

La CRPLF décerne aussi annuellement des prix et distinctions, tels que le Grand Prix CRPLF du journalisme, le Grand Prix Paul-Gilson, qui encourage la création (musique, fiction, documentaire), et la Bourse René-Payot, destinée aux jeunes journalistes de radio. La création est le mot d'ordre de la Communauté. Ainsi, chaque année, une œuvre symphonique originale est commandée à un compositeur français, canadien, suisse ou belge.

Pour l'année 1999, les projets et les réalisations sont multiples. De nombreux prix sont une nouvelle fois décernés. Ainsi, la 18e Bourse Payot a été attribuée à Virna Cogo Sternberg, une jeune française étudiante de l'école supérieure de journalisme à Lille, pour son projet sur la police scientifique. Dotée de 10 000 francs suisses, elle pourra effectuer un stage dans les quatre rédactions de la CRPLF. Les 13es Rencontres des écrivains de la CRPLF se sont tenues à Bâle (Suisse) du 26 au 29 mai. Le thème choisi portait sur les rapports complexes entre arts et écriture et les écrivains invités entretiennent tous des rapports avec les arts plastiques. Des Rencontres jazz ont eu lieu les 14 et 15 mai.

Association des écrivains
de langue française (ADELF)

Fondée en 1926 et reconnue d'utilité publique en 1952, l'ADELF réunit actuellement quelque 1500 écrivains de plus de 60 nationalités différentes. Elle a pour objet de favoriser dans le monde l'expansion des littératures de langue française, d'encourager et de soutenir les écrivains d'expression française, où qu'ils se trouvent, de regrouper les activités d'ordre intellectuel et social relatives à la défense et au rayonnement des civilisations du monde francophone, et de sauvegarder les intérêts moraux et matériels des écrivains membres de l'Association.

Pour cela, elle attribue des prix littéraires chaque année (les Prix Afrique méditerranéenne/Maghreb, Afrique noire, Alpes et Jura, Asie, Européen, France-Liban, France-

Québec/Jean-Hamelin, France Wallonie-Bruxelles et de la Mer) et tous les deux ans (les prix Caraïbes, Madagascar, Mascareignes et Océanie). Elle organise aussi dans le canton de Payrac (Lot), fin août, tous les ans, un colloque international francophone (le 9e colloque a eu pour titre "Regards croisés sur la Francophonie au Maroc").

L'ADELF met à la disposition du public une bibliothèque qui regroupe quelque 1500 volumes. Elle fait paraître une revue semestrielle, *Lettres et Cultures de langue française,* consacrée aux littératures et cultures de langue française dans le monde, ainsi qu'un bulletin de liaison trimestriel, *Le Point au...,* pour donner des informations sur la vie de l'Association et des nouvelles de ses membres.

Le Réseau Théophraste

Marc CAPELLE
Secrétaire général

L e Réseau Théophraste a vu le jour en mars 1994. À l'initiative de l'École supérieure de journalisme de Lille (ESJ), 14 centres francophones de formation au journalisme ont décidé de créer une association destinée à développer les actions de coopération entre ses membres et mettre ses ressources et compétences au service des organismes, entreprises et professionnels intéressés. Pourquoi Théophraste? Parce que Renaudot, tout simplement, que l'on peut considérer comme le fondateur du journalisme de langue française.

Les centres du Réseau Théophraste sont aujourd'hui français, belge, suisse, canadiens, bulgare, roumain, tunisiens, marocain, sénégalais, camerounais et égyptien. L'ensemble représente une force de plus d'un millier d'étudiants en formation et d'environ 6000 anciens élèves, journalistes professionnels en activité. En avril 1996, le Réseau Théophraste est devenu un des réseaux institutionnels de l'AUF (Agence universitaire de la Francophonie).

A l'évidence, les différences de moyens d'un centre à l'autre peuvent être importantes. Les approches pédagogiques peuvent varier. Le journalisme n'est pas une science exacte. L'enseignement du journalisme non plus. Mais ce qui réunit les membres du Réseau Théophraste, c'est leur volonté commune de préparer les jeunes à l'exercice d'un métier bien identifié. Il se propose ainsi de contribuer à la définition du caractère spécifique des métiers du journalisme et à leur démarcation des autres secteurs de la communication. Ses membres s'engagent aussi à veiller à l'affirmation du rôle essentiel du journaliste dans la vie démocratique.

En 1996, à Lille, et en 1997, à Louvain-la-Neuve, deux universités d'été ont permis à des étudiants de chaque centre du réseau de s'exercer ensemble à la pratique du journalisme multimédia pendant deux semaines. En 1998, un séminaire à Yaoundé a permis de mettre l'accent sur la nécessité d'engager en Afrique un vaste plan de formation à la gestion des médias auquel le Réseau Théophraste pourrait prendre part. En 1999, à l'occasion du Sommet de la Francophonie de Moncton, le réseau lance un manuel sur *Le Journalisme à l'heure du Net*. Ce guide, avant tout destiné à l'apprentissage des étudiants, sera distribué dans les quinzes centres de formation du réseau.

A l'avenir, le Réseau Théophraste travaillera, pour peu qu'on lui en accorde les moyens, à renforcer encore les opérations permettant à ses étudiants et à ses formateurs de travailler ensemble et ainsi de contribuer au développement de la communauté des journalistes francophones.

Les membres du Réseau Théophraste

- Centre africain de perfectionnement des journalistes et communicateurs (Tunis)
- Centre d'études des sciences et techniques de l'information (Dakar)
- Centre de formation et de perfectionnement des journalistes (Paris)
- Centre romand de formation des journalistes (Lausanne)
- École supérieure de journalisme de Lille
- École sup. des sciences et techniques de l'information et de la communication (Yaoundé)
- Faculté de communication de masse de l'Université du Caire
- Faculté de journalisme et de communication de masse de l'Université de Sofia
- Faculté de journalisme et des sciences de la communication de l'Université de Bucarest
- Faculté des lettres (dép. Information et communication) de l'Université Laval (Québec)
- Faculté des arts (programme Information-communication) de l'Université de Moncton
- Institut pratique du journalisme (Paris)
- Institut de presse et des sciences de l'information (Tunis)
- Institut supérieur des sciences de l'information et de la communication (Rabat)
- Unité COMU-RECI de l'Université catholique de Louvain (Louvain-la-Neuve)

RÉPERTOIRE

ORGANISATION OFFICIELLE DE LA FRANCOPHONIE

***OIF – Organisation internatio-
nale de la Francophonie**
Cabinet du Secrétaire général
28, rue de Bourgogne
75007 Paris - France
Tél.: (33) 01 44 11 12 50
Fax: (33) 01 44 11 03 01
http://www.francophonie.org

***AIF – Agence intergouvernemen-
tale de la Francophonie (ex-ACCT)**
13, quai André-Citroën
75015 Paris - France
Tél.: (33) 01 44 37 33 00
Fax: (33) 01 45 79 14 98
Pour les coordonnées des bureaux
régionaux, consulter le site:
http://agence.francophonie.org

*Université Senghor
Tour du Coton
1, Place Ahmed Orabi-El Mancheya
B.P. 21111,
415 Alexandrie - Égypte
Tél.: (203) 48 43 371-72-73
Fax: (203) 48 43 374
rectorat.univ-senghor@refer.org.eg
http://www.refer.org.eg

*TV5
– Europe
19, rue Cognacq-Jay
75007 Paris - France
Tél.: (33) 01 44 18 55 55
Fax: (33) 01 44 18 55 10
– Québec-Canada
1755, boul. René-Lévesque Est, bur. 101
Montréal (Qué.) H2K 4P6 - Canada
Tél.: (1 514) 522-5322
Fax: (1 514) 522-6572
http://www.tv5.org

***AIMF – Association internatio-
nale des maires et responsables
des capitales et métropoles
francophones**
– 9, rue des Halles
75001 Paris - France
Tél.: (33) 01 42 76 46 06/42 76 41 49
Fax: (33) 01 40 39 06 62
– Secrétariat de la région Amérique
835, boulevard René-Lévesque Est
Québec (Qué.) G1A 1A3 - Canada
Tél.: (1 418) 643-7391
Fax: (1 418) 643-1865
http://www.aimf.asso.fr

***AUF – Agence universitaire de la
Francophonie (ex-AUPELF-UREF)**
Direction générale et rectorat
B.P. 400 – Succ. Côte-des-Neiges
Montréal (Qué.) H3S 2S7 - Canada
Tél.: (1 514) 343-6630
Fax: (1 514) 343-2107
rectorat@aupelf-uref.org
Pour les coordonnées des bureaux
régionaux, consulter le site:
http://www.aupelf-uref.org

***APF – Assemblée parlementaire
de la Francophonie (ex-AIPLF)**
235, boul. Saint-Germain
75007 Paris - France
Tél.: (33) 01 47 05 26 87
Fax: (33) 01 45 51 11 47
http://www.francophonie.org/aiplf

***FFA – Forum francophone des
affaires**
465, rue Saint-Jean, bureau 800
Montréal (Qué.) H2Y 2R6 - Canada
Tél.: (1 514) 987-1807
Fax: (1 514) 987-1257
siffa@op-plus.net
http://www.ffa-i.org

ORGANISMES, ORGANISATIONS ET ASSOCIATIONS

***Académie francophone
d'ingénieurs**
Maison de l'UNESCO, SC/EST
1, rue Miollis
75732 Paris cedex 15 - France
Tél.: (33) 01 47 14 19 72
Fax: (33) 01 45 68 58 20
afi@unesco.org
www.alegria/fr/~chryz/francais/afi.htm

**ACELF – Association cana-
dienne d'éducation de langue
française**
268, rue Marie-de-l'Incarnation
Québec (Qué.) G1N 3G4 - Canada
Tél.: (1 418) 681-4661
Fax: (1 418) 681-3389
informat@acelf.ca
http://www.acelf.ca

**ACF – Association culturelle
francophone de l'ONU**
Bureau S-1527B
New York, NY 10017 - États-Unis

***ADELF – Association des
écrivains de langue française**
14, rue Broussais
75014 Paris - France
Tél.: (33) 01 43 21 95 99
Fax: (33) 01 43 20 12 22

**ADIFLOR – Assoc. pour la diffusion
internationale francophone de
livres, ouvrages et revues**
a/s AFAL
5, rue de la Boule-Rouge
75009 Paris- France
Tél.: (33) 01 47 70 10 83
Fax: (33) 01 47 70 07 69

***AEFECO – Association des
études francophones d'Europe
centre-orientale**
– a/s Yves BRIDEL
Ch. des Étourneaux
1031 Mex - Suisse
Tél. et Fax: (41) 21 701 33 60

– *Cahiers francophones de l'Europe
centre-orientale.*
a/s Arpad Vigh
Magalasti, 47/b
7825 Pécs - Hongrie
Tél. et Fax: (36) 72 211 814.

***AFAL – Assoc. francophone
d'amitié et de liaison**
5, rue de la Boule-Rouge
75009 Paris - France
Tél.: (33) 01 47 70 10 83
Fax: (33) 01 47 70 07 69

***AFEC – Assoc. francophone
d'éducation comparée**
a/s CIEP
1, avenue Léon-Journault
92311 Sèvres cedex - France
Tél.: (33) 01 45 07 60 00
Fax: (33) 01 45 07 60 01
afec@club-internet.fr

---

* On trouvera dans le chapitre précédent des informations sur les organismes, les organisations et les associations dont le nom est précédé d'un astérisque.

*AFIDES – Association francophone internationale des directeurs d'établissements scolaires
500, boulevard Crémazie Est,
Montréal (Qué.) H2P 1E7 - Canada
Tél.: (1 514) 383-7335
Fax: (1 514) 384-2139
afides@grics.qc.ca
http://www.afides.qc.ca

*AFITEP – Association francophone de management de projet
17, rue de Turbigo
70002 Paris - France
Tél.: (33) 01 55 80 70 60
Fax: (33) 01 55 80 70 69
info@afitep.fr
http://www.afitep.fr

AIEAF – Association internationale des éditeurs africains francophones
Éditions CEDA
B.P. 541
Abidjan 04 - Côte d'Ivoire
Tél.: (225) 21 32 17/22 20 55
Fax: (225) 21 72 62

*AIFA – Association internationale francophone des aînés
150, boul. René-Lévesque Est (RC)
Québec (Qué.) G1R 2B2 - Canada
Tél.: (1 418) 646-9117
Fax: (1 418) 644-7670
http://francophonie.net/aifa

*AIFF – Association internationale des femmes francophones
B.P. 71
Nouakchott - Mauritanie
Tél. et fax: (225) 25 10 80
mayo@compunet.mr
http://www.francophonie.org/oing/aiff

*AIJF – Association internationale de la jeunesse francophone
2982 B Dieuppeul 4
Dakar - Sénégal
Tél. et fax: (221) 82 46 196
moustapha.gueye@caramail.com

AILF – Association des informaticiens de langue française
21, rue Voltaire
75011 Paris - France
Tél.: (33) 01 43 73 32 82
ailf@francophonie.net
http://www.francophonie.net/ailf

AIVFC – Association internationale des villes francophones de congrès
SCET Ouest, B.P. 422
44013 Nantes cedex 01 - France
Tél.: (33) 02 40 12 24 80
Fax: (33) 02 40 12 24 84

Alliance française
101, boulevard Raspail
75270 Paris cedex 06 - France
Tél.: (33) 01 45 48 67 32
Fax: (33) 01 45 44 89 42/45 44 25 95
info@alliancefrancaise.fr
http://www.paris.alliancefrancaise.fr

Alliance francophone
24, avenue Perrichont
75016 Paris - France
Tél.: (33) 01 42 30 78 00
Fax: (33) 01 42 30 78 10

*Amitiés acadiennes
2, rue Ferdinand Fabre
75015 Paris - France
Tél.: (33) 01 48 56 16 16
Fax: (33) 01 48 56 19 00
amities.acadiennes@wanadoo.fr

ANSULF – Association nationale des scientifiques pour l'usage de la langue française
9, Parc d'Ardenay
91120 Palaiseau - France
Tél.: (33) 01 60 10 50 39/44 27 51 08

APELA – Association pour l'étude des littératures africaines
5, Square Henri Delormel
75014 Paris - France

APF – Agence de la presse francophone
267, rue Dalhousie
Ottawa (Ontario) K1N 7E3 - Canada
Tél.: (1 613) 241-1017
Fax: (1 613) 232-6193
http://www.apf.ca

AQWBJ – Agence Québec-Wallonie-Bruxelles pour la jeunesse
– 1441, boul. René Lévesque, Bur. 301
Montréal (Qué.) H3G 1T7 - Canada
Tél.: (1 514) 873-4355
Fax: (1 514) 873-1538
– 13, bout. Adolphe-Max, Boîte 2
1000 Bruxelles - Belgique
Tél.: (32) 2 219 09 06
Fax: (32) 2 218 81 08
lagence@aqwbj.org
http://www.aqwbj.org

ASPELF – Association française de solidarité avec les peuples de langue française
a/s AFAL, 5, rue de la Boule-Rouge
75009 Paris - France
Tél.: (33) 01 47 70 29 59

ASSELAF – Association pour la sauvegarde et l'expansion de la langue française
320, rue Saint-Honoré
75001 Paris - France
languefr@micronet.fr

*AUDECAM – Association universitaire pour le développement, l'éducation et la communication en Afrique et dans le monde
Les Patios Saint-Jacques
6, rue Ferrus
75683 Paris cedex 14 - France
Tél.: (33) 01 43 13 11 00
Fax: (33) 01 43 13 11 25

Avenir de la langue française
98 rue de Sèvres
75007 Paris - France
Tél.: (33) 01 42 73 14 92
Fax: (33) 01 45 56 10 72
languefr@micronet.fr

BIEF – Banque internationale d'information sur les États francophones
25, rue Eddy
Hull (Qué.) K1A 0M5 - Canada
Tél.: (1 819) 997-3857
Fax: (1 819) 953-8439
acct@fox.nstn.ca
http://www.acctbief.org

*Biennale de la langue française
113, rue Galliéni
78670 Villennes-sur-Seine - France
Tél.: (33) 01 39 75 81 81
Fax: (33) 01 39 75 90 25
http://www.francophonie.org/oing/biennal

CAFED – Centre africain de formation à l'édition et à la diffusion
9, rue Hooker Doolittle
1002 Tunis Belvédère - Tunisie
Tél.: (216) 1 794 955
Fax: (216) 1 781 221

CAMES – Conseil africain et malgache de l'enseignement supérieur
B.P. 134
Ouagadougou 01 - Burkina Faso
Tél.: (226) 30 75 43/30 72 13

Centre international du loisir culturel de la Francité et de la Francophonie
5, rue Notre-Dame Est
Trois-Pistoles (Qué.) G0L 4K0 - Canada
Tél.: (1 418) 861-1662

Centre Wallonie-Bruxelles
7, rue de Venise
75004 Paris - France
Tél.: (33) 01 53 01 96 96
Fax: (33) 01 48 04 90 95

Cercle Richelieu-Senghor
147, rue de la Pompe
75116 Paris - France
Tél.: (33) 01 47 27 73 42

*CFC – Conseil francophone de la chanson
1550, boul. Saint-Joseph Est
Montréal (Qué.) H2J 1M7 - Canada
Tél.: (1 514) 525-0200
Fax: (1 514) 598-8353
chanson@rideau-inc.qc.ca
http://www.chanson.ca

CFO – Cercle francophone d'Ostende
Léopoldlaan 5
8420 De Kaan - Belgique
Tél.: (32) 059 23 34 65
Fax: (32) 059 23 38 14

Chambre francophone des affaires économiques
Hôtel du Département
Boulevard de France
91012 Evry cedex - France
Tél.: (33) 01 60 91 91 91
Fax: (33) 01 60 79 23 76

*CICIBA – Centre international des civilisations bantu
B.P. 770
Libreville - Gabon
Tél.: (241) 70 40 96
Fax: (241) 77 87 61

CIEF – Conseil international d'études francophones
University of Southwestern Louisiana
Department of Modern languages
Lafayette, LA 70504 - États-Unis
Tél.: (1 318) 482-5449
Fax: (1 318) 482-5446
fca1491@usl.edu

*CIEP – Office français pour le développement de l'éducation dans le monde
1, avenue Léon-Journault
92318 Sèvres cedex - France
Tél.: (33) 01 45 07 60 00
Fax: (33) 01 45 07 60 01
http://www.ciep.fr

CILF – Conseil international de la langue française
11, rue de Navarin
75009 Paris - France
Tél.: (33) 01 48 78 73 95
Fax: (33) 01 48 78 49 28
cilf@club-internet.fr

CIRAD – Centre de coopération internationale en recherche agronomique pour le développement
Avenue du Val de Montferrand
B.P. 5035
34032 Montpellier cedex 1 - France
Tél.: (33) 04 67 61 58 00
Fax: (33) 04 67 61 58 20

*CIRECCA – Centre international de recherches, d'échanges et de coopération de la Caraïbe et des Amériques
B.P. 393
97258 Fort-de-France cedex - Martinique
Tél.: (33) 0596 72 75 06

CIREEL – Centre d'information et de recherche pour l'enseignement et l'emploi des langues
CNOUS-LINGUA
8, rue Jean Calvin
75005 Paris - France

CIRTEF – Conseil international des radios-télévisions d'expression française
– 52, boulevard Auguste-Reyers
1044 Bruxelles - Belgique
Tél.: (32) 2 732 45 85
Fax: (32) 2 732 62 40
– 20, quai Ernest-Ansermet, C.P. 234
1211 Genève 8 - Suisse
Tél.: (41) 22 28 12 11

*CLEF – Club des lecteurs d'expression française
5, rue Rousselet
75007 Paris - France
Tél.: (33) 01 53 69 34 38
Fax: (33) 01 43 06 12 49
http://www.clef-litsud.com

*CLF – Conseil de la langue française
800, place d'Youville, 13ᵉ étage
Québec (Qué.) G1R 3P4 - Canada
Tél.: (1 418) 643-2740
Fax: (1 418) 644-7654
http://www.clf.gouv.qc.ca

Clic francophone
http://www.franco.ca

CODOFIL – Conseil pour le développement du français en Louisiane
217, rue Principale Ouest
Lafayette, LA 70501 - États-Unis
Tél.: (1 318) 262-5810
Fax: (1 318) 262-5812

Comité catholique des amitiés françaises dans le monde
9-11, rue Guyton de Morveau
75013 Paris - France
Tél.: (33) 01 45 65 96 66
Fax: (33) 01 45 81 30 81

CONFEJES – Conférence des ministres de la Jeunesse et des Sports des pays d'expression française
26, rue Huart, B.P. 3314
Dakar - Sénégal
Tél.: (221) 8 23 83 49
Fax: (221) 8 23 79 44
confejes@metissacana.sn

CONFEMEN – Conférence des ministres de l'Éducation nationale des pays d'expression française
Immeuble Kébé Extension, 3ᵉ étage
Avenue André Peytavin, B.P. 3220
Dakar - Sénégal
Tél.: (221) 8 21 60 22/22 47 34
Fax: (221) 8 21 32 26
confemen@sonatel.senet.net
http://www.confemen.org

Conseil supérieur de la langue française
1, rue de la Manutention
75016 Paris - France
Tél.: (33) 01 40 69 12 00
Fax: (33) 01 45 37 33 13

*CREIPAC – Centre de rencontres et d'échanges internationaux du Pacifique
Rue Kataoui-Nourville, B.P. 3755
Nouméa - Nouvelle-Calédonie
Tél.: (687) 25 41 24
Fax: (687) 25 40 58
creipac@cool.nc

*CRPLF – Communauté des radios publiques de langue française
Maison de Radio-France
116, avenue du Président Kennedy, pièce 9426
75220 Paris cedex 16 - France
Tél.: (33) 01 42 30 27 41
Fax: (33) 01 42 30 44 53

*CSFEF – Comité syndical francophone d'éducation et de formation
9405, rue Sherbrooke Est
Montréal (Qué.) H1L 6P3 - Canada
Tél.: (1 514) 356-8888
Fax: (1 514) 356-9999

CTF – Communauté des télévisions francophones
7, esplanade Henri de France
75907 Paris cedex 15 - France
Tél.: (33) 01 56 22 75 70
Fax: (33) 01 56 22 75 67

*CVFA – Conseil de la vie française en Amérique
150, boul. René-Lévesque Est (RC)
Québec (Qué.) G1R 2B2 - Canada
Tél.: (1 418) 646-9117
Fax: (1 418) 644-7670
cvfa@cvfa.ca
http://www.cvfa.ca

DGLF – Délégation générale à la langue française
Hôtel Fraquier, 1, rue de la Manutention
75116 Paris - France
Tél.: (33) 01 40 69 12 00
Fax: (33) 01 40 69 12 80
dglf@culture.fr
http://www.dglf.culture.fr

DiversCité Langues Télé-université
Université du Québec
1001, rue Sherbrooke Est, 4ᵉ étage
Montréal (Qué.) H2L 4L5 - Canada
Tél.: (1 514) 522-3540
Fax: (1 514) 522-3608
http://www.uquebec.ca/diverscité

*Fédération internationale des parcs de la Francophonie
Parc de la Francophonie de La Rochelle
1, rue des Dames
17000 La Rochelle - France
Tél.: (33) 05 46 41 31 21
Fax: (33) 05 46 50 56 85

*Festival international des Francophonies en Limousin
11, avenue du Général de Gaulle
87000 Limoges - France
Tél.: (33) 05 55 10 90 10
Fax: (33) 05 55 77 04 72
fifl@wanadoo.fr
http://www.fest-theatres.franco.com

FIDELF – Fédération internationale des écrivains de langue française
3492, rue Laval
Montréal (Qué.) H2X 3C8 - Canada
Tél.: (1 514) 849-8540
Fax: (1 514) 849-6239

*FIJEF – Forum international des jeunes pour la Francophonie
150, boul. René-Lévesque Est (RC)
Québec (Qué.) G1R 2B2 - Canada
Tél.: (1 418) 646-9117
Fax: (1 418) 644-7670
http://www.jeunefra.citeweb.net

*FIPF – Fédération internationale des professeurs de français
1, avenue Léon Journault
92311 Sèvres cedex - France
Tél.: (33) 01 46 26 53 16
Fax: (33) 01 46 26 81 69
fipf@artinternet.fr
http://www.fipf.com

FLFA – France-Louisiane franco-américaine
17, avenue Reille
75014 Paris - France
Tél.: (33) 01 45 88 02 10
Fax: (33) 01 45 88 03 22
1816 Beechgrove
Bâton-Rouge, LA 70806 - États-Unis
Tél.: (1 504) 929-9939
flfa@citeweb.net
http://www.citeweb.net/flfa

*France-Québec
24, rue Modigliani
75015 Paris - France
Tél.: (33) 01 45 54 35 37
Fax: (33) 01 45 57 69 44
france-quebec@wanadoo.fr
http://www.france-quebec.asso.fr

Francofolies de La Rochelle
9, Place Cartroux
75009 Paris - France
Tél.: (33) 01 44 29 08 08

*La Francophilie
4, rue de Varize
75016 Paris - France
Tél.: (33) 01 45 51 90 06
Fax: (33) 01 40 71 98 79

HCF – Haut Conseil de la Francophonie
35, rue Saint-Dominique
75007 Paris - France
Tél.: (33) 01 42 75 76 33
Fax: (33) 01 42 75 76 45
hcf@francophonie.org

ICAF – Institut pour la coopération audiovisuelle francophone
71, rue d'Auteuil
75016 Paris - France
Tél.: (33) 01 45 20 98 45
Fax: (33) 01 45 20 98 44

*IDEF – Institut international de droit d'expression et d'inspiration françaises
27, rue Oudinot, bureau 1133
75007 Paris - France
Tél.: (33) 01 53 69 20 28
Fax: (33) 01 53 69 20 30
http://www.francophonie.org/oing/idef

IEPF – Institut de l'énergie et de l'environnement de la Francophonie
56, rue Saint-Pierre, 3ᵉ étage
Québec (Qué.) G1K 4A1 - Canada
Tél.: (1 418) 692-5727
Fax: (1 418) 692-5644
iepf@iepf.org
http://www.iepf.org

IFIGE – Union internationale francophone pour la formation d'informaticiens et de gestionnaires d'entreprises
17, rue de l'Yser
92330 Sceaux - France
Tél.: (33) 01 44 05 40 70
Fax: (33) 01 44 05 41 41

IHEF – Institut des hautes études francophones
Domaine de Chamarande, B.P. 8
91730 Chamarande - France
Tél.: (33) 01 69 27 12 12
Fax: (33) 01 60 82 22 05
ihef@aupelf.refer.org

*IRD (ex-ORSTOM) – Institut français de recherche scientifique pour le développement en coopération
Siège social:
213, rue La Fayette
75480 Paris cedex 10 - France
Tél.: (33) 01 48 03 77 77
Fax: (33) 01 48 03 08 29
http://www.ird.fr

*LCCSRF – Ligue de coopération culturelle et scientifique Roumanie-France
1/15, rue Obcina Mare
77 346 Bucarest 66 - ROUMANIE
Tél. et fax: (40) 1 413 33 57
nicudrag@pcnet.pcnet.ro

LISULF – Ligue internationale des scientifiques pour l'usage de la langue française
1200, rue Latour
St-Laurent (Qué.) H4L 4S4 - Canada
Tél.: (1 514) 747-2308
Fax: (1 514) 748-6954
c3410@er.uqam.ca

*Maison de la Francité
18, rue Joseph II
1000 Bruxelles - Belgique
Tél.: (32) 2 219 49 33
Fax: (32) 2 219 67 37
francite@skynet.be
http://www.synec-doc.be/francite/

Mission laïque française
9, rue Humblot
75015 Paris - France
Tél.: (33) 01 45 78 61 71
Fax: (33) 01 45 78 41 57
mlf@mission-laique_asso.fr

Mouvement Francité
3590, rue des Compagnons
Sainte-Foy (Qué.) G1X 3X6 - Canada
Tél.: (1 418) 658-1691

OCAM – Organisation de la communauté africaine et malgache
B.P. 965
Bangui - République centrafricaine
Tél.: (236) 61 48 31/61 33 23

*OFQJ – Office franco-québécois pour la jeunesse
– Section France:
11, passage de l'Aqueduc
93200 Saint-Denis - France
Tél.: (33) 01 49 33 28 50
Fax: (33) 01 49 33 28 88
Minitel: 3615 OFQJ

– Section Québec:
1441 bd René-Lévesque Ouest, bur. 301
Montréal (Qué.) H3G 1T7- Canada
Tél.: (1 514) 873-4255
Fax: (1 514) 873-0067
http://www.ofqj.qc.ca
ofqj@cam.org

OLF – Office de la langue française
– 125, rue Sherbrooke Ouest
Montréal (Qué.) H2X 1X4 - Canada
Tél.: (1 514) 873-4833
Fax: (1 514) 873-3488
– 200, chemin Sainte-Foy, 4ᵉ étage
Québec (Qué.) G1R 5S4 - Canada
Tél.: (1 418) 643-8906
Fax: (1 418) 643-3210
http://www.olf.gouv.qc.ca

OUI – Organisation universitaire interaméricaine
Place Iberville IV
2954, boul. Laurier, bureau 090
Sainte-Foy (Qué.) G1V 4T2 - Canada
Tél.: (1 418) 650-1515
Fax: (1 418) 650-1519

Prix Saint-Exupéry – Valeurs Jeunesse
14, rue Gassendi,
75014 Paris - France
Tél.: (33) 01 56 28 07 24
Fax: (33) 01 55 73 17 02

Québec dans le monde
C.P. 8503
Ste-Foy (Qué.) G1V 4N5 - Canada
Tél.: (1 418) 659-5540
Fax: (1 418) 659-4143
info@quebecmonde.com
http://www.quebecmonde.com

Québec-France
9, place Royale
Québec (Qué.) G1K 4G2 - Canada
Tél.: (1 418) 643-1616
Fax: (1 418) 643-3053
http://www.quebecfrance.qc.ca

*Réseau Théophraste
50, rue Gauthier de Châtillon
59046 Lille - France
Tél.: (33) 03 20 30 44 37
Fax: (33) 03 20 30 44 94
theophraste@theophraste.org
http://www.theophraste.org

*RFI – Radio-France Internationale
116, avenue du Président-Kennedy
75116 Paris - France
Tel.: (33) 01 42 30 12 12
Fax: (33) 01 42 30 30 71
courrier.auditeurs@rfi.fr
http://www.rfi.fr

*Richelieu International
– Bureau Canada
1173, chemin Cyrville, bureau 200
Ottawa (Ontario) K1J 7S6 - Canada
Tél.: 1 800 267-6525
Fax: (1 613) 742-6916
international@richelieu.org
http://www.richelieu.org
– Bureau Europe-Caraïbe
202, avenue de Genève,
74700 Sallanches - France
Tél.: (33) 04 50 58 14 80
Fax: (33) 04 50 58 46 70

Service de la langue française du ministère de la Communauté française de Belgique
44, boul. Léopold II
1080 Bruxelles - Belgique
Tél.: (32) 2 413 22 95
Fax: (32) 2 413 20 71
martinegarsou@cfwb.b
http://www.cfwb.be

Société des juristes francophones du Commonwealth
70B Park Grove Road
E11 4PU London - Royaume-Uni
Tél. et fax: (44) 181 556 7501

*TILF – Théâtre international de langue française
Pavillon du Charolais,
Parc de La Villette
211, avenue Jean Jaurès
75019 Paris - France
Tél.: (33) 01 40 03 93 95
Fax: (33) 01 42 39 14 77

UIJPLF – Union internationale des journalistes de la presse de langue française
3, Cité Bergère
75009 Paris - France
Tél.: (33) 01 47 70 02 80
Fax: (33) 01 48 24 26 32
http://www.francophonie.org/uijplf

UITF – Union des ingénieurs et des techniciens utilisant le français
59, avenue de Colmar
92500 Rueil Malmaison - France
Tél.: (33) 01 47 14 19 72
Fax: (33) 01 43 06 29 27

*Union latine
131, rue du Bac
75007 Paris - France
Tél.: (33) 01 45 49 60 63/45 49 60 60
Fax: (33) 01 45 44 47 01
ulsg@calvanet.calvacom.fr
http://www.unilat.org

Valeurs créoles
Habitation La Madeleine
La Grippière
97170 Petit Bourg - Martinique
Tél.: (33) (0 590) 95 17 29
Fax: (33) (0 590) 91 61 22

Vues d'Afrique
67, rue Sainte-Catherine Ouest
Montréal (Qué.) H2X 1Z7 - Canada
Tél.: (1 514) 284-3322
Fax: (1 514) 845-0631
info@vuesdafrique.org

BIBLIOGRAPHIE

OUVRAGES GÉNÉRAUX

*CHAUPRADE Aymeric, *L'Espace économique francophone,* préf. de Steve Gentili, Paris, Ellipses, 1996, 154 p.
Bonne étude sur les perspectives économiques de la Francophonie.

*CHAURAND Jacques (dir.), *Nouvelle histoire de la langue française,* Paris, Seuil, 1999, 808 p.

**COMBE Dominique, *Poétiques francophones,* Paris, Hachette (coll. Contours littéraires), 1995, 178 p.
Un excellent manuel universitaire pour aborder les littératures d'expression française. Le premier ouvrage de ce genre. Très important.

*DENIAU Xavier, *La Francophonie,* Paris, PUF, (Que sais-je?), 1983, réédition 1992, 128 p.
Le minimum nécessaire pour la connaissance de la francophonie; un ouvrage de base.

GALLET Dominique, *Pour une ambition francophone, le désir et l'indifférence,* Paris, L'Harmattan, 1995, 168 p.
L'auteur souhaiterait que la France regarde le monde francophone, pas seulement l'Europe. Exemples africains et québécois. Un discours convaincant.

*JOUBERT Jean-Louis (dir.), *Littérature francophone: anthologie,* Paris, Nathan, 1993, 448 p.
Une vision décentralisée de la littérature francophone.

*LÉGER Jean-Marc, *La Francophonie: grand dessein, grande ambiguïté,* Montréal/Paris, HMH/Nathan, 1987-1988, 242 p.
L'ouvrage d'un grand artisan de la francophonie; un essai discrètement désabusé.

*LE SCOUARNEC François-Pierre, *La Francophonie,* Montréal, Boréal, coll. Boréal-Express, 1997, 104 p.
Bon ouvrage de vulgarisation sur la Francophonie historique et politique.

Littératures francophones (coll.), Paris, Belin Sup.
I. NOIRAY Jacques, *Le Maghreb,* 1996, 220 p.
II. CORZANI Jack, HOFFMANN Léon-François, PICCIONE Marie-Lyne, *Les Amériques, Haïti, Antilles, Québec,* 1998, 320 p.
III. HAUSSER Michel, MATHIEU Martine, *Afrique noire. Océan Indien,* 1998, 270 p.

*MIDIOHOUAN Guy Ossito, *Du bon usage de la francophonie. Essai sur l'idéologie francophone,* Éditions CNPMS, BP 135, Porto-Novo (Bénin), 1994, 230 p.
Le point de vue d'un universitaire béninois qui souhaiterait pour l'Afrique une Francophonie vraiment multilatérale et efficace, autre chose que le prolongement de la Coopération française. Écriture caustique, souvent pamphlétaire.

***REY Alain (dir.), *Dictionnaire historique de la langue française,* Paris, Dictionnaires Le Robert, 1992, 2 vol.; vol. 1: p. 1-1156; vol.2: p. 1157-2383.
L'ouvrage – sans précédent – comprend de nombreux encarts sur l'histoire de la langue française et ses emprunts aux langues étrangères.

**TÉTU Michel, *La Francophonie, histoire, problématique, perspectives,* préface de L.S. Senghor, Montréal/Paris, Guérin littérature/Hachette, 1987-1988, 390 p.; Guérin universitaire, 1992, 428 p.; 3ᵉ édition revue et corrigée.
Ouvrage de base, nécessaire pour toute étude sérieuse sur la francophonie.

**TÉTU Michel, *Qu'est-ce que la francophonie?,* préface de J.-M. Léger, Paris, Hachette-Édicef poche, 1997, 320 p.
Tous les aspects de la francophonie en livre de poche.

État de la Francophonie dans le monde. Données 1997-1998, Rapports du Haut Conseil de la Francophonie, Paris, La Documentation française, 1999, 610 p.

Inventaire des particularités lexicales du français en Afrique noire, Équipe IFA, Montréal/ Paris, AUPELF/ACCT, 1983, 550 p.
Un ouvrage fondamental pour les études lexicologiques et la connaissance du français en Afrique noire.

Présence francophone, revue internationale de langue et de littérature, Université de Sherbrooke, Sherbrooke (Québec), J1K 2R1, Canada; Courriel: pfranco@courrier.usherb.ca.

BIBLIOGRAPHIE

Ouvrages récents

ALBERT Christiane, *Francophonie et identités culturelles*, Paris, Karthala, 1999, 338 p.

*AMBOISE Jean-Claude, *L'Utilisation de la langue française en France face aux langues étrangères. Les garanties juridiques*, Presses universitaires du Septentrion, 1998, 546 p.

*BARRAT Jacques, *Géopolitique de la Francophonie*, Paris, PUF, 1997, 184 p.

BENIAMINO Michel, *Francophonie littéraire: essai pour une théorie*, Paris, L'Harmattan, 1999.

*BLAMPAIN Daniel, GOOSE André, KLINKENBERG Jean-Marie, WILMET Marc (dir.), *Le Français en Belgique. Une langue, une communauté*, Louvain-la-Neuve, Duculot/ Communauté française de Belgique, 1997, 530 p.

Un ouvrage de référence remarquable, par 32 spécialistes.

*BONN Charles (dir.), *Littérature francophone. Le roman*, Paris, Hatier, 1998, 352 p.

BOSQUART Marc, *Nouvelle grammaire française*, Montréal, Guérin, 1998, 562 p.

Cette grammaire signale les divers usages propres aux principales régions francophones et fait place à l'adaptation de la langue française au monde contemporain.

CHEVRIER Jacques, *Littératures d'Afrique noire de langue française*, Paris, Nathan Université, 1999, 128 pages.

DURAND Charles, *La Langue française atout ou obstacle*, Toulouse, Presses universitaires du Mirail, 1998, 448 p.

Réalisme économique, communication et francophonie au XXIᵉ siècle.

*GAUVIN Lise, *L'Écrivain francophone à la croisée des langues*, Entretiens, Paris, Karthala, 1997, 184 p. (A. Djebar, P. Chamoiseau, G. Miron, R. Depestre, A. Maillet, R. Mimouni, S. Schwartz-Bart, Tahar Ben Jelloun, C.H. Kane, A. Kourouma, J.-P. Verheggen). Prix France-Québec.

L'imaginaire francophone à travers les tensions créatrices de langage.

**HANSE Joseph, *Nouveau dictionnaire des difficultés du français moderne*, 3ᵉ édition revue par Daniel Blampain, Bruxelles, De Boeck/Duculot, 1996, 986 p.

Une édition entièrement revue et enrichie de cet ouvrage de référence, accessible à tous. Un instrument de travail pour ceux qui veulent bien écrire et bien parler.

HAZAËL-MASSIEUX Marie-Christine et ROBILLARD Didier de (éd.), *Contacts de langues, contacts de cultures, créolisation*, Mélanges offerts à Robert Chaudenson, Paris, L'Harmattan, 1997.

**MAALOUF Amin, *Les Identités meurtrières*, Paris, Grasset, 1998, 210 p.

MENDOZE Gervais, *Le Français langue africaine. Enjeux et atouts pour la Francophonie*, Paris, Publisud, 1998.

MOUGEON Françoise, *Quel français parler? Initiation au français parlé au Canada et en France*, Toronto, Éd. du GREF, Cahiers de la coll. TEL nᵒ 3, 1998, 206 p.

Présentation du français courant avec ses variations dans les régions concernées et aperçu de l'évolution en cours.

MOURA Jean-Marc, *Littératures francophones et théorie postcoloniale*, Paris, PUF, 1999, 184 p.

Partant de quatre perspectives complémentaires (histoire littéraire, analyse de la langue, étude culturelle et étude poétique), l'auteur esquisse les grands axes d'une recherche francophone postcoloniale inédite.

*POIRIER Claude, *Dictionnaire historique du français québécois*, Québec, PUL, 1998, 640 p.

Études sur les mots particuliers au Québec depuis 1740. Descriptions des emplois actuels et passés des québécismes et situation dans l'histoire du français.

*THÉRIAULT Joseph Yvon (dir.), *Francophonies minoritaires au Canada. L'état des lieux*, Moncton, Éd. d'Acadie, 1999, 576 p.

TRAISNEL Christophe, *Francophonie, francophonisme, groupe d'aspiration et formes d'engagement*, Paris, Éditions Panthéon-Assas/LGDJ, 1998, 220 p.

*WALTER Henriette, *L'Aventure des mots français venus d'ailleurs*, Paris, Robert Laffont, 1998, 345 p.

Mondialisation et Francophonie. Actes du 3ᵉ forum de l'an 2000 de l'Agence universitaire de la Francophonie, Éd. de l'AUF.

Réflexion sur les perspectives de la Francophonie, les alliances qu'elle doit nouer et les moyens dont elle doit se doter pour rester dans la course à l'excellence.

LISTE DES PAYS ET RÉGIONS PAR ORDRE ALPHABÉTIQUE

Achevé d'imprimer sur les presses de
J. B. Deschamps Inc.-Piché, Beauport, Québec
ventes@jbdeschamps.com

ORGANISATION ET ASSOCIATIONS

L'ANNÉE FRANCOPHONE INTERNATIONALE

BON DE COMMANDE

Veuillez m'expédier _____ exemplaire(s) de *L'Année francophone internationale* 2000

Nom: _____

Fonction: _____

Adresse: _____

Province / État: _____ Pays: _____

Code postal: _____

TARIF

Canada et États-Unis
Le numéro: 19,95 $ (Can ou US)
+frais de port: 5,00 $ (Canada ou États-Unis)
+taxes (s'il y a lieu)

France et autres pays
Le numéro: 95 FF
+frais de port   25 FF

ADRESSER LE BON DE COMMANDE À:

Canada – États-Unis: Québec livres
2185, autoroute des Laurentides,
Laval (Québec), H7S 1Z6, Canada
Tél.: (450) 687-1210; Fax: (450) 687-1331

Europe: La Documentation française
29, quai Voltaire, 75344 Paris,
cedex 07, France
Tél.: (33) 01 40 15 71 05; Fax: (33) 01 40 15 72 30;

Pour tous pays: AFI – CIDEF
Faculté des Lettres, Université Laval, Québec (Québec), G1K 7P4, Canada
Téléphone: (418) 656-5772; Fax: (418) 656-7017; AFI@fl.ulaval.ca

CARTES ET AFFICHES

On peut se procurer la carte *L'Univers francophone* ainsi que l'affiche *Partenaires de la Francophonie au Sommet de Moncton* (normale: 4,00 $ (20 FF); plastifiée: 8,00 $ (40 FF) + frais de port et taxes s'il y a lieu).

Prix spécial pour achat en quantité, prière de communiquer directement avec :

AFI – CIDEF
Faculté des Lettres, Université Laval, Québec (Québec), G1K 7P4, Canada
Téléphone: (418) 656-5772; Fax: (418) 656-7017; AFI@fl.ulaval.ca

ABONNEMENT
L'ANNÉE FRANCOPHONE INTERNATIONALE

Plusieurs de nos lecteurs, répartis sur les cinq continents, nous ont fait part des difficultés de se procurer *L'Année francophone internationale* dans des délais assez courts. Nous avons donc mis sur pied un système d'abonnement qui nous permet de vous faire parvenir votre exemplaire <u>dès</u> la publication de la revue, <u>sur les cinq continents</u>.

Il vous faut pour cela remplir le formulaire d'abonnement et nous le retourner avec un chèque ou un mandat international. Une fois votre nom dans notre fichier, vous recevrez automatiquement chaque année *L'Année francophone internationale* avec une facture que vous voudrez bien acquitter.

Nous espérons que cette formule vous agréera. Votre abonnement vous donnera droit à la gratuité de l'envoi (pas de frais de port). Vous voudrez bien vous conformer aux instructions ci-dessous.

Soyez assuré de notre dévouement à la francophonie, à l'enseignement supérieur et à la coopération internationale.

N.B. : Pour des raisons comptables, nous ne pouvons accepter que des chèques ou des mandats internationaux libellés à l'ordre de *L'Année francophone internationale*
– en dollars canadiens pour le Canada seulement (20 $ CAN par an)
– en dollars américains pour les États-Unis seulement (18 $ US par an)
– en francs français, ou en euros, pour le reste du monde (100 FF ou 15 Euros)

FICHE D'ABONNEMENT

Nom et prénom : _____

et/ou Institution : _____

Adresse : _____

_____

Pays : _____ Région : _____ Code : _____

Téléphone : _____ Fax : _____

Adresse électronique : _____

☐ En mon nom personnel ☐ Au nom de mon institution

Je vous prie de bien vouloir m'adresser à partir de l'édition 2000 _____ exemplaire(s) de *L'Année francophone internationale.*

☐ Vous trouverez ici mon chèque (ou mandat international) pour le numéro 2000

☐ Je souhaite une facture pro forma avant de passer commande pour le numéro 2000

20 $ CAN   pour le Canada seulement
18 $ US   pour les États-Unis seulement
100 FF (15 Euros) pour le reste du monde

☐ À partir du numéro de l'an 2001 (numéro spécial Xe anniversaire), pouvez-vous m'envoyer ___exemplaires de *L'Année francophone internationale* avec une facture que je réglerai aussitôt. (Si je désire résilier mon abonnement, je le ferai avant le 1er octobre de chaque année).

☐ Je souhaite une facture pro forma avant de passer commande pour___ exemplaires.

À _____ le _____

Signature _____

L'Année francophone internationale (AFI)
Faculté des lettres, Université Laval, Sainte-Foy (Québec) Canada G1K 7P4
Tél. : (1-418) 656-5772; Fax: (1-418) 656-7017; Courriel : AFI@fl.ulaval.ca
Site internet: http://www.francophone.net/AFI

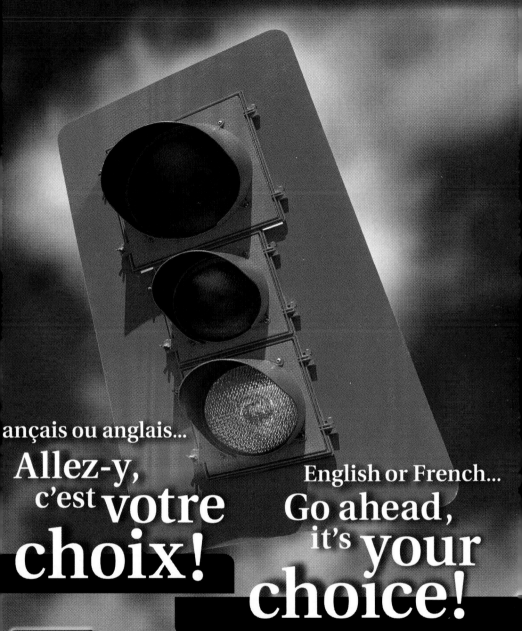

ançais ou anglais...

Allez-y, c'est votre choix!

English or French...

Go ahead, it's your choice!

Français
English

Canada

*U*nique opérateur intergouvernemental de la Francophonie, l'Agence de la Francophonie, qui agit dans le cadre de l'Organisation internationale de la Francophonie regroupe 47 États et gouvernements, répartis sur les cinq continents, rassemblés autour du partage d'une langue commune: le français. Avec les cinq autres pays qui participent aux Sommets de la Francophonie, ce sont au total 52 États et gouvernements qui constituent la communauté francophone, soit un pays sur quatre dans le monde regroupant plus d'un demi-milliard de personnes. Parmi eux, 170 millions font un usage plus ou moins intensif du français dans leur vie de tous les jours.

Fondée en 1970 avec pour devise: égalité, complémentarité, solidarité, l'Agence de la Francophonie mène des actions de coopération multilatérale dans de nombreux domaines: éducation et formation, culture et multimédia, coopération juridique et judiciaire, développement et solidarité économiques, énergie et environnement.

La réalisation de ses programmes est assurée par des directions générales basées à son siège à Paris et à l'École internationale de la Francophonie à Bordeaux, soutenues par trois bureaux régionaux en Afrique centrale, en Afrique de l'Ouest et en Asie-Pacifique. La coopération en matière d'énergie et d'environnement est assurée par l'Institut de l'énergie et de l'environnement de la Francophonie (IEPF) situé à Québec.

Siège: 13 Quai André Citröen 75015 Paris (France)
Tél.: (33) 1 44 37 33 00 Fax: (33) 1 45 79 14 98
Courriel: agence@francophonie.org
Site Web: http://agence.francophonie.org

L'AGENCE DE LA FRANCOPHONIE DANS LE MONDE

Institut francophone des nouvelles technologies de l'information et de la formation:
15-16, quai Louis XVIII – 33000 Bordeaux (France);
Tél. (33) 5 56 01 59 00 – Fax : (3) 5 56 51 78 20
Institut francophone de l'énergie et de l'environnement (IEPF)
56 rue St-Pierre, Québec, (Canada); G1K 4A1 Tél.: 1 (418) 692-5727 – Fax: 1 (418) 692-5644;
Bureau régional de l'Afrique de l'Ouest (BRAO); BP 223 Lomé (Togo); Tél.: (228) 21 63 50 – Fax: (228) 21 81 16
Bureau régional de l'Afrique centrale (BRAC); BP 8075 Libreville (Gabon); Tél.: (241) 73 95 61 – Fax: (241) 73 95 58
Bureau régional de l'Asie-Pacifique (BRAP); 2 B. Van Phuc (quartier diplomatique) Hanoi (Vietnam);
Tél.: (84-4) 8 23 18 36 – Fax: (84-4) 8 23 18 43
Bureaux de liaison de la Francophonie relevant du Secrétariat général:
Bureau de liaison auprès de l'Union européenne: BP 2 Saint-Gilles 1, 1060 Bruxelles (Royaume de Belgique);
Tél.: (32) 2 5340887 – Fax: (32) 2 5388769
Bureau permanent d'observation auprès des Nations unies: 801, 2nd avenue, suite 605 New York (NY) 10017 (États-Unis);
Tél.: (1) 212 867-6771 – Fax: (1) 212 867-3840
Bureau de liaison de Genève: 46 avenue Blanc, 1202 Genève (Suisse); Tél.: (41) 22 7389666 – Fax: (41) 22 7389682
47 États et gouvernements membres
Bénin, Bulgarie, Burkina Faso, Burundi, Cambodge, Cameroun, Canada, Canada-Nouveau-Brunswick, Canada-Québec, Cap-Vert, Centrafrique, Communauté française de Belgique, Comores, Congo, R.D. Congo, Côte d'Ivoire, Djibouti, Dominique, Égypte, France, Gabon, Guinée, Guinée-Bissau, Guinée-Équatoriale, Haïti, Laos, Liban, Luxembourg, Madagascar, Mali, Maroc, Mauritanie, Maurice, Moldavie, Monaco, Niger, Roumanie, Rwanda, Sainte-Lucie, Sénégal, Seychelles, Suisse, Tchad, Togo, Tunisie, Vanuatu, Vietnam.
5 participants au Sommet
Albanie*, Royaume de Belgique, Macédoine*, Pologne*, São Tomé e Príncipe.
* observateurs

En cette année de la francophonie, le Conseil économique du Nouveau-Brunswick offre au <u>monde</u> des affaires un choix d'événements majeurs en français.

CANADA 1999

FORUM FRANCOPHONE DES **AFFAIRES**

Franco ✶ Com 99
Foire commerciale internationale

Faites-en votre affaire

Pour devenir partenaire du Conseil économique du Nouveau-Brunswick, communiquez avec nous :

Conseil économique du **Nouveau-Brunswick inc.**

Bureau 314, 236 rue St. George, Moncton, Nouveau-Brunswick E1C 1W1
Téléphone : (506) 857-3143 • Sans frais : 1-800-561-4446
Télécopieur : (506) 857-9906 • Courriel : cenb@cenb.nb.ca

www.cenb.com

Message du président de la Fédération des communautés francophones et acadienne (FCFA) du Canada

Les communautés francophones et acadiennes du Canada veulent faire éclater les barrières, jeter des ponts entre elles et établir des liens avec les autres collectivités avec qui elles partagent un destin commun aux niveaux national et international.

C'est pourquoi nous entreprendrons plus tard cette année un **Dialogue** avec les francophones de chez nous, nos concitoyens anglophones et autochtones, nos cousins québecois et les groupes ethniques qui élisent domicile dans nos provinces et territoires afin de discuter de l'avenir des communautés francophones et acadiennes à l'aube du XXIe siècle.

Par ailleurs, le Bureau francophone de la cooperation internationale (BFCI), mis sur pied par la FCFA, assure déjà la visibilité de nos communautés au-delà de nos frontières.

Le BFCI vient de publier la revue **Expertises francophones et acadiennes du Canada,** qui présente des entreprises, des organismes et des institutions engagés ou interessés au développement international.

Renseignez-vous sur les projets de la FCFA. Plus que jamais, l'heure est au dialogue et à la cooperation.

Le président,

Gino LeBlanc

FCFA du Canada • 450, rue Rideau, bureau 300 • Ottawa ON • K1N 5Z4
Tel. : (613) 241-7600 • Courriel : fcfa@franco.ca • Sites Web : http://www.franco.ca/fcfa/ et http://w3.franco.ca/bfci/

QUÉBEC
EN AMÉRIQUE
Capitale depuis bientôt

400
ans

⚜

Fondée par l'explorateur français Samuel de Champlain en 1608, Québec deviendra en 2008 la toute première ville d'Amérique du Nord à célébrer ses 400 ans. Capitale depuis toujours, la cité fut le berceau de la Nouvelle-France et le lieu d'où la culture française s'est étendue à travers l'Amérique.

Gibraltar du Nord inscrite au patrimoine mondial de l'Unesco, Québec est devenue une ville dynamique où il fait bon vivre et croître en français, dans un environnement d'une qualité exceptionnelle.

Partenaire dans la mise en valeur de Québec, la Commission de la capitale nationale du Québec a pour triple mission de consacrer la vocation de Québec en tant que siège des institutions de l'État, de participer à l'embellissement physique de la capitale et d'en faire la promotion auprès de tous les Québécois.

La Commission est fière d'avoir la passion de la capitale de tous les Québécois comme elle compte bien s'associer à cette Francophonie dont Québec devient de plus en plus un lieu fondamental, entre Hanoi et Moncton.

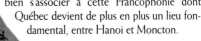

**COMMISSION DE
LA CAPITALE
NATIONALE
DU QUÉBEC**

Édifice Hector-Fabre, 525, boulevard René-Lévesque Est, Québec (Québec) G1R 5S9
Téléphone: 418-528-0773 • Télécopieur: 418-528-0833 • Courriel: commission@capitale.gouv.qc.ca

Au Luxembourg,
il se peut que vous
rencontriez quand-mên
des habitants qui ne
parlent pas le
français.

Grand-Duché
de Luxembourg   *La culture est dans notre nature*

Office National du Tourisme : ONT, 1, rue du Fort Thüngen, B.P. 1001, L-1010 Luxemb
Tél. (352) 42 82 82-1, Fax (352) 42 82 82 38, e-mail: tourism@ont.smtp.etat.lu

La Franc♦phonie

Voyageons en francophonie

Jeu didactique (conçu pour élèves et étudiants, intéressant pour tous!)

http://www.francophone.ne